民主村志

《民主村志》编纂委员会　编

方志出版社

图书在版编目（CIP）数据

民主村志 / 《民主村志》编纂委员会编. —北京 ：
方志出版社，2024.3
ISBN 978-7-5144-5738-4

Ⅰ. ①民… Ⅱ. ①民… Ⅲ. ①村史—无锡 Ⅳ.
① K295.35

中国国家版本馆 CIP 数据核字(2024)第 062127 号

责任编辑：范锐超 刘芳
责任校对：张玉霞
责任印制：梅中英
出 版 者：方志出版社
地　　址：北京市朝阳区潘家园东里 9 号（国家方志馆 4 层）
邮　　编：100021
网　　址：http://www.zgfzcb.cn
发　　行：方志出版社图书营销中心（010-67110500）
印　　刷：无锡童文印刷有限公司
开　　本：889 毫米×1194 毫米　1/16
印　　张：36.25
字　　数：932 千字
版　　次：2024 年 3 月第 1 版
印　　次：2024 年 3 月第 1 次印刷
定　　价：300.00 元

《民主村志》编纂委员会

主　　任　刘　洪

副 主 任　刘晓博　余建忠

主　　编　张建清

编委成员　宋子雄　陈国兴　刘申娟　张兴玉　周宗濂

宋子伟　施墨君　刘云生　縻平刚　刘荣辉

2016年，民主村党群服务中心落成

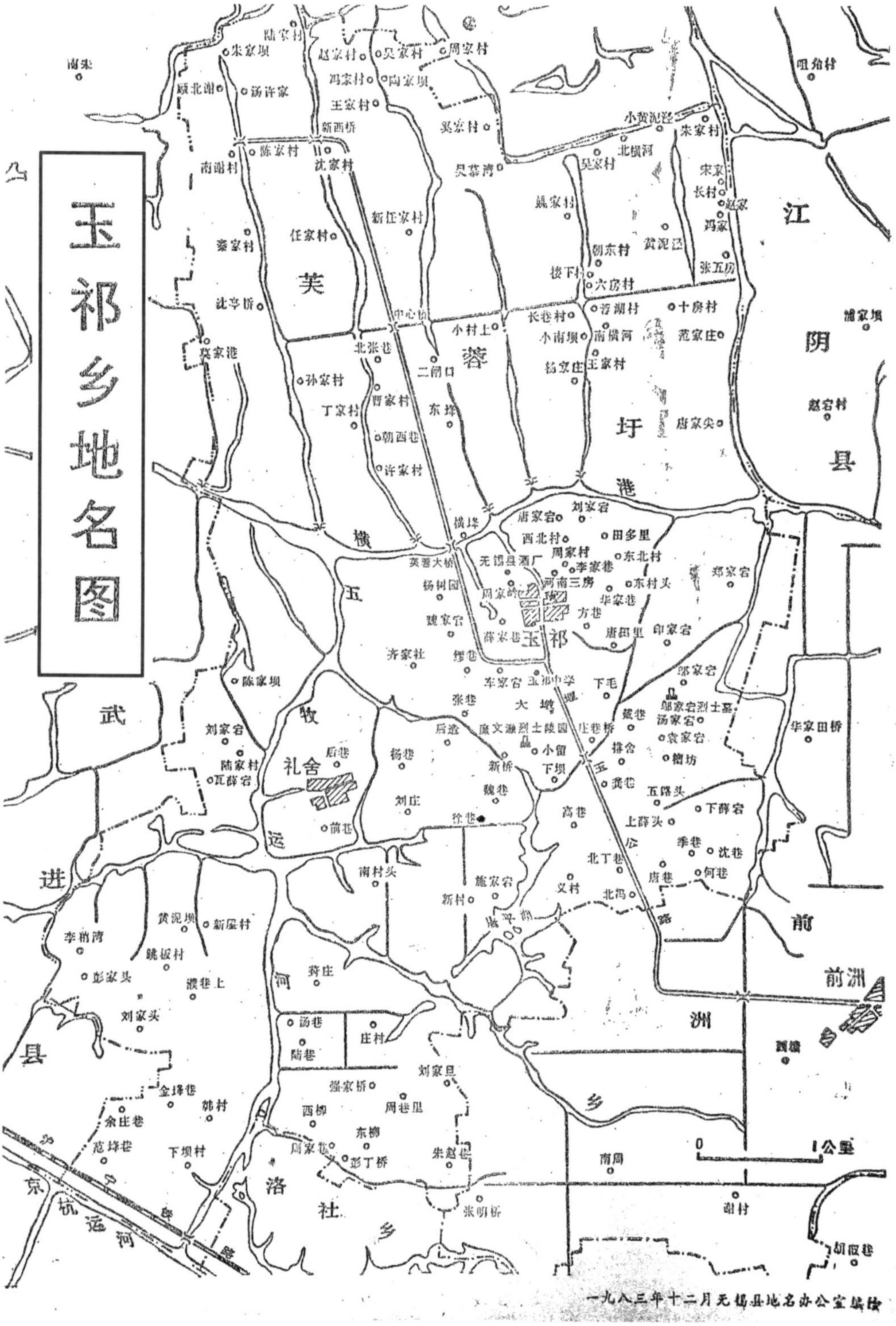

1983年，无锡县玉祁乡地名图

古银杏树（1985年）

新桥古桥（2001年）

新桥进士第（2020年）

施之勉故居（2020年）

唐平湖一角（2010年）

糜文灏烈士纪念碑（1990年）

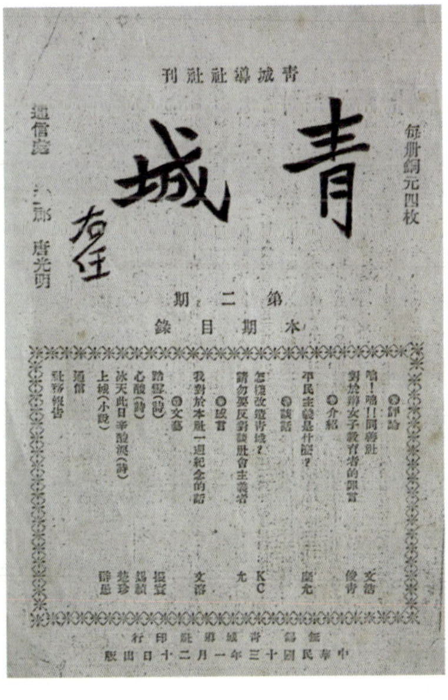

《青城导刊》

1978年，民主大队社员耥稻

1978年，玉祁民主大队鹅群

民主五金厂——1964年成立，为玉祁第一家队办工业

1980年6月，纺工部在民主塑料厂召开保持架全国统一产品质量标准研讨会。图为该厂注塑车间

1990年12月3日，国务院经济技术社会发展研究中心名誉主任薛暮桥（右四）、罗琼（右六）夫妇考察无锡县纺配厂

1990年8月，纺织工业部副部长刘珩（右二）视察明珠纺配厂

1978年，《人民日报》记者（前排中）与大队领导合影

1984年11月，玉祁乡与上海交通大学合办的机械专业大专班开班典礼在民主村纺配厂隆重举行

1969年，民主篮球队

2019年，民主村“工会杯”乒乓球比赛合影

2016年，民主村老人观看文艺表演

2019年，民主村妇女腰鼓队

2015年，民主村领导欢迎四川凉山彝族自治州德昌县热河乡8名学生到村参加暑期公益活动

2018年，民主村小朋友庆祝“六一”儿童节

2018年6月24日，民主村党总支组织党员参观中共一大纪念馆

2019年，民主村村史展览室

2020年，环境优美的小区

2020年，平湖城风光

玉祁鎮民主村
NO016
億元村
無錫縣人民政府
一九九三年二月

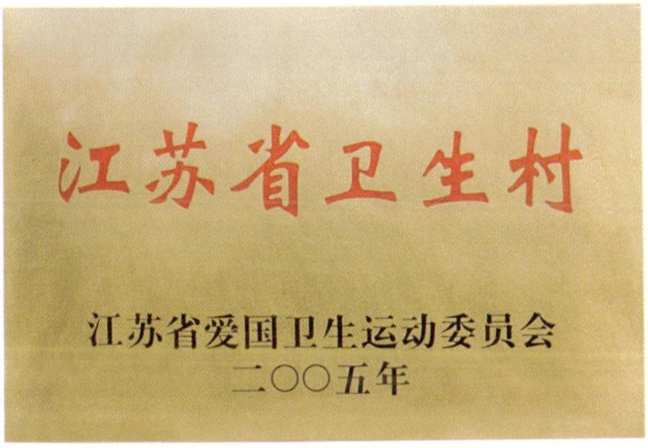
江苏省卫生村
江苏省爱国卫生运动委员会
二〇〇五年

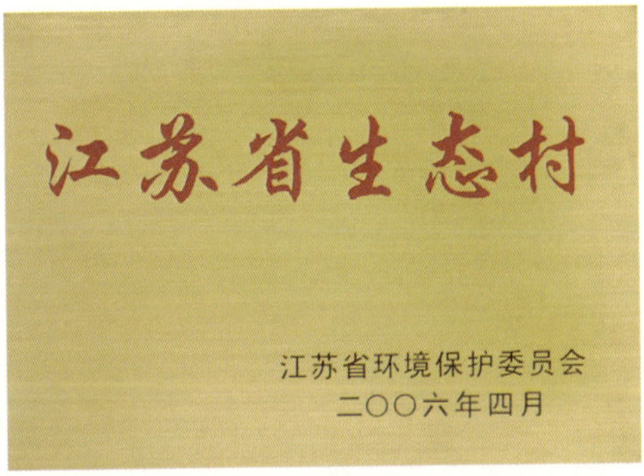
江苏省生态村
江苏省环境保护委员会
二〇〇六年四月

无锡市文明村
（2005-2006年度）
中共无锡市委
无锡市人民政府
二〇〇七年八月

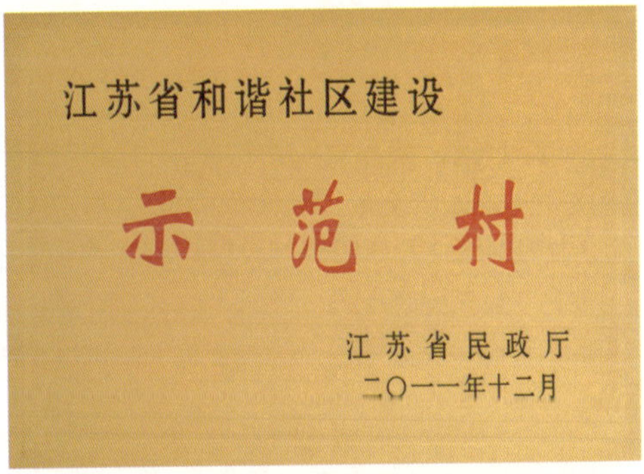
江苏省和谐社区建设
示范村
江苏省民政厅
二〇一一年十二月

江苏省放心消费创建活动
先进单位
江苏省放心消费创建活动办公室
二〇一三年三月

江苏省
民主法治示范村
江苏省依法治省领导小组
2015年6月

江苏省文明村
江苏省精神文明建设指导委员会
2016年9月

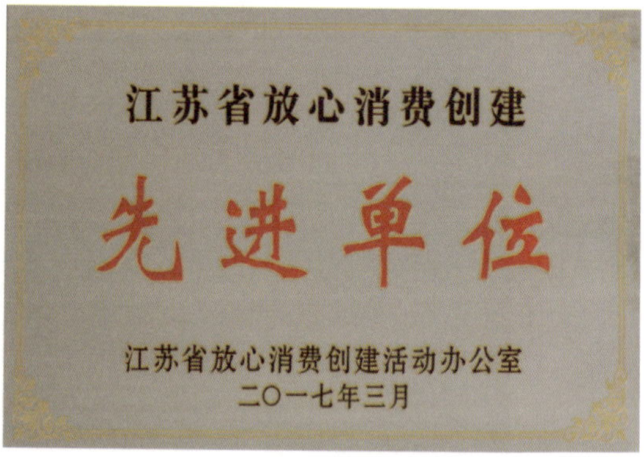
江苏省放心消费创建
先进单位
江苏省放心消费创建活动办公室
二〇一七年三月

江苏省健康村
江苏省爱国卫生运动委员会
二〇一七年三月

江苏省文明村
江苏省精神文明建设指导委员会
2019年12月

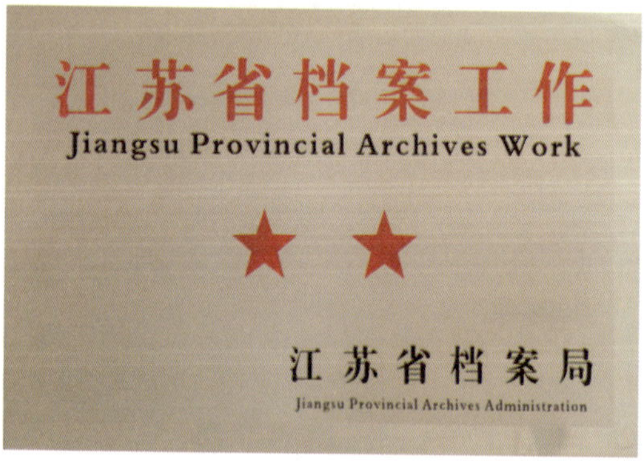
江苏省档案工作
Jiangsu Provincial Archives Work
江苏省档案局
Jiangsu Provincial Archives Administration

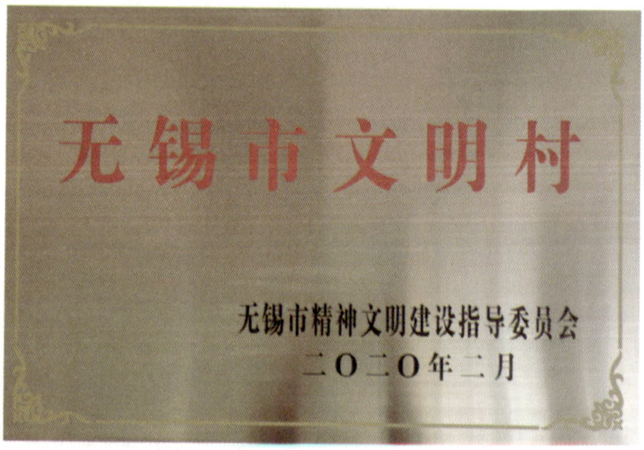
无锡市文明村
无锡市精神文明建设指导委员会
二〇二〇年二月

序　言

民主村这块土地，位于京杭大运河北侧，凤阜高墩之南，有适宜的气候条件，有肥沃的水田旱地，有发达的水系分布，是江南水乡的一块安居乐业之地。历代人民在这块土地上勤劳耕作、勉力求知、和睦交往，创造了这里的物质文明和乡风开化，使这块土地人才蔚起，生生不息。

在过去的大半个世纪里，民主人打破自然条件的限制，化解意识形态的禁锢，充分发挥聪明才智和奋斗精神，创造了农副工三业全面兴旺、社会事业蓬勃发展、人民生活蒸蒸日上的崭新面貌，享誉苏南大地。这里是无锡第一个中国共产党党员的诞生地，是无锡第一个党的进步组织“青城导社”的社址所在地，是苏州地区“农业学大寨”的典型，是无锡社队办工业的发祥地，是农副工三业全面发展的先进样板。

血脉需要赓续，文明有赖传承，承先启后、昭示未来是我们当代人的责任，这是我们编写《民主村志》的用意所在，我们想为民主人编写一部相对客观完整的民主发展史。村委的决定得到了村、组两级干部和广大居民的热心支持。大家积极为村志的编写提供相关资料、接受各类采访，甚至亲笔撰写文字，使村志编写工作顺利进行。

由于历代地方文献不涉及乡村的变迁，一个历史阶段内的村（大队）级机构也不设置档案管理工作，使我们难以清楚地了解这块土地上的历史演变。所幸全体编辑人员克服种种困难，广泛采访各界人士，查阅大量文献资料，严肃求证每一个历史事件，以刻苦、严谨的态度对待编写工作。经过两年的努力，完成了这部史料丰富、脉络清晰、文字审慎的《民主村志》，为我们了解家乡历史、掌握文化资源提供了良好工具，也为我们从历史中获得精神养料和借鉴历史沧桑创造了很大的便利条件。

民主村党总支书记

凡　例

1.本志以马克思列宁主义、毛泽东思想、邓小平理论、“三个代表”重要思想、科学发展观、习近平新时代中国特色社会主义思想为指导，坚持辩证唯物主义和历史唯物主义的立场、观点和方法。以实事求是为原则，力求全面、客观、真实反映民主村自然、政治、经济、文化和社会的历史与现状。

2.本志记事上限依据事物发端，下讫2020年。

3.本志资料主要来源于相关馆藏档案和报刊、方志、族谱等；部分来自村民访谈、实地调查。

4.本志记事以民主村行政辖区范围为准。辖区历经“民主乡”“民主大队”“民主村”等建置，本志用“民主村”称谓表述。

5.本志沿袭志书传统体例，述、记、志、传、图、表诸体并用。采用章节体，设章、节、目等。

6.本志中的历史纪年、标点符号、数字均按照国家标准书写。计量单位遵从当时通例。

7.本志度量衡沿用历史上的原有名称。现行货币以人民币为准。

8.本志历史名称，包括机构单位名称、村巷名称及其他地名等，沿用当时规定称法。

9.本志人物传略、人物简介，以生年先后为序。

10.本志乡贤诗文，在原文上添加标点，其余保持原貌。

11.本志未明确年代的均为20世纪。

目　录

概　述

民主村境内，在南唐时期已有村民聚居。自宋至明，大部分氏族村落逐步形成。

1951年12月，无锡县政府批准在玉祁区设民主乡。1959年1月，玉祁人民公社民主大队成立。1983年4月，改设民主行政村。民主村由施家宕、新村、徐巷、魏巷、新桥、刘庄、南村头7个自然村组成。

一

民主村这片土地，历经千年沧桑，留下了一笔丰厚的自然景观和人文历史的美景宝藏。

唐平湖　宋初平南唐，李煜归附建寺，名唐平寺。元季平沉为巨浸，改称唐平湖，又称“荡平湖”“唐明湖”。早期湖面开阔，四周芦荡纵横，岸屿隐现，风景秀丽，水产丰盈。

新桥街市　嘉庆元年（1796）二月“重建新桥”，村以桥名。新桥街市，形成于清嘉庆年间，兴盛于民国时期，是玉祁地区三大街镇之一，与玉祁街、礼社街并列。1984年，新桥古桥被列为无锡市文物保护单位。

酒肆作坊　清朝中期新桥刘氏酿造出的黄酒，闻名遐迩，成为玉祁特产，相传“玉祁双套酒”为刘氏所创。

佘唐庙　建于南唐时期，几经废毁，几经重建。2011年7月唐平湖开发动迁，

佘唐庙移地重建，建筑面积350平方米。

1984年佘唐庙附近两棵古银杏被列为无锡县文物保护单位。境内还有新桥进士第、施之勉故居等多处历史遗迹，尚待开发利用。

二

中华人民共和国成立以后，民主村人民艰苦奋斗，脚踏实地，敢为人先，凭借聪明才智和勤劳朴实的作风，各项经济工作都走在了时代的前列，取得了可圈可点的业绩。

农业——苏州地区无锡县的一面旗帜 1950年始，民主人兴修水利，修筑圩岸，建造站闸，改变低洼地区的农田面貌。合作化运动后，大搞整田平地，奋战近27个年头，建成千亩高产稳产良田。民主人坚持以粮为纲方针，通过积肥造肥、优化品种、改变种植模式等，从稻麦二熟到稻麦三熟，确保增产增收，1978年稻麦亩产突破一吨。

从单干户到互助组，从合作社到人民公社，再从改革开放后的联产承包到规模经营，民主村充分发挥地缘优势、人才优势、科技优势，不断推广新农技、新农艺。改良土壤、优化肥料、工厂育秧、农机服务等，促进了规模农业的发展，同时释放大量的农村劳动力向村镇工业输送，促进了民主村的经济发展。

1965年，民主大队被中共苏州地区委员会评为“学大寨标兵”。1972年至1973年，外地约有5万人到民主大队参观，学习依靠队办工业搞农田水利建设的“民主经验”。1975年，民主大队被评为江苏省1974年度“农业学大寨”先进集体。1980年，民主大队派代表出席江苏省1979年度农业先进单位表彰大会。

副业——江南鱼米之乡一枝独秀 1954年，渔民在河面养鱼，外省市派人参观取经，在全国推广。同年，组建民主渔业小组。1958年，利用唐平湖宽阔的水域饲养成鱼，并利用滩田开挖鱼池。1968年8月，在江苏省太湖水产研究所指导下唐平湖养蚌育珠获得成功，成为民主大队骨干副业项目，并在全社推广。1999年民主村有3个渔业专业户，放养面积270亩。1954年，民主乡开始种植番茄、西瓜、香瓜。1956年，开始种植大白菜，后在玉祁区普遍推广，仅施家宕、新村就种植200多亩大白菜，产量为24000多担，收入37万元。收入跃居公社榜首。1970年冬，大队在南村头建造百头猪场，1974年村里在该地开办大桑园。

1978年，苏州专区召开农业会议，民主大队作“以粮为纲，全面发展，正确处理农、林、牧、副、渔的关系”的经验介绍。《人民日报》《新华日报》分别发表调查文章，介绍和肯定了民主大队的事迹。1982年，民主大队队办工业及副业利润达159万元，为无锡县创利最高的大队。

工业——无锡地区村办企业的发祥地之一　1964年，民主大队创办了大队五金厂，为玉祁地区乃至无锡地区社队办工业之先声。随后，队（村）办企业如雨后春笋蓬勃发展，18家队（村）办厂相继创办。1985—1988年，无锡县纺织配件厂连续四年被评为无锡县明星企业，分别于1987年、1992年荣获江苏省明星企业称号，产品被评为部优产品。1987年，无锡县玻璃助剂厂的S型玻璃助剂和无锡县纺织橡胶配件厂的AL系列铝衬套胶管，获江苏省人民政府颁发的优秀新产品“金牛奖”。1993年，民主村工业产值超亿元，被无锡县人民政府授予“亿元村”称号。

1995年5月至1998年6月，共有31家企业实行经营转制。2003年工业总产值达34280万元，2005年工业总产值又上一个新台阶，达43414万元，销售收入43752万元，有企业57家，涉及汽配、纺配、五金、印染、轴承、化工、塑料、电器等行业。2010年，民主村有民营企业（个私企业）近40家，2019年，有民营企业（个私企业）80多家。

三

民主村人文资源丰富，人才辈出。

宋代，新村人、侍郎刘棨的后代刘衍、刘瑞五将军，分别抗金、抗元，战死沙场。清代进士新桥刘秉铉，从事教育，泽遗他乡。晚晴时期，新桥乡贤糜浚宣，创办学校，惠及邻里。

民国时期，民主村走出去一批知名人士：中医名家刘济川，文史学家施之勉，药物学家刘宝善，无锡第一个中共党员、印刷大家糜文溶，革命烈士施丽清、糜文灏，社会活动家施之铨，外交官、名作家糜文开，书装美术家糜文焕，电力工程专家施重欢，特级厨师吴涌根，音乐家糜若如等。

中华人民共和国成立后，民主籍有40多位优秀人物，获全国、省、市劳动模范光荣称号。有享受国务院特殊津贴者刘轶群、刘维倩、刘文龙、施光享、施维钧、刘伯胜、刘瑞源、糜若如等。

截至2020年，据不完全统计，民主籍大学生有1040多人，其中硕士、博士生80余人。

四

民主村人才辈出，有赖于深厚的重教兴学传统。

明清时期，境内新村、施家宕、刘庄、新桥等地，皆设有私塾，且不乏师资，学子踊跃。民国初年，新桥创办新式小学“青城市立第七小学”，糜文灏任教，并被聘为该校校长。同期，施家宕施襄政攻艰克难，凭一己之力创建施家宕小学，校址设在施氏宗祠内。1947年，刘庄村民齐心合力，创办刘庄小学。

中华人民共和国成立后，境内施家宕小学、新桥小学、刘庄小学等相继调整、完善、发展。1968年9月，创办民主初中。1984年11月，与上海交通大学合办机械专业大专班。

五

改革开放以来，民主村的经济飞跃增长，各项社会事业快速发展，村民生活幸福指数有了大幅提升，社会保障日益完善，交通更加便利，环境优美宜人，文化娱乐丰富。

民主村的发展成绩，受到各级政府的充分肯定，获得2005年江苏省卫生村、2006年江苏省生态村、2011年江苏省和谐社区建设示范村、2016年江苏省文明村、2022年江苏省文明村等光荣称号。

盛世修志，鉴古知今。境内唐平湖的开发使民主村进入了新的历史时期。在时代变革的潮流中，民主村的人民发扬优秀传统，抓住发展机遇，满怀信心发展经济，建设美好家园，为民主村谱写了崭新的篇章。

大事记

宋朝

开宝八年（975）

宋平南唐，唐后主李煜归附，建“唐平寺”于招义乡（今民主村境内）。

绍圣元年至四年（1094—1097）

孝廉龙图阁待制历仕至侍郎刘棨，号九一，随其父刘祧，号新村，由晋陵迁于招义乡新村，为玉祁民主刘氏始祖。

刘棨长子刘衎，为韩世忠裨将。1130年，刘衎与金兀术力战江中殉难，恤赠大将军。韩世忠为刘衎题像赞：一生雄略，独御金兵。抗危二次，力战九巡。长江殉节，恤赠将军。英名凛凛，金国亡魂。

祥兴二年（1279）

新村刘棨七世孙刘瑞五随抗元名将张世杰在厓山（今广东新会，为扼守南海门户）抗击元军的战斗中殉难。

元朝

元朝中期

玉祁黄巷魏氏始迁祖魏思达之孙魏庭艺由黄巷迁居境内魏巷。黄巷即后来的魏家宕。魏庭艺为魏巷魏氏始祖。

元贞二年（1296）

玉祁境内为兴道乡七都、八都及招义乡十二都。境内徐巷以南属招义乡，其余属于兴道乡。（王仁辅《无锡志》）

元朝末年（1368）

大雨导致河水猛涨，淹没唐平寺寺基及周围三十多亩，形成唐平湖。

逮元季疾风暴雨，河水骤涨，寺基并傍地三十余亩一时平沉，顿成巨浸，遂改称唐平湖。东通荫桥河，北过星桥通北大河，西通蔡家岸桥，南通乙虞桥。遇大旱水涸，每于湖底见石槛碎炉、古树盘根，康熙四十六年（1707）犹见之。（乾隆《无锡县志》）

明朝

永乐年间（1403—1424）

余德辉卜居无锡北门外招义乡新村为新村余氏始迁祖。

青阳仓头冯宗毅八世孙冯沇，字宗鲁，由仓头迁居玉祁新桥。冯沇为新桥冯氏始迁祖。

永乐二十二年（1424）

新村始祖刘桀十一世孙刘文暹在蓉湖之堤九顷圩置田宅，为西浦刘家宕，建九顷桥以通往来。康熙五十五年（1716）十月，重建成石桥，并改称九龙桥（后又复称九顷桥）。

景泰初年

施实，字道行，由无锡城区入赘招义乡石羊朱氏。石羊即后来的施家宕。施实为施家宕施氏始祖，善医术。

明朝中后期

陈鸾，字启新，由无锡南门外板桥村迁徙到新桥。陈鸾为新桥陈氏始祖。

万历年间（1573—1620）

糜鉴，字明远，由无锡城内大市桥徙居于大墩之西的新桥，其为新桥糜氏始祖。

万历四十四年（1616）

张廷辅，号茂甫，迁居刘庄，为刘庄张氏始迁祖。

清朝

清初

西刘庄刘爱耕曾孙刘士弘，字均达，号任庵。迁居新桥。因对外交通被河阻隔，往来不便，便造桥于河上，即为星桥，地亦以桥名。

康熙四十八年（1709）

新桥刘恕斋第三子刘秉铉（1680—1713），字让毓，号蓉川。三十岁中进士，授内阁中书，赐进士第于桥西。后为池州教授，任内以振兴学校为己任，三十六岁卒于任上。

康熙、雍正年间

排舍王亨阳，字元全，迁居施家宕，是为施家宕王氏始祖。王亨阳次子秉行出继施氏。

乾隆十七年（1752）

新桥刘鸿谟，字蒙说，中试顺天乡魁举人第17名。居官数年后，归家育才，著有《恰受航》诗稿及杂著数种。

乾隆五十年（1785）

大旱。

乾隆五十一年（1786）

春大疫。

嘉庆元年（1796）

乾隆末年，新桥人陈文达，字贯三，与族叔祖陈耀山会同刘、顾、朱、糜、司等家族的当家人挨户募捐，重建星桥。建桥工程前后花费五年时间，到嘉庆元年，新桥落成。新建的桥梁为石桥，镌刻“重建新桥”四个大字。于是，地名“星桥”改成“新桥”。还把建桥余下的资金驳了河滩和街道。

道光三年（1823）

芙蓉圩决堤，哀鸿遍野。新桥刘鼎元捐银千两，为芙蓉圩救灾，并谢绝县令的嘉奖。

道光末年咸丰初年

新桥人刘恰丰，字在阳，令儿辈种糯稻酿酒，并在桥西悬挂酒帘。是为境内文字记载居民规模酿酒之始。

咸丰十年（1860）

新桥桥西刘敬承，名庆麟，字训彝，弃儒就商，设酒肆于宅，酒味佳美，商务发达，恒信于人。

同治元年（1862）

刘惠南鉴于新村交通不便，租赁一只船，雇工两人，亲自参与，搞班船运输，往来于无锡、苏州之间。

同治三年（1864）

魏家宕人魏竹轩捐白银60两，在新桥设粥厂，煮粥救济穷困者。

同治年间

太平天国运动平息后，境内出现很多经商者，每到新谷登场，或买船或租船转运、贩卖稻米，粜贱贩贵，以此为业。村民刘世德经常往返于金坛、宜兴、常州、无锡之间，婚嫁之资全赖经营。

同治八年（1869）

施家宕人施厚堂发起并筹划修建蔡家岸桥。1921年4月，刘庄刘阿荣捐资修葺蔡家岸桥。

光绪十一年（1885）

蚕桑业在境内复兴，西庄刘氏28世孙刘永义置地数亩，首倡种桑养蚕。药物学家刘宝善的母亲悉心研究养蚕和栽桑技术，她的养蚕收入多于他人。

蚕茧收入成为该地家庭重要的收入来源。

光绪中期

无锡县令廖纶为褒扬图董施厚堂之贤能，为其堂额题“世德”二字。

光绪二十八年（1902）

四月，新桥人刘翼墀考中秀才。

光绪三十一年（1905）

陈献文等在玉祁西街猛将庙，开办玉祁第一所新式学校——德馨学堂。新桥人糜杓任校长，戴崇德、陈同泰等担任教员。

光绪三十三年（1907）

境内遭严重水灾，唐平湖周边圩田尽淹，葑岸圩因堤防不固，灾歉尤甚。施辛泰召集村民修筑堤岸，加宽增高、堤身坚固，此后数十年无重灾。葑岸圩遂成沃壤，冠于众圩。

同年，新桥糜氏祠堂开办育才初级小学堂。民国初，更名为青城市立第七小学。民国34年（1945），在刘家祠堂私塾教育的基础上重办新桥小学。1965年7月，新桥小学并入刘庄小学。

清朝末年

施家宕人施辛泰建亭于唐平湖渡口，供过往行人休憩、避雨。

刘庄人刘荫秋在往返于沪宁、汉镇、芜湖、九江的商轮上就职。在轮船上遇到两江总督刘坤一，刘坤一见其诚笃有才干，汇奏保赏五品蓝翎，并要委任他做官。刘荫秋以学识不够、不足以任事为由，拜受虚衔而辞谢实官。1913年8月，刘荫秋身染重病，命诸子速送故里，诸子立即乘汽舟而归。这是机动船开进民主境内的首次记载。

民国

民国2年（1913）

施家宕人、图董施乾泰出资并筹款创办“万安市第十国民小学”。1949年，学校更名为施家宕中心小学，1958年改称施家宕小学。

民国3年（1914）

刘庄人刘也麟随段祺瑞入京，被委任京畿警备司令部书记。四年后随南通张謇，被委任为残废院劝捐员兼庶务，后改任阜宁新南垦植公司中一区区长。

民国9年（1920）

新桥糜士楠从江西医专毕业后，在桥东设诊所行医。尔后，其胞妹糜小妹在玉祁大墩办暑期诊疗所。

民国10年（1921）

冬，新桥糜文溶经茅盾介绍，在上海加入中国共产党，是无锡籍第一位中国共产党党员。

民国12年（1923）

2月24日，受中共江浙区委之命，中共党员糜文溶偕胞弟文灏利用回乡过春节之际，邀一批进步青年在玉祁大墩发起成立“青城导社”，是无锡地区第一个由中国共产党领导的进步团体。社址设立于新桥青城市立第七小学。同时创办《青城导刊》，前后出6期。

同年，礼社“竞明电气会社”创办后，用电范围扩大至新桥、玉祁、葑庄等街市。

民国15年（1926）

钱穆，字宾四，至施家宕访施之勉，并泛舟同游唐平湖。

民国18年（1929）

3月，无锡县政府在施家宕开办“施家宕村无限责任信用社”，章程规定社员12人以上组织负无限责任，股本200元。旨在组织农民在农副业生产、农产品运销、个人信用、生产资料购买四个方面进行合作。

同年，新桥人刘元钊、刘春锜在新桥创办大新蚕种场，聘许克义为技术顾问。有桑园25亩，蚕室11间。育春蚕种5400张，秋蚕种12600张，品牌为“天女”牌。

同年，平湖公社（家族议事场所）成立。社址在新村与平湖（上巷）交界，为一院四造建筑，面宽4间，全长12米，正厅分别有“光明”和“进取”匾。后门上方“平湖公社”匾额，为施之勉所题。后因该场所用作消防，俗称“水龙宫”。

同年，刘锡甫任刘庄乡乡长、刘浩根任副乡长；糜浚宣任新桥乡乡长、刘元钊任副乡长。

民国22年（1933）

东村、玉祁、吴家港、礼社、施家宕分别创办民众学校。

民国23年（1934）

6月，钱永福任刘庄乡乡长，许诚钧任凤阜乡乡长，周祥贤任唐平乡乡长。

民国24年（1935）

开通新村至上海的班船。新村王爱林有5吨木船1艘， 每月2—3次载客往返。上海停靠码头为苏州河畔的上海锡金公司。1948年停航。1941—1948年，开通新桥至无锡的班轮，停靠洛社，轮船名“荣海”。每天一班往返，其中有两年因故停航。

同年，新建江阴青阳至武进横林的青武公路经冯巷穿境而过。

民国26年（1937）

11月，日寇进犯，青武公路沿途新桥、礼社、玉祁等屡遭兵灾，烧毁房屋，抢掠民财。

民国26—34年（1937—1945）

中共武工队区大队派地下党到新村、施家宕，以亲戚或教师身份进行革命活动。先后发展了施宝芳等一批进步青年。

民国27年（1938）

4月27日，新桥街焚毁于侵华日军之扫荡。被烧房屋计27户87间，住宅、店铺、蚕种场等大部分被烧光。

民国33年（1944）

1月21日除夕夜，新四军武工队10余人路过施家宕，借宿施之熙家。

6月23日端午节夜，冯云章率新四军武工队10多人借宿施之熙家，第二日出发，在野外镇压了土匪施金顺。

民国34年（1945）

6月15日，包厚昌率领江南挺进支队一个主力连在邬家宕与“忠义救国军”发生战斗，余静嘉、陈敏之、谢铎等14人牺牲。新村、施家宕地下党联络员刘全兴、余生和等接引部分伤员由义村撤到新村。

10月22日，经江苏省政府获准，设立玉祁自治实验乡，辖玉祁、礼社两镇及蓉南、魏齐、凤阜3个乡42个保。薛明剑任乡长，薛子瑜任副乡长。境内刘庄、南村头、魏巷、新桥属自治实验乡，徐巷、新村、施家宕属洛社区唐平乡。

同年，新桥村民捐款置办大小水龙二台，坐落于陈荣林家，由陈荣林保管。1954年迁至新桥祠堂，成立消防队，由刘锡元负责。70年代初，公社成立消防队，新桥的消防队逐渐退出历史舞台。

民国35年（1946）

秋，玉祁大墩办自治中学，薛明剑任董事长，施之勉（施家宕人）等10余人为董事。

民国36年（1947）

春，中共澄西一区区委特派员杜平波（原名唐廷轩）到新村开展革命工作，发动和组织基本群众进行抗日。

民国37年（1948）

春，刘庄初级小学落成。学校属公立性质，校址在东刘庄。1970年，批准刘庄小学为完全小学。

民国38年（1949）

4月23日，玉祁解放。解放军到新村施家宕，他们向百姓借桌子、凳子休息、做饭，但不进百姓家。饭后归还桌凳、扫净场地后继续行军。

4月25日，前洲区人民政府成立。区政府设在前洲镇，后迁至新桥陈家洋房和玉祁乾森丝厂，管辖9个乡镇。

6月，设立收粮点，配合无锡县人民政府开征夏粮和秋粮。

中华人民共和国

1949年

10月1日，群众参加庆祝大会和盛大游行活动，欢庆中华人民共和国诞生。

1950年

1月中旬，开展农民冬学运动。不识字的农民在新村“水龙宫”、刘庄薛秀蓉家的藜照堂、新桥小学等处参加基础文化学习，宣传党和政府的方针政策。

2月，废除保甲制，建立村长制。

10月14日，土改工作队进驻。工作队队长严立，每个行政村有一个工作队队员开展土地改革工作。

同年，境内参加抗美援朝入朝参战14人。其中，刘盘金在朝鲜长丰郡059高地战斗中牺牲，被部队追记二等功一次。

1951年

3月，教师毛静芝同20余名热血青年排演话剧《怒吼的青川江》，配合抗美援朝进行宣传活动。

12月，在“民主建政”运动中，无锡县政府批准设民主乡，新村、施家宕、徐巷、魏巷、东西刘庄、南村头等自然村划入民主乡。

同年，建立民主乡青年团团支部。

同年，玉祁邮政代办所下设施家宕邮政代办点。1959年，邮政代办点由施家宕迁至新桥东。

同年，新村上巷刘寿林被评为无锡县人民代表。

1952年

9月30日，刘寿林被苏南行署评为苏南区夏收作物第二批丰产名单的桑叶丰产户。同年，被评为苏南区劳动模范。

同年，下巷建立刘永钊互助组，其他自然村也逐步成立互助组。

同年， 糜文灏烈士亲属收到由毛泽东主席于12月14日签发的“革命牺牲工作人员家属光荣证”。1954年，政务院为糜文灏烈士颁发铜牌，无锡县政府委托玉祁区公所在新桥东立碑建糜文灏烈士陵墓。

同年，新桥桥西刘荣华家成立诊所，有医生陈伯芳、陈范锋、陈志谟、刘伯胜、糜士楠5人。

1953年

3月，无锡县发动“宣传贯彻婚姻法运动月”。余和兴和刘云霞2人自由恋爱而成婚，无锡县妇联代表和乡妇女干部在新村“水龙宫”为他们举办结婚仪式。

冬，西刘庄部分农户建立五一初级农业生产合作社。张伯祥任社长，刘福泉任会计，薛瑞亚任出纳，办公地点设在刘焕泉家。

1954年

2月，民主乡召开第一届人民代表大会，选举产生乡长、副乡长。

6月，新村、施家宕建立新谊初级农业生产合作社，办公地点设在下巷秦阿三家。

8月，凤平乡建立信用合作社，地址设在糜文溶家。入社户数768户，收股金1141元。1957年后，凤平乡并入玉祁乡，信用社撤销。

同年，余如顺因潜心农桑，独有造诣，悉心向村民传授蚕桑技术，被评为

“无锡县蚕桑劳动模范”，县长张卓如向其颁发奖状、奖品。

1955年

1月初，连日大雪，6日早晨奇寒，为26年来未遇。

同年，在王家坟开展农田基本建设，挑高填低，旱田改水田。

1956年

4月，新谊初级农业生产合作社成立新谊高级农业合作社，办公地点设在新村下巷秦宜男家里，新村划分4个片共11个生产队。5月，五一初级农业生产合作社成立五一高级农业生产合作社，办公地点设在刘庄。新桥属曙光高级社。

秋，始种大白菜。后来民主人把大白菜称为“聚宝盆”。

秋，新村文艺爱好者成立文艺组，排练大型现代戏《走上新路》和《十八相送》《摘石榴》《养媳妇》《一路同行》等小节目。除在新村演出，还在封庄、朱巷演出。

同年，“五一社”在刘庄开办幼儿园，地点设在刘锡坤家。

同年，新谊高级农业合作社组织渔民利用唐平湖并挖鱼池50亩，养殖鱼苗和成鱼，年产达11万斤。河面养鱼，始用竹管拦鱼，后改用尼龙网，效果很好，除西藏、新疆外，各省、区均有人来参观。

1957年

秋，由玉祁供销社牵头，山东城阳供销社提供大白菜种子“城阳青”，派人到新村、刘庄等辅导白菜栽培技术。

1958年

7月13日，曙光、新谊2个高级社合并为“幸福集体农庄”，又称“二社”，计1032户，4216人，耕田5043亩。“八一”“五一”2个高级社合并为“东风集体农庄”，又称“三社”，计950户，3827人，耕田4702亩。

8月，划片定点开办食堂，粮食从礼社粮管所运送到各点食堂，农民集体用餐。10月16日，实行“吃饭不要钱”政策。

9月12日，玉祁人民公社成立。公社划分五星、红旗、万里、东风、幸福、玉祁6个工区，境内隶属东风和幸福2个工区。

1959年

1月，原“新谊”和“五一”2个高级社建立民主大队。

4月起，经济核算方式由公社核算改为大队核算，采取统一经营、分级管理的办法。

5月，民主大队积极开展查螺、灭螺防治血吸虫病工作。

同年，民主大队妇女代表大会（妇代会）成立，设妇女主任职，生产队配备妇女队长。

同年，民主大队建立共青团支部。

同年，民主大队成立渔业队。刘应和任渔业队队长

同年，玉祁农业中学校长张伯祥（刘庄人）出席江苏省农业中学先进单位和先进工作者代表会议。

1960年

民主大队推广“半劳保”医疗办法。

1961年

11月，民主大队集体食堂解散。

1962年

1月，民主大队恢复社员自留田。

5月，改大队核算为生产队核算，生产队成为统一经营、自负盈亏的核算单位，采取“各尽所能，按劳取酬，多劳多得”分配原则。

6月，三麦获丰收，民主大队农田共计1216亩，三麦单产为310.8斤。上头巷生产队37.17亩三麦，单产403斤，为全县单产最高的生产大队和生产小队。

同年，民主大队全部通电。开始使用电动脱粒机脱粒。个别家庭安装电灯。

同年，民主大队接收下放工人共200多名。

1963年

2月15—26日，蓉南大队、民主大队上头巷生产队派代表出席江苏省1962年度农业先进单位代表大会。年末，蓉南大队、民主大队又被评为江苏省1963年度农业先进单位。

12月5日，无锡县第一批社会主义系统教育工作组进驻民主大队，开展“四清”（清工分、清账目、清财物、清仓库）工作。工作组于1964年3月底撤走。

1964年

秋，民主大队办起民主五金厂，厂址为新桥桥西陈月琴家及刘家祠堂，厂长刘晋玉，会计施惠祥。是玉祁公社第一家大队办工厂。

秋，民主大队掀起“农业学大寨”的群众运动。推行整田平地运动。至翌年春，挑平了新村西南高墩，填平了低塘。

同年，玉祁公社推行种植“双三制”（双季稻、三熟制的简称），民主上巷生产队、蓉南七队带头种植。

同年，新桥祠堂开办加工厂，有粉碎机1台、碾米机1台等设备、17.5千瓦电动机2台。

同年，民主大队在上巷建立种子基地。

1965年

1月，第二批面上“四清”（清政治、清经济、清组织、清思想）工作队进驻玉祁，对生产大队、生产队干部进行经济清理。

3月18日，第一批14名社员进民主五金厂当工人，生产消防保险钩。年底，上缴大队利润8000多元，在上海还开立银行账户。

9月，民主大队办农业中学，地点在施家宕施耀林家。

同年，民主大队被中共苏州地区委员会评为“学大寨标兵”。

1966年

1月，民主大队上头巷生产队被评为1965年度江苏省农业先进单位。

春，民主大队在施家宕施耀林家开诊所，医生贾仁伦。两年后停诊。

同年，大队开办淀粉加工厂。

1967年

3月，大队建立革命生产领导小组。

同年，新建大队办公楼两间两层楼，地址在徐巷与东刘庄交界。

同年，民主大队始种蘑菇。各生产队利用仓库、猪场搭建蘑菇棚。

1968年

5月，民主大队管理委员会更名为民主大队革命委员会。

春，无锡交通局到玉祁建筑站招收建筑工人参加南京长江大桥的建设。民主大队刘汗林、刘克勤、刘伦祥3人参加大桥建设。任务圆满完成后，司令员许世友接见他们。

8月，民主大队在江苏省太湖水产研究所指导下，唐平湖养蚌育珠获得成功，成为大队骨干副业项目，并在全社推广。

9月，民主大队在原农业中学的基础上成立民主初中。

11月下旬，民主大队刘忠德作为无锡县“农业学大寨”的典型代表和江阴华西大队吴仁宝等一行5人，代表苏州专区，赴昔阳县参加全国“农业学大寨”代表会议。

同年，民主大队在新村开办磷肥厂，土法制造磷肥。

1969年

1月，民主大队刘忠德作为苏州专区唯一代表，赴太仓参加全国农业机械化现场会。

春，民主大队种植44万株番茄苗，因不符合上级规定被全部拔掉。

10月，民主大队建立合作医疗管理小组和民主大队卫生室，“半劳保”“统筹医疗”改为“合作医疗”。卫生室设在民主徐巷徐锡荣家2间房屋内。

1970年

冬，南村头建大队百头猪场。

同年，在“农业学大寨”“全国学人民解放军”运动中，玉祁公社开展“四好总评”活动，民主大队被评为四好大队，东刘庄、魏巷、新桥、下巷和卫生室被评为四好单位，五好社员402名。

同年，民主大队购进第一台手扶拖拉机。

1971年

2月，民主大队试行“民主理财，公开记账”，下头巷小队成为大队民主理财的典型。全大队统一规定每月1日、16日为生产队民主理财活动日。

3月5日，苏州地区革委会、无锡县革委会“抓革命、促生产”大检查，民主大队作现场汇报。

1972年

8月15日，苏州专区、无锡县在民主大队召开副业工作会议。民主大队作题为《纲举目张，五业兴旺》的发言。

同年，民主大队确定后二、魏巷两个生产队分别为蚕桑基地和养猪基地。

同年，民主大队创办菌种场，成立种植队伍，百头场蘑菇种植面积约2200平方米。

同年，渔业队试用“四大家鱼”池塘人工繁殖鱼苗获得成功。

同年，民主大队开办13个幼儿班（当时称“红儿班”）。翌年，撤并成3所幼儿园，新村、刘庄、新桥各1所。1997年，村委对原施家宕小学校舍进行改造，成立民主幼儿园。2009年9月，村幼儿园并入玉祁中心幼儿园。

1973年

8月，无锡县革命委员会调查组在民主大队进行调查，形成题目《民主大队近几年为什么能农林牧副渔全面发展？》的调查报告。

9月，民主大队被树立为无锡县五业兴旺的样板，参观者数万人。尔后，玉祁公社毛泽东思想文艺宣传队为颂扬民主大队农林牧副渔全面发展，特别排演一台说唱节目。内容包括《五业兴旺》和《三只鸡》等小戏。

1974年

2月1日，民主大队在前洲片三级干部会上作题为《大干快上创新业，农副生产齐跃进》的发言。

是月，民主大队在徐巷南建造肉猪场。

秋，新桥东从曙光大队划归民主大队。

冬，民主大队于唐平湖滩东南建大桑园，面积300亩。

同年，全大队分别种植800多亩三麦、前季稻、后季稻丰产方和80多亩三级试验田，推广新品种、新技术，前季稻扩种了高产品种“广六矮四号”，后季稻推广两段育秧。

同年，全大队稻麦总产310.1万斤，稻麦单产1885.8斤。新桥、魏巷、上巷、施二等4个生产队产稻麦超过一吨粮，新桥生产队单产达到2100.2斤，其余新东、东刘庄、西前二等15个生产队超过“双纲”。为国家贡献粮食60万斤。

同年，民主大队在徐巷南办起集体养鸭场，数量达1000余只。

同年，大队在新桥小队村南建造民主砖瓦窑。

1975年

1月1日，苏州地区、无锡县二级领导“冬春工作现场会”，民主大队在会上作工作汇报。

3月29日至4月2日，民主大队作为江苏省1974年度“农业学大寨”先进集体，派代表出席江苏省表彰大会。

10月，应广东省汕头专区的邀请，由无锡县组织抽调各地有种植经验的农技人员20余名，赴广东汕头地区辅导种植小麦。于1976年5月圆满完成任务。民主大队糜平刚、刘凤林、刘兴泉、施全生等参加。

同年，渔业队人工繁殖三角帆蚌成功，面积3亩，当年获一龄蚌20多万只。

同年，大桑园开办养鹅场，饲养白鹅500只左右。

同年，民主大队分别在南片和北片设立两套自发电设备。北片的自发电设备在汽配厂内，发电能力为50千瓦。

1976年

8月19日，全大队预防应对地震灾害，家家户户在户外搭棚住宿。

9月9日，大队用电组帮徐巷生产队买回一台9英寸黑白电视，是民主大队第一台电视机。

10月11日，无锡县委决定，民主等8个大队作为从生产队核算改为大队核算的试点单位。

1977年

9月，经济学家、全国物价委员会主任薛暮桥参观考察民主大队，大队书记刘健华向薛暮桥汇报大队企业的情况。

11月12日，民主大队向国家计委、农林部的中央调查组作题为《民主大队如何做到农业、工业、副业协调发展》汇报。

同月，公社组织15个大队民工在民主开挖3条新河，总计长度3000余米。造水泥桥6座（其中有一座三脚桥）。总耗资70余万元，其中民主大队投入36万元。

同年，民主大队实行队办企业定额管理制度，采用以超产奖励为核心的“五定一奖”办法，即定人员、定任务、定质量、定完成任务时间和定产值利润率，超额完成给予奖励，允许企业在“五定”范围内自主经营。1981年，苏州地区印发《农村人民公社实行专业承包联产计酬试行条例》，“五定一奖”责任制逐步推行。

同年，大队购置小型汽艇一艘，命名“飞宇”，驾驶员余如宝。

1978年

3月，苏州专区农业会议召开。民主大队介绍“以粮为纲，全面发展，正确处理农、林、牧、副、渔的关系”的经验。

4月4日，《人民日报》发表题为《社队企业要有个大发展》的社论和无锡县的调查报告《农业高速发展的途径》。介绍民主大队生产发展的经验。

7月9日，《新华日报》第二版发表题为《公社富裕的标志——无锡县农副工结合全面发展调查之五》和《扩大再生产的源泉——无锡县农副工结合全面发展调查之六》的文章。民主大队的事迹得到充分肯定。

1979年

3月，玉祁公社开始办理1969年冬至1970年春的插队知青回城镇的安置工作。

5月25日，农业部部长何康等一行30余人到民主大队考察参观。何康对大队办公室墙上贴有劳动力使用和农、副、工经济情况表产生兴趣并拍照。

同年，民主大队发生急性黄疸甲型肝炎。患病者大多为中小学生，其中新村学生最多。患者安排在民主大队东大桑园，进行集中隔离治疗。

1980年

2月4—7日，容西大队、民主大队派代表出席江苏省1979年度农业先进单位表彰大会。

6月，纺工部在民主大队塑料厂召开皮辊轴承保持架全国统一产品质量标准研讨会议。

1981年

2月，民主新桥东队队长糜平刚组织社员，对110亩水稻实行联户计酬承包制度无记名投票。经过投票，桥东生产队实行责任制成功。

8月1日，时任中国人民解放军空军某部队机械员魏进喜，魏巷人营救战友牺牲，被部队追认为中共正式党员，追记一等功一次。

1982年

9月，民主大队实行农业家庭联产承包责任制。按男女劳力、田的远近情况分田，俗称“分田到户”。次年，实行“人分口粮田，劳分责任田，猪分饲料田”。1986、1989年分别进行分田。

同年，民主大队筹建育秧工厂。建温室4间，锅炉房1间，床土室2间，种子室2间，肥药库2间，办公室1间，建筑面积420平方米。

同年，民主大队工业及生产队副业的利润为无锡县最高，利润额159万元。

1983年

4月25日，建立乡村建制。民主大队改设民主行政村，民主行政村设村党支部、村农工商联合社。

8月，民主村开挖第一口深井，建造第一座水塔，创办村自来水厂。此井于1996年作报废处理。1990年，上巷开挖第二口深井。1992年，中兴化工厂内开挖第三口深井，建造第二座水塔。同年10月，刘庄开挖第四口深井，建造第三座水塔。1996年7月，老年俱乐部院内开挖第五口深井。

12月，无锡县玻璃助剂厂试产新光牌O型玻璃澄清剂成功。其生产工艺被化工部科技局列入精细产品化工手册，并获得“江苏省科技进步三等奖”，参加农牧渔业部、水利电力部、江苏省政府举办的大型农业展览展销会。1987年，该厂新产品S型玻璃添加剂获江苏省人民政府颁发的优秀新产品“金牛奖”。

同年，恢复“一年稻麦两熟制”。

同年，民主村设立农业综合服务站，设农技、植保、工厂育秧、农机、水利等五条服务专线。1988年，农业综合服务站获得由县农业局、财政局、审计局颁发的第一批合格村铜牌。

同年，玉祁镇共有种子田170亩，其中民主村有48亩。

1984年

9月6日，玉祁遭受龙卷风和冰雹袭击，倒塌房屋117.5间，人员重伤6人，水稻受损面积7420亩，鱼塘60亩，吹倒电线杆34根。受灾区域包括五牧、黄泥坝、万里、礼舍、民主、曙光等8个村。

9月23日，江苏省乡镇工业展览会在北京农业展览馆开展。无锡县以“欣欣向荣的无锡县乡镇工业”为主题参展。民主村村办工业展出主题图片，图片介绍玉祁乡民主村坚持以小为主，以补为主，以配为主办工业的宗旨。全村15个小工厂生产33种小产品，价格从几分钱到几十元。1983年产值超过600万元。

11月，玉祁乡与上海交通大学合办的机械专业大专班在民主村纺配厂开班，上海交通大学承担师资和教学，学制2年。玉祁乡成立“无锡县玉祁乡职工大学”校长沈树正，副校长刘晋玉。

同年，《上海企业》第3期，发表题为《经营搞得活，效益年年增——无锡县玉祁公社民主大队乡镇企业纪实》的文章。

同年，佘宕庙旁两棵古银杏树被列为无锡县保护文物。2001年12月，经无锡市园林管理局公告，两棵银杏编号分别为218、219，树龄230年，其中雌枝周长4.2米，高26米；雄枝周长4.6米，高26.8米。

1985年

3月18日，民主村村民委员会成立。

是日，民主村联社改名为无锡县新民实业公司。

4月，国务院经济研究中心总干事薛暮桥考察参观民主村的村办企业，并在纺配厂与父老乡亲开展座谈交流。

同年，全县生产珍珠4969公斤，其中玉祁乡民主村水产场产珠500公斤，三等以上优质珠占18%。（《无锡县志》）

同年，民主村购进2台“桂林”牌联合收割机。

同年，民主村设置电话总机，共有电话分机200部，地点设在民主纺配厂。1996年，民主村成为江苏省电话村。1998年，民主村总机撤销。

1986年

秋，技工班在民主刘庄小学老校舍开办。学制半日制一年制，学习科目由数学、化学、机械制图、电工等构成。

同年，民主汽车配件厂与上海汽车电机厂正式签署联营协议。玉祁民主汽配厂更名为“上海汽车电机厂二分厂”，生产汽车启动电机。

1987年

7月，民主村成立党总支委员会。分设民主村委农副业党支部和民主工业党支部2个支部。党支部各配政工员1名。党支部共设10个党小组，有党员71名。

8月30日，民主村建立村工业办公室，下设经营管理、人事劳资、安全保卫3个科。

11月，民主村电工刘耀兴被评为“江苏省电力系统优秀农村电工”。

同年，民主大队纺配厂被评为“江苏省明星企业”，产品被评为部优产品，1992年又获此荣誉。产品出口多个国家和地区。

同年，民主村县食品脱水厂出口蘑菇干片。创汇77万元。

同年，民主村无锡县纺织橡胶配件厂生产的AL系列铝衬套胶管，获江苏省人民政府颁发的优秀新产品“金牛奖”。

同年，新建民主村委办公楼。办公楼位于民主路旁，共三层，每层五间，占地1250平方米。

同年，民主村成立基层爱卫领导小组。

1988年

10月，民主村与浙江长兴钱淦良、范土堂二人签订承包土地合同。承包土地56亩，承包期限一年。1994年，民主村里共有6个小农场（包括农科队），共种植小麦325亩，水稻402亩。

同年，民主村老年人协会成立。

同年，民主初中男子篮球队连续三年获得“芙蓉杯”篮球比赛冠军。“芙蓉杯”奖杯永久留在玉祁乡。

同年，民主村对60岁以上老人发放养老津贴。

1989年

民主村实现全区域供水。村民饮用民主自来水厂的深井水。

1990年

12月3日，薛暮桥偕夫人罗琼回乡参观考察无锡县纺配厂、礼舍村、无锡县铝合金厂、梁溪冷轧薄板厂公司等单位。

同年，民主村成立计划生育协会。设会长1人，副会长2人，秘书长1人，理事会委员11人。协会会员35人。

同年，江苏、北京男篮，上海、浙江、四川、江苏女篮，广东、江苏、上海、安徽青年男篮先后到民主村参加表演赛；国家女子篮球队主力后卫丛学娣到场献技。

同年，民主村成立中老年妇女舞蹈队。

1991年

5月21日至7月14日，雨日共37天，降雨总量866毫米。其间，7月1—2日连续大暴雨，降雨量达270毫米。7月2日深夜，村民听到邻村破堤警报后，上千名村民冒着倾盆大雨赶赴抢险地段修筑第二道防线，将洪水拦在堤外。

同年，民主村被评为“无锡名村”。

1992年

4月，无锡县开办首届村委会主任培训班。民主村介绍“民主自治当家作主，农村经济健康发展”的经验。

是月，民主村成立村残疾人协会。

同年，村成立综合服务站。下设农技指导、植保队、灌区、农机队、物资供应站，以及服务站指导下的小农场6个。

同年，民主村被惠山区农业局命名为现代化工程验收合格村。

1993年

2月10日，民主村党总支和民主村民委员会在纺配厂大礼堂召开表彰大会。表彰1992年度的先进集体和54名先进个人。

同年，民主村工业产值超亿元，被无锡县政府授予“亿元村”称号。

1994年

3月25日，无锡县人事局组织全县十年内人才队伍情况调查。经调查，民主村聘请人员中有中级职称15人，高级职称38人。举办民主实用性培训（内育）班12届，培训566人。单独送出培训106人。

同年，民主纺配厂和玉祁房管所开发建成影剧院商品住房2幢。建筑面积5466平方米。

1995年

5月，民主村实行企业转制，由村办集体企业转为民办企业。

同年，民主村开发建成振祁三村商品房，共17幢130套，建筑面积20200平方米。

1996年

5月25日，锡山市村民自治示范活动现场会在南泉镇召开。玉祁镇民主村在大会上作发言，题目是“发扬民主作风，促进村民自治”。

6月28日，玉祁镇政府召开各村（居）委主任会议。参观民主村委建设试点。

11月，江苏省锡山市玉祁镇开展帮扶江西省都昌县北炎乡失学（贫困）儿童的活动。

1997年

8月，施家宕小学与刘庄小学合并称民主小学，校址在原刘庄小学。2003年8月，民主小学合并到玉祁中心小学。

1998年

镇村两级共同投资40万元，在唐平湖开辟游泳馆，面积6700平方米，其中沙滩1600平方米。游泳池分深水区、黄泥区和浅水区，用浮标隔开。游泳池畔配备更衣室、泵站等。

2000年

年初，养殖专业户在民主村黄泥河南建造养鹿场。该养鹿场总投资30余万元，建造鹿舍及鹿产品加工厂，引进梅花鹿60余只，并配牧草场5亩。

7月，无锡军分区组织轻武器实弹射击比赛。民主村民兵营长刘贤打出5发子弹命中50环的成绩，被无锡军分区评为“神枪手”。

2001年

8月，民主村对新村、刘庄的村道进行改造。总投资70万元，铺水泥路。在主要路段及菜场周围安装功率为80瓦的路灯65盏。

2001—2003年，民主小学在惠山区小学生运动会上乒乓球比赛中取得男子团体“三连冠”，囊括男女单打冠军。

同年，民主村被中共无锡市委员会、无锡市人民政府评为1999—2000年度“加强农村基础组织建设、加强农村现代化建设示范村”。

2002年

2月，民主村被中共无锡市惠山区委、区人民政府评为2001年度“双文明先进村”。

同年，民主村被评为“无锡市加强农村基层建设加快农村现代化建设示范村”。

同年，民主村被评为“1999—2001年度无锡市创建文明村镇工作先进村”。

2003年

6月2日，新桥古桥被评定为“无锡市文物保护单位”。

12月8日，玉祁中学高中部新址举行奠基仪式。新址部分土地由东刘庄提供。2004年8月28日竣工并举行落成典礼。

同年，民主村开展宣传预防非典型肺炎工作。民主卫生室医生轮流在沪宁高速公路玉祁道口设立的检测站值勤，协助参加检测工作。在民主村主要公共场所及时做好消毒工作。

同年，村委投资15万元。在常玉路旁建造民主村休闲广场，占地1460平方米。

2004年

10月，民主村投资8万元建立民主村警务室。年底，该警务站被评为“无锡市三星级警务站”。

12月2日，民主村成为玉祁镇村股份合作制改革试点村。

年底，村工会召开职工代表大会，选举产生新一届村工会联合会班子。

同年，民主村开展宣传预防禽流感工作。

同年，村委在民主路附近建造新村菜场，占地约2000平方米。建造平房19间，主要经营蔬菜鱼肉类、南北干货，并有部分熟食店。

2005年

10月15日，玉祁镇政府相关人员走访民主村百岁老人刘培芳（男，101岁）。

12月，民主村老年俱乐部被惠山区老龄委评为“五星级”老年俱乐部。2007年6月，村委投资220万元在村中心新建老年俱乐部“老少同乐园”。

同年，民主村有注册企业75个。其中年产值1000万元以上规模的企业有无锡艺华纺织有限公司、无锡信腾纺织印染有限公司、无锡市锡珠塑料厂、无锡新云汽车电器有限公司、无锡市锡珠轴承厂、无锡市美林新型装饰材料有限公司、无锡市天工轴承厂、无锡市天地自动化设备厂等，占玉祁镇规模企业的十分之一。

同年，建造生活污水处理池和地下污水收集管道，生活污水处理率达87.5%。

同年，民主村东刘庄和村东的洋房区被评为“绿色村庄”。

同年，民主村被江苏省爱国卫生运动委员会评为“江苏省卫生村”。

2006年

4月20日下午，唐平湖开发项目投资签约仪式在无锡举行。唐平湖开发进入实施阶段。

是月，民主村被江苏省环境保护委员会评为江苏省生态村。

同年，民主村实施全面改造厕所工程，落实保洁管理措施，建造水冲式公厕。

2007年

8月，民主村被中共无锡市委、市政府评为“2005—2006年度无锡市文明村”。

10月，民主村工会举办“工会杯”篮球邀请赛。规定每年在国庆期间举行一次。

12月28日，民主村成立老年体育分会。

同年，民主村《刘氏宗谱》续修工作告竣。其后施氏、余氏等也相继纂修。

2008年

5月12日，民主村全体党员、全村村民、企业为四川汶川捐款，共计捐款达20多万元，其中交纳特殊党费4.3万元。

是月22日，民主村上巷刘建华家成为民主拆迁第一户。

7月，村民大会通过了民主村村民委员会制订的《计划生育自治章程》。与村民签订《遵守计划生育自治章程》合同书。

2009年

截至8月6日，民主村拆迁湖西路以东、新桥东共计73户。拆除建筑面积达15743平方米。

同年，民主村开展预防甲型H1N1流行性感冒工作。

2010年

3月，全村骨灰盒安放设施建造完成，安放地点设在南村头旁新建的安息堂。

8月5日，民主村党总支建立党群民主议事会，审议村重大决策、党员发展等内容。

2011年

1月1日，民主村实施非社保百姓使用无锡市社会保障市民卡、农保百姓划卡就医。村有1285人参加居民医疗保险，全村村民100%参加各种医疗保险，村级补助每人20元医疗保险费。

12月，民主村被江苏省民政厅评为“江苏省和谐社区建设示范村”。

2012年

民主村与80余家用工企业签订《工资集体协商》合同书。

2014年

10月，民主村委易地新建民主村党群服务中心。该项目投资1235万元，占地4000多平方米，绿化面积400余平方米，主楼高4层，建筑占地约1050平方米。

村委投资80万元，在新村杨花浜附近的废河道建造健身场所，占地约3000平方米。

2015年

6月，民主村被江苏省依法治省领导小组评为“江苏省民主法治示范村”。

同年，民主村被评为“2015年度江苏省生态村”。

同年，民主村获得“2015年度无锡市文明村”称号。

同年，民主村对高血糖、高血脂包括肿瘤建立慢性病防治管理手册，病人共计803人。同时对65岁以上老年人组织健康体检一次。

2016年

7月26日至8月3日，民主村党总支、村民委员会和共青团组织暑期“夏令营”活动。活动邀请四川凉山彝族自治州德昌县热河乡8位品学兼优的小朋友。整个活动策划“十个一”的内容，带着孩子们尝试了很多“第一次”，获得无锡市级媒体的广泛报道。

9月，民主村被江苏省精神文明建设指导委员会评为“江苏省文明村”。

2017年

3月，民主村被江苏省放心消费创建活动办公室评为“先进单位”。

是月，民主村被江苏省爱国卫生运动委员会评为“江苏省健康村”。

是月，民主村被无锡市精神文明建设指导委员会、无锡市志愿者总会评为“2016年度无锡市最美志愿服务社区”。

7月，民主村建立河长制。河长制设定1名村委干部任河长并设1名联络员和1名保洁员。河长每季度进行一次巡河，联络员协助河长履责做好台账，保洁员每周巡查打捞河面白色污染物等。

11月，民主村被无锡市科学技术协会评为“无锡市科普示范村”。

同年，民主村通过无锡市社会视频专网运营平台，在36个主要路口安装高清摄像头，保障安定的社会环境，提升群众安全感。

同年，民主村委投资1787万元，在润秀苑东面，建造民主社区便民服务中心，建筑占地面积约2200平方米，为五层大楼。

2018年

7月1日，民主村成立玉祁街道首个医疗互助项目“福村宝”。“福村宝”以全体家庭参保的形式进行。村委承担70%费用，家庭承担30%费用。

同年，民主村投资7.6万元建新村公厕，投资3.9万元增加移动厕所。

2019年

6月7日，民主村举行庆端午“工会杯”乒乓球比赛。

9月27日至10月1日，民主村联合玉祁街道文体站和篮球协会，举办一年一度的“工会杯”篮球比赛。民主村篮球队夺冠。

同年，民主村村委会设立民主村史展览室。展览室的主题是“砺志奋进，大美民主”。采用照片、实物等形式，记录展示民主村的历史。

同年，民主村成立民主家庭医生工作室，名称为余蔡琴家庭医生签约服务队。

2020年

1月17日，民主村成立村新型冠状病毒感染肺炎疫情防控领导小组。办公室设在村党群服务大厅，办公室另成立领导小组、疫情报告组、物资后勤处置、宣传组等几个工作组。

2月28日，民主村党总支组织全村党员在新冠肺炎疫情防控期间开展捐款活动，143位党员参加捐款活动。活动期间，党员、企业老板和部分村民共计捐款21.65万元。

春节时间，民主村成立新型冠状病毒肺炎疫情防控“护村哨”。

6月，中共无锡市惠山区委授予民主村党总支“惠山区先进基层党组织”称号。

12月10日，民主村被江苏省生态环境厅命名为“江苏省生态文明建设示范村”。

同年，民主村新开河被评为无锡市最美10条河流之一。

第一章　建置　环境　人口

· 33 ·

民主村落最早出现在文献中是在北宋初年，宋平南唐后，境内造“唐平寺”。既有寺庙，也有比较稠密的常住人口。自宋代以来的上千年时间里，随着人口不断迁入，这里形成以姓氏为特征的7个自然村落。元朝末年形成的唐平湖，给沿湖人民带来灌溉、运输之利和鱼虾之美。在历史的演进中，境内人民亦农亦商、耕读传家，使得文化教育逐渐发达，经济商贸日益繁荣，形成独特的人文气质。

第一节　建置沿革

民主村最早有史料记载的是北宋初年在境内建唐平寺。

自宋代到明万历八年（1580），无锡县共设22个乡。民主的行政区划分属于兴道乡、招义乡。徐巷及其以南属招义乡，徐巷以北属兴道乡。

万历八年（1580），无锡县裁并22个乡为13个区。民主的行政区划分属于万安区、青城区，即徐巷及其以南属万安区，徐巷以北属青城区。

清雍正四年（1726），无锡县分为无锡、金匮两县，万安区、青城区属无锡县。

光绪三十四年（1908），无锡、金匮两县共划分10个市、7个乡。原青城区改为青城市，原万安区改为万安市。

民国18年（1929），无锡17个市、乡改为17个区（以序数为区名）。原青城市改为第十五区，所属辖区的乡有刘庄乡和新桥乡。刘庄乡乡长刘锡甫、副乡长刘浩根；新桥乡乡长糜浚宣、副乡长刘元钊。原万安市改为第十六区，辖区的新村施家宕属唐平乡。

民国23年（1934）6月，无锡17个区合并为10个区，原第十五区改为第九区，刘庄乡乡长钱永福；凤阜乡乡长许诚钧，新桥属凤阜乡。原第十六区改为第十区，其中，唐平乡乡长周祥贤。

民国27年（1938）1月，恢复为民国23年（1934）前的十七区建制。

民国30年（1941）2月，又恢复为1934年后的十区建制。

民国34年（1945），薛明剑报请省政府批准，在玉祁设立自治实验乡。凤阜乡和刘庄乡划入自治实验乡。第十区改为洛社区，唐平乡属洛社区。

民国37年（1948）1月，无锡县划分为5个区署、6个指导区及1个自治实验乡。洛社区划为第四指导区，撤唐平乡，徐巷及其以南属第四指导区的万北乡。

民国38年（1949）4月25日，前洲区人民政府成立（其时全县分设7个区）。政府办公地点设在前洲镇，后迁至新桥和玉祁乾森丝厂，管辖9个乡镇，包括现在玉祁辖区内的玉祁镇、礼社镇、万北乡、蓉南乡。其中，新桥、魏巷、徐巷属玉祁镇，镇长龚仲和；刘庄、南村头属礼社镇，镇长史惠龙；新村、施家宕属万北乡，乡长刘全兴。

1950年5月，撤前洲区，分设玉祁区和洛社区。境内南村头、刘庄属于礼社乡，魏巷、徐巷、新桥、新村、施家宕属于凤平乡。

1951年12月，在民主建政中，新村、施家宕、刘庄、南村头、魏巷、徐巷等自然村成立民主乡。

1954年8月，划归凤平乡。

1956年4月，全县合并区、乡。玉祁区并入洛社区，玉祁镇、礼社乡、凤平乡并入玉祁乡。5月，新谊初级农业生产合作社成立新谊高级农业合作社。“五一”初级农业生产合作社成立“五一”高级农业生产合作社。新桥隶属曙光高级社。

1958年3月，无锡县撤区一级建制，全县设立34个乡。新谊、五一和曙光3个高级社隶属玉祁乡。

1958年7月13日，曙光、新谊社合并为幸福集体农庄，称为“二社”。八一、五一社合并为东风集体农庄，称为“三社”。

1958年9月12日，玉祁人民公社成立，分五星、红旗、万里、东风、幸福、玉祁6个工区。民主境内分属东风、幸福2个工区。

1959年1月，原新谊高级社、原五一高级社建立民主大队（新桥东属曙光大队），设民主大队党支部、民主大队管理委员会。下辖新村、施家宕、刘庄、南村头、魏巷、徐巷6个自然村，共设施家宕、新西一、新西二、新西三、新东一、新东二、新东三、后一、后二、后三、上巷、下巷、徐巷、魏巷、东刘庄、西前一、西前二、西后一、西后二、南村头等20个生产队和1个渔业队。

1974年秋，新桥东划归民主大队。

1983年4月，废除大队建制，建立民主行政村，成立民主村农工商联合社。

1985年，民主村村民委员会成立。民主村农工商联合社更名为民主村实业公司。废除生产队建制，设立村民小组。

1995年6月，撤销无锡县。民主村隶属锡山市玉祁镇。

2000年12月，经国务院批准，撤销锡山市，设立无锡市锡山区和惠山区。民主村隶属惠山区玉祁镇。

2009年7月，民主村隶属无锡市惠山区玉祁街道。下辖新村、施家宕、徐巷、魏巷、新桥、刘庄、南村头7个自然村，23个村民小组。

第二节　区域位置

民主村隶属无锡市惠山区玉祁街道。地理位置独特，沪宁高速公路在村东北角穿境而过，东至上海，西达南京，分别相距140多公里，处沪宁两地中心。相距无锡、常州、江阴城区各为20多公里。

民主村位于玉祁街道南部，东与曙光村相接，南与前洲万里村、蒋巷村相邻，西与礼社村接壤，北靠玉祁街道。

第三节　地质气候

地形土质

民主村地处长江下游冲积平原，地势平坦，平均海拔4米，地形高低差不超过3%。新桥、魏巷、徐巷及东刘庄北面地势较高，平均海拔约5.2米。

土壤类型以太湖平原黄泥土为主，部分是小粉土，土层较厚。耕作层土壤有机质含量2%—4%，含氮0.15%—0.20%，速效磷含量6.1PPM，速效钾含量77PPM，pH值为6.7—7。耕作层平均12.17厘米，犁底层平均10.64厘米，地基承载力为8—10吨/平方米。

气候特征

民主境内气候属北亚热带南部季风气候，温和湿润，四季分明，雨水丰沛，无霜期长，风向有明显的季节性变化。全年主导风向为东、东南风，冬季多西北风。年平均风速2.6米/秒。全年总日照平均2063.2小时左右。全年无霜期平均为226天，年平均降水量1100毫米。最低气温-12.5℃，最高气温40.5℃。最多年降雨量1730毫米出现在1991年，降雨量最少年份为1978年，552.9毫米。最大积雪厚度25厘米，最大土壤冻结深度10厘米。

境内年平均气温15℃，年平均相对湿度79%。

第四节　自然资源

土地资源

1980年，民主村占地面积6750亩。其中，水旱田2512亩，旱田422.33亩，桑田278.85亩，合计耕田3213.24亩，非耕田960.66亩，包括宅基田599.11亩。渠道、机耕道201.75亩，田埂87亩，塘堤37.8亩，道路35亩。

2005年，耕田减至2000亩以下，2018年减至500亩以下。

2020年，村镇建设用地2114.25亩。

水资源

境内地表水系发达，属长江流域太湖水系，是典型的江南水乡。主要水系有唐平湖、刘庄老河、南村头河等。

1980年，外河水域403.68亩，内河661.97亩，鱼池62.7亩。水域总面积1128.35亩。

动植物资源

民主村属亚热带平原地区，动植物资源丰富。但随着乡村城市化进程，生态环境的改变，动植物资源也随之发生变化。

蔬菜瓜果、食用菌类历来比较丰富。由于大棚种植、培养和客货的流入，种类相比过去增加许多。

绿化观赏类树木、花草等也有显著变化，粮油作物减少。水生植物如菱角、水葫芦、水浮莲逐年减少，水花生上岸顽强生存。

随着乡村城市化的发展，居民家养畜、禽日益减少。动物类数量逐年增多，宠物种类以犬类为主。家猫已逐渐趋向野生化，獾、狐狸、水獭等野生动物基本绝迹。燕子、蛇类也不多见。

野生水产逐年减少。

第五节　自然灾害

民主村境内主要遭受的自然灾害有洪涝水患、高温干旱、台风、龙卷风、暴雪、冰雹、寒流等。灾害过后农作物易发生严重病虫害，动物易引起传染病、寄生虫病等。

洪涝水患

1954年5月4日至7月下旬，雨日67天，降雨199.7毫米，加上洪水涌入，出现近百年罕见的特大洪涝灾害。经持续救灾，受灾农户及大部分稻田脱险。

1991年5月12—13日，降雨300毫米。6月30日至7月2日，降暴雨295.7毫米，该年梅雨总量866毫米，加上洪水涌入，出现近百年罕见的特大洪涝灾害。刘庄、南村头大部分民房被淹，水深达1米以上。

高温干旱

20世纪五六十年代，高温干旱时有发生，稻田脱水干裂，旱田作物受害，影响秋播作物出苗生长，造成减产。

1971年7月24日至9月11日、10月6日至12月23日，前后137天无雨干旱，又遇35℃以上高温10天，造成夏、秋、冬季连续严重干旱。

1990年7月4日至8月17日，降雨39.4毫米，日最高气温35℃以上天数有22天，农作物因干旱受损严重。

台风、龙卷风

1962年9月5日，受14号台风暴雨袭击，水位猛涨，大片农作物倾倒受淹。

1984年9月6日，龙卷风和冰雹袭击民主村，造成房屋倒塌。

暴雪、冰雹

1953年5月6日，冰雹持续15分钟，不少屋瓦被打坏，人畜受伤，麦田桑田严重受损。

1984年1月17日至19日，降大雪46小时，积雪深25厘米，积雪16天，树枝折断，陆上交通受阻，房屋也有倒塌。

1988年5月15日至16日上午，雨雪、冰雹和雷电交相侵袭，降水量31毫米，地面积雪8—10厘米，气温降至0℃，夏熟作物受害严重。

寒流

1976年冬至1977年初，共降雪13场，降雨26天。

1977年1月31日，气温降至-11℃。3月初，遭遇强寒潮，24小时降温15.8℃，三麦大幅度减产。

1980年4月24—26日，平均气温低于12℃，最低气温4.8℃，造成前季稻出现僵苗死苗。9月19日至10月3日，持续15天日平均气温低于20℃，后季稻出现大面积"翘穗头"情况，平均每亩减产30%。

病虫害

1964年，小麦赤霉病、麦黏虫、蚜虫大面积发生，三麦较前一年减产20%左右。

1976年，油菜菌核病流行，油菜籽产量锐减。

1985年，小麦白粉病大面积发生，减产30%左右。

第六节 人口姓氏

人口

据统计，截至2018年末，民主村户籍户数1063户，户籍人口3854人，常住人口5010人，详见表1。

表1 1957—2018部分年份户籍人口情况表

年份	户籍人口（人）
1957	3192
1960	2313
1970	3050
1981	3181
1991	3662
2001	3434
2018	3854

人口结构

2019年末，常住户籍人口3577人，男性1709人，女性1868人；男性占全村的47.8%，女性占全村的52.2%；其中汉族人口有3569人，占全村总人口的99.8%，有4个少数民族：土家族5人，蒙古族1人，苗族1人，朝鲜族1人。

姓氏

民主村主要有刘、施、王、秦、顾、丁、李、史、陈、糜、冯、袁、沈、司、焦、卞、戴、殷、魏、唐、吴、余、杨、虞、盛、孟、高、范、朱、徐、胡、周、张、邓、孙、吉、束、龚等姓。

新村：宋时刘渠随其父刘袱迁入，因刘袱号新村而得名。刘姓之外另有余、俞、王、杨、虞、孟、高、范、殷、朱、秦等姓。

施家宕：明代施姓由无锡迁入名施家宕。施姓之外另有王、秦、顾、丁、李、史、陈等姓。

徐巷：明初称陈巷，又名石桥头。后因徐姓居多，改称徐巷。徐姓之外另有施、刘、魏、胡等姓。

魏巷：魏姓由玉西魏家宕元代迁居到此。魏姓之外另有李、唐、吴等姓。

刘庄：因新村刘氏后裔到此定居而得名。刘姓之外另有张、邓、孙、吉、束、王等姓。

新桥：明末，刘庄刘士弘迁居到此，建桥名星桥。嘉庆元年（1796）重建，改名新桥，以桥名村。桥东以糜姓为主，桥西以刘姓为主，另有冯、袁、王、沈、司、焦、卞、陈、戴、殷等姓。

南村头：明代，周氏等姓氏人迁入定居。后村民易地向南临河建村，故名南村头。周姓之外另有吴、唐等姓。

第二章　自然村

民主村有新村、施家宕、徐巷、魏巷、新桥、刘庄、南村头7个自然村。据记载，最早的村落是新村，在北宋绍圣初年由刘姓家族在此落户而形成。自宋代至公元1949年4月，这7个自然村一直被划分为2个管理区域。徐巷、新村、施家宕属招义乡［明万历八年（1580）属万安区、清光绪三十四年（1908）属万安市］，其余属兴道乡（明万历八年（1580）属青城区，清光绪三十四年（1908）属青城市）。管理区域的不同导致管理模式和理念的区别，加上各民族之间家族文化各具特色，使7个自然村各自形成独特的人文特点。这些人文特点的相互叠加、相互影响，形成民主人奋发向上而又崇尚秩序的良好风尚。

一　施家宕

施家宕自然村位于唐平湖西。该村东面是大、小唐平湖，历史上的唐平湖比现在面积大。施家宕由于三面环水，与南面的前洲镇、东面的曙光村之间来往只能靠船摆渡。渡船往南越过唐平湖是农田和前洲的地界，在50—60年代由施家宕社员盲人阿宝在湖西北的河边掌管摆渡船。施家宕岸边有个摆渡河滩，河对面建有摆渡凉亭，供摆渡人歇脚之用。据《施氏家谱》记载，此亭为清末族人施辛泰所建。往东，在大小唐平湖交界处有�渡船，过湖到曙光村的义村、高巷用捄渡船。该渡船无人掌管，两岸之间连接一绳，渡客上船后自行拉绳引船到对岸。绳子时有朽断，夏天可游水过去接绳，冬天只能从村上摇船去修复。由于施家宕绝大多数农田在唐平湖对岸，60年代初，为解决渡湖种田的困难，民主大队在渡口筑坝造桥，最初是简易的木板桥。至60年代后期，重建施家宕桥，新桥为石礅桥基，桥面为水泥板。施家宕人彻底结束摆渡种田的历史。70年代末80年代初，又浇成钢筋混凝土桥面。至2005年玉祁镇政府对唐平湖区进行开发，又重修三孔拱桥，改名为平湖桥。

新村位于施家宕村南面，与施家宕隔唐平湖支流相望（施家宕人称“尖尖港河”）。新村下巷与施家宕西面相邻。那时上街都是步行，施家宕人买生活用品一般都走与其相隔2里的礼社街，要买大件物品或多种东西才去玉祁街。因为离玉祁街比较远，上玉祁街不容易。

施家宕村北面隔一丘田地是小唐平湖支流刘河潭，往北约200米为徐巷。经徐巷、过新桥约4里路到玉祁街。刘河潭于1975年时被填平，变成农田，使施家宕的地理环境由原来的三面环水变成两面临水。

70年代前，施家宕三面环水，从东到西有5个河滩供人们在河边洗涮。东面第一个河滩是祠堂河滩，河岸参照大唐平湖，两面都有石驳岸。过去，施家宕人吃水用水都要从祠堂河滩挑回家。河水清澈见底，水质特别好，用唐平湖的水烧粥，粥上面有一层香亮亮的米油。村里的医生刘定汉认为，有一年，村里瘟疫流行，唯独施家宕村生病人数最少应与生活用水有关。祠堂河滩往西是王家河滩。传说，先有李王家，后有施家宕，推测该河滩形成的时间比较早。圣堂屋河滩在施家宕村中间，河滩前的圣堂屋后来被拆掉，屋后的一棵槐树至今尚在。王家河滩往西，河道就变窄了，河对面是三家村。三家村的地基往河里伸出一块，挤掉近一半河面，使这里形成一个天然关隘，只容一条船通过，过往船只放慢速度通过，起到保护河岸的作用。河道在关隘分成两条支流。一支继续向西沿施家宕往上经过下巷，那里有60年代发展养猪业时修筑的猪场河滩，河流到与下巷合用的尖尖港河滩；另一支沿三家村左拐，向南流往新东新西。

民国初年（1912），施家宕创办“万安市第十国民小学”。1949年更名为施家宕小学。50年代村里有邮政代办所，余甫生担任投递员并管理信箱。在祠堂河滩设轮船码头，轮船经过施家宕到新桥。

施家宕旧称石洋。明景泰初年（1450），施姓迁入唐平湖畔，李、王两姓在此生活，因此有“先有李王家，后有施家宕”之说。施氏繁衍成望族后，改石洋为施家宕。

1949年，全村约50户，200人。50年代初“土改”时，因分房，从玉祁北村头迁入陈姓，还有随母由石塘湾秦巷迁入的秦姓和入赘的顾姓、史姓。

原来的施家宕是东西走向的两条长巷，称前头巷和后头巷，李、王姓一般在前头巷东西两端，房屋都是朝西。改革开放后，由于人口增加和生活水平的提高，村民大规模建造新房。前头巷新造三条巷，其中一条是拆施家祠堂建的；后头巷也新增三条巷，新建的房屋一般都是坐北朝南。

1951年12月，全县废除保甲制，建立基层民主政权。施家宕属民主乡，乡长华洪生，乡政府设在施家宕。1954年8月，撤小乡，施家宕属凤平乡，新村、施家宕2个自然村联合成立“新谊初级社”。1958年，成立人民公社，下设大队、生产队，实行三级核算。1958年，党的八大二次会议通过“鼓足干劲、力争上游、多快好省建设社会主义”的总路线，农村开始办集体食堂，提出“吃饭不要钱”“放开肚皮吃饭、鼓足干劲生产”等口号。社员无论老少吃饭到食堂。施家宕食堂就办在后头巷两户社员家里。炊事员由4名妇女组成。三个月后，改为凭饭票吃饭。

1959年开始，规定男劳力每月原粮15—18斤，其他人员每月分12斤原粮。1961年集体食堂解散。

中华人民共和国成立后，施家宕经历土地改革、成立互助组、初级社、高级社直到人民公社。人民公社化以后，施家宕为1个生产队，刘其焕、施祥生任队长。1961年，拆分成施一、施二2个生产队，施一生产队由李介南、施明华担任队长，施二生产队由施岳铨、施际治、施中瑞、施锡坤担任队长。

50年代，施家宕水旱田约100亩，主要有大小唐平湖对岸的“孙奚家蓝”，义村旁有上官地九亩里，施家宕村后有风岸里、上三田、下三田、刘河潭、低田里、高区里、湾区里、文区里、井潭浜等地，种的粮食除掉每人分的口粮，余粮交公粮。公粮由2条船运到礼社粮管所。

“孙奚家蓝”约28亩，由于地势低洼，原来常闹水涝。1958年，筑大圩岸实现旱涝保收。圩岸外侧为冬天积肥、罱河泥的河泥塘。河泥罱上来后，在河泥塘里与铡碎的稻草搅和、发酵。转年开春后，每块麦田里都要开潭，把塘里的河泥挑进去，与红花草、蚕豆茎叶等一起下潭搅匀，沤制成上好的肥料，称“做潭”。半个月后，肥料高度发酵，灰色的潭面上冒出黑亮的泡泡，带出一层油花。到莳秧前，男劳力把优质的有机肥移到大田，由女劳力撒开，做水稻的基肥，称“出潭”。

生产队除种稻麦外，还种油菜。夏收前收油菜，把油菜籽解送到礼社粮管所换成油，回来后按人口分配，解决社员一年的吃油，每人每月分配三至五两。那时油紧张，炒菜只放很少的油。施二生产队有个能干妇女，炒菜前锅里先放少许水，烧热后再放少许油，油水溅满锅后，炒菜就有油了。这不过是缺油时的无奈之举，心理安慰而已。

施家宕历史上的地形是高低不平的，田块之间有的落差很大，制约着农业机械化的普及。1966年，开始小规模整地。当时施家宕旱地约80亩，水稻田约160亩。进入70年代，大队开始大规模整田平地和开河。这些工程都在冬春季节进行，为集中劳动力，大队提出“过革命化春节”的口号，社员大年初一都上南村头挑土整田。挑工每担发一张票，凭票计工分。1975年，施家宕实施大规模整田运动。

副业历来是农民增加收入的重要一环，传统副业里面最重要的是养蚕。施一、施二2个生产队各自养蚕：春蚕10张，夏蚕3—4张，秋蚕5—6张。施二队的蚕集中养在施耀林家；施一队分散养在社员家或施家宕小学。后来建的仓库。1975年，大队建桑园，开始规模化养蚕。

另一项副业是种植大白菜。白菜一般有客船上门收。民主大队的白菜百里有名，一棵白菜最重可以长到30多斤。青菜也有种植，由队里的社员用船运到武进县焦店镇和江阴的双泾、桐歧等地出售。为增加集体收入队里还种西瓜、香瓜和西红柿。这些经济作物一般用船运到无锡、苏州城里或常州的七墅堰等消费能力强的地方售卖。

副业跟农业一样靠天吃饭，有时各地都在种这些经济作物，销路就成问题。那时西红柿只卖2—5分钱一斤，但有时候碰到“烂朝”（特别不好销售），1分钱一斤也卖不完。有一次运到无锡市里的西红柿剩下很多，回程时烂了，农民忍痛将其倒在白汤圩里。

大队又开始在施家宕施耀林家种蘑菇，成品好的蘑菇卖钱，妇女早上去采蘑菇，采完后买些便宜的蘑菇脚回家做菜吃，就觉得很满足。70年代后期，各生产

2008年，唐平湖旁的施家宕、新村

队将自产的部分山芋分给社员，其余交到新桥的大队淀粉厂，换成淀粉分给社员。那时，家家户户都请人做粉丝，晒干后可以吃很久。

2008年的施家宕

那时候民主大队的副业搞得红红火火，施家宕也实现农工副业齐发展。由于副业收入，社员的工分差值接近1元，即男劳力可以每天挣1元钱左右，妇女劳力也可以达到0.4—0.5元。50年代后期社员每个工分只有0.54元，到60年代，调整为0.80元左右。大队每年对小队干部补贴工分，队长作为生产能手每年补贴18工，会计21工，记工员、农技员8工。

队里进城短期务工的人员，称为“亦工亦农”。二队有个女社员进无锡油厂务工，一个月工资15元。

70年代初，大队在南村头建猪场，后来各生产队建猪场。社员也在家养猪，每家起码有2头猪，如果一年出售不了2头猪是要扣养猪饲料的。

70年代中期，公社推广种植双季稻，农忙季节社员天天开早工开夜工因受烈日暴晒，蚊虫、蚂蟥叮咬，非常容易生疮得病。每个生产队都指定一名社员担任卫生员，在“双抢”大忙时，大队医务室都要召集各生产队卫生员开会，发防中暑、防烂脚的药品。

村里装广播喇叭开始于60年代初。到60年代中后期家家户户已经装上喇叭，村里公共场所和田野里还有高音喇叭，平时广播早中晚3次，农忙时节要广播5次。

二 新村

新村的得名，据刘氏《思成堂》族谱记载，始于北宋末期。

新村坐落于唐平湖畔，位于民主村最南端。东南方有柳巷、龚家旦；往东，隔河即施家宕；北与徐巷、魏巷接壤；西至刘庄、南村头；西南方向约600米处有余宕庙、蔡公岸桥、印桥港。

民国23—34年（1934—1945）新村属唐平乡。1949年4月，新村隶属万北乡，乡长是新村人刘全兴，乡公所设在彭丁桥。1951年，新村与施家宕东西刘庄、南村头、魏巷、徐巷6个自然村成立民主乡，乡长华洪生，乡公所设在施家宕。1954年，划为凤平乡，乡党支部书记刘凤焕，乡长先后为刘焕铨、刘晋玉。同年，新村、施家宕成立新谊初级社，办公地点为下巷秦阿三家。1956年成立新谊高级社，监委刘永钊，管委孟荣祥。1959年，民主大队建立，新村属民主大队管辖。

新村姓氏众多，其中以刘、余两姓居多，另有秦、王、杨、虞、孟、盛、朱、殷、高、龚等姓氏，均为汉族。

到50年代末，新村总户数有289户，总人数约有1100人。

受地理环境制约，村巷的形态在上千年的演变过程中显得错综复杂，这从村巷的名字上就可以看出来：有墙门弄（内有2条暗弄）、三家村、前野场、中野场、后野场、西坝头、前巷路、巷路里，还有东水门、朝西巷、东家场、余家弄、杨家桥头、井档头、上头巷、下头巷等。受此影响，新村居民房屋朝东、南、西、北四面都有。

40—50年代，新村有土地1030余亩。其中，水田约800亩，旱田约225亩（桑田面积约155亩，河面面积约百来亩）。主要种植水稻、小麦，种桑养蚕。

历史上，新村地少人多，人均占有土地很少。1950年土地改革后，一般人家水田在六分左右，少的只有二三分。

2020年，新村、新东巷路里旧居

新村的水旱田主要分布在马伦上、黄泥河、三亩里、四亩里、馒头区、麻皮田、判官田、圣堂田、金山田、梅巷上，以及松坟头、秧潭田、流田里、尖头里、葫芦头、东长区、西长区、城头区、张王沟、茨菇湾、欧宕里、杏公岸，还有龚圩里、杜敬田、白趟圩、门田岸、六亩塘、上阳岸、下阳岸，五亩地、挖金田等地。

土地零碎不规则，且东高西低，南洼北潭。1949年前，土地的灌溉主要以水车为主。如果风调雨顺，则柴米满仓；遇到旱涝天灾，就可能收成减半甚至颗粒无收。新村有水车8部。每年水稻灌溉期间，要车水的农户互相换工。也有部分没有劳力的农户就雇工车水。付费方式是“按戽计酬”，车轴滚动一周为一戽。排水车有固定的地方，叫水车基，主要分布在黄秋沟、十只路、门田岸、坨田岸、黄泥河、张横沟、张公岸、大镇岸等。50年代末至60年代，新村开始普及机船打水。到60年代初期，大队建电灌站，俗称“站机”，开始靠站机打水。新村进入机电灌溉时代。

50年代初到60年代，水稻的有机肥料主要靠罱河泥。改良土壤一方面要增加地块的肥力，另一方面要不断改良土壤的团粒结构。新村唐平湖和周边河浜，水草很丰富，河泥的质量也很高。到70年代，水草减少，有的小队开始到外河浜去罱河泥。

秋忙后各小队开始集体罱河泥，每船有两个男劳力搭配干活，河泥与铡短的稻草搅拌，蓄积在河浜滩头上。等到第二年春天，在各丘地的一角开潭，把河泥挑到潭中。到小麦抽穗、红花草茂盛时，再把潭中的河泥搭上来放在潭沿上，用铁耙反复在潭的四壁敲打，以防渗水，而后把河泥与红花草放入潭里加适量水一起搅拌，叫作“做潭”。用来做潭的东西除红花草外还有蚕屎、蚕豆萁、青草等。肥料在潭中腐烂发酵冒泡，待小麦收割后就可“出潭”，均匀撒到地里。这肥料是水稻最好的有机肥，也叫“基肥”。

60年代初期，各队组织男女劳力，摇船到外地割草，筑起比较大的“跃进潭”。一层泥土一层草循环覆盖，装满后加水即成。70年代初，加入绿萍、水葫芦等植物当作做潭材料。当时大队要求每亩的草塘泥肥料要达到80—100担。除此之外，各队的猪羊粪便，人粪便都要清坑，挑到“跃进潭”里，使土地的有机肥料大量增加，有效改良土壤。同时，也开始使用碳酸氢铵、氨水、尿素、氯化铵、磷肥和复合肥料等。

“三麦”收割后，男劳力用大铁耙翻田，俗称“开麦山”。土块大且翻得深，连晒几天太阳，晒得又干又硬，一灌水就很酥软，叫“晒白田”。这样晒一次田块也等于施上一次肥。

由于土壤的改善和种子的改良，加上田间管理水平的提高，增加了粮食单产。以前，水稻亩产一般在500—600斤。后引入“老来青”“农垦58”等新品种，水稻产量大幅度提高，每亩达800—900斤，高产田可达每亩千斤左右。

1970年，以粮为纲指引下开始规模种植双季稻，小麦，粮食产量大幅度提高，前季稻亩产达800斤左右，后季稻亩产达600斤左右，小麦产量在400—500斤。

中华人民共和国成立前后，新村民间作坊众多。酒作坊有东水门的方蓉秀，中巷的刘瑞根，朝西巷的余三岸。三家酒作坊各有酒坛200余只，酒缸几十口。中巷刘瑞根开过“晋丰丝厂”。店铺有秦细苟、刘锡宝开过皮匠店，刘兴根、刘梓芳、刘金度开过摇面店，刘锡伦、刘根宝开过豆腐作坊。有刘根玉、刘春根（余根）的茶馆店。60年代刘培泉（莳庄人）开理发店，70年代末转为村理发店。

新村人历来重视教育，1949年以前，新村有私塾学堂三所：中野场刘金良家、井宕头刘麟夫家和平湖公社（水龙宫）。50年代初，普及小学教育，新生入学率在90%以上。考取自治中学（玉祁中学的前身）的比例也很高，据玉祁中学校友名录统计，1950—1961年新村的毕业生达75名。50年代中期能考取自治中学是令人刮目相看的，这75名学生先后上了高中、大学，担任主任医生、农场场

2020年，新村新西老巷

长、中小学教师、会计师、博士生导师等，有的还享受国务院政府特殊津贴等，多人任生产队队长、会计、农技员，他们在各自的岗位上为祖国建设作出贡献。

1956年新谊高级社时，新村根据自然村划分为11个生产队。1958年人民公社成立，组建民主大队，新村被划为四个片：新西片由新东一、二、三生产队组成，队长刘仁林；新东片由新东一、二、三生产队组成，队长余祥生；后谊片由后一、二、三生产队组成，队长余生和；新谊社区片由上巷、下巷生产队组成，队长刘玉生。

1958年下半年，“大跃进”年代，民主大队各片定点开办食堂，新西片在刘钺和家，新东片在刘春芳家、刘瑞生、刘定汉家，后谊片在余家祠堂，平湖片新谊社区片在刘锡芳，刘坤泉家。大队有一条承载量为10吨的运粮木船，负责从礼社粮管所把公社分配的社员口粮运送到各点食堂。

1961年初，在上级许可下，全村在旱田里种植胡萝卜20余亩，种植山芋50余亩，南瓜作为粮食的补充。1962年粮食作物大丰收，水稻产量在600—700斤。上巷生产队37.17亩麦田，单产403斤，产量为全县最高的生产队。1963年2月，上头巷生产队派代表出席江苏省1962年度农业先进代表大会。年末，上头巷生产队被评为江苏省1963年度农业先进单位。1966年1月，被评为1965年度江苏省农业先进单位。

大队根据新村土地分布情况组织测量与规划，有步骤地展开规范整田。

上巷生产队在车家浜新抽头、老抽头、王家坟、刘家坟、余家坟等地整田，新增水田面积50余亩。

新东生产队的整田，主要集中在马埨墩、黄泥河、佘田岸，这几个地沟潭较多，由于地形落差大，大队安排领导坐镇新东生产队挑灯夜战搞整田平地，并组织其他小队积极参与。1971年农历正月初一，大队干部带头上工地，春节期间回乡探亲的工人也纷纷加入整田平地的行列。

土地经整治后格田成方，为农业生产机械化奠定了基础。在整治土地的同时大搞兴修水利，开挖“三级”灌排渠。灌溉的便利，确保了新村粮食作物的旱涝保收。

据统计，从1956年到1966年，全村旱田达158亩，常年种植大白菜、番茄、西香瓜等经济作物。秋冬季节，在桑树田里套种西漳菜。这些经济作物为提高社员分配水平起了很大的作用。为发展养猪事业，种植胡萝卜、白萝卜、咖啡萝卜、甜菜、山芋、南瓜等作为猪饲料。水稻收割后，一部分田块还种植油菜。

表2 **1956—1966年旱田种植作物田亩数情况表**

名称	大白菜	番茄	西香瓜	胡萝卜	白萝卜	咖啡萝卜	甜菜	山芋	南瓜
亩数	95	54	38	20	8	14	10	52	35

养蚕　养蚕一直是农民收入的主要来源之一，1949—1955年，境内主要以私人家庭养蚕为主。全村有桑田155亩。1956—1974年，养蚕以小队为主，全村11个生产队一般均养在社员家。

表3 **1970—1976年11个生产队养蚕情况表**

季节	春蚕	夏蚕	秋蚕
蚕籽张数（张）	110	35	54
蚕茧产量（斤）	70—85	50—60	60—70
每百斤单价（元）	100—110	60—80	95—110

1953年，全省推广新村刘寿林的培桑经验，上巷桑农刘寿林和后二巷余涌泉被评为"县蚕桑劳动模范"。1954年，刘寿林又被评为"江苏省蚕桑劳动模范"。

1964年，在社员私人养猪、人人必须完成养猪任务的基础上，大队号召生产队集体饲养。各生产小队先后建造猪舍72间。1964—1983年，据不完全统计，全村饲养母猪46头左右，公猪2头，每年出售肉猪340头左右。1974年，养猪进入高潮期时，各小队肉猪年出售数共达400头以上，私人养猪达2000头左右。

1965年，全村共建仓库58间，作为小队堆放粮食、化肥、农用工具之用，有的小队利用仓库种植蘑菇，并养蚕、养鸡，如新东二队，新西一队，新西二队。养鸡的成活率在85%左右，每只3—5元不等，由市食品公司全收购。

表4 **1965—1971年和1973年11个生产队养殖、种植情况表**

<table>
<tr><th rowspan="2">队别</th><th rowspan="2">年份</th><th colspan="2">养鸡</th><th rowspan="2">队别</th><th rowspan="2">年份</th><th colspan="3">蘑菇</th></tr>
<tr><th>万只</th><th>万元</th><th>平方米</th><th>万斤</th><th>万元</th></tr>
<tr><td>新西一</td><td>1965—1967</td><td>1.0</td><td>5.2</td><td>新西一</td><td rowspan="3">1969—1971</td><td>1800</td><td>7200</td><td>7200</td></tr>
<tr><td>新西二</td><td>1965—1967</td><td>1.4</td><td>5.5</td><td>新西二</td><td>—</td><td>—</td><td>—</td></tr>
<tr><td>新东</td><td>1973</td><td>0.13</td><td>0.8</td><td>新东</td><td>—</td><td>—</td><td>—</td></tr>
</table>

70年代，全村农户大部分家庭开始养殖拉毛兔，新生兔崽可在市场出售，兔毛

由镇收购站收购。有的人家还养羊。

表5　　新村11个生产队副业生产情况表

队别	养蚕1974年（张）			种植（亩）50—60年代末			养猪（头）70年代前后			
	春	夏	秋	大白菜	番茄	西香瓜	公猪	母猪	肉猪（集体）	肉猪（社员）
新西一	15	5	7	10	4	2	1	3	25	50
新西二	15	4	7	10	4	2	—	4	30	45
新西三	10	3	5	10	4	2	—	3	25	50
新东一	6	2	4	5	4	2	1	4	30	60
新东二	6	2	4	5	3	3	—	5	30	50
新东三	5	1	2	5	4	2	—	5	25	60
后一	6	2	3	10	8	8	—	5	20	60
后二	9	3	5	10	5	3	—	4	20	80
后三	12	5	7	5	5	3	—	6	45	80
上巷	16	4	8	14	8	5	—	4	35	90
下巷	10	3	5	10	5	5	—	3	25	50
合计	110	34	57	94	54	37	2	46	310	675

1982年，新村各小队积极响应党中央的号召，全面实施联产承包责任制，开始按劳力分田。一般男劳力在1亩到1.2亩不等，妇女劳力在0.7亩到0.8亩左右，猪留田每户0.15亩。第二年完善联产承包责任制，按人均口粮田、劳力田和饲料田三个方面来分田。先分口粮田每人0.55亩；其余按劳力田分，男分1.2亩，女1.0亩；饲料田按每户分0.15亩左右，家里养母猪的1只分0.3亩。由大队和生产队协商划地方案后，队长组织各户代表抽签决定田块。

为减轻农户的劳动强度，大队决定土地的翻、耕、耖及植保由大队统一安排作业，年终向农户结算。农民有了自己耕种的田地，生产积极性空前高涨，农业生产率大大提高。粮食作物也真正做到丰产又丰收，农户除口粮外，家家户户交公粮，有几百斤也有几千斤的。

在60年代，新村社员主要劳力每年做工在260—280工，分红单价在0.9—1.2元。70年代，随着“农业学大寨”运动的深入，农民的劳动强度也大为提高，开早工、开夜工已成常态。主要劳力每年做工在360—400工，分红单价1元、1.2元、1.5元不等，个别队出现过每工2元。劳动力多的家庭年终分红净收入可达1000余元，一般家庭也在300—400元。社员收入的提高主要是依靠生产队副业的兴旺和大队办工业的发展。

1992年，村民的劳力田全部流转给村委会。年轻的劳动力被转移到村镇企业，成了现代农村的新农民。

70年代前，社员住的房子基本是祖传的老房子，不光面积小，还又矮又破。兄弟多的即使兄长成亲后也挤在一家，有的一户人家要住八九个人。1977年至1980年，随着社员收入的提高，大队统一规划宅基地，让社员建房。新造的房子长20米左右，宽3.6—3.8米，一造两进，前八架后五架，中间有3—3.5米的天井。全村新建房281户，楼房户户相连，成排成行，形似兵营，俗称“兵营式”住房。1994年，全村先后建洋房30余间，21世纪初随着唐平湖的开发，很多村民在新开发的街道买了商铺，开起商店。

1958年，生产队通了第一个广播喇叭，1962年开始村民逐渐安装电灯，1966年户户通广播，70年代新村球场上装高音喇叭，以后田头普及高音喇叭。

1957年，无锡县电影放映队在施家宕小学开始放露天电影，每张门票0.05—0.10元。60年代中期，县放映队开始在新村篮球场放电影，费用由大队交纳，每月1次。1972年，公社放映队开始进入新村放电影，均由大队包场。1976年9月，大队购买黑白电视机，开始在各生产队轮流播放。80年代初随着电视机的普及，电影放映次数逐年减少。1996年，全村有线电视普及。到2006年唐平湖开发，新村球场被改建为菜场，就不再播放电影。

新村11个生产队历任生产队队长及生产队负责人：刘仁林、刘玉良、刘玉清、刘洪清、秦洪裕、刘银松、刘繁荣、刘宜荀、刘小兴、刘金祥、秦银伦、刘德祥、余祥生、刘宝金、刘焕荣、余祥伦、刘伯男、刘荣林、刘建春、刘焕荣、刘锡生、刘荣林、刘其生、虞耀明、余生和、余焕兴、余建中、余焕祥、余菊生、刘玉生、王寿焕、刘玉生、刘荣法、余三南、余兴良、王三男、秦根积。

三　徐巷

徐巷自然村，东临小唐平湖，南紧靠新村，西接刘庄。北与魏巷、新桥相邻。

徐巷旧称石桥头，民国19年（1930）前，徐姓有8户，施姓2户，陈姓1户，刘姓1户，魏姓1户。施姓从施家宕迁入，魏姓从魏巷迁入。1961年，1户王姓迁入徐巷，系施姓女婿。

到70年代，徐巷形成两条巷，一条坐北朝南约24户人家，巷形成东突西退状排列，即从东开始往西造，每一间的前堡沿要比东面一间向后缩进约一块砖的长度。巷中间有一条弄堂；另一条巷坐西朝东，一共只有2户。全村共有108人左右。

房屋一般进深约20米，两厣之间有个约3米的天井，后厣有个披屋，宽3.6米。有的人家在次屋养猪、养羊等。一到梅雨季节蚊子、苍蝇满天飞。到1977年民主大队规划点上造房，又迁入了4户刘姓，成了现在的以民主路为界，路东三排，路西三排。

1964年到1968年，徐巷生产队社员积极投入大规模整田平地和兴修水利的工程，粮田面积增加到130多亩，其中水田面积100亩左右，旱田20多亩，桑田10多亩。到1977年民主大队又一次大规模整田平地，形成“格田成方”的土地规模。田块均匀划分每块2亩到4亩，便于耕作和农技管理。

农作物以水稻、小麦为主。一年四季，冒着严寒酷暑、风里雨里、白天黑夜，社员们辛勤地劳作着。

副业以养蚕为主，分春、夏、秋三季养蚕（菊花蚕基本不养）。生产队蚕室不够就把蚕养在社员家里，魏志庆、刘进法、徐金祥等家里都做过生产队的临时蚕室。根据桑田的亩数，一般春蚕养8张左右蚕籽，夏蚕养5张左右。秋蚕看桑叶长势，一般同春蚕养的张数差不多。蚕茧的产量一张籽在75—85斤，价格除夏蚕稍低一些外一般能卖到每担145元，也有一担卖150多元的时候。

1978年，生产队还大搞养殖业，在徐巷浜培育小蚌。第二年，小蚌大丰收，卖到外地增加生产队收入。农业上水稻、小麦的增产丰收；养蚕、养猪、育蚌和种植大白菜等的收入，使社员每个人工能分到2.65元。生产队队长受到公社和县领导的高度赞誉，并参加无锡县农业先进工作会议。

1982年，以中共中央《全国农村工作会议纪要》为指导，徐巷生产队实施了承包联产计酬，联产到劳、包产到户。土地承包耕种后，村民种田积极性空前高涨，水稻废除了开始种双季稻。到1983年，全部恢复稻麦两熟制，莳秧也从拉线莳秧改为经绳莳秧。秧田采取抽行留苗的方法，节省劳动力，粮食还

建造于70年代末的徐巷

1997年，徐巷洋房区居民点

逐年丰收。农户不但饲养多头肉猪，还养起母猪。平时鸡蛋、鸭蛋自给有余。一到大小年夜基本上户户杀猪宰鸡，腌鱼腌肉。吃不完的到来年开春晒干后储存到冰箱里。村民生活像芝麻开花节节高，从1979年起，先后盖起一间门面两厢的楼房，家家户户楼上楼下，电灯电话，冰箱，多台彩电，饮用上了自来水。交通工具也从原来的自行车向摩托车、汽车发展。

1997年，村里规划在徐巷村祠堂南面约50米、原民主村委所在地为洋房区居民点，此后，这里陆续盖起了24栋洋房，每宅占地约0.45亩，门牌号从201号到224号。

2006年，土地全部流转给民主村委，村民逐步被安排到各社队办企业上班，当上了产业工人。有些村民从原先的楼房过渡到小洋楼，有的买商品房，有的开起了小商店、小工厂。

到2011年徐巷村动迁，部分村民安居在润秀苑、汇秀苑等地。

徐巷生产队历任队长：徐焕德，徐兴度，刘进泉，徐达明，施耀福。

四　魏巷

魏巷，旧称石桥头、虞巷，按历史上的说法：位于无锡北门外玉祁镇新桥南200米，村东有小唐平湖，与曙光村的高巷、下坝隔湖相望；南距徐巷80米，西南距东刘庄300米，西北与礼社村后造相距300米。地势西高东低，村东南的魏巷浜与小唐平湖相通。

魏巷从1949年20多户人家，80多人，到1988年，人口已增加到130人左右。

明万历八年（1580）后属于青城区，清光绪三十四年（1908）属于青城市。1954年4月，魏巷属于凤平乡。1959年1月属于玉祁人民公社民主大队管辖。同年，魏巷成为魏巷生产队。1968年4月由民主大队革命委员会管辖。1983年4月至2020年，先后属玉祁乡、玉祁镇、玉祁街道民主村民委员会管辖。

魏巷村民世代开荒种田，平整土地，辛勤耕作。至1949年，有水旱地120亩左右。在魏巷村东南有车水口，先把水车到南秧地，再从南秧田车到小河，灌溉院东、院西等土地。南秧地也有一处水车基。村里最后的一架水车是魏铿栋家的，村民魏焕生、魏福根都曾经车过水。这是零星的高田，比较平整的大面积的水稻田则都有流动机船打水。其后，机船普及，一直使用到60年代。

1958年，魏巷先后设食堂在魏金喜、魏华喜和徐巷徐焕德家、魏荣泉家。

1962年，魏巷小队由原来短暂的分田到户不久，又重返土地集体耕作制，水田种植水稻、小麦、油菜等农作物，还有红花草作为肥料。旱地种植大豆、油菜、山芋、南瓜等，还种桑养蚕。另外还种植经济作物，如西香瓜、大白菜、西红柿，大白菜由苏州蔬菜公司上门收购。在桑树地里套种西漳菜，运到江阴双泾卖给养老猪的人家。桑树地里套种金花菜，每天早晨由两个年轻力壮的社员挑到戚墅堰煤渣滩叫卖，以增加队里的副业收入。

1964年，大力推广集体养猪，魏巷的猪场建在位于徐巷自然村的刘家祠堂后厣内，养老母猪五头，肉猪有五六头，饲养员为魏秋琴。1970年，大队掀起养猪热潮。在魏巷村东造猪舍十间，老母猪增加到八头，肉猪有十几头。饲养员改为刘阿凤，当时家家户户都有养猪任务。是为了解决水稻田的肥料缺口问题。

猪饲料主要是红花草、山芋藤、南瓜、水葫芦等，叫作青饲料。还有的人将稻柴、晒干的山芋藤、草干等运到大队的粮饲加工厂打成糠。社员每天一大早要烧猪食，将青饲料、草糠再加少量精饲料（一般是粉碎的元麦）放在一起，烧成一大锅，一天喂三顿。

1974年，在生产队队长魏福根带领下，队里建造长10米、宽3.6米的仓库4间，用于堆放集体的粮食、农具等，有时也用来养蚕。蚕分春蚕、晚春蚕、夏蚕、秋蚕、晚秋蚕5季。春蚕最多养16张籽，“籽”就是蚕种。夏蚕养8张籽，秋蚕养10张籽。晚秋蚕又叫菊花蚕，养5张籽。菊花蚕是根据桑树桑叶的长势而估计订养的，如果估计不准确，到时桑叶少了，还要出去四处买桑叶，因此，一般菊花蚕宁肯少估一张籽。

春蚕比较早，催青时为了节省成本一般都是共育，即几个队放在一起培育。

由于气温低，蚕室内要加温。为节省能源，所以提倡共育，等到小蚕长到头眠后分到各家养。魏巷一般和徐巷共育养蚕。春蚕茧最漂亮，质量好，产量又高，一般每张产茧80斤。夏蚕、秋蚕产茧约60斤。晚秋蚕（即菊花蚕）则产量更低，一张籽约50斤。蚕茧是主要副业项目，效益较好，每担好的茧子可以卖到140元左右。烂凶茧则价格便宜，每担70—80元，甚至更少。好茧子用来缫丝，双宫茧用来拉丝绵。

整平后的土地格田成方，既方便灌溉，又利于机械化操作，粮食产量也提高了。单季稻亩产800斤，双季稻的前季稻亩产700斤左右，后季稻500—600斤。

70年代，魏巷全年交公粮水稻3万斤，小麦1万斤。在大队里也算是样板队，脱粒扬净的粮食要先把好粮卖给国家，剩下的再分给社员作口粮，瘪稻瘪麦留作猪饲料。

60—70年代，魏巷一个男劳力全年出勤300天计300余工，女劳力只有200多工，要打折的。60年代男劳力出勤一天计1工，女劳力是男劳力的七折，小学生出勤一天计3分工，一般重体力劳动都由男劳力去完成。

生产队借鉴安徽小岗村的经验，大力推行家庭联产承包责任制，实行第一次分田。分田标准按男女劳力，根据田的远近、田的好坏等情况分。1983年实行三地划分即口粮地每人0.55亩，饲料地每户0.15亩，多余部分按在家务农劳力分配，劳力地全部交公粮。1989年后第三次分地，口粮人均4.5分。口粮田不用交公粮，劳力田要向国家交公粮。

到2006年唐明寺开发，全村的土地收回集体，村民享受失地农民政策。

1978年起，绝大多数人家经乡村两级政府批复，陆续择地盖起新楼房。新建的楼房一般每间宽3.6米到4米，长10米，俗称“十架头”。一般往往先造前廨，两层总高约5米。以后逐步建造后廨，有的人家后廨长6米，也有长10米的。有造一层的，也有造两层三层的。前后廨之间有4米的明堂。经过多年建造，魏巷的村落形成以魏仲禧家为中心的东面一条巷、西面一条巷的格局，后面老巷又被翻造成一条新巷，变成三条巷。2018年，魏巷整体被拆迁，社员被安置到汇秀苑小区生活，一部分被安置到润秀苑小区生活。

五　新桥

新桥村名的由来，是因桥而名。新桥自然村分桥东、桥西。

桥东还包括冯巷、司家巷，两条巷户数都不多。村落原址后称“空屋场上”。人民公社化以后，糜巷、冯巷、司家巷合为一个生产队，称为桥东生产队。

桥东原有糜、冯、司、刘、袁等姓氏，糜是大姓。1949年，以后又先后迁入王、沈、杨、李等姓氏。

民国时期，新桥设乡的建制，1929年时乡长为糜浚宣，副乡长刘元钊。

桥西有刘、陈、戴、殷、卞、焦等姓氏。刘、陈为大姓。桥西分下岸、上岸，下岸以陈姓居多；上岸以刘姓为主；洋房在下岸又称前头巷上，另有一户姓顾。土改后新桥2个地主的部分房屋被分给贫农，迁入了糜姓和王姓。

1949年前，新桥100多户300余人。1951年，桥西人在众多学生考进大学的影响下，青壮年纷纷到上海、苏州、无锡等地去发展谋生，农田耕作男劳力稀缺，更没有罱河泥人，在这种情况下引入焦姓落户。殷姓是秀才刘锡和的外孙，来舅家顶立门户的。

新桥横亘在新桥河上，历史上一直是桥东桥西两村百姓往来的唯一通道，也是新桥以西村民上玉祁街的必经之路。新桥桥面以三块长条金山石为桥梁，每块长5.6米、宽0.6米、厚0.3米，桥面宽近2米，东西两堍引坡平均宽约3米，

桥梁朝南侧面刻有“重建新桥”四个碗大的字，落款为“嘉庆元年二月”。桥面两侧设木栏杆，西堍北侧原立有一块朝南的青石碑，铭刻建桥事迹、募捐名单。民国时期，居民造房将此碑砌嵌入墙面。该桥于2003年被列为无锡市文物保护单位。

桥下东西河岸均建有石驳岸和宽阔的河滩，河水南连唐平湖，北经礼社通五牧运河。

新桥自然村，东面与曙光村的小留自然村接壤；南靠小唐平湖，距魏巷约300米；西邻礼社村的后曹自然村，距礼社街约1公里；往东北经过大墩，到玉祁街近2公里。

新桥街形成于清朝中期，繁荣于清晚期。民国时期，新桥街道已设有轮船码头、邮政代办所。茧行有“恒泰昌”“源和茧行”，“源和茧行”在桥东堍北侧沿河，“庆丰丝厂”在桥西堍南侧沿河，刘元钊于民国18年（1929）创办的“大新制种场”在街南。土布店也有多家。街面上有几家豆腐店、3家茶馆店、2家南北杂货店以及酒铺、银匠店、小馄饨店、烟纸店、圆作木器店等。陈鹤全开的中医馆远近闻名，专治桑叶黄；老中医刘伯胜把脉识别胎儿性别。潘俊峰为桥西中医、桥东糜士楠诊所为西医。新桥街市面繁荣，客商接踵而至，一年四季时令鲜

货都有供应。民国27年（1938）农历三月二十七下午，日本兵放火烧新桥房屋，共计27户87间，大新制种场也被烧光。从此新桥街由盛转衰。新桥街100多户人家有良好的排水系统，小阴沟连接街道里的大阴沟，直通新桥河。

1949年，新桥先后属无锡县青城市和玉祁自治实验乡。1950年5月，新桥属凤平乡。1956年成立高级社，新桥属曙光高级社。1958年曙光高级社、新谊高级社合并为“幸福集体农庄”，1958年玉祁人民公社成立，新桥东属幸福工区。1959年曙光大队建立，新桥东属曙光大队。1960年桥西划为民主大队。1974年秋，新桥东划归民主大队。

1949年后，祠堂逐渐被作生产队仓库、养蚕、养猪、种蘑菇等所用。60年代前，曙光大队在此开办布厂（后迁址大墩）。80年代，民主大队在此开办彩印厂，后因厂房扩建被全部拆除。

历史上新桥的土地零碎不规则，地域、田块名称繁杂。

桥东的土地大部分在村子北面，离河道较远。旱田作物浇水要靠大大小小的沟潭蓄水。沟有弯沟、长沟、大沟、小沟、三房沟、小头沟、顾田沟等。

中华人民共和国成立前，新桥水田面积和桑田面积相差无几，粮食一般自种自吃，家庭经济开支以蚕桑为主。桑田的田块比较分散，一般一户人家要分三四处地方。

新桥较远的水田主要靠机船来灌溉，沿河的水稻田用水车车水；唐德港那里的水田比较高，浇灌要从后曹河用机船来打水再往田里灌水；桥东那些水田由小留河用机船抽水灌溉。

新桥村庄、河面、土地总域450多亩。其中，水旱田面积约270亩，冈、桑田、旱田等合计面积也要超过百亩，村宕及闲散田、沟潭面积约70亩。经过60—70年代连续整田平地、旱田改水田后，70年代后期，水旱粮田面积达270多亩。

2010年，新桥一角

为了不断提高粮食产量，农技人员千方百计地提高单位面积产量。除改良品种、提高耕作水平、推广新技术外，还提高了复种指数。60年代后期，新桥开始推行双季稻三熟制，即由小麦、油菜加一季粳稻的两熟制改为大、元麦、油菜加前季籼稻加后季粳稻的“三熟制”。

“三熟制”大大提高农民的劳动强度，且地力的肥料消耗也增大，需要大量的有机肥料作为基肥。为确保三季稻麦产量持续稳产高产，大力发展养猪事业。70年代，生产队新建养猪场约350平方米，以养母猪为主，苗猪除供应社员饲养外，还上集市出售。农户养猪任务为2个人每年出售一头猪，完成任务的奖励饲料粮。私人的猪粪、羊灰、兔灰、人粪尿、草木灰都由队里收购作为稻麦作物的有机肥料。也有少量的城市公厕的大粪以及化肥厂生产的氨水被分配到生产队，到城里装运大粪叫“摇垩壅”，运氨水叫“摇氨水”，因为都要摇着船去装，垩壅是社员对大粪的通称。此外，生产队还组织社员外出到处找肥源，如罱河泥、收萝灰（草木灰）。

生产队还留一部分水稻田在冬季播种红花草，来年三四月份收割，把它与河泥装入在田间四角开挖的灰潭搅拌均匀，作为水稻的良好基肥；其次还让社员外出割草，称斤数计工；对田埂铲草皮，实行“三面光”，清沟挖淤泥，把草皮淤泥混上草料堆成一垛一垛，让其发酵，名为“堆肥”。大队对各生产队积肥数一一丈量体积，严格督促其完成数量。

桥东生产队在1977—1979三年中连续对土质较差的部分边远田块进行稻草还田，在增肥改土、补偿恢复地力方面取得明显效果，为持续稳产高产奠定了基础。

提高产量的另一重要措施就是耕作方式的革命化和耕作水平的高标准。公社、大队、生产队都配备农技员，在他们的努力下，农业生产新技术、新措施层出不穷。

70年代实行百分之百“双三制”，一类地块亩产超2000斤，其中小麦约500斤。三熟制对比两熟制，亩产合计要高几百斤，但粮食品质差，劳动力、肥料、农药等综合成本高。这种片面追求产量、高成本、低品质、低效益的耕作模式持续推行了十多年。进入80年代后恢复两熟制。

新桥自古养蚕就有名声，民国中期设有蚕种制种场，为附近蚕农提供良种。人民公社以后实行集体养蚕，蚕室都安排在社员家里，有洋房里、祠堂里、进士厅等。后来生产队仓库里也养过蚕。春蚕一般能养到20—30张蚕籽，每担蚕茧收入130—150元不等，春茧价格最高。夏蚕有10多张籽，秋蚕则再少养一些。

蚕桑和养猪是农村的传统副业，以此为主，生产队在旱田种植西瓜、香瓜、山芋、油菜等经济作物，还种植青菜等猪吃青饲料；河里则养鱼、种菱。

社员家庭副业以养猪为主，同时少量养殖羊、兔、鸡、鸭、鹅。自留地里种植蔬菜及畜用青饲料，同时也种些山芋、土豆、南瓜、番茄、胡萝卜等，确保社员一年四季果蔬自给自足。一般要到逢年过节，社员才会杀只鸡鸭改善一下生活。

除种植养殖之外，桥西还组织社员编织柳条筐供大队厂里作包装箱。70年代每年春节前后，桥东生产队集体开办临时豆制品加工作坊，历时20天左右，为社员加工春节用的豆腐百叶等豆制品，增加队里收入。同时，豆渣作为精饲料供生产队的猪吃，一举多得。那时桥西劳动力出勤工分一般在200—300，分红每工常在1.5—2元。桥东劳动力出勤工分一般在300—400，分红每工常在1元左右，至70年代两队劳动力收入水平逐渐缩小。社员男女劳力每年出勤工分在200—300，分红每工分在1.8—2.5元。

随着“以粮为纲”口号的实施和100%“双三制”的大力推广，加上社队办企业兴起导致的环境污染，至70年代后期，蚕桑事业逐渐萎缩直至完全放弃。由于耕作模式的改变和农村化肥厂的日益兴旺，化肥的使用比例越来越高，集体养猪和私人养猪也逐步被淘汰。

1949年，桥东合计约有150间民居，大多为砖木结构平房，少有楼房。大多数是清代所建，民国时期建造的不多。70年代末至80年代初，随着人们生活水平的不断提高，桥东人几乎家家户户原地翻造或批地新造二层楼房。基本上都是每户一间门面两厢，占地90—100平方米，建筑结构是俗称的“兵营式”。也有好几户建小洋房，占地面积还要大一些。

2012年，新桥西老巷

桥西原属富庶之地。民国27年（1938），桥西被日本侵略者烧毁了大部分房屋，到1949年，最显眼的建筑就是陈栋全、陈贵全兄弟在1947年造的西式小洋房。80年代，村内每户造房时，未占用耕地面积，都是经批准在原来被日本人烧毁的房屋地基上建造的，总计翻建和新造60—70间，也有择地建造洋房的。

1981年2月，桥东生产队队长糜平刚组织社员采取无记名投票的方式，通过搞责任制的方案。率先分田到劳、定产定工包干。全队110亩单季稻和35亩三熟制按田块远近、土质优劣逐块定产，划田编号，让社员抓阄包干。原则上男劳力包60亩远田，女劳力包50亩近田。桥东分田到户的情况引起广泛关注，乡党委书记苏伯清、无锡县副县长王新豪等前来调研后，表示认可、支持。

1983以后，农业生产责任制全面推行，土地重新划分，按人划0.55亩口粮田，按猪划猪留田，余下全部划分给在家务农的劳力作为劳力田。1989年，口粮田减为0.45亩。

90年代初，因沪宁高速公路和玉祁小城镇建设需要，新桥全部土地被征用。

2006年起，随着玉祁镇“平湖新城”的开发建设，2008年，桥西民居除靠近桥堍的少数几户外全部被拆迁，村民被安置到 “汇秀苑”小区。延续四五百年的新桥村落已成为历史。

新桥自然村生产队队长及生产队负责人：

桥东队：刘云金、袁品珊、糜孟耀、糜福兴、王民生、糜平刚、糜寿龙。

桥西队：陈荣林、王玉南、糜其焕、陈宝华、陈宝达、卞建明、刘君维。

六　刘庄

刘庄自然村位于民主村西北端，西、北两面都与礼社接壤，往西500米就是礼社街，往南约1500米是水面开阔的印桥港，东去一里、过徐巷就是小唐平湖。

1949年前，刘庄自东至西分墩上、东庄、中庄、西庄4个村落，有中巷段里、朝东巷三家村、后头巷上、将古场口、隔河七房、张家荡等村巷。

刘庄有刘、张、孙、吉、邓、束、冯、王等姓氏，均为汉族，其中刘姓人口占村总人口的84%左右，而西后二队则百分之百为刘姓。

刘庄历史上属兴道乡，明万历八年（1580）后属于青城区，清光绪三十四年（1908）属于青城市，1929年8月设乡建制，时任乡长刘锡甫，副乡长刘浩根。民国34年（1945）10月属于自治实验乡，1950年5月属于礼社乡。1951年12月，在民主建政中，经县政府批准设民主乡，刘庄属民主乡。1952年成立互助组，1953年成立初级社。1956年，凤平乡并为玉祁乡，4月成立“八一”高级农业生产合作社。5月成立“五一社”。1958年7月，“五一社”（东、西刘庄）、

"八一"（礼社）2个高级社合并为"东风集体农庄"，又称"三社"。

1958年9月成立玉祁人民公社，设东风工区，刘庄隶属东风工区。1959年民主大队建立，刘庄设有5个生产队：东刘庄生产队、西前一生产队、西前二生产队、西后一生产队、西后二生产队。

刘庄的对外交通主要依靠水路，五牧运河支流自西向东蜿蜒流入本村，俗称刘庄浜。再朝北分流形成西庄浜、圣堂浜、天成浜，还延伸出一横浜、金山浜、新坟浜等几个小浜。村民临水筑舍，繁衍生息。大小河浜的水域面积约1000平方米，河道最宽处20—30米，最长的河道近400米，为村民提供了生活用水，也为田地灌溉提供了充沛的水源。

村民在家门前的河里罱泥积肥、发展生产，同时也捕鱼、捉蟹、摸蚌、耥螺蛳以改善伙食。后来河道由渔业队统一管理，养殖花鲢白鲢等鱼种。

船只是村民劳作和出行的首要工具。农忙季节收割、播种，闲时积肥罱泥，交公粮、运物资，出远门、看病，去洛社、五牧乘火车等，均少不了船只。70年代以前，都是木船，70年代发明了水泥船，木船被慢慢取代。

在农业实现机械化之前，耕田几乎全靠人力加少量的畜力，东刘庄小队有1头水牛。灌溉，在60年代之前主要靠人工车水，一般大户人家都有水车。东刘庄朝东巷东南约10米有个车水口，用来安置水车，车水灌溉农田。由于地势较高，要分段车水，先从天成浜把水车到沟潭里，再从沟潭里车到团圞潭，最后从团圆潭车到簸箕潭。水到簸箕潭后，就顺着沟渠灌入各户农田。如此接力式的车水俗称拔渡。

西前二队在施家圩西面有个九亩浜，那里也是灌溉的车水口。凡是隔河横岸里的一片水田都要从南村头浜拔渡上水，水车提水需要一渡、二渡、三四渡，才能把水灌溉到农户田里。西后二队的田离村子都很远，村里的前辈们种田，不论自田还是租田，近则离村一二百米，远则六七百米。就横区里，对车口，长田里，西茅泾，插秧季节要先灌水才能莳秧，先从一横浜提水到外官里一渡，再由外官田

2010年，刘庄自然村

里提一渡到长沟潭，再一渡到对车口，再渡到横区里。农忙时，水车日夜连轴转。

人力车水非常辛苦。从1930年起，附近的礼社镇有人陆续购买机船，刘庄的部分农田有时也依靠机船戽水，至1958年普及机船，才真正告别人力车水的历史。

平整土地和地下渠道的推广，增加刘庄农田总面积。整个刘庄新增水稻面积110亩左右。机械化耕作和高标准的积肥、植保措施又大大提高了粮食产量，前季稻亩产达到900斤左右，后季稻700斤左右，小麦亩产在350—400斤，全年水稻、小麦亩产“超吨粮”。

油菜种植是解决社员吃油的唯一途径，每年10月下旬，后季稻收割后，大田种麦，一小部分地势高的田块就种植油菜，来年5月下旬收割。油菜籽脱粒、晒干后用船只运到礼社粮管所去换油，当时人均一年吃油3—5斤。在种植油菜的同时还要种植一部分红花草，来年4—5月红花草收割，装入潭里与河泥搅拌沤制。莳秧前起出撒在田里，是水稻最好的有机肥料。

水稻、小麦、油菜成熟后需要脱粒。1949年前，农户是用稻床掼的，后来使用脚踏脱粒机，劳动强度有所改善。1962年，生产队引进电动脱粒机，接上电源就能轧稻、轧麦和轧油菜了，打风清扬也实现了机械化，效率大大提高，劳动强度大大降低。

大忙过后，稻麦扬净晒干，扣除应交公粮数，就按各家各户的人口分口粮。刘庄的几个生产队都是余粮队，一般大人分得口粮520斤，儿童分得口粮350斤，1—3岁小孩250斤。各生产队都是用船只运送到礼社粮管库。

1964年开始以生产队为单位养猪，猪场繁殖的苗猪生产队留一部分自养，一部分卖给社员饲养，一部分到玉祁苗猪集市上出售。在粮食特别紧张的年份，社员靠瓜菜代还难以填饱肚子，猪就吃得更差了。

1970年后，各生产队在原来的基础上都扩建或新建了猪场，猪的存栏数大幅增长。每个生产队都专设三四名饲养员，另有年龄大的劳动力专种4亩左右饲料田和3亩左右水田，常年供应青饲料。一年四季青饲料为：红花草、甜菜、山芋藤、南瓜、水葫芦、水浮莲、水花生、大头菜等。粗饲料有统糠、稻柴糠、草干糠等，精饲料为瘪稻糠、大麦糠、元麦糠。为预防猪吃生食得青紫症，猪饲料都需要饲养员烧熟后才喂食。

每个家庭都有养猪任务，主要是为了给生产队积肥。要求每年每人圈养肉猪2只以上。刘庄私人常年圈存养肉猪在350头左右，其中老母猪也有6头以上。

1974年，东刘庄饲养员刘湧仁，发明发酵饲料。用大缸将猪饲料与酒糟搅拌，让其发热发酵。饲料既软熟，又有酒香味，猪爱吃，吃了能睡、长肉，不但节省了成本，还减轻了劳动强度。各大队都来参观学习，发酵饲料在全公社得到了全面推广。

表6　　1970年刘庄各生产队集体养猪只数情况表

单位：头

	东刘庄	西前一	西前二	西后一	西后二
母猪	20	6	8	3	10
肉猪	85	32	38	20	42

除养猪，社员家家户户还养羊、养兔，养鸡、鸭、鹅等家禽。

另外，东刘庄的两个鱼塘养殖鱼苗，并由大队渔业队专门派有责任心且懂技术的社员负责管理。刘庄老河养殖大鱼。每到过年前，拉网捕鱼，按人均1.5—2斤的标准，每斤2—5角不等的价格供应生产队社员。

60年代末，村里旱田较多，埄头上种桑树，其他田块主要种植黄豆、油菜、山芋、南瓜、西香瓜、大白菜、西红柿、青毛豆等；在桑树田里套种每年两茬的青菜，青菜的主要品种为“西漳菜”。

大量种植的蔬菜用木船运到无锡、常州市里以及武进县的戚墅堰、横林，江阴的双泾上、北双庙等，有一部分由玉祁供销合作社代销。

养蚕业是生产队副业收入的重中之重，每个生产队全年都要养十几张蚕种。蚕种领回后，早春蚕还要进行催青。西前一队刘荣宝家里为共育催青室，刘荣宝自己也是蚕桑技术员。待幼蚕出壳后，就分发到各小队。各队往往没有专用的蚕室，社员主动腾出自家房屋做蚕室，一般每张蚕种到上山时要发育到十一二蚕匾，很占地方。

表7　　1986年生产队借用农户养蚕人家情况表

队别	人家
东刘庄	刘和平、刘小苟、张致祥、张和祥、刘凤庆、刘凤池、刘光庭等
西前一	刘荣宝、刘福泉、张贵荣等
西前二	刘俊海、刘苟度、刘春芳、刘阿三、张桂清等
西后一	刘仁宝、刘仁焕、刘锡坤等
西后二	刘耀清、刘天宝、唐仁娣、刘玉焕等

那时，春蚕每张籽产茧80—90斤，每百斤价格约110元。夏蚕每张蚕籽产茧50—60斤，价格在80元左右；秋蚕每张蚕籽产茧65斤左右，价格在110元左右。

表8　　1972年刘庄自然村桑田和蚕业情况表

队别	东刘庄			西前一			西前二			西后一			西后二		
季节	春蚕	夏蚕	秋蚕	春蚕	夏蚕	秋蚕	春蚕	夏蚕	秋蚕	春蚕	夏蚕	秋蚕	春蚕	夏蚕	秋蚕
桑田面积（亩）	46			22			20			10			11		
蚕籽（张）	16	5—8	10—12	6—8	3—4	7—8	5	2—4	5—6	3	2	3	5	2	5

那些年，村民常年劳作在田里，一年除下雨、下雪等恶劣天气外，其余都要出工，农忙季节还要开早工、开夜工。男女劳动力全年出勤要做320个工分左右，做满一天记1工。女劳力的工分最高是男劳力的75%，全年出勤也在230个工分左右。到年终分红，一般每工分红在1元上下，后来也有分红2元多的。人们把分红不满1元的叫"洋进关"，超出1元叫"洋出关"或"洋出角"。这个"洋"指一元钞票的意思。由于农副业搞得好，刘庄的分配水平在全公社属于比较高的。

80年代初，西后二队刘东来因为做豆腐出名，生意大，成为队里第一个万元户。

1982年，经各队委会多次商量，先按男、女劳力根据田的远近、好坏等实际情况分田。第二年按口粮田、劳力田和饲料田分。口粮田每人分0.55亩。其余劳力田的划分。饲料田按每户分0.15亩左右，家里饲养母猪的每只分0.3亩饲料田。劳力田每年要交国家征购粮。分田到户以后，农民的积极性被大大调动起来，秋收过后，交完公粮，农民终于有了自己足够的余粮。到1989年以后，为了解决劳动力向工商业转移后种田劳力不足的问题，民主村实行第三次分田。生产队除每人分0.45亩口粮田外，其余都归民主村集体小农场种植，并由小农场来完成国家征购任务。

2006年，全村的土地全部收归集体种植，村民的口粮按每亩1000元补偿，使农业劳动力全部向工商业转移。

70年代末80年代初，由于大队办工业发展迅速，水质受到污染，绝大多数家庭开凿小井，井水成为家庭用水的主要来源。1983年，民主村筹建自来水厂，村民吃上了深井水。90年代中期吃上了自来水。

随着改革开放的不断深入，村民经济收入不断增加，生活水平大幅度提高，住房条件也随之改善。70年代末到80年代中期，刘庄大多数的家庭经批复择地盖起新楼房。

到2011年，配合玉祁镇唐平湖开发建设，刘庄自然村全部动迁，村民被安置在润秀苑小区。少数家庭被安置在文湖苑，也有部分家庭购买商品房。

80年代初，刘庄西后二队在仓库里建立民主大队第一个文娱活动室。

90年代，由镇文化站投资，在西后二队隔河七房西面建民主村第一个健身广场，内设10多种健身器材。

1956—1984年刘庄片生产队队长名单：

刘杏生、刘凤焕、刘正海、沈南平、刘如中、张福宝、张锡泉、张炳衡、吉苟南、张永德、刘多堂、刘国良、刘兴金、邓林根、刘泉法、刘毛兴、刘伯华、刘小龙、刘伯方、刘祖良、刘国清、刘炳宇、刘国兴

七　南村头

明初，吴氏、周氏等姓聚居于上村。清朝乾隆、道光年间为用水方便，居民易地向临河建村，由上村、住基区、南村头3个小村子组成，故称南村头。

南村头位于民主村南端，南距印桥港300米左右，与万里村隔河相望，西离对湖渡500米左右，与礼社村毗邻，北与刘庄村交界，东与新村接壤。南村头地处相对偏僻，孤零零地处于民主村的西南一隅，60—70年代被人戏称为“古巴村”。在50年代以前，南村头与外界交通没有大路，上街主要到礼社，沿小路到刘庄、过刘庄桥再往礼社。

全村地势呈东高西低走势，村里一条小河称南村头浜，顺着地势由东向西直通对湖渡的“五一”闸口。南村头浜不仅是人们常年生活的饮用水，还是祖辈们与外面世界交通往来的主要通道。1949年前，村里有一只木船。到70年代，已拥有三只船，两只水泥船，一只小木船。村民种植了西瓜、香瓜、大白菜等经济作物，都靠船运到戚墅堰去卖，往往两三户拼一只船。也有数量少的就要挑出去卖。村民们到较远的地块生产劳动和把成熟的庄稼船运回家也都要靠这条河。村

里的农田分布较散，地形为南宽北窄的不规则形状。

南村头共有吴、周、唐、杜4个姓氏，以吴姓居多，杜姓只有一户。1978年，人口由原来的不满100人增加到130人左右，户数由原来的20户增加到50余户。

吴姓是南村头的大姓，村上建有吴氏宗祠，五开间，进深近10米。每年冬至，每家吴姓的男主人都会到祠堂聚会、祭拜祖先，40—50年代有一个孤身老人吴炳根是专门看祠堂的。吴氏宗祠在60年代被用作生产队的养猪场，队里还扩建了三间，变成八间的猪舍。

南村头与民主村其他自然村相比，距离洛社、五牧火车站等地近，所以，1949年以前，村里人到城里学做生意、跑单帮的比较多。跑单帮比较辛苦，赚钱少，风险也大。日本人占领中国的年代，村里跑单帮的人多次在火车上被日军没收或扔掉货物，只能空手而归。学做生意要好些，一人出去后，还影响村上人，兄弟、亲戚也跟着出去。像周龙金到上海的饭店里去当了堂倌，祥生、祥福、子南等人也跟着出去学做厨师。最出名的是吴涌根，到苏州学做厨师，在苏州安家落户，出了大名，成为江南名厨，后来多次为外国和我国领导人掌勺。

南村头的土地包括野芦荡的部分在内，共有185亩左右，其中旱田80来亩。但田块之间落差较大，给灌溉带来很大不便。所以，南村头在以前就拥有五六部水车。要把水引进上高头的田，必须靠3台水车逐级提水，经80米左右才可抵达。这样的劳作仅靠一家的劳力是远远不够的，这时农户之间便会互相帮忙。

为实现耕作机械化和灌溉的便利，从60年代起，村里就开始小范围整田平地，增加少量旱田面积。1970年，南村头与全大队其他村一样，开始了大规模的农田水利建设。大队一把手到村里蹲点，亲自带领社员起早贪黑整田平地。该工程使农田面积增加到185亩左右，其中水田约115亩、旱田40来亩、桑田30亩左右。

在“农业学大寨”和“以粮为纲”的政策指引下，南村头也先后种上“三熟制”，即两季稻、一季麦。待到7月底8月初就是前季稻抢收后季稻抢种的季节，称为“双抢大忙”。

南村头可耕地面积人均约1.1亩，由于土壤质量不如邻村，所以粮食产量不如兄弟生产队高。每年人均分得口粮稻麦520斤左右，其余交给国家作为公粮：稻谷约1.4万斤，小麦约0.7万斤。

生产队集体种植西香瓜约10亩、大白菜约15亩、番茄5亩，还有少量其他经济作物。除此之外，生产队还种桑树养蚕，蚕主要养早春蚕、夏蚕、秋蚕，偶尔养少量晚秋蚕（也称菊花蚕）。社员也在自留地主种蔬菜、油菜、南瓜、山芋等。副业搞好了，集体和个人收入明显增加，社员生活逐年好转。

社员辛苦一年，到年终分配每个工分分红不满1元，俗称“洋进关”。自1977年生产队大搞产业发展，开挖了占地90平方米的育小蚌池，可容纳小蚌300万只。到小蚌长到2—3厘米，便开始出售。来年光育蚌收入就能使生产社员每个工分值增加0.3元，每工分红就超过了1元，从此摆脱了“洋进关”的局面。

在培育小蚌的同时，为更多地提高家庭收入，有农户开始种植蘑菇。秋天先在一层稻草上铺一层大队“百头猪场”的猪粪，浇水后使其发酵腐烂。经过七八天进行第二次翻料，并加入石膏粉。到第十一二天第三次翻料，这时要加入一些过磷酸钙。待草料充分腐烂发酵后就开始培育菌种，利用家里的空间搭好一层层的架子床，铺上发酵好的草料，撒上菌种，盖好草帘子。一天早晚喷二次水。一个月左右便可采摘蘑菇。吴祥松是生产队种蘑菇大户，也是全镇种蘑菇大户，他培植蘑菇的面积约有2500平方米。蘑菇价格为每斤1元，加上其他收入，吴祥松家第一个进入了万元户的行列。

1984年，吴祥松承包经营民主村30亩左右花卉苗木。

70年代初，随着民主大队大规模整田平地，在野芦荡开挖5个鱼塘。鱼塘归大队渔业队管理。挖出的泥土垫到洼地，经过几年土质改良，原来的洼地变成旱涝保收的良田，种上了经济作物。还有部分石板地于1970年建造了民主大队的养猪场，成为远近闻名的百头场。

60—70年代大力发展养猪事业，南村头利用原来的吴氏宗祠的5间屋，又建了3间，共8间猪舍，常年饲养6—7头老猪，每年出售肉猪12头左右。社员人人都有养猪任务，每两人养一头，私人养老猪的也有3户。

70年代末，随着人口的大量增加和社员经济收入的提高，开始筹划改善住房条件。经过公社大队两级批准，南村头绝大多数的家庭在10年左右的时间里盖起了新楼房。房屋基本上是统一的一造二廨，长20米左右，宽3.6—4米，二造中间有个明堂，房屋大门口有一块约8米长的场地作为晒场，后堡沿往后约2米是农户出入之路。

2011年，配合镇里对唐平湖周围的开发，全村约70户农户全部动迁，安置在文湖苑小区，个别家庭安置在润秀苑小区。也有家庭经批准择地盖起了小洋楼，或在本镇和市区甚至外省市买了商品房。

至2020年，南村头人生活已达到小康水平，90%的家庭购买了小汽车。

南村头历年生产队队长有：吴子南，吴祥松，吴涌良，吴彩玉。

附：

生产队

生产队是中国社会主义农业经济中的一种组织形式，它伴随着合作社建立 而产生。人民公社时期的组织结构为“三级所有、队为基础”，这个“队”就是生产队，生产队上面是大队，大队上面是公社。生产队实行独立核算、自负盈亏。

生产队一般由自然村巷组成并命名，人口有几十户一二百人不等。大的村落要分成几个生产队，其命名按东南西北或一二三四的序列。各生产队人均土地面积不一，大约一亩。自然资源、自然环境因地而异，也各有差别。

生产队存在有20多年，至1984年终结。1985年后，生产队改为村民小组。作为一个“大家庭”形式的集体组织，社员的衣食住行、生老病死，都与“生产队”有着紧密的联系。

一、生产队领导班子

生产队的领导班子由队委3—5人组成，主要职务：队长、副队长，农技员、会计、出纳，记工员、保管员，妇女队长、贫农代表，也有兼职的民兵排长等。各成员一般通过社员选举提名、大队审批产生。

队长：全面负责生产队的事务，对一年四季的农活要了如指掌，出工走在前，休工走在后。要紧扣农时安排生产，对水旱作物的种植要作全面布局，同时还要适应上级不同时期的不同政策来作相应的变通。确保粮食稳产高产，确保社员收入稳中有升。对生产队不同体力和农业技能的社员，有针对性地安排农活。负责每个农户的粮食分配和年终每个劳动力的收入分配。平时邻里之间有矛盾，一般也由队长出面化解。

副队长：协助队长做好生产队的各项工作，合理监督社员的农活质量和进度，对生产队社员尤其是青年社员的劳动技术提供一定的指导，对社员的劳动安全作一定的安排和提醒。

妇女队长：妇女队长在队长的授权下负责女劳力的农活安排。主要有农忙时的场头脱粒、晒场，队里的养蚕等以及生产队的妇女工作（包含计划生育）。

会计、出纳：会计负责生产队的经济预算、财政收支等工作。农历年底是会计最忙的阶段，通常要造分配方案。方案有两种类型，一是造生产队总方案。生产队全年总收入减去总支出，再减去上缴大队的公益金，剩余部分为可分配资金。这个方案要上缴大队给支委审批。二是根据生产队可分配资金制定每户社员的明细经济往来方案，即对全体社员全年出勤总工分制定分红方案。出纳会计则协助会计结算现金往来，登记各家各户的经济往来手册等事宜。

会计、出纳的账本每月上交大队会计处审查，称查账，做到月清月结，收支透明。年终，向社员公布生产队的收支情况，接受社员监督。

记工员：负责记好每位社员出勤天数（也叫记日头），大的生产队分男、女各一个记工员。记工员登记的“劳动工分记载表”要在生产队社员经常出入的地方张贴，做到每天公布，供社员校对和监督。月底结算出每个社员的总出勤天数，让社员核对。

农技员：负责农作物的生产管理、技术指导，具有一定的农技知识，也是种田能手。农技员的主要工作有浸种催芽、落谷、施农药、放养“三水一绿”（水花生、水葫芦、水浮莲、绿萍）。

保管员：主要负责生产队的粮食、物资等管理，有严格的出入仓库记录。保管员一般由2人组成，分别掌管粮仓石灰印和库房钥匙。掌管粮仓石灰印的保管员不锁门，锁门的保管员则不掌握石灰印。每次物资入库或出库后，拿印的保管员要在粮食堆上盖好石灰印记，然后锁门的保管员把门锁好，并做好出入记载。生产队所有的物资分类保管。同时，保管员还要做好仓库的防火防盗等工作。

贫下中农代表：主要负责监督生产队的日常工作。

兼职的民兵排长：一般生产队都有民兵排的基层组织，由大队民兵营领导。主要职责为搞好生产队的民兵训练，还要负责好公社大队分派的大型水利建设等援外工程的人员组织工作。

二、生产资料

除一部分辖区内的土地，生产队拥有的生产资料有粮仓（也称仓库）、养猪场、蚕匾、蚕台，还有一些农具、农机具。比较大型的机器有脱粒机、水泵、农用船只、电机、打风机等。每年农忙季节要添置若干扫帚、爪耙、笆斗、干石灰、化肥、农药等。生产资料为生产队集体所有。70年代开始，有条件的生产队自置小型手扶拖拉机和挂机船。

三、劳动作息时间

生产队安排劳动，没有固定的作息时间，需要根据季节和农时灵活安排。每天，社员都在队长的哨子声中出工。农闲时节，春夏两季一般早晨7点出工，秋冬两季早上8点出工，11点至12点午休。收工时间则看农活完成情况，一般是16时30分以后收工。

“夏忙”季节，俗称“双抢大忙”或“三抢大忙”季节，要开早工、开夜工，全体社员都要到生产队干活。经生产队队长批准临时外出务工和在社队办企业里面工作的社员也要回队参加农业劳动。早工时间一般在凌晨“头晨鸡啼”时，队长就要吹哨子，时间不到五点。社员出工到7点左右回家吃早饭。半小时以后，队长又一次吹哨子出工。夏季高温阶段，午休到下午2点。其后下田干活到天黑才回家吃夜饭。

开夜工一般是队长喊过后，大家相互招呼就出工。夏忙开夜工的农活一般是妇女劳动力做得多一些，冬忙时节开夜工与夏忙相差无几，主要以脱粒稻谷为主。

最艰苦的是“双抢大忙”季节，当社员从脱粒场地上开夜工结束，已是夜里十点多。有的社员稍微打个盹儿，就要继续去田里拔秧；也有社员开夜工结束回家后拿好拔秧工具秧凳（上下两块木板连接成“工”字形状，用于秧田坐着拔秧）或拗勺、搓板、结秧的稻草等，摸黑去秧田里拔秧到天放亮前已拔好一抡秧，回家烧猪食、洗衣、弄好饭菜等再吃早饭，白天还要照常出工。由于抢种抢收季节一天都不能耽误，所以要连续奋战好几天，其间根本无法睡好觉。

四、主要农活

常年的农活：罱河泥、搅河泥、挑河泥；割草、撩水草、收草木灰、开灰潭；开沟、加田岸、整田平地。在农闲时搓绳、绞绳等。

稻熟农活：锄秧田、倒秧田、浇白田；晒稻种、打风扬稻、浸稻种、催芽、做秧田、落谷、撒秧灰、秧田盖膜、秧田揭膜、锄麦山、斫岸脚、出潭、没潭、水整田、散灰、推田、撸篦岸、铲秧、拔秧、挑秧、打秧、莳秧、撒化肥、耥稻、摸草、拔稗草、割稻、翻稻把、束稻、堆稻、收稻、上场轧稻（脱粒）、打结头、扬稻、分稻、分柴、堆柴積（念“恣”）。

麦熟农活：锄田、落别、撒麦子、种麦、开沟、浇水河泥、浇猪粪人粪、锄麦洸、敲麦、踏麦、撩麦洸、割麦、收麦、上场轧麦（脱粒）、打风、晒麦、筛麦。

油菜作物农活：掏田、做抡头、下油菜籽、浇水、打风扬油菜籽、拔油菜苗、移栽、收油菜、搿油菜籽、脱粒油菜、晒菜籽。

种桑养蚕农活：种桑树、修桑树、锄桑田、压桑条、剪桑叶、采桑叶、捋桑叶、剥桑皮；掸蚕、替蚕、蚕具消毒、喂蚕、绞柴龙、栅蚕山帚、上山、采茧、卖茧。

五、社员分配

评工分：主要分定额记工，日头、时间记工等计算方式。定额记工农活有：开沟、开潭、拔秧、割稻、割麦等。一般劳动都按日头、时间记工。

作为生产队的成员，不论男女，中学毕业后就需参加务农。如果一开始做农活能跟上队里强劳力做活，且按质量完成，则属于生产队的一个整劳力。

男、女劳动力日工分按季节或农活技术而定，工分实行十分制。每年冬忙结束，吃完夜饭后，队长吹哨子开评工分会，由全生产队社员来讨论每个劳力的日工分值。方法是先由本人自报，例如男强劳力，自报日工分10分，即1工。以此为标准，弱一点的男劳力则报九折头或者更少，九折头即日工分0.9工。女强劳力按男强劳力的八五折或七五折计算等，最后由生产队队委讨论确定每个人的日工分。

分红：农历大年三十前，是一年的分配季，俗称“分红”。会计在生产队可分配的资金中，核算每户每个劳力的总工分，根据当年的工分值算出每个家庭的收入，扣除家庭人员的口粮款和其他费用，就是每个家庭年终的分红。劳力多的家庭收入高，劳力少的收入低，甚至还要倒贴生产队口粮钱。会计造好各家各户的经济往来手册，使社员对自己的收支情况有明确的了解。

全大队有23个生产队，工分值也是各不相同的。每个工满1元的为“洋出关”，不满1元的称“洋进关”。70年代，一般生产队男强劳力的年收入约280元，女劳力约150元。如果是“洋进关”的生产队，则要少一些。

社员还有一项分红的收入，各农户一年间的猪羊粪便交给生产队使用。生产队根据规定的价格折算金额，年总结算在社员往来上。

分口粮、物资：每年生产队谷物晒干后，首先把好粮上交，再储存来年种子和饲料粮，最后才是分社员的口粮。口粮每年要分两次，一次分夏粮，一次分秋粮。夏粮一般分小麦、菜油、麦柴、桑梗等；秋粮有稻谷、山芋、黄豆、稻柴等。余粮队，男、女劳力全年口粮一般为520斤，缺粮队全年口粮约480斤，学前儿童口粮适当少一些。

靠工制度：公社大队企业工人、五匠、外出劳务工的全部或部分收入转入生产队记工分红，这是作为拉平务工务农收入差距的一种手段。

六、自留地

自留地：1956年开始农业合作化，为照顾社员种植蔬菜和其他需要，由大队依法分配给社员长期使用的少量土地。自留地按农业人口分配，每户使用的自留地的数量，一般不超过当地每人平均土地数的百分之五。

民主大队根据实际情况，将耕地面积的5%，按人头分配，平均每人约0.05亩自留地。让农民自由种植作物，改善家庭生活。

人民公社成立初期，根据上级取消私有制的政策，民主大队将社员的自留地收归集体，造成社员生活困难。1962年1月，又恢复了社员自留地。60年代，大力发展养猪事业。为鼓励社员养猪，集体多积肥料，大队划拨给社员适当的“猪留地”，每户0.15亩。社员也把这称为“自留地”。

自留地成为社员参加集体劳动后的又一劳动阵地。为了不影响集体劳动，大家起早摸黑，争分夺秒地经营自留地，种自己生活必需的农副产品。有的家庭留足家用，还有余量可出售，以此来增加家庭经济收入。

自留地一年四季的蔬菜瓜果有青菜、白菜、萝卜、番茄、黄瓜、蚕豆、长豆、南瓜、山芋等。每个社员都是种菜行家，掌握各种蔬菜的特性，有限的菜长势生机盎然。种植的瓜果还能用来补充家里的粮食，蔬菜的茎蔓、菜叶用来饲养家禽家畜，自留地成为社员的“保命田”。

（根据村历史档案整理）

第三章　基层党组织

20年代，民主境内就孕育了革命的种子。新桥人糜文溶成为无锡地区第一个共产党员，糜文灏为早期革命烈士。在抗战时期，新村成为中共地下党的活动点。解放战争时期，更成为革命的战斗堡垒，培养了一批进步青年投身革命，为掩护、转移新四军和保护人民群众利益作出贡献。

中华人民共和国成立后，民主村（大队）历届党支部（党总支）始终牢记党的宗旨，全心全意为人民服务，带领全村人民建设家园，发展集体经济，富裕全村百姓，成为远近闻名的先进党组织。

第一节　早期党的活动

青城导社

民国11年（1922）冬，中共江浙区委决定到无锡开展党的工作。受党小组组长董亦湘的委派，糜文溶（1921年冬入党）和二弟糜文灏利用回玉祁过春节的机会，会同当小学教员的堂弟糜文中（糜辉），联系在玉祁通源典当行工作的唐光明和乡村小学教员顾咏高等人，发起成立进步青年团体“青城导社”。

按当时的行政建制，玉祁的大部分地区和前洲地区属无锡的青城市，所以他们决定团体以“青城”来命名。办公地点设在玉祁大墩。

民国12年（1923）2月24日（农历正月初九），正逢玉祁的庙会。大墩及周边地区人潮如涌。下午1—5时，“青城导社”在玉祁大墩青城市教育会的会议室召开成立大会。设总务委员和宣传部、教育部、学术部、经济部、娱乐部等机构。会议首先推选总务委员，次推选各部部长。参会者约400人。大会通过青城导社简章、青城导社宣言。解释“青城导社”确守牺牲、奋斗、实践、诚朴、坚持的五项信条。其后进行来宾演说、社员演说以及丝竹、魔术等节目。

会上，糜文灏代表社员作题为《我们为什么要成立团体》的演讲，表明青城导社追求进步、启发民众的宗旨。会议确定青城导社社址设在新桥第七小学。新桥第七小学是油印宣传资料的主要场所。民国14年（1925）2月初，奉军打到无锡的时候，唐光明、孙冶方和糜文中一起在玉祁出过油印报，反对军阀混战。油印报主要由唐光明编写，孙冶方协助，教员糜辉负责用油印机印刷。

2月26日，《新无锡报》以《纪青城导社之成立会》为题进行报道：青城导社成立之先声已致本报。兹悉，该社于2月24日下午1时假大墩市教育会开成立大会，首行推选总务委员，当选者为糜允（即糜文溶）、唐光明、顾咏高、华冠时、糜文灏、陈愷、顾庆等7人，次推选各部部长。

2月28日，演讲团主任顾咏高偕同顾庆、糜文灏及四弟糜文焕等，以《我们为什么要组织团体》《布与米》《农夫苦》等题在浮舟、北七房等地巡回演讲。听众或数十或数百人。

3月2日元宵节，顾咏高、李振声、殷树菁、李伯敏、郑翔德、薛昌运等在玉祁等地巡回演讲。在演讲之前，糜文灏口琴演奏《梅花三弄》《行街四合》等曲调。青城导社通过演讲向民众传播新思想、新文化，痛斥帝国主义列强瓜分中国和军阀统治集团卖国求荣的罪恶行径，揭露腐朽黑暗的社会现象，主张革新不合理的社会制度，唤醒民众拯救中华。

青城导社创办社刊《青城导刊》，共出刊6期，到1924年秋停刊。该刊对当时青年读者思想认识的提高和转变有一定的影响，对以后的革命行动起到推动作用。在第二期的《青城导刊》上，糜文溶发表《请勿要反对社会主义》一文，热情宣传社会主义“是谋社会的利益——群众的利益——的一种制度”。

青城导社在玉祁、礼社办暑期学校；在大墩办暑期诊所，实行免费教育和免费医疗；在玉祁办暑期娱乐场，演出文明戏等。

糜文灏经组织安排，转入上海大学社会学系学习。在上海大学，他与无锡籍进步青年安剑平、秦邦宪等组建进步团体“中国孤星社”，创办《孤星》杂志，同时为青城导社编辑《青城导刊》。第二期的《青城导刊》邀请在上海大学任教的于右任题写刊名。 秋天，唐光明、糜辉等进步青年转到无锡城里活动，糜文溶一直密切关注着这批进步青年。

青城导社的成立，为后来无锡党组织的建立提供了人才。

新四军在境内的活动

抗战时期（1937—1945年），中共领导的苏锡地区武装工作队派女队员驻扎在新村、施家宕等地，以亲戚或教师身份生活在村子里，召集进步青年开会，宣传共产党的抗日主张，引导青年人自觉抵制土匪、国民党的引诱，为共产党收集、传递情报，宣传革命。在几年时间里，先后有4名女同志轮流在村子里沽动。她们发展了王阿芳、施宝芳等一批进步青年。施宝方还加入武工队区大队，参与除恶霸陆渭泰、横林炸日军军车等抗日活动。民国34年（1945）8月15日抗战胜利后，他随新四军北撤，加入管文蔚的部队成为一名侦察兵。

民国33年（1944），新四军武工队多次在施家宕、新村一带开展抗日武装斗争，镇压土匪、顽固分子。有时借住在居民施之熙家。

民国34年（1945）6月14日，包厚昌率领江南挺进支队在邬家宕与“忠义救国军”发生战斗。突围部队经义村撤到新村，在余生和等家中休整，天黑后向西漳转移。

同年春，新四军澄武锡工作委员会戚北区特派员杜平波（原名唐廷轩）到新村开展革命工作，发动和组织基本群众。村民刘焕泉热情招待新四军吃住，杜平波通过他结识了10多个进步青年。后来，在这批青年中发展党员，建立了交通线，组织游击小组，开展合法的抗丁、抗租、抗捐斗争。

民国37年（1948）秋，杜平波介绍新村进步青年王如万、刘志林、刘焕寿、刘金荣到苏北解放区学习受训。组织刘全兴、刘仁林、刘正清、刘焕荣、余生和等青年成立 “保丁抗粮团”，对抗国民党政府的抽壮丁和征粮行动。

同年冬，杜平波指示刘全兴找保长刘宝贤谈话，要刘宝贤配合保定抗粮斗争，并由刘宝贤说服其他保的保长，站到人民一边来。同时，杜平波指示刘全兴、刘仁林、刘正清、刘焕荣、余生和等骨干，带动各村青年用巧妙的手段与催壮丁的伪乡长刘剑钊作斗争。

民国38年（1949）2月中旬，刘剑钊带领4名全副武装的常备队员到新村来催丁搜粮。杜平波召集陈国良、刘全兴及武工队员以佯装谈判和外围打枪的办法赶走他们，保护群众捐集的12石大米。玉祁解放后，12石大米上交到新成立的无锡县政府，支援解放上海运动。

4月23日中午，玉祁解放。解放军来到新村、施家宕，他们走进百姓家，向群众借桌子、凳子休息、做饭。饭后归还桌凳、扫净场地后继续行军。

10月1日，群众欢庆中华人民共和国成立。

第二节　民主村党组织沿革

1952年1月，凤平乡党支部成立。顾岳林任乡支部书记。

1953年6月，民主乡党支部成立。东刘庄人刘凤焕任乡支部书记。

1954年8月，民主乡划归凤平乡。刘凤焕任凤平乡党支部书记。

1957年1月，新谊高级社建立新谊高级社党支部。五一高级社建立五一高级社党支部。

1959年1月，设民主大队。建立民主大队党支部。

1983年5月，设民主行政村。民主大队党支部改为民主村党支部。

1987年7月，民主村成立民主村党总支委员会，下设民主村委农副业党支部和民主工业党支部2个支部。

1988年12月5日，民主村党总支下设工业第一党支部和工业第二党支部2个支部。

1990年8月，民主村党总支下设第一工业支部、第二工业支部和村委党支部3个支部。

1993年4月5日，民主村党总支下设工业分支部和村委（农业）分支部2个支部。

2008年，民主村党总支下设第一工业支部、第二工业支部、农业支部和老年支部4个支部。

2010年，民主村党总支下设民主村工业支部和民主村老年支部2个支部。

2016年9月17日，民主村党总支下设第一党支部、第二党支部、第三党支部、第四党支部和第五党支部5个支部。

2018年，民主村党总支下设第一党支部、第二党支部、第三党支部、第四党支部4个支部。

表9　**1957—2020年民主村（高级社大队）党支部（总支）书记、副书记等任职情况表**

职务	姓名	任职年月
新谊高级社党支部书记	刘永钊	1957.1—1957.6
新谊高级社党支部书记	孟荣祥	1957—1958.12
五一高级社党支部书记	张伯祥	1957—1958.9
民主大队党支部书记	孟荣祥	1959.1—1965.6
民主大队党支部副书记	刘忠德	1965.6—1968.5
民主大队党支部书记	刘忠德	1968.5—1976.5
民主大队党支部书记	刘健华	1976.5—1980.7
民主大队党支部副书记	孟荣祥	1980.7—1983.5
民主大队党支部书记	刘涌伦	1983.5—1986.11

续表9

职务	姓名	任职年月
民主村党支部书记	施永清	1986.11—1987.7
民主村党总支书记	施永清	1987.7—1990.2
民主大队党支副书记	吴兴法	1990.2—1990.8
民主村党总支书记	吴兴法	1990.8—1995.5
民主村党总支书记	糜福康	1995.5—2001.9
民主村党总支书记	吴兴法	2001.9—2007.5
民主村党总支书记	余仲兴	2007.5—2012.12
民主村党总支书记	刘　洪	2013.1—

第三节　民主村党组织工作

党员发展

中华人民共和国成立前后，在土地改革和复查中，境内在上级驻乡的党组织考察下，从觉悟高、政治关系纯洁、工作积极、成分好的乡村干部和积极分子中发展党员。1949年1月，东刘庄刘杏生加入中国共产党。1952年，有刘凤焕、刘协林、刘永钊、刘仁林等入党。1953—1956年互助合作化时期，重点在贫下中农优秀分子中发展党员，发展孟荣祥、刘春和、刘晋玉、冯培初、吴本度、张伯祥、刘杏根、刘福泉、刘玉生、张福宝、施祥生、余三南、施俊泉、魏华喜、施

2018年1月13日，民主村党员大会

宝根等入党。1957年党组织开展整风运动，刘德华入党。1958—1959年“大跃进”期间，发展刘忠德、刘耀良、刘多堂、刘宝金、刘应和、刘焕荣、刘耀泉等入党。1960—1962年，着重做党员教育工作，共度经济困难时期，发展刘银秀、施伯和等人入党。1963—1965年开展社会主义教育运动，吸收了贫下中农积极分子刘凤鸣、盛金良等入党。1966—1969年，“文化大革命”初期，有徐兴度、王寿生、刘云森、余福清、刘祖坤、吴伯兴、唐炳焕等入党。1970—1978年，在农村开展以阶级斗争为纲的路线教育运动，积极发展党员，共有刘君洪、李长林、刘明玉、余焕均、余焕兴、张永德、施子根、刘方伦、刘永福、刘其文、刘玉中、余德元、张凤琴、李介南、刘宝芳、刘伯南、刘迎凤、余海云、刘君华、刘伟德、丁月华、刘惠伦、刘炳祥、刘国荣、刘云毅、吴玉昌、刘厚兴、刘荣林、杨耀法、刘兴金、吴兴法、余建海、刘龙宝、刘国清、刘荣伦、刘如忠、魏福根等入党。党的十一届三中全会后，根据积极慎重的方针，在第一线的中青年骨干、有文化的青年农民中发展党员。至2020年，民主村有党员152人。

1984年民主村共有党员61名，预备党员1名。其中女党员4名，占6.56%。党员年龄：25岁以下党员有2名，占3.28%；26—30岁党员有6名，占9.83%；31—35岁党员有13名，占21.31%；36—45岁党员有19名，占31.15%；46—55岁党员有14名，占22.95%；56—60岁党员有4名，占6.56%；61岁以上党员有5名，占8.2%。党员学历：小学学历党员有33名，占54.1%；初中学历党员有22名36.7%；高中学历党员有6名，占9.83%。2020年民主村共有党员152名。党员年龄：30周岁以下党员有18名，占11.84%；31—40周岁党员18名，占11.84；40周岁以上党员116名，占76.32%。党员学历：初中及初中以下学历党员有79名，占51.97%；高中学历党员有47名，占30.92%；大专及大专以上学历党员有26名，占17.11%。

表10　　1979—2020年部分年份民主村党组织发展情况表

年份	党小组个数（个）	党员人数（人）
1979	5	56
1980	5	58
1981	5	61
1984	5	61
1985	6	61
1986	6	69
1987	10	71

续表10

年份	党小组个数（个）	党员人数（人）
1990	10	83
1991	10	84
2003	8	141
2006	8	144
2007	9	142
2008	12	145
2009	12	153
2010	12	159
2011	12	155
2012	12	158
2013	13	154
2014	13	153
2015	13	153
2016	10	156
2017	10	159
2018	10	157
2019	10	155
2020	10	152

党员教育

中华人民共和国成立初期

1950年5月1日，中共中央发出《关于在全党全军开展整风运动的指示》。此次整风到1954年春基本结束。1952年2月起，在玉祁区委领导下，民主乡党员积极参加反对贪污、反对浪费、反对官僚主义的“三反”运动。这次整风使党员干部的思想水平、政治水平有所提高，党员干部和群众的关系得到了普遍改善和加强。

1951年3月，中共中央在北京召开了第一次全国组织工作会议，刘少奇在会上作《为更高的共产党员的条件而斗争》的报告。通过党员标准教育，广大党员结合本人实际，分析问题存在的根源，自觉地把这种教育看作树立无产阶级思想、克服非无产阶级思想的过程，从而不同程度地提高政治觉悟。

合作化时期

1956年11月至1957年3月，新谊、五一两高级社党支部分别组织党员学习党的第八次全国代表大会精神，学习形式为集中学习或上党课。系统地学习了毛泽东的开幕词、刘少奇代表中央委员会所作的政治报告、周恩来关于发展国民经济的第二个五年计划的建议的报告、邓小平关于修改党章的报告和新党章。广大党员、干部通过学习初步明确了以下几个问题：第一，随着社会主义改造的完成，无产阶级同资产阶级之间的矛盾已经基本解决，国内主要矛盾已经是人民对于经济文化迅速发展的需要同当前的经济文化不能满足人民需要的状况之间的矛盾，是先进的社会主义制度同落后的生产力的矛盾。全国人民的主要任务是集中力量发展生产力，实现国家工业化，逐步满足人民日益增长的物质和文化需要。第二，认识了加强执政党建设的重要性。重视党内的思想教育，提高全党的马列主义水平，坚持全心全意为人民服务的宗旨，发挥党的实事求是、群众路线的优良传统。坚持民主集中制和集体领导制度，反对个人崇拜，发展党内民主和人民民主，加强党和群众的联系。第三，根据党面临的新形势新任务，每个党员必须严格要求自己，提高政治思想觉悟、增强党性锻炼，努力学习科学技术和业务知识。

1957年2月，按照中共八大党章精神，新谊、五一两个高级社党支部对党员进行系统的党的基本知识和农业合作化优越性的教育。同年12月，根据县委的要求学习毛泽东主席《关于正确处理人民内部矛盾的问题》的报告和中共中央发出的《关于整风运动的指示》精神，开展反对官僚主义、主观主义、宗派主义为内容的整风运动。运动中广大群众、党外人士和党员积极响应号召，运用“大鸣、大放、大辩论、大字报”等形式，对党和政府以及干部的思想作风提出有益的批评和建议。随着整风运动形势的变化，又开展反右斗争，接着导致反右斗争扩大化。反右斗争至1958年夏基本结束。

人民公社成立至十一届三中全会时期

1960年11月，民主大队党支部组织党员认真学习贯彻执行中央发出的《关于农村人民公社当前政策问题的紧急指示信》（即“十二条”）。1961年，组织开展以反“五风”（共产风、浮夸风、强迫命令风、干部特殊风、生产瞎指挥风）为重点的整风整社运动，贯彻国民经济“调整、巩固、充实、提高”的方针和《农村人民公社工作条例（草案）》（即“农业六十条”）。对改进干部思想作风，起到了显著作用。1962年，党支部根据中央关于“在重新教育干部的同时，应当重新教育党员”的指示和上级党委的统一部署，在全体党员中开展教育训练党员的工作，以中央组织部和中央宣传部编写的《做一个好的共产党员》作为教材，对全体党员进行系统的党的基本知识的教育，使每一个党员懂得什么是共产党什么是共产主义和社会主义，什么是党的优良传统，怎样做一个共产党员。同年8月2日，还组织党员学习了刘少奇《论共产党员的修养》和扩大的中央工作会议精神。1964年，党支部组织全体党员认真学习领会中央《关于目前农村工作中若干的决定（草案）》（即《前十条》）和《关于农村社会主义教育运动中一些具体政策的规定（草案）》（即《后十条》）。同时，深入开展党员标准、党的方针政策、爱国主义与国际主义，以及反修防修的教育。1965年，全体党员开展学习毛主席著作的活动。

1970年，党支部开办毛泽东思想政治夜校。全体党员参加，每周三上课。1973年，组织党员学习中国共产党第十次全国代表大会通过的《中国共产党章程》。1974年冬，公社革委会组织班子在新桥糜文灏故居办政治学校，大队党支部组织党员参加了培训。1975年4月11日，民主大队开办五七农民中心夜校，全体党员每月逢九的日期集体学习。

1977年，全体党员学习宣传中国共产党第十一次全国代表大会会议精神。大会宣告“文化大革命”已经结束。1978年12月，学习宣传中共十一届三中全会精神，开展“实践是检验真理的唯一标准”的讨论，端正思想路线，把党的工作重点转移到以经济建设为中心的正确轨道上来。

1980年，组织党员认真学习中国共产党第十一届中央委员会第五次全体会议通过的《关于党内政治生活的若干准则》。对照《关于党内政治生活的若干准则》，开展批评与自我批评，并提出“从我做起，从现在做起，从每件事做起”，边学边做边改，努力争取做合格的共产党员。

1981年6月，开展学习、贯彻中共十一届六中全会通过的《关于建国以来党的若干历史问题的决议》的教育活动。1982年春节前后，在党员冬训期间，以学习中共十一届六中全会决议为主要内容，通过学习，使农村广大党员明确了毛泽东思想的科学含义，对于全体党员实事求是地评价毛泽东的历史地位和完整准确地理解毛泽东思想，具有深远的意义。1982年9月，宣传中共十二次全国代表大会精神，动员党员群众努力开创现代化建设新局面。

1982年6月初至9月底，根据《关于加强党性党风党纪教育的通知》精神要求，在全体党员中开展党性党风党纪教育活动。教育内容，包括中共中央、国务院《关于打击经济领域中严重犯罪活动的决定》《关于党内政治生活的若干准则》《人民日报》选编的《列宁和毛泽东同志关于反对共产党员腐化变质的部分论述》《邓小平同志谈端正党风问题》，陈云同志《要讲真理，不要讲面子》等。新党员则结合学习了有关党的基础知识。1982年9月，党总支组织党员认真学习深刻领会中共十二次全国代表大会精神，这次学习和教育的内容，包括邓小平的开幕词、胡耀邦的《全面开创社会主义现代化建设的新局面》的报告，新党章，叶剑英、陈云的讲话，李先念的闭幕词。整个学习和教育，以邓小平的开幕词作为总的指导思想，认真掌握党的十二大文件的基本精神，使广大党员的思想统一到党的十二大所确定的路线、方针和政策上来。

1983年2月，著名的马克思主义经济学家、模范共产党员孙冶方在北京逝世。党支部响应公社党委号召，组织党员学习孙冶方的彻底革命精神。

十一届三中全会后

建立健全党支部活动制度　1983年，建立健全“三会一课”（党支部每月召开一次支委会、一次支部会、一次小组会和一次党课）和“四簿一册”（党的活动记载簿、党的组织生活记载簿、党费交纳记载簿、党员好人好事记载簿和党员花名册）制度。使党的活动和对党员的教育正常化、制度化、规范化。

整党活动　1985年，参加乡党委整党活动。学习了中共中央《关于整党的决定》《中国共产党章程》《关于党内政治生活的若干准则》等重要文件，开展了批评与自我批评。1987年，党总支发动党员重读《关于整党的决定》和《关于经济体制改革的决定》，进一步统一思想认识，明确80年代的大事就要抓好党风和搞四化建设，弄清党风和四化建设的关系。同时开展了民主村党风大检查，组织民主生活会。1988年，学习中共中央发出《关于党和国家机关必须保持廉洁的通知》精神。开展“为改革和建设建功立业，为党的形象增添光辉”的活动。玉祁镇进行党风党纪大检查，对照当年《组织通讯》第七期“党员考评活动的几点意见”的要求，对每个党员进行全面考评，考评结果分优、良、中、差四个档次。1989年4月，玉祁镇党委进行党员资格审定工作。审定民主村31人为合格党员，45人为基本合格党员，无基本不合格党员和不合格党员。同年，民主村开展坚持四项基本原则、反对资产阶级自由化教育，坚定社会主义信念。活动至1991年结束。

深入学习邓小平理论活动　1997年10月15日，组织党员学习党的十五大文件《为新世纪奠基》《牢牢把握邓小平理论的精髓》。同年，还组织学习《高举邓小平理论伟大旗帜，把建设有中国特色社会主义事业全面推向二十一世纪》报告。1998年，根据《中共中央关于在全党深入学习邓小平理论的通知》精神，进一步动员党员兴起学习邓小平理论的新高潮。

三讲活动　1996年7月，组织党员学习江泽民关于讲政治的讲话。1998年底始，在党员干部中开展“讲学习、讲政治、讲正气”的三讲活动，在共产党员中开展“向曹克明（时任江苏省委副书记、纪委书记职务）同志学习”的活动。全体党员积极参与在全镇基层党组织、干部、党员中开展“堡垒杯”“公仆杯”“先锋杯”（三杯）竞赛活动，激励了广大党员干部奋发向上，开拓进取。

学习贯彻“三个代表”重要思想学习教育活动　2002年底，在党员干部中认真组织学习十六大精神和“三个代表”重要思想。2003年6月，在中共中央发出《关于在全党兴起学习贯彻“三个代表”重要思想新高潮的通知》后，全党同志兴起学习贯彻“三个代表”重要思想新高潮。教育党员干部“带头创业、带头创新、带头致富”，加快经济建设步伐，加快城市化建设步伐，加快三个文明建设步伐，为全面建设小康社会实现镇党委提出的“富民强镇”的总目标而努力奋斗。

保持共产党员先进性教育活动　2005年，党总支围绕建设和谐社会的主题，开展“保持先进性，争当排头兵，争创双百亿，再造新玉祁”主题教育活动，开展保持共产党员先进性教育。2006年1月10日，在保持共产党员先进性教育中，党总支开展“比思想、比事业、比奉献”活动，要求做到致富不忘党，致富不忘群众，致富不忘集体。同年，组织学习《中共中央关于构建社会主义和谐社会若干重大问题的决定》。

“科学发展观”学习活动　2009年10月14日，根据市、区、镇党委学习科学发展观活动的工作安排，党总支召开深入学习实践科学发展观活动的动员大会。是月29日，邀请惠山区党校章炳坤老师为村全体党员进行以科学发展观为内容的讲座。11月7日，召开民主村深入学习实践科学发展观活动第一阶段总结会，接着进入第二阶段的活动。同年，村党总支围绕以中央提出的建设“生产发展、生活宽裕、乡风文明、村容整洁、管理民主”的社会主义新农村20字方针为总纲，以农村实现“民富、村美、风气好”为目标，加大宣传力度，大力开展新农村建设，进一步提高广大党员干部的思想意识和素质。在开展党员和村民代表评议村干部活动中，满意率均达90%以上。2010年2月，村党总支申报惠山区第五批“强基工程”示范创建单位。11月25日，区委组织部部长陈燕一行验收民主村党总支创建惠山区强基工程示范点。年末，民主村被评为“惠山区强基工程示范点”。2011年3月23日，组织102名党员干部及入党积极分子收看全省学习实践科学发展观活动的专题片《走进科学发展的春天》。5月21日，组织老党员、老干部、村民组长等参观上海世博园，共计98人参加。

创先争优活动　2010年10月15日，根据《关于在全街道基层党组织和党员中深入开展创先争优活动的实施意见》文件精神，党总支以“创建先进基层党组织，争当优秀共产党员”（简称创先争优）活动为契机，深入开展创先争优活动。把创先争优活动贯穿到各项工作当中，无论是经济建设还是拆迁安置等方面，都体现出党员干部的示范带头作用，并被玉祁街道推荐成为2010年区创先争优活动先进典型培植单位。2011年，民主村党总支荣获玉祁街道深入开展创先争优活动先进集体称号。村党总支书记获得惠山区深入开展创先争优活动先进个人称号。2012年5月，党总支开展“十百千万”主题活动，观看反腐教育碟片、学习杨善洲等活动，推动学习型党组织和学习型领导班子建设。增强党员干部廉洁奉公及对“保先”教育活动意义的深刻认识。

党的十八大后

党的群众路线教育实践活动　2013年，组织党员认真学习中共中央《关于在全党深入开展党的群众路线教育实践活动的意见》，按照“照镜子、正衣冠、洗洗澡、治治病”的总要求，开展以为民务实清廉为主要内容的党的群众路线教育实践活动，集中整治形式主义、官僚主义、享乐主义和奢靡之风。2014年，村党总支积极响应上级党委的号召，开展一系列党的群众路线教育实践活动。在3月25日召开“党的群众路线教育实践活动”动员大会，7月8日召开“党的群众路线教育实践活动”推进会，总结交流前阶段活动情况。活动期间，村委组织进企入户座谈会，学习《论群众路线重要论述摘编》，组织群众座谈，征集意见，聘请党校教师进行《群众路线——聚力中国梦》专题讲课。每周定期组织党员观看群众路线教育影片，为党员自学订购一批学习书籍，党员干部走访村内的企业和群众，听取企业和群众的意见，汇总意见后，联系上级相关单位，统筹解决部分实际问题。同年，根据中共中央办公厅印发的《关于培育和践行社会主义核心价值观的意见》精神，组织认真学习“富强、民主、文明、和谐、自由、平等、公正、法治，爱国、敬业、诚信、友善”的社会主义核心价值观；还组织认真学习并落实执行中共中央、国务院印发的《党政机关厉行节约反对浪费条例》。

“三严三实”专题教育　2015年，以“党的群众路线教育实践活动”为契机，狠抓“三严三实”，着力解决作风建设方面四个问题。一是解决纪律不严的问题。纠正党员及党员干部纪律涣散、管理不严问题。主要从村委人员的出勤纪律入手，要求做到人人考勤，外出要汇报。二是着力解决责任不明的问题。明确每个工作人员的职责，并且把每人的职责公布上墙，做到“人人有责任，事事有人抓，件件有回音”。三是着力解决服务意识不强的问题。要求工作人员在接待处理过程中做到不急躁、不争吵、不回避。四是着力解决工作效率不高的问题。

制定时效机制，落实每件事的最后解决时限。同年，村党总支开展结对共建活动，村委人员都有明确的帮扶对象，并为帮扶对象解决一些实际问题。

“两学一做”学习教育　2016年5月，根据中共中央办公厅印发的《关于在全体党员中开展“学党章党规、学系列讲话，做合格党员”学习教育方案》的精神，认真开展“学党章党规、学系列讲话，做合格党员”学习教育（简称“两学一做”学习教育）。党总支制定每月学习计划，并要求全体党员制定个人自学计划。邀请玉祁党校讲师授课，组织集中学习《中国共产党章程》国家领导人系列讲话精神6次，观看纪录片及教育电影4次，并且开展重温入党誓词活动，“爱在彝区，情系玉祁”大型公益活动。帮扶大凉山学生8名。民主村8名党员干部与小朋友分别结对，每人捐赠500元的助学金，用于购买书本和文具。街道领导为小朋友们捐赠书包、文具、计算器等用品，献出一份爱心。整个活动策划了“十个一”的内容，获得市级媒体的广泛报道。整个“两学一做”学习教育贯穿全年，并指导着全年工作。6月15日，村党总支开展关于“新时期共产党员思想行为规范”的讨论。2017年10月，组织党员干部观看党的十九大开幕会，认真学习和讨论党的十九大报告，并开展一系列党的十九大精神学习活动。结合“连心富民、联企强镇”大走访活动，将“两聚一高”（即聚力创新，聚焦富民，高水平全面建成小康社会）、“三优三宜”的工作目标宣传到每家每户。其间，村党员干部总计走访890户居民，征询到4大类意见。经过和各级部门沟通，及时处理好了收集到的问题。积极参与“廉润惠山”活动。2018年7月5日，村党总支召开全体党员大会，部署党支部标准化、规范化建设的具体工作，出台民主村党支部标准化规范化建设整改方案。7月15日，将原党总支下设的5个支部撤并为4个支部，新组建的各党支部设支部书记1名，负责全面工作兼组织工作，设宣传委员1名，纪检委员1名。至9月12日，各支部召开党员选举大会，完成了支部标准化建设。8月，组织党小组长、党员代表、青年党员志愿者参观“中共一大”会址。同年，民主村党总支严格落实中央八项规定精神和省、市、区委“十项规定”以及街道“八条实施意见”，坚决纠正“四风”，定期开展自查自纠。每逢重大节假日通过短信、微信群、微信公众号向广大党员和村民推送出行安全、避免酒驾等提示。

“不忘初心、牢记使命”主题教育　2019年，根据党中央部署和各级党委“不忘初心、牢记使命”主题教育安排，党总支6项工作：一是召开部署动员会议；二是成立领导小组；三是制订实施方案；四是举办交流活动；五是开展主题教育调查工作；六是进行检视反思和整改落实。3月10日，民主村党总支组织“两委”班子成员、青年党员、退伍军人、青少年代表、村民代表27人在民主村南村头地段开展主题为“植绿色希望筑美丽家园”的公益植树活动。4月4日，民主村党总支与青海省相关人员交流座谈。6月23日，民主村党总支组织全体党员参观南湖革命纪念馆。8月3日，民主村各党支部组织党员观看《张富清：深藏功与名》事迹短片。10月10日上午，惠山区委书记李秋峰到民主村开展调研座谈工作，街道党工委书记黄华晟全程陪同，民主村两委班子全体成员到场参加。10月26日，民主村党总支书记总支委在党旗下重温入党誓词。11月11日，民主村党总支全体党员参观无锡市档案史志馆“不忘初心、牢记使命”主题教育展览。同年，民主村编制《无锡市惠山区玉祁街道民主村生态文明建设规划》由惠山区玉祁街道办事处批准实施。成立玉祁街道民主村创建生态文明示范村工作领导小组，村党总支书记刘洪总负责，村主任刘贤具体负责，创建工作有组织、有计划、有方案。2020年，民主村党总支推进“不忘初心、牢记使命”主题教育，实行线上线下一体化学习，依托“主题党日”、“学习强国”、学习平台“红祁党建”等载体，认真开展党员冬训工作、党员远程教育培训、固定日学习等工作。12月19日，民主村党总支组织辖区“红祁手”志愿者开展“爱心献社会 真情暖人心”主题活动。同年，党总支发动党员投入疫情防控工作，党员参与村防疫宣传40余人次，参与卡口执勤

2017年2月，民主生活会

2019年9月，我和我的祖国——民主村党总支主题党日活动

10人次，参与后勤保障4人次，参与隔离人员生活保障30余人次。

宣传工作

在党的创建和大革命时期。民国 12年（1923年）2月，中共党员糜文溶在玉祁组织发动成立“青城导社”，并创办《青城》社刊，组织演讲团巡回演讲，揭露旧社会的黑暗和不平等，进行反帝、反封建的宣传，促使民众觉悟。

中华人民共和国成立后，党组织根据党的中心工作和重大方针政策的实施开展宣传工作。1949年4月23日，无锡解放后，组织群众参加庆祝解放活动。1949年10月1日，组织群众参加庆祝中华人民共和国成立举行的盛大游行。1950年1月，在新村水龙宫、刘庄薛秀蓉家的黎照堂、新桥小学等地开办民校，组织农民参加基础文化学习。同年10月，宣传《中华人民共和国土地改革法》和土改政策，并组织农民开展诉苦活动，进行征粮工作宣传。1951年，中国人民为保卫和平，反抗侵略战争，保家卫国，组织志愿军投入抗美援朝战争。同年3月8日，为配合抗美援朝宣传活动民主施家宕小学师生排演独幕话剧《怒吼的青川江》。共产党员朱克璋校长担任导演，参加演出的有18人。民主村党组织积极动员青年报名参加，境内共有10名青年入朝参战。1953年3月，民主村党员开展贯彻执行《中华人民共和国婚姻法》宣传教育活动，支持妇女干部在新村水龙宫内举办一场自由恋爱结婚的仪式，破除封建包办婚姻。同年10月，民主乡党支部组织各村进行中华人民共和国成立后的第一次人民代表普选活动。同年12月，组织党员群众学习宣传“一化（社会主义工业化）三改造（农业、手工业、资本主义工商业）”为主要内容的党在过渡时期的总路线要求。1954年1月，民主乡党支部继续进行党在过渡时期总路线的补课教育。学习《无锡县人民政府关于实行粮食收购（统购）的办法（草案）》等粮食统购政策，并组织农民进行自报协商，积极卖粮，逐步形成高潮。同年6月14日，中央人民政府委员会第30次会议决定公布宪法草案，交由全国人民讨论并征求意见。无锡县成立“宪法草案讨论委员会”，制订《宪法草案宣传和讨论计划》。民主乡党支部认真组织群众讨论，听取并收集群众对《宪法草案》的修改意见。

1955年11月，组织党员群众学习和讨论党的七届六中全会的各项文件和毛泽东同志“关于农业合作化问题”的文章。1956年2月，学习贯彻县委本年度第一次区、乡干部会议精神，学习毛主席对全面规划提出的十七项任务的指示，要求打破常规，开阔眼界，奋勇前进，进行全面规划，为提前完成第一个五年计划而奋斗，支部决定在掀起生产热潮的基础上进行全面规划。同年3月，学习高级社示范章程和办社政策。同年8月，参加无锡县委在玉祁举办的初级社干部培训班，学习高级社示范章程和办社政策、方法。1957年9月，高级社党支部开展以粮食主题为中心的社会主义宣传教育运动，使农村面貌起了很大变化。

1958 年，开展社会主义建设总路线、“大跃进”、人民公社化运动的宣传。1960年初，开展整风整社运动。围绕总路线、“大跃进”、人民公社“三面红旗”进行社会主义教育和两条道路斗争的教育。同时，也在实际工作中纠正前两年“一平二调”的错误。1961年，组织开展以反“五风”（共产风、浮夸风、强迫命令风、干部特殊风、生产瞎指挥风）为重点的整风整社运动，宣传贯彻中共中央八届九中全会关于对国民经济实行“调整、巩固、充实、提高”的方针和中共中央关于《农村人民公社工作条例（草案）》（即农业60条）。1963年12月，向党员和群众宣读和讲解《关于目前农村工作中若干问题的决定（草案）》（即《前十条》）和《关于农村社会主义教育运动中一些具体政策的规定（草案）》（即《后十条》）。向群众进行阶级教育；开展“四清”（清工分、清账目、清财物、清仓库）工作；向群众进行社会主义、集体主义、国际主义教育；开展对敌斗争；建立贫下中农组织；做好建设和巩固工作。整个运动历时102天。同年，开展“向雷锋同志学习”的宣传活动。1964年秋，民主大队掀起“农业学大寨”群众运动。1965年初，贯彻中共中央关于《农村社会主义教育运动中目前提出的一些问题》（即《二十三条》）精神，开展清政治、清经济、清组织、清思想的“四清”运动。对大队、小队干部进行经济清理。同年，开展比学赶帮超运动，进一步掀起群众性学习毛主席著作的热潮。1966—1970年，先后开展宣传和学习焦裕禄、门合、王国福等英雄模范活动。1970年，在“农业学大寨”“全国学人民解放军”运动中，玉祁公社开展了四好总评活动，民主大队被评为四好大队，东刘庄、魏巷、新桥、下巷和卫生室被评为四好单位，402个社员为五好社员。1971年，大队党支部组织由下放干部、共产党员、积极分子组成业余的毛泽东思想宣传队，分四个组进驻七个生产队，利用晚上协助生产队搞“一打三反”运动。1975年1月1日，苏州地区和无锡县二级领导到民主大队检查冬春生产工作，民主大队党支部作工作汇报。1975年3月，民主大队党支部为无锡县1974年“农业学大寨”先进单位代表大会提供题为《纲举目张五业兴旺》的报告。1975年4月11日，民主大队培训学习无产阶级专政理论辅导员50多名，办五七农民中心夜校。大队干部每逢星期六进行集体学习，平时自学。生产队干部、党员、辅导员每月逢九的日期集体学习，生产队社员逢十的日期集体学习。

1976年10月，民主大队组织群众参加玉祁公社万余人集会游行，庆祝粉碎江青反革命集团篡党夺权阴谋的伟大胜利。1978年12月起，宣传中共十一届三中全会精神，开展“实践是检验真理的唯一标准”的讨论。1981年6月，开展学习《关于建国以来党的若干历史问题的决议》的宣传。1982年9月，宣传中共十二次全国代表大会精神，动员党员群众努力开创现代化建设新局面。1983年以后，民主村深入开展以“五讲四美三热爱”为主要内容的活动，创建文明村、文明户。1984年，村书记代表民主村农工商联社在市有关会议上作题为《产品以小取胜 品种以多取胜》的发言。1986年，学习和宣传中共十二届六中全会通过的《关于社会主义精神文明建设指导方针的决议》精神。1987年起，在干部群众中开展“一个中心、两个基本点”的宣传教育，坚定不移地走中国特色社会主义道路。1991年3月，组织一次“梯队型”座谈会，出席对象是在各个历史时期为本村经济发展作出杰出贡献、发挥作用的老党员和当今在经济建设中有突出表现、具有初高中文化以上的年轻同志。老党员谈自己的成长过程及村的发展过程，青年人谈自己的理想和志向。会后党总支收到一批入党申请书。1992年2月10日，民主村党总支和民主村民委员会在纺配厂隆重召开表彰大会。对评选出的1992年度先进集体和54名先进个人予以通报表彰。出席人员有优秀党小组长、优秀党员、优秀村民组长、优秀财会人员、先进集体负责人等。施耀义、刘祖良、刘晓晖、刘云兴、张国兴等先进代表作大会发言。同年，开展学习宣传邓小平南方谈话精神，同年继续深入开展社会主义思想教育的活动。1993年，积极参加全镇开展“争当社会主义乡镇企业家”的大教育、大讨论活动和“社会主义建设在玉祁”的大家谈活动，还开展了“一当三创”为主要内容的群众性精神文明建设等活动。1993—1996年，开展贯彻中共十四大精神，进行社会主义市场经济理论教育，同时开展学习《邓小平文选》的活动，开展“我为华夏第一县增光彩”活动。1995年，结合抗日战争和世界反法西斯战争胜利50周年，开展爱国主义、集体主义、社会主义教育，宣传和弘扬“团结、求实、创新、争先”的锡山市精神，使之成为推进两个文明建设的强大精神动力。1996年5月25日，锡山市村民自治示范活动现场会在南泉镇召开，民主村在大会上作题为《发扬民主作风，促进村民自治》的发言。同年结合开展纪念红军长征胜利60周年的活动，加强爱国主义、集体主义、社会主义思想教育。1998年“孙冶方纪念馆”正式开馆，组织党员群众开展学习、宣传孙冶方事迹的活动。2000年开展“致富思源，富而思进”的“双思”教育活动，组织党员群众参观镇宣传办制作的改革开放以来各单位所取得的成果展品的巡回展览。同时积极参与镇组织的开展“双思”教育征文竞赛和演讲活动。2002年以后，开展学习贯彻党的十六大精神，学习和实践“三个代表”的活动。2004年，开展学习胡锦涛总书记视察江苏的讲话精神，落实科学发展观。同年，在全镇开展以“创百亿、展风采、作贡献”为内容的主题教育活动，活动有企业家风采演讲、企业风采图片展示和广场文艺会演等。2005年，围绕建设和谐社会的主题，开展“保持先进性，争当排头兵，争创双百亿，再造新玉祁”主题教育活动，开展保持共产党员先进性教育。2006年，组织学习《中共中央关于构建社会主义和谐社会若干重大问题的决定》。2007年，组织学习在中国共产党第十七次全国代表大会上通过的《高举中国特色社会主义伟大旗帜，为夺取全面建设小康社会新胜利而奋斗》的报告。同年，党总支开展民主村社会主义新农村建设示范村创建活动。2008年5月12日，四川汶川发生特大地震。民主村全体党员、全体村民、企业在第一时间内投身“抗震救灾，众志成城”的活动中，踊跃捐款，共计20多万元。2009年，开展深入学习实践科学发展观活动。同年，村党总支围绕以中央提出的建设“生产发展、生活宽裕、乡风文明、村容整洁、管理民主”的社会主义新农村20字方针为总纲，以农村实现“民富、村美、风气好”为目标，加大宣传力度，大力开展新农村建设，进一步提高广大党员群众的思想意识和素质。2010年2月，村党总支开展惠山区第五批“强基工程”示范单位的创建活动。2011年，坚持以经济建设为中心，深入学习贯彻各级经济工作会议精神。2012年，组织党员群众认真学习中国共产党第十八次全国代表大会通过的《坚定不移沿着中国特色社会主义道路前进，为全面建成小康社会而奋斗》的报告和中央政治局会议通过的《十八届中央政治局关于改进工作作风、密切联系群众的八项规定》。同年，党总支开展“幸福村”的创建工作，成立创建领导小组，具体落实发展先进、生活富裕、生态优美、社区和谐、法治平安、图片采集、信息上报等七大内容。2013年6月17日，玉祁专讯第12期《一把手》访谈栏目中，刊登民主村党总支书记刘洪的文章，题为《抢抓机遇谋发展，求真务实惠民生》。2017年，村党总支列入无锡市“雁阵计划”。村党总支开展的党建特色品牌“童心向党”项目正式被列入玉祁街道“一村一品牌”项目。“童心向党”项目组建以退休教师、抗美援朝老战士、机关党员干部为主体的“志愿导师团”，开设爱国主义教育、儿童自我保护、安全卫生等课程，共计60课时。通过参观、学习、表演、手工制作等形式，充实村青少年的暑期生活，也

2019年6月23日，民主村全体党员参观南湖革命纪念馆

切实解决双职工家庭暑期儿童的看护问题，获得社会各界的好评。2019年，民主村编制《无锡市惠山区玉祁街道民主村生态文明建设规划》由惠山区玉祁街道办事处批准实施。成立玉祁街道民主村创建生态文明示范村工作领导小组，村党总支书记刘洪总负责，村主任刘贤具体负责，创建工作有组织、有计划、有方案。

附一：

青城导社简章

（一定名）青城导社。（二宗旨）以指导社会、研究学术、联络乡谊为宗旨。（三社员）不分性别，凡赞成本社宗旨而能遵守本社之信条，得二人以上之介绍者，皆得入为社员。（四事业）提倡高尚娱乐，互相研究学术，革新社会事业，扶助社会教育，实行平民主义。（五组织）宣传组、演讲团、出版部、教育组、书报社、义务学校、新剧团、学术组、研究会、丛书部、经济组、信用合作、消费合作、娱乐组、音乐会、交谊体育会。（六职员）本社设总务委员会，由全体社员互选委员七人，以执行本社内外一切事务，任期以一年为限，连举得连任。（七纳费）本社纳费分左列三项：（一）入社费，每人入社时须交纳入社费洋两角；（二）常年费，每人每年须交纳常年费洋两元（如有境遇困难，亦得减收，但至少限度为一元）；（三）临时费，本社如遇有特别事故，得总务委员之同意，可募集临时费。（八出社）有背本社宗旨、损害本社名誉，由本社屡戒不悔者或不缴经费而未申述理由者，均得由总务委员会之同意而令其出社。（九集会）本社集会，分左列两项：（一）常会，每年冬夏，集全体社员大会各一次；（二）特别会，如遇有特别事故，得召集特别会。（十附划）本章程如有未尽善处，得于开常会时修改之，社址暂设新桥第七校内。

［原载于民国12年（1923 年）2月26日《新无锡》］

附二：

青城导社宣言

我们相信人类的精神是向上的，不是趋下的，随便问那个，谁肯承认自己是个坏人，谁肯承认自己的事是坏事。

谁也不会做坏事，然而社会为什么糟到这种地步呢?这可不是制度底罪恶?他们被坏的制度所束缚，便失去固有的精神，去投降制度，终至趋下而不自觉了。在这黑暗社会上的人们，尤其是乡村底人们，离开安全幸福的路上已远，谁去指（导）他们向着安全幸福的路上去呢?

我们不敢自夸有（导）底力量，却不敢放弃，或许是无可避免（导）底责任，所以我们谨敬地以所抱的宗旨报告于市民之前。

（导）人们固有的精神，向着安全幸福的路上前进。

新世纪廿三年二月露布。

［原载于民国12年（1923年）2月28日《新无锡》（地方新闻）］

附三：

总支是战洪流的堡垒　党员是洪流中的砥柱
——1991年抗洪总结

一场百年不遇的洪涝灾害自6月初至7月中旬在玉祁大地上肆虐。其间，民主村出现了两次洪涝险情，在村党总支的统一指挥下，全体共产党员、全体干部群众连续作战，克服重重困难，终于取得了胜利。

第一次汛潮袭来时间是6月12日，圩岸上险情告急。村里缺乏劳动力，总支指派各厂出两名精干劳力到险段抢险，厂长们在最短的时间内派员到位，且都是壮汉。当时的水温还很低，余建忠和上了年纪的余三南、张兴玉等同志带头跳下深水阻塞流洞，以最快的速度，阻止了险情的发展，控制了洪水的威胁。接着组建了由工业部门选派的28名人员、村办公室人员（除了值班人员外）及农业条线的同志组成的一支精干抗洪队伍，这批人员连续奋战一星期，出色地战胜了第一场洪涝。

第二次汛潮袭来时间是7月1日至7月3日，其间连续下了几十个小时的大雨。

1日夜里，村干部一班人在圩岸上巡逻，看到汛情来势汹汹、水位直线上升，半夜后洪水狂涨，外河水位达到5.28米，超过历史水位0.13米。眼看着一块块的绿洲将被洪水吞没，3000多名村民的生命财产将受到洪水的威胁，大家带着沉重的心情商量抗洪的对策。

2日早上5时，党总支就召开全村干部、厂长、各单位负责人抗洪救灾动员会，通报灾情，布置抗洪工作，提出了分工包段组织抗洪的办法。会后，很快就有1000多名劳动力站在抗洪第一线。松坟头至大坝工段，负责人是党员刘伯南，在刘德宇、刘海清同志积极配合下，群策群力，到14时，一道东起松坟头，过梅巷上、新东黄泥河、新宜闸直至大坝，长达三华里的“长城”筑起来了，确保了唐平湖周边村庄的安全。大坝以西至蔡家岸桥工段负责人是化工厂厂长余焕均，由塑料厂、纺配厂、化工厂等几个单位分工负责，任务是消除威胁圩岸安全的涵洞和坝口渗漏。党员刘龙宝、刘建华等同志出现在最易出险处。施岳铨同志、刘进海、施耀光等毅然挑起了带队的重任，他们排除了一个又一个的暗流，加固了一段又一段的险滩，确保了这段圩岸的安全。

2号下午，村里接到礼社村请求支援的消息，由刘祖良、刘伯仁、刘国良等一批骨干组成的30多人队伍，自带抗洪物资，去礼社村抢修加固圩岸。他们发现礼社的圩岸漏洞多、险处多，很多地方有倒塌的危险。而圩岸一旦决口，不但民主村的西片受连累，还殃及整个东片和曙光村6个自然村。面对严重情况，总支决定在东刘庄建立第二道防线拦阻洪水东流。16时，灾情加剧，周围的五牧、万里村的圩岸相继淹没，礼社村的圩岸多处告急，玉西也报来险情。此时西片部分地区已受淹，总支在反复权衡利弊的情况下，作出了放弃西片地区，加高加固东刘庄坝的决策。20时，村里干部召开了西片的村民组长及部分骨干会议，向大家通报灾情和采取的相应措施，要求他们立即做好几项工作：一是马上向群众通报灾情，尽早做好转移的准备工作；二是一旦出现险情，把救人放在第一位，绝对不能出意外；三是要照顾好年老体弱者、妇女儿童。会后党员干部立即行动起来。如西后二队村民组长刘爱珍就让担任团干部的儿子刘华君去通知51岁的村民刘仁富提前去玉西外甥家躲一晚。深夜刘仁富的房屋倒塌，粮食、衣物等物全部损毁。第二天，村里及时安排刘仁富在五金厂用膳，指定刘仁富住在仓库里，送来了100斤大米、20斤油。灾后，党员刘伯仁、厂长秦锡伦等同志多次与刘仁富商谈房子修建问题，并提供修复房屋的方便。还及时帮刘仁富办理好保险手续。

2日深夜，接到礼社圩岸决口的急电时，全村已完成了原计划安排的工作，大部分村庄保住了，所有企业没有受损。

3日早晨，党总支召开会议，决定由2名干部组织妇委、共青团的相关负责同志和村西的村民组长使用征调的8条农船抢救被淹村民。先后接出200多名群众，其中有60多个老人（10多名孤寡老人和行动不便的）和小孩。安置了30多人的集体伙食和住宿，抢出了30000斤小麦。

3日下午，蔡家岸出现险情，刘荣法同志带上化工厂的一班同志连续作战几个小时，加固了这段圩堤。当天17时，大坝再次告急，外河水位上升到5.58米。村里所有人员及经理部、基建办公室的所有人员赶赴险段，其中包括刚出差回来的二分厂厂长刘仁忠和不顾腰伤的刘伯仁，他们立即奔赴前线。大家饿着肚子一直干到深夜12点，其中从蔡家岸工段赶来的一部分同志则连续干了10多个小时，坚持到结束。在取不到泥的情况下用一袋袋矿渣堵漏，一袋矿渣有100多斤重，小青年扛不动了，中年人赶快顶上，大家相互照顾、争先恐后。李介南、刘德祥、刘金宝等同志他们不愧是干活的好手，都是一人当几人干，张兴玉、刘忠新等同志还有铜材厂的刘建明、刘仲华等同志表现得都很出色。接到玉西圩岸已决口的消息，总支立即决定由余兴良具体负责，会同两个村民组长糜福兴同志和陈宝达同志一起，组织新桥男女老少，在新桥加固了一道坝，确保了纺配厂淬火车间的安全。

6日，为支援礼社筑坝，民主村出动了300多个劳动力，租用3条50吨以上的运输船和10多条农船；准备了500只草包、1000只麻袋、100支毛竹、2吨钢管、100公斤铅丝。还有3辆汽车在化工厂门口等候，随时准备向前方调运物资。由刘玉良负责物品供应工作、通信连络工作。支援人员分三批赶赴现场，还有一批由100人组成的备用队伍由秦锡伦负责带队，在化工厂等候，只要前方一声命令，立即上阵。抢险现场要求从水中筑出坝来，抢险队伍一到，大家争先恐后地跳下水开始筑坝。连续下了3个多小时的大雨，余耀钧、刘祖良、刘荣法、余菊生、吴金兴、刘仁忠等一批同志在水中坚持干了3个多小时。下午4点半，一道由民主人筑的拦水坝屹立在礼社村白沙圩桥畔的水面上。民主人的精神感动了礼社群众，大家又一次体会到了人心齐、泰山移的道理。

7日始，水情相对稳定，村干部组织人员抢筑小圩，分级排涝，抢救受淹区。同时组织社员进行抢生产自救，为减少洪水带来的损失作新的部署。

11日，组织2千多名劳动力加固蔡家岸以西至庄地岸的圩岸。该工程用去2000只草包、近1000只麻袋、1000多只蛇皮袋、2吨钢管、1000多根毛竹桩。工程如期完成，达到了能阻挡六米高水位的标准，这也是7月份的最后一仗。

1991年，抗洪救灾现场

表11　　**1991年7月民主村农副业受灾情况表**

单位：亩

水稻田			果园			其他旱田			鱼池	
面积	受淹	七天以上	面积	受淹	七天以上	面积	受淹	七天以上	面积	受淹
2230	1200	500	14	14	—	450	300	100	362	175

表12　　**1991年7月民主村受灾经济损失情况表**

单位：万元

总计	水稻损失				多种经营损失						抗灾费用支出	备注
支出	小计	减产损失	复耕费用	其他（补肥）	小计	水田	果园	旱田	鱼池	其他		
86.03	22.92	13.60	8.52	0.80	43.11	3.5	1.00	2.50	32.61	3.5	20.00	小蚌死

在抗洪战斗中，有许多动人的人和事：老干部刘忠德催促亲友参与村抗洪工作；孟荣祥老书记多次查看水情提出抗洪治水意见；彩印厂老党员余焕兴每次抗洪战斗都主动带队指挥；老党员刘焕荣深夜摸黑发动组织群众奔赴抗洪第一线；刘协林年老体弱且一只眼睛完全失明，但一直在场关照、指点；刘如忠同志组织人员认真完成筑高东刘庄坝。总之许许多多老同志，连续几夜未好好休息。

这次大洪水，党员、干部的总体形象得到了村民的认可和称赞。总结抗洪取得成功的主要原因时，大家说：总支是战洪流的堡垒，党员是中流砥柱。

（根据档案整理）

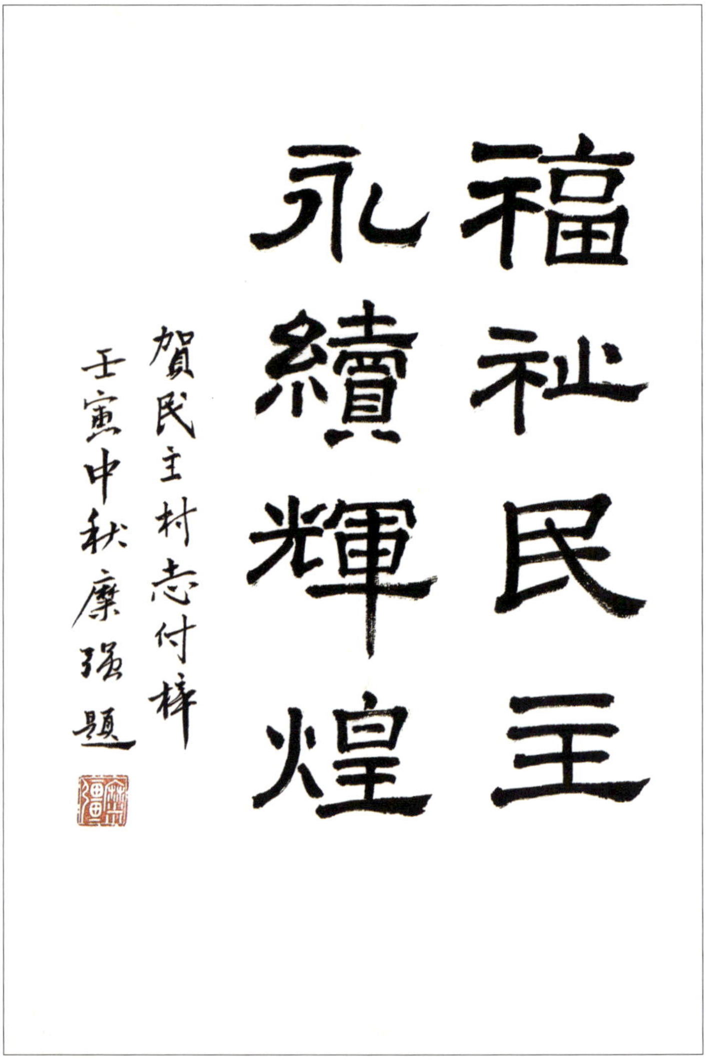

糜文溶之孙糜强题词

第四章　村行政组织

自宋代以来，对乡村的管理一直采用的是保甲制，其主要功能为抽丁征粮和维持地方治安。中华人民共和国成立后，1950年2月，废除保甲制，设立行政村，开始在农村中建立行政管理组织。村行政组织是管理农村社会事业、引导农民开展经济建设的村级组织机构。随着土地改革运动、互助组、生产合作社、人民公社和乡、镇、社区这一系列的运动和上级行政机构的变化，村行政组织在各个时期呈现出不同的规模和不同的形式。

第一节　村行政机构沿革

1949年4月23日，无锡解放。4月25日，无锡县分7个区，59个乡镇，境内属前洲区。其中新桥、魏巷属玉祁镇，镇长龚仲和；刘庄、南村头属礼社镇，镇长史惠龙；新村、施家宕、徐巷属万北乡，乡长刘全兴。

1950年2月，废除保甲制，设行政村。5月，县分区划乡。前洲区分玉祁、洛社两个区。玉祁镇、黄泥坝乡、礼社乡、凤平乡、蓉东乡、蓉西乡等隶属玉祁区。新桥、魏巷、徐巷、新村、施家宕属凤平乡，凤平乡行政委员会由乡长周祥义、农会主任余泉林、财粮委员徐鸣菊组成。新村、施家宕组成凤平乡第三行政村；新桥、魏巷、徐巷等组成凤平乡第四行政村，村长糜毓梅，农会主任刘伦瑞，拥军小组长冯培初。境内东刘庄、西刘庄、南村头属礼社乡，东刘庄、南村头组成礼社乡第二行政村；西刘庄组成礼社乡第三行政村。礼社乡行政委员会由乡长徐伟，农会副主任薛泉生等组成。

1951年12月，玉祁区在境内进行民主建政试点，原属凤平乡的新村、施家岩、魏巷、徐巷和原属礼社乡东西刘庄、南村头等村，经无锡县政府批准设民主乡。通过宣传动员，每户一人作为代表，酝酿协商推荐出候选人。在西坝头的广场上召开乡人民代表大会，通过候选人演讲、代表举手表决和鼓掌通过的方式，选举产生北七房人华洪生为乡长；刘焕铨、张伯祥为副乡长；徐仁祥为财粮委员；刘凤焕为乡农会主任。乡政府设在施家宕。建立玉祁区第一个经过民主选举产生的民主乡政府委员会。

1952年始，各自然村逐步成立互助组。1953年冬，西刘庄部分农户建立五一初级农业生产合作社，社长张伯祥。翌年，新村、施家宕建立新谊初级农业生产合作社，办公室设在下巷秦阿三家。8月，民主乡划归凤平乡，乡长刘焕铨。1956年3月，县实行并区并乡，撤销玉祁区，并入洛社区。玉祁镇、礼社乡、凤平乡并入玉祁乡。乡长徐其坤。4月，新谊初级农业生产合作社成立新谊高级农业合作社，主任孟荣祥，办公室设在新村下巷秦宜男家里，新村划分4个片共11个生产队。5月，五一初级农业生产合作社成立五一高级农业生产合作社。主任刘凤焕，副主任刘多堂，会计刘福全，办公地点设在刘庄。新桥属曙光高级社，主任许月和。

1958年7月，境内新谊高级社和曙光高级社合并为“幸福集体农庄”，又称“二社”。境内五一高级社和礼社八一高级社合并为“东风集体农庄”，又称“三社”。9月12日，玉祁公社成立，划分为五星、红旗、万里、东风、幸福、玉祁6个工区。境内隶属东风和幸福2个工区。1959年1月，原“新谊”、原“五一”2个高级社建立民主大队，设民主大队管理委员会。新桥桥西属民主大队，新桥桥东属曙光大队。同年，大队组建渔业队。民主大队下设20个生产小队。1966年秋，“文化大革命”开始后，大队行政机构一度

2018年1月，村干部民主测评

2020年5月14日，民主村村民委员会主任补选

瘫痪。1967年3月，玉祁公社成立生产办公室，由人武部部长负责全面工作。大队建立生产领导小组，大队民兵营长余焕均负责工作。1968年5月，民主大队成立革命委员会（简称革委会）。生产队成立革命生产领导小组。1974年，原属曙光大队的新桥桥东生产队并入民主大队。

1983年5月，废除大队建制，成立民主村农工商联合社（村联社）。1985年3月18日，民主村村民委员会成立。选举产生第一届村委会委员由刘银凤、刘毛兴、陈宝健任村委会委员。刘银凤任民主村村委副主任，主持日常工作。废除生产队建制，建立23个村民小组。是日，村联社改名为无锡县新民实业公司。1987年6月9日，玉祁乡撤乡建镇，实行镇管村体制。2009年10月，玉祁撤镇建街道，实行街道管村体制。

表13　　1956—2020年民主村行政主要领导任职情况表

职　务	姓　名	任职年月
新谊高级社主任	孟荣祥	1956.5—1957.6
新谊高级社主任	刘永钊	1957.7—1958.9
五一高级社主任	刘凤焕	1956.8—1958.9
民主大队管委会主任	刘清法	1959.1—1968.5
民主大队革委会主任	刘忠德	1968.5—1969.3
民主大队革委会副主任	刘清法	1969.3—1974.3
民主大队革委会副主任	孟荣祥	1974.3—1980.7
民主大队革委会副主任	刘涌伦	1980.7—1983.5
民主村村联社社长	施永清	1983.5—1985.3
民主村委副主任	刘迎凤	1985.3—1990.8
民主村委主任	糜福康	1990.8—1995.1
民主村委代主任	余海云	1995.6—1996.1
民主村委主任	余海云	1996.1—2004.12
民主村委主任	刘　洪	2005.1—2016.11
民主村委主任	刘　贤	2016.12—2020.3
民主村委主任	刘　洪	2020.4—

第二节　主要政务工作

经济工作

土改时期

中华人民共和国成立初期，开展减租减息和土改运动。1949年10月起，开展以减租减息为中心的群众运动。实行“二五减租”（“减少地租额25%”的简称），针对少数农民内部的租佃关系，由乡、村组织业、佃双方协商减租。至1950年2月，农村减租结束。同年10月14日，境内有苏南行署土改工作队进驻，工作队队长是严立，每个行政村有一个工作队队员。在土改运动中，成立农会协会，召开说理斗争会，向群众宣传土地政策，斗争恶霸、地主。按政务院《关于划分农村阶级成分的决定》，民主评定农村阶级成分。没收地主的土地、房屋、家具等财产。土地除分给地主的一份外，将其余的部分分给无地少地的农民；财产除极少公留外，也都分给无房少房、缺乏生产资料和生活困难的农户。至1951年7月，乡村颁发土地、房产所有证，并当众对原有的田单统一收缴销毁，从法律上承认和保障农民分得土地、房屋的权益。土地改革后，农村土地所有权发生了根本变化，农民真正成为土地的主人，农民的生产积极性空前高涨。

互助合作时期

土地改革后，农民虽然都有了土地，但仍保持着千百年来的一家一户的生产方式。有些农活需要众多劳力合作才能完成，如田间灌溉、洪灾时排涝需合力车水等。有的农户由于缺乏劳力常会延误农时季节，粮食产量很难提高。为巩固土改成果。1952年，政府根据《中共中央关于农业生产互助合作的决议（草案）》的精神，在民主乡干部引导下，农民根据需要和自愿的原则，各自然村逐步成立互助组。刘协林任新村一互助组的组长。李介南任施一李渭泉互助组副组长。随着互助组逐渐地建立，互助组内部管理逐步健全。建立评工记分制度，采用以工换工、按时记工、按田定工、按劳评工等方式。使用记工单、筹码等凭证，按田结工，按劳付酬，相互找补，结算差额工。偿还差额工的方法由户与户之间协商，闲时还工，或按当时工值付现金或以米、麦、豆等实物作价相抵。耕牛、农具，凡属公有的，按田负担，专人或分户饲养和使用；私有公用的付给租金或记工结算。互助组的建立，使农户忙时各尽所能、互助合作，能抓住季节，农民感受到组织带来的优越性。1953年，开展党在过渡时期的总路线教育，农民从现实生活中认识到小农经济无力抵御天灾人祸，生产力发展受到限制。特别是土地改革后，有些农户因生活所迫出卖土地，重新出现两极分化的现象，迫切要求走共同富裕的道路。全乡根据《中共中央关于发展农业生产合作社的决议》，贯彻“依靠贫农，巩固地团结中农，逐步发展互助合作，限制富农剥削以至消灭富农剥削”的政策，引导农民组织起来发展农业合作社。1953年冬，西刘庄部分农户建立五一初级农业生产合作社，社长张伯祥。翌年6月，新村、施家宕建立新谊初级农业生产合作社，刘永钊任初级社社长兼联社主任。办公地点设在下巷秦阿三家。初级社实行统一核算，土地入股统一经营，劳动力统一管理，生产资料统一使用，收益统一按土、劳比例分配（分配比例一般为三七开，土地分红占30%，劳动力分红占70%），年终超计划部分则全部按劳分配。划分生产队，固定耕作区，年初制订生产计划，明确目标，采用“四定包工”定额管理的评工记分办法，贯彻勤俭办社的方针。1956年，宣传学习贯彻《全国农业发展纲要（草案）》，掀起“小社并大社，大办高级社”的热潮。4月，新村、施家宕成立新谊高级农业合作社。高级社党支部书记刘永钊，主任孟荣祥；5月，在初级农业生产合作社的基础上，东西刘庄、南村头、魏巷、徐巷成立“五一”高级农业生产合作社（简称“五一”高级社），“五一”高级社党支部书记张伯祥，主任刘凤焕；高级社取消土地分红，耕畜和大农具作价归社，分期偿还，收益按劳分配。为了满足社员日常生活需要，高级社抽出一部分土地分给社员作为个人自留田和饲料田，自行种植蔬菜杂粮和饲养牲畜。高级社选举产生管理委员会和监察委员会，以生产队为基层生产单位。高级社的经营管理，是在固定生产队、固定耕作区、固定耕牛农具的基础上，实行包产、包工、包成本、超产奖励责任制即“三包一奖”制。“三包一奖”制既坚持高级社的统一领导和经营，又体现生产队一定的自主权，把社员劳动同生产队的经济效益挂钩，解决社与队、队与队之间的平均主义。通过“三包”合同结算和坚持按劳分配、多劳多得的原则，使队与队、人与人的收入各有差异。

人民公社至家庭联产承包责任制时期

1958年9月12日，玉祁人民公社成立。实行政社合一，公社建立管理委员会。人民公社初期，统一以公社为基本核算单位，土地、劳力、耕畜、农机、林木、水利设施等均属公社所有，由公社调度、使用、核算、分配。人民公社的行政建制为公社、生产大队、生产小队三级。翌年，“新谊”“五一”两个高级社合并建立民主大队。1959年4月，从公社核算改为大队核算，采取统一经营，分级管理的办法，继续推广包产、包工、包成本，超产奖励的“三包一奖”制，土地、劳力、耕牛、农具“四固定”，规定社员的基本劳动、基本肥料、基本口粮的“三基本”制度。1962年2月，中共中央发出《关于改变农村人民公社基本核算单位问题的指示》，把原来生产大队基本核算单位改为生产小队。20个生产小队独立核算，自负盈亏，直接组织生产和收益分配。社员口粮，实行以定产、定购、定销的“三定”为基础，超产超购多吃，减产减购少吃，基本口粮加劳动粮的分配办法。经济分配，在兼顾国家、集体、个人三者关系的前提下，坚持“各尽所能，按劳取酬，多劳多得”的原则，尽可能从增加生产收益中增加社员经济收入。公积金一般控制在可分配总数的3%—5%，公益金不超过2%—3%。社员全部按实做工分进行分配，并用公益金包“五保户”，补助困难户。民主大队干部实行定工生产、定额补贴的办法计算全年报酬。1968年，推行“标准工分，自报公议”的“大寨式”劳动管理制度，取消定额评工记分制度。1976年10月11日，无锡县选取全县8个比较典型的大队，开始进行大队级核算试点。县委批准民主大队取消生产队一级核算，推行以大队为核算的体制。

1971年2月，在上级革委会传达了苏北建湖县永丰大队的先进经验后，民主大队立即搞起了“民主理财，公开记账”，大队和银行确定下头巷小队为民主理财的典型，在这个队召开了各队正副队长、会计、贫代组长一起参加的民主理财现场会。接着各生产队成立由干部、贫代组长、财务人员参加的三结合民主理财小组，负责生产队的理财活动。全大队统一规定每月1日、16日为生产队民主理财活动日。清理半个月以来的收支、现金、工分、仓库物资等项目。农忙季节，根据各队情况，改室内理为田头、场头理；改晚上理为工前工后休息时间理；改

20世纪七八十年代，大队工作总结、汇报材料

一次全面理为多次单项理，解决农忙时间紧的矛盾，健全“小三不”“三不见面”等其他财务制度。大队组织生产队民主理财小组到先进队参加民主理财会，促进民主理财平衡发展。同年春，玉祁公社在民主大队召开民主理财现场会。同年7月7日，《无锡县民主理财经验交流会材料之四》刊登民主大队革命委员会的文章，题目为《坚持民主办社，壮大集体经济》。

1977年，民主大队在县、公社有关部门帮助下，对队办企业试行定额管理，采用以超产奖励为核心的“五定一奖”办法，即定人员、定任务、定质量、定完成任务时间和定产值利润率，超额完成给予奖励，允许企业在“五定”范围内自主经营。至1981年苏州地区颁发《农村人民公社实行专业承包联产计酬试行条例》开始推行“五定一奖”责任制，公社、大队与所属企业的权责利有较为明确的规定。

家庭联产承包责任制后

农业　1981年2月，民主新桥桥东生产队社员经过无记名投票，通过搞责任制的方案，其中对“双三制”土地进行定产定工制，对单季稻实行联产计酬承包制。1982年9月，民主大队实行农业家庭联产承包责任制。23个生产队全部实行家庭联产承包责任制，俗称“分田到户”。村实行家庭联产承包责任制进行了三次：第一次是按男女劳力、田的远近情况分田；第二次是1983年，按“人分口粮田，劳分责任田，猪分饲料田”，人均0.55亩重新划分，同时划分饲料田，饲料田以旱田为主，旱田不足的可划水田，多余的田再由村民小组剩余劳力种植；第三次是1988年，按每人0.45亩划分，多余下来的土地按村民小组的劳动力作责任田划分。

1983年4月25日，在体制改革中，取消政社合一的公社管理体制，恢复建立乡人民政府。民主大队改为行政村。1984年，民主村设立农业综合服务站（即村设置农技、植保、工厂育秧农机、水利等五条服务专线），还配备农业经理和副业经理（后合并为农业经理）。农业形成“户为基础，统分结合”的双层经营体制，把农户经营的积极性和集体经营的优越性结合起来，促进农业生产的稳步发展。至1988年，村农业综合服务站由无锡县农业局、财政局、审计局围绕组织一体化、项目系列化、设施标准化、服务优质化进行验收，民主村被授予第一批合格村，获得补贴费2000元。在2000年以后，随着农业土地面积减少，村农业各条专线的服务工作由村委副职干部分管。

实行农业家庭联产承包责任制和乡村企业承包经营责任制后，农村分配制度由生产队统一分配改为农业、乡村企业分配两个层次。农业分配由过去单一的集体分配改为粮、油、饲料包干自给，经济包干上缴，统一经营部分年终找补。乡村企业职工的收入，由原“劳动在厂、分配在队”改为乡村企业直接分配，同企业经济效益挂钩。收益分配的来源，由原生产队一本账改为集体统一经营收入、承包经营收入、企事业单位直接工资收入、经济联合体经营收入、农民自营经济收入等方面组成。

1988年9月28日，村民委员会提出民主村1989年责任制及对农补贴意见。该意见包括对在家劳动力种的水稻责任田继续免收“三费”，每亩补贴由130元调至180元；对在厂劳动力种的水稻责任田也免收“三费”，每亩补贴由60元调至90元等。至2001年5月，税费改革全面到位，每亩收缴农业税55.44元。从2005年起江苏省免收农业税。1989年2月28日，村委会制订《村委口及各农业条线负责人责任制考核方案》。4月15日，村委出台《关于稳定农服人员思想，提高农服人员待遇的决定》。11月，村委出台《九〇年民主村农用物资责任制》《九〇年度灌区责任制》《九〇年民主农机站责任制》《九〇年民主村植保队责任制》《九〇年民主村农科队责任制》等文件。1992年9月20日，民主村

委员会出台《民主村调整和完善农业承包责任制及对农补贴的规定》。规定民主村民口粮田每人0.45亩，责任田抛荒收取土地闲置费每亩200元。

1984年，民主村专业户、联合体也迅速发展，全村专业户已占总农户的20%多，联合户有7个，共44户参加。1988年10月，民主村与浙江长兴钱途良、范土堂二人签订承包土地合同一年，承包土地56亩。1994年村里共有6个小农场（包括农科队），小麦325亩，水稻402亩。1999年，民主村粮田总面积为1845亩，15亩以上的种田大户8户，其中外地承包户有5户，专业承包面积有405亩。村农民口粮田也多由种田大户专业承包。2005年民主村粮田总面积为1725亩，20亩以上的种田大户8户，全部为外地承包户，专业承包面积有928.99亩。

2006年，民主村农户口粮田土地使用权全部收归村里，每亩每年补偿费为1000元（由村与农户统一结算 ）。村土地（除部分自留田、饲料田、十边田外）统一由村委与专业承包户签订土地使用合同，成功推出农户粮田流转办法。民主村（除专业承包户外）农户基本实现脱离农业生产。

2007年，唐平湖开发，新村、施家宕、徐巷、魏巷、新桥农户的土地被征用，村民办理失田农民，口粮田补偿取消。失田农民补偿方法：1.已买社保的村民未到退休年龄的有两种选择：一是一次性补偿2万元（分三年发放）；二是从开始工作到办理失田农民时每二年农龄作一年工龄，增加职工退休时的工龄。2.未买社保的村民发放一定数量的经济保养金或一定数量的补交金购买社保。3.在校学生和学前儿童每人一次性补偿6000元（分三年支付）。4.已购买社保并

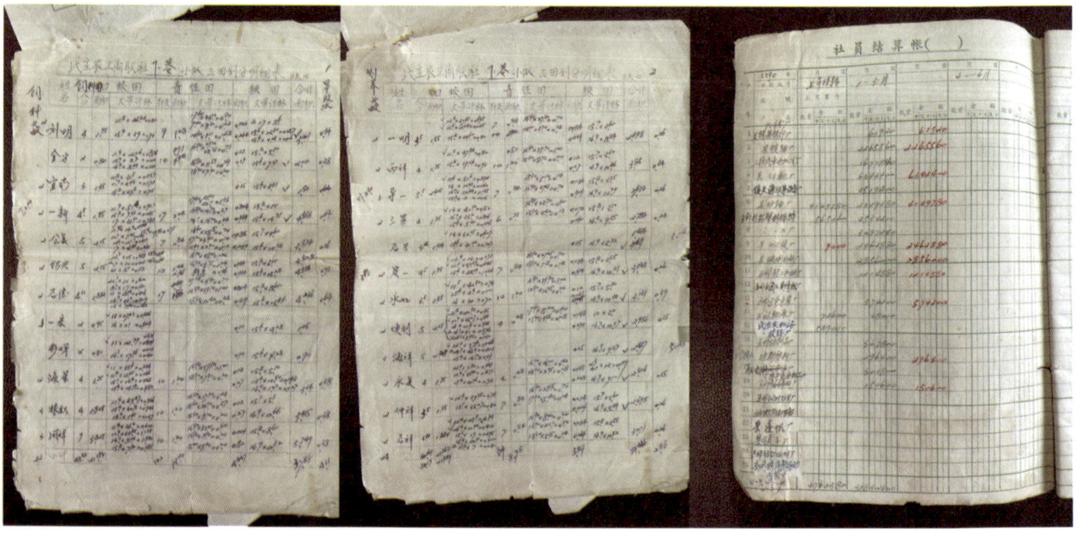

80—90年代，农业、工业台账

到退休年龄的村民和有编制的职工一次性补偿6000元（分三年支付）。5.到办理失田农民时已退休的村民统一进入农保。2009年8月6日止，村已拆迁了湖西路以东、新桥东共计73户，拆除建筑面积达15743平方米。2010年，有6个村民小组完成了共计983人的“双置换”工程办理工作。2011年，刘庄、南村头的土地被征用，村民办理失田农民，口粮田补偿全部被取消。

工业　1983年4月25日，民主村建立村农工商联合社为村级合作经济组织。1985年4月，村联社改名为无锡县新民实业公司，设总经理1名，经理1名，副经理2名。1987年8月30日，建立村工业办公室。另设经营管理、人事劳资、安全保卫三个科。主要任务是协助村工业支部书记和工业经理开展工作。

1985年6月7日，民主村新民实业公司开始实行“一包三改”（“一包”，实行厂长、经理经济承包责任制；“三改”指的是改干部任免制为选聘制，改工人录用制为合同制，改固定工资制为浮动工资）制度。1986年3月25日，民主村制订玉祁乡民主村关于工业单位安排劳力的规定。1989年10月20日，民主村实业公司工业办公室出台适用产值200万元以上和以下的两份《民主村一九九〇年工业生产责任制》。1993年，民主村实业公司制订《企业拍卖租赁方案》（讨论稿）和《总资产风险抵押承包方案》（讨论稿）。1995年5月起，民主村实行企业转制，由村办集体企业转为民办企业。至1998年6月止，共有31家企业实行经营转制。

村级股份制　2004年12月2日，民主村成为玉祁镇村级股份合作制改革试点村。民主村实施村集体经济股份制改革，组建民主村集体经济股份合作制改革筹备小组，组长吴兴法，副组长余海云和刘洪，组员余建中、刘翔、刘贤、王惠芬、刘德祥、刘兆祥和刘龙宝7人。完成民主村集体经济股份合作制改革资产清查报告，成立了民主村集体经济股份合作社，制订村股份经济合作社“三会四权”（“三会”：股东代表会、董事会、监事会；“四权”：所有权、决策权、经营权、监督权）等制度。12月27日，民主村股份经济合作社第一次股东代表大会召开，通过《惠山区玉祁镇民主村股份经济合作社章程》，选举产生合作社董事会及监事会。分别召开董事会和监事会第一次会议，选举结果为吴兴法同志担任股份合作社董事长，余海云、刘洪、王惠芬、刘德祥、刘龙宝和张永德等任董事；刘翔任监事长，施明焕和刘正伦任监事；吴兴法兼任民主村股份经济合作社总经理，刘洪为合作社主办会计。民主村股份经济合作社总股数10360股，其中集体股份4150股，占总股数40%，个人股份6210股，占总股数60%。其中2015年股份分红25万元。

表14　　1970—1993年民主大队（村）历年劳动力分布情况表

年份	户数（户）	人口（人）	劳动力各业分布（人）								
			合计	农业	牧业	副业	渔业	工业			其他
								县属厂	社办厂	队办厂	
1970	710	3071	1432	1312			30		15	75	
1971	688	3099	1563	1428			30		15	90	
1972	741	3156	1537	1327			30		27	108	
1973	761	3196	1540	1335			30		25	150	
1974	799	3239	1527	1275			30		42	180	
1975	830	3453	1618	1271	55		32	10	45	205	
1976	834	3499	1764	1210	70	131	32	15	74	212	20
1977	842	3523	1680	1100	60	159	35	15	76	215	20
1978	842	3545	1680	1029	75	177	35	15	86	238	25
1979	842	3520	1730	1089	70	143	37	15	89	251	36
1980	842	3527	1774	962	65	223	42	40	113	289	74
1981	915	3510	1863	969	35	120	45	40	115	474	65
1982	933	3516	1890	930	35	80	45	40	150	550	60
1983	927	3511	2020	736	25	167	45	31	138	813	65
1984	927	3487	2079	572	20	106	44	29	160	990	158
1985	927	3557	2089	320		126	44	31	175	1247	146
1986	927	3565	2104	310	15	57	42	25	153	1336	166
1987	927	3557	2132	330	25	40	45		187	1397	108
1988	1000	3597	2177	240	21	45	38		182	1519	121
1989	1002	3575	2207	196	15	51	38		178	1605	124
1990	1002	3585	2317	81	3	2	26	20	153	1947	85
1991											
1992	1002	3655	2403	65		5	16				172
1993	1005	3660	2420	127			21				114

表15　　1970—1993年民主大队（村）历年三业经济收入情况表

单位：元

年份	总收入	农业	牧业	副业	渔业	工业	其他	联合体	社员自售
1970	622078	340905	15000	4818	50000	211355			
1971	818379	374115	27349	36801	70000	310114			
1972	937357	344374	77125	22860	60000	432998			
1973	1025721	431258	50000	10863	65000	468600			
1974	1346004	414603	60000	51477	75000	744924			

续表15

年份	总收入	农业	牧业	副业	渔业	工业	其他	联合体	社员自售
1975	1667257	468549	75000	70676	80000	973032			
1976	1798043	458504	70000	65970	90000	1113569			
1977	2151325	362320	126000	149879	85000	1428126			
1978	2869592	462496	99695	205458	102065	1831009	168869		
1979	2481984	486103	117190	66293	103464	1491878	217056		
1980	4222385	354079	87094	141187	508704	2849221	282100		
1981	5335952	348876	44136	337368	556924	3870000	178648		
1982	6514411	470108	56541	406438	409812	4870000	301512		
1983	8212055	582779	61170	488253	389784	6431900	258169		
1984	10130255	611453	32073	161739	327211	8031200	4279	285300	677000
1985	14156034	616578	69239	53987	459987	12265700	22003	27000	641540
1986	16740500	875800	28200	4000	478000	14560100	7500		786900
1987	21453500	832100	13600	13400	218900	19674700			700800
1988	36548500	881700	21000	10000	287400	33934600			1413800
1989	56056900	963100	4000	13300	350000	54300000			426500
1990	58824200	1029100		12000	330000	57054600			398500
1991									
1992		1188400	36000	5000	310000				360000
1993		1496100	36000	8000	265000	105964900			360000

表16　**1970—1990民主大队（村）历年经济收益分配情况表**

单位：元

年份	净收入	国家税金	集体提留	社员分配	集体人均	联合体收入	社员自营收入	社会人均
1970	338313	24700	17463	296150	96			
1971	427245	37200	43200	346845	112			
1972	423364	71200	19481	332683	105			
1973	483842	59200	59650	364992	114			
1974	587774	82500	83450	421824	130			
1975	691639	102000	103858	458781	140			
1976	763858	133000	105484	525373	150			
1977	848138	192000	112863	543275	155			
1978	1106690	241800	191340	673550	190			
1979	1152573	204800	201549	746224	212			
1980	1467659	266440	262713	938506	272			
1981	1951715	489900	292729	1169086	333			
1982	2113568	439500	299996	1374072	391			
1983	2572296	472600	359010	1540686	439			

续表16

年份	净收入	国家税金	集体提苗	社员分配	集体人均	联合体收入	社员自营收入	社会人均
1984	310515	777100	163650	2165065	637	12420	451770	774
1985	4827958	1154600	397386	3275972	791.3	18000	493620	937.8
1986	4943000	1034000	317700	3591300	835.5		649000	1020
1987	5059400	1102000	66900	3890500	935		586100	1100
1988	6121000	2250000	376100	3494900	988.93		710500	1189.98
1989	7282180	2759000	396500	4126680	1399		311900	1488
1990	8784500	2982600	389000	5412900	1488.18		213100	1549

表17　**1988年民主村百户农民家庭拥有高档商品情况调查表**

类别	缝纫机（台）	自行车（辆）	摩托车（辆）	手表（块）	收录机（台）	电视机（台）		洗衣机（台）	电冰箱（台）
						彩色	黑白		
拥有量	86	214	5	300	84	34	90	94	8

2004年，民主村新西50户人家高档商品拥有量调查结果，民主村有电话53部、手机88部、电视机95台、组合音响27台、VCD播放机35台、电风扇98台、空调77台、电冰箱47台、微波炉43 台、收录机62台、洗衣机53台、电脑22台、手表99块、照相机27台、缝纫机32台、摄像机3台，并有价值1000元以上的皮呢服装28件（套），大型组合家具20套，摩托车47辆，轿车、面包车、卡车等9辆。

民政工作

优抚安置

群众优待　1949年至1955年群众优待烈军属的办法主要是实行代耕包耕。土地改革后，烈军属分到土地而缺乏劳动力者可享受代耕。凡居住农村年满18至50周岁的整劳动力或半劳动力均应承担代耕义务。1952年，无锡县人民政府决定，凡享受代耕的家属与承包人要订立常年包耕合同。

1956年至1981年不再代耕包耕，实行优待劳动日的办法。优待劳动日实行现金和实物分配。享受优待劳动日的对象为烈属、现役军人战士家属，二等以上残废军人家属及带病回乡的复员、退伍军人。以上对象收入低于当地社员的平均收入的，除去自做工分外，不足的由集体优待劳动日补足。优待劳动日要经过民主评定，领导批准，发证到户，实行春评、夏查、秋兑现。1979年对农村现役军人和烈士家属的优待，改变以往“困难大，多优待；困难小，少优待；不困难，不优待”的做法，实行普遍优待，按一个农村净劳动力全年工分50%—70%的标准，落实优待工。

1982年后，优待劳动日的形式已不适合实际。实行优待现金的办法，对现役军人战士家属的优待不低于当地一个整劳动力全年收入的80%，优待烈属、残废军人与国家抚恤结合起来，确保生活水平略高于当地群众。对带病回乡或年老体弱生活困难的复员、退伍军人给定期定量补助，仍有困难的给予优待，使之不低于当地群众的生活水平。优待金由村委统筹统支。1984年为鼓励战士安心服役，改变“一刀切”的优待办法，按战士在部队的表现及服役期长短确定优待标准，奖优罚劣。凡服役1—3年，优待一个整劳动力全年收入的80%；服役期4年以上的，每超一年，增加优待金5%。在部队立三等功奖5%，立二等功奖10%，立一等功奖15%；受处分的则降低优待标准。

1991年12月，义务兵优待金由镇统筹发放，标准按全镇平均分配水平的70%。1992年村里4名现役军人入伍当年年终补贴为350元，其余为2200元。这年村发放烈军属代劳工费合计16852元。1993年度村发放烈军属代劳工费合计14317元。1994年度村发放烈军属代劳工费合计17402元。1995年度，村发放烈军属代劳工费合计20518元。1997年现役军人代劳工由1995年的3500元提高至3800元，烈属增加350元、800元不等。2001年起镇支付基础优待金，村平均分配水平低于基础优待金的由村补足基础优待金；村平均分配水平高于基础优待金的，由村补足村平均分配水平。2012年惠山区规定按人均纯收入的45%，义务兵优待金每人每年为14240元；2013年义务兵优待金每人每年为16000元；2017年义务兵优待金每人每年为21883元；2018年义务兵优待金每人每年为23697元；2019年义务兵优待金每人每年为25645元。

抚恤　现役军人、人民警察（不包括经济警察）、国家机关工作人员、享受国家补贴的民主党派和社会团体工作人员、参战民兵、民工等牺牲、病故后，上级民政部门按规定标准发给其家属一次性抚恤金。1985年民主村烈属享受定期抚恤有4户。

补助　1951年开始，无锡县对烈士、病故等家属和部分复员、退伍军人生活上有困难的由政府给予定期定量补助。1979年补助标准为农村每人每月6—10元。1984年农村烈属的补助标准每人每月调整为15元。1985年5月21日民主村4名烈属定补金额各为15元，1名残废退伍军人年抚恤金76元，10名退伍军人定补8—17元不等。

安置　1958年按照中央的安置原则，将安置的重点放在农村。对少数家住在农村的退伍军人生活、生产上确有困难者，采取自力更生、集体帮助、国家补贴的办法解决。1984年乡建立军地两用人才介绍所。根据退伍军人的专业特长，一般都安排到乡、村企业单位就业，也有少数被行政机关、事业单位录用。1985年实行先安置后入伍，征兵、安置、优待“三位一体”的做法，即在征兵时，先落实安置好乡镇企事业单位和优待金额，退伍后即安置在该单位。1985年7月民主村委复退、残废军人花名册显示：退伍军人大多在乡、村办企业工作。1986年3月25日民主村制订《关于工业单位安排劳力的规定》，其中第三条是复转军人可以优先安排工作。2003年惠山区对退伍军人统一实行货币安置，按其服役年限，一次性发给补助金，并以自谋职业为主（鼓励创业）。货币安置的标准为：服役未满3年为3.3万元，3年以上每服役1年增加0.3万元。货币安置按人均纯收入的112.5%标准执行。

社会救济

50年代初对农村贫困户的救济主要依靠生产自救、群众互济。经过安排生产和群众互助而生活上仍有困难的，政府发放必要的救济金，保障他们的基本生活。1956年以后主要由合作社集体扶持照顾，政府给予适应救济。

1958年后贫困户救济主要由生产队给予劳动工分补助。1964年开始评定社会困难户，对其进行补助一定的劳动工分。对遇有意外事故、临时生活困难的村民，给予临时救济。

农村实行家庭联产承包责任制后，工分补助的形式已不适用。从1982年起对困难户采取“经济补助和扶持发展生产相结合，以发展生产为主”的方针，救济和扶贫的经费由村公益金和政府资助解决。1986年3月25日民主村制订《关于工业单位安排劳力的规定》，对社会困难对象要求根据需要和可能给予适当照顾。1994年3月村委对贫困户、残困户、特困户等10户对象进行补助。2012年对低保特困户发放慰问金17000元，对特殊困难、低保边缘户发放救助金10000元。2001年民主村确定低保对象，镇、村全面实行低保，兑现保证金和各类补助，切实解决好贫困户的生活困难等问题。2005年7月村发放半年度农村最低生活保障金共11750元。2006年村干部对6户贫困户结对帮扶，6名帮扶人各捐赠1000元。2007年1月民主村解决农村低保对象家庭17户。同年投入500余万元配合镇政府解决17个村民小组2748人的失地农民保障待遇。2008年村解决特殊低保对象9名。2016

2020年6月7日，民主村召开村民组长会议，讨论“福村宝”医疗互助工程的开展。

年8月25日村解决申请低保边缘家庭10户。同年7月民主村对6名贫困学生给予帮助，支出助学金3万元。

社会福利

50年代初期，对民主村无依无靠的孤苦老人和困难户，由村给予救济，保证他们的基本生活。救济形式主要是发放大米，后来改为定期定量和临时的现金救济相结合。1956年农业合作化以后，对农村孤老、16周岁以下无人抚养的孤儿和无依无靠的残疾人，普遍实行以保吃、保穿、保住、保医、保葬（简称“五保”）为内容的供养办法，费用在农业生产合作社的公益金中支付。1958年人民公社化，由生产队对五保户实行供给。大队干部逢年过节还登门看望、送礼品等，学校发动学生为五保户做好事。1964年，五保老人以评定供给劳动工分记工。1981年农村实行家庭联产承包责任制，生产经营方式发生变化，五保供养工作受到影响。1982年4月，无锡县民政局制订《无锡县五保供给赡养条例（草案）》，玉祁公社同年5月修订《无锡县五保户供给赡养暂行办法（草案）》成为无锡县五保工作的一项地方性法规。1985年，五保老人的年平均生活费达到400元。

1985年3月20日，民主村联社制订《关于老年社员、干部退休保养的规定》，规定凡是退休人员，不论农、副、工各业各单位，每年年终付给每人60元退休保养费。1992年2月24日，民主村的社会福利工厂为11位有劳动能力的残疾人提供自食其力的条件。2006年，农村实行60岁以上老人享受农村养老保险（农保）制。民主村村企业职工、被征地农民社会养老保障覆盖率100%，纯农民社会养老保障覆盖率95%以上。村每年安排60周岁以上老人体检。逐步实现“老有所养、老有所医、老有所教、老有所学、老有所乐、老有所为”的养老目标。

殡葬改革

长期以来，民主区域的丧葬均为土葬。将死者入殓棺木，筑土成坟，一般以葬入祖坟为主。1967年，民主大队有死者进行火葬，火化后骨灰盒安葬在自留地里。1974年3月1日，无锡县革命委员会颁布大力推行火葬的通知，至70年代末，全大队火葬率已达100%。从1976年开始，骨灰盒一部分放入安息堂，一部分仍然葬在公墓。2020年，骨灰盒统一放置到民主安息堂。

1976年，民主大队在庄留滩建办了寄放骨灰盒的安息堂，共有八间房，前有一个大园子，有专人看管。1982年，安息堂迁移至大桑园，共有六间房，骨灰盒按自然村放置。1995年，安息堂迁移至新谊闸口，共有五间房。2009年，在南村头鱼池旁建立民主安息堂。

治保工作

50年代初期，民主区域的治安保卫工作由民兵组织负责，土地改革运动中，成立农会后由各自然村农会主任负责。1954年民主乡成立民兵中队，治安管理由民兵中队长负责。1956年五一高级社、新谊高级社分别组建治安保卫委员会（简称治保会），一般由3—9人组成，设治保主任一职。1958年人民公社成立后，大队由民兵营长兼治保主任负责治保工作。1967年大队成立纠察队，负责调查、审讯、看管阶级斗争对象。1987年8月建立村工业办公室，专设一个安全保卫科。90年代初，民主村加强和完善治安组织，组织和动员群众参与群防群治，成立兼职治安联防队。1997年村成立专职治安联防队，由8人组成，治保主任兼任联防队长，每天夜里联防队员轮流值班，负责全村的安全保卫工作。村治安联防队员报酬由镇、村各承担50%。村党组织和上级公安部门经常对村治安联防队员进行法治教育和业务培训，并制订治安联防队考核奖励制度，部分报酬年终考核后兑现。2003年前各村民小组都配备了1—2名治安信息员。此后村组建治安志愿者队伍，主要由党员、团员、村民小组长、退休人员组成，共同参与社会治安值班和巡逻人员50人。2004年玉祁派出所配备8名警务员，负责全村的安全保卫工作。至2009年玉祁派出所撤民主警组，全镇（街道）的安保工作由玉祁派出所统一管理。

1987年8月县委、县政府决定在全县开展查禁赌博、打击赌博犯罪的活动，民主村委对参与赌博人员发出规劝信，教育参与赌博人员停止赌博。1993年7月25日，为刹住赌博歪风，从严治党，以党风带动民风，为改革开放和经济建设创造一个良好的社会环境，民主村党总支与村全体党员、干部签订禁赌责任书。2000年村委每年与镇政府签订社会治安综合治理目标管理责任书，根据村的实际情况与各村民小组签订综合治理责任书。

90年代后，随着村办工业的发展、外地流动人口的增多，加强流动人口房屋租赁规范化管理，也是治安保卫工作的内容之一。村专门成立了外地流动人口管理队伍，定期或不定期地对辖区常住人口、外来暂住人员、重点人员进行调查、登记。2017年1—6月村登记造册的外来人员达2153名，私房出租户235户。1—6月通过不定期检查、清查，查出无暂住证人员28名。对村租赁户加强法制宣传教育，对每一户出租房屋业主均签订治安责任书，遵循“谁出租、谁受益、谁负责”原则，管理好辖区的暂住人口。辖区民警和村工作人员经常进行各项普法宣传教育，发放各类宣传资料，依法保护外来务工人员的合法权益。全村外来务工人员登记办证率达98%。

2003年村积极开展创建星级警务室达标活动。2004年10月村投资8万元建立民主村警务室。警务室有3间，面积90平方米，设在村委办公楼旁。2007年村安装CK报警系统120户，设立治安岗2个，防范措施合格单位70个。2010年5月起小学、幼儿园配备专职保安。各种监控、报警等设施到位。2017年村通过“无锡市社会视频专网运营平台”在36个主要路口安装高清摄像头，保障安定的社会环境，提升群众安全感。

2014年刑释解教的5名人员全部得到工作安置。建立帮教对象档案5宗，被列入帮教对象5名，重新犯罪率为0。

2015年，护路护线是一项民心工程，村专门成立了以村书记为组长、村委工作人员为组员的护路护线工作领导小组。制订专题会议制度、信息报送制度、专职队伍管理制度等，明确各成员单位的工作职责和任务，确定专人管专线，做到定时排查和常规排查相结合，发现问题及时处理。

2004年，民主村警务站被评为无锡市三星级警务站。2004年，民主村被中共无锡市惠山区委、区人民政府授予“社会治安安全村”称号。2006年，村建成“无毒村”。

人民调解

1949年民间纠纷一般采取亲族调解、乡里调解和自行调解3种方式。在农村，对比较大的民间纠纷，由当事人约定，请同族长辈、地方绅董或当地有威望的人士出面调解。多数在集镇茶馆内进行，边喝茶边调解，缺理者会茶钱，俗称“吃讲茶”。

1951年乡建立调解委员会组织，受县人民法院指导。1956年成立高级社后，由高级社社长负责调解工作。1958年人民公社成立后，大队发生的民间冲突、家庭矛盾一般都由大队领导负责调解处理。1978年起，经济快速发展，全面建设小康社会，一些新老矛盾随之涌现，如征地建厂、路桥建设、村民起房造屋、工作就业等，均由大队主要领导对照政策，通过各种渠道、各种方式沟通协调，使矛盾的双方（集体与集体、集体与个人、个人与个人）自愿达成协议，化解纠纷，解决问题。1984年，村设立调解委员一职。

1989年，国务院颁布《人民调解委员会组织条例》。根据上级有关部门的要求，民主村成立人民调解委员会，由村委主任兼任调解主任。另由治保主任、妇女主任等5人组成。2011年，民主村调委会设立调解主任1名，委员4名、信息员2名。组建8个调解小组，组员24人。2014年，村调解委员会由1名主任，4名委员以及23人的信息员组成，覆盖全村23个村民小组、9个企业。2015年，健全村级人民调解委员会组织。设主任1名，专职委员和妇女主任、团支部书记等5人。施家宕、上巷、魏巷、徐巷、刘庄、新村和南村头组建调解小组7个，小组成员20人。

1995年，民主村依法依章调处民间纠纷，其中涉及老年人纠纷23起，调处率100%，配合政法部门重点打击5起侵害老年人权益的行为。2009年，村加强社会矛盾纠纷调处工作规范化建设，确保调处人员、经费办公场所、办公设施“四到位”，进一步明确社会矛盾纠纷调处岗位职责。规范调处程序，健全工作机制，定期排查调处各类社会矛盾纠纷，尤其是及时排查和化解群众性利益矛盾，最大限度地把矛盾化解在基层、解决在萌芽状态。2010年，建立调解室，村民小组以及有一定规模的企业单位建立调解站，村建立矛盾纠纷信息员和调解队伍，形成矛盾纠纷信息网络和调处网络。建立健全矛盾纠纷信息预警机制，把各种矛盾化解在基层。2014年8月，针对民主村管理用房建设中可能出现的不稳定因素，为了从源头上化解矛盾，调委会从实际出发，从维护社会稳定和预防污染的角度，经慎重、周密

2019年12月28日，民主村全体生产经营单位负责人、安全员安全管理培训会议召开

的研究，对建筑垃圾乱堆放问题、环保问题、安全问题、拖欠农民工工资问题，建议项目建设部门及早采取稳控化解措施。村调委会“以排调结合，以防为主”的工作方针，及时化解矛盾，解决纠纷，防止激化和群体性上访，形成长效机制。在全区星级人民调解委员会的评审中，村调解委员会获得“三星级调解委员会”称号。全年受理矛盾纠纷8起，受理率100%，调解成功率100%。2015年，村级人民调解委员会依托村级治保会组织，落实帮教工作人员，落实科级干部包村、站所包组、队员包片责任制。按照有关规定，采取切实可行的调解形式，在公开、公平、公正的原则下调处好各种民事纠纷。同时，经常向村民发放、展示普法宣传教育材料。并通过会议、讲座、座谈等各种途径宣传有关法律法规及规章制度，不断提高村民的学法、知法、守法的意识，不断提高村民的法治观念，逐步减少民事矛盾和纠纷为建设和谐社会而努力。

民主村历任调解委员或主任：余建中、李介南、刘翔、刘贤、刘洪、刘晓博等。

附一：

民主村村民自治章程（2018年）

第一章　总则

第一条：为认真实施《中华人民共和国村委会组织法》保证村民自我管理、自我教育、自我服务，实行民主选举、民主决策、民主管理、民主监督。

第二条：本章程以《村民委员会组织法》和有关法律、法规为依据，结合本村实际，经村民代表会议讨论制定，是全体村民的行为规范，无论党员干部一律平等，都必须严格遵守。

本章程由村委会具体负责实施，村民代表会议，村民代表大会监督执行。

第二章　村委会

第三条：村委会由主任一人、委员二人组成，任期三年，受镇党委、政府指导，村党总支的领导。

第四条：村委会工作职责：

1.组织村民认真学习贯彻党的方针、政策，自觉遵守法律、法规。

2.协助镇政府开展各项工作，完成上级交给的任务。

3.制订发展规划和年度计划，促进经济发展，带领村民致富。

4.为村民办好事、办实事，举办各种公益事业，开展社会救灾救济，拥军优属活动。

5.大力协助维护治安综合治理，努力解决好村民反映的问题，促进生产、生活的稳定。结合本村所在规划区的地理位置，抓住机遇立足长远，谋求发展。

6.在党支部的组织领导下，组织村民学习《公民道德建设实施纲要》切实推进公民道德建设。

第五条：村委会的工作制度

1.村委会成员除参加支部组织学习外，自身还要对党和政府的有关知识进行自学，不断提高自身的理论水平和思想意识，虚心听取群众意见。

2.实行村务公开，时间不定期。公开内容：村财务收支情况；救济、救灾款物发放情况；上级拨款投入环卫、道路交通等资金使用情况等。

3.村干部必须以身作则，廉洁奉公，勤奋工作，不以权谋私，充分发扬民主，涉及村中大事要事要与村民商量，坚持少数服从多数的原则。

第六条：充分发挥村民、党员的聪明才智，协助村委会排忧解难

1.调解工作：进行法制宣传教育，调解民间纠纷，协助政府公安部门做好司法行政工作。

2.治安工作：发动和依靠村民搞好本村社会治安，签订有效责任书，全面协助政府公安保卫部门之间工作。

3.公共卫生工作：依靠群众，共同努力，做好本村范围内的公共卫生和环境美化，道路硬化、亮化工程工作。

第三章 村民小组

第七条：村民小组是村委会的下属机构，是实行村民自治的最基层单位，村委会应加强对村民小组的建设。

第八条：本村划为二十三个村民小组，由本组村民选举产生一名组长。

其主要职责：

1.向本组村民宣传和贯彻党的方针、政策和国家法律法规。

2.执行村委会、村民代表会议的决议、决定，及时反映本组村民的合理化意见和要求，并做好本组村民的政治思想工作。

3.带领村民搞好农业产业结构调整，发展多种经营，积极完成村委会下达的各项任务。

4.办好本村民组的公共事务和公益事业。

第四章　村民（代表）会议制度

第九条：村民会议由村委会召集本村年满18周岁以上村民过半数参加或⅔的户籍居民代表参加，每年召开一次。有⅒以上村民或½以上村民代表提议应当召开村民会议。

村民会议行使职权：

1.制订修改村民自治章程、村规民约。

2.听取和审议村委会的工作报告，村财务收支情况报告，评议村委会成员的工作。

3.制订村发展规划和年度计划。

4.修改和否决村民代表资格以及村委会不适当的决议、决定。

第五章　村务公开制度

第十条：村委会应根据本村多数代表意见和建议，对村财务、村务加大力度进行监督。采取有效机制措施，并成立由村民代表组成的五人监督理财小组。

1.督促村委会建立，健全村民自治各项制度。

2.检查、督促村委会落实村民（代表）会议决定事项。

3.反映村民合理化建议、意见，督促村委会即时办理。

4.检查、督促村委会村务公开及财务收支情况，协助开展对村集体财务、财产进行审计，并及时公布上墙。

第六章　民主评议党员干部制度

1.此项工作由支部书记组织实施总负责。

2.上级党工委政府下派干部根据实际情况，应吸收村委、村民部分代表参加对党员干部进行民主评议。

第七章　“一事一议”制度

1.村内兴办公益事业筹资项目和标准必须经村民（代表）大会讨论通过，采取“一事一议”专题讨论通过，方可实施。

2.实施项目结果情况，定期公布，接受群众监督。

第八章　社会秩序管理

每个村民都要学法、守法，自觉遵守维护法律尊严。各位家长应做到以身作则，教育好子女学法、懂法，增加自身防范意识。遵守道路交通管理，时刻注意交通安全。

1.不打架斗殴，不寻衅滋事。

2.禁止用猎枪捕猎野生动物。

3.遵守公共秩序，不得妨碍公务人员执行公务。

4.严禁偷盗个人或集体财物，要自觉爱护公共财产，不得损害水利、交通、通信、广电等公共财物。

5.加强道德修养、讲文明礼貌、尊老爱幼、邻里团结、和睦相处。学习贯彻《人口与计划生育法》做到晚婚晚育、优生优育，严格执行“一上二扎”节育措施，杜绝计划外生育。

第九章　违法处罚

1.情节较轻的由村民小组给予批评教育并限期改正。

2.情节较重，但未能触犯刑律和治安处罚条例，由治安委员协同村委会给予相应处罚。

3.触犯法律的由司法公安等机关处理。

第十章　附则

本章程如有与上级机关部门新规定有抵触的，按新规定执行。

本章程自公布之日起实施。

（2018年民主村工作台账·民政）

附二：

民主村村规民约

民主村规，法德相结。自觉践行，振兴乡村。爱党爱国，知恩感恩。民族复兴，坚定奋进。共建共治，争做先锋。崇尚科学，反对迷信。文明礼貌，社会和谐。邻里之间，和睦互敬。违章搭建，切不可行。焚烧秸秆，坚决杜绝。村容村貌，人人参与。风清气正，心灵优美。爱护妇幼，尊敬长辈。节俭持家，勤劳致富。反盗拒赌，遵纪守法。扶危济困，见义勇为。移风易俗，破除陈规。红白大事，崇尚简办。国有国法，村有村规。动不越规，行不逾矩。

（2020年9月18日民主村村民委员会工作台账）

第五章　兵事

境内在有文字记载的近千年历史中，绝大多数时间是和平时期，极少有战事。在40年代，由于唐平湖沿岸相对隐蔽的地理位置和居民追求光明自由的美好愿望，中国共产党把新村、施家宕作为发展革命力量的重要地点，村子里的进步青年积极参与党的对敌斗争，为革命事业作出贡献。中华人民共和国成立后，适龄青年积极投身军营，保家卫国。

第一节　早期地方武装组织

民国35年（1946）春，无锡县自治实验乡成立自卫团，团部在玉祁和成茧行。乡长薛明剑兼任团长，廉文熹任副团长，谭富轩任总教官。自卫团下设玉祁、礼社、魏齐、凤阜、蓉南五个乡镇自卫队，每队设3个班，有团丁300余人。武器装备方面有机枪3挺，步枪200多支。队长以上都佩带短枪。境内刘庄、南村头、魏巷、新桥分属礼社镇和凤阜乡，有多名村民参加自卫队。

民国36年（1947）12月，中共澄西县委任命杜平波（又名唐廷轩）为澄西一区特派员，在彭丁桥、葑庄开展活动。建立新村、彭丁桥、葑庄、金巷、礼社、浮舟村、北七房、夏家甸桥、杨家南北塘、秦巷、洛社等“支点户”，开展武装斗争。

第二节　兵役

兵员征集

清末民初开始实行募兵制。县内未设兵员征集机构。民国时期，各军阀招兵买马，不限年龄、名额和对象，谁招谁用，随招随用。

北伐战争后，国民政府虽实行统一政令，兵员征集采取征募兼施的办法，实际上仍沿用募兵制补充兵员。

民国26年(1937),根据《中华兵役法》规定,年龄在18—45岁的男子均有服兵役义务。兵役分为两种:一为国民兵役,平时受训,战时征集;二为常备役,年满25—40岁,经体检合格者服役。常备役又分为现役(服役3年)、正役(现役服满后服正役,为期6年)、续役(正役服满续役到40岁止)。战时,18—35岁男子经检查合格者服现役,36—45岁服备补兵役,其征集次序,以抽签而定。无锡县开展征集兵员工作,先以各乡、保逐户调查,编造适龄壮丁花名册上报,并将壮丁姓名逐个写在竹签上,待下达征集数额后,除免、缓役者(公务人员、教师、学生等)外,以保或乡集中抽签,按中签号,依次征拨。虽有“三丁抽一,五丁抽二,独子不征”的规定,但豪富之户,或勾结官府,或与征兵主办人员串通,使其子弟免缓征集;而兵役之累,均加于贫苦寒民,“二丁抽一”现象比比皆是。国民党军队中薪饷被克扣,人身遭虐待现象层出不穷,士兵如同在押囚犯,趁机逃跑者不断。每当征集新兵,各家宁肯变卖家产,雇人顶替,也不愿让子弟当兵;家庭贫困无钱雇丁者,其子弟有的逃匿,有的自行致残,以躲避征兵。因而,使征兵形成强行拉派、买人顶替,接兵官员大量收取贿赂后,又到处乱抓壮丁的局面,弄得人心惶恐,有的甚至倾家荡产,人财两空。

民国33年(1944)11月,国民党政府在缓征的公务人员及在校学生中号召“十万青年从军”,境内有国立重庆商船专科学校大三学生新桥人糜宏桢参加中国海军。

民国35年(1946)10月,国民政府颁发新的《中华兵役法》,恢复征兵。全县按每两保征集壮丁1名,限期完成任务。征兵中流弊百出,乡保长视征兵为敲诈勒索之机会,兵贩子横行不法,使不少人家破人亡。

民国36年(1947)初,全县进行兵员调查,编造壮丁名册。当局迫于形势,将征兵之方式暂改为征募兼施。8月1日开始,征募年龄21—25岁的壮丁。许多征募之壮丁入伍后逃跑。

民国37年(1948),全县征兵三次。第一次4月底,全部征集完成。第二次6月,为江苏省保安队征集兵员,第三次9月提前征次年度兵员。

1949年2月底,征集20—29岁的壮丁2名。因民众不愿当兵,中签壮丁纷纷外逃。为了满足抽壮丁人数要求,刘庄以收留要饭的人来填补空缺。

中国共产党领导的人民军队在历次革命战争时期,一直实行志愿性质的兵役制。南村头吴焕良(又名吴汉良)在民国30年(1941)3月参加八路军;刘

1987年，村干部与入伍新兵合影

2017年，村干部与入伍新兵合影

庄刘鸿兴和妻子曹素珍在民国33年（1944）双双参加新四军；民国34年（1945）3月，施家宕施宝芳参加新四军。刘庄刘杏生在民国36年（1947）3月参加中国人民解放军。新桥冯根祥同年参加中国人民解放军，后于1950年10月参加抗美援朝战争。新桥糜立、刘肇汉和刘庄刘洪清在1949年参军，糜立任中国人民解放军第三野战军第10兵团文化教员。刘肇汉赴北京参加中国人民解放军四野南下工作团，1950年入朝参战。刘洪清在第四野战军（无锡炮九师）任司务长，1950年入朝参战，任炮兵连副排长。

1951年1月，县委、县政府发起抗美援朝参军运动后，境内出现参军热潮，东刘庄张锡林、刘涌坤、刘生庆、刘平（刘东苟）和新桥刘砺锋光荣加入志愿军部队。6月24日，政务院发出关于各种军事干部学校招收学生的决定，大批青年和学生踊跃报名。东刘庄刘涌坤进入军事干部学校学习。10月，张锡林、刘生庆、刘平和刘砺锋入朝参战。1952年12月，新桥冯培初、陈凤伟和新村刘盘金、余培生参军入朝参战。1953年1月，新村余三南参军。1953年，新村刘锡泉参军入伍，后进飞行学院学习，毕业后留校任飞行教员。1950年至1953年参军入朝参战的还有新村余如忠、刘俊兴。各界人士掀起拥军优属热潮，为军属赠送光荣牌、光荣匾、慰问品等，建立优属代耕组织。

2009年，新村刘航杰考入空军航空大学，2011年在陆军航空兵学院继续学习，两年后成为北部战区陆航飞行员。

预备役登记

1955年，无锡县预备役军人登记统计由县兵役局（1958年7月后为人武部）

办理。18—35周岁的男性公民登记后，符合服预备役条件的公民发预备役证。

1956年5月，民主村派员参加县兵役局举办的预备役军人登记统计业务培训。

1957年初，根据县兵役局的工作安排和要求，将境内退出现役的士兵编入一类预备役；对征集年度内未被征集入伍的青年、40岁以下的男性公民以及有专业技术的18岁到25岁的女性公民编入二类预备役；退出现役的军官则根据所授军衔及其年龄状况分别登记统计入一类预备役或二类预备役。

1959年初，根据县人武部的有关精神，组织预备役军人全面登记、统计和编组工作。

1960年至1980年间，预备役登记统计工作间断进行。

1982年，县人武部在民兵组织调整的基础上，全面进行了预备役登记、统计和核对工作，把民兵制度与预备役制度相结合，把平时的民兵、预备役工作与战时的兵员动员相结合。

1985年，为贯彻“减少数量，提高质量，抓好重点，打好基础”的方针，县人武部调整民兵、预备役数量，一类预备役（基干民兵）和二类预备役（普通民兵）分别登记统计。

第三节　民兵

1949年12月起，乡政府建立民兵组织，协助政府清匪反霸，维护地方治安，保卫胜利果实。刘协林任新村民兵排长，刘多堂任西刘庄民兵排长。

1950年5月，县人武部成立后，加强对全县民兵的组织领导。6月，中共无锡县委发出《关于继续剿匪的指示》，明确要求市镇周围、仓库附近、铁路两侧，必须组织民兵自卫队。11月10日，境内组织民兵护粮，确保公粮安全。西前一的张炳坤参与礼社粮库保卫工作。

1951年，凤平乡成立民兵连，连部设在新桥洋房，冯培初任连长，配合区中队执行任务。

1952年11月28日，根据《中华人民共和国民兵组织暂行条例》规定，全县民兵组织更趋健全，村设民兵分队，乡设民兵中队，县设民兵大队。民主乡民兵中队由刘杏根负责。

1953年1月12—22日，县委举办民兵干部训练班，培训基层民兵骨干。民主乡由基干民兵刘杏根等参加培训。同月，民主乡成立人民武装委员会，加强对人民武装工作的领导。同年，无锡县将年龄18岁至25岁的青年民兵组建基干团1个，以区为单位成立民兵基干连；民主乡成立民兵基干排，刘杏根任基干排排长。同年，组织18岁至25岁的青年民兵进行训练，时间一般为15天。其中政文教育时间占80%，军事训练时间占20%。民兵军事训练内容包括使用武器，武器的性能与保管及必须的勤务战术教育。

1957年，将民兵区分为基干民兵和普通民兵。

1958年9月24—30日，将民兵与预备役合编，16岁至30岁编入基干民兵，31岁至50岁编入普通民兵。县设民兵师，公社设民兵团，幸福工区和东风工区分设民兵营，生产大队设民兵连，生产队设民兵排，专业队设民兵班。

1962年，无锡县对民兵组织进行整顿，将16—45岁的男性公民、16—35岁的女性公民编入民兵组织，其中16—30岁的男性公民、16—25岁的女性公民编入基干民兵组织，其余编入普通民兵组织。之后，民兵组织每年都要整顿一次，民兵组织与数量随之调整。同年，民兵训练以民兵连、排干部和武装基干民兵为重点。训练内容有射击、投弹、防空、防空投、防空降、单兵和班的进攻战术等。

1964年，民主大队开展97亩试验田种植工作。其中民兵试验田1.9亩，试验项目包括三麦的“早熟3号”、薄片深翻、种子和肥料对比、套播麦、移植麦、密度等项目。

1974年9月，新桥生产队成立武装民兵班。刘仲玉任班长，公社书记包桂荣、民兵营长冯云海任指导员。成员有陈瑞洪、陈信康、刘仁中、焦全根、殷同林、刘玉中、卞建宪、刘静荣等。新东生产队还成立武装女民兵班，队员有刘惠芬、刘惠琴、刘惠娟、刘玲娟、刘淑珍、刘小妹、刘善秀、刘大妹、刘美芬、刘玉芬、刘燕芬、刘阿毛、刘菊娣、刘凤妹、刘杏珍等共计15人，班长刘惠芬、政委刘德明。至1976年9月结束。

1974年，民兵训练

1975年11月26日浏河工程正式开工，至12月18日竣工。无锡县

1978年，民主大队民兵代表玉祁公社参加无锡县人民武装部组织的军事考核，获得投弹比赛第一名，团体总分第三名

设立浏河工程指挥部，玉祁公社决定派出民兵完成浏河工程指挥部布置的任务。民主大队出动民兵60余人，由民兵营长余焕均带队，奋战半个月，圆满完成开河的土方任务。

1976年冬，玉祁公社在民主大队开挖新开河，民主大队民兵全部出动，确保工程顺利完成。

1977年春，无锡县人武部组织民兵在胡埭乡姚湾至杨湾一带治山造林，直至深秋结束。主要任务是开山放炮，扛石头，垒梯田，使荒山变果园。玉祁公社派出一个民兵连，由冯云海任指导员，任坤生任连长，其中民主民兵有新村余永忠、刘祖英，刘庄刘汗林、刘炳文、刘银兴等30余人，刘庄刘祖良任排长。

1978年9月，民主大队民兵魏听宇、刘荣林、冯俊、刘仲玉、秦洪男、刘国忠、余海云、糜寿柱、刘金伦、冯永良代表玉祁公社参加无锡县人民武装部军事考核，获得投弹比赛第一名，团体总分第三名，刘金伦获得投弹比赛个人奖。11月，太浦河工程开工，计划2个月完成。无锡县成立太浦河续浚工程指挥部，县委副书记包桂荣任指挥。民主大队出动民兵，施永清和李介南带队。11月18日进驻工地，于11月20日正式开工，12月8日竣工，工程提前41天完工。

1979年春，民主大队民兵营组织基干民兵训练，内容有队列训练、军事常识、机件保养等。

1980年，玉祁公社人武部组织民主大队武装民兵班进行军事训练，参训人员由民主大队部分生产队的民兵排长和退伍军人组成。训练项目有队列操练、战术演练、投弹和射击。

1981年，县委部署民兵组织调整工作。至1982年，全县缩小组建民兵的范围，压缩参加民兵的年龄，简化民兵组织的层次，取消公社民兵团的建制，军事训练由过去的每年一次，改为每两年一次，由过去的全县组织训练，改为公社自训，县组织验收。10月26日，设锡澄运河拓浚工程无锡县指挥部，副县长王新豪任指挥，抽调民工30477人，民主大队抽调民兵55人，施永清带队。

1985年5月，玉祁乡成立基干民兵营，人武部部长任营长，乡党委书记兼任教导员，军事训练由过去的乡训改为县集中训练。

1991年8月，镇人武部部长刘荣兴（新村人）被江苏省人民政府、江苏省军区评为抗洪救灾先进个人，记三等功一次。

2000年7月，玉祁镇基干民兵营参加无锡军分区组织的轻武器实弹射击比赛，民主村民兵营营长刘贤获得5发子弹命中50环的好成绩，被无锡军分区授予“神枪手”称号。

2016年，民主村委办公楼三楼302室设立民主村民兵连部暨青年民兵之家。

2022年，民主有基干民兵队伍。

历任民兵营长或负责人名单：刘杏根、张炳坤、刘兴泉、余焕均、陈宝健、余建忠、刘忠新、刘贤、刘金宇等。

第四节　重要战役

元末之战

元末，朱元璋的部队在进军南京的途中路过境内，在施家宕附近发生战争。明朝建立后，官府在施家宕建圣堂屋，以祭奠阵亡将士灵魂。

清咸丰蔡公岸桥之战

清咸丰十年（1860）七月初五和七月初六，礼社团练与太平军在蔡公岸桥和龚巷交战两次。

同治之乱

同治二年（1863），太平军盘踞刘氏祠堂（位于徐巷西），拆毁神龛，改作驻军法堂。

同治二年九月初二，驻澄清军至玉祁与太平军战于九顷桥，太平军撤离青下乡。武锡清军围攻太平军于新桥、张巷、缪巷一带，太平军死亡3000余人。

抗战时期游击战

民国26年（1937）冬，芙蓉圩龙潭头（现为武进县芙蓉乡）的青年王英生带8个人到玉祁，计划成立游击队。玉祁商团给予大力支持，王英生在玉祁成立游击队，参加者30—40人，枪10多支。该队伍成立后，常在北张巷、东埄、孙家村一带活动。

民国27年（1938）4月27日，五牧日军据点日本兵到玉祁活动。王英生便亲率数百人追踪到新桥桥西。2个日本兵守在一座楼房内，游击队冲不进，就决定火烧。临晚，日本兵趁夜色逃回据点。王英生部下也撤离玉祁。

农历3月27日，五牧、洛社、石塘湾、横林、戚墅堰的日军及无锡部分铁路警备队联合，分水陆两路到玉祁扫荡。上午烧了新桥街、大新制种场。新桥街被烧27户计87间。日军一路烧了大墩关帝殿（殿内天井里一棵4人合围的古银杏树此时被毁）和玉祁街四周的零星房子。下午，日军用硫黄枪纵火，从玉祁西街烧到东街，大火两日两夜未熄。

玉祁镇方圆几百亩被烧，被烧毁房屋1200多间，各户家具资财、商店货物设备荡然无存。唐家宕被波及。

民国33年（1944）夏，新四军锡北六区区委书记兼区长、武工队长冯云章率领区武工队员多次在施家宕、新村活动，锄奸、镇压土匪。在施家宕，镇压了谋财害命的土匪施金顺。

邬家宕之战

民国34年（1945）6月14日，包厚昌率领江南挺进支队一个主力连从武进进入玉祁，宿营邬家宕。15日拂晓，被“忠义救国军”包围，发生战斗，俞静嘉、陈敏之、谢铎等14人牺牲。突围部队经义村撤到新村，在西坝头朝西门面的余生和等三四户人家稍事休整，天黑后向西漳转移，留下5个伤员。余生和利用自己家的两吨半木船，同刘祥和、刘志和将伤员送往西漳，交给地下党领导人吴秉仁。下午，余生和根据吴秉仁的指示，到邬家宕将14位烈士遗体安葬。

第五节 民主籍革命烈士

施丽清（1896—1927），民主村施家宕人。1926年加入中国共产党，任中共申新一厂支部书记、申新一厂工会总务主任、工人纠察队队长。参加1927年上海工人第二、三次武装起义。1927年4月12日，被国民党反动派枪杀。

糜文灏（1901—1927），民主村新桥人。1924年加入中国共产党，同年赴苏联东方大学学习。1926年4月调至党中央秘书处工作。1927年3月，参加上海工人第三次武装起义。同年5月8日被捕，11日即在上海枫林桥被国民党反动派杀害。

糜立（1925—1950），新桥人，中共党员。1949年参加革命，任中国人民解放军第三野战军第10兵团文化教员。1950年在上海医院病故，由原部队评为革命烈士。

刘盘金（1935—1953），新村人，1952年12月28日参加中国人民志愿军，任第46军第136师第407团1营1连卫生员。1953年7月4日在朝鲜长丰郡059高地战斗中牺牲，被部队追记二等功。

刘盘金证书

王仁祥（1932—1955），新村人。1951年参加革命，任中国人民解放军华东装甲兵二基地3营8连战士。1955年6月在徐州市医院病故。

魏进喜（1958—1981），魏巷人。1979年1月参加革命，任中国人民解放军空军山东潍坊39783部队机械员。1981年8月1日为营救战友牺牲，被部队追认为中共正式党员，追记一等功。

第六节　各时期老兵

抗战老兵

吴焕良（又名吴汉良），南村头人。1940年3月参加八路军，享受团级待遇。

刘鸿兴（1916—1991），刘庄人。1944年参加新四军，享受师级待遇。

曹素珍（1918—2008），刘庄人。女，刘鸿兴之妻。1944年参加新四军。

糜宏桢（1920 —2021），新桥人。1944年参加中国海军，中共党员。

施金林（1922—2018），施家宕人。1942年在安徽界首市成为黄埔军校第七分校18期入伍生，半年后成为黄埔军校正式学员，被编入18期22总队。22岁时黄埔军校毕业，编入国民党中央十二军工兵营。

施宝芳（1926— ），施家宕人。1945年3月参加新四军抗日游击队，后参加中国人民解放军第八十六师。历任警卫、特务营战士、侦察班班长等职。

吴焕良（右）

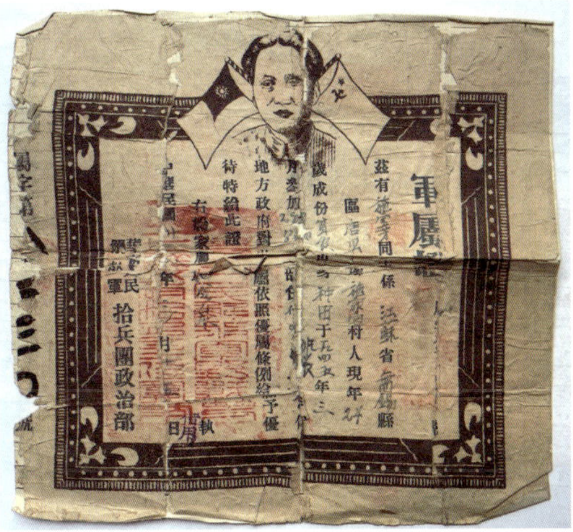

施宝芳军属证

解放战争时期的老兵

冯根祥（1928—2017），新桥人。1947年3月参加中国人民解放军，1950年10月参加抗美援朝战争。

刘杏生（1917—1995），刘庄人。1947年参加中国人民解放军。

刘肇汉（1930年—），新桥人。1949年参加中国人民解放军，后赴北京参加中国人民解放军四野南下工作团，1950年参加抗美援朝战争。曾荣立三等功一次。

刘洪清，刘庄人。1949年参加中国人民解放军，在第四野战军（无锡炮九师）任司务长，1950年参加抗美援朝战争，任炮兵连副排长。

抗美援朝军人

张锡林（1929—2015），刘庄人。1951年1月参军，10月参加抗美援朝战争，与刘生庆同一个团。

刘生庆（1934—），刘庄人。1951年1月参军，10月参加抗美援朝战争，与张锡林同一个团。

刘平（刘东荀）（1934—1984），刘庄人。1951年1月参军，10月参加抗美援朝战争。

刘砺锋（1935—2006），新桥人。1951年1月参军，10月入朝参加抗美援朝战争。历任技术员、参谋、坦克团副团长、旅大警备区司令部作训处副处长、处长、正帅级顾问等职。曾荣立三等功三次。

张锡林证书和勋章

抗美援朝老兵冯培初（后排左三）

冯培初（1934—），新桥人，中共党员。1952年12月入伍参加抗美援朝战争。

陈凤伟（1926—），新桥人。1952年12月入伍参加抗美援朝战争。

余培生（1931—2013），新村人。1952年12月入伍参加抗美援朝战争。

余三男（1935—2020），新村人。1953年1月入伍参加抗美援朝战争。

余如忠（约1930—约1970），新村人。加入志愿军8507部队3支队电话排。

刘俊兴，西刘庄人。参加抗美援朝战争。

抗美援越军人

刘祖坤（1947—），新村人。1965年9月参加抗美援越战争，班长。工程部队修筑友谊公路。

王寿生（1946—2018），上巷人。1965年11月参加抗美援越战争，立三等功一次。

焦泉香（1944—），新桥人。1966年3月参加抗美援越战争。

吴伯兴（1947—），南村头人。1966年3月参加抗美援越战争。

李长林（1950—），桥西人。

第六章　社团组织

社团组织由工会、妇女组织、共青团、残疾人协会、老年人协会等组成。最早的社团组织是1950年成立的农会。民主村（大队）的社团组织在村（大队）党组织的领导下，在贯彻落实上级布置的中心工作的同时，结合本村（大队）实际，围绕经济发展、改善民生主题积极开展富有创新价值的特色活动，为企业职工和村民提供权益保障和社会服务。

第一节　工会

组织建设

90年代中期，民主村成立工会联合会，刘荣法任工会联合会主席。村内90%以上规模企业也成立工会。2004年底，村工会召开职工代表大会，选举产生新一届村工会联合会班子。2016年，村工会建立了志愿者队伍。2017年，完成全年工会组建工作，职工入会率达96%以上，并完成工会实名制等一系列任务。深化“三商三保”，推进区域性、行业性工资协商，建制覆盖率达98%以上，完成街道下达的任务。2016年，村投资5万元建设“工会之家”，主要设施为图书室和乒乓球室。

民主村工会联合会始终围绕党的中心任务，履行“维护、建设、参与、教育”四项职能，促进企业发展，维护职工利益，参与企业民主管理，积极协调劳资关系，稳定职工队伍，开展增产节约运动，办好集体福利和生活服务设施等。

服务职工

村工会与村各类企业每年签订工资协商合同书，及时做好企业职工的信访接待工作。2011年，共与60余家用工企业签订工资集体协商合同书。2018年3月30日，民主村工会组织辖区村民和外来务工人员共计34人参加无偿献血（体检）活动。2019年3月15日，民主村工会组织辖区村民和外来务工人员共计36人参加了无偿献血（体检）活动。

民主村工会联合会认真做好关爱学生和老年人工作。2017年，帮助村勤工俭学的学生完成报名工作。2018年，村工会联合会协助街道工会开展“关爱圆梦”勤工俭学活动和“金秋助学”大学生帮扶助学活动。2019年1月25日，民主村党总支和工会春节慰问90岁高龄老人。9月30日，民主村工会开展“红色十月赞祖国，敬老孝老话重阳”活动。

文体活动

民主村工会联合会重视村民的文体活动。2007年，民主村和玉祁街道总工会联合在国庆期间举办“工会杯”篮球邀请赛，全镇共有26支农民篮球队参赛。2015年，村工会和玉祁供电所联合举办职工乒乓球比赛；2016年，村工会组织举办职工乒乓球比赛；2018年，举办第一届“工会杯”乒乓球比赛；2019年6月7日下午，举办庆端午第二届“工会杯”乒乓球比赛。2017年，村工会组织志愿者参加街道在玉祁影剧院举办的“五一”先进表彰暨职工文艺会演。同年，组织村青年志愿者参加玉祁街道在无锡马山慕湾生态园拓展训练基地开展的拓展训练活动。

民主村工会联合会重视创建工作。2017年，开展星级职代会创建，规范企业职代会制度和程序，组织劳动法律监督1次，年内无职工集群上访事件。

2013年12月，村工会被无锡市总工会授予“模范村（社区）工会”称号。

第二节　妇女组织

1950年1月，辖区配备妇女干部。1951年12月，民主乡成立，乡配备妇女干部。1958年，玉祁人民公社成立，境内建立大队妇女代表大会（简称妇代会），设妇女主任职，生产队配备妇女队长。1971年，妇女工作正常开展。1976年，大队妇女工作形成妇女主任、信息员及生产队妇女队长的计划生育组织网络。1990年，民主村成立计划生育协会，设会长1人，副会长2人，秘书长1人，理事会委员11人。协会会员达35人。2008年，村妇代会建立健全计生信息员网络，充分发挥计生信息员作用。2010年7月，建立村级妇代会工作基础台账。2011年，23个村民小组配备妇女小组长。2013年，村妇代会建立由刘佳、孟薇、陈锡静、张婉秀等人组成的妇女儿童工作志愿者队伍。2016年，民主村完成了妇代会改建妇女联合会（简称妇联）工作，刘佳任妇联主席。

民主监督

村妇女组织参与村级民主管理和民主监督；积极开展学法、用法活动，使广大妇女知法、懂法，并能用法律武器维护妇女儿童的合法权益。1953年3月25日至4月25日，无锡县开展“宣传贯彻婚姻法的运动月”活动。其间，新村的余和兴和刘云霞冲破封建婚姻束缚，在县妇联代表的支持下，在新村水龙宫内举办自由恋爱结婚典礼，自由婚姻轰动了民主乡。切实保障妇幼权益。1992年，《中华人民共和国妇女儿童权益保障法》颁布实施。民主村重点宣传男女平等，做好妇女病的普查普治工作等。2020年12月7日，民主村妇联开展第四季度妇女议事会。2011年，对23个村民小组妇女小组长定期进行计生政策法规培训。2012年3月8日，针对家庭暴力、妇女健康等问题，进行《中华人民共和国劳动法》《中华人民共和国婚姻法》《中华人民共和国妇女权益保障法》等法律法规的宣传活动，通过维权知识讲座、宣传资料发放、设立咨询台等多种形式进行普法教育。2008年7月，民主村委推行计划生育村民自治工作，开展征询意见村民签名活动，与176户村民签订遵守《计划生育自治章程》合同书。同年，村妇代会建立健全计生信息员网络，充分发挥计生信息员作用，签订381份流动人口育龄妇女计划生育合同书，发放现居住地临时婚育证明90本，发放免费服务证271张，免费发放计划生育药具20人次。全村计生率和节育率均达100%。2019年3月8日，开展“三八”妇女维权周活动。组织妇女参加“百队千人进社区”宣传活动。

组织教育

村妇女组织教育引导村妇女发扬自尊、自信、自立、自强精神，努力学政治、学科学、学文化、学技术，提高自身素质。1950年1月，动员妇女投入减租运动，并组织妇女参加扫除文盲活动。1952年始，发动和组织广大妇女群众积极投入互助合作运动。1965年，妇女试验田有1.5亩，试验项目包括三麦的“早熟3号”、薄片深翻、种子和肥料对比、套播麦、移植麦、密度等。1987年，组织妇女参加“四有四自”教育活动（“四有”即有理想、有道德、有文化、有纪律；“四自”即自强、自尊、自立、自信）。1995年，组织妇女开展“自强、自尊、自立、自信”的思想教育活动。2019年，开设手机摄影、育儿嫂、礼仪等系列培训课程。2010年8月5日，在民主村锡珠塑料有限公司压机车间举办专业技能现场操作比赛，其中参赛女职工占95%。2007年，村韦雪莲和王梅媛两人参加无锡市千名困难妇女就业创业培训班学习。2014年，为提升本村妇女的职业技能和文化素质，开设“家庭妇女职业培训”和“玫瑰课堂讲座”，培训效果显著

村妇女组织教育引导村妇女积极参与精神文明建设。1950年3月8日，组织妇女参加庆祝大会，热烈庆祝中华人民共和国成立后第一个“三八”国际劳动妇女节。1951年3月8日，施家宕小学的老师及部分施家宕进步青年共18人在共产党员、校长朱克璋的组织下排演话剧《怒吼的清川江》，为村民义演，宣传抗美援朝。1960年，开展争当巧姑娘、红旗手活动。1979年始，开展“五好”家庭（努力学习、生产工作好；遵纪守法、安全生产好；家庭和睦、邻里互助好；计划生育、教育子女好；勤俭持家、移风易俗好）和“三八”红旗手争创活动。认真组织发动妇女参加两个文明建设，为“四化”出力，努力维护妇女合法权益，抚育、培养、教育儿童少年健康成长。

1986年，认真贯彻中央有关妇女工作的精神，发挥桥梁、纽带、支柱作用。积极动员妇女投入“一教四普及”（加强思想教育，普及科学文化知识、普及法律常识、普及妇女卫生知识、普及科学方法育儿知识）活动。2006年，民主村开展创建“平安家庭”活动，评选“平安家庭”1069户，民主幼儿园成为“双学双比”示范基地。同年配合区相关部门组建女企业家协会，发动妇女小组

2020年12月7日，民主村妇联开展民主村年终妇女议事会

长和企业主向慈善会捐助10万元扶贫款，扶助孤贫儿童和生活困难家庭。同年邀请玉祁戏剧协会在民主村老年活动室演出越剧《十八相送》《白蛇传》《西厢记》等节目。

2007年3月5日，村妇女组织积极参加区总工会开展的建功立业“513”工程活动。“513”工程即争创“五一巾帼示范岗”“五一巾帼之星”和“五一巾帼之家”活动。3月8日，李洁代表全镇妇女主任在玉祁镇妇联庆祝“三八”国际劳动妇女节大会上作题为《在实践中学习，在实践中提高》发言。同年村妇代会组织妇女学习《家庭美德“新三字经”》。开展“五好文明家庭”的创建活动，评选出“五好文明家庭”916户，创建率达95%。

2014年端午节期间，村妇联联合江苏银行玉祁支行举办“粽粽相传”的主题活动，50余名村志愿者参加现场包粽子比赛。2014年村出资1万余元为村腰鼓队、舞蹈队购置演出服装和道具等，两队参加无锡市“鸿茅药酒”杯广场舞比赛。2015年5月和10月，妇代会分别邀请镇锡剧团、安徽铜陵黄梅戏剧团到村进行演出。同年，村妇代会结合《中华人民共和国人口与计划生育法》《中华人民共和国人口与计划生育管理条例》的颁布实施，通过标语、计生展板、黑板报、已婚育龄妇女观看计生科教光盘、计划生育专场文艺演出、面对面咨询等多种形式开展宣传教育活动。2017年4月8日，民主村联合玉祁街道妇联在民主村汇秀苑小区广场开展以“拒绝家庭暴力构建和谐家园”为主题的普法宣传活动。2018年，开展“下基层、访妇情、办实事”、“走进春天、玫瑰有约”、“最美家庭”事迹宣传和“好家风、好家训、好家规”宣讲等活动。

优质服务

村妇女组织发挥“联”的优势，为妇女儿童办实事、办好事。1951年5月下旬，组织儿童进行健康检查，组建农忙托儿所。1971年，会同有关部门对妇女进行妇女病普查普治。1977年，宣传推行妇女“四期保护”（经期、孕期、产褥期、哺乳期）。1995年，村幼儿入园率达100%，节育率达98.2%。2004年，民主村产妇开始享受产假，另外享受生产医药费补贴每人300—500元。同年末，兑现独生子女费4.5万元。同年，村幼儿园通过惠山区教育局验收，成为玉祁镇两所村级一类幼儿园之一。2011年，办理农村新增独生子女扶助金12人、新增独生子女伤残扶助金2人。民主村发放独生子女费28140元。同年村育龄妇女进行免费“两癌”筛查。2007年，村投资80余万元新建了新村、刘庄、徐巷三个露天舞场，妇女干部和部分女企业家自愿出资为露天舞场购买彩灯、彩旗、音箱等。2016年，组织巾帼志愿者开展了“三八节”慰问、重阳节敬老院慰问、失独家庭慰问和贫困母亲慰问等社会公益慰问活动。2017年8月10日，村妇联组织青少年到洛社镇万马村尚田生态园进行体验活动。2018年，村妇联建设妇女之家，由维权工作站、妇女教育培训站和妇女活动室组成。维权工作站由警务室（治安巡逻、矛盾调解、暂住人口管理、安保维稳等内容）、维权岗（法律咨询、矛盾调解等内容）、心灵驿站（为遭受家庭暴力妇女临时庇护、法律咨询、心理疏导等内容）三部分组成；妇女教育培训站由妇女学校（普法、创业就业、技能培训、健康知识、文明礼仪等）、家长学校（家庭教育知识、亲子关系、家政信息、心理危机干预等）两部分组成；妇女活动室由图书室、书画室、文体活动室三部分组成。建立巾帼志愿者服务队网络，包括巾帼解困帮扶服务队、巾帼平安维稳服务队、巾帼助老服务队、巾帼助残服务队、巾帼环保服务队、巾帼维权服务队。

民主村妇女组织及个人获得的荣誉有：1976年，民主村成为玉祁公社计划生育工作的典型。1983年12月，丁月华被江苏省妇女联合会授予“三八红旗手”称号。2006年初，民主村妇代会被玉祁镇妇联评为“四好妇代会”。2013年6月9日，惠山区老年体协在前洲小学体育馆举行老年人健身球操比赛，民主村妇女球操队获得一等奖。2017年12月，村妇联主席刘佳获得江苏省卫生和计划生育委员会颁发的江苏省“百佳计生专干”荣誉称号。2017—2018年度，民主村妇联被无锡市惠山区妇女联合会评为惠山区“优秀妇联组织”。2018年度，民主村妇联被无锡市惠山区卫生健康委员会评为“卫生计生工作先进单位”。

民主村（乡、大队）历任妇女主任（妇女干部、妇联主席）：刘云霞、刘惠珠、杨全秀、刘其英、刘迎凤、丁月华、刘爱珍、王惠芬、李洁、刘佳等。

第三节　共青团

红色基因

1923年2月，中共党员糜文溶从上海回老家玉祁新桥过春节，在农村进步青年中开展宣传活动，传播新文化、新思想，发展店员唐光明为社会主义青年团团员。同年，中共上海地方兼区执行委员会又先后派中共党员糜文灏、董亦湘等到无锡工作。根据执委关于在无锡“先令组织社会主义青年团支部”的决定，同年10月，在无锡城内发展孙治方、顾保仁、糜辉、徐尊芳等6名为社会主义青年团团员，在无锡城中公园建立社会主义青年团无锡支部，选举孙冶方为支部书记。糜文灏、糜辉为民主新桥人，糜辉当时为新桥小学教员。

组织建设

中华人民共和国成立初期，境内青年团隶属于凤平乡和礼社乡两个团支部。1951年12月，民主乡成立，建立民主乡青年团支部。1954年8月，民主乡划归凤平乡，青年团团员属于凤平乡团支部。1959年，民主大队建立共青团支部。“文化大革命”初期，共青团组织活动停止。1970年4月，民主大队团支部恢复组织生活。1981年，健全共青团组织，团支部设书记1名，委员4名，团小组有6个，共有团员80多名。1983年，民主大队团支部改名民主村团支部。1987年8月，民主村团支部改名为民主村团总支，设团总支书记1名，团总支委4名，下设两个支部和一个联合支部，三个支部书记由总支委兼任，团员共有60多名。团总支成立时召开成立大会，村党总支副书记刘迎凤主持会议，玉祁乡团委负责人前来祝贺。1990年1月，团总支设专职总支书记1人，兼职总支副书记1人，组织委员和宣传委员各1人，下设四个分支部。2011年4月，民主村团总支改称团支部。

组织活动

1950年始，团员青年响应党的号召，积极投入抗美援朝、土地改革、镇压反革命、民主改革、互助合作等运动，团组织将优秀团员输送入党。1953年9月，青年团组织带领团员青年积极参加学习、宣传和贯彻过渡时期总路线的活动，协助党组织完成对农业的社会主义改造工作。1954年始，投入以互助合作为中心的农业增产运动，并组织青年参加青年扫盲队。1957年4月，青年团开展以“进行革命传统教育、做革命事业接班人、为完成社会主义建设而奋斗”为内容的活动。1960年，团支部在夏收夏种中开展“青年双抢红旗手（队），少年五好小能手（队）”活动。1961年3月，团支部开展为农业丰收贡献力量的“五好青年”（执行政策好，劳动态度好，突击作用好，维护集体好，团结互助、学习技术好）活动。1963年，开展“向雷锋同志学习”活动。1964年始，以团员为核心，组织广大青年学习毛主席著作。起初只有新桥、魏巷、上头巷等少数几个团小组学习《毛泽东选集》，后来团支部成立由团支委、小组长组成的七人领导小组，把大队划分为七个片，领导小组成员每人负责一个片，督促团员青年组织社员学《毛泽东选集》，形成队队建立社员、青年、少年《毛泽东选集》学习小组。年龄最大的是80多岁，年龄最小的是5岁，利用黑板报、业余学校、标语、说唱、路牌等进行宣传活动。1970年，新桥、东刘庄生产队的团员青年成立学哲学小组。1981年，在青少年中开展“五讲四美”活动，不久又增加了热爱党、热爱祖国、热爱社会主义的教育内容，发展成为“五讲四美三热爱”活动。1982年，号召全体团员青年认真学习团中央第十一次全国代表大会精神，积极投身改革开放和社会主义现代化建设的伟大实践，当好改革开放事业的排头兵。1983年，开展团员青年读书活动，学习模范共青团员张海迪身残志坚、自学成才、全心全意为人民服务的感人事迹。1990年，认真贯彻落实《关于加强和改善党对工会、共青团、妇联工作领导的通知》精神。1991年2月10日，团总支协同有关部门共同组织了一场迎春联欢晚会，参加单位有无锡市锡珠轴承厂、塑料保持架厂和上海沪南轴承厂。

服务青少年

村团组织在2000年后对青少年开展一系列主题教育活动。2001年，开展以“新世纪无锡青年形象大讨论”为主题的活动。2003年，积极参加以“学习十六大，创造新业绩”为主题的学习活动。2011年5—8月，团支部以“新时代新风采”团员标准讨论活动为载体，开展上团课、学团章、写学习心得、过民主生活、重温入团誓词等系列活动。2014年，团支部组织村凤阜义工参与“全国文明城市”创建工作和“三月三”凤阜文化节活动。2017年，开展“一学一做”（学习总书记讲话，做合格共青团员）教育实践活动。2018年3月18日上午9点，“周末快乐行”民主村青少年活动公益项目启动，开展“巧手达人，创意DIY”手工制作兴趣小组活动，村内33名爱好手工的孩子参加活动。团支部还与良泉微公益服务中心共同策划，组织青少年参加了一系列活动，包括课业辅导、兴趣小组活动、阅读指导、外出参

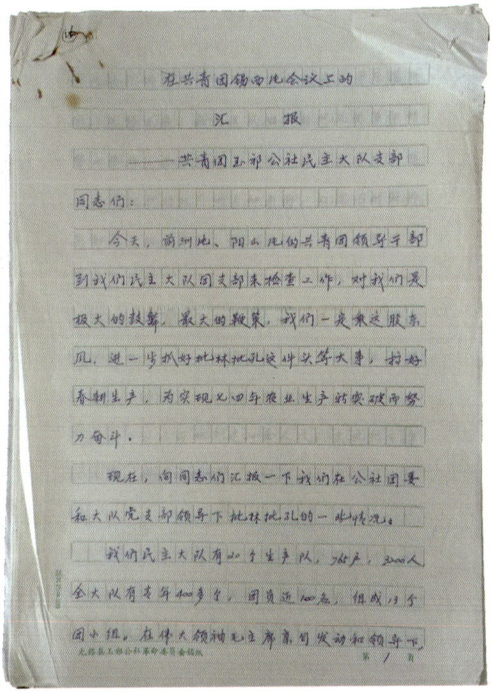
在共青团锡西片会议上的

汇报

——共青团玉祁公社民主大队支部

同志们：

今天，前洲片、阳山片的共青团领导干部到我们民主大队团支部来检查工作，对我们是极大的鼓舞，最大的鞭策，我们一定要乘这股东风，进一步抓好批林批孔这件头等大事，抓好春耕生产，为实现七四年农业生产的突破而努力奋斗。

现在，向同志们汇报一下我们在公社团委和大队党支部领导下批林批孔的一些情况。

我们民主大队有20个生产队，765户，3000人，全大队有青年400多个，团员近100名，组成13个团小组。在伟大领袖毛主席亲自发动和领导下，

无锡县玉祁公社革命委员会稿纸　第1页

1974年，共青团民主支部汇报材料

观、亲子课堂、亲子趣味活动等，培养孩子良好的学习习惯和道德品质。同年4月7日，团支部组织18名青少年及其家长参加良泉微公益举办的题为“平湖放飞 共享春韵”的亲子综合实践活动，活动分赏春景、环保行、放风筝、品野餐、秀风采、创意合影等环节。7月25日，组织青少年参观无锡民防科普教育体验馆。通过大型感官互动设备与装置的场景化体验，熟练掌握各种应急逃生办法及自救互救的技能。同年5月，民主村一站式服务大厅被共青团无锡市惠山区委员会评为“青年文明号”。2019年1月26日，团组织在村会议室开展以“迎新春，送春联”为主题的书法展示活动，十余名青少年书法爱好者参加了此次活动。3月10日，为贯彻落实党的十九大精神和习近平总书记“绿水青山就是金山银山”的科学论断，组织团员青年志愿者们在民主村南村头开展主题为“植绿色希望 筑美丽家园”的公益植树活动，27名青年志愿者参加活动。5月26日上午9点，民主村团支部组织开展以“扫黑除恶·弘扬正气”为主题的手抄报展示活动。2020年4月26日，开展“青春奋进筑团梦，不忘初心跟党走”的主题活动。组织团员青年们观看2000余名白衣天使穿着防护服日夜轮转工作、毫无怨言地坚守在自己岗位上的战疫视频，交流观后学习感悟。6月20日，村团支部组织青少年开展“艾草菖蒲香缭绕 缝香为礼祈安康”的端午节主题活动，在手工老师和团员志愿者的指导下，孩子们用香料和棉帛等材料亲手缝制香囊。

村团支部根据学生的特点，开展“童心向党”青少年暑期主题教育活动。2016年暑期，团支部举办“童心向党”快乐暑期班，上午由退休教师辅导孩子学业，下午活动丰富多彩，如“八礼四仪”课、爱国主义讲座，暑期安全知识讲座、参观名人故居、观看红色电影、组织手工制作等。“童心向党”快乐暑期班被无锡市妇联的《惠山社区行》电视专题栏目多次报道，刊登于《无锡日报》（教育周刊），“童心向党”成为民主村团建的品牌。为此2016年度孟薇被评为无锡市惠山区“优秀共青团干部”，2017年3月民主村被无锡市精神文明建设指导委员会、无锡市志愿者总会评为2016年度无锡市最美志愿服务社区。2017年8月12日，团组织举办“童心向党”快乐暑期班。开展“创意纽扣手工课堂”活动，活动吸引20多名学生和部分家长前来参加，在志愿者老师的指导下，学生们顺利完成纽扣手工的制作。同月14日，开展“绿色网吧，文明上网”活动。团支部书记孟薇为孩子们培训电脑基本知识，并列举数位沉迷网络荒废学习的惨痛案例，教育孩子文明上网，四至六年级21名学生参加活动。2018年8月1日，民主村党总支和团组织继续举办“童心向党”快乐暑期班，对辖区内青少年进行廉洁文化教育，营造风清气正、积极向上的廉洁文化氛围，帮助青少年树立诚信、廉洁、正直的意识。8月2日，团组织联合中国邮储银行无锡分行在民主村委开启一场“小小银行家”职业体验之旅，开展真假钱币的区分、柜台模拟、数钞模拟等一系列活动，30多名小学生参加此项活动。2019年7月22日，民主村团支部“七彩的夏日”青少年暑期活动开始，组织观看影片《红海行动》。7月24日上午，民主村委组织暑期班同学参观玉祁街道镇史馆，学习无锡籍第一位共产党员、民主新桥人糜文溶及早期革命烈士糜文灏的事迹。7月25日上午，民主村组织暑期班同学前往无锡恒生科技园，实地参观3D打印产业创新基地，通过零距离的接触，激发青少年对科学技术的兴趣。7月26日，开展“传承红色基因”主题活动。组织青少年20多人参观行知大学堂和玉祁酒业酒具博物馆的活动。2020年7月27日上午团支部举办了以“心相伴，趣成长”为主题的暑期班，邀请无锡市教授专家科普讲师团林老师前来讲座，题目是“健康生活——防疫知识”。8月20日，组织青少年开展“家乡知识知多少”竞赛活动。活动围绕“家乡”主题，分“中国篇”“江苏篇”“无锡篇”“玉祁篇”4个板块。

民主村（乡、大队）团组织的历任主要负责人：刘和兴、刘玉生、吴汝兴、刘小兴、盛金良、施永清、陈宝健、朱龙杰、刘伟业、刘忠新、刘贤、刘瑚、孟薇。

第四节 残疾人协会

完善组织

村残疾人协会是在街道残疾人联合会指导下，在村委会领导下的村内各类残疾人的自治组织，简称村残协。玉祁街道残疾人联合会成立于1992年4月，随后民主村成立村残疾人协会。2006年，村残协设主席1人，由村委主任兼任，副主席2人，委员2人。同年11月20日，魏伟根被惠山区残疾人联合会聘为民主村残协残疾人专职委员。2016年，村残协设会长1人，由村书记兼任，残疾人专职委员1人，委员4人。助残志愿者共有25名，其中本科学历10名、大专学历4名、中专学历3名、高中学历6名、初中学历2名。2018年，设主席1人，由村主任兼任，副主席1人，委员3人，协调员1人，其中有3人为残疾人，助残志愿者兼任村庄信息员。民主村建立村委领导、村残协、村庄信息员、残疾人的联动机制。

村残协制订《民主村残疾人协会章程》《民主村残疾人协会制度》《民主村

残疾人维权服务站工作职责》《村残疾人工作主要内容》《民主村残疾人维权服务站工作网络》《康复室管理制度》《康复工作职责》《康复对象须知》等制度和规则。

村残协规范工作台账，做好村残疾人档案工作。2006年，民主村持证残疾人共43人，其中肢体残疾14人、智力残疾11人、听力残疾12人、视力残疾2人和精神残疾4人。2016年民主村残疾人员共59名。2018年，民主村残疾人员共52名，其中精神残疾和二级残疾7名、四级残疾1名；听力残疾：一级残疾12名、二级残疾2名；智力残疾：二级残疾3名、三级残疾2名、四级残疾6名；肢体残疾：一级残疾1名、二级残疾8名、三级残疾6名、四级残疾2名；视力残疾：一级残疾1名；多重残疾：一级残疾1名。残疾人具有大专学历1名、技校学历1名、高中学历2名、初中学历22名、小学学历16名、文盲或半文盲11名。

防治康复

村残协积极做好残疾人康复工作和精神病人的防治、康复工作。村服务中心开设残疾人康复室，康复室内配备相应康复器材。村服务中心已建设包括无障碍通道（路）、楼梯、平台、房间、洗手间、席位等其他相关设施。村服务中心外包含公共建筑、居住建筑、交通设施、通信网络设施及广播电视设施等，新增了无障碍设施。村卫生服务站的医生为残疾人提供有效的康复服务和训练。村残疾志愿者通过自身学习与培训，掌握相关知识，协助指导残疾人健身康复。

推荐就业

村残协积极推荐残疾人就业。1992年4月20日，民主村实业公司出台《有关改革开放、发展经济的规定》，第一条：改革传统安排劳动力的办法：村公司1992年起不再实行包分配的办法（复转军人、特殊户除外），所有劳动力的安排由厂长与待业人员直接见面实行双向选择的办法。其中特殊户包括残疾人在内。

村残协积极落实残疾人的社会保障体系，凡符合纳入低保条件的残疾人，全部纳入低保。2016年，民主村为着力解决本村残疾人“就医难、住院贵”和“因病致贫、因病返贫”的实际困难，为贫困残疾人购买重大疾病和意外保险。

爱心助残

村残协积极开展爱心助残活动，解决好残疾人的实际困难。一是开展全国助残日活动。2016年5月15日全国助残日，村残协在汇秀苑小区开展“真实的了解，真挚的关爱”主题活动。活动场内挂宣传横幅，村助残志愿者引导村民关注、了解残疾人的生活，关心和帮助身边的残疾人，同时为残疾人免费磨菜刀、磨剪刀、理发、量血压，还从饮食习惯、日常保健、疾病预防检测等方面进行健康指导。二是开展春节走访活动。2018年1月30日，村助残志愿者带着新春爱心礼包（包内含两袋十公斤大米和一桶五升食用油）对残疾人家庭进行走访慰问，了解残疾人家庭的生活状况和实际存在的具体困难，倾听残疾人的心声，鼓励残疾人有困难和问题随时向村委反映。叮嘱他们照顾好自己的身体，天冷地滑，尽量少出门，要保持乐观的心态，积极面对生活，提前为他们送上节日的祝福。三是系列活动。2018年6月26日，在玉祁敬老院开展“梦想共筑，祁心同行”的助残文艺联谊会，村两名残疾人糜映月、刘云睿参加了此次活动。2018年8月5日，村残协举办关爱残疾人心理健康讲座，共有村残疾人20人参加活动。2018年9月30日，组织助残志愿者走访辖区内的贫困残疾人家庭，了解残疾人的生活及康复情况，为他们送去爱心午餐。另外村残协组织助残帮扶结对活动，做好残疾人来访接待工作和残疾人换证工作。

第五节　其他组织

老年人协会

1988年，民主村老年人协会成立。会长由村主任兼任，专职副会长管理协会日常事务。民主村老年人协会是村老年人自我管理、自我服务、自我保护、自我教育的老年群众自愿组合的组织，村老年人协会在村党总支和村委会领导下开展工作，业务工作接受玉祁街道老龄工作部门的指导。村老年人协会主要任务是：围绕“六个老有”（老有所养、老有所医、老有所教、老有所学、老有所为、老有所乐）目标开展工作，积极支持配合村党总支和村委会的中心工作，当好参谋助手，带领全体老年人为促进经济社会的发展献计献策，发动组织老年人学习党的路线、方针、政策，宣传健康的家风家规，倡导勤俭节约、敬老尊老、邻里团结、维护老年人合法权益，为老年人办实事、做好事，协助关工委开展关心下一代工作，积极开展适合老年人身心健康的文娱体育活动等，使老年人健康长寿，欢度晚年。

村老年协会努力维护老年人的权益。1988年起，民主村对60岁以上老人发放养老津贴。同年九月初九“重阳节”定为“老人节”（后改为敬老日），协会开展高龄老人慰问活动。2007年春节，走访老年人20多人，发放慰问金6000多元，发放老年人养老金35万元。同年4月，做好村老年人的白内障疑似患者初筛工作及复明工程，共有5名老年人患者参加治疗。同年，民主村免费为老年人办理老年证149张，高龄证52张。2008年，对13位90周岁以上的老年人做好尊老金的申报工作。2012年起，组织65岁以上老人每年免费体检。2014年起，建立了老年人档案。

村老年体育分会　2007年12月28日，民主村成立老年体育分会。在区、街道老年人体育协会和村老年人协会指导下开展工作。2008年7月28日，村老年人协会组织开展迎奥运健步活动，全体老年体育分会会员、领导小组成员、各老年组组长、体育专业队队员及骨干人员参与了这项活动。活动于晚上7点半正式开始，围绕平湖大道进行健身行走。舞蹈队、健身队、乒乓球团队、太极操团队、中老年篮球队、腰鼓队等团队在老年俱乐部展示活动。同年，协会组织评选体育活动“五好”小组活动，全村共有17个村小组被评为“五好”小组。2013年，民主村中老年篮球队获惠山区首届中老年篮球锦标赛第三名。2017年，在创建惠山区老年体育特色团体的汇报表演中，民主村有128人参加广场舞表演，同时村的舞蹈队太极拳队和歌咏队也参加了表演，受到领导和观众的一致好评。2020年，民主村舞蹈队代表玉祁街道参加无锡市文化活动进农村文娱比赛，《我们的大中华》荣获第一名。

老年人活动室　1983年，民主村建立老年人活动室。活动室设在下巷五间空闲的仓库，组织者是后一的余生和和下巷的刘永钊，有专人负责烧水泡茶和打扫卫生工作，村委派李介南具体负责。老年活动室安排老年人上午喝茶、下午听书。每年春秋两季安排两档或三档书，每档书说15天左右。每场书向每位老年听众收费2角，作为演员的报酬。后来提高到5角，不足部分由村委资助。1990年，新建的老年俱乐部落成。老年俱乐部坐落在水塔旁，有五间大礼堂，生活、住宿、门卫各一间。2007年6月，村委投资220万元在村中心新建老年俱乐部——老少同乐园。室内活动场所建筑面积为1064平方米，其中有阅览室（各类书刊1200余册）、棋牌室、残疾人康复室、老少同乐室、办公室、体育活动室。室外舞场200平方米，健身运动场144平方米，配备各种健身器材，地面投资1.5万元铺设彩色塑料垫，建造了一个起点较高的篮球场。绿化面积280平方米。

民主村社区居住服务中心　2009年，村委投资5万元筹办了社区居住服务中心，实现了人性服务，做到老年人老有所养。

民主村社区居家养老服务站　民主村居家养老服务站成立于2016年，站长由村主任担任，成员有老年人协会会长等8人。居家养老服务站占地面积1000多平方米，建筑面积800多平方米，有休闲活动室、阅览室、棋牌室、健身室等。村居家养老服务站为老年人提供全方位的服务，是辖区内老年人的养老场所。村成立居家养老领导小组，村主任任组长，村副主任任副组长，组员6人。成立居家养老专业服务网点6个，开展社区医疗、娱乐休闲、图书阅览、代购物品、送餐上门、理发洗浴等众多服务，为老年人提供最方便最快捷的生活服务。村开展老年人状况和需求的摸底调查工作，从收入状况、现居住状况、养老意愿、社区养老服务项目、收费标准等方面着手展开调查，收集并装订成册。据统计，2016年，民主村60周岁以上老人2838人。其中，60—69周岁的老人1628人，70—79周岁的老人955人，80周岁以上的老人255人；享受低保的老人有35人，空巢老人37户，特困老人18人，高龄老人255人。对于开展居家养老服务持赞成态度的有2613人，占老年人总数的90%。

为丰富老年人的文化生活。民主村还专门开设图书室，和原来的老年活动室规定相同，为老年人提供棋牌、娱乐、看书看报等服务。

村志愿者服务队为困难老人提供帮助。先后成立党员志愿者队伍、计生志愿者队伍、团员志愿者队伍，开展结对帮扶服务。志愿者每到节假日都到服务对象家里，进行生活料理、精神慰藉、法律咨询、康复理疗等服务。及时掌握他们的需求，帮助他们解决生活、就医、心理等方面的问题。

建立医疗保健服务队，保健服务队由民主村卫生服务站的医务工作者组成，为60岁以上的老年人建立健康档案，定期对老年人进行体检。

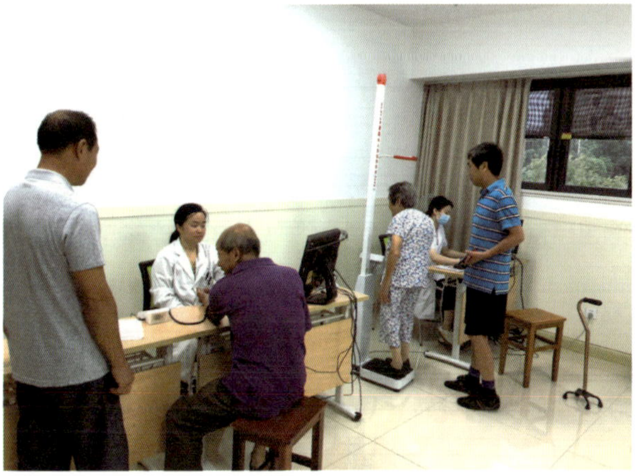

2018年8月，组织老年人体检

民主村每年对老年人基本情况台账进行更新，进一步规范社区居家养老的各项服务内容，对签订服务协议的服务员都明确规定提供服务的各项条款。对服务人员上门的时间、提供的用餐服务、营养食谱标准、卫生状况，对护理的具体项目，都做出详细的规定。

为规范和完善村居家养老服务网点的管理，为村里的广大老年人提供更加规范、更加优质、更加人性化的居家养老服务，民主村制定《村级居家养老服务访视制度》（简称《访视制度》）。村居家养老服务站工作人员定期走访被服务老人，及时了解服务内容，有效地进行督促指导和评估。《访视制度》的建立，增加了服务人员与被服务人员及工作站人员之间的沟通、交流。

针对老年人在日常生活中的一些普遍性的家庭矛盾，村与医疗中心联合开设家庭问题心理咨询、指导服务，解决老年朋友在处理家庭问题上遇到的如婆媳之间的相处、生活习惯、思想观念方面的代沟等问题。

2003年9月，民主村老年人活动室被惠山区老龄委评为惠山区“五星级”老年人活动室先进单位。2006—2007年度，民主村委被玉祁镇评为敬老助老先进集体。2008年，民主村被无锡市老龄会评为“健康型老年体育示范村”。2008年，村老年活动室被评为“示范型老年活动室”。2017年12月，民主村被惠山区老年人体育协会评为“惠山区老年文体特色团队示范村”。

民主村老年人协会具体负责人：李介南、刘瑜德、余建忠。

关心下一代工作委员会

民主村关心下一代工作委员会（简称村关工委）组织成立于1992年。村关工委设主任1名（由村委主任兼任）、常务副主任1名、委员（以“五老”为主）10名，另有13名关工委成员，组成新村施家宕组、新桥魏徐巷组、东西刘庄南村头组三个关工委小组，至2005年增设民营企业关工委小组，联络员12名。2004年，村关工委发动45名“五老”（即老干部、老党员、老教师、老模范、老军人）加入志愿者队伍，组成道德、法制、科技三个教育组，分别担任革命传统教育、道德法制教育、科学技术、网吧义务监督、关爱帮教等工作。

村关工委努力完善青少年活动阵地。2007年，村委投资220万元，新建占地面积3800平方米的老少同乐园。该项目配置较齐全的各类文化体育设施，配备管理和工作人员，常年为青少年做好服务工作。2008年，村建成校外中心辅导站和家长学校。校外中心辅导站由村主任兼站长，关工委常务副主任为副站长，团干部、妇女干部、学校在职教师和“五老”等人员组成领导小组。

村关工委根据市、区关工委工作会议精神和街道关工委工作意见，结合村实际，每年年初制订全年工作计划，落实活动经费，精心组织活动，做到阶段性工作有小结、年度工作有总结，各种制度上墙，建好活动台账。

村关工委积极开展富有特色且适合青少年身心特点的活动。2007年，关工委在暑期中组织青少年参观唐平湖开发现场等活动。2008年，村关工委开展建办红领巾小书房活动。2009年，以中华人民共和国成立60周年、无锡解放60周年为契机，村校外辅导站组织学生开展以爱国主义为核心的理想信念、思想道德、普法等教育，组织学生在村老少同乐园阅览室等地选取一本好书开展精读活动。2010年7月1日至8月3日，开展“四心”伴我幸福成长——牵手世博快乐行，践行文明展风采活动。2011年，暑期校外辅导站组织青少年参观平湖城的新农村建设情况，了解唐平湖的历史变迁。暑期活动结束时，村关工委对积极参与、支持校外中心辅导站活动的学员、家长及辅导员进行表彰，其中写作、乒乓球和棋类活动中5名突出的同学获一等奖，其余人员都获奖励，3名家长获得支持奖。2012年1月，广泛深入地开展“学雷锋道德模范，做三好少年”的主题教育活动。2013年11月9日，村关工委与玉祁初中关工委签订了关于共建未成年学生思想道德建设合作协议。2020年，村关工委组织青少年开展15天暑期活动，具体有防疫知识讲座、急救知识培训、葡萄采摘、“运河上的一条船”和“家乡知识知多少”系列活动和以“传承红色基因”为主题的电影鉴赏和经典书籍阅读活动。

村关工委主动关心贫困家庭学生、孤残青少年和外来务工人员子女的学习生活，协助党总支、村委会做好扶贫助学工作。村每年支付数万元用于扶贫和帮助孤残儿童，将原民主村小学改为外来民工子弟学校，关心2000多名外来儿童的学习、生活、成长。2007年，村关工委积极参与扶贫助学，筹集助学资金2万元，帮助了4名孤残青少年。

村成立关工委组织以来，全村无一青少年违法犯罪、无一学生初中毕业后不升学、无一青年无职业。2007年，村关工委成立7个帮教小组，参加帮教的“五老”达30多名。2008年，村关工委建立健全了信息队伍，每个自然村设有信息员，定期碰头，若发现青少年有不轨行为及时采取措施帮教改正。同时采取“一帮一”“多帮一”帮教措施，做好感化转化工作。2011年，由警务站人员对青少年进行禁毒讲座。2013年，村关工委开展“未成年人零犯罪村”创建活动。

村关工委注重搞好培训教育，协助有关部门和企业每年举办1—2期科普知识讲座、技术操作培训，让受众掌握一技之长，走创业致富、劳动致富的道路。

村关工委组织青少年开展感恩教育，组织老少两代人开展“老少共建文明村、共建和谐幸福家庭”等活动。2002年8月，玉祁镇关工委开展了在全镇各村中评选孝敬父母的“好儿子”“好媳妇”活动，民主村刘兴祥被评为好儿子，秦如英被被评为好媳妇。

村关工委获得的荣誉。2004年10月，村关工委被惠山区授予关心下一代工作“四有五无”先进村称号并于2005年1月21日举行挂牌仪式。“四有五无”（“四有”即有专人负责关工委的日常工作、有活动制度、村有70岁以上的“五老”关心下一代工作、有青少年活动场所；“五无”即无年龄在28周岁以下的青少年犯罪、无严重不良行为的未成年人、无离异子女得不到抚养、无青年不赡养老人、无青少年贩毒吸毒和搞封建迷信活动）。2013年3月，被无锡市惠山区精神文明建设指导委员会和惠山区关工委评为“惠山区校外教育辅导站工作先进集体”。2016年12月，被惠山区关工委评为“五有五好”（“五有”即有班子、有队伍、有阵地、有经费、有制度；“五好”即领导班子建设好、“五老”作用发挥好、制度健全执行好、积极探索创新好、活动经常效果好）先进村。

村关工委常务副主任：李介南、刘瑜德、余建忠。

农民协会（简称农会）

1950年5月，境内的新村、施家宕、新桥、魏巷、徐巷属于凤平乡，余泉林任乡农民协会主任，刘伦瑞任新桥行政村农会主任。东西刘庄、南村头属于礼社乡，薛泉生任乡农民协会主任。刘永钊在1950年任村农会组长。张炳坤于1951—1953年任农会委员。1950年10月14日，境内土地改革开始，至1951年7月土地改革发证工作结束。在土地改革工作中，农会认真贯彻放手发动群众，依靠贫农和雇农，团结中农，孤立富农，打击地主的政策，召开说理斗争会。领导农民斗恶霸、地主并按政务院《关于划分农村阶级成分的决定》，民主评定农村阶级成分，负责土地等财产的没收和分配。

1951年，负责向农户发土地、房产所有证工作。1951年12月，民主乡人民政府成立，乡政府驻地是施家宕，东刘庄刘凤焕任乡农民协会主任。1952年，农会参与全县开展土地复查工作。1953年6月，农会主任刘凤焕改任民主乡党支部书记，乡大多自然村已建立了互助组，农会作用逐步减弱，1954年6月农民协会撤销。

贫下中农协会（简称贫协）

1963年底，无锡县开展社会主义教育运动（即“四清”）。第一批开展社会主义教育运动的有玉祁、前洲、洛社、石塘湾4个公社，12月5日，县派遣的社会主义教育运动工作组进驻民主大队，组长曹仲威，南京图书馆副馆长邱克勤为组员。工作组组织党员及群众宣读和讲解《中共中央关于目前农村工作中若干问题的决定（草案）》（即《前十条》）、《关于农村社会主义教育运动中一些具体政策的规定（草案）》（即《后十条》），就建立贫、下中农组织的问题作动员，召开贫下中农代表会议，建立民主大队贫下中农委员会，上巷刘杏根出任主任。各生产队建立贫下中农小组。

1965年春，民主大队贫下中农委员会改称贫下中农协会，生产队贫下中农小组改称贫协小组。

1968年8月后，实行贫下中农管理学校，民主大队贫协代表刘杏根成为教育革命领导小组成员，参与民主初中学校管理。

1982年12月，民主大队贫下中农协会撤销。

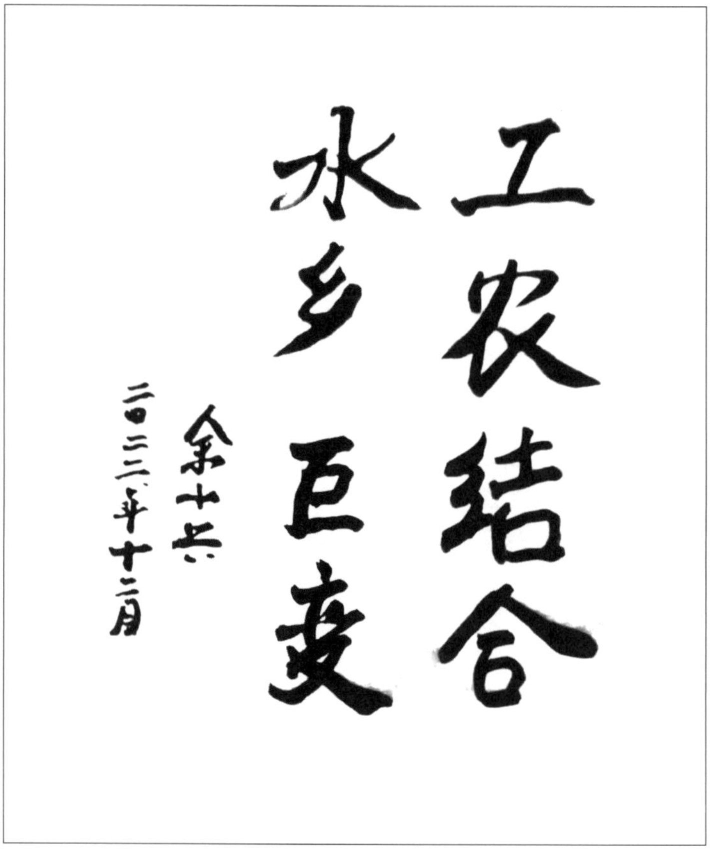

余小兴题词

第七章　村巷建设

由于受地形落差大、地貌分布复杂等因素的影响，60年代之前，境内没有宽敞、平整的交通网络。60年代后期至70年代末，结合大规模的整田平地运动，修筑适合农机作业的硬质路面机耕道，连通各个自然村，使大型农机可以进入每块农田。90年代，水泥路面代替了砂石路面，汽车可以进入每个自然村。在电力设施建设方面，民主村（大队）一直走在玉祁各村（大队）前列，为工农业的快速发展提供了强有力的保障。70年代末，社员在大队统一规划下开始大规模建房造屋，境内出现了大批新的村巷，彻底改变上百年来的旧格局，呈现出现代化新农村的面貌。

第一节　道路建设

主干道

1949年前后，本村的主干道有三条：一条向南，经过印桥、东蟹桥到洛社的道路，村民到洛社乘火车大多走这条路。一条向西，在刘庄后面的大路，经过礼社到横林常州，村民基本走这条路到礼社街上买东西。向北一条是从新村经过徐巷、魏巷、新桥直达玉祁街。学生上中学，村民上街买东西、捉小猪都走这条路。村民出行都是步行，以前有钱人乘轿子。境内主干道宽约2米，土路中间铺设一尺宽的路石，路石两边是土路，长着耐旱耐踏的牛筋草。

70年代中期，经过农田基本建设，灌溉明渠改为暗渠，加上农业机械化的需要，境内主干道逐步加宽，从原来的2米加宽到4—5米，砂石路路基用碎石块、山泥铺设，上面用俗称“苍蝇头”的小岩石铺平。砂石多来自武进的石堰山。道路拓宽的土方工程在冬春时节进行，配合整田平地，从田内抽拔取土。大队组建一支不到10人的养路队，负责养护全大队的砂石路，置办板车等养路工具。

铺设砂石路以后，交通运输能力得到提高，境内逐渐出现自行车、板车、拖拉机挂车等交通工具。

90年代，随着村办工业运输量的快速增加和村经济实力的增强，村里逐步把境内的主干道逐渐铺设成水泥路面。2001年8月，村里对新村、刘庄的村道进行改造，将原来的砂石路改成水泥路，总投资70万元。又在各个自然村的主要路段及菜场周围安装功率为80瓦的路灯，共安装65盏。镇里把通往蔡家岸桥的主干道加宽，铺设黑色柏油路面，命名为“常玉公路”。2005年，境内主干道共铺设水泥路面15000平方米，全长约3600米。交通运输工具主要是摩托车、电瓶车、轿车、货车等。

2020年，常玉公路

村道

村道是自然村内的小道，与主干道连接，60年代以前都是土路。有些村巷为便于村民行走，特别是到河滩洗菜、挑水，村民集资将局部村道铺设成砖路。60年代大搞整田平地，出土了很多石板，有些村巷用它来铺设石板路。

2020年，民主路

60年代，境内村道也由村统一铺成砂石路，路面从原来仅供人行走的小路拓宽成两三米宽，以便板车、拖拉机挂车进村入户。砂石路免去村民雨天出行泥泞之苦。农作物收获时提高运输能力。村道砂石路的养护也由村养路队负责。

90年代中后期，经过几年的努力全村主要村道，逐步铺设水泥路面。村民雨天出门不再需要穿雨鞋，车辆做到轮胎不沾泥。到2005年，全村村道水泥路面共长3800米，面积7000多平方米。

机耕道

60年代，境内基本没有轮式农业机械，也没有机耕道。虽然经过整田平地，大田被格田成方，但灌渠、排渠都为明渠，渠岸狭窄，农业机械很难进入农田作业。

进入70年代，在以粮为纲的前提下，扩大粮食复种指数。实行“双三制”种植依靠机械化，需将灌溉明渠改为暗渠，做到路渠一体。在暗渠上面铺机耕道。机耕道宽3米，确保拖拉机行走。机耕道的铺设与地下渠道修建同时进行，它随灌溉渠延伸，灌溉用水到每一方田块，拖拉机就能到每一方田块作业。为便于拖拉机行走，机耕道用片石做基础，上面铺泥土夯实，主要机耕道上铺砂石路面。经过几年的修建，民主村完成10000余米机耕道修建，确保拖拉机顺利进入农田作业，完成双抢任务。

90年代后期，村里将主要机耕道铺设成水泥路面，共铺设机耕道水泥路面6000多平方米，总长2500米，占整个机耕道的四分之一。

据统计，2005年前，民主村共浇制水泥路面28087平方米，全长10公里。2005年以后，新浇水泥路6条，水泥路面7000余平方米。

下水道

70年代前，村巷下水道都是村民自建水沟。排水沟用砖砌成，上面用砖覆盖，直通河浜。一般排水口较小，遇大暴雨容易造成内涝。

70年代后，大队在规划建房和道路修铺的同时，进行下水道的铺设。下水道铺设方式有两种：一种是用水泥管，间隔一定距离设置一个窨井，窨井上加盖，每年清理一次；另一种是用砖头砌成排水沟，上面用预制板覆盖。预制板为钢筋混凝土结构，上面可供汽车行驶。为防止下水道淤积，定期掀起盖板清理沟道，保证流水畅通。村民屋内的排水沟接通下水道，避免内涝。到2005年，全村共铺设下水道3000余米。

第二节　供电建设

发展概况

中华人民共和国成立初期，境内只有新桥通电仅供少数家庭照明。50年代末，首条一万伏高压线进入新桥。在灌溉站旁安装30kVA变压器，用于电力灌溉。当时公社的电力管理部门是电力灌溉站。

1962年，电力供应开始向各生产队输送，低压电送到生产队主要供应稻麦脱粒，少数社员用上电灯照明。

民主大队用电组成立于60年代末，第一任组长施耀荣，第二任组长刘耀兴。

随着业务扩大，工作人员从开始的1—2人增加到6—8人。70年代后期用电组，也称“三电组”（“三电”即计划用电、安全用电、节约用电）。村用电组除日常的维护和安装，还负责各个工厂的电力维护乃至设备维修，纺配厂的机床曾经是施耀荣常年维修的。

60—70年代的电费，居民用电每千瓦时0.22元，工业用电每千瓦时0.085元，农业用电每千瓦时0.06元。民主大队减免居民用电每千瓦时0.02元，费用由企业负担。

80年代是农村用电发展最快的时期，农业用电、工业用电、居民用电、防汛用电全面发展。80年代初，全村有三台变压器，分别是橡胶厂一台200kVA、新桥一台100kVA、汽配厂一台75kVA。为应对停电和避峰，在汽配厂和塑料厂安装发电机组。

1999年，在东西刘庄新增200kVA变压器各一台，南村头单独设变压器，容量为50kVA。随着用电量的增加，变压器从3台增加到10台。橡胶厂配电间的变压器装机容量增加到1600kVA，汽配厂配电间的变压器增加到2000kVA，大坝排涝站的变压器装机容量从100kVA增加到250kVA。

进入21世纪，随着输电线路的改进，原橡胶厂配电间的变压器分解成9台，原汽配厂配电间的变压器分解成8台。全村变压器总数增加到57台，总容量达到17000kVA。

随着居民用电的增加，居民进户电线共更换4次。80年代，电线用35平方毫米线，1995年进户线更换成70平方毫米。21世纪初增加到95平方毫米，到2012年增加到120平方毫米。

1998年，镇“三电办”在民主村建造110kV变电所，面积3412平方米，建筑面积2822平方米。

2002年，“三电组”并入镇电力管理站，本村用电业务由镇电力管理站接管。

农业用电

1958年，建造电力灌溉站，首条高压线进入境内。1959年，境内大部分稻田电力灌溉替代水车和机船灌溉。1962年开始，电力通往各生产队，优先满足生产队稻麦脱粒，从此电动脱粒机替代了稻床和脚踏脱粒机。每个农忙季节，电工要到各个生产队接线安装脱粒机、打风机。1966年以前电力主要用于农业灌溉和稻麦脱粒。

70年代是农业用电最频繁的时期，一年三熟稻麦脱粒、清扬都需要电。一个生产队有电动脱粒机3—5台，打风机1—2台，全村脱粒总动力约为250千瓦。有电灌溉站9座，灌溉总动力160千瓦，供应全村2000多亩的前季稻和后季稻的灌溉。四月初就要灌溉做秧田。后季稻十月中旬还需灌溉。

80年代分田到户，恢复单季稻生产，农业用电有所减少。80年代末，“桂林”“洋马”等联合收割机问世，农业脱粒用电量大为减少。90年代，灌溉用电基本稳定在每亩20—30千瓦时，平均每年灌溉用电约为52000千瓦时。21世纪，随着粮田面积的逐渐减少，农业用电主要用于排涝和部分土地的灌溉。

居民用电

1949年前后，村民家庭照明用的是豆油灯，条件好的农户用上了煤油灯。遇到逢年过节搭台做戏、喜庆礼仪，则用汽油灯。

1962年，只有个别家庭安装电灯。到60年代中后期，只有不到一半的社员用上了电。电线是用瓷夹板固定，有电工技术的村民都是自己行线，装电灯、电表。但必须由大队电工检查合格后方可通电。为节约用电，家庭照明灯泡大多为15瓦和25瓦，进户电表大多为3安培，少数大户能用上5安培，每月用电两三度，电费往往只有几角钱，最多的一两块钱，还不能保证天天有电。大队用电组为了减轻社员负担，给社员安装线路时都是免费的，不收供电部门规定的安装费。仅1984年，在用电高峰的7—8月民主大队的电费为700多元。

80年代，大部分村民建造新房，室内电力线路采用槽板固定，有的村民在造房时安放穿电力线的塑料管。新房建成后，村民居住条件大为改善，但由于变压器数量少、容量小，供电线路长，居民家里电压过低，导致大功率电灯不能满足照明需求，有些电器还需要安装稳压器。例如，西刘庄的电要靠新桥的变压器供给，距离超过一公里，损耗非常大。90年代后期，通过增加变压器和原有变压器扩容，村民用电状况得到了极大改善，电视机、电风扇、洗衣机陆续走进居民家中。照明灯泡换上40瓦、60瓦和日光灯，每月电费从数元增加到数十元。

80—90年代，村主干道上安装路灯，而后，路灯逐步扩展到村巷。路灯的安装给村民夜间出行带来方便，特别是上夜班的企业职工。当时村办工业发展很快，多数企业实行三班制。

进入21世纪，冰箱、空调、油烟机、热水器进入居民家中，灯具的改进使灯泡数量大增，室内照明如同白昼。有的家庭还用上了地暖，民用电量成倍增长，进户电表大多换成容量较大的10—60安培的电表。

防汛用电

80年代，排涝基本上以柴油机为动力。1981年，在大坝排涝站旁增设一台100kVA变压器，用55千瓦电动机带动苏排二型水泵排涝。1991年，民主遭遇特大洪水，排涝电动机连续工作几昼夜，发烫，用电扇降温。随着防汛压力的增加，1992年，村里在大坝排涝站将变压器装机容量增加到250kVA。同时新增一台80千瓦电动机，配套32寸轴流泵排涝。到2003年，在民主套闸旁新建排涝站，新增装机容量为315kVA的变压器一台，用180千瓦电动机带动40寸轴流泵排涝。

2019年，整治后的新村西坝头浜

2008年，境内防汛排涝工作由镇农机水利站接管，改建大坝排涝站，变压器增加到2台，装机容量为1000kVA，用4台180千瓦电动机带动4台40寸轴流泵排水。2012年，在文湖苑旁新建排涝站，装置变压器一台，装机容量为630kVA，用180千瓦和95千瓦电动机分别带动40寸轴流泵和32寸轴流泵排水。目前，境内用于防汛排涝的变压器有4台装机容量为1945kVA，总动力为1175千瓦，排涝能力达19.5个流量。

工业用电

1964年，利用新桥通电的有利条件，境内先后办起五金厂、淀粉厂和饲料加工厂。70年代初，民主磷肥厂、砖瓦厂开办，民主纺配厂、民主汽配厂、民主塑料厂、电镀厂、玻璃助剂厂等相继开办，民主大队工业用电量大增。原新桥的30kVA变压器不堪负荷，经常熔断。70年代中期，民主大队主管将30kVA的变压器容量更换成180kVA，解决了这一问题。

1985年，汽配厂与上海联营，村用电组为新厂争取到了500kVA容量的变压器。这是民主工业发展的一件大事，安装那天傍晚，村总支书记施永清赶到施工现场，和“三电”组长刘耀兴一起为上级供电部门的施工人员当好后勤。这台变压器几年后扩容到800kVA。2000年，又扩容到2000kVA。在北片汽配厂变压器到位以后，村里又在南片橡胶厂增设变压器，容量为800kVA。2000年以后，扩容到1600kVA。其后，中兴化工厂、信腾印染厂开办。由于用电量较大，村申请专用变压器。

村用电组积极配合村办工业发展，为企业用电提供有力保障。同时充分利用政策，为企业变压器设置和增容提供方便、降低费用。从20世纪90年代到21世纪初，为村里争取到列入农网改造计划变压器30多台。

自发电

70年代，全村居民照明、农业脱粒灌溉，加上村办工业的发展，电力供应缺口很大，常常出现避峰停电现象。为缓解电力不足。1975年，大队分别在南片和北片设立两套自发电设备。北片在汽配厂，发电能力为50千瓦。

80年代，用电紧张的矛盾严重制约着工业发展，影响居民生活。曾一度实行“12小时供电（9:30—21:30）”，各地区轮流用电。县供电局统一调度，前洲变电所操作执行。为有效解决供电矛盾，1989年，村里从浙江买回300千瓦发电机组，安装在橡胶厂。随后，纺配厂又添置200千瓦、160千瓦和500千瓦发电机组；又在新桥增加一套300千瓦机组。

发电能力的提高，在停电时能满足全村正常用电需求。当时，柴油每吨价格在2000元左右，自发电每千瓦时成本只有0.64元，低于供电部门每千瓦时0.88元的价格。自发电的增加，抵消电力损耗，使民主村的企业用电价格跟供电局与村里的结算价格一致，没有产生加价，降低了企业成本。为了保持稳定的发电能力，村用电组在橡胶厂配电间专门配置一只可储油100吨的油库。

直到21世纪随着国家电网的建设，供电基本满足用电需要，自发电也逐渐完成使命。

第三节　住宅建设

70年代以前，本地居民住房基本为砖木结构的一层瓦房，楼房很少。相邻房屋以木梁相连，同墙合柱。房屋大体为1—2造，少数三造进深，檐头高度一般不超过2.7米，开间3米左右。多数人家以砖砌墙，砖不够就用杂砖凑，土坯砌内壁。室内多为泥地，只有少数人家铺砖地。

境内人多房少，人均居住面积几平方米。1950年“土地改革”，部分贫苦农民分到地主的房屋，居住条件有所改善。60年代，子女结婚成家无法分房居住，只能在家挤出一个地方作新房，实在没有地方的只能租房。一间二进的房子要居住五六人，“大力发展养猪事业”后，要求家家养猪，家里要辟出一间作猪圈。这给很多家庭带来困难，只能人畜共处一室，作一个简单的隔断。

70年代后期的几年，掀起中华人民共和国成立之后境内第一次建房热潮。居民极端困难的居住条件和粉碎江青反革命集团后的政策改变，使得居民自建房变得非常迫切。建房地点由村里统一规划，建房规模也由村统一规定。一户一间二造二层楼，连户合壁，长18.5米、宽3.6米，中间有天井，造价在5000元左右，这种房屋结构后来被称为“兵营式”建筑。凡是符合建房条件的村民通过申请打报告，批准后可到规划地点建房。一排房多为10间，房屋一侧山墙为公山墙，公山墙的费用由整排各家平均摊派。建房农户劳动力不足可采取互助的形式，开墙脚、运石屑、打墙脚，连砌墙的衬工都是农户自己动手。墙脚的材料多为碎砖石屑，村民利用生产队水泥船到武进的石堰山、江阴的秦望山等地运回石屑。

80年代，建房格局有所改变，前后两进，中间一个天井，或两间一造长11.5米、宽8米的住房，造价达2万—5万元。村民造房都是自己买材料，请工匠建造，建造工资按当时情况商量而定。

新房建成后，人均居住面积达到40平方米。

90年代，经批准，一些经济富裕的村民开始建造较高档次的别墅，一般是横套两间半到三间，独门独院，框架结构，造价12万—15万元。建房条件由村镇两级政府审核批准，符合条件的，在规定地点，建房户按照规模统一、高度统一、格式统一的规定建造。到2005年，全村共有70余户在境内三个指定的地方建造别墅。

2020年，汇秀苑新桥区域

90年代，民主村与镇房地产开发公司合作，分别在振祁路南段建造三幢商品房，在民主路、文灏路建造三幢小产权适用房，共有居民住房130套，商业用房70间，总建筑面积20200平方米。

2010年以后，随着唐平湖的开发和安居房的建设，部分老村巷被拆除，农民住进安居房。安居房由镇政府统一规划、管理，如逸秀苑、润秀苑、汇秀苑、文湖苑等安居点，满足本村拆迁家庭的居住需要，全镇其他村拆迁安置的村民都可入住。安居房的格式基本与商品房相同，居住条件也基本相似，村民住房条件得到较大的改善。截至2020年，刘庄、南村头、新桥、魏巷、徐巷、施家宕大部分的村民都住进安居房，新村也有部分村民搬进安居房。

第四节　环境保护

概况

50年代，境内基本没有工业。农民种田用自然肥料，村民用草木灰浸出的汁液洗衣，少量条件相对好的农户用肥皂。当时污染源很少，没有机动车，空气清新，河水清澈。夏季夜晚能看到满天星斗；白天能看清水中游鱼和河底水草漂动。

60年代，开始用少量化肥、农药种田。当时，化肥、农药极其珍贵。家庭的生活垃圾都与草木灰堆放在一起，发酵后作为有机肥，对农村自然环境影响较小。

70年代，大量使用化肥、农药。部分化肥、农药随水流入河中，使河水中氮、磷、钾含量增加，河水呈富营养状态，微生物迅速增加，使河水混浊。80年代，工业飞速发展，化工、印染、电镀行业治污措施没有及时到位，产生的废气、废水对环境造成危害，加上机动车辆数量的快速增长，汽车排气排放物直接影响空气质量。同时，外来人口大量增加、货物吞吐量成倍增长，大量的生活垃圾、生活污水，也加剧了对环境的污染。

农业污染　70年代，农田施用化肥增多，全村每亩良田使用氮肥75公斤，磷肥25公斤。“六六六”“二二三”等有机氯农药大量使用，造成作物、土壤残留量的增加，土地中有毒物质偏高。使用农药后，农药随水流入河中，被鱼类吸收后贮存在体内，不易分解。

80年代，农村劳力大量向村镇企业转移，居民住房改用卫生间抽水马桶。农业生产上河泥、人畜粪便、生活垃圾等有机肥停用，生活垃圾及其他有害物质随雨水流入河中，形成河水污染，也使河底污泥中累积大量的氮磷等营养物质。90

年代中期，不少农户不再把作物秸秆作为生活燃料，部分秸秆露天焚烧，对空气造成一定的影响。

2006年，环境整治检查

2005年，填新桥河

工业污染　70—80年代，乡镇企业崛起。民主村的工业发展在无锡县处于领先水平。由于产品工艺流程的需要，企业在生产过程中产生一定数量的废水、废气。这些废水废气虽然大多经过企业自建的治污设施处理，但由于企业治污能力参差不齐，致使部分有害物质随水、随气成为境内主要污染源。如信腾印染厂，每年要产生废水24万吨；华纶印染厂年产生废水13万吨；富康电镀厂200吨。又如信腾印染厂年消耗煤6128吨，虽除尘率在95%，脱硫率在20%，全年排放二氧化硫在43.74吨，烟尘7.89吨。华纶印染厂年耗煤在7000吨，除尘率也有95%，脱硫效率在20%，二氧化硫排放量达63吨，烟尘14吨。

生活污染　生活污水排入河中。梅雨季节，露天厕所的污水随雨水流入河中，河水受到污染。80年代，开始大量使用塑料袋，造成白色污染。村民大量使用洗衣粉，洗衣服水随水道流入河中，河水有机磷增加，造成河水污染。

污染治理

环境管理　1993年，民主村与企业签订环保目标责任书，关闭民主电镀厂等小型化工厂。信腾、华纶等印染厂的污水通过镇污水管道统一处理。首先在南村头试点，做好对老村巷进行改造，要求雨污分流。

环境监测　民主村在唐平湖平湖桥附近设有空气检测点，随时监测空气质量情况。在唐平湖设水质监测断面，每月最少取水样一次，检测水质状况。

生态环境建设

清淤保洁，建立河长制　进入21世纪，农田面积减少，农民不再罱河泥。为清除河底淤泥，民主村分别在2008年和2019年对唐平湖进行干湖清淤；在2001、2011、2020年对刘庄老河进行干河清淤。设专人负责打捞水面漂浮物，减少白色污染。

民主村共清淤河道6条，清除淤泥6万立方米，填埋废河塘4条1500余米，共用土方30000立方米。

2017年，实行河长长效管理制度，确保河道水清、岸美、畅通，充分发挥河道的渠河利用效益。建立河长制，每条河设河长1名、联络员1名、保洁员1名。河长每季度对河流进行一次巡河，联络员协助河长做好台账，保洁员每天巡查打捞河中漂浮物，清除污染。境内主要河道包括唐平湖、刘庄老河、民主新开河等。刘庄老河贯穿整个润秀苑、文湖苑，全长1000余米。民主村新开河从玉洁路经小唐平湖、大唐平湖，直达民主套闸，全长1947米。2020年，新开河通过河湖整治建设，被评为无锡市最美河流之一。

道路整洁，村容村貌综合治理　80年代，民主村建立一支由10多人组成的保洁队伍。村委出资建造固定垃圾收集房75间，拖车2辆，用于将垃圾运到指定地点，并对垃圾房每天清运1次。

2007年，重新组建由23人组成的垃圾清运保洁队伍，实行岗位责任制。村委与清运垃圾承包人签订责任状。配备垃圾清运车2辆，小推车23辆。村庄拆迁前有垃圾箱144只，固定垃圾房75间。建立垃圾中转站后，垃圾收集房全部拆除。村巷有带盖垃圾箱100余个，并配备消毒工具2台，定期做好消毒工作。

2020年，刘庄河道图

2020年已实行专人负责垃圾收集与清运以及道路清扫等保洁工作。全村日清垃圾约6吨，定点清运率达100%，生活垃圾无害化达100%。

2019年，新村河道

改水改厕　70年代，全大队实行露天粪坑加盖工程。80年代，在各个自然村建造三级化粪池30余个，每个生产队派人专职倒马桶，禁止在河内洗马桶。2006年，全面改厕，建造水冲式公厕，并落实保洁管理措施。2001年以来，共清理露天粪坑近千个。

绿化造林

林田绿地　70年代，大队在新谊闸旁利用废闲田种杉木树7亩。90年代，在唐平湖一带种植香樟树8余亩。2009年，在村委前利用填埋的废河道种植香樟树10余亩。

道路绿化　70年代，村主干道和部分机耕道旁种植水杉。90年代，镇农业公司从外地购回大批香樟树树苗，供全镇绿化之用。村委组织村管水员对全村主干道和可种植的机耕道、河道、村道旁种植香樟树。

村巷绿化　80年代起，村委逐年投资，在居民生活区建造花坛。到2005年，共建造花坛400余个，村庄绿化率达36%。东刘庄和村委东的洋房区绿化率最高，被评为绿色村庄。

庭院绿化　80年代起，随着居民生活条件的改善，庭院绿化逐步兴起，盆景花坛、草坪进入农家庭院，民主纺配厂被誉为花园式工厂。

第五节　邮政电信

邮政

信函　信件长久以来是境内居民与外地亲友联系的主要形式。在50年代，“扫盲”之前，不识字的人要找人代写书信，亲友来信要找人代念。寄信要到邮政代办所。1949年前，境内新桥街设邮政代办所。1951年，无锡县邮政局在施家宕设立邮政代办所，地点在余甫生家，负责人为余甫生。在新村西坝头、施家宕施云湘家门口和新桥各设木制邮筒一只，后来又在曙光的义村、龚巷设邮箱。1956年在玉祁初级中学、1959年在大墩农业中学设邮箱。施家宕邮政代办所业务量很大，超过礼社，曾获上级颁发的流动红旗作为奖励。1959年，邮政代办所由施家宕余甫生家迁到新桥东糜文耀隔壁。

1954年起，本埠平信资费为0.04元，外埠平信资费为0.08元；挂号信资费为0.2元。2004年，本埠平信资费调整为0.6元，外埠平信资费为0.8元。70年代以前，投递员都是步行。70年代起改为自行车，90年代，开始用摩托车。

电报　境内电报业务由玉祁邮电局办理。村里企业或个人要发电报须到玉祁邮电局。

包裹　境内村民要对外邮寄实物，都必须打好包裹到玉祁邮电局办理邮寄，包裹上写好收件人姓名、地址。资费按包裹体积重量收取。2002年，邮电局开办快递业务。随着快递业的发展，民主村有专职快递员。

1957年，施家宕邮政代办所寄出的信件

施家宕邮政代办所邮戳

汇兑　中华人民共和国成立后，邮电局与中国人民银行分工办理汇兑业务，个人汇兑可到邮局办理挂号，信件里不允许夹带人民币。村民往外寄钱或外地亲友汇款都须经过邮局。2001年，玉祁邮电支局开办电子汇款业务。随着经济的发展，智能手机的问世，村民在手机上就可完成汇款业务。

报刊发行　1949年前后，报刊发行较少，只有少数人订阅《人民日报》或《新华日报》。年底前单位或个人到邮局预订下年度报纸。1959年邮电局设投递员，由邮电局派投递员送往每个单位或个人。投递员报酬由邮电局和所属大队分担。由于数量的增加，全大队共订阅几百份报刊，仅《江南晚报》就有100余份。民主村先后共有3人参加投递业务，随着交通工具的发展，一名投递员要负责2个村的投递任务，投递员报酬改为由邮电局承担。

邮政储蓄　民主村居民可到邮电局办理存款业务，利息与银行相同，有时还有油粮等补贴优惠政策。

广播

1958年，玉祁公社成立广播放大站，转播县广播站信号。广播线路通到民主大队，在新村篮球场安装第一只喇叭，村民每天三次会聚到喇叭底下收听新闻和天气预报。60年代中期，舌簧喇叭开始向家庭普及，大队用电组组织电工给各个生产队架设广播线路、为社员安装喇叭，费用由大队负担。到1966年，民主大队实现户户通广播。广播喇叭接有拉线开关，有的开关可以进行三级音量调节。社员在家里就可随时收听新闻报道、农技知识、歌曲戏剧和天气预报等节目。广播成为社员了解国家大事、知道外部信息、调节文化生活的重要工具。天气预报和70年代后期的《广播书场》，最受村民欢迎。60年代后期，有了高音喇叭，安装在田头电线杆上或村里空旷场所的电杆上。农忙季节，公社广播放大站转播上级台节目的同时还播出自办节目。播送公社对农业生产的规定、要求，报道各大队（村）生产进度、好人好事和文艺节目等。

村用电组在搞好用电管理的同时，负责全大队的广播线路保持畅通和社员家里的喇叭通信。1976年春，大雪把民主大队境内通往公社的广播干线压倒。大队用电组组织人员冒雪抢修，确保信号的畅通。

60—70年代，大队召开社员大会，开始需要广播扩大机。大队的第一台扩大机是从南京买回的。每次开会之前，电工都要把机器搬到会场，接好喇叭，并全过程负责值机。

电视

电视机在境内出现是1976年9月，使用的是9英寸黑白电视机。

在后来的几年里，不断有生产队出资购买21英寸甚至尺寸更大的黑白电视机，每天晚上在仓库里或空场上向社员播放。此举很快就推广到每个生产队，集体看电视成为社员一项新福利。80年代中期，经济条件好一点的村民开始自己买电视机，大多为黑白电视机。彩色电视机逐步在农村出现，但市场货源紧缺。村民家中多为19至21英寸黑白电视机。

1994年，境内接通有线电视，共有12个频道。村民结束依靠电视机天线接收电视信号的历史。1997年，电视频道增加到21个。2008年以后，有线电视采用数字化传播，居民用数字机顶盒可以接收60个基本频道和100多个付费频道，支持回看、点播等功能，有线电视网络支持电脑上网。

电信

固定电话　1959年，玉祁邮电局将电话安装到民主大队办公室，民主境内开始有电话。60年代，随着大队办工业的兴起，各厂也陆续开始安装电话。1985年，民主村安装电话总机，地点设在民主纺配厂。1987年，总机移到村委大楼三楼，3个接线员实行24小时轮流值班制度。总机有6条外线，其中一条可拨境外电话。内线电话的分机接通到每个单位、企业，还有很多家庭。分机要拨外线必须通过总机转接。80—90年代，安装外线电话先向邮电局提出书面申请。每门电话安装费用在6000—8000元。

1993年，玉祁程控交换机开通。随着外线电话的增加，安装费用逐步下降，每门约3000元。1996年，民主村被评为电话村。1998年，民主村总机撤销。

21世纪，外线电话进一步增加，安装费用降到300—500元，几乎每户一部电话。

传呼机　1989年，境内开始有数字传呼机，俗称“BB机”“BP机”。数字传呼机只能通过寻呼台传送主叫方的电话号码，数字传呼机约1000元一只。两三年后出现了中文传呼机，中文传呼机可以传送简短的文字，刚流行时每只售价4800元左右。传呼机给人们传递信息提供了很大便利，人际交流都不忘告诉对方“BP机”号码。20世纪末，随着手机的普及，BB机被淘汰。

移动电话　90年代初，民主村有人开始使用手机，俗称“大哥大”，模拟信号传输，价格昂贵。1998年，民主境内开始建造移动基站，手机改用数字信号传输。2003年，中国电信在民主村开通小灵通基站，小灵通价格便宜，全镇开始有2333台，2005年增加到5000余台。2005年，手机开始普及，因其功能简单、价格低廉，被称为“老年手机”，每部只需200元左右。“小灵通”手机被淘汰。2010年，智能手机开始推广，手机功能大增，具备视频传输、货币网上支付功能，成为人们工作、学习、生活、出行的重要工具。

第六节　用水　供水

居民用水

70年代以前，境内居民多饮用河水，只有少量离河较远的农户家有水井。每日清晨，村民到河滩上挑水，倒在家中的水缸内，作为一天的生活用水。因为河水有沉淀物，水缸一般5—6天清理一次，俗称“出水缸脚”。到梅雨季节，河水混浊，村民将明矾放入水缸，沉淀杂质，以保持用水清洁。

70年代中期，河水污染，村民开始在家中挖水井。有些生产队在公共场所挖公井，供村民生活用水。公井开得大且深，多为深水井。井口四周浇筑水泥地。到2020年，上巷生产队的公井还有人在使用。村民私井一般开在家中天井内，深3—4米，下面用钻头钻通泉眼，再用砖盘井壁。井口四周用黄泥石灰封堵，防止雨水渗入。80年代，民主村几乎每家都有水井。

自来水厂

1983年8月，为解决日益严重的村民饮水安全问题，村里在徐巷南100米开第一口深井，成立自来水厂。水厂占地800平方米，建筑面积380平方米，建造第一座水塔，由江阴南闸工程队建造，价格5.5万元。深井由无锡市凿井有限公司开凿，整个自来水工程村里投资205万元。

1984年，在全村范围内铺设自来水管，新村、徐巷、魏巷、新桥、刘庄全部接通自来水。1987年南村头安装自来水。支管材料多用水泥管。新村南村头巷管及户管用的是镀锌管。徐巷、魏巷、新桥、刘庄所用材料由无锡县爱卫委供应PP塑料管。

1989年9月，由无锡市凿井公司对深井进行冲洗。

1989年12月，由于地面下沉，使深井外生铁管移位，由无锡市凿井公司修补。

1990年，村里在上巷自然村再新开深井一口，由江阴新桥凿井队施工。

1992年，为了解决工业用水，村委决定在中兴化工厂内再开深井一口，由江阴凿井队承包。同时，再建造水塔1座，由江阴南闸工程队承包。

1983年，自来水厂水塔

1992年10月，在刘庄凿井一口，同时建造水塔一座，由梅园地质凿井队施工。开凿深井价格7.5万元，建水塔价格10万元，费用全部由村供销社支付。后对深井和水塔作报废处理。

1996年7月，由于1983年第一口深井出水量达不到要求，对其作报废处理。同时村里在老年俱乐部院内再开一口深井。由江阴凿井公司施工，价格为4.5万元。由于深井开凿引起地面沉降，国家出台政策禁止开采地下水，2000年5月，全村饮用太湖水。

2001年，民主村对徐巷、魏巷、新桥、刘庄原用PP管塑料材料进行改造，由惠山区市政建设有限公司施工，改造材料为PVC—LL塑料管，改造价格27.7万元。

2008年4月，民主村书记余仲兴考虑到原铸铁管渗漏严重，村委会决定对新村、南村头、新桥洋房、振祁三村商品房、徐巷洋房、徐巷西自来水管线用PP—R塑料管改造，价格91.59万元。由惠山区工程有限公司施工。工程完工后，每年可减少自来水流失带来的损失20余万元。

2020年，镇自来水厂被无锡市自来水公司接收。其中属于除拆迁村庄的用户用水仍由村里负责管理。

表18　**2017年7月民主村自来水普及调查情况表**

单位：户、人、%

序号	自然村名	户数	人口数	入户数	受益人口数	普及率
1	施一	43	165	46	165	100
2	施二	38	154	43	154	100
3	上巷	53	183	51	183	100
4	下巷	38	136	38	136	100
5	后一	38	147	41	147	100
6	后二	56	244	68	244	100
7	后三	49	168	47	168	100
8	新东一	47	141	39	141	100
9	新东二	36	129	36	129	100
10	新东三	41	133	37	133	100
11	新西一	34	130	36	130	100
12	新西二	37	131	34	131	100
13	新西三	37	132	39	132	100
14	徐巷	50	172	48	172	100
15	魏巷	44	151	42	151	100
16	新桥东	52	281	78	281	100
17	新桥西	56	247	69	247	100
18	东刘庄	68	229	64	229	100
19	西前一	32	135	35	135	100
20	西前二	42	151	42	151	100
21	西后一	41	149	43	149	100
22	西后二	37	147	44	147	100
23	南村头	46	203	56	203	100
合计		1015	3858	1015	3858	100

第七节　村级公共建筑设施

村办公楼

1954年，新谊初级农业生产合作社成立，办公地点设在新村下巷秦宜男家。

人民公社成立后，民主大队办公室设在新桥洋房内。

1967年，在徐巷与东刘庄之间建造二层楼两间，占地80平方米，作为大队办公室。

1987年，在原大队办公室东侧、靠近民主路新建民主村委办公楼，门牌号为徐巷88号。3层楼5间，占地1250平方米，绿化面积约300平方米，附属房建筑占地约500平方米。主楼设办公室、大会议室、小会议室、总机室。附属房有警务室、仓库、宿舍等。

1987年，民主村委办公楼

2014年10月，村委投资1235万元在民主农机站与常玉路之间建造民主村党群服务中心，占地4000多平方米，绿化面积400余平方米。主楼高4层，建筑占地约1050平方米。一楼为社区卫生室、老年俱乐部，包括棋牌室、阅览室、乒乓球室、健身室、电视室；二楼、三楼主要是办公室、小会议室、党群活动室等；四楼设有村史展览馆。院内设有会议大厅，占地380平方米，门卫警务室占地110平方米，建筑面积共计1540平方米。院内有停车棚约300平方米。

中学、小学、幼儿园

小学　中华人民共和国成立初期，境内有小学3所，分别为施家宕小学校、新桥小学校和刘庄小学校。学校规模小，一般只有2—4个教室。70年代，新桥小学校拆除，并入刘庄小学校。

1981年，大队投资80余万元在下巷生产队附近建造新校舍，占地2000余平方米。建造二层教育大楼一幢，1982年，施家宕小学校搬入其中，曾更名为民主小学。

1996年，民主小学校舍

1984年，村委投资百余万元在原刘庄小学校址北面建造新校舍，占地3600平方米，建造两层教育大楼一幢，配套操场、食堂。1996年，民主村委又投资百余万元，扩建一幢教育大楼，增加土地面积 2000余平方米，新增大礼堂和乒乓球室。整个校舍占地5726平方米。

1997年，施家宕小学校并入刘庄小学校，并正式更名为民主小学校。2019年，玉祁街道在境内文湖苑北面玉丰路和常玉路之间建造平湖实验小学，新校舍占地50000余平方米。2021年9月，民主小学校并入平湖实验小学校。

中学　60年代以前，境内没有中学校，所有学生小学毕业后，到礼社、玉祁和前洲等镇上初中，经济条件好的家庭会将孩子送到无锡市里。1964年，经上级批准，大队利用村民私房开办民主农业中学校。1968年，大队开办民主初中，在大队办公室东面建造平房校舍12间，建筑占地约400平方米。1989年9月，民主初中并入玉祁初中。

幼儿园　中华人民共和国成立前后，境内没有幼儿园，1958年，人民公社成立，为解放妇女劳动力，成立临时性质的幼儿园。由于条件不够成熟，只能利用村民私房开办。那时刘庄有一家，新桥一家，新村有两家，请有一定文化知识的妇女担任老师。“文化大革命”时期，幼儿园被称为“红儿班”。

1997年，施家宕小学校并入刘庄小学校，村委利用原校舍改造作为民主幼儿园，分小班、中班和大班，增添幼儿园设备，全村适龄儿童都入民主幼儿园。2008年，唐平湖开发，幼儿园搬迁至原民主轴承厂厂房。2009年9月， 并入玉祁中心幼儿园。

卫生室

1968—1969年，民主大队卫生室临时借用徐巷村民徐锡荣的家。

1969年，大队出资在大队办公室北面建造平房一间，作为大队卫生室，使用时间长达18年。

1987年，大队办公室搬迁。办公室旧址用作大队卫生室，使用时间为5年左右。

1992年，村委在民主自来水厂南面建造村卫生室，使用时间长达11年。

2003年，借用民主轴承厂办公楼二楼作为民主卫生室，设病房、输液室，使用时间约为6年。

2009年，民主卫生室搬至常玉路东美菱装饰材料厂西新址，有病房14间，使用时间约为7年。

2016年，卫生室搬至民主村党群服务中心一楼，按卫生管理部门规定，村级卫生室内不再设病房，不输液。

老年活动室

1992年，村委在民主自来水厂南面建造老年活动室，有平房12间，建筑占地430平方米。设棋牌室、书场、影视室、阅览室。2005年，民主村老年俱乐部被上级评为“星级老年俱乐部”。

2008年，村委投资在常玉路东侧和美菱装饰材料厂之间，新建民主村老年俱乐部和民主村卫生室，建造两层楼房15间。二楼作为卫生室，一楼作为老年俱乐部，占地430平方米。老年俱乐部设有棋牌室、书场、阅览室、影视室、展览室。

2016年，老年活动室搬至民主村党群服务中心一楼，环境设施更加完善，特别是乒乓球室最受老年人欢迎，每天有十几人打乒乓球。

公共健身场地建设

50年代以前，境内没有固定的健身场所和活动器材，青少年健身只是在场上踢毽子、跳绳等。青壮年玩石担、石锁。60年代，在“发展体育运动，增强人民体质”的号召下，村民自发组成农民篮球队。生产队有的利用空地竖起篮球架，有的在仓库里安放乒乓球台。

2009年，民主村“老少同乐园”活动场所

1998年，镇村两级共同投资40万元，在唐平湖边修筑一条长70米、宽10米的堤岸，把唐平湖围出一个区域开辟为游泳池，面积6500平方米，设置1600平方米的沙滩。游泳池畔配备更衣室、泵站。

2003年，村委投资15万元在常玉路与美菱装饰材料厂之间建造民主村休闲广场。广场占地1460平方米，有单杠、双杠等多种健身器材，有可供比赛的橡塑篮球场。建造二层楼5间，楼内设有达到比赛标准的乒乓球馆。同年，西刘庄在填埋的废河浜上，安装各种健身器材，供村民锻炼。

2014年，村委投资80万元，填平新村杨花浜附近的废河道，建造健身场所，占地约3000平方米。其中，建筑面积约220平方米，有平房五间，配备有乒乓球馆和健身房。健身房配置骑马机、跑步机、上肢牵引器、健腰展架、仰卧起坐板、三位腰背按摩器、二位坐蹬训练器等近20种健身器材。室外有橡塑材料铺地的灯光篮球场。

2019年，村委投资50万元，在新桥冯巷附近建振祁三村居民健身场所，有凉亭、栏杆和多套健身设备，占地2000平方米。

菜场

21世纪前，境内没有菜场，村民季节性地在村道旁设摊，销售自产农副产品。为整顿村容村貌，2004年，村委在民主路附近，利用下巷生产队秧田，建造新村菜场。菜场占地约2000平方米，建造平房19间，除经营蔬菜鱼肉类，还有南北干货和熟食店。2010年，因唐平湖开发，菜场搬至新村西坝头。2006年，村委将填埋的新桥河北段空地另建菜场，菜场占地约900平方米，敞开售货棚350平方米。村委派专人进行管理。2020年因新冠肺炎防控的需要，两个菜场被拆除。

2008年，民主新村菜场

安息堂建设

1972年，民主大队在唐平湖的小岛上建造3间平房作为安息堂用于存放骨灰盒，并派专人看护。来往安息堂都需要用船摆渡。

80年代，安息堂搬至大桑园，大桑园的原空蚕室改建成骨灰盒存放室。

1993年，村委投资数十万元，在民主套闸旁新建安息堂。安息堂建设较为规范，有专人看守，存放大厅占地约800平方米。因唐平湖开发的需要，镇政府在境内西桑园附近建安息堂，占地10600平方米，有两个骨灰存放大厅，并配套放生池和较大面积的绿化地，由镇政府统一管理。2009年，原民主套闸旁的安息堂拆除，骨灰盒安放在新建的安息堂内，地址在南村头西南方向。

村级其他建设投资

2017年，村委投资1787万元，在润秀苑东面建造民主社区便民服务中心，层高为五层，建筑面积约2200平方米。

2018年，村委投资60万元，在徐巷89号翻建原民主育秧厂。

2020年，村委投资1700万元，购买玉祁镇中路17号原艺华大酒店。

2020年，村委投资450万元，在民主路中段附近，建造标准厂房。租给无锡惠嘉达机械制造有限公司，建筑面积1700平方米。

第八节　唐平湖开发

唐平湖位于民主村东部，紧靠新村施家宕，有水面400多亩，唐平湖大部分水域属民主村，常年由民主村管理。唐平湖有大唐平湖与小唐平湖之分，施家宕桥南为大唐平湖，施家宕桥北为小唐平湖。

2004年9月，玉祁镇党委政府作出了开发唐平湖的决定。2005年7月23日，镇领导带团赴上海招商，与开发商达成意向。8月，正式成立唐平湖开发指挥部，同时成立玉祁城投公司，负责唐平湖开发建设。2005年底，玉祁镇党委召开党委扩大会议，各村书记参加了会议，会上宣布了镇党委、镇政府开发唐平湖的决定。开发范围为东到曙光村原堰玉路，西到常玉路，东南到曙光村与前洲蒋巷村交界处，南到民主村印桥港北岸。

2006年4月20日，唐平湖开发签约仪式在湖滨饭店举行，镇党委书记唐岳良、澳门宝龙集团董事局主席许建康在合作文本上签字，无锡市副市长吴建选等市区领导出席典礼。

2020年，大唐平湖一角

2006年6月开始，唐平湖开发指挥部与民主村对接，协商工厂、居民动迁方案。到年底，开发区内土地及种植树木、坟地的迁移和鱼塘的征收补偿工作结束，唐平大道基础完工。2007年4月，位于曙光村的平湖苑和位于民主村的碧波园（后改名汇秀苑）两个安置小区开工建设。

2020年，小唐平湖一角

民主村党总支、村委一班人积极配合镇党委、镇政府做好宣传发动和拆迁安置工作。2008年3月3日，玉祁镇发出动迁告知书，新桥东、上巷部分民居和民主幼儿园、新村菜场被列入第一批动迁范围。同时，湖西路建设也着手进行。截至2020年12月，民主村已拆迁安置居民770户，约占总户数的65%。这些居民分别被安置到汇秀苑、润秀苑等小区。新桥桥东、刘庄、南村头、魏巷等自然村已基本拆除。

民主村进入一个平湖新城迅速崛起、市政面貌日新月异的新时代。

第八章　农业

据60年代末统计，民主大队有水旱田共计1924亩，平均每人0.56亩，是一个田少人多的大队。50年代，居民口粮不能完全自给。50年代后期，通过兴修水利和整田平地运动，农田做到旱涝保收。60年代初，大队开始集体、个人大规模养猪，结合积肥造肥，改良土壤，1966年，水稻亩产突破了500公斤大关。1975年，民主村开始百分之百种植“双季稻”，通过严格的选种育苗和良好的植保管理，粮食亩产有了很大提高。1976年，稻麦亩产达到1145.5公斤，上交国家商品粮近40万公斤。1981年2月，桥东生产队尝试联产承包责任制，走在玉祁公社前列。小农场建设推进农业规模经营，为解放劳动力奠定基础。

第一节　水利建设

农业是国民经济的基础，水利是农业的命脉。民主村位于玉祁镇南部，虽说是高乡地区，但是地势高低不平，高低相差2米多。1949年以前，这里滩田芦苇丛生，灌排落后，每年梅雨季节，小型圩田往往被淹。农业合作化以后，为提高农田灌溉水平，稳定农业发展，必须大力兴修水利。

圩岸

圩岸是生命线，圩岸的安危关乎圩内人民生命财产的安危。

1949年以前，单干形式的小农经济，使百姓无力修筑圩岸，而官府对小型圩区的水利建设则无暇顾及，所以本地低洼圩区只能靠天吃饭。1954年5月5日到7月底，3个月中有大雨8天，暴雨3天，雨日67天，降雨量达799.8毫米。7月28日，南门水位达4.73米。大批土地被淹，老百姓无可奈何。同年冬，吸取大水的教训，合作社筹备资金，建造水闸，修筑圩岸，组织社员参加水利建设。

1956年，新谊社在下湾、佘田岸、下洋岸、门堤岸、印桥港沿河修筑圩岸。在佘田岸与下洋岸交界处的唐平湖出口处修筑大坝；五一社会同八一社在横岸、长工岸、庄田岸沿运河处一起修筑圩岸，与新谊社在门堤岸合龙。那时修筑圩岸都是肩挑人扛，为保证不渗漏，挑一层土，用木、铁夯实一层。工程员一手拿铁棒，一手拿水壶。钻一洞把水灌下去，不渗漏即为合格，方可继续往上填土。如有渗漏，验收不合格，立即返工重新打夯，逐段验收，确保无遗漏。

2020年拍摄的民主大坝

2016年民主村永久性圩岸

那时的取土，有的结合整田，挑高墩、芦荡田、滩田，或开墒取土。经过两年的努力，终于把高2—2.5米，宽3米的圩岸筑成，总计用土方约3万立方米。防洪能力达到吴淞水位4.73米。圩岸没有出现大的渗漏，没有发现管涌现象。

进入80年代，由于过度开凿深井取水，地面开始下沉，村里对原有圩岸加高，普遍加高80—100厘米。在稍高的田块抽垄取土筑岸。圩岸加高共用土方16000立方米，圩岸防洪能力达到5.5米。加高工程由苏北滨海民工用独轮车运土修筑。1991年特大洪水，玉祁全镇有多个地方决堤，但民主村里的圩岸基本没有漫堤，挡住了5.58米的高水位。

由于地下水的大量开采，导致民主村土地以每年6—8厘米的速度下沉，村里决定第三次加高圩岸。这次修圩，根据上级文件村里向村民收取圩岸建设费，以工代赈。根据总支决议，17岁以上村民每人收80元，17岁以下每人收40元，退休的老年社员不再收费，不足部分由村级企业负担。圩岸加高要求达到吴淞水位6.5米，外坡要求达到1∶2，内坡要求达到1∶3。这次加高分两次进行，第一次在1991年冬到1992年春，由滨海民工用独轮车运土，在距圩岸10多米处开墒取土修筑。圩岸普遍加高1米，实做土方18000余立方米，耗资10万余元。第二次在1996—1997年，利用外河清淤的机会，在河中心用挖泥船挖污泥筑圩岸，主要为了增加圩岸坡度，计土方15000余立方米，耗资6万余元。

表19　　1998年民主村各段圩岸情况表

段名	圩岸长度（米）	圩岸高度（米）	圩岸宽度（米）	内坡	外坡
庄田岸	120	6.65	3.3	1∶1.57	1∶1.36
门堤岸	380	6.55	3	1∶1.7	1∶1.36
蔡公岸	100	6.5	2	1∶1.3	1∶1.1
下洋岸	360	6.45	3.1	1∶1.5	1∶1.1
大坝	120	5.8	6	1∶1.4	1∶1.1
磷肥厂	150	6.1	2.5	1∶1.76	1∶1.37
佘田岸	310	6.45	2.6	1∶1.36	1∶1.35
闸口	100	6.35	2.8	1∶1.65	1∶1.25
下湾	400	6.43	3.1	1∶1.87	1∶1.36
杜正岸	310	6.5	3	1∶1.96	1∶1.3

民主村的圩岸经过不断加高加固，已基本形成防洪体系，但对照上级的要求尚存差距。2003年，在镇政府的指导下，村里在位于庄田岸120米的圩岸旁，利用客土填平一片鱼池，又在离圩岸30多米处修建第二道石驳岸，消除了二水夹一岸的安全隐患。所有圩岸的外坡修建石驳岸护岸，高程达到吴淞水位5.5米。

2008年，从民主套闸到原玻璃助剂厂长达千米的圩岸铺设成水泥路面，路宽3.5米；外坡用道板砖护岸。两旁种上绿化，基本上符合标准圩岸建设的要求。到2016年，镇抽水站对村里的圩岸统一修建防洪墙，防洪墙高度达到吴淞水位6.5米。防洪墙外面有水泥护岸，高程近4米。

从1991年到现在，村里的圩岸没有发生过险情。2017年9月25日，最高水位达5.65米，超过91年最高水位将近10厘米，圩岸安然无恙。

水闸

50年代，民主村分别在黄泥河与印桥港交界处建造新谊闸，在刘庄老河与五牧运河交界处建造五一闸。1958年，在新桥老河与礼社接壤处建造新桥闸。那时建造的水闸约3.5米宽，中间有三处石槽用来安插木质闸板。汛期来临时，组织人员用船装上闸板、带上运土工具到闸上，将闸板插在石槽中间，再在两道闸板中间填土。汛期过后，再挖土取出闸板，妥善保管。

进入60年代，随着水位频繁上升，使用闸板极为不便，改用水泥闸门。随着村办工业的发展，进出闸门的船只越来越多，而有时外河水位稍高就不能开启闸门，1982年，新谊闸改成套闸。套闸分外闸和内闸两道，两闸间隔25米。外闸

1977年，民主村三脚桥灌溉站

1994年，村翻建民主套闸、排涝站。图为排涝站引水河

在闸门上开孔安放闸板，内闸则在闸旁建造回水洞，安放闸板，外闸和内闸都是用丝杆传动手工启闭。有了套闸，船只进出就方便许多，外河水位高也能开启，确保了船只正常通行。

五一闸不是套闸，汛期船只不能通行。由于地面的持续下沉，外河水位常年高于内河水位，单闸已完全失去作用，1993年“五一闸”封堵。新桥闸由于外围已修建新闸，逐渐停止使用。1994年，随着工业运输需求的增加，特别是曙光磷肥厂需要大型船只进出，由镇政府、民主村和曙光磷肥厂共同投资，修建大型套闸“民主闸”。新闸在新谊闸南约50米处，内外两闸间距80米，宽11米，可供多条吨位在几十吨的船只同时通行。两边闸门开闭都用电机启动，闸身排水安装28寸轴流泵，确保船只正常进出。新闸建成后，原新谊闸停止使用。进入21世纪，随着唐平湖的开发，周边工厂大量搬迁，陆路运输又快速发展，民主村的水上运输基本被忽略。

2020年，民主闸改建调水涵洞，起到改善唐平湖水质的作用。

水闸的建设，为保障本地区的水路交通、促进经济繁荣作出了很大贡献。

排涝站

1957年，“新谊闸”“五一闸”建成后分别安装木车，是一种柴油机传动的龙骨水车。新谊闸安装在新建的大坝上，1958年，唐平湖开始第一次干塘，大部分水是用木车抽的。五一社的木车架在“五一闸”的旁边，由礼社管理。1964—1965年，民主大队在大坝东端修建排涝站，安装“苏排二型”排涝泵一台，动力是“4160”型90马力柴油机，用皮带传动。“苏排二型”是一种低扬程的排涝工具，排水量大，耗能低，排水能力达到每秒2立方米，即两个流量。那时大队灌溉站还有一台24寸混流泵，必要时能配合排涝。

随着外河水位的上涨，排涝任务逐年加重，1981—1982年，大队在原排涝站西边又新建了一座排涝站。新建排涝站有机房2间，值班室1间。配置一台100kVA的变压器，安装“苏排二型”两台，其中一台从东边排涝站搬入，动力是55千瓦电动机和“4160”柴油机，都是皮带传动，新排涝站流量增加一倍。1991年，特大洪灾，两台排涝泵连续工作几昼夜，电机热了用电风扇降温。

“苏排二型”虽然排涝能力强，但它在外河水位过高时很难启动，容易闷泵，排涝能力随之减弱。1992年在原来的基础上安装一台32寸轴流泵，动力是80千瓦电动机，变压器提高到250kVA。90年代，正是地面下沉速度最快的时期，每年要下沉8厘米左右，“苏排二型”已扛不起排涝重任。1996—1997年，拆除一台“苏排二型”，安装一台32寸轴流泵。加上民主闸一台28寸轴流泵，唐平湖地区的排涝能力达到了6个流量。但由于地面下沉严重，雨水集中时，排涝能力仍跟不上需求，必须新建排涝站。2003年，在民主闸旁边新建一座排涝站，安装一台40寸轴流泵，配备动力是180千瓦电动机，增添350kVA变压器，排涝能力增加3个流量。

为解决门堤岸地区380亩土地的排涝问题，1984年，村里在门堤岸东南庙浜口建造小型排涝站，安装一台12寸混流泵，动力是12马力的195柴油机。90年代，随着信腾印染厂的开办，增添一台12寸混流泵，柴油机改为18千瓦电动机，流量达到每秒0.4立方米。

为搞好防汛排涝工作，各个排涝站由村灌区主任直接负责，保障各机组正常运行，落实好每个管水员的排涝任务，汛期安排管水员对各排涝站24小时轮流值班。2008年，唐平湖开发后，镇抽水站接管排涝站。

2008年，平湖排涝站

2007年底，镇抽水站在大坝上建造一座新的排涝站，有机房4间，生活室2间，安装40寸轴流泵4台，配备180千瓦电动机4台，建造2座500kVA的变压器配电室，加上民主套闸旁的排涝站，唐平湖地区的排涝能力提高到15个流量。排涝站安排专职人员管理，负责唐平湖地区的排涝、调水工作。大坝排涝站改名为平湖排涝站。

2012年，随着安置房的建设，在刘庄庄田岸旁建造文湖苑排涝站，设机房2间，生活室1间，安装40寸轴流泵一台、32寸轴流泵一台，配备180千瓦电动机一台，95千瓦电动机一台，建造630kVA变压器配电间，防洪能力达到4.5个流量。排涝站由镇抽水站统一领导，安排人员专门负责管理。

随着防洪设施的逐年完善，防洪能力得到极大的提高，做到日落雨200毫米不受涝。

第二节　农田建设

农业要发展，搞好农田建设是首要任务。治水、改土、造田，建设旱涝保收、高产稳产的农田是实现农业机械化、现代化，夺取农业更大丰收的先决条件。是重新安排土地格局，建设社会主义新农村的伟大创举。

整田平地

1950年，民主境内只有水旱田1553亩，每年需国家返销粮食160吨。合作社成立后开始整田平地，挑走了多个荒冈土墩，填平了几个沟潭，增加了粮田面积，1957年做到粮食自给有余。1958年由上级水利部门规划，境内建造了电力灌溉站和灌溉总渠。此后，民主大队整田平地的田块走向与总渠一致，整田规模也进一步扩大，到1964年增加水旱田面积246亩。

农业学大寨的群众运动开始后，民主大队加快了整田步伐。经过大队与各生产队的协调，依照路渠的走向重新安排土地。生产队秋收秋种一结束，大部分劳力就是挑土整田，来年春天加岸做渠。通过几个冬春的奋战，民主大队的土地大部分都格田成方，灌排分开。

1969年，大队党支部成立由大队领导、生产队干部和工程技术员参加的“三结合”小组，对全大队所有的土地进行实地勘察，召开各类型的座谈会，发动了几个整田平地的大会战。

会战南大荒

南大荒位于南村头生产队南面，南临印桥港，地形北高南低，南部是俗称“野芦荡”的芦荡滩。1969年冬，大队领导带领20多个生产队的1000余名干部群众，苦战2个月，挑土6万立方米，投工22000余个，平整出50亩粮田，30多亩鱼池。后来大队在这里办起了稻麦种子场和百头养猪场，成为民主大队的农副业基地。

大战马伦墩

马伦墩又名马铃墩，位于新村南面，南面是印桥港，三面被唐平湖环抱。早年进出马伦墩都要靠渡船，后来西面建了大坝，北面造了木桥，才改善了交通。1970年冬，大队决定整平马伦墩。1971年的大年初一，全大队1200多名社员在共产党员和干部的带领下，早晨7点就集合，冒着严寒到马伦墩挑土。在他们的感召下，大队上至80岁的老翁下到十几岁的学生都赶到工地参加劳动。就连回乡过节的亲朋好友，也自带工具加入劳动大军。经过数月苦战，整出了东西400余米，南北300余米的平整土地。形成60块长100米、宽20米的标准农田。经过放样划线，修渠做路，成为灌排分开的180亩高产稳产良田。1982年以后成为新东三个生产队村民的口粮田。

刘庄村北的整田平地

刘庄北面地形较高，有多个大型土墩。1972年由大队组织干部群众经过数月奋战，挑平总面积达18000平方米的多个土墩，填平了总面积达200平方米的沟潭，增加水稻田面积30多亩，同时加宽了通往礼社的主干道。

会战西高地

西高地位于刘庄西面，地形东低西高，东是低洼田和面积达3亩的趴狗潭，西部是地形较高的土丘，故称“西高地”。社员经过几个月的苦战，挑平了西高地，填平了趴狗潭。西高地的土地与施家坪连成一片，形成了一方南北450余米、东西 200余米，面积达150余亩的高产稳产水稻田。1983年分田到户后成为西刘庄 3 个生产队的口粮田。

据民主大队1973年12月8日汇报材料《路线是根本，五业齐跃进》介绍：“1970—1973年，经过4个冬春的奋战，完成了挑土120万立方米，投工250万个，平均每个劳动力完成挑土近1000立方米，平整土地900多亩，每亩投工200多个，扩大粮田300多亩。基本实现土地方格化，灌溉渠系化，建成了一片高产稳产农田。”

1976年冬，民主大队开挖新河。1977年春，为不影响粮食生产，民主大队发动大部分劳力，把新开河挖上来的土运走，填到徐巷的陈巷浜、东刘庄的天成浜、上墩浜，圣堂浜，结合整田共计挑土方8万立方米，投工2.8万个，完成300亩的整田任务，建成长100米、宽17.5米，每块面积约2.5亩，共计105 块的高标准良田。其中在新开河南、民主路与常玉路中间的一方南北300米、东西250余米，共计110亩的土地，成为民主大队的稻麦“丰产方”。

民主大队的整田由大队统一规划，生产队投工整田，采取大队集中整与生产队自己整相结合的方法，做到不影响当年生产，尽量不减少秋播面积。并做到当年施工、当年受益、当年增产。从1965—1975年粮食产量年年增加，1975年的粮食总产比1964年增加774吨。

农田水利规划，灌溉站的建设

人民公社化后，在上级主管部门的指导下，民主大队结合实际情况，做出农田水利工程的规划，并逐步付诸实施。1958—1959年，在新桥与魏巷中间，利用新开河的水源和新桥已通电的有利条件，建造第一座电力灌溉站。当时设计的灌溉面积较大，还包括礼社的部分土地，所以配备24寸混流泵，动力是55千瓦电动机。灌溉站建立后，大队组建专职管水员队伍，每个管水员负责200多亩水稻的水浆管理和全村的水利工作。

在筹建灌溉站的同时利用民主大队北高南低、中间高东西低的地形，开挖东西长1000米、南北长1500米的丁字灌溉总渠。总渠设计渠宽3—3.5米，渠深1—1.5米，底宽1米左右，坡度1∶1。总渠的建造工程量较大，经过全大队大部分劳力一冬春的苦干，建成一条东西从魏巷到礼社、南北从魏巷到蔡家岸桥的灌溉总渠。灌溉区域覆盖民主大部分的土地，也包括礼社村部分土地。总渠还在蔡家岸设计节制闸，直通印桥港。必要时一站两用，既可灌溉又能排涝。

1975年民主大队用三七土做地下渠道

总渠的走向定位后，为后来的整田平地、格田成方和道路走向奠定基础。在以后的几年里，根据总渠走向和各处地形，逐级开挖主渠、支渠，把水引往纵深。同时在离灌溉渠100米处开挖排水渠，做到灌排分开。

1968年，新东黄泥河建站，结束

了用机船抽水的历史。新东灌溉站安装12寸混流泵1台，动力是17.5千瓦电动机，满足黄泥河两岸300多亩土地的用水。灌溉站建在黄泥河南侧，管道从河底通过，称“挡下手”，灌溉黄泥河北面马畈墩、佘田岸近200亩水稻田。1994年，民主套闸的建设，影响“挡下手”的使用。于是在黄泥河北侧增添一座灌溉站，安装12寸混流泵，动力是18千瓦电动机。

60年代后期，为配合整田平地，在佘宕庙、下洋岸北面开挖新河，取土填平下洋岸多个沟潭。下洋岸是民主村地形最低的地区，每次洪灾都最先被淹没。新开河的开挖改变了那里的面貌，为今后灌溉站的建设提供了水源。1970年，在庙背后建站，安装12寸混流泵，动力是“295”柴油机，后改为18千瓦电动机。1970年，由于新桥站不能使用，大队在总渠西侧的季家浜建造新灌溉站，延用新桥站设备。渠道用钢渣夯实，做成200米左右的暗渠，直通总渠。

1977年，民主新开河的开挖，打乱原先的灌排系统，大队决定将一站大口径水泵，改数站中小型口径水泵。于是在新村西北角的新开河西侧建造中心站，配备14寸混流泵1台，动力是30千瓦电动机。为应对停电，加配“3110”柴油机1台。同时在新开河东侧，利用塑料厂原厂房建造灌溉站，配备12寸混流泵，动力是18千瓦电动机。在新开河三脚桥处建造三脚桥灌溉站，配备12寸混流泵2台，动力是18千瓦电动机1台，“295”柴油机1台。

1978年，横岸建站，配备10寸混流泵，动力是10千瓦电动机1台。同时在义村背后建站，结束那里靠流动泵戽水的历史。配备10寸混流泵1台，195柴油机1台。

1981年，增设魏巷灌溉站。该站配备10寸混流泵1台，动力是14千瓦电动机1台。

1988年，建大桑园灌溉站，安装10寸混流泵和10千瓦电动机，并交付小农场使用。为利用零星土地，80年代分别在徐巷、苗圃场、上洋岸各安装6寸潜水泵1台，负责那里各10余亩田的灌溉任务。

1994年，为减轻船只对唐平湖水质的污染，开挖新河专供航行。将“孙奚家蓝”一分为二，部分农田的灌溉通道被切断，民主村决定增设10寸混流泵1台，配备195柴油机。

全村整个灌区有中心站、塑料厂站、三脚桥站、魏巷站、义村站（2处）、大桑园站、新东站（2处）、庙背后站、横岸站、南村头站、杜正岸站11个灌溉站。

随着唐平湖的开发和安居房的建设，土地功能发生了巨大变化，灌溉站因失去作用被逐渐拆除。到2020年，只有三脚桥站、横岸站、杜正岸站还有部分土地需要灌溉。

地下渠道建设

地下渠道不压占土地，有利于增产；输水快，灌水方便；还省水省电，便于交通。70年代，实行百分之百“双三制”种植，耕作急需机械化，1970年，民主大队开始修建地下渠道。

地下渠道修建方法

首先根据明灌渠的走向和田块高低划定线路，清除表面杂物，挖去50厘米深的表土。根据设计要求，在两侧开挖10—20厘米宽、60—100厘米深的沟，把生黄泥与石灰按三分石灰七分土（俗称“三七土”）的比例充分混合捣碎后，一层一层放入沟中，做到放一层，夯一层，每层10—15厘米。为减少塌方，挖一段夯一段。待两侧渠壁夯土完工，再把中间的生土挖出来，用“三七土”做暗渠拱顶。做拱顶首先搭好木架，架好模板（一副模板长约1米宽根据渠道大小制作），把捣碎的“三七土”在模板上层层夯实。一般两副模板一个组，有一人专门在渠道下边装卸模板，夯实一块、脱卸一块，两块模板交替使用。到一定的位置做好节制闸，用来控制水位。拱顶完成后，最后在上面覆土。

地下渠道修建过程

修建地下渠道必须在冬春季节进行。秋收秋种结束后，由大队管水员负责，带领部分社员分组实施。第一个冬春，完成从中心站到蔡公岸长达800余米总渠道的修建，同时将3米多宽的明灌渠填平，变成6米多宽的大道，后来成为常玉路。有了第一年的修建经验，接下来就按区域逐年完成，要求每年完成一方地的地下渠道修建任务。经过5年的努力，完成9400余米地下渠道的修建，形成路渠结合。机耕道四通八达，中型拖拉机能直通每一方田块。

地下渠道更新

地下渠道经过10余年的使用，有些地方出现塌方现象，村委决定用水泥管替代“三七土”管道。根据流量的大小，从选择口径30厘米到口径80厘米的水泥管逐级铺设。地下渠道的改建由本村管水员利用冬春时节组织铺设。

根据2005年统计，全村共有水泥管暗渠为：80厘米口径渠300米，60厘米口径渠1940米，45厘米口径渠7150米，30厘米口径渠300米。有大小窨井50只，斗门180只，机耕道15000余米，其中水泥路面3000余米（不包括村道）。

高标准农田建设及水泥明排渠铺设

“三暗方”建设

“三暗”指暗灌、暗排、暗沟。为降低地下水位，减轻三麦渍害，1975年，玉祁公社全面推广暗沟。暗沟开挖首先打样定位，然后两三人牵引长柄划刀、一人扶刀，在田里划出两条25厘米深的平行刀痕，间距30厘米，然后用鸭脚齿铁耙把土垡出，每块土20—30厘米见方，放在一旁备用。接下来清除沟道内余土，然后用长而狭的铁锹挖深沟。沟深50—60厘米，沟宽10厘米，保证沟底离地面有80厘米。深沟挖好后，原先备用的泥块在沟上覆盖，要求稻茬朝下，略低于地面，这样一条暗渠就算完工。每距5米挖一条竖沟，田块两头用横沟连接。要求每人每个劳动日至少要开100米暗沟，有些种田能手一天能开200米。

高标准农田建设

1977年民主村新开河开挖，改变了土地走向。在新开河南北300米的范围内，土地由东西走向改为南北走向。整平土地后，统一划分田块为每块2.5亩左右，长100米、宽17米，并在这片田块内修建永久性暗沟。第一年在新开河北侧一方25亩田内铺设多孔砖（俗称“洞洞砖头”），利用砖孔来排水：砖头长约30厘米，厚宽各10厘米，中间有5厘米直径的孔，两边有多个小孔，以利渗水。铺设前每5—6米开挖一条竖沟，沟深80—100厘米。深沟挖好后铺设多孔砖，一块接一块连成一道沟。多孔砖铺设完后再覆土，地块两端用横沟与竖沟连接。第二年在新开河南片110亩的土地上用塑料管代替多孔砖铺设，顺利完成42块110亩土地的铺设工作。大队每年的三麦种植现场和水稻移栽现场都在该田进行。

明排渠的铺设

在完成地下渠道更新的同时，民主村着手加强明排渠的建设。原有明排渠由于渠岸塌落，变得越来越宽。为了充分利用土地、便于清沟和田间操作，村里决定在常玉路两侧修建水泥明排渠。依靠本村管水员的力量在冬春时自己动手，逐年铺设。利用农机站场地和库房，浇制1.2米高的排渠水泥预制板和0.8米高的灌排两用渠预制板，宽度统一为0.5米。预制板模具也是管水员利用五金厂的废钢材自己制作的。

预制板经过保养，运到田间铺筑渠道。渠道筑好后在渠底浇上5厘米左右厚的水泥。

仅1995年，民主村就购买钢筋350公斤、水泥12吨、黄沙30吨、石子50吨用于明排渠的铺设；全年完成400余米水泥明排渠的铺设。经过5个冬春的努力，到

1999年完成1800米水泥明排渠的全部铺设工作。

管水队伍管理

民主村有管水员10人，每人负责200亩左右的水稻田的水浆管理工作。村灌区主任根据农时和村委的要求布置工作，管水员各尽其责，确保水稻的水浆管理不违农时、及时灌溉。

对水浆管理的具体要求：水稻移栽后要做到深水活棵，不板结，不败苗。特别是水稻化学除草阶段，要保证田块有水层。水稻第一次化学除草在移栽后的3—5天，该时间除草效果最好。水稻分蘖阶段做到浅水勤灌。水稻搁田时要拉开排水渠，及时搁田；做到四周“麻丝尺”，中间不粘鞋。要及时复水，谨防搁过头。拔节长粗阶段做到干湿交替，在水稻减数分粒（俗话叫“抽三眼”）时期和水稻抽穗扬花时不能断水，这三个时期是水稻对水最敏感、最需要水分的时期，是提高结实率、夺取水稻高产的关键时期。从水稻灌浆到黄熟阶段，做到干湿交替，前水不接后水，活熟到老，防止过早断水。按要求，每年10月15日左右灌溉一次“跑马水”。

在水稻灌溉结束后，管水员对所管理的范围内排水沟及时清除水草、污泥，直到见生土，以利麦田排水。清沟割草的报酬是每100米12—20元。在管水阶段，村管水员要配合村里做好各项中心工作，特别是防汛排涝工作。报酬连同冬春阶段的水利建设，以出勤天数计报酬，必要时也有定额计报酬。

表20　**1988年民主灌区各管水员年终分配情况表**

姓名	出勤天数（天）	天数工资（元）	清沟工资（元）	其他定额工资（元）	管水工资（元）	合计金额（元）
刘如丙	216	3024	330	1000	1570	5924
刘正康	198	2772	401	1010	2255	6438
吉荀南	193.5	2709	580	300	2450	6039
糜兴林	202.5	2835	240	480	1540	5095
杨廷福	206	2884	354	390	1650	5278
李学明	197.5	2765	324	1910	1690	6689
刘仁根	126	1764	323	190	1650	3927
刘仲卫	134.5	1883	213	1150	300	3546
张锡芳	25	350	558	170	2290	3368
佘三男	46.5	651		455	1000	2106

为做到节约用水，要求管水员勤转田头，堵塞漏洞，并对各站进行用电量考核。

表21　　1999年民主村各灌溉站的用电情况表

灌溉站名	灌水面积（亩）	抄表日期	电表底数（度）	抄表日期	电表电度（度）	实际用电（度）	平均每亩（度）
三脚桥	270	5/10	18711	10/15	23789	5078	18.8
新东南	128	5/10	7760	10/15	9758	1998	>18
新东北	180	5/10	11557	10/15	14709	3152	>18
大双园	120	5/10	47323	10/15	49165	1842	15.5
横岸	90	5/10	6224	10/15	7991	1767	20
庙背后	270	5/10	15565	10/15	22450	6885	25.5
魏巷	90	5/10	4728	10/15	4892	1640	18.2

说明：塑料厂站与中心站有村办厂用电，无法抄表

民主村的部分管水员同时参加村植保联防，报酬不在灌区内分配。

第三节　农业经济制度变革

中华人民共和国成立以前，大部分土地集中在少数人手里。几千年以来，农民只有少量的土地，为解决温饱问题，租种地主的土地。但除交上租米已所剩无几。没有土地的农民只能到地主家当长工，成为农村无产者。土地少的农民农忙时节外出做帮工。本地有不少缺土地的农民为了生计上城里当学徒，后来成为城市产业工人。土地是农民的命根子，为了生存农民只能辛勤地在土地上耕作。

从单干户到互助组

1950年，境内开展土地改革运动，无地少地的农民分得了土地，但是生产方式仍是千百年留下的单家独干。

境内属于太湖流域，粮食主要是稻麦一年二熟制。小麦种植单家独户还可以，水稻种植，一家一户很困难。水稻种植需要用水灌溉，到莳秧时节，组织人扛着水车，到适当的地方架车戽水，这项工作一般需要4—6人才能完成。高一点的田块需要逐级提水，乘摆渡架车三次。第一次架车从河里引到田里，第二次引到再高一层的田里，第三次架车才能引到自家的田里。劳力多的家庭要找人帮

忙，劳力少的农户只能采用换工的方式。

1953年，在县人民政府的指导下，农村正式成立互助组。互助组的成立，降低了生产难度，但土地仍是私有。生产出来的粮食除去交公粮，都由自己支配。

成立合作社

1953年冬，东西刘庄、南村头、魏巷、徐巷成立“五一初级社”。1954年6月，新村、施家宕两个自然村成立“新谊初级社”。随着农业合作化的深入展开，1956年4月，新谊初级社成立高级社，新谊高级社书记为刘永钊，社长为孟荣祥。1956年8月，五一初级社成立高级社。五一高级社书记为张伯祥，社长为刘凤焕。

合作社刚成立，农民以土地及大型农具以折价入股的形式加入合作社，农民以参加合作社的劳动称劳动股，土地加入合作社，形成土地股份制。年终，合作社根据全年的生产情况进行年终分配，劳动股以70%计算，土地股以30%计算，作为合作社社员的年终分配。

两年后，取消土地分红，实行按劳分配的原则。土地又从私有制走向集体所有制。初级社又发展成了高级社，结束了千百年土地私有制的历史。

合作社的建立，使农民的生产劳动从家庭模式走向集体劳动、统一分配的模式。农民通过劳动，从合作社取得一定的报酬。按劳分配平均了家庭收入的差距；集体化生产，增强了抵抗自然灾害的能力。

1954年5月至7月连续大雨，许多土地被淹，合作社组织大家抢割成熟小麦，大水过后抢栽晚秋作物，从各地调取秧苗，抢栽水稻，在上级政府的扶持下，老百姓渡过难关。

吸取抗洪抢险的教训，合作社组织社员，加强水利建设，筹办造闸做圩岸。

1968年，民主大队上巷小队积麦肥

人民公社的建立

1958年9月玉祁成立人民公社。

中华人民共和国成立初期，民主大队共有水旱田1553亩，由政府供粮32万斤。

1961年，公社落实中央调整、巩固、充实、提高“八字方针”，各生产队给社员划分自留田，允许社员自家种菜，帮助度过困难时期。

1962年，各生产队通电，开始使用电动脱粒机脱粒。在管理体制上贯彻“三级所有、队为基础”的指示，生产队成为最基层的核算单位。每个生产队选举产生队委班子，队长负责全生产队的日常生产工作安排，副队长负责副业生产，妇女队长负责妇女工作，其他人员各尽其职。社员劳动实行记工分制，根据出勤天数和农活类型分别记日头工和定额工。定额工即计件制，如每收割一亩稻记一工，每开一个水潭记一工。每天劳动任务完成，计工员记好工分，第二天出榜公布，便于核对。年终由生产队会计根据小队的农副业收入，扣除成本，扣除公积金，公益金，计算出每工工资并每户发往来手册，明确各户收支情况，编造分配方案，报大队审批实行年终分配。

生产队生产的粮食，首先要完成国家的征购任务。稻麦上场，晒干扬净，由生产队队长组织社员用水泥船把粮运到公社粮库交公粮。余下的粮食生产队要先留足种子和留下饲料粮供生产队养猪需要，剩余为社员口粮。口粮按照余粮队成人每人270公斤、缺粮队每人240公斤，其中儿童175公斤、1—3岁小孩125公斤的标准分配。队里分配如有多余的粮食可作奖粮，奖粮可依照工分结算。

1974年，社员拔秧

口粮折价每50公斤稻谷10.2元，加上柴草每人约60元，从每户工分收入里扣除。工分值不够或没有工分收入的家庭出钱买口粮，如果没有钱，则由生产队把粮食交粮库保管，待家庭有钱再到粮库购买，叫“吃周转粮”。“五匠”泥水匠、木匠、裁缝等手工艺人，经生产队队长和大队批准农闲时间可以外出打工赚钱，但所赚的钱也要参加生产队分配，这叫“靠工”，就是把外出打工的钱交给生产队，由生产队计工，按本生产队的工分值来分配。

1962年6月，三麦获得丰收。民主大队1216亩小麦，单产155.4公斤。上头巷生产队37.17亩，小麦单产201.5公斤，均为全县最高。

1964年，响应“农业学大寨”的号召，在全大队掀起农田基本建设的热潮，开始整田平地，自力更生建设高产粮田。1966年，水稻亩产突破500公斤大关。1969年冬开始，大规模的整田平地拉开序幕，以后连续奋斗五六年，全大队基本上实现“土地方格化，灌排渠系化，耕作机械化”。到1973年，大队建造电力排灌站4座，购置手扶拖拉机12台，各种农业机械39台，基本实现排灌、耕作、植保、脱粒的电气化和机械化。

“双三制”的种植

水稻种植在无锡地区虽然已有几千年的历史，但一直只种一季。1970年，上级要求种植双季稻。即在绿肥田（红花草田）的绿肥收割完后种植前季稻、后季稻，因绿肥只作肥料使用不作一季作物。三熟制是在三麦、油菜等夏熟作物收割后种上前季稻、后季稻，是名副其实的一年三季作物。双季稻和三熟制简称“双三制”。

“双三制”的种植把一年两季变成一年三季，把一年一季水稻变成一年两季。要种好“双三制”，一要抓好季节，二要选好品种，合理安排。春耕时，由生产队农技员按照上级农技站的要求，选好品种，落实布局。秧田、塑料薄膜（简称“尼龙纸”）要及早准备，秧田要早翻耕，开好沟渠，做好通气秧田。按照布局的日程逐项完成。

种植“双三制”，技术要求高，劳动强度大。首先是前季稻的育秧，用药水浸种，温水洗种，地窖催芽，适时播种，尼龙纸覆盖，适时练苗，灌水防冻害。大队对种植前季稻很重视，要求各生产队农技员集中住宿。催芽时要勤翻动，预防“烧”芽。播种结束后，再用尼龙纸覆盖好，防止大风吹落。揭膜练苗后碰上寒流及时灌水护苗。

前季稻对秧龄要求比较严格，要多片播种，培育适龄壮秧。采用铲秧莳秧，拉线定点，保证水稻移栽密度。作业时边莳秧边撸平脚印，以防秧苗氽棵死苗。水稻活棵后，一种就管促早发，勤施肥防病虫，摸稻补苗拔杂草，争取亩产超

500公斤。

种好后季稻，关键是季节，一般情况下后季稻种植面积比前季稻大，对全年产量影响最大。前季稻的收割，后季稻的移栽，称为“双抢”。前季稻要在7月20日以后才能成熟，而后季稻却必须在8月10日前完成移栽。在这不到20天的时间内完成抢收抢栽任务。做到前季不割青，后季不失时，以确保收成。

生产队队长要紧凑安排好一天的工作：从早工拔秧，上午割稻收稻，中午翻土，下午莳秧。同时安排部分劳力脱粒。做到田里割稻，场上脱粒。社员吃苦耐劳，他们紧紧抓住季节，顺利完成“双抢”任务。

为种好“双三制”，夺取粮食高产，1970年，在发动社员户户养猪的基础上，大队办起全县第一个500头苗猪繁殖场，各个生产队也办起集体养猪场，1974年，大队又建造一个300头肉猪的饲养场。养猪事业的迅速发展，为农业提供大量有机肥，平均每亩可以投放猪灰80担，为粮食增产打下基础。1973年，三麦亩产191.5公斤，水稻亩产665公斤。1978年，全大队后季稻亩产超400公斤，为全年亩产超吨粮作出重大贡献。

家庭联产承包

进入80年代，随着村办工业的发展，大家对“双三制”也作反思，提出“三三得九不如二五得十”的说法。1981年2月，桥东生产队队长糜平刚组织社员无记名投票对110亩水稻田实行联产承包，男劳力承包60亩远田，女劳力承包50亩近田。随后，在各级领导的支持推广下，联产承包责任制在民主大队全面推广。1983年，民主大队全面恢复一年两熟制。

搞联产承包，分田到户，不是搞单干，土地依旧是集体所有，农民只是拥有该土地的使用权，民主村搞分田到户共进行三次。第一次是按劳动力划分。每个生产队按照土地面积，队里的男女劳力，远近搭配，通过摸筹按顺序划田。这种方法因矛盾太多，只实施了短短一年时间。第二年就按人均0.55亩重新划分，多余的田再由生产队剩余劳动力种植。大队由4—5人组成联队会计，核算各家各户的土地面积，征购任务。要求农户按时把好粮卖给国家，造册每户一本的往来手册，记载村民一年的农业税、水费、植保费，或委托社队办厂代扣等收取往来。机耕、机收由农机站直接向村民收费。第三次分田在1988年，按每人0.45亩划分，多余下来的土地按生产队的劳动力作责任田划分，并划分饲料田即猪饲料田，饲料田以旱田为主，旱田不足的可划水田。其中母猪每头0.15亩，肉猪每头

0.075亩。实行人分口粮田，劳动力分责任田，猪分饲料田的三田划分。到1990年引进种田大户，村民基本转入村镇企业上班，许多村民小组把责任田陆续流转给种田大户种植，从而减轻村民交粮的负担。

实行分田到户，是顺应生产规律的必由之路。农民在农业生产之余，拥有发挥自己的专长和从事非农劳动的自由，除大量劳动力向乡镇企业转移外，家庭副业也蓬勃兴起，如种植蘑菇、养殖家禽家畜等，不仅提高村民的经济收入，还为社会创造更多的物质财富。

1985年民主村设立民主村民委员会，各生产队改称村民小组。

为适应家庭联产承包责任制的需要，1982年大队筹建育秧工厂。建造温室4间，锅炉房1间，床土室2间，种子室2间，肥药库2间，办公室1间，建筑面积420平方米。购买播种机2台，筛种机1台。前后共购买塑料秧盘8000个，钙塑衬套纸5万余张。准备绿化田10亩，满足上巷、下巷、徐巷、魏巷、桥西、东刘庄6个生产队600余亩水稻秧苗供应。同年，各生产队全面分田到户。

民主村的农机站是独立核算的，直接向农户收费，这样可起到接受农户对机收、机耕质量的督促作用。收费标准由村委商定，即机耕费每亩22元，完成一耕一耖；小麦收割每亩30元；水电费每亩35元；植保费每亩50元。农业税也由村委代收，每亩35元。

小农场建设

民主村小农场起步较早。1988年，浙江长兴人范土堂到民主村商谈承包土地。民主村委为解决村民户户交公粮的麻烦，经多次商洽，双方办理土地流转合同。

表22　　1989—1994年民主村小农场产量及供种情况表

年份	农场数（个）	小麦面积（亩）	水稻面积（亩）	小麦单产（斤）	对照（斤）	水稻单产（斤）	对照（斤）	供应村小麦种		供应村水稻种	
								品种	数量（斤）	品种	数量（斤）
1989	2	85	96	425	+56.5	1045	+29	杨麦4号	5000	武育粳2号	15000
1990	4	205	240	480	+50	1080	+24	杨麦158	22000	武育粳2号	20000
1991	4	215	250	512	+45	1038	+6	杨麦158	20000	武育粳2号	20000
1992	5	273	280	578	+102	1050	+25	杨麦158	20000	9325	20000

续表22

年份	农场数（个）	小麦面积（亩）	水稻面积（亩）	小麦单产（斤）	对照（斤）	水稻单产（斤）	对照（斤）	供应村小麦种		供应村水稻种	
								品种	数量（斤）	品种	数量（斤）
1993	6	220	305	563	+85	1056	+20	杨麦158	20000	9325	20000
1994	6	325	402	568	+90	1080	+26	杨麦158	20000	9325	20000

种小麦最头痛的是杂草危害，特别是看麦娘（俗称“牛毛草”），该草密度大，根系发达，很难铲除。如用化学除草则要求高，稍有不慎就会造成“草欺苗”现象。而种田大户专业性强，能针对性地选择农药品种，选择适宜的时间、气温、湿度，起到很好的除草效果。

1992年，民主村的农业硬件建设逐年完善，被惠山区农业局命名为现代化工程验收合格村。各村民小组的责任田全部流转给种田大户种植。1993年，村里组建包括农科队在内的6个小农场，拥有仓库828平方米，水泥晒场1800平方米，猪舍200平方米，脱粒机8台，清扬机6台，总计固定资产45.8万元。各个小农场独立核算，自负盈亏。村里向每个农场收取积累，合同到期后积累返回承包人，其他收费与村里农户相同。

村里与农场主签订土地合同期为三年，合同期满根据情况续订。合同要求各小农场每亩700公斤的粮食须由村委支配，粮食价格按当年国家定购价收购。700

2006年，种田大户种植的杜正岸良田

公斤以外的产量作市场认购价结算，由农场主自己支配。因当时民主村的国家定购任务是165吨，村民供粮需90吨，种子需要20—25吨，共计280吨，是承包田平均每亩700公斤的产量。

各小农场的农药化肥由村物资站提供，消除因使用劣质农药化肥而造成减产的隐患。同时镇农业公司组织农场协会带领各农场主外出参观学习，引进优良品种，提高他们的种田水平。

表23 **1990—2001年民主村小农场上交乡、村粮库粮食情况表**

年份	面积（亩）	上交乡粮库总数（斤）	上交村粮库总数（斤）	合计（斤）
1990	230	175312	148311	323623
1991	237	89069	215795	304864
1992	273	298841	75484	374325
1993	305	185669	174386	360055
1994	402	314072	250315	564387
1995	395	271915	294876	566791
1996	406	347350	254493	601843
1997	395	386660	216518	603178
1998	420	244894	300354	545248
1999	415	284328	198153	482481
2000	419	249365		249365
2001	444.5	184741		184741
合计		3032216	2128685	5160901

说明：2000—2001年，因粮食价格放开，村粮库不需要存放，小农场收的粮食除交镇粮库外可自行支配

表24 **1996年各小农场粮食生产情况表**

承包人姓名	面积（亩）	品种	上交粮库		上交村库		自留粮（斤）	实际亩产（亩）	上交粮总数（斤）	粮食补贴（元）	青苗赔偿（元）
			数量（斤）	金额（元）	数量（斤）	金额（元）					
范土堂	78	小麦	40603	29272.87			2000	655.4	40603	5965	
		水稻	39764	30163.34	38938	32318.54	1000	1100	78702		
钱伟荣	61	小麦	31795	23031.25			1600	607.2	31795	4335	1168
		水稻	18182	15269.44	36724	30480.92	1400	1129.6	54906		
钱金良	8	小麦	36068	25787.75			1600	627.8	36068	4756	
		水稻	25182	18585.73	33880	28120.4	1100	1030	59062		

续表24

承包人姓名	面积（亩）	品种	上交粮库		上交村库		自留粮（斤）	实际亩产（亩）	上交粮总数（斤）	粮食补贴（元）	青苗赔偿（元）
			数量（斤）	金额（元）	数量（斤）	金额（元）					
钱丙秋	60	小麦	35687	25554.78			1600	654.2	35687	4252	
		水稻	14546	10426.8	34812	28893.96	12000	1022.6	49358		
孔德年	50	小麦	22514	15280.99				563	22514	3734	
		水稻	24968	15779.62	27192	21969.36	3000	1103	52160		
农科队	65	小麦	24277	17778.7	5652	4125.96	1552	699.6	29929	10791.1	
		水稻	21722	18029.26	53078	44054.74	1630	1175.8	74800		
刘正康	13	小麦	5575	3975.98	2960	2160.8	600		8535	1046	
		水稻			12387	10281.21			12387		
吉苟南	10	小麦	6466	4618.73			800	649	6466	767	
		水稻			8870	7362.1			8870		

进入21世纪，粮食市场放开，村民到处可以购买自己需要的粮食，村里也不需要储存粮食。各种田大户的粮食可自由支配。2005年，江苏省免除农业税，并给予补贴。2006年，唐平湖开发，民主村新桥、魏巷、徐巷、施家宕大部分土地被征用。为统一管理，村委对生产队的口粮田给予每亩1000元的补贴，剩余的口粮田都交给种田大户种植，除收取必要的水电费外，每亩收取土地租金200元。防病治虫植保由村联防转为农场自己负责，村里提供植保器具。随着刘庄安居房的开发，种田面积越来越少，全村农民成为“失地农民”，小农场也逐渐退出历史舞台。

表25　　2007年民主村水稻直补和农资综合补贴面积情况表

组名	农产数	水稻直补核定面积（亩）	补贴资金（元）	农资综合补贴核定面积（亩）	补贴资金（元）	合计补贴金额（元）
后二	2	16.5	825	6	180	1005
后三	2	21	1050	7	210	1260
新东二	1	3	150	3.5	105	253
新西一	1			5	150	150
新西二	1	34.5	1725	3.5	105	1830
新西三	2	67	3350	28	840	4190
东刘庄	1	3	150			150
西前一	1	10	500			500

续表25

组名	农产数	水稻直补核定面积（亩）	补贴资金（元）	农资综合补贴核定面积（亩）	补贴资金（元）	合计补贴金额（元）
西前二	1			1.5		45
西后一	4	19	950			950
南村头	3	4	200	10	300	500
承包户	11	1318	65900	126	3780	69680
合计	30	1496	14800	190.5	5715	80515

第四节 主要农作物品种及种植

农业有水、土、肥、种、密、保、工、管“八字方针”。“种”是一项投入最少、收效最大的一项农艺措施。品种的优化能极大的提高作物的产量和品质。

水稻的品种和种植

水稻的品种

民主村地处太湖流域，种植水稻有悠久的历史。水稻有籼稻、粳稻、糯稻3类。民主村主种单季稻，以粳稻为主。中华人民共和国成立前，种植的品种多为“芦花白”，该品种深受农民的欢迎，种植的时间也较长，同时还有“早木樨球”“晚木樨球”“白芒稻”等品种。1963年引进“老来青”。

1964年引进“农垦58”，俗称“世界稻”，是一个高产品种，水稻产量一下子从亩产250公斤左右增加到近500公斤。世界稻的品种让老百姓念念不忘，其产量之高，品质之好是其他品种难以比拟的。世界稻秆矮，穗多粒饱。农民用谚语来形容它：“看看不像，拉出来一丈”，成为一时的当家品种。

70年代，双季稻开始种植。前季稻一般以籼稻为主，主要品种有：“原丰早”“矮南早”，但很快被“二九青”“广陆矮四号”替代，搭配部分早粳品种“松粳2号”。后季稻一般以粳稻为主，品种主要有“武农早”“沪选19”“双丰1号”“双丰4号”“加农14”“桂花黄”等，糯稻有“京引15”“桂珠糯”等品种。双季稻的种植能提高水稻产量，但劳动强度大，且播种季节如不适时，收成便不能达到预期产量。

80年代，随着联产承包责任制的落实，村民有了自主种植的自由，不合本地实情的双季稻被放弃。大家一度盛赞的“世界稻”由于种子性能退变，已不适应种植，先后引进“苏粳2号”“农虎6号”“锡丰1号”“武复粳”“农林百选”等品种。“武育粳2号”由于适应性强，产量稳定，受老百姓的欢迎。糯稻品种主要是“紫金糯”“太湖糯”等品种。1992年起，引进武香粳9号（代号9325）、武运粳7号（代号9522）等当家品种。21世纪，又引进“9915”“5356”等品种。到2015年，开始引进“武运粳23号”“武香粳1号”“南粳46号”等高产优质稻种，特别是“南粳46”其产量之稳定，米质之优最受老百姓欢迎，成为主要的当家品种。

水稻的种植

水稻是一年生草本植物，需要高温多湿、阳光充足的生长环境。民主地区以种植粳稻为主，搭配少量糯稻。立夏浸种，夏至莳秧。传统的水稻种植由农民自己育苗移栽，立夏以后农民在村前屋后做秧田播种育苗。小麦收割后的锄田、车水、出潭、撒灰、推田等农活都为莳秧做准备。莳秧是一项技术含量较高的农活，它与加岸、绞绳称“农活三缩退”。有经验的农民根据风向就知道从哪个方向开始莳秧。随后“打秧”，把秧把均匀抛向田间。一把秧能莳多少面积，打秧时要估计准确，这样在莳秧时秧苗就不会出现余缺。莳秧时一人一廗，拉细草绳为界。一廗为六棵，两脚旁各两棵，两脚中间莳两棵，一般行距与株距为20厘米。每棵秧有秧苗3—5株。株数太多称莳“青稞”，株数太少称“一丝二凫”，需食指中指夹着秧棵插入农田，保证秧茎笔直。秧茎弯曲称“烟筒头秧”，秧苗不直称“迷水秧”，浮在水面上的秧苗称“串条鱼”，莳秧不整齐的称“搓上潭”“蒸垄圈”，莳秧太稀为“撒手一托，进脚一缩”。有经验的农民插秧均匀，横里、竖里都直，有句俗话称“莳秧照上廗”。

50年代初，农业合作化以后，为保障移栽密度，莳秧采用两人共用一条界绳，有经验的农民莳上廗，另一人莳下廗，后发展为每人一条绳。莳秧慢的称为“关门”。生产队干部常常拿起竹竿检查移栽密度，要求每亩不少于2万穴。莳秧快的社员到横头稍事休息称“直腰”，等待其他社员到头一起扛绳。

70年代实行“双三制”，水稻分“双季稻”和“三熟制”两个种植制度。双季稻为绿肥茬早稻，播种期在每年3月底至4月15日前，移栽在4月底至5月上旬，秧龄20—30天，一般都为铲秧莳秧。三熟制的前季稻在每年4月15日至5月初播种，5月20日至6月5日移栽，秧龄25—45天。前季稻45天秧龄的大多是二段育秧，采用条寄拔秧莳秧替代铲秧莳秧。后季稻6月中旬至7月5日播种，移栽7月下旬至8月上旬，秧龄35—55天。55天秧龄也为二段育秧，移栽后转青活棵快，减少晚栽带来的风险。为保证移栽密度，采用拉线定点莳秧。即在塑料绳上每10厘米做上标记，两人在两边田埂上拉线，以竹竿为行距标尺，以哨声为移动线的信号。社员在田里排成一排往后莳秧，每人莳秧12棵左右，社员相互帮助。莳秧要保证横直、竖直和斜直。

为便于管理和田间的通风透光，行距采用宽窄行，宽距为20厘米，窄距为13厘米，株距为10厘米。莳秧前整平田块，做到“寸水棵棵到”。莳秧前定好中心沟和围沟的位置，便于今后开沟排水，莳秧还要保证这三条预留的沟道笔直。

前季稻铲秧莳秧，安排一人匀秧，在队伍后面负责秧苗余缺调剂。后季稻移栽时间短任务重，由于移栽秧龄较长，秧田与大田比例只有1：5。为保证移栽季节，采用“抽行留苗”法，即在拔秧时每隔20厘米留一行苗，保留一定的基本苗在秧田里，拔一亩秧田等于莳好一亩大田。后季稻施肥采用“一轰头”，大部分化肥做机前肥施用，确保后季稻能在9月20日前安全全穗。

80年代，分田到户后恢复单季稻生产。村民根据村委要求按时浸种催芽，在生产队划分的秧田内统一做秧田，定时播种。按照要求认真用好除草剂，施好秧苗“断奶肥”“接力肥”。拔秧前3—4天施“起身肥”，做到壮苗上力移栽。移栽密度有所调整，扩大行距缩短株距，行距扩大到23厘米，株距为15厘米，提高田间通风透光效果。分别施好分蘖肥、长粗肥、穗肥。使水稻产量有进一步提高。

90年代，农村劳动力大量向村镇工业转移，特别是小农场的插秧遇到请人难的现象。他们借鉴别地成功经验试种直播稻，并取得成效。直播稻分水直播和旱直播。水直播与做秧田一样需搭好围沟、中心沟，做好毛秧板，每年6月上旬播种，时间最晚不超过6月15日。每亩播种稻谷5公斤左右。要求播种均匀，稻谷同样要求浸种催芽，根据要求严格用好除草剂。1991年特大洪水，大批单季稻被淹，七月中旬，抢播后季直播籼稻获得成功，为大灾之年少减产作出贡献。

由于多年的种植直播稻，田间出现变异植株称“稻草”。模样同水稻相似，早期很难分辨，中后期生长迅速，很难拔除。除草剂对它也毫无作用。收获后混在稻谷中，糙米显红色，对水稻的收购价有很大的影响，各种田大户逐步放弃直播稻，采用机械化插秧。机插秧行距宽30厘米，株距10厘米，每亩密度在2万穴以上，每亩能增收稻谷25—50公斤。2020年种田大户大多采用机插秧，水稻亩产稳定在600公斤左右。

水稻种植，植保是关键。中华人民共和国成立初期以农业防治为主。1950—

1955年，水稻三化螟危害最为严重，蛀食水稻的茎，使水稻分蘖长粗期造成“枯心团”（称“箬帽瘟”），孕穗破口期造成“白穗”（称“白梢”），严重时产量减少上百公斤。农民通过调整水稻品种，使水稻孕穗破口期避开三代三化螟的孵化高峰期，减少白穗的出现。有些农民更换水稻品种，水稻孕穗破口期与螟虫孵化期重合，导致白穗大发生称为“钻夹弄”。

合作社时期，农民采用采杀三化螟卵块和点灯诱蛾的方法来减少螟虫的危害。三化螟卵长在稻叶上，正面看上去是长圆形，有棕黄色绒毛保护。逆光看到稻叶上有长圆形的阴影，是三化螟的卵块。采杀卵块实行全民动员，甚至发动到中小学生利用课余时间帮助农民消灭卵块。点灯诱蛾将水盆或铁锅放上水架在田头，下面支好架子。傍晚在水面上挂上四面有玻璃挡风，上有排风口，中间点一盏用玻璃瓶改制的煤油灯。夜晚灯火亮起，根据螟虫趋光的习性，使他们扑光落水。70年代，稻飞虱危害流行，主要是褐飞虱（稻飞虱的一种也称“蠓虫”）发生。生产队农技员安排药剂，由社员对每块水稻田大水泼洗，并在玻璃瓶中装入柴油，瓶盖上钻一小孔，放在稻田中拖行，俗称“拖油瓶”。稻飞虱跌入水中后翅膀沾油就飞不起来，以此来控制稻飞虱的危害，保证水稻产量。

三麦品种和种植

三麦品种

三麦分小麦、大麦、元麦。小麦以食用为主，分为强筋、中筋、弱筋三种。强筋主要制作面筋、面包，中筋制作面条、馒头，低筋制作饼干最好。大麦是啤酒的主要原料，元麦一般作牲畜饲料。

1949年前后，小麦种子农家自留，民间自愿调换，品种主要以“洋麦”为主，产量每亩只有100—150公斤。60年代，境内引进“吉利”“阿夫”“矮秆红”等品种。虽然产量有所提高，但抗病性不强，“黑穗病”“赤霉病”发病严重。随后引进“杨麦1号”较为稳定。进入70年代，“双三制”的种植，为了追求产量，增加大元麦的种植。大麦主要品种有“2—14”“早熟三号”，元麦有“757”“浙114”“早熟43”“村农1号”“立新”等。小麦有“杨麦1号”“武麦1号”，亩产量一般在150公斤左右。到80年代，小麦有“杨麦4号”“杨麦5号”“宁麦3号”“西风”等品种，“杨麦4号”，产量较稳定，成为当家品种。大麦以“早熟三号”，元麦以“村农1号”为主。进入90年代，小麦以“杨麦158”当家，产量有突破性的提高，每亩达250—300公斤左右，高产田块突破350

公斤。大麦、元麦不再种植。

进入21世纪，根据市场需求，小麦开始定向种植。中筋小麦有“杨麦14”“杨麦16”；弱筋小麦有“杨麦15”“宁麦13”等品种。

三麦的种植不仅解决老百姓的温饱问题，同时带动工业的发展，为副食品工业提供充足的原料，丰富了人民群众的物质生活。

三麦种植

三麦是越年生禾本科草本植物，种子发芽最适宜温度是15℃—20℃，民主地区历史上以小麦种植为主。三麦最适宜的种植时间是10月25日—11月10日。过早播种，容易引起冬前拔节，越冬期易遭受冻害；过迟播种则达不到壮苗越冬的要求，收不到较高的产量。水稻收割后，开始锄田、做坨、种麦。合作化前农户种麦一般用铁搭铁耙锄田，把两边的土往中间一盖，然后落别、做坨、种麦，为“热气麦”，种麦方式称“包心坨”。越冬前，小麦已到三叶期，开始锄麦洸，达到排水、灭草、保苗的目的。

合作社时期，种麦实行田块全部翻土，杜绝“包心坨”，改小坨为大坨。加深排水沟，沟深50—60厘米。精细落别，坨头做成公路形。每年秋种开始，公社大队两级以样板做示范，公社有公社的样板方，大队有大队的样板方。公社召开秋播现场会，组织各大队领导干部统一思想，认真落实。大队还召集各生产队队长在样板方召开秋种现场会，布置秋种任务和要求。

这种种植方式几年下来弊病渐显：田内深沟增多，新沟老沟常常重合在一起，塌方现象严重。组织社员清理沟道，有的地方沟宽30多厘米，浪费种植面积。为解决这一现象，民主村将明沟改为暗沟。开暗沟需要特制工具，划刀和狭铁锹是开暗沟的必备工具，划刀每个生产队有2—3副。狭铁锹每个生产队男劳力

1992年，丰产方民主村麦田

人均1把。

70年代“双三制”开始，因常年使用旋耕机和中型拖拉机耕地。机械的碾压，导致土壤通气性差，耕作层浅。要改变这种情况，只有在种麦上下功夫。上级领导要求薄片深翻，做成像种山芋垅一样的垄，故称“薄片深翻山芋垅”。锄好地后要全层落别，做到下层泥块拳头大，上层泥块核桃大，为防止泥块之间空隙大从而导致麦子落籽太深，又增加“空种麦”的工序，即不撒麦子的种麦。“空种麦”后才撒下麦子，进行第二次种麦。秋种结束，对麦田普施猪人粪。将碳酸氢铵溶于水泼浇，并普浇水河泥一次。这些措施确保三麦安全越冬。第二年开春后，再根据要求用好返青肥、穗肥。

80年代实行分田到户，恢复单季稻生产，种麦采用“坌沟压板”：在水稻收割后趁田块湿度高在稻板上撒上麦子，每隔2米坌一条沟，把土均匀的铺在垅面上以覆盖麦子。麦子种下如碰到天气干旱，大队灌溉站开泵沟灌，以增湿保全苗。“坌沟压板”减轻劳动强度，且麦粒播种浅，分叶优势强，小麦增产明显。90年代，小农场采用盖麦机种麦，同时推行“套播麦”，加快种麦速度。小麦套播要求在水稻收割前一星期开始撒化肥和除草剂，随后播下麦子。在麦子发芽立苗时收割水稻，麦子在稻田中由于水稻的遮挡，温度、湿度有利麦子发芽出苗，且肥药效率高，除草效果好。水稻收割完后麦子已出全，而杂草吸收到药物陆续开始死亡。在适当的时期使用开沟机覆土保苗越冬。“小麦肥药套播”技术的推广，减轻了劳动强度，小麦的全苗壮苗得到保证，有效控制杂草的危害，为小麦高产奠定基础，开创了三麦种植的新模式。

油菜的品种和种植

油菜是传统作物之一，主要解决民主地区农民的吃油问题。油菜品种以“甘蓝型”为主，50年代油菜籽的品种混杂乱，产量低下。60年代，推广“胜利油菜”品种，80年代推广“杨油1号”，产量有所提高，亩产均在100公斤左右，也有亩产突破150公斤时期。90年代引进“中油821”，产量提升，有亩产超过200公斤的田块。21世纪，民主村以种植杂交油菜为主，产量高，亩产达到250公斤左右。而且芥酸含量低，出油率高。种植杂交油菜，农户自己不需留种，到种子商店购买即可。

油菜的种植一直采用育苗移栽的方式。60—70年代，生产队种植油菜一般在9月下旬，利用肥沃的旱田播种油菜，社员称“下油菜”。播种前施足基肥，做到稀播匀播，这项农活须由经验丰富的老农来操作，播种量每亩用种0.75—1公斤。播种后浇透水，保持3—4天的土壤湿润就能出苗。出苗后，及时间苗，做到苗与苗不重选，中间能滚过鸡蛋。出苗后要及时做好油菜病虫防治，特别注意叶跳虫、菜青虫、蚜虫的危害。

1986年，村油菜田

11月中旬开始移栽，移栽前用好起身肥、起身药。当时每个生产队都安排10—20亩水稻田移栽油菜。为抓紧抢栽油菜和播种三麦，水稻收割后生产队采用双排直垄播堆稻法。把收割后的水稻交叉堆放在田埂上，腾茬抢种。油菜移栽密度行距60厘米，株距15—20厘米，每亩移栽油菜6000棵左右。种油菜的田块无须全部翻耕，每三行稻茬种一行油菜，移栽前施足基肥。油菜活棵后及时开沟，每5行油菜开一条沟，起到排水、培土、壅根防冻的作用。油菜抽苔时要重施蕾肥，开花前补施临花肥，提高油菜产量。

第二年5月中旬开始收割。生产队安排社员开早工割油菜，并把油菜挑到场上，由妇女用脱粒机脱粒。晒干扬净后把油菜籽交给公社粮库，由粮库统一到洛社油厂加工成菜籽油。菜籽油加工好后，粮库通知大队、生产队，根据他们安排的时间领取食油。生产队根据本队上交粮库油菜籽的数量和粮库给出的出油率，计算出全小队可分配的菜籽油，由生产队会计登记造册，并陪同全队农户自带装油工具到粮库领取全年食用油。油菜收割时节如碰到连续阴雨，生产队就把脱粒的油菜籽分发到各户，由村民用大铁锅把菜籽烤干，再集中起来到粮库换油。油菜成熟正值大元麦已经收割而小麦还未登场之时，生产队利用这一茬口耕翻油菜田种植水稻，油菜田种植的水稻特别旺盛。油菜不宜重茬种植，把它与三麦轮作较为有利。

80年代，分田到户后，村民自己种植油菜，有在稻田种植，也有在旱田种植的。开始也是育苗移栽，后来逐渐种植直播油菜。直播油菜于10月上中旬播种，那时正是大豆、山芋等作物收获之后，正好腾出旱田播种油菜。直播油菜行距60厘米左右、株距15厘米左右留苗1株，密度较移栽油菜稍密，每亩留苗7000—8000株，管理与移栽油菜相仿。分田到户后，村民收获菜籽油不像以前生产队利用脱粒机脱粒，只能利用清晨在油菜籽不易爆裂之时到田头收割油菜，把油菜直接放在田头暴晒。几天后油菜已晾干，再拿起大幅塑料大布铺在田头，把油菜摊在布上拍打、揉搓，以起到脱粒的作用，俗称“搦油菜”。油菜籽晒干扬净后交给乡多服公司，多服公司根据油菜籽的出油率发放油票。村民凭油票可随时到多服公司领取食用油，不必再像以前那样一次性领回家里储存。为方便群众，在油菜收获季节多服公司会到各村收购油菜籽。

进入21世纪，粮油市场全面放开，食用油与粮食一样每个超市都有供应，加上村民的土地普遍被征用。本地油菜种植面积有所减少，勤劳的农民还是会利用零星土地或开垦荒田来种植油菜。收获后，把油菜籽直接送到附近小油坊榨油，菜饼需给油坊作加工费，菜籽油带回。油菜种植较多的农户除自家食用外，还有余油出售，虽然售价比商店贵，还是有不少人上门求购。

大豆和芝麻

大豆本地又叫黄豆，有早熟、中熟、晚熟之分，习惯把它们称为“六月枯”“七月枯”“八月枯”。农民利用田埂、沟边和其他零星旱田进行种植。大豆和蚕豆一样，根部有根瘤菌，能把空气中的氮固定下来，变成能为作物吸收的氮素肥料。所以大豆一生基本不施氮肥。

本地农民种植大豆以晚熟品种为主，收获老豆。把收获的大豆挑出一部分圆润的留作种子，其余一小部分用来跟豆腐作坊调换豆制品，大部分拿到附近油坊榨油。大豆含脂肪较低，含油率只有17%左右，平均出油率只有10%，最高出油率也只有15%。大豆榨油，除豆油烧菜食用外，主要是利用它的副产品——豆饼。豆饼的用处很多，可作猪饲料，是农村养猪的主要精饲料之一。豆饼还可作肥料，大豆36%的蛋白质都在豆饼里，是含量丰富的氮素肥料。过去种桑树用豆饼穴施，桑树生长旺盛、桑叶肥大。另外大豆还是制作酱类的原料，本地农民有制作豆瓣酱的传统。把烧熟的大豆经过发酵加上食盐，放在夏天的烈日下暴晒，半个月后，豆瓣酱就成了。豆瓣酱鲜香可口，是很好的佐料。

随着生活水平的提高，人们的饮食习惯发生改变，大豆的种植从收取老豆为主，逐渐转向收取青豆。大豆的功用也从油料作物逐渐成为蔬菜作物。大豆与蚕豆一样，新鲜的青豆价格远高于晒干的老豆。农民在大豆豆荚已膨大时就开始采摘，制成毛豆籽或毛豆荚，作蔬菜或出售或自己食用。来不及吃青豆的大豆仍然收取老豆。到10月，大豆叶子开始发黄并逐渐脱落，说明大豆已成熟。农民收取老豆除留种外，还自己制作豆浆饮用。种植较多的农户，也有把大豆送到油坊换取食用油的。油坊以50公斤大豆换20公斤豆油，因近年豆饼价格高，油坊以出售豆饼来取得利润。

芝麻　芝麻有黑芝麻和白芝麻两种，本地人以种植黑芝麻为主。6月上旬播种，9月上旬就可收获。芝麻种植方便，有直播的，也可移栽。芝麻含油量较高，能达到53%。平均出油率也有45%，是油料作物中出油率较高的品种。农民收上来的芝麻，除留作种子和食用外，也有拿到小油坊榨油的。小磨麻油香味扑鼻，是调味佳品。直到2020年，仍有一些农户利用零星田块种植芝麻，收获的芝麻和麻油，除自家食用外，还能赠送亲朋好友。

芝麻除榨油外，还可制作糕团食品。民主人一般将黑芝麻炒熟捣碎之后加糖制成芝麻馅，用作麦饼、汤圆、团子的馅料。农历八月中旬，农民有制作麦饼的习俗。用新收上来的芝麻制成香甜可口的芝麻馅麦饼，边吃麦饼边赏月。农历新年时节，人们以芝麻为馅做成团子，供奉祖先。另外芝麻与核桃一起食用能增强人们体质。白芝麻在民主村很少种植。

芝麻生长速度较快，随着植株的生长，边开花边长高。农民利用芝麻开花节节高的习性来讨口彩，新人结婚进门，家门口都要燃上一堆以芝麻秆、黄豆萁作燃料的火堆，讨节节高升、红红火火的吉利。

旱粮作物其他粮油作物

山芋　山芋是旋花科匍匐草本植物，在热带是多年生植物，在民主地区为一年生植物。山芋的生长期较长，最适宜的气温是28℃—30℃。山芋的苗育成后，通常将蔓苗剪下进行扦插。在扦插后，25天开始结薯根，40天薯块开始膨大，60天薯块膨大迅速加快，90—120天薯块膨大最快。在生长后期气温昼夜温差较大，有利于营养物质的积累，可增加山芋的产量。

1949年以前，本地种植山芋较少。1960年境内大量种植，以解决当时的饥饿问题。山芋既可作口粮食物也可以作猪饲料，因而得到大力发展，生产队里在旱田上都种植山芋。大面积种植山芋后，食用有余，1966年，民主大队开办淀粉厂。生产队以每50公斤约5元的价格把山芋卖给淀粉厂，1974年，新西二队山芋收入就达2800多元。淀粉厂把山芋加工成淀粉卖到供销社，少量卖给社员制作粉丝等副食品。当时的山芋品种为“胜利8号”，淀粉含量高，每50公斤山芋大约能出淀粉12.5公斤。

80年代分田到户后，山芋种植面积大为减少，基本以自己食用为主。山芋含有大量的膳食纤维，是肠道的清道夫，人们把山芋作为保健粗粮来食用。山芋品种较多，有黄心山芋、紫山芋、菱角山芋等。

本地都采用薄膜冷床进行山芋育苗，育苗的薯块不能受冻害。60年代，生产队育苗，第一年是从外地购进越冬薯块育苗。第二年，各生产队自己选地开窖贮藏山芋，到来年开春天气回暖，选择避风向阳、地势较高的地方建造育苗棚。至今，民主村有经验的村民还自己留种、育苗。山芋苗除自种外，还到市场出售，方便不会育苗的种植者。

蚕豆　蚕豆是二年生豆科作物，是本地的传统作物，历史上早有种植。每年立冬前后，农民利用田岸边、桑田以及零星地块种植。蚕豆根部有根瘤，根瘤菌和豆科作物共生可固定空气中的氮素，一般不需施氮肥。把它种在桑树田里不但不会与桑树争氮肥，反而能肥沃桑田。生产队种蚕豆的目的是利用它茂盛的茎叶来沤制绿肥。第二年四月下旬，在豆荚开始膨大刚好食用时也正是它茎叶最旺盛的时候，社员摘下豆荚，把豆萁割下与红花草一起装到田角的潭里，与河泥一起沤制，俗称“做潭”。沤制的肥料是水稻的优质基肥。队里也会留下一小部分蚕豆，让它长老，分给社员食用。端午节可裹“豆瓣粽”，平时可烧“咸菜豆瓣汤”。儿童则会在嫩蚕豆刚刚长成时就采来生吃。

截至2020年，民主村仍有不少农户在种植蚕豆，主要以青蚕豆作蔬菜食用。青蚕豆从四月下旬开始采摘，可连续采摘二十余天。除农户自家食用之外，还赠送给亲朋好友。“立夏见三鲜”，立夏时节，蚕豆是时令鲜蔬之一，受到人们的欢迎。

表26　　**1964—1993年民主村粮食产量统计情况表**

年份	三麦			前季稻			单季、后季稻			全年总产量（万斤）
	面积（亩）	单产（斤）	总产（万斤）	面积（亩）	单产（斤）	总产（万斤）	面积（亩）	单产（斤）	总产（万斤）	
1964	1292	253	32.7				1799	921	165.9	198.6
1965	1307	298	38.9	103	681	7	1801	836	150.5	196.4

续表26

年份	三麦			前季稻			单季、后季稻			全年总产量（万斤）
	面积（亩）	单产（斤）	总产（万斤）	面积（亩）	单产（斤）	总产（万斤）	面积（亩）	单产（斤）	总产（万斤）	
1966	1173	337	39.5	246	598	14.9	1801	990	178.3	232.7
1967	1338	239	31.5	179	453	8.4	1801	681	122.7	163
1968	1338	312	41.7	30.5	391	1.2	1802	666	120.1	163
1969	1393.8	241	33.6	321.4	539	17.3	1801.7	833	150.1	201
1970	1348.9	285	38.5	865.5	601.5	52.1	1801.6	719	129.5	220.1
1971	1255	393	49.4	1512.5	559	86.1	1801.7	716	129	264.5
1972	1301	339.7	44.2	1467.7	650.5	95.7	1801.7	479	83.6	223.5
1973	1243	385.4	47.9	1350.6	759.6	102.6	1801.7	760	137	287.5
1974	1267	283.4	61.2	1400	812.5	115	1801.7	694	125.1	301.3
1975	1263	545.7	68.9	1499	1010.1	151.41	1924	692	133.1	353.41
1976	1215	605.2	73.5	1499	1054.2	158	1924	664	127.8	359.3
1977	1309	486.3	63.7	1449	1070.1	160	1924	719	138.4	362.1
1978	1215	510.2	61.2	1518	935.5	142	1924	932	179.4	382.6
1979	1213	614.8	74.6	1480	849	125.6	1924	828	159.3	359.5
1980	1853	498.2	92.3	1450	538	79.6	2474	576	142.5	314.4
1981	1733	439.8	76.2	944	586	55.3	2291	607	139.1	270.6
1982	1821	507.5	92.4	881	666.5	58.7	2310	730	168.7	319.8
1983	1867	476.2	88.9	870	632.5	55	2321	845	196	339.9
1984	2447	505.5	123.7	109	663	7.2	2481	978	242.6	373.5
1985	1801	406	73.1				2322	944.6	219.3	292.4
1986	1959	506	99.1				2312	1016.4	235.1	334.2
1987	1681	453	76.2				2271	1041.2	236.5	312.7
1988	1667	512	85.3				2262	1072.2	242.5	327.8
1989	1675	468.5	78.5				2228	1116	248.6	327.1
1990	1800	490	88.2				2258	1156	261	349.2
1991										
1992	1680	506	85				2150	1104	237.4	322.4
1993	1600	522	83.5				1951	1124	219.3	302.8

第五节　土壤

土壤是农业的基本生产资料，是农作物生长的基础。党和政府历来重视土壤资源的利用和保护，努力提高土壤的利用价值。1958年，全国开展第一次土壤普查。1979年，开展第二次土壤普查，基本摸清土壤底细，为改良土壤提供科学依据。

境内居于太湖流域，气候温暖，雨量充沛，河流纵横，土壤肥沃，农业条件十分优越，素有鱼米之乡之称。人民公社成立以来，广大干部群众发扬自力更生、艰苦奋斗的精神，掀起以整田平地为中心的农田基本建设和改良土壤的群众运动。

境内土壤种类

黄泥土。民主村境内以黄泥土为主，土层厚、田底壮，养分含量高，通气透水耕性（土壤性能）好，不漏肥，作物发棵增产潜力大，是典型的冲积水稻土。黄泥土经过多年的耕作改良，形成“鳝血土”。犁底层上部土层（耕作层）多血红色胶膜，颜色像鳝血，标志着土壤熟化程度高。“鳝血土”土质疏松，耕作省力，土性暖，水稻返青活株快，是出稻又出麦的好土壤。

夜潮土。土质以粉砂粒为主，土壤有机质含量较多，毛细管作用较强，地下水位适中，约80—100厘米。白天蒸发土地干燥，夜间表层土会返潮。作物产量高而稳定，也是境内好的土壤资源。

灰芦底土。多分布在滩田，肥料容易流失，需增施有机肥，提高土壤吸肥保肥能力。

铁质黄泥土。多出现在经过整田平地、熟土已移去的土地，由于表层熟土已被剥离，露出的生土有机质含量低，需要改良。对其增施有机肥，加深耕作层后，熟化土壤效果很好。

青紫泥土。70年代，因长期种植“双三制”，土壤得不到晒垡，还被拖拉机旋耕碾压，加上排水不良，导致土壤变质。表土层灰青色，糊软黏重，土粒无结构，通透性差，土温低，耕作层浅，但保肥性能好，潜在肥力高。只要加以改良，增产潜力大。

小粉土。境内部分地区有小粉土，细砂和粉粒含量较高，土壤结构差，易板结，黏结能力弱。耕作省力，但保水保肥能力差，多施肥作物易猛发，少施肥易早衰，有机质含量少。对小粉土增施有机肥，种植绿肥或放养绿萍，实行水旱轮作，改土效果会很显著。使小粉土改良成丰产性较高的“鳝血白土”。

改土措施

干耕晒垡。长期以来农民锄麦山、晒白地是流传至今的有效改土措施。干耕晒垡能熟化土壤，改良土壤的团粒结构，对任何土壤都有好处，特别对青紫泥土、铁质黄泥土的熟化作用很大，能增强土壤的通透性。

增施有机肥。有机质含量是土壤优劣的主要标志。长期以来民主地区农民运用罱河泥、制作草塘泥、种植绿肥、放养绿萍、秸秆还田等方法，给土壤增加有机质，对各种土壤都有增肥改土的作用，特别对铁质黄泥土、小粉土改土效果更好，能提高土壤吸肥保肥性能。

开沟降渍降低地下水位。70年代开挖暗沟，对青紫泥土的改良作用很大。

合理水旱轮作，对小粉土，青紫泥土的改良有着很好的效果。

1968年，民主大队施二小队社员在稻田里沤青草肥

合理深耕，加深土壤耕作层，70年代的薄片深翻对青紫泥土的改良作用很大。

增施磷钾肥。经过土壤普查，针对境内土壤中磷钾含量较低的情况增施磷钾肥，对提高土壤地力有很大的作用。

第六节　农机具改进

耕作农具

铁耙、锄头、铁锹，是千百年来耕作的主要农具。铁耙分大铁耙、中铁耙、小铁耙，外加铁搭铁耙、鸭脚齿铁耙。大铁耙用于翻耕、锄麦田，俗称“转麦山”或“开麦山”。小麦收割后用大铁耙翻耕暴晒土地，俗称“晒白地”。中铁耙一般用来翻掏，疏松土地。小铁耙用作做潭、推田等。麦田翻耕后晒几天，上水后就用小铁耙推平田，便于栽秧。铁搭铁耙用于种麦，由于一铁耙正好合两个稻秆桩的宽度，俗称“三铁耙六稻秆”。鸭脚齿铁耙用于薄片深翻，锄头用于中耕除草，铁锹用于开沟。

1968年，试用电耕犁，即田埂两边装卷扬机，拉动铁犁来回耕田。

1970年，民主大队引进第一台手扶拖拉机。“双三制”开始，共购进手扶拖拉机17台，成立大队农机站。拖拉机有犁耕和旋耕两种。犁耕机的耕作层深，便于翻晒土壤，旋耕机的作业面则比较平整。

1975年，民主大队购进“丰收—35”“上海—50”共9台中型拖拉机，6台驱动耙，4台小刀盘开沟机，基本上完成全大队土地翻耕机械化。

收割农具

以前稻麦收割的唯一工具是镰刀。70年代开始用稻锯。脱粒主要用稻床，人工掼打，后来用脚踏脱粒机。辅助农具有连枷、爪耙、丫枪、翻耙。60年代，开始使用电动脱粒机、打风机。70年代有割晒机、大炮车脱粒机、金牛半自动脱粒机等新型农机具。1985年，大队购进2台“桂林”联合收割机，后来陆续购进7台，使全村小麦收割实现机械化。90年代，种田大户开始用木桶脱粒机，有机动的（即小型柴油机或汽油机作动力）也有电动的。把脱粒机运到田里脱粒，节省稻麦的运输劳力。进入21世纪，联合收割机成了稻麦收割的主力军，大大节省了劳动力。机械化程度的提高，大大减轻农民的劳动强度，提高劳动效率，为农业的规模经营提供了有力保障。

植保工具

以前农业植保以人工防治为主，药剂防治只能用喷桶洒，60年代开始逐渐使用背包喷雾机、单管喷雾机、高压喷雾机。到80年代，大田一般使用解放—18型、工农—36型远程喷雾机和东方红—18型背负喷雾机。进入21世纪，随着农业规模经营的发展，许多地方开始使用无人机喷洒农药。

植保工作是增加农作物产量、促进农业发展的有力保障，统一植保能充分利用植保工具及时有效地防治病虫害的发生。人民公社成立后，民主大队的统一植保从来没有间断过，由生产队农技员根据上级的病虫测报结果组织人员进行防治，使用工具大多是高压泵喷雾机。1982年，大队组建植保队，植保队分成6—7个工作组，每组有5人，其中2人为专项负责人。植保人员主要由种田能手、原生产队农技员及部分能吃苦耐劳的群众组成，村里由农技组长专门负责。各工作组配备农—36型远程喷雾机1台，出水管100米左右；东方红弥雾机2台，负责300亩左右的植保任务。为保障防治不误时间，植保队另备农—36型2台，东方红迷雾机3台。到2006年，民主村所有的水旱田都交由种田大户种植，植保工作不再由村里负责，而是由村农技组长把镇农技站的病虫情报材料直接发给种田大户，由种田大户自己完成植保作业。

植保工具的不断改进极大地提高了病虫害的防治质量，保障了防病治虫的效果，减少了因病虫危害对产量造成的影响。

灌溉农具

历史上灌溉多为木制龙骨水车，由车斗、斗板、鹤膝、车轴、横杆、竖杆等机件组成，车轴上装有24个轴榔头，人工脚踩榔头带动斗板引水。车水需要6个人，站成一排，手扶横杆，脚踏木榔头，一刻不能停。有些人跟不上轴榔头的运转，被吊在横杆上称“吊田鸡”。20—30年代，本地已有少量机船戽水。民国31年（1942）柴油紧缺，动力改用柴爿机。到了60年代，民主大队通电，建造电力灌溉站，使用电动机传动混流泵，在固定位置抽水灌溉。混流泵主要有10寸泵、12寸泵、16寸泵、24寸泵。

灌溉站的建设极大地方便了水稻的灌溉：一台12寸泵，每1秒钟就能引水0.2立方米左右，达到0.2个流量（1流量相当于1立方米水）。民主村大部分灌溉站用的是12寸混流泵。

农用运输工具

以前本地农用运输，短途都是肩挑人扛，远途都是船运。早期的船运主要是木船，用人力摇橹来驱动。境内河网密布，水路交通四通八达，每个生产队都有几条木船，除运输外还用来罱河泥。每年盛夏，木船要从河里拔上岸来大修一次，用油灰填嵌漏缝，再用桐油把船身油上几次，经过暴晒延长使用寿命。60年代后期，水泥船逐渐代替木船。每个生产队都有2—3条水泥船，分3吨船，5吨船。随着道路建设的完善，生产队开始使用板车。分田到户后，几乎每家都置办板车，收稻收麦用板车，交公粮买化肥用板车，板车成短途运输的主要工具。水泥船成为远距离运输的水上交通工具，主要用于到城里运上级分配给生产队的大粪、氨水，为大队办企业运输工业产品和原材料。船只往返无锡、苏州、常州各地，还到过上海、南京、杭州等地都是靠人力摇船。70年代初，大队企业购买12马力柴油机作动力的挂机船，成为快捷的水上交通工具，可单放运输或拖几条船组成船队，还用来接送远方客人甚至结婚时用来接新娘，称“飞鱼”。购买30吨位机动大船1条，设专人来往南京，装运氨水，俗称氨水船。随着道路建设的完善，逐渐使用拖拉机挂车、农用电瓶车、汽车等运输工具，陆路运输逐渐替代水路运输。

其他工具

阔锄头、狭锄头用于中耕除草；斜凿用于挖菜挑草；秧凳用于拔秧；粪桶、料勺用于浇水；扫帚、翻扒、畚箕用于翻晒稻麦；箬帽、蓑衣为农民的防雨工具；夹网、耥网、铁畚箕、搭耙、捗锨用于罱河泥；大耥、棬耥用于稻田除草；土笪、扁担用于挑土，也是做圩岸、整田平地的主要农具；苗篮用于挑菜。以前大白菜装运都用苗篮挑，一担就有75公斤左右。扁担分木扁担、竹扁担，用于挑东西。木榔头、绳车头、转钩用于绞草绳。把稻草去壳打熟，在摇动的绳车头上绞成单股草绳，再将三股单股草绳由转钩绞成草绳成品，这样的草绳是以前常用的生产用具，为“担绳”。绳车头还是绞柴龙的工具，柴龙供蚕上山结茧。绞刀也称铡刀，用于铡柴龙稻柴，铡搅河泥柴以及铡猪吃青饲料。木夯、石夯、铁夯用作夯实土层修筑圩岸用。

各种农用工具的发展减轻了农民的劳动强度，提高了生产效率。

第七节　农业技术推广

中华人民共和国成立后，各级政府对农业技术进步非常重视，积极研究和推广新技术新农艺。50年代推广盐水、泥水洗种和石灰水浸种，提高了秧苗的成苗率，控制了小麦腥黑穗病的发生。1963年，推行“农垦58”为当家品种，水稻大幅增产，水稻亩产量从250—300公斤增加到400—450公斤。

1966年，民主村介绍农业专家陈永康的“三黑三黄”水稻种植经验。稻田抛泥球减少肥料流失，提高肥效。放养绿萍增加土地有机质的含量，改善土质。推广小麦暗沟减轻小麦渍害，增加可耕面积；薄片深翻山芋坨，加深土地耕作层，有利于小麦生长扎根。

70年代，民主地区大面积种植“双三制”，全面推广药水浸种、地窖催芽采，取旱播旱育的场田育秧。大田推广通气秧田、薄膜覆盖的育秧新技术。

1975年学习苏州吴桥前季稻条寄育秧技术，从铲秧莳秧到拔秧莳秧，提高了秧苗的素质，增加产量。80年代，复合肥的使用，减轻了化肥对土壤的副作用。1985年，小麦推行套播，坌沟压板，减轻了劳动强度，抓住季节增加了产量。

1986年，水稻采用秸秆还田、化学除草，增加土地有机质含量，节省劳力，减轻杂草危害。1988年，水稻用“扑虱灵”控制稻飞虱的危害。1990年，麦田用肥药套播，减轻杂草危害，“杨麦158”的推广使小麦产量大幅度提高。

进入21世纪，水稻采用直播稻栽培技术，节省大量劳动力，小农场不用为请不到插秧劳力而发愁。直播稻的栽培关键是化学除草用药的品种、用药时间必须严格按照要求进行。随着农业经营规模的扩大，水稻机械化插秧得到大面积的推广。各种新农艺的推广，节省了劳动力，提高了作物产量。

第八节 肥料使用

肥料是庄稼的粮食，俗话说：庄稼一枝花，全靠肥当家。肥料分农家肥、化学肥料和细菌肥料。

农家肥

过去种田一般以农家肥为主，一冬一春农户主要为水稻积肥造肥而忙碌着。

水稻的肥料以河泥水草为主。生产队时，冬春季节男劳力一般轮流罱河泥（罱河泥，即用装长竹竿的夹网把河底下的污泥夹到船里）。由于船只有限，社员轮流上船罱河泥，做到歇人不歇船。罱满一船就到指定的河泥塘前用捞锹拷河泥，拷一层河泥铺一层稻草，让河泥与稻草充分搅和，起到较好的发酵作用。过了些时日，待河泥塘稍干后就挑河泥，挑到每块田里的潭里。一般2亩面积的田块开2个潭，4亩面积的田块四抵角开4个潭。到春末夏初，红花草长势旺盛的时候就开始做潭，把红花草割下装进潭里，加水，把河泥与红花草“同”在一起，叫“同潭”或做潭。一层河泥一层红花草，让河泥与水、草充分混合，发酵腐烂，增强肥效。红花草不足的时辅以蚕豆萁、青草等，确保一亩田有100担以上的腐熟河泥（即有机肥）。做潭必须要仔细，不能漏水，做好潭第二天潭面必须要有水层，并不断有气泡冒出。若潭面没有水层，就说明潭流水，必须重新做潭。多敲潭沿，让潭沿结实才能不流水，这样红花草才能充分腐烂，提高肥效。

小麦的肥料以草木灰、猪粪、人粪为主。俗话说：腊肥似金，春肥似银。为种好三麦，生产队还组织社员到外地收购草木灰，俗称“收萝灰”，把草木灰拌混在堆肥里发酵。堆肥一般堆在田埂上，一个肥堆一般长3米左右，宽要根据田埂的宽度，高1米多，一堆肥在5—10个立方米。堆肥待其发酵成熟后撒在麦田里，要普浇一次猪粪、人粪，确保施上2次腊肥。桑田主要用猪草河泥、菜籽饼、豆饼为肥料，把菜籽饼、豆饼沤制腐烂后给每棵桑树打塘穴施。

60年代，大队主任刘清法组织人员到东北运回来几十吨牛脚壳废料，经过加工厂粉碎，分发到各个生产队，成为上好的有机肥。大队每年都要发动社员大搞积肥造肥运动，田埂要做到三面光，即三面不留一根杂草；开杂锦潭（也称万斤潭），本地青草不足开船到外地割，一时搞得热火朝天。

1965年，引进“三水一绿”，大队成立三水一绿专业队伍，负责放养绿萍、水花生、水葫芦、水浮莲。在河里将水花生编成条索状，围出一个区域，中间放养水葫芦、水浮莲。要求较高的放养密度，做到小河不见天，大河留条线，大河留条“线”是让船只通行。水花生、水浮莲营养丰富，成为冬春猪饲料的主要来源。绿萍的放养对改善土质和去除稻田杂草起到辅助作用，绿萍繁殖很快。绿萍越冬都由各生产队自己负责，要选择避风向阳地开好南低北高的越冬池，放水放养绿萍，上面覆盖塑料薄膜。第二年开春回暖，随着气温的上升，绿萍生长的速度成倍增长，面积不断扩大，须用扫帚在密密的绿萍面上拍打，使绿萍一朵一朵分离。将冬闲田灌上水，取出越冬绿萍分格放养。几周后再放养到收割红花草后的水田里，最后放养到莳秧后的大田。待到水稻搁稻时，把绿萍抹入泥中，成为很好的有机肥。

1971年，玉祁公社聘请境内社员刘荣法为公社南片绿萍专管员，指导玉祁公社南片各大队的绿萍放养工作。民主大队的绿萍专管员是刘玉喜，各生产队也都设绿萍专管员。70年代后期，农村劳动力向村办工业转移，大队成立的三水一绿专业队伍解散。

化学肥料

民主村使用化学肥料品种繁多，主要分氮肥、磷肥、钾肥。氮肥主要品种有氨水、碳酸氢铵、硫酸铵、氯化铵、硝酸铵、尿素。磷肥主要是过磷酸钙、钙镁磷肥。钾肥有硫酸钾、氯化钾、硝酸钾。复合肥则是把这三种肥混在一起，一般分普通复合肥、高浓度复合肥和专用复合肥。

氨水含氮量一般在12%—16%，易挥发，用于浇白地。境内各生产队经常用水泥船到洛社化肥厂运废氨水。利用村氨水船卸货回来取刮仓底氨水，用来浇白地种的大白菜特别旺盛。

民主大队自己制造的过磷酸钙含磷量在10%左右。70年代初，大队在大坝附近利用空地建造磷肥厂，到常州市菱口运回俗称“黄肭泥”的磷矿粉；到上海、杭州等地运废硫酸，将两者投入大缸搅拌而成。大队磷肥厂的建成对本地农业生产的发展起到很大作用。

细菌肥料

民主村使用的细菌肥料有：根瘤菌、固氮菌、磷细菌、抗生菌肥料。根瘤菌适用于豆科作物，可用于拌种。固氮菌适用于各类作物，可拌种也可作基肥、追肥。磷细菌适用于各类作物，可拌种也可作基肥、追肥，促使磷直接被作物吸收。抗生菌肥料能减轻作物烂种烂根，提高出苗率，与过磷酸钙混用效果更佳。

第九节 农业综合服务站建立

1992年，民主村农业现代化验收合格，根据上级要求组建综合服务站。综合服务站下设农技指导、植保队、灌区、农机队、物资供应站以及服务站指导下的六个小农场，村委指定农业经理具体负责。历任主管领导有刘宜苟、施永清、刘伯男、余建忠等。

农技指导

村综合服务站负责全村农业技术的指导工作，编写印发农技简报，及时掌握本村作物的病虫情况，印发病虫情报。协助小农场引进稻麦原种，实行全村稻麦良种覆盖。推广新农技、新农艺，努力提高稻麦产量。督促植保队认真用药，提高防病除虫质量。指导灌区根据作物各阶段的生育特性，合理用水，认真管好水浆。协调各条线之间的关系。例如，植保与灌水的关系、灌水与机耕机耙的连接、物资供应与各小农场的关联、小农场与机耕队的连接等。历任大队农技员有王寿焕、刘协林、糜平刚、刘德祥、余建忠、张兴玉等。

小农场建设

小农场是适应民主村三业经济发展需要的产物，它可以充分发挥农业机械化的作用，提高土地产出率、劳动生产率和粮食商品率，促进农业专业化程度的提高。

由于粮食的连年丰收，粮食收购价出现议购价低于国家定购价的现象，为稳定小农场的种粮积极性，对农场签订的承包合同从三年一签改为一年一签，合理调整收费标准。同时加强对农场的投入，包括技术的投入。强化科技兴农的力度，加强技术培训，推广新农技。组织阶段性的现场交流，使农场经营者提高经营水平。组织农场人员参加各项农服工作，提高他们的经济收入，帮助他们解决具体困难，使他们安心搞好农业生产。

每个小农场的化肥农药由村物资站供应，资金由上年小农场积累垫付。农忙时每个小农场雇请临时工的劳务费以借支的形式由村委垫付，年终统一结算。农场耕作田的农业税、植保费、水费、机耕费与村民同样结算，年终分配时扣除。村办农科队，由于开办早，对民主农业的发展起到积极作用。小农场历任负责人为：王寿焕、刘玉生、余三男、刘祖良、虞耀明、刘金兴、张兴玉、刘金良。

植保

农村分田到户后，村里成立植保队。在利用原来生产队的植保工具的基础上增添部分植保设备，植保队负责村里所有水稻、小麦的病虫害防治。1985年小麦赤霉病、白粉病大流行。赤霉病俗称“红头瘴”，会严重影响麦子产量和面粉质量，也影响小麦的销售，吃了会引起中毒。同时，面对重大压力，植保队认真总结经验，在防治质量上狠下功夫。首先力求全村稻麦品种统一，实行良种全覆盖，大大降低植保的难度。与此同时，植保队重新组建作业组，全村2160亩水稻划分成六个作业组，每组承担350亩左右的作业任务。在人员配备上，每组5人组成。其中，负责人2人，1人负责喷洒，力求均匀；1人负责开机配药，密切注意进药情况。植保人员主要来源于村管水员、小农场人员和能吃苦耐劳的原生产队农技员。由村农技组长具体负责，年初植保队与各机组签订责任状，工资结算每亩次1.8元，每个机组负责人另加责任补贴，结算年终兑现。机修任务由植保队委托农机站代理，配件费由村负担。

2020年，位于西高地旁的虫情测报灯

表27　**1993—2003年民主村植保总支出情况表**

单位：元

年份	农药	油耗	配件	劳防	冷饮	野外制作	植保工资	机修工资	合计
1993	34773.16	3418.4	3131.29	2335.8	503	5130.5	12338.5	2000	63630.65
1994	36607.6	2380.5	4052	1956.8	1081	5420	14035.5	2500	68033.4

续表27

年份	农药	油耗	配件	劳防	冷饮	野外制作	植保工资	机修工资	合计
1995	50799.24	2502.1	4434.22	2800		5545	13646.5	2800	82527.06
1996	60936.3	3632	3782.6	2040	73	8370	22103	3000	104598.9
1997	63488.4	3676.1	3937.97	1845	858	8900	20122	3000	105827.47
1998	69666.8	3345.1	4104.5	1764	910	10570	17851	3000	111211.4
1999	70315	3374.8	4290.3	799		7630	28885	3000	118294.1
2000	58288	4742	3638.5	780		6350	24573	3000	101371.5
2001	71139	3963.5	4257.4	778		7340	32405	2500	122383
2002	83826	3127	5338	770		7630	22567	2500	125758
2003	100586	4939	5579.5	831		5860	30328	2500	150623.5

农机服务

村综合服务站成立时，村农机站有中型拖拉机9台，包括旋耕机、铧式犁。有驱动耙6台、小刀盘开沟机4台、抛秧机1台、插秧机2台、“桂林”牌联合收割机7台。配有农机库400平方米，机修房80平方米。民主村农机站是独立核算的，农机站对机手也是单机考核。机手的任务是完成全村秧田三次翻搗和大田的一耕一耙，做到不误农时，作业费是每亩22元。小麦100%机收，由农机队直接向村民收费，作业费每亩35元。机开沟也是由机耕队向村民收费，每亩15元。

1970年，民主大队购进第一台手扶拖拉机，始耕时村民都来观看。随着“双三制”的大面积种植，各生产队陆续购进手扶拖拉机17台，为拖拉机的维修保养，大队设立农机修理站，拖拉机耕田结束就可开到农机修理站保养。1975年，大队购进第一台中型拖拉机，正式成立农机服务队。80年代中期，添置“桂林”牌联合收割机。小麦机收逐步替代人工收割。

70年代，大队农机站修理拖拉机

农机服务队设耕田作业组3个，机手9人，负责全大队的耕田耖地、小麦收割。另设机修组人员4人，负责农机站所有机械的保养维修工作，以及村植保机械、灌区柴油机的维修保养工作。农机队有管理人员2人，负责农机队的收支、分配等工作。农机队的主要收入来源：一是全村所有农田的机耕作业费4万元左右；二是机割机开沟作业费5万元左右；三是农机队下属小工厂上交款5万元；四是对外机修任务0.5万元，合计总收入14.5万元左右。支出油耗配件4.5万元；上交规费0.5万元；管理费0.5万元；其他开支1万元左右，纯分配每人约5000元。

民主村农机队机械实力雄厚，在完成本村的农机服务外还可支援邻村，玉祁村水稻面积少，不适宜大规模添置农业机械，该村的机耕机收工作都由民主村农机队承担。农机队历任主要负责人：刘小兴、刘云兴、刘荣林、余建忠、糜平刚。

灌区

1992年，民主村有排涝站2座，配有32寸轴流泵1台、苏排Ⅱ型2台、12寸混流泵2台。配备动力是80千瓦电动机1台、55千瓦电动机1台、4160柴油机1台，排洪能力达到6个流量。村里有灌溉站10座，备有14寸混流泵1台、12寸混流泵6台、10寸混流泵5台、6寸潜水泵4台。动力分别是30千瓦电机1台、18千瓦电动机6台、14千瓦电机1台、10千瓦电机2台、12匹195柴油机4台。10座灌溉站覆盖全村所有水稻田的机电灌溉作业。

灌溉渠是灌溉系统的重要组成部分，灌溉渠从开始时的明渠改为70年代的暗渠，暗渠又从“三七土”暗渠改为水泥管暗渠。到2000年，全村拥有直径80厘米水泥管暗渠300米、60厘米水泥管暗渠1880米、 45厘米水泥管暗渠6500米、30厘米水泥管暗渠250米。有暗渠窨井55只。排水渠17300米，其中水泥明排渠1800米。修建中型拖拉机跑道约10000米，其中水泥跑道2500米左右。

1992年，全村有管水员9人，具体负责全村所有水旱田的灌溉任务和汛期的排涝任务。每年5—10月，做好本灌溉区的水浆管理，本灌区的外围沟清理要求在10月15日结束，达到渠底见生泥，不积污泥杂草。由于灌水时间主要在夜间进行，大部分管水员（除年龄偏大者外）白天还需进行植保工作。管水员工资每人1700元左右，本灌区的外围沟清理约350元，水利维修、地下渠、明排渠的建设等劳务工资约3000元，植保工资约1000元。这样经常出勤并参加植保的管水员全年工资可达6000元左右。从11月到第二年4月，主要是水利工程的建设阶段，工资一般以出勤天数计算，也有少部分定额结算。管水员的工资由村里支付，年终兑现。灌区历任领导有刘永钊、施祥生、刘凤焕、余三男、张兴玉等。

肥药供应站

综合服务站经济独立核算，会计由村联队会计兼任。村里提供80平方米肥药仓库和办公室1间，有1人具体负责本村的肥药供应。供应站的肥药由镇农业公司专供，杜绝因使用劣质肥药而造成作物的减产。

良种供应由综合服务站负责，服务站有种子仓库80平方米，供应全村稻麦良种。种子来源由服务站引进稻麦原种，下拨给某个小农场种植。收获的良种一概进入村种子库，满足本村稻麦种子之需要。一般水稻种子需要10吨，小麦12.5吨，不仅能满足本村村民的良种需求，还可支援兄弟村。集体供种对文明生产、统一植保起到积极作用。由于良种价格合理，受到农户欢迎，一是省却了自家留种的烦恼，使种子的出芽率得到保障；二是良种纯度高，病害少，产量高。

第十节　工厂育秧

玉祁镇工厂育秧起步较早，工厂育秧有“五省二增”的优越性，即省种子50%，省秧田90%，省用工50%，省秧肥85%，省成本22%，水稻增产2.1%—4.6%。进入80年代，随着村办工业的发展，部分生产队的土地被利用，灌排系统受到影响，为解决做秧田而造成水包旱的现象，1982年，民主村委决定筹建育秧厂，厂内建有温室4间，锅炉房1间，种子库2间，化肥库2间。购置塑料秧盘8000余只，钙塑衬套纸50000余张，播种机2台（套），筛种机1台。育秧厂负责对民主村下巷、徐巷、魏巷、新桥西、东刘庄5个生产队600多亩水稻的育秧工作。育秧厂选址在徐巷自然村，原村委办公室东面。1983年，乡农技站在总结工厂育秧基础上，借鉴日本工厂育秧经验进行消化吸收，改革创新了一套育秧新技术。1984年，乡农业公司农技员沈月春同志蹲点民主村，协助村工厂育秧新技术的推行。

具体做法简介如下：

一、改温室蒸气立苗为自然温光立苗

按日本的技术要求，蒸气立苗的温室必须配备锅炉、管道、床架、计温器等设施，这样投资多、成本大。民主村工厂育秧简化了工艺流程，根据茬口布局，播种面积进行催芽机播。播种后的秧盘堆放在室外，规格要求堆放高度2米左右，长宽不限，每层最上面覆盖一只空秧盘。播下种子后用尼龙纸覆盖，然后利用光能作用来增温立苗。一般经过36小时的堆放即可能发芽出盘，效果与温室立苗相差无几，且大大地节省了能源。在堆放过程中，如遇下雨，要及时清除上面的积水，以免压伤秧苗，也利于增温；如遇高温天气，上面要覆盖草帘，以防高温灼苗。

二、改用河泥为育秧床土

为解决床土收取之困难，民主村采用河泥为主要床土。即在播种前一天在秧盘内浇上河泥备用，第二天待河泥沉淀后，卸掉床土机床，直接进入播种机床。工厂育秧播种流水线由两部组成：先由床土机铺设床土并复水，再通过传送带输入播种机床，完成播种、复土。复土必须用粉碎细土，这样做可达到播种复土一次完成，从而解决床土取之困难的问题，既节省了化肥成本，又减少了床土拌肥的程序。

三、改室内绿化为秧田绿化

根据日本的技术要求，工厂蒸气立苗后秧盘要放在玻璃房内绿化，称温室绿化。而室外堆放立苗后，只要放在预先做好的秧田里，脱掉硬盘，把衬套放入秧田里。脱盘时一般以2人为一组，面对面站立，一人拿硬盘，一人拿衬套，脱盘即可完成。在转移到秧田过程中，由于温度变数小，秧苗生长不受影响。经过一定时间的秧田绿化，秧苗即可移栽入大田。这样不但节省了建造玻璃房的成本，还可加快硬盘使用的周转，提高了秧盘的利用率。

秧田绿化必须掌握以下几点：1.秧板要求平整。宽度在1.5米左右，要求灌水、排水便捷。2.要以水调温，管好水浆，做到脱水秧板不发白，有水秧苗不倒芽。3.遇到阵雨时刚脱盘的秧苗要及时用尼龙纸覆盖护苗，以防冲倒种芽，从而影响成秧率。4.如栽期延长，防苗徒长可挪动衬套软盘，苗可控制生长。工厂育秧的秧苗，既可用于机械化插秧，又可用于人工插秧，民主村农科队充分利用有利条件购置了插秧机。

民主村工厂育秧主要对部分生产队供应，村民组长根据自己生产队各户所需数量，预先告知育秧厂。育秧厂根据需求量印制秧票，发放给生产队。然后根据需求安排育苗，确定催芽、播种、绿化日程。莳秧时村民可凭秧票到育秧厂领取秧苗，直接移栽。工厂育秧的秧苗返青活棵快，不败苗，且省去了拔秧工序，中午也可莳秧，较受老百姓的欢迎，育秧厂也成为村民参观的场所。工厂育秧不仅方便了群众，解决了做秧田的麻烦；同时节省了成本，也为机械化插秧创造了有利条件。

民主村的机械化插秧首先在村第一农场推广，因为农场需要雇人莳秧，但人员紧缺，所以，工厂育秧、机械化插秧势在必行。村里还推荐场长刘金良同志到钱桥培训班学习机插秧技术。要用好机插秧，栽培标准化秧苗极为重要，其秧苗的标准为秧龄一般15—18天，苗高12—18厘米，叶龄在3.5叶左右，最好不载4叶秧。村第一农场充分借助了村里的育秧经验，自己培养标准化秧苗。1992年，在村东大桑园试行，取得成功。实践表明，机插秧确有增产节本、省工高效的优势，不仅解决了雇人莳秧的难题，而且较常规雇人插秧每亩水稻增产30斤左右。

表28　　**民主村小农场机插秧与常规插秧的产量对比情况表**

年份	第一农场机插秧		其他农场常规插秧		对比
	面积（亩）	水稻产量（斤）	面积（亩）	水稻产量（斤）	
1992	30	966.8	243	937.1	+29.7
1993	62	988.7	243	974.8	+13.9
1994	63	1256	339	1127.2	+128.8
1995	63	1022.8	332	1030.3	−7.5
1996	65	1175.8	340	1077	+98.8
1997	68	1198.8	326	1088.1	+110.7
1998	68	1285	352	1237.4	+47.6
1999	68	996.5	347	964	+32.5
2000	73	1050	346	972	+78
平均		1104.5		1045.3	+59.2

第十一节　民主特色农业

统一植保从未间断

村统一植保从未间断。从人民公社成立，有了生产队，老百姓基本上没有在自家的口粮田、责任田上用药防治。在生产队时，由小队农技员带领一部分人专业防治。分田到户后，村委考虑到植保工作对农业生产的重要性，尤其在农作物病虫防治方面，为避免由于千家万户各自用药而造成失时漏治危害多，盲目用药花钱多，农药分散事故多等问题，不顾背上防病治虫的包袱，利用生产队的植保器具，增添新的植保设备，由农技组长负责组建专业植保队。根据上级部门的病虫测报，用药方法，对村民的口粮田、责任田进行专门用药防治。实践证明村委的决定是正确的。解除了农户分田到户后防治虫的后顾之忧，促进粮食的稳定生产。专业防治取得明显效益。

1.防治及时效果好，增产降本效益高。植保专业队人员业务精通，防治技术高超。定期调查虫情，适时防治。稳、准、省地控制病虫害，确保农业增产，降低成本增加收入。几年实践证明，专业防治比分户防治农药省，效果高。如1985年褐稻虱大暴发，水稻危害面积专业防治明显少于分户防治。1987年的小麦赤霉病，弥雾机防治明显好于背包喷雾器防治。

2.实现植保机械化速度快、功效高。每个机组配备东方红18型弥雾喷雾机和工农36型远程喷雾机等机动器具。单机每天可防治60—100亩，比手动喷雾器工效提高10倍至20倍，能快速高效战胜病虫害，使广大农户摆脱繁重的体力劳动，促进农村第二产业、第三产业的发展。

3.减少药害和农药中毒事故。分户防治户户买药，家家存药，标记不明。常因错用农药造成作物药害。特别是大面积推广化学除草后，把除草剂当作杀虫剂使用。专业防治后，基本杜绝药害事故发生。农药中毒和服毒事故也大大降低。

植保专业队是搞好农作物病虫害防治的一支专业队伍。直属村委和综合服务站领导。它的宗旨是为本村农户搞好植保专业服务。村委从1982年到2006年二十余年间从未间断对农作物的植保工作，这与村委领导的高度重视是分不开的。

小农场起步早效益高

民主村早在1964年在上巷开办农科队，1970年搬到南大荒。拥有土地30亩左右，负责稻麦品种的繁育工作。进入80年代，分田到户后农科队依然存在，由大队统一领导，独立核算，自负盈亏。农场协会成立后，原农科队成了民主村第一农场。随着种田大户的流入逐渐有了第二、第三、第四、第五、第六农场。小农场的建设对村里的农业发展起到积极作用。小农场建设情况和资金投入情况见（农业小农场经营管理一块）。

1.加快农业科技成果推广，实行良种全覆盖。建立村办农场有利于实施科技兴农战略，增加了他们科学种田的兴趣。村委第一农场作为推广农业新技术的示范基田，并有农艺师沈月春蹲点负责，规划生产布局，制订生产措施，示范推广稻麦新品种，推行工厂育秧简易流程配合机械化插秧取得明显效果。几年来成为村里各小农场的领头羊，产量年年居镇首位。在60多亩的粮田上每年向全镇提供30—40吨稻麦良种。在镇农业公司的推荐下，引进稻麦原种。经过农场培育，形成一代良种推广。为村统一提供种子，不但节省了成本，还能把种子支援到兄弟村。

2.小农场的建立提高了科学种田的水平。增加了社会的财富，提高了农业自身效益。第二农场的范土堂来自浙江，他们夫妻在1989年承包村里的60多亩良田，位置在南村头的南部。1991年7月1日大雨，村里帮他用流动泵排涝。7月2日夜里9点传来消息，礼社那里圩岸倒塌，当时他的仓库里还有1.4吨小麦种子待售，1吨多化肥，面对水位上涨，他们夫妻一边守在门口用土挡水，一边把小麦和化肥搬到离地面1米多高的柴堆上。到天亮四周已一片汪洋。60多亩开始分蘖的水稻，只有4亩能看到几片绿叶。第二天天亮后村组织人员帮他把小麦拖运到安全地方，问他：你是怎么弄上去的，他感慨地说：没有办法，这是自己辛苦种出来的，总不能眼睁睁地看它泡在水中，面对稻谷被淹的情况心急如焚，如果不及时搬运，那么一年的收入就泡汤了，二人拼尽洪荒之力硬是手搬、肩扛将小麦和化肥抬到了高头上才松了口气。听了老范朴实的话语让人感慨万分。大水稍退，镇村领导及时采取了自救措施，对受淹较轻的水稻及时作出补救措施。受淹严重的又安排劳力，采购种子帮助他们一起劳动，直播籼稻。他感慨地说："1991年这样大的灾害都过来了，还怕什么呢。"由于努力工作，使1991年大灾之年仍收粮食34吨，年纯收入仍有5000余元。到1995年，他家土地承包到80多亩粮田。由于经常参加各项技术培训，加上他本人吃苦耐劳，爱钻研农业技术，注重科学种田，使66亩小麦平均亩产306.5公斤，80亩水稻平均亩产590.5公斤。分别比全村稻麦亩产增加12.1% 和10.2%。他种植的水稻在全镇高产竞赛中名列榜首。纯收入达4.6万元，成为全镇有名的种田能手。

3.小农场加强了农业服务体系的建设。由于村工业发展较快，大批劳力向工业转移，留在农业一线的劳力相应减少，一批农服人员年龄老化，建立村办农场，大部分人员来自外籍人员。他们吃苦耐劳，懂农技知识，给村里的农服务队伍增添了新的活力，特别是植保联防，几乎成了主力军。

统一供种成为全镇首创

种子是农业作物收成好坏的根源。俗话说：土是根、肥是劲、水是命、种是本。因此，选育和推广良种是夺取农业丰收的重要环节。品种的好坏主要看：1.丰产性：一般栽培条件下能获得较高的产量，在优良的栽培条件下有更大的增产潜力。2.适应性：要求一个品种尽可能在各种条件下都获得高产。3.抗逆性：要求品种在各种恶劣的自然条件下能正常生长，有一定的抵抗病虫危害，主要抵抗低温高温的能力。4.品质好：各种好的品种要求品质好，适合人类需求。像水稻品种“南稻46”，由于米优质，适口性好，深受老百姓的欢迎。选择好的品种，推行好的种植方法是高产的前提。

筹建育秧厂以来，村建造了80平方米的种子仓库，小农场的建立，为村统一供种创造了条件。分田到户后，许多农户由于保管不善常常出现虫害、霉变，且品种成熟早晚不齐。作物抽穗扬花参差不齐，给植保带来很大困难。例如，防治小麦赤霉病，最佳时间在抽穗80%、扬花10%左右时效果最好；防治水稻三化螟最佳时间在水稻破口期用药。为解决这些难题，村里决定统一供种，选择好的当家品种，让某个小农场种植，收获后上交给村种子仓库，老百姓不用留种，并有专人妥善保管，播前保管员预先做好种子的发芽试验。需要用种时到村种子仓库购买，并能确保种子的发芽率。每年用20—25吨稻麦良种作为村统一供种。供种的价格远远低于市场价，只是收成本费而已，这样的举措深受老百姓的欢迎，解决了挨家挨户留种的烦恼，又为村统一植保提供了有利条件。

小农场的建设为村统一供种创造了条件。由于统一供种保障了村植保联防能持久进行，植保联防确保了粮食产量的增加，同时增加了小农场人员的劳动收入，稳定了他们种田的信心。

第九章　副业

副业生产一直是民主村重要的产业。除搞好养猪、蚕桑等传统副业项目外，从50年代末到90年代30多年的时间中，大队（村）成立渔业队，在唐平湖和内河里养鱼、培育珍珠。集体和社员家庭大面积种植大白菜、培植蘑菇。开办大桑园，种植西瓜、香瓜，养殖蜜蜂、娇凤等。大队有集体养猪场26个，常年圈存肥猪3000头。年产珍珠75—100公斤。副业的全面发展提高了社员的收入，促进了工业发展。民主的经验吸引了农业部部长何康和除西藏自治区之外的全国各地参观者。

第一节　蚕桑业

自古以来，蚕桑业、种植养殖业一直是境内农民种粮之外的辅助产业，但由于技术落后、劳力不足和自然资源所有制的限制，副业资源未充分利用，副业生产处于半自给状态。

1949年后，境内大力发展多种经营，并在农业、林业、牧业、渔业和其他副业等方面走在全县前列。

1949年以前养蚕

民主村地处太湖流域，有常年种桑养蚕的习惯，蚕茧收入是一个家庭最大的副业收入。中华人民共和国成立前蚕种有土种和洋种。土种是农民自留的蚕种，在自养的春茧中选留形大、壳厚的茧子，待羽化后自然交配产卵，自繁自养，但蚕茧产量低，30年代后逐步淘汰。洋种是蚕种场培育的蚕种。各个蚕种场都有自己的品牌，本地使用较多的品牌有“天女牌”“王宫牌”和“老虎牌”等。

70年代，生产队养蚕

境内有旱田的人家几乎家家养蚕，一般每户养1—2张蚕种，也有3—4张，少数大户每户养到10张左右。

30年代，一张蚕种收入近20元，折米3石。一年养两熟蚕收入抵得上半年粮。养蚕虽能赚上一点钱，但也担着很大的风险，碰到恶劣天气桑叶减产，而蚕种出蚁率又高，一到大眠开叶，桑叶不够吃，蚕农必须到外地四处购买桑叶，购不到桑叶只能忍痛倒蚕。

1958年前养蚕

1949年后，蚕种实行统一牌号，统一价格，统一订购，统一发种。1951年3月，在苏南行署土改工作队帮助下，境内的蚕农加入了蚕桑生产合作社，实行蚕农自养、合作社代烘、入股自愿（每股3元）、盈利按股分配。同年，除年终每股得益外，又得奖励豆饼50斤。其间，民主乡新村上巷刘寿林，自小就钻研栽桑技术，到中年已获得不少培桑经验，形成一套桑田管理方法，土改工作队宣传刘寿林的经验。1953年，江苏省对培桑能手刘寿林的经验进行全面推广。1951年，刘寿林被评为无锡县培桑劳动模范、县人民代表；1953年，被评为江苏省农业劳模。同年，境内有桑田780亩，年产蚕茧最高可达15吨，为玉祁区第一。外县、外省及朝鲜等国都有人来参观。

生产队养蚕

1958年，县向公社派驻蚕桑指导员，并健全大小队蚕桑专业管理队伍，同时推行养蚕新技术。新技术做法：养蚕前对蚕室、蚕具用赛力赛和漂白粉消毒；组建共育室，室内安放干湿计，改用地火龙加温，保持室内温度湿度；用防干纸覆盖，保持桑叶叶质鲜嫩；中期饲养用氯霉素、灭蚕绳等药物添食，增强蚕体抵抗力；用西力生漂白粉对蚕体进行消毒，减少蚕体病害发生。新技术的推广提高了蚕茧的产量与质量。同时，养蚕季节也由原来的一年春秋两季发展到春、夏、早秋和晚秋三季四次养蚕，蚕茧产量有了进一步的提高。炎热天气用井水降温，没有井的生产队，还专门为养蚕开了井。

70年代，大队养蚕

饲养场所原先是借用村民的住房。70年代初，各生产队陆续建起了蚕室。春蚕饲养由附近几个生产队共同选择饲养条件较好的场所用作共育室。共育室饲养蚁蚕的人员都是有养蚕经验的妇女，蚕桑技术员也经常到现场进行技术指导。大约经过12天的精心喂养，到二眠开叶分散给各生产队进行饲养。

一般春蚕每张蚕种能产茧25—30公斤，产量高的能达到35—40公斤。60年代，国家收购桑枝皮，支援工业建设，生产队组织社员剥桑枝皮晒干卖给国家。

1971年，后二生产队发生桑树萎缩病，并很快蔓延（后用盐酸、土霉素治疗效果比较好），造成大批桑树死亡，原来的25亩桑田只剩下一半。1972年，在春播中，把过去种大白菜的良田划出6亩春播桑苗，组织以老年社员为主的专业管理队伍，由副队长带领，精心管理。同时，生产队大搞嫁接繁殖，接苗12万支，成活率达95%以上。后二生产队基本上做到桑树满园，桑园面积也迅速恢复。大队及时推广他们的经验，而后，队队搞春播桑苗，新东生产队春播桑苗达到15亩，东刘庄、施一、新西三等生产队的接苗成活率都达到90%以上。当年全大队共春播桑苗100亩，接苗20多万枝。

建立大桑园

60年代，大规模整田平地，桑田面积有所减少。为稳定桑蚕生产，1974年大队决定开办大桑园。在大队东南角有一方200余亩的滩田，大队把它作为大桑园的基地，再利用部分旁边的旱田，种植桑树近300亩；并建造蚕室两排共26间，后面一排是楼房，中间有600余平方米的水泥场。

大桑园建成后，添置养蚕设备，组织各生产队安排人员到大桑园工作，并由李介南负责。大队蚕桑技术员刘如焕常驻大桑园工作，公社蚕桑技术员刘娟娥蹲点大桑园指导工作。为便于管理，大桑园分成六个小组，每组10余人，平时桑田管理，忙时养蚕采茧。清明节一过，就要对蚕室和蚕具打扫、消毒。同时大桑园还担负着全大队各生产队的春蚕共育任务。大桑园的蚕室都采用地垄加温，温度湿度容易掌握。一到谷雨，根据生产队所需蚕种数

1974年，大队大桑园

量，在蚕种场进行催青蚕种，经过大队大桑园收蚁、一龄、二龄的饲养，到二眠开叶再发放到各生产队饲养。

大桑园每个小组饲养15张左右的蚕种，根据各小组蚕茧产量进行考核，按蚕茧产量计个人报酬，最后转到个人所在生产队参加分配。各小组各显神通，想方设法养好蚕。天气炎热时，吊井水为蚕室降温；把长蚕匾吊起来用人工纤绳扇风，促进空气流通，保证蚕体健康生长。通过大家的努力，再加上技术员的指导，养蚕取得很好的成效，春茧每张蚕种达到35—40公斤，高的小组达到45公斤。由于蚕茧产量高，报酬也提高，在大桑园工作的人回生产队参加分配，许多人都羡慕说男人都不如女人。大桑园的建立使民主大队的蚕桑事业有了新的发展。

80年代，大队办工业迅速发展，环境受到影响，桑田面积减少，且桑树生长状况不良，养蚕事业逐渐衰退。1987年，大桑园成为民主村的商品粮种植基地。

第二节　水产养殖业

成鱼养殖

1949年前，境内没有专门的水产养殖业，村民只是偶尔在自然水域捕鱼捉虾，工具一般是扳罾、夹网、退笼、鱼罩等小型渔具。

1956年，新谊高级社利用上巷与后三中间的盛坝沟河塘搞集体养鱼。1957年，五一高级社张伯祥书记带领社员在刘庄老河东刘庄段将原来的芦荡滩开挖出鱼池5个，面积5亩有余，养殖鱼苗，以备内河放养。人民公社化后，这些鱼池并入民主渔业队集体管理。1959年1月，成立民主大队，把养殖区扩大到唐平湖，由刘应和、刘仁兴、杨金根等人组建了渔业小组。水面养鱼开始用竹篱围养，后来改用尼龙网，效果很好。人民公社成立后，玉祁公社把分散在

70年代，渔民唐平湖捕鱼

1978年，渔民唐平湖捕鱼

全公社多个地方的渔民，统一落户，其中民主大队有5户渔民落户，组建民主渔业队，刘应和担任队长，刘仁兴为会计。渔民主要有杨姓和殷姓五户人家，由生产队解决口粮。渔业队利用唐平湖宽阔的水域饲养成鱼，并将50余亩滩田开挖成鱼池。后又把长工岸的小鱼池兼并，鱼池面积从每个鱼池4亩扩大到10亩左右。整个渔业队的鱼池总面积扩大到70余亩，其中张公岸6亩，马轮墩29亩，长工岸41亩，养殖鱼苗和成鱼。成鱼产量达到10万余斤。唐平湖的围网养鱼取得很好成效。

鱼苗都来自长江口的水域，每年春天，渔民要到长江口去张网捕捉鱼苗，称“张琼”，幼小的鱼苗称“鱼花”。鱼苗运回家养到夏天，养成“夏花”，也称“夏片”。继而分塘，饲养到冬季就成为鱼种。1972年，渔业队人员搞技术革新，人工培育鱼苗获得成功。自繁殖的鱼苗品种纯、质量好、饲养方便，而且大大降低了培育成本。鱼苗的品种有花鲢、白鲢、青鱼、草鱼、鳊鱼等，自繁殖的鱼苗为成鱼养殖提供充足的资源。渔业队利用张公岸五六亩面积的小鱼池喂养鱼苗，常以豆浆为食饵。马轮墩、长工岸开挖的鱼池用作成鱼养殖，品种有青鱼、草鱼、鳊鱼、鲫鱼等，搭配部分花鲢、白鲢。草鱼主要以黑麦草为食饵，鲫鱼以小麦为主要食饵。在生产实践中，渔民采用多品种多规格的混密放养、轮捕轮放的高效高产技术，经济效益高，养殖的鱼肉质鲜美，受到大家的欢迎。1969—1972年民主渔业队供应市场成鱼100吨。

唐平湖主要以花鲢、白鲢为主，搭配少量草鱼、青鱼。唐平湖由于具有丰富的水生资源，所以养鱼不喂饲料，花鲢、白鲢主要以天然水生藻类为食物，青鱼吃湖中的螺蛳，草鱼吃水草。冬春时节，放养的每尾100—150克的花白鲢鱼苗，第二年能养成1500克左右的成鱼，两三年就能长成5000克的大鱼。冬季捕鱼，拉一次大网就能捕获数十吨的成鱼。过新年时，大队的社员每人都有1000克鲜鱼供应，由生产队派人到渔业队领取，再分到每家每户。这一福利持续了几十年，直到唐平湖开发才取消。

唐平湖丰富、优质的鱼类资源远近闻名，成为大队甚至公社和县属单位发展工业的重要帮手，每到春节前，各路人马纷纷前来求购，渔业队热闹异常。90年代中期，渔业队转包给私人。1999年，民主村有3个渔业专业户，放养面积270亩，亩产成鱼1吨，渔业生产值235.37万元。2005年，增加到5个渔业专业户。

养蚌育珠

本地人对蚌珠的认识源于野生河蚌的产珠，剖蚌时偶尔会发现里面附着珍珠。河蚌有的是夏天游泳时摸到，有的是冬季用蚌耙扒的，大的蚌能剖出蚌珠数粒，当作珍品保存。能遇到育珠蚌的概率非常小。

1968年，民主大队决定在唐平湖里养蚌育珠。养蚌首先要解决河蚌的来源。渔业队派刘仁兴、盛伦祥、杨银弟、刘焕均到江西鄱阳湖购买三角蚌，并通过在湖北工作的刘仁寿的帮助，在湖北阳逻购买大量的三角蚌。开始在唐平湖里试养。在太湖水产研究所专业人员的指导下，自育小蚌获得成功，并不断扩大养殖。1975年，渔业队人工繁殖褶文冠蚌，三亩水面当年获一龄蚌20万余只，由此境内河蚌以三角帆蚌、褶文冠蚌进行接珠，并在全社会推广。

接珠是养蚌育蚌产业的关键技术，大队领导与无锡县多管局水产技术科联系，派人到苏州地区东山水产研究院去学习接珠技术。

1970年收蚌珠0.72斤，两年后就发展为大队的骨干副业，做到自繁苗蚌到成珠一条龙。常年接蚌人数在60—80人，年接手术蚌10万只左右。

蚌珠的主要销售渠道是外贸公司。起初是由无锡县多管局代收蚌珠，后来通过曾在玉祁工作过的无锡外贸公司经理蔡加仁的帮助，直接把蚌珠卖给无锡县外贸公司。随着蚌珠产量的增加，知名度越来越大，销售渠道也越来越多，先后跟江苏外贸、福州外贸、上海外贸、广东外贸建立了购销关系，其中福州外贸销量最多。珍珠养殖给村里的财政收

1983年，生产队接蚌珠

入创下了可观的外汇。

渔业队为民主大队的经济发展作出了不小的贡献。1976年，育蚌收入高达70余万元，成为民主大队总收入的半壁江山。渔业队的现金收入成为民主大队依赖的流动资金，大队发展各项事业往往需要渔业的资金支撑，大队多个队办厂的启动资金也来自渔业队。70—80年代正是队办厂发展最快的时期，渔业队为大队办厂提供的资金有200余万元，其中橡胶厂就有60余万元。针织厂还借用渔业队房子办企业。为了更好地发展大队工业，渔业队为各单位提供了以青鱼为主的农副产品，有力地支援了企业发展。70年代中后期，为了提高水上运输效率，渔业队出资改造机动船，号称“飞鱼”，成为大队主要水上交通工具。

民主渔业队的兴旺与大队领导的重视和支持密切相关，同时也得益于队长刘应和的有效管理和严格自律，刘应和率领大家白手起家，把民主渔业队办成了全县闻名的水产基地。

由于养蚌育珠产值高，利润大，整个民主大队掀起养蚌热潮，生产队也挖育蚌池。参照渔业队育蚌经验，以黄颡鱼为三角帆蚌幼蚌寄主鱼苗，与即将排卵的母蚌混养。蚌卵排出后让鱼苗吸入鳃中，幼蚌吸收鱼体营养，慢慢长大并脱落，以水中的微生物为食物。大约经过一个半月的流水饲养，幼蚌长到2—3公分就可出售，当时的售价大约每只0.02元，生产队育小蚌给村民带来一笔不小的收入。

1977年，南村头生产队育小蚌300万余只，养蚌收入使生产队每个劳动日增加0.2元，超过了1元，摆脱了“羊进关”的落后面貌。同年民主村渔业队年产蚌珠70公斤。70年代末80年代初是民主大队养蚌育珠最兴旺的时期，育出的小蚌移出蚌池后，除出售一部分外其余全部用网箱放到河中扩养。网箱用毛竹固定，一排一排放养在河中，主要河道也只留中间一条船路，供船只通行。到第二年3月至4月河蚌接珠时期，河蚌已长到7—8公分，可作手术蚌使用。一般一只蚌接珠，一只蚌取膜，把膜取下切成35—36个小段放在玻璃板上，一段一段移入接珠蚌膜中。

接珠最兴旺时，民主大队60%的水面都挂满蚌。1981年，珍珠获得丰收，产珍珠456.7斤，比1980年增加39%，产值超60万元。养蚌育珠成为民主大队的副业骨干项目。

三角帆蚌一般三年取珠出售，褶文冠蚌一般两年取珠出售，下表是三角帆蚌和褶文冠蚌的接珠成本、产量和销售价格。

表29　　河蚌接珠成本产量和销售价格情况表

品种	河蚌成本	一年手殖蚌珠	二年手殖蚌珠	三年手殖蚌珠	1980—1983年单价	1985—1988年单价	1990—1993年单价
三角帆蚌	1.4元/只	2克/只	4克/只	10克/只	10000元/公斤	4000元/公斤	500元/公斤
褶文冠蚌	1元/只	5克/只	7.5克/只		2400/公斤	500元/公斤	120元/公斤

1990年起，蚌珠价格严重下跌，加上河水污染已不适宜养蚌育珠，这项副业就此终结。

特种水产养殖

养鳗鱼　70年代，民主渔业队组织渔民到长江口捕捞鳗鱼苗，并利用马坨墩一块8亩多的鱼池试养鳗鱼，时间约3年，后因鳗鱼大量逃亡而停养。后来，村民称该鱼池为鳗鱼池。

养蟹　2013年，刘年青与村委签订协议后，在位于民主村西南部五牧运河旁的横岸圩内开挖蟹池60余亩，投资80万元，搞螃蟹养殖。刘年青向技术人员学习养蟹技术，自己消化总结，逐步积累经验。加强池塘、种苗、饵料、工具的消毒，关注水质、水草的优化，保持蟹苗有良好的生活环境，减少病害的发生。他养的螃蟹个头大，蟹体结实，味道鲜美，受到消费者的赞誉，成功注册“玉爪蟹”的商标。2020年，该蟹池产值突破200万元。无锡电视台对他作专门采访。

2020年，养蟹喂食

第三节　家畜、家禽饲养

家畜饲养

养猪　养猪是本村传统副业，农业合作化时期，养猪事业发展较快，境内

1971年，大队百头猪场

有90%的农户饲养肉猪，一些宽裕的农户还饲养母猪，玉祁农贸市场上每月三次集市，专设苗猪销售市场，俗称“小猪角场”。农户一般每年出售两圈猪，到年终过年时宰杀一头肥猪，过个好年。1959—1961年，粮食大面积减产，生猪圈存数严重下滑。

1962年，中共中央颁发《农村人民公社工作条例修正草案》。民主大队贯彻公养与私养并举的方针，并给社员划分生猪饲料田。民主大队规定每头肉猪划饲料田0.075亩，每头母猪划饲料田0.15亩。在以后的几年里，大队养猪数量逐年回升。

60年代中期起，各生产队陆续建造养猪场，其中东刘庄集体养猪较早。1971年，每头小猪只能卖2—3元，全年养猪支出800元，收入不满1000元。到1974年，收入支出相抵，余1528元。1975年东刘庄私人养猪圈存80头，集体养猪圈存130头，常年保持有90头以上的圈存量。生产队17头母猪，由3人饲养，另有4名年龄较大的社员种植4亩多饲料田，一年四季青饲料为红花草、甜菜、山芋藤、南瓜、大头菜、西漳菜、四月白菜等，还有6亩多的水面养殖水浮莲，作为青饲料。新东生产队饲养21头母猪，配有3名经验丰富的饲养员，另有5—6名老年社员种植10亩饲料田。1975年，出售苗猪440头，肉猪60多头，收入7000元，收支相抵余2000元。1969—1972年全大队供应市场肉猪9000头。

1970年冬，大队在南村头前建造“百头猪场”。猪场占地面积1920平方米，建造猪舍60间，另设饲料加工场房屋两间。到1975年12月，有苗猪377头，肉猪14头，成年母猪70头，后备母猪14头，公猪4头。有饲养员8人，每人分管五间。另由一人负责4头公猪的饲养，同时还要负责这些公猪与各生产队养猪场母猪的配种工作。百头猪场的饲料田20多亩，有8名人员负责种植，种植以甜菜、西漳菜、大头菜、山芋藤、南瓜等青饲料为主，1人专门负责饲料粉碎工作。1971年，民主大队全年生猪圈存量3700多头，平均每亩2.1头。

1974年，大队在徐巷南面建造肉猪场，专门负责肉猪的饲养。建造猪舍30余间，有7人负责养猪，有6—7人负责20多亩饲料田的种植，确保青饲料的长年供应。常年圈存肉猪300余头。

1975年9月，中央发布《关于大力发展养猪事业的通知》，民主大队要求队队建立养猪基地，实现一亩一头猪、多积肥料多打粮的目标，大队组织人员到各地采购苗猪，分发给社员饲养。并对出售的生猪增加一定的粮食奖励，大队掀起户户养猪、人人养猪的热潮。1975年，民主大队出售肉猪3293头，1976年，生猪全年饲养6343头，常年圈存3009头，其中公母猪315头。出售肉猪3334头，每亩达到1.5头，其中集体占69%，社员私人占31%。全大队建有集体猪舍260间。

有机肥的增加保障粮食的增产。1973年，亩产超“双纲”，1975年，亩产达吨粮，1976年，亩产达到1.145吨。1978年，苏州地区召开“农业学大寨”会议，会上，民主大队作《以粮为纲，全面发展，正确处理农、林、牧、副渔关系》的经验介绍。4月4日，《人民日报》在一版显著位置发表社论和无锡县的调查报告《农业高速发展的途径》，介绍民主大队的事迹。7月9日，《新华日报》第二版发表题为《公社富裕的标志——无锡县农副工结合全面发展调查之五》和《扩大再生产的源泉——无锡县农副工结合全面发展调查之六》的文章，民主大队的做法得到高度肯定。

进入80年代，随着改革开放的推进，全社会商品流通放开。1983年，实行联产承包责任制后，生产队的集体养猪场就停止了运转，房屋也逐步被转卖，但村民个体养猪有增无减，特别是国家提高了生猪的收购价格，村民养猪数量持续增长。80年代中期，出现了养猪专业户。90年代，是专业养猪最兴旺时期，后三村村民孟仁福在自己承包的11亩蔬菜田旁，建造简易猪舍10多间搞专业养猪，常年圈存肉猪几十头。出圈猪养到100公斤甚至150公斤出售，大大提高了养猪的效益。猪粪是蔬菜的优质有机肥，种植的蔬菜很受欢迎。

90年代，专业户养殖奶牛

养牛　本地以前很少养牛，只有少数水牛用作耕田、耙田之用，60年代东刘庄有耕牛一头，生产队安排一人放养。耕田时，牛拉犁，赶牛人一手扶犁，一手挥鞭，指挥耕牛向前走；耙田的时候，牛拉耙子，赶牛人立在耙上，一手握着缰绳，一手挥鞭指挥耕牛在水田中行走。干完活后让牛在河中洗澡，俗称沉潭。牛几乎整个身体都沉在水中，只有鼻孔、眼睛露在水上，呼着粗气给自己降温。

90年代，随着产业结构的调整，政府扶持奶牛养殖，奶牛养殖业在本地兴起。1996年，本村村民刘年青与玉东村村民葛介明在南村头北面开办奶牛养殖场，总投资100万元，饲养成年奶牛60余头。经过精心饲养，每头母牛每年收获5000余元，基本上三年收回成本。由于奶牛饲养方法得当，奶牛业持续十多年得到发展，并取得一定效益。

养羊　养羊是本地的传统养殖业。中华人民共和成立前后许多村民家里都有饲养，每家养羊1—3只，一般以饲养湖羊为主。养羊成本小，买回小羊随便找地方圈起来，喂上青草就可以饲养。也有自行繁殖，母羊一年发情两次，每次能生下1到4只羊羔。养羊跟养兔一样，基本上都由小孩子割草喂养，夏天草多，还会晒点草干，供羊冬季食用。还可以用一条长绳将羊拴到野草茂盛的地方，让它自己觅食。

本地农户养羊主要为了积肥和剪羊毛。羊粪、羊灰是上等的有机肥料，把它与草塘泥做潭，作水稻基肥，水稻长得特别旺盛有力。生产队收购社员私养的羊灰，羊灰也成为农民的一笔收入。养湖羊主要是靠羊毛卖钱，湖羊每年春秋剪毛两次，每只羊每次能剪0.5—1公斤。羊毛可自己纺线织毛衣，也可出售。70年代中期，民主百头场建立，集体养羊50余只，由2人专门管理。1972年，全大队社员养羊300多只。

80年代，随着生活条件的改善，湖羊逐渐减少，开始改养山羊。山羊以放牧为主，村民到田里干活，牵上山羊，系在空地上让它自己吃草。冬季是本地吃羊汤的季节，养一年的山羊或自己食用或卖给羊汤店。到21世纪，随着村落的拆迁和土地的征用，家庭养羊业逐渐消失。

养兔　养兔是一项传统家庭副业，本地一般饲养草兔。农业合作化后引进安哥拉长毛兔，供销社开始收购成兔和兔毛，养兔业得到进一步的发展。1964年起，南京、郑州等生物制药厂在本地收购血兔和乳兔，收购价格高于供销社50%。60—70年代，山东、苏北等地前来收购种兔，每只良种毛兔高达50—60元，本地农户养兔积极性进一步提高。1971年，社员养兔5000多只，平均每户6只。1979年，从吴江引进长毛种兔。1981年，引进德国纯长毛兔，兔毛产量大增。

养兔是一项重要的家庭副业，而且主要靠小孩课余割草来饲养，基本不需要投入饲料成本，所以，几乎每家每户都有饲养，供销社常年收购，一般家庭小孩的上学费用基本来自养兔收入。

70年代中期，民主大队百头场搞规模养兔，利用两间空猪舍建兔笼上百只，饲养青紫蓝兔、日本大耳兔、安哥拉长毛兔500余只。养兔场的兔子品种好，社员常把自家的发情母兔送到养兔场配种。

70年代，大队副业队养兔

梅花鹿养殖　2000年初，专业户蔡良生在黄泥河南建造养鹿场，投资30余万元建造鹿舍及鹿产品加工厂，引进梅花鹿60余头，并配套种植牧草。饲养期间采集鹿茸、鹿血等保健品。梅花鹿养殖高投入、高产出，每头鹿每年产鹿茸价值2000元左右，母鹿产仔一只，价值2500元左右，每只鹿年利润在1500元左右。在正常情况下，规模型养殖三年左右就能收回成本。鹿茸、鹿血等保健品的市场需求又呈增长趋势，养鹿应该是一项收入稳定的产业。

90年代，专业户养殖梅花鹿

2008年，因为唐平湖开发，鹿场搬迁出民主村。

家禽饲养

养鸡　境内居民几乎每家每户都养鸡，少则3至5只，母鸡用来生蛋卖钱，公鸡留着过年作祭品。

90年代后期，养殖专业户饲养家禽

到70年代后期，养鸡禁令废止，私人养鸡得到恢复，鸡的品种也有增加，有草鸡、来杭鸡、三黄鸡、白洛克鸡、乌骨鸡等。有些生产队为增加集体收入，创办集体养鸡场，饲养品种主要是肉用鸡，饲养时间短，收效快。有条件的农户养几十只白洛克鸡，为公社孵坊提供种蛋。公社兽医站每年派人到各生产队给鸡注射疫苗，在禽流感的暴发期间，更是一只不漏地注射，所以本地没有疫情流行。1971

年，生产队集体养鸡5500只。

21世纪初，随着居民生活状况的改变和政府对环境治理要求的提高，境内已无居民养鸡。

养鸭　养鸭是家庭传统副业，但并不是家家养殖，靠近水域居住的人家养鸭稍多。施一生产队靠近唐平湖，大部分农户都有饲养。鸭的品种主要有绵鸭、绍兴鸭、北京鸭等。养鸭是为了收入鸭蛋，除食用外也有出售。每年开春，芦苇透青鸭开始正常生蛋，生蛋大部分在夜间，农户早晨开鸭棚时就可拾蛋。白天，不会像鸡那样到棚内生蛋，因而，有些鸭会将蛋生在河里和草丛中。春天生的鸭蛋，农户一般用来腌制成咸鸭蛋，到端午节，与粽子一起煮或作为节礼送人。

1975年，民主大队在徐巷南面办起集体养鸭场，数量达到1000余只，由2人专门负责。主要品种是绍兴鸭，以出售鸭蛋为主。采用半舍饲养、混合饲料喂养，不过早开棚，防止母鸭棚外产蛋，人工补充光照使每天自然光照和补充光照达到16小时以上等方式，鸭蛋产量明显高于农户家养。

随着生活水平的提高，农村环境的整治，民间养鸭与养鸡越来越少，河塘内基本看不到有鸭子游动。

养鹅　本地养鹅较少，只有少数农户饲养。

1975年，大队在大桑园开办养鹅场，饲养白鹅500只，以放养为主，由刘希平专门负责管理。大桑园河道多，低洼田杂草丛生，适合养鹅。雏鹅抗寒能力差，消化能力弱，饲养技术要求较高，不但饲料要精细，每天还要喂食9—10次，夜间也要喂两三次。20日龄后白天可全天放养，夜间补料一次。雏鹅经过两三个月的饲养，就能长成近5公斤的大鹅，经济效益较高。

养鸽　鸽子主要有信鸽和肉鸽两种类型，本地养鸽以信鸽为主。

90年代初，东刘庄村民刘卫炎利用旧房饲养肉鸽，并同时出售乳鸽和鸽蛋。

民主村有15户信鸽爱好者饲养信鸽，数量从每户几十只到100多只。多名信鸽爱好者加入信鸽协会，经常参加协会组织的各项比赛。其中，刘晓伦养的信鸽曾获得信鸽比赛第三名；施金根的信鸽曾获得信鸽比赛冠军和亚军；施明华的信鸽在“云外水庄”比赛中获404名，获得奖金1万元，在“淮安工棚”信鸽比赛中获36名，获得奖金2万元。

随着村民搬进安居房居住后，信鸽饲养有所减少。至2020年，只有6户信鸽爱好者在饲养，数量有数百只。

养娇凤　娇凤又名虎皮鹦鹉，体型娇小，羽毛光彩艳丽。在60—70年代为我

1978年，大队养殖的娇凤

国出口创汇产品。每对娇凤鸟国家收购价格约4元，若人工养娇凤鸟20对，按每年繁殖3窝，每窝4只计算，经济收入可达千元左右。

1971年，民主大队利用百头场空余房屋养殖娇凤，数量最多时达到3000余只，由1人专门负责。1969—1972年出售娇凤900余只。至1977年，养鸟场搬进肉猪养殖场的北楼，饲养规模进一步扩大。娇凤出口到国外，以荷兰为多，为国家创收了外汇。1979年5月25日，农业部部长何康一行30余人参观考察时，对娇凤出口创汇评价很高。

第四节 蔬菜、食用菌种植

蔬菜主要分传统蔬菜、商品蔬菜和加工蔬菜。历史上，村民都利用房前屋后的旱地零星种植蔬菜，自给有余。1958年，搞“大跃进”，取消社员的自留地。社员吃食堂，生产队集体种植蔬菜。1962年1月，食堂解散，恢复社员自留地，每人0.05亩，社员在自留田内种植蔬菜。

1969年到1976年，社员多余的蔬菜出售被视为有资本主义倾向，多种植的大白菜、番茄等都当作“资本主义尾巴”来割，市场的蔬菜供应紧张。

传统蔬菜

传统蔬菜农户以自给为主，稍有多余也会拿到市场出售。主要品种有青菜、萝卜、冬瓜、黄瓜、丝瓜、马铃薯、莴苣、长豆角、苋菜、茄子、韭菜等，80年代，开始引进生菜和空心菜等蔬菜品种。

青菜　青菜是农户的当家蔬菜，品种繁多，一年四季都可种植。春季的白梗菜，夏秋的小白菜、上海青，秋冬季的苏州青、五月青等都属于青菜。青菜种植要注意菜青虫、叶跳虫、蚜虫的防治。冬季是青菜品质最好、用药最少、口味最佳时期，特别是经过霜打的青菜，略带甜味，口感鲜嫩。青菜种植采用直播和移栽。

萝卜　萝卜有早籽萝卜，如“短叶十三”“宜兴一点红”等；中籽萝卜，如韩国“白玉春”萝卜、太湖长萝卜等；晚籽萝卜，如筒子萝卜等。本地农户习惯上以颜色、外形来分类，有白萝卜、青萝卜、红萝卜等。萝卜一般采用穴播，在八月中下旬播种，十月中下旬收获。早籽萝卜体型较小，密度稍高；中晚籽萝卜体型大，密度稍稀，如韩国的“白玉春”萝卜体型大，口感好，是目前的主栽品种。每户种上几垅，成为秋冬的主要蔬菜。红萝卜、青萝卜要腌制成萝卜干，供来年大半年的早晚稀饭小菜。晚籽萝卜长在地下，不易冻害，过年做团子的萝卜丝馅、荤汤萝卜，大部分用晚籽萝卜。

马铃薯　马铃薯俗称土豆、洋山芋。50年代，引进“上海红皮”；由于品种退化，60—70年代引进“里外黄”“白发财”，上海的“丰收”和“丰收白”等品种；80年代后引进黑龙江的“克星一号”“克星四号”为主栽品种。马铃薯一般在每年1月下旬种植，为块茎繁殖，种植田应施以基肥，覆土后用地膜覆盖，出土后要防止霜冻，到采收基本上不施肥不用药，5月中下旬收获。马铃薯耐储存，收获后能吃较长时间，是家中的储备菜。

冬瓜　50年代后期以种植宜兴“白皮冬瓜”为主，后因该品种抗病力弱而被逐渐淘汰。70年代初，引进“杭州青皮”，成为主栽品种，直到现在。冬瓜一般于清明前后种植，是夏天的主要蔬菜。

黄瓜、长豆角　几乎每家都有种植，于清明前后种上几畦，用小竹竿搭架，到6月初，就可以采摘，是夏天的主要蔬菜。黄瓜、长豆角可穴播也可移栽，有些农户为延长采摘期，分批种植，第一批以地膜覆盖，后随着气温升高，可以露天栽培。

丝瓜　村民多在每年清明前后，在房前屋后种上几根丝瓜苗，搭上架子，让丝瓜爬上架子开花结瓜。丝瓜夏天采摘，结瓜时间长，只要肥水条件适宜，可连续采摘2—3个月，为本地居民夏天的主要蔬菜之一。

茄子、菜椒　茄子、菜椒都在清明前后种植，每户种上10—20株茄子、菜椒，可采摘一个夏天。到9月中旬还有冷露茄采摘。

苋菜、空心菜　苋菜和空心菜，也是夏天的主要绿色蔬菜。苋菜有青苋菜、红苋菜和一点红苋菜。立夏时节的苋菜最被珍视，农谚有“立夏见三鲜”之说，苋菜为三鲜之一。长大了的苋菜，其茎还被用来腌制“臭苋菜梗”，也是一道传统菜肴。空心菜有阔叶、细叶2种，本地农户一般种植细叶空心菜。空心菜是盛夏蔬菜淡季的主要叶菜。

莴苣、生菜　莴苣吃茎，生菜吃叶。一年有两季收获，春莴苣一般在年前播种移栽，至第二年春季气候回暖，莴苣笋长到一定的高度就可以收获。秋莴苣一般在8月20—25日播种，9月中旬移栽，10月收获。生菜在春季只要气温适宜就可以播种，经过一个多月生长后就可以采摘，边摘边长，摘密长稀，可连续采摘到盛夏。秋季，当温度低于28度时播种生菜，与春季一样，一个月后就可以采摘，可持续吃到冬天。生菜没有虫害，不需用药，成为农户普遍种植的蔬菜。

大蒜、药芹　大蒜和药芹种植相对较少，只作为调节口味的辅助蔬菜。大蒜口味独特，营养丰富，本地农户一般以青蒜为主。大蒜以蒜瓣繁殖。选择蒜头较小的早熟品种，每年在白露前后把蒜瓣插入土中，上面覆盖稻草。大蒜出土后割一茬施一次肥料，可一直采收到明年春天。

药芹播种时间与大蒜一样，于白露前后选择一片空地播上种子，不需要治虫，是冬春搭配蔬菜。

韭菜　韭菜是本地居民当家蔬菜之一，春季种植韭菜，秋季就可以割。收割以后施上肥料，可持续生长。种一坨韭菜可以吃几年。冬季，韭菜停止生长，可施上重肥，盖上细土。到来年春天气温回升，韭菜长出地面三寸左右，要及时采割。俗话说：头茬抢，二茬长。春天的第一茬韭菜是待客的佳肴，俗称“头刀韭菜”。盛夏时节要停止采割，到秋季天气转凉时再割。韭菜基本不需用药，是一种放心菜。

商品蔬菜

大白菜　境内于1956年开始种植大白菜。1957年，山东城阳供销社提供大白菜种子，派人到境内教授白菜栽培技术，大白菜种植面积大幅提高，当时副业收入跃居全乡第一。“三年困难时期”，民主大队社员靠大白菜度过了饥荒。1962年，中央纠正浮夸风，下达农村调整、巩固、充实、提高的八字方针，大白菜种植得到很大发展，仅新村、施家宕两个自然村就种植200多亩，亩产达100担以上，总产量达到24000多担，收入37万元。苏州、无锡、常州等市的蔬菜公司派员坐镇玉祁收购大白菜，定点到田头开秤收购。一时间唐平湖、刘庄浜热闹异常，盛况空前。

由于白菜种得多，有时蔬菜公司的船只装不下或者天气突变寒潮来临，社员把几埨白菜连根拔起，集中码放在一起，四周用泥土围住，盖上稻草，防止冻害。待蔬菜公司船只一到，立即装菜上船，不会有损失。

大白菜的品种主要有“城阳青”“福山大包头”等，体型大，一般可长到每棵5公斤以上，最大的可长到15公斤。产量也高，亩产稳定在6吨左右，每亩经济收入在1500至2000元，社员称大白菜为“聚宝盆”。民主大队副业收入高，闻名苏州地区，大白菜功不可没。在1969年之前，年年都有大量的参观人员，无锡市郊区专业种植蔬菜的公社也组织干部前来参观。

90年代，专业户种植的大白菜

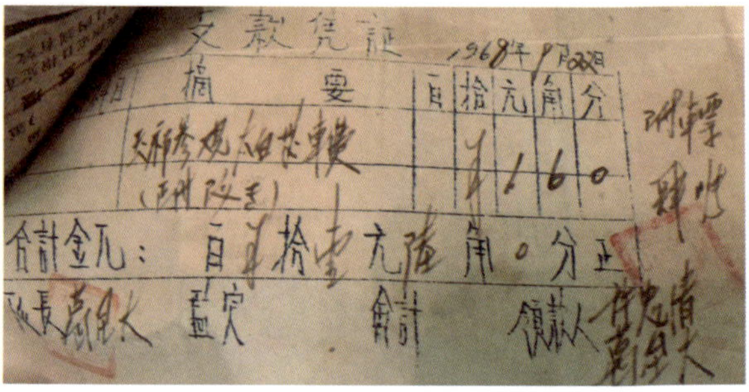

1968年，外地人员来民主参观大白菜种植的车费发票

2020年，有自留地的村民仍在少量种植大白菜，品种以“青杂三号”为主。大白菜耐储藏，也是制作腌菜的首选菜品。

番茄　1954年，本地开始种植番茄，因为番茄容易种植，作为经济作物，利润较高，村民把番茄戏称为“摇钱树”。番茄品种主要有“大红袍”和“紫番茄”。“紫番茄”也称洋番茄，口感细腻，甜而不酸，更受大家欢迎。

1962年开始，各生产队自己培育番茄苗，选择在避风向阳的地方建造玻璃棚育苗，从播种到出苗、翻棚，要经过几个月时间的管理。碰上寒流，玻璃棚外要覆盖草帘，白天太阳出来再揭去。到4月下旬，番茄开始定植。民主大队每个生产队都有十多亩的番茄种植面积，种植密度与大白菜相近，每亩2000株至2500株，每株番茄用一根小竹竿固定，生长期间还需要修整枝，促使番茄迅速结果。每到采收时节，生产队安排社员采摘，用水泥船运到无锡、常州等市销售。

花菜　花菜，又名花椰菜，有极早熟、早熟、中熟和晚熟品种。本地一般种植生长期长如“四季获”“春魁”等晚熟品种，上市时间正值3—4月份蔬菜淡季，可补充市场供应，经济效益较好。花菜亩产一般在1.5—2吨，每亩收入2000元至3000元，扣除农药、化肥、农业税和人工成本每亩净收入1200元左右，比种植粮食作物高2—3倍。

境内在60—70年代有零星种植，90年代后期，开始大规模种植，21世纪初最为兴旺。由于销售量大，出现花菜经纪人，在成熟季节由他们通知客商前来收购，汽车直接开到田头，过秤、上车、结算一次到位。花菜的经济效益调动了村民种植的积极性，大家都充分利用土地种上了花菜，本村七八个种田大户，每年户均种花菜10—20亩，正常年景每亩收入2000元以上。花菜种植大户一般还自己留种育苗，在采收时留球面光白无毛头的花球，作为下年种植的种子。最多年份全村种植面积达到300余亩。

随着安居房的开发，土地面积的减少，本地花菜种植逐步减少。

茭白　50年代，以种植红壳茭白为主，70年代种植产量较高、肉质白嫩的“中介茭”，该品种是由无锡郊区广益、刘潭产区从红壳茭白中选育出来的。后又种植“二热茭”晚熟品种。本地种茭白都是利用沟潭零星种植，没有出售。80年代，刘庄村民吉苟南开始成片种植，面积约0.6亩。产出的茭白自己摆摊出售，年收入2000元至2500元。21世纪初，民主种田大户范土堂、钱伟荣从刘潭引进茭白苗，种植面积达到20余亩。产出的茭白销往附近菜场，每亩收入达2500元左右。随着唐平湖开发，土地移作他用，茭白成片种植停止。

1983年，种田户茭白种植

水芹菜　境内少有种植，80年代分田到户后，刘庄村民吉苟南利用村旁鸡口田种植水芹菜0.7亩左右。种植的水芹菜白头长、产量高，0.7亩地水芹菜能收获2.5吨，经济收入3000元左右。种植水芹菜是很辛苦的工作，夏秋时期，利用水芹菜茎秆育苗，到冬季拔出，再插入泥中，只露芯叶在上面，插得越深，白头越长。春节前就可收获上市。

加工类蔬菜

咸菜腌制　水咸菜的腌制一般是在秋天，以白梗菜为原料，洗净、晾干，装入缸中，装一层菜撒一层盐，踩踏紧实后用石块压住。经过一个月便可取食，脆嫩爽口。到第二年春天，吃不完的水咸菜晒干制成菜干，可常年食用，炖肉最佳，与腊肉一起制成的菜味道鲜美。后来花菜大量种植，村民利用花菜嫩叶制成菜干，口感比白梗菜制成的菜干更。花菜收获时，勤劳的妇女都到花菜田收集嫩叶，制成菜干销往各厂的食堂，增加一部分经济收入。

芥菜腌制　芥菜即“雪里红”芥菜。秋天种植，到冬季寒潮来临前割下，洗净晾干，切成细段，摊在蚕匾内晒到一定的湿度，与盐拌匀，装入甏头杵实。顶部用稻草辫编成的圆垫压紧，再以捶练瓷实的黄泥封口。存放阴凉处一个月以后即可食用。咸菜保存妥当，可成为一年四季的家庭佐菜。

萝卜干腌制　本地腌萝卜干一般采用红萝卜。红萝卜生育期较短，一般在9月中下旬播种，到11月下旬就可以腌制。把红萝卜洗净、切块，撒上盐放入容器，沥出水分。第二天捞起摊晒，与腌芥菜一样，干湿适中，再加盐复腌，讲究一点的拌入茴香等香料，装进容器，压实密封，半月即成。萝卜干咸脆适口，是本地居民历代相传的佐餐必需品。

豆制品加工　把黄豆浸泡磨成豆浆，加入一定的石膏或盐卤，使蛋白质凝固，制成豆腐和百叶。1949年，境内有3家豆腐店。刘庄刘东来豆腐店生意比较大，附近村民也常用黄豆去换。玉祁供销社开豆腐店，特邀刘东来前去技术指导。1970年冬，大队百头猪场建立，刘东来到百头场开豆腐坊。

桥东云南豆腐店在1949年前就开办，是家庭传统手艺，除供应新桥周边村子外，还到玉祁街上摆摊销售。1956年农业合作化后，豆腐作坊由生产队经营。

新村下巷根宝豆腐作坊是家庭传统手艺。30年代开始经营，新村、施家宕的村民都到那里购买或以黄豆换。人民公社成立后，生产队接管作坊，由集体经营。到1970年冬，并入大队“百头场”豆腐工场。该工场有社员4名，豆制品加工成为大队的一个副业项目。

粉皮线粉加工　粉皮和线粉都是由淀粉加工而成。本地的淀粉主要来自山芋，少量来自蚕豆和绿豆。

1958年，合作社安排下巷村民刘子孝在新桥西陈文泉家开设淀粉加工场，以蚕豆、绿豆为原料加工淀粉。1959年因原材料短缺停办。

1966年，民主境内小队和私人普遍种植山芋，大队利用原来淀粉加工场的工具在新桥祠堂里开办淀粉厂，以山芋为原料制作淀粉。淀粉厂为季节性经营，业务繁忙时有工人十多人，年消耗山芋超过50吨。淀粉产品由供销社收购，社员可以用自己种植的山芋到厂里换取淀粉，每百公斤山芋可换淀粉20—25公斤。淀粉厂在为各生产队增加收入的同时，社员用淀粉加工粉皮、粉丝，丰富饮食结构。

1973年，是种植山芋最多的时期，也是大队淀粉厂产值最高的时期。生产队的大部分旱田种上山芋。

粉皮制作很简单，只需将调匀的淀粉浆舀入轻薄的盆内，将盆放入开水锅，旋转使其摊匀，待淀粉变成透明即成。制作线粉也与粉皮一样，把淀粉浆加热凝固成宽厚的块状，再用刨子刨成丝，晾晒即成。

食用菌类（蘑菇）

历史上本地没有食用菌的种植；野生菌类因不辨毒性，不敢轻易食用，曾经也有误食而中毒者，只有地衣常被采食。1967年，民主大队开始栽培蘑菇等食用菌。栽培食用菌投入小、见效快、产量高，成为集体副业生产的新兴项目。生产队利用仓库、猪场搭建蘑菇棚进行培植。蘑菇培植分春菇、秋菇2种，每平方米培养基可出春菇2.5公斤、秋菇约1.5公斤，经济价值较大。1971年，全大队培植蘑菇面积达667平方米，收获鲜菇4吨多，平均每平方米收获春菇2.7公斤、秋菇1.63公斤。

1983年，大队培育菌种

1972年，大队办起菌种场，成立蘑菇培植队伍。他们利用肉猪场、祠堂等大队集体空余房子栽培蘑菇。民主百头场利用空余猪舍用毛竹搭起架子，收购生产队的稻草，混合猪粪堆制培养料，栽培蘑菇近222平方米。特邀养蘑菇技术员来指导生产，第一年就获得成功。同年各生产队蘑菇的培植面积也进一步扩大。

1983年，分田到户，集体培植面积有所减少，食用菌生产逐步转为家庭进行，全村一半以上的村民都培植蘑菇。有空房的村民用毛竹、芦篦搭建蘑菇房，充分利用空间增加培植面积。据不完全统计，全村培植蘑菇面积达13889平方米。同时，村里办起脱水厂，大量收购鲜蘑菇。由于蘑菇销路有保障，村民种菇的积极性大增，蘑菇培植面积不断扩大。种蘑菇成为民主村村民重要的收入来源。本地栽培的蘑菇多是白色双孢菇，含有丰富的蛋白质，有多种氨基酸和维生素及其他营养成分。

第五节　瓜果苗木种植

瓜果种植

2020年，专业户种植大棚西瓜

1949年前，境内就有西瓜和香瓜种植，西瓜品种最早是白皮、白籽、白瓤的“三白”西瓜，果形大，瓜瓤酥甜。70年代，引进“苏蜜1号”和“解放”西瓜。“苏蜜1号”瓜黑皮、黑籽、红瓤，也有黄瓤，果形较小，结瓜数量较多，含糖量高。合作化后，生产队开始集体种植，西瓜成熟期生产队派人专门看管、值班，安排有经验的老农采摘。采摘后装水泥船，运往无锡、常州等地销售。2010年民主村有专业承包种植西瓜10余亩。

香瓜品种较多，最出名的是新村瓜，俗称“老太婆瓜”，又名“噎杀人瓜”，为民主村特产。该瓜为扁圆形，有绿色条纹。成熟时瓜色由绿转黄，香味浓、肉质略甜。香瓜还有“苹果瓜”“白皮洋瓜”“青皮洋瓜”“青皮绿肉瓜”“小白娘瓜”“雪梨瓜”和“黄金瓜”（因瓜身有十缕黄色，又名“十条黄金瓜”）等品种。每个生产队都种几亩香瓜，与西瓜一起运往城里销售。为增加收入生产队在番茄田内套种“雪梨瓜”，番茄收获后，“雪梨瓜”爬上架延长采摘期。

90年代后期，种田大户开始成片种植雪梨瓜，全村雪梨瓜种植面积超过200亩。雪梨瓜种植成本少、效益高，其瓜糖分含量高，爽口脆甜，有些瓜农还打出自己的品牌，包装出售，效益进一步提升。

2020年，仍有农户利用零星土地种植雪梨瓜。雪梨瓜仍是瓜果种植中的主栽品种。

四角菱种植

四角菱是一年生水生草本植物，生长在河塘内，本地历来就有种植。每年清明节前，把菱种撒到河里，5月底菱苗长出，接近水面时用草绳把菱塘围起来。

农历七月，菱盘基本铺满水面，菱角开始在菱盘上长出来。到农历八月菱角成熟，可以陆续采摘。四角菱的采摘要用菱桶。菱桶是高帮、长圆的木盆。只容一个人坐在菱桶中，在菱塘内边划边采摘。

四角菱生吃甜嫩爽口，煮熟后咀嚼香糯，制成菱粉可作烹调作料。嫩菱颜色翠绿，成熟菱颜色稍暗。老菱要及时采摘，否则容易自行脱落，掉在河底的淤泥里，慢慢变黑。农历9月中旬，农民就要到菱塘中罱河泥，俗称“挠菱塘”。既为积肥罱河泥，也可以趁机捕鱼拾老菱。人民公社时期，河道归大队生产队管理，种菱成为生产队副业项目之一。70年代菱塘被“三水”挤占，种菱逐渐减少。本村主要种植地有刘庄浜和唐平湖部分水域。

果树苗木

一直以来，村民习惯在房前屋后种榉树、朴树，也有零星种植桃、枣、柿、梨、橘等果树。80年代，村大桑园种植数十亩桃树，由于品种不好，没有取得较好的效益。90年代，种田大户孟仁福在自己承包的蔬菜田里小面积种植桃树、枣树，虽有出售，但规模不大。2007年，南村头村民吴荣祥利用闲散田种植梨树100余株，盛果期年产值达1.5万元左右。

第六节　蜜蜂养殖

1968年，民主大队开办集体养蜂场，蜜蜂品种为意大利蜂，养蜂人员达30余人，分成8个小组，最多养蜂450余箱，年产值10万余元。1969—1972年供应市场蜂蜜40余吨。养蜂人员辗转全国各地，每年12月20日左右出门，常常不能回家过年。发蜂完成后开始采蜜，从广西到江西再经过浙江，花源以油菜、红花草为主；4月初，返回无锡，那时本地正是油菜、红花草、蚕豆的盛花期，花源最多；到5月初，随着花源逐渐减少，蜂场搬到连云港；6月初搬到山东、河北采枣花蜜；7月初到北京采荆条花蜜；8月初到内蒙古采牧草花蜜，有时到东北各地；10月15日左右回家，一年的采蜜基本结束。每组养蜂30箱到50箱，一个花期每箱取得蜂蜜4至5公斤。

国家对养蜂事业非常支持，火车站对蜂箱托运优先服务，蜂农乘坐列车优先安排。蜂农每到一个地方首先与当地供销社联系，供销社通知社员在花期不能对农作物用药。蜂场生产出来的蜂蜜必须卖给当地供销社收购部门。

1978年，大队集体办的养蜂场正式解散，以每箱30元的价格转包给私人饲养。1984年私人专业养蜂也结束。

表30 民主村1970—1986年副业产量情况表

年份	肉猪			蚕茧（斤）	蚌珠（斤）	鲜鱼（斤）
	出售（头）	自宰（头）	合计（头）			
1970	990	179	1169	19010	0.72	67723
1971	1309	117	1426	18535	7.16	65310
1972	1628	249	1877	25373	34.2	57730
1973	1487	225	1712	20360	80	45531
1974	1693	385	2078	21746	54.3	54083
1975	3293	39	3332	10026	45.5	55083
1976	3334	59	3393	28074	157.7	67097
1977	1966	74	2040	29477	146.6	72431
1978	2339	86	2425	24000	171.7	61800
1979	3153	40	3193	24900	172	55400
1980	2700	65	2765	18163	302	68400
1981	2415	70	2485	16588	458.3	85000
1982	2125	85	2210	20841	529.2	83500
1983	1894	95	1984	13939	1042	75800
1984	1520	120	1640	6931	369.8	111000
1985	1300	450	1750			
1986	150	750	900			

第十章　工业

民主村（大队）是无锡地区社队办工业起步、效益高的村，1964年就创办了第一家大队办企业“五金厂”，为当时的农田水利建设和农业机械化提供了资金保证，也在一定程度上提高了社员收入。

在此后的三十多年里，民主大队（村）的工业迅速发展，且异军突起，1982年，民主大队工业及生产队副业的利润为无锡县最高。1993年民主村工业产值超亿元，被无锡县人民政府授予“亿元村”称号。

第一节　村办工业

民主大队的队办工业，可以追溯到1958年人民公社搞“大兵团作战”时开办的“农机具修理部”。该修理部设在新桥刘家祠堂内，建有红炉一座，主要是修理和打造简单的农机具，也打制脱粒机齿并修理脱粒机。时任大队党支部书记为孟荣祥。在修理部工作的铁匠有刘三南、刘听松、刘伯南、刘荣兴、石荣南等，木匠有余伯生、刘焕祥、余泉培等。这个修理部一直维持到1964年大队办五金厂才关停，红炉间部分工具移到新桥西陈凤伟家，作为五金厂锻造消防钩之用，刘家祠堂被桥西生产队用作猪舍。

在度过“三年困难时期”后，大队为摆脱农业的落后面貌，就围绕着建设排灌便利、适应机械化耕作高标准农田的目标，着手开展农田水利基本建设。建设的投入需要资金。然而大队集体经济单纯依靠农业、副业的力量非常薄弱，并且，民主大队地少人多，平均每人拥有水旱田0.56亩，社员收入非常少。为改变落后面貌，大队领导萌生创办小型工业的想法。

第一阶段

民主五金厂　1964年春，从上海下放到老家的新村社员刘钺和向大队书记孟荣祥、副书记刘忠德提出生产消防弹簧钩的设想。刘钺和是1958年从上海轴承厂下放回乡的工人。

大队筹集500元作为启动资金，刘钺和去上海购回钢材2吨。1964年10月，先在玉祁手工业联社试制消防钩样品。获得成功后，大队利用原来刘家祠堂里的红炉间作为锻打工场，又向公社借来3台原被封存的皮带车，借用新桥社员陈凤伟家作车间，开始试产消防保险钩。

民主大队五金厂是玉祁公社第一家大队办厂。第一任厂长为刘宝金，会计为施惠祥。当时，大队负责工业的干部是刘清法。

不久，大队腾出“洋房”楼下房间作为生产车间，皮带车和其他设备也搬进来。陈凤伟家新砌了炉子，改作红炉间，原刘家祠堂的红炉拆除，祠堂作为桥西生产队养猪场。

1965年3月18日，第一批14名社员进厂开工，做消防保险钩。产品获得上海五金公司的认可，工厂在上海的银行开账号。1965年，大队副书记刘忠德说服刘庄下放工人刘耀兴，将自己加工七星皮肤针和仿象牙烟嘴的作坊并入五金厂，生产像章、仿象牙烟嘴。

1966年，五金厂完成产值26000多元，实现利润8206元。1967年，完成产值9万元，利润22500元。后来又生产新产品背包钩。到1971年完成产值31万元，利润106800元；1978年，产值122万余元，利润47.8万元。

1967年，厂长为刘晋玉。刘晋玉调公社农机厂后由刘宜荀任厂长、刘宝芳任副厂长。原来生产塑料制品的车间也添置1台胶木压铸机和1台注塑机及其他设备，用于生产烟嘴、继电器外壳和领袖像章。由于用电负荷过大，65kVA的变压器经常出故障，1969年夏，大队决定把塑料和胶木产品搬到杨花浜的石头房子

1964年，民主五金厂第一架脚踏冲床

五金厂产品

里生产，借用那里用于戽水和粮饲加工用的100kVA变压器。在此基础上，大队创办塑料厂。这个时期，主要为天津服装厂生产胶木纽扣、包钉，另一个产品是钳柄套。

民主粮饲加工厂　1964年，民主大队在新桥利用祠堂开办粮饲加工厂，有工人2名，设备有粉碎机1台，碾米机1台，17.5千瓦电动机2台。为大队社员碾米和加工饲料。加工厂的建立方便了群众，推动了养猪事业的发展。

1970年，民主大队在杨花浜旁建造加工厂3间，加工机械从新桥搬至新村，并增添碾米机1台，粉碎机1台，新增17.5千瓦电动机2台。工作人员增加到4人。秋收秋种结束，加工厂派2人携带碾米设备到全大队各生产队流动碾米加工。当时社员的习惯喜欢把米放在米囤里储存。全大队3000多人的口粮大部分都到加工厂加工。70年代正是养猪最为兴旺发达的时期，全大队3000多头猪的饲料加工都由加工厂承担。清晨是加工厂最忙碌的时间，天还不亮，人们就到加工厂排队等待加工。

民主磷肥厂　1968年，为进一步发展农业，大队在新村杨花浜创办磷肥厂，厂长为施祥生。生产磷肥的原料之一磷矿石是从湖北黄梅磷矿和荆钟磷矿运回，另一重要原料硫酸则到无锡市硫酸厂和苏州、上海、杭州等地采购。

磷肥厂开办时有工人10人，大部分是上年纪的农民。他们用粉碎机把磷矿石轧成粉末，倒入大缸，加入硫酸搅拌，经过化学反应制成过磷酸钙。当年实现销售52838元，利润9310元。

民主磷肥厂生产的磷肥含磷量虽然只有10%左右，但对当时的“双三制”推广使用，提高粮食产量起到重要作用。对前季稻“转僵稻促早发”和绿萍的生长繁殖（用过磷酸钙浸出液喷洒）效果明显。苏北的一些地方对民主磷肥厂生产的磷肥也很欢迎。苏北盐碱土缺磷严重，碱性又强，施用过磷酸钙对作物起到很大的增产效果。宿迁等县前来求购，需求量大增。

1978年，民主磷肥厂

1976年，磷肥厂搬至大坝

附近，地处印桥港河口，磷肥可直接装上大船。与无锡硫酸厂达成紧密合作，解决了硫酸紧缺问题。磷肥厂的工人增加到20人左右，有12只反应大缸，每天产磷肥5—8吨，年产1500—2000吨。1985年，实现销售15.5万元，利润1.35万元。

民主磷肥厂起步早，在玉祁公社的磷肥生产行业中可算是先行者。后来由于工人老龄化、产品单一等原因，1986年后，磷肥厂停产。

民主砖瓦厂　70年代初期，社员建房造屋逐渐增多，但建筑材料普遍缺乏，尤其砖瓦供不应求。1974年，大队决定在桥东小队村南的一处靠河的高地上建造民主砖瓦窑，并请来曙光袁家宕的师傅指导。1975年，烧出第一窑砖瓦，青砖质量上乘。砖瓦厂由大队直接领导，刘祖兴具体负责，工作人员7人，其中1人负责外勤，采购原材料、燃料等。砖瓦供应由大队统一归口管理，窑上凭大队开出的收据或批条发货。当时一块青砖售价2分6厘，一窑可烧10万块砖及数万片瓦，一年最多时可烧10窑。开始时就近取土制坯，随着时间推移，从婆婆坟到大桑园取土距离越来越远，运输成本增加，费工费力，加上燃料煤炭紧张，运行10年的民主砖瓦窑于1985年停产。

电镀厂　五金厂产品的电镀工序原来都是依靠外加工的。随着生产的发展，大队1976年决定自己办电镀厂，厂长为余焕祥。主要业务是为民主五金厂所生产的书包钩滚镀镍加工。1980年，对外承接电镀业务，扩建生产车间，增加项目，由原来的单一的滚镀镍扩展吊镀，增加镀铬、镀锌、镀铜、塑料电镀等镀层。经过两年的努力，产值利润翻倍。到1986年，全厂拥有固定资产27.5万元，有员工58人，年产值40万元。

1964年到1977年是民主大队工业的起步阶段。这一时期，由于特定的历史原因，农村工作以“农业学大寨”为主线，反对任何形式的“资本主义倾向”，大搞“阶级斗争”和“割资本主义尾巴”运动。民主大队领导审时度势，在大力发展农业的同时，坚持“以粮为纲，全面发展”，克服意识形态压制、资金短缺、技术缺乏等重重困难，一步一个脚印地创办集体企业。在农忙季节和抓阶级斗争、搞“农业学大寨”形势严峻的时候，让大部分工人回到生产队劳动。为不误产品交货，留下关键岗位的人员继续生产。为适应各个阶段的政治氛围，在对外介绍或对上级汇报时，五金厂的厂名往往也有所变动，如五金农机厂、民主农机厂等，以突出“为农服务”的特性。在大队企业工作的职工艰苦奋斗，每天工作10—12小时，哺乳期的女工都由家里人送孩子来厂喂奶。1966年到1976年，民主大队工业产值累计472万元，利润212万元。队办工业的发展，为农副业发展积累了资金，有力地促进了农副业生产的发展。依靠工业的积累。1976年，大队向农副业投入76万元。这个时期，江阴华西大队书记吴仁宝来民主，与大队书记刘忠德交流搞好集体经济的经验体会，民主还给予华西经济上的支持。1978年《新华日报》以《扩大再生产的源泉——无锡县农副工结合全面发展调查之六》介绍民主大队农、副、工三业齐发展的经验，把时任大队书记刘健华总结的“工业的积累+副业的肥料=农业高速度”的公式昵称为“小刘公式”。

1977年，民主大队已有五金厂（五金农机厂）、磷肥厂、塑料厂、电镀厂、粮饲加工厂、砖瓦厂6个队办企业，务工人员232人。拥有各种型号车床14台、塑料压铸机12台、磨床2台、大小冲床20台、钻床3台、刨床2台、锯床2台，插齿机1台、滚齿机1台、高频电炉1台、50千瓦发电机组一套。生产消防保险钩、背包钩、钳柄套、滑轮、纽扣、瓶盖、线路板焊接剂、磷肥等产品16种，全年工业产值达到150万元左右。

1978年，随着十一届三中全会的召开，我国开始全面深刻的思想解放运动和改革开放，玉祁籍的著名经济学家薛暮桥也撰文为家乡社队办工业叫好，社队办工业迎来了蓬勃发展的春天。

第二阶段

塑料厂、轴承厂　1969年夏天，为避免注塑和胶木压铸机用电量大，变压器负荷过重的矛盾，大队把原来五金厂的塑料车间搬到杨花浜开办民主塑料厂，利用那里的100kVA变压器的资源，厂址在磷肥厂后面的8间平房里，第一任厂长为刘祥伦，第二任厂长为魏耀清，第三任厂长为刘仁林。1978年，王寿焕任厂长，刘耀兴任技术副厂长。建厂之初，主要给天津服装厂生产纽扣，以后开始试产塑料钳柄套。在纺配厂上马皮辊后，施宏泉向大队提供国营企业南通纺机厂急需皮辊保持架的信息，于是塑料厂着手研制保持架。

1978年，施宏泉把试制塑料保持架的任务下达给民主塑料厂。塑料厂技术员刘耀兴等经过一年多艰苦技术攻关，做出合格的模具，生产的50个样品送到南通纺织机械厂，试装成功，效果良好。该厂正为10万只皮辊缺乏配套保持架发愁，看到合格产品送货上门，喜出望外，两天后就派员来民主塑料厂签订供货合同，并要求加紧生产。由此打开了塑料厂的销售市场。

1979年，塑料厂再次搬迁到上巷西面的新厂房，建有两栋厂房，面积约3000平方米。

1980年6月，由纺织工业部牵头，召集国内著名纺织企业衡阳纺织机械厂、南通纺织机械厂、上海第三纺织机械厂、上海纺织轴承厂等的12名专家代表，在民主塑料厂召开皮辊保持架质量标准研讨会。会议制订皮辊保持架全国统一出厂标准。1981年，塑料厂实现销售额87.5万元，利润54.87万元，利润率达到62.7%，位列全大队第一。随后几年，塑料保持架畅销全国，产品国内占有率稳居90%以上，直到2020年还继续保持着。

1989年，塑料厂又投资新办了滚动轴承厂。到1992年，两厂有职工400名，其中塑料厂200名，轴承厂180名，管理人员20名。厂房占地面积17056平方米，有固定资产500万元，年产值1100万元，拥有15克到500克塑料注塑机30余台，其中2台为性能先进的113克电脑全自动数控注塑机，生产模具的设备从线切割机到车床、磨床、铣床一应俱全。

轴承厂有车床、磨床等机床45台，主要生产0类小型轴承及大小水泵轴承和直线轴承，生产的大部分产品出口东南亚、荷兰、美国。

纺配厂　1978年春，在上海市第三纺织机械厂任车间主任的施家宕人施宏泉回乡探亲，与儿时的伙伴施明和谈论队办企业时，建议根据我们国家人口众多、纺织业长盛不衰的特点，开发纺织专件，生产轴承皮辊。这个设想得到了时任民主大队主管工业的支委和大队书记的肯定，经支委讨论，一致同意办纺织配件厂，厂址暂时安排在新桥洋房里。通过大半年的筹备，于1979年初配件厂正式挂牌。大队派施永清负责管理，施明和负责该产品的开发，五金厂技工、山西省劳动模范张宝泉调入纺织配件厂搞技术攻关。又从工人中选拔年轻有为者十多人到上海三纺机厂培训。

1978年，由配件石的“SL6819A”轴承皮辊2000套发往上海五金公司。

1979年下半年，由大队拨款30万元在桥西建造新厂，到1980年上半年搬到新厂。施岳铨任厂长，主管行政和财务；施明和任副厂长，负责生产技术、产品开发和与上级主管部门的沟通协调。当年就发展了第一个外省客户——东北锦州纺织厂。到1984年前，纺配厂在国内的用户达到百家，产量由1980年的几万套发展到30多万套。

1985年，生产轴承皮辊84万套，年产值427万元。

到1991年，纺配厂皮辊产量达到200万套，在全国有300多家用户，既有大型的国企，也有地方的民营企业，涵盖棉纺、毛纺、麻纺各行业。还有军工、航天企业近10家。产品同时出口尼泊尔、赞比亚、叙利亚、圭亚那、布隆迪、苏丹、孟加拉国等国家和地区。

1985—1988年，无锡县纺织配件厂连续四年被评为无锡县明星企业，1987年、1992年被评为江苏省明星企业，产品被评为部优产品。

2007年，无锡新云汽车电器有限公司（原上海汽车电机二分厂）

上海汽车电机厂二分厂 1977年，经吴春生的介绍和支持，五金厂试产“解放牌”“跃进牌”汽车启动弹簧齿轮（吴春生是上海汽车电机厂的车间主任，南村头人）。在他的帮助下，五金厂当年试产成功汽车启动弹簧齿轮2万套，经客户使用鉴定，质量符合国家标准。1979年，大队决定正式成立汽车配件厂。卞建烈当时任五金厂副厂长，主管汽车配件。1981年，汽车配件厂完成产值23万元。80年代初期，随着国家的改革开放，国营企业为鼓励技术人员的积极性，允许他们利用节假日外出搞技术辅导，称为“星期日工程师”。民主大队领导抓住契机，积极与上海汽车电机厂有关人员交流，聘请吴春生等担任汽配厂的技术指导，提出与国营大企业的联合经营的理念。

1983年底，村委就开始与上海汽车电机厂联营谈判，1984年，筹建新厂房，建造六幢连跨10间的标准厂房，连附房在内总建筑面积达3000余平方米。

艰苦的谈判进行了一年多，最后终于达成民主汽车配件厂与上海汽车电机厂的联营，并于1986年正式签署联营协议，玉祁民主汽配厂更名为“上海汽车电机厂二分厂”，生产汽车起动电机。吴兴发任厂长。该厂成为玉祁乡第一家联营企业。

联营后，上海方将专用零部件和专用整机的设备、检验测试和相关产品的零部件等用十余辆大卡车运送至民主联营厂，并派出技术人员安装调试。1986年10月，第一批产品“解放牌”和“跃进牌”汽车配套用马达完成总装，产品发往上海。紧接着生产“东风牌”汽车和北京吉普配套用马达。产品全部合格且由联营厂统购统销。1989年，“上海汽车电机厂二分厂”在原民主汽配厂的基础上经过几年发展，由起初的十几人的小厂发展到员工300余人，年产值5000万元的规模企业。

有色金属材料厂　汽车电机二分厂的发展需要大量漆包线和铜材。为此，村委决定开办有色金属材料厂，与汽车电机二分厂作配套，生产电机所用的各种铜扁线，以及直径0.2—2.5毫米的漆包铜圆线。该厂创办于80年代，厂长刘祖良，有员工75人。厂房占地面积10005平方米，主要设备有大小拉丝机8台，立式、卧式漆包机各1台，精密机床3台，固定资产250万元。1991年，该厂产值达1000万元。

无锡县玻璃助剂厂　1983年7月，村委发挥老师施凤来的技术特长，在蔡家岸桥北堍建办无锡县玻璃助剂厂。该厂以湖南株洲冶炼厂熔炼废渣砷锑烟灰为原料，生产O型玻璃澄清剂，该厂是国内第一家专业生产玻璃助剂的工厂。厂区占地6700平方米，余焕均任厂长，施风来任副厂长主管财务和技术。12月，试产新光牌O型玻璃澄清剂获得成功。试产成功的玻璃澄清剂与原来白砒和氧化锑为助剂相比，可降低生产成本的5%—25%，透光率可提高1%—3%。该厂陆续开发出脱色剂、添加剂、助溶剂等产品，有O型玻璃澄清剂、N型玻璃助溶剂、C—Ⅱ型符合氧化铈和G型复合过锑酸铵等。O型玻璃澄清剂1984年被化工部科技局列入精细产品化工手册，并获农牧渔业部、水利电力部、江苏省人民政府举办的大型农业展览展销会荣誉证书，获江苏省科技进步三等奖。1985年，新产品S型玻璃添加剂（硫锑酸钠）问世，性能优于O型，可提高透光度3%，缩短每炉生产时间2—3小时，降低燃烧温度3度。1986年，S型玻璃添加剂被评为无锡市优质产品，获江苏省科技进步奖四等奖、市科技进步奖三等奖；1987年，F型复合玻璃添加剂获省计经委金牛奖，1988年被评为市优产品。1990年前，工人每年生产O型玻璃添加剂150吨，S型玻璃添加剂140吨，供应全国140多家玻璃厂。1993年11月18日，施凤来等发明的一种玻璃澄清脱色剂混合锑酸盐和砷酸盐的生产工艺，获国家专利局颁发的实用新型专利证书。1995年，澄清脱色剂混合锑酸盐和砷酸盐获市专利二等奖。

1983年，玉祁民主村建脱水厂

1983年，产品热销，

实现产值45万元，利润10万元。1986年产值181万元，利润324800元；1990年产值342万元，利润98.9万元；1992年产值500万元，利润80万元，工厂占地面积扩大到16700平方米，厂房面积4550平方米。

彩印厂　1981年9月，民主大队决定开办彩印厂，1982年5月开始筹办，8月份投产，由丁月华任厂长，招收33名女青年为职工。第一年，产值11万元，利润22000元。到1985年，工人增加到60名，实现产值100万元，利润20万元。1992年，该厂拥有胶印机、海德堡立飞、卧飞、烫金机、轧刀机、切纸机等成套先进设备。固定资产达100万元，年产值超过200万元。

食品脱水厂　1983年，民主大队建无锡县食品脱水厂，厂长为刘海清，加工蘑菇干片。产品除国内销售外，还通过无锡县外贸公司和上海益民食品厂出口日本等国。1985年，工厂拥有固定资产37.8万元，工厂有职工99人，产值达101万元。

1984年秋，村领导受到报载“方便面畅销”信息的启发，决定将原来的食用菌脱水厂转产方便面汤料，利用本地丰富的蔬菜副食品资源，开发了十多种规格的产品。12月份投产，当月生产5万包全部销完。1985年1月参加上海市名特优新食品展览会，赢得上海市市长汪道涵和国家经委主任张劲夫的高度赞扬。

纺织轴承厂　该厂开办于1987年10月，由原食用菌脱水厂改建而成，厂长为刘海清。该厂有职工150人，厂房占地面积10672平方米，资产250万元，主要设备有车床、磨床42台，主要产品是纺织机械所用的LZ系列罗拉轴承和轴承系配件。1989年，该厂实现产值600多万元。

纺织锭子厂　创办于1992年，该厂厂长为刘伯南。有员工80人，厂房占地面积10000平方米，设备有车床、磨床等20台，主要生产棉纺锭子和纺机配件。固定资产120万元，年产值300万元。

纺织橡胶厂　创办于1986年，厂长为施岳铨。该厂固定资产40.7万元，年产值12万元，有员工42人。到1992年，该厂有员工90人，厂房占地面积6670平方米，固定资产90万元，年产值200万元。主要设备有炼胶机4台、车床8台、磨床4台。主要生产橡胶皮辊、皮圈、钻衬套胶管。

五金包装厂　厂长为余岳明。该厂有职工100人，厂房占地面积2334平方米，固定资产65万元，1992年，该厂产值300万元。主要设备有冲床11台，封口机1台，印字机1台，吹塑设备1套，气垫挤塑机5台。主要生产五金冲压件、自行车塑料气膜包装、编织袋、塑料袋以及吹制塑料薄膜产品。

轻工机械厂　厂长为刘德裕。1992年，该厂有职工80人，厂房占地面积13340平方米，固定资产150万元，年产值300万元。主要设备有龙门刨床1台，镗床1台，车床、钻床等14台。主要经营造纸机械零部件制造、印染机械制造、电气设备制造、仪表制造和修理等业务。

五金厂　1992年，五金厂厂长为秦锡伦。全厂职工180人，厂房占地面积12000平方米，固定资产150万元，年产值330万元。主要设备有冲床、车床、铣床、磨床、刨床等62台，生产各类箱包扣件、铝合金门窗配件、消防钩、安全钩、纺织五金配件以及纺织轴承和微小型轴承。

民主大队（村）在70—80年代办工业的实践中，采用的是“小、多、专、新、优、好”的经营思想，产品“小字辈”、品种“多枝花”，以小取胜，船小掉头快；以多取胜，市场门路广。至80年代后期，企业已具备了坚强的竞争能力，便开始注重产品打品牌、企业上规模，船大抗风浪。

1977年，民主队办工业总产值142万元，比1970年增长5.7倍。1977年农副工总收入的比例为：工业占68.2%，副业占14.5%，农业占17.3%。1983年2月11日，无锡县政府办公室印发的《无锡县1982年生产、分配情况资料汇综》中“社队工业及生产队副业：利润最高的大队是玉祁公社民主大队，利润额159万元。”1984年，民主村工农业总产值突破千万元大关，达到1023万元，其中工业产值802万元，占总产值的78.4%，比1978年增长了4倍。1986年，民主村办企业工业总产值达1518万元，销售收入1415万元。1988年，民主村固定资产1118万元，职工人数为2367人，全年产值2805万元，位列无锡市乡镇企业第一方阵。1993年民主村工业产值超亿元，被无锡县人民政府授予“亿元村”称号，全村98%的劳动力转移到工业和其他条线就业。

第二节　企业转制

为转换企业经营机制，巩固和发展集体经济，根据锡山市和玉祁镇人民政府对小型企业的产权拍卖、租赁的有关规定，1995年5月至1998年6月，共有31家企业实行经营转制。无锡信腾纺织印染有限公司和无锡明珠纺织专件有限公司少数企业分别在2001年及2005年转制为民营企业。

表31　　1995—1998年民主村企业经营机制转换情况表

序号	年份	转制企业
1	1995	无锡县明珠旋源齿轮有限公司
2		无锡县民主印刷厂
3		无锡县东方内燃电器厂
4		锡山市玉祁有色金属材料厂
5	1996	锡山市玉祁民主轴承保持架厂
6		锡山市梁溪清洗设备厂
7		锡山市民主供销经理部
8		锡山市摩士达自行车公司
9		锡山市民主装潢五金厂
10		锡山市玉祁纺织锭子配件厂
11		锡山市西舒贸易公司气体供应站
12		锡山市玉祁民主电器修配厂
13		锡山市玉祁长城电梯安装维修部
14		锡山市玉祁民主塑料综合厂
15		锡山市玉祁印刷胶辊厂
16		锡山市民主包装厂
17		锡山市玉祁川味香酒楼
18		锡山市华裕经贸有限公司
19		锡山市玉祁民主纺织机械配件厂
20		锡山市玉祁民主水泥制品厂
21		锡山市玉祁民主铝合金制品厂
22		锡山市玉祁纺织器材厂
23		锡山市锡珠灯具厂
24	1997	锡山市玉祁五金包装用品厂
25		锡山市玉祁五金厂
26		锡山市玉祁有色金属铸件厂
27		锡山市玉祁民主滚针轴承厂
28		锡山市玉祁轻工机械厂
29	1998	西舒现代进口汽车配件商行
30		锡山市华通丝杆厂
31		锡山市玉祁交通工具修配厂

第三节　民营企业

为深化改革，调整企业组织结构，搞活存量资产，促进生产要素，优化组合和农业经济发展，从1995年5月起，民主村全村逐步实行企业转制，由村办集体企业转为民办企业。2005年民主村完成企业转制工作。

企业转制后，大多数企业机制更加灵活，充分调动了生产积极性，促进了经济的发展。2005年，民主村规模以上企业8家，占玉祁镇规模企业的十分之一，2010年，民主村规模企业还是保持8家。2011年，民主村工业产值超过4亿元，销售收入3.76亿元。2019年，工业产值达4.48亿元，销售收入4亿元，人均收入水平超过3万元。

2000年，工业总产值超2亿元，2003年，工业总产值达3.43亿元，2005年工业总产值又上一个新台阶，达4.34亿元，销售收入4.38亿元，有企业57家。涉及汽配、纺配、五金、印染、轴承、化工、塑料、电器等行业。

表32 **2006—2018年民主村各企业销售收入一览表**

单位：万元

厂名	2006年	2007年	2008年	2009年	2010年	2011年	2012年	2013年	2014年	2015年	2016年	2017年	2018年
无锡市锡珠塑料厂	2163	2558	2419	2169	2419	3300	2291	2207	2228	2030	2474	2730	2570
无锡市锡珠轴承有限公司	1410	2068	1707	1046	1707	1500	1135	1048	800	700	632	471	438
无锡市美林新型装饰材料有限公司	3050	2681	2302	3282	2307	2700	1851	1350	2065	1510	1200	1097	1000
无锡信腾纺织印染有限公司	5636	3345	1164	1034	1164	650	667	1450					
无锡市天工轴承厂	1080	1324											
无锡明珠纺织配件厂	3760	3941	2485	2383	2489	3650	2950	3520	2097	1263	1260	996	1128
无锡市天地自动化设备有限公司	1019	1329	898	630	898	700	1726	1666	1363	1082	530	387	358
无锡新云汽车电器有限公司	1900	1801	1728	1244	1728	1000	630	695	520	322	283	146	123
无锡艺华纺织有限公司	12400	8922	2712	3977	2712	6800	5935	4000					
无锡市玉祁镇橡胶纺织配件厂	412	351	372	256	372	500	470	414	440	450	331	322	311
无锡市富康金属制品有限公司	231	297	426	481	426								
无锡市玻璃助剂厂	68	76	75	82	75	130							
无锡市中华汽车电器厂	180	180	137	102	137	100							
无锡县玉祁民主五金厂	28	30	22	18	22								
无锡县玉祁有色金属材料厂	1069	1014											
无锡市织星纺织锭子厂	563	613	512	222	512	420	302	390	280	299	301	447	587
无锡市隆盛金属材料有限公司	263	370											

续表32

厂名	2006年	2007年	2008年	2009年	2010年	2011年	2012年	2013年	2014年	2015年	2016年	2017年	2018年
无锡市祁飞纺织轴承有限公司	200	208	110	99	110	130	94	83	45	47	34	34	30
无锡市富宇龙金属制品有限公司	294	409	474	216	474	260	225	319	200	279	130	100	110
无锡市喜洋洋地板有限公司			168	89	168								
无锡市明珠自动化机械化设备厂	28	247	214	133	214	400	188	169	116	91	44		
无锡市诚灵金属制品厂	57												
无锡市飞达纺织轴承厂	36	40	30	23	30	40	26	50	20	22	43	63	70
无锡市龙溪精细化工有限公司	720	801	918	719	918	600	405	800	303	273	279	153	289
无锡市玉飞纺织配件有限公司	146	224	81	62	81	210	107	250	125	152	140	51	65
无锡市锡珠保持架有限公司	1464	1923											
无锡市锡珠密封件有限公司	112	175	173	190	173	270	168	191	171	141	92	78	48
无锡市明珠齿轮有限公司	376	459	188	627	488	900	850	821	683	546	539	546	643
无锡市锡珠五金有限公司	238	148	147	119	147	350	253	230	182	165	136	177	182
无锡市明丰热处理有限公司	250	288	180	230	180	300	232	226		90	25		
锡山市玉祁有色金属铸件厂	180	142	335	281	335	200	165	89		78	143	77	160
无锡市明珠玻璃助剂厂	148	122											
无锡炜兴装饰材料有限公司	853	1038	879	489	879	1000	1085	1190	1154	983	812	1048	1551
无锡市新一纺织有限公司	114	97	66	70	66	100	50	39	60	92	70	127	216
无锡市裕顺通用机械配件厂	437	352	306	114	306	220	235	256	145	134	176	407	292
无锡市锡珠模塑有限公司	255	292	295	168	295	285	260	226	272	269	248	192	293
无锡市天工汽车配件有限公司	277	469	607	535	607	1300	939	1028	1199	900	785	901	760
无锡市东勤机械有限公司													210

续表32

厂名	2006年	2007年	2008年	2009年	2010年	2011年	2012年	2013年	2014年	2015年	2016年	2017年	2018年
无锡市东方内燃机电器厂	143	190	106	73	106	250	150	172	136	64	112	106	121
无锡市文星塑料五金包装用品厂	576												
无锡市锡珠钢球厂	335	504	480	499	480	1000	990	1148	1314	1208	1031	1130	1220
无锡县民主印刷厂	160	195	167	220	167	350	282	235	116	164	129	106	221
无锡市玉祁交通工具修配厂	83	92	117	115	117	73	92	83	85	60	70	90	100
无锡市民主装潢五金厂	114	101	131	104	131	130	118	135	109	104	77	83	77
无锡市玉祁纺织锭子配件厂	419	348	234	173	234	420	248	239	243	260	355	342	442
无锡市顺达装饰玻璃厂	730	705	540	528	540	110	895	976	1102	872	1031	1072	865
无锡市民主滚针轴承厂	108	107	105	86	105	100	108	93	91	112	86	82	91
无锡市玉祁有色金属铸件厂	108	136	151	197	151	300	51	26	26	22	21	14	20
无锡市华通丝杆厂	330	415	330	313	330	1420	803	1100	1151	1522	1830	1725	2057
无锡市玉祁民主保持架厂	320	316	278	255	278	520	440	405	437	476	498	520	603
无锡市明珠塑料有限公司	223	326	287	311	287	500	480	630	708	1015	773	1150	
无锡市玉祁轻工机械厂	84	55	28	40	28	130	23	10					
无锡市信谊电讯器材厂	73	85	68	92	68	120	88	128	109	72	51	19	
无锡市灵珠轴承厂	170	254	169	153	169	150	144	30	34	32	23	23	25
无锡市明珠密封件有限公司	497	500	626	499	626	650	561	579	672	623	556	620	574
无锡市兴业工贸有限公司	200	285	391	382	391	950	880	980	700	600	600	850	1180
无锡市明瑞纺织配件厂	128	161	72	68	72	160	120	83					
无锡市宝莱金属制品有限公司						1000	970	774	1059	669	659	348	385
无锡市新奥达胶粘制品有限公司								838	802	752	990	1104	1179

2005年，玉祁镇共计规模以上（年销售1000万元）企业81家，民主村计有8家。

表33　**2005年民主村规模企业情况表**

单位名称	法人代表	销售金额（万元）	在全镇名次
无锡市艺华纺织有限公司	佘仲兴	11249	17
无锡信腾纺织印染有限公司	张国兴	5391	28

续表33

单位名称	法人代表	销售金额（万元）	在全镇名次
无锡明珠纺织配件厂	余仲兴	3340	39
无锡市美林新塑装饰材料有限公司	刘　成	2490	49
无锡市锡珠轴承有限公司	刘晓辉	1814	61
无锡市锡珠塑料厂	刘进海	1739	63
无锡新云汽车电器有限公司	吴兴法	1523	69
无锡市锡珠保持架有限公司	刘进海	1306	75

在发展的过程中，有一部分企业因产品科技含量不高，跟不上社会的发展，或因新农村建设、平湖城改造等带来的厂房拆迁等问题，逐渐退出历史舞台。

第四节　资产增值

2008年，玉祁镇政府开始对唐平湖周边大开发，民主村委积极配合做好村里相关企业和村庄的拆迁，同时开始思考对村级资产的活化利用，使其发挥最大效益，促使村级经济的保值增值。

2014年，党总支书记刘洪与村委班子决定将村委办公楼西的沿路地块开发利用，建造2000平方米的商铺，采取使用权转让的方式，以均价4500元/平方米的价格全部转让，收回资金900万元，同时又争取到上级政府的支持。村里用这两笔资金建造了面积3600平方米的村委综合服务大楼。村委迁到新大楼，原办公楼用于出租，每年为集体增加一笔收入。

2016年，村委旁边的原育秧厂的危房重新翻建后出租。

2018年，改造原老年活动室并出租，翻建后建筑面积7500平方米。

村级经济经过多年来盘活资产、开源节流、收回积欠、获得拆迁补偿等方式的运作，到2018年已积累现金3250万元。2019年，民主村以总价1600万元、均价4000元/平方米的价格购买玉祁镇区镇中路一处4000平方米的商铺。该处房产出租后每年获利70万元。

2020年，村委决定对原天地自动化厂厂房进行改造。原生产用房2900平方米翻修后重新出租，获得更高的租金。原700平方米的宿舍楼已成破旧危房，村里将它翻修成沿街店铺，出租给商户，获取租金。收回原轻工机械厂厂房，将原厂房翻建后扩展了面积，厂房面积从原来的500多平方米增加到1300平方米。

2020年底，村总资产达到8194万元，比2012年增加1.8倍。村级收入的增加，普惠全体村民。村里为每个村民办理“福村保”保险，每人每年70元；办理“和谐家园”财产保险，每户每年150元。2021年，为全村60岁以上的老年人购买“江苏医惠保”保险，每人每年158元。2022年，村民的6218股股份分红从每年每股40元提高到100元。

第五节 企业选介

民主纺织配件厂

1978年春，在上海市第三纺织机械厂当车间主任的施家宕人施宏泉回乡探亲，向大队提出了生产纺织配件的建议，大队马上召集大队支委讨论，一致同意筹办民主纺织配件厂。厂址选在新桥洋房里，到1979年初正式挂牌，由施明和负责产品开发。为了加强技术力量，还把五金厂技工师傅、原山西省劳动模范张宝泉调来攻关技术，同时把33名职工送到上海三纺机厂培训。施宏泉不负父老乡亲的重托，克服困难，把培训人员安排到车床、磨床、铣床、装配等各个岗位接受培训。经过厂部同意，还把产品的图纸等技术资料，以及量具、量表、工装夹具等提供给家乡。所以，当时民主大队的干部群众就由衷感慨：纺配厂的发展不能忘记施宏泉！

一边是技术骨干在上海培训，另一边则是厂里紧锣密鼓地组织生产和销售班子，派员找市场。施明和负责生产安排和对外协调，张宝泉负责技术和工装图纸的分解，刘荣华、刘瑞洪、施洪根负责营销。1980年元旦，大队派施永清担任纺配厂厂长。

上海培训学员经过几个月的刻苦学习，技能迅速提升，都能独当一面、熟练操作。他们一回厂就加班加点开始了第一批产品的生产。这批产品是施宏泉介绍的2000套“6819A”纺织轴承皮辊，为了这批产品，全厂上下每个环节各司其职，道道把关，杜绝哪怕是一丝一毫的疏忽。在最后一道工序装配时，施永清、施明和两人24小时轮换着坚守岗位，在现场把关，直到装配结束、检验合格。产品送到上海五金公司，通过了验收，第一批产品一炮打响。

民主纺织配件厂建厂初期，除施宏泉外，还有两个人给厂里带来了很大帮助．一个是无锡县纺织公司经理顾静霞，另一位是苏州地区纺机公司总工程师蒋德钊，他们为厂里引进了好多资源和客户。

由于新桥洋房里地方较小，1979年下半年，由大队拨款30万元在新桥村西筹建新厂，到1980年上半年工程完毕。新厂要扩大生产规模，但现有设备跟不上产品的发展。需要添置设备，但在当时计划经济的年代，社队办企业不在国家计划安排范围，要购买设备，尤其是先进设备，难度非常大。大队和厂主要负责人通过各种努力，在无锡机床厂郁厂长的帮助下，购置了无锡机床厂的内圆磨、上海第三机床厂的外圆磨和无芯磨以及南通机床厂的铣床。纺配厂在1980—1988年，有各类大型设备60多台，且都是国内新型的设备。

1981年4月，施永清调到大队，由施岳铨接任厂长，具体分管财务经营；施明和任副厂长，分管生产、技术、销售和对外协调。在销售上，刘荣华、刘瑞洪在苏南地区打开了销路，继而往苏北和外省发展。搬到新厂后的第一年施宏泉又介绍了东北锦州纺织厂的客户，这是外省第一个客户。到1983年底，纺配厂在国内的用户已超百家，产量由1980年的几万套发展到30多万套。从1981年开始，纺配厂每年上交大队资金50万元。

1984年初，纺配厂在销售上增加了刘建明、刘荣辉二人，重点开发国内的纺织基地。当时号称“纺织城”的有：上海、天津、青岛、西安、武汉、郑州、东北、石家庄等。当时全国各地订货会较多，一般都是在6月以后，只要有一定规模的，纺配厂都要派人去参加。销售人员带上样品，并带张塑料纸——买不上卧铺票就把塑料纸铺在座位下面睡觉过夜。订货会现场，好多主办单位不让摆，吵架的事经常发生。通过几年努力，纺配厂的产品在纺织行业里已小有名气，销量逐年增加，到1988年已拥有客户200多家，年销量超百万套，上海、北京、衡阳、南通的同行厂产量都比不上民主纺配厂。

1985年，民主纺配厂更名为无锡县纺织配件厂。

1988年，施明和任厂长。这年年底，纺配厂再度搬迁到新址。新厂占地面积1.64万平方米，有6个大车间，一幢办公大楼，还建有大礼堂、招待所。厂区遍植花木草坪，绿树成荫。

1989年，无锡县纺织配件厂改名为无锡市明珠纺织配件厂。

搬到新厂后，人员增加到280多人，各类设备达到130台。为进一步提高职工素质和操作技术，厂部利用大礼堂办了多个培训班，全厂的职工、科室人员都要参加。操作工学习生产技能、机械知识、操作工艺；科室人员学习企业管理、经济管理知识。培训班每天上课，利用上班前两小时或下班后两小时培训，每个学员都要通过考核。每天晚上大礼堂里灯火通明，学员埋头学习。通过培训，职工的素质明显提高，产品质量提高，效益增加。

在全员培训的同时，厂部还实行了全员考核，约法三章，实奖实赔，坚决兑现。这项制度坚持多年不变，与其他厂相比，纺配厂职工的文化素质和技术素质都是比较高的。

厂区全面禁烟，绿化郁郁葱葱，车间地面无油迹，设备铮亮，工人埋头操作。1989年纺织工业部装备司技术处陈问明司长来厂考察，给予很高评价，并建议将装配车间改进为仿国外密封式的无尘车间，工厂立即采纳落实，三个月不到，车间改装完毕，成为国内同行第一家新型的装配车间。

1990年，为扩大市场占有率，增加余瑞荣、刘永清、刘云毅等销售人员。销售目标是巩固陇海铁路沿线城市，扩展京广线两侧，稳定京沪沿线，提出了“华东连成片，东北多插旗，西南多争取”的奋斗口号。到1991年，在全国拥有300多家用户，涵盖棉纺、毛纺、麻纺各类企业，皮辊年销量达到200万套。客户既有大型的国企、部属企业，也有地方的民营企业。产品还销往尼泊尔、赞比亚、叙利亚、圭亚那、布隆迪、苏丹、孟加拉国。

国内的厂家订货后往往拿不到现货，好多客户上门来等，厂招待所房间都住满了客户。

“明珠皮辊”受欢迎的重要原因是注重进口技术的国产化。西德“SKF公司”是国际上纺织机械名牌，其皮辊轴承性能好，使用周期长，当然价格也高。民主纺配厂组织技术部门重点攻关，成功地仿制了其产品，质量与原厂的不相上下。无锡第一棉纺织厂使用的是进口设备，以前所用皮辊也都是进口的，该厂改用民主纺配厂的产品，效果与进口的完全一样。如此一来，好多客户订货都转向“明珠”，从此“SKF公司”在江苏省失去了市场。1987年，厂里又吸收进口技术，把皮辊轴承的防尘喙由尼龙改成金属。明珠纺配厂知名度引起了纺织工业部的关注，1990年纺织部到厂里来召开皮辊轴承新标准制定会议。2006年，部里重新制定皮辊新标准，会议在无锡马山召开，该厂代表在会上提出合理化建议，建议被采用。

1992年底，明珠纺配厂在全国各地的用户达到400多家，皮辊年产量达300万套，占市场需求量的四分之一。销售范围遍及全国31个省。1991年，上海《解放日报》报道了无锡明珠纺织配件厂的业绩，1992年，南京电视台到厂采访报道。

轴承皮辊1985年被评为无锡市优质产品，1989年被评为江苏省优质产品；1991年明珠的S2系列轴承皮辊被评为纺织工业部优质产品，1992年无锡明珠纺织

配件厂被评为“江苏省明星企业”。（刘荣辉）

上海汽车电机厂二分厂

上海汽车电机厂二分厂，前身为无锡县汽车起动机厂，也就是俗称的“民主汽配厂”。民主村的村（大队）办企业兴办时间较早，1964年就开办了民主五金厂，当时是玉祁公社第一家大队办厂。到1979年，民主大队领导班子将原来的民主五金厂扩展为三个独立经营的企业：民主五金厂、无锡县纺织配件厂、无锡民主汽配厂。民主汽配厂专业生产汽车起动电机配件“单向器”，即启动马达齿轮。这种齿轮当时在全国只有两三家国营企业能够生产，在计划经济年代属稀缺物资。而在全国社队办企业中，生产这种齿轮的，玉祁民主汽配厂是第一家。

党的十三届三中全会后，中国大地上涌起全面改革开放的大潮，无锡是全国乡镇企业的发源地，改革的步伐自然要领先全国。当时，有些乡镇企业已经在考虑跟国营大企业搞紧密合作，而一些国营大企业也有向乡镇企业下放产品以加快自己产品更新换代的愿望。民主村党支部准确地抓住了这一难得的机遇，经过认真的考察调研和反复论证，做出了与上海汽车电机厂合作联营的决定。小小村办企业与国营大企业搞联营，这在当时是一个大胆的创举，遇到的困难非常多。

民主村经过十几年的村办工业积累，已经有了一定的经济实力，但要投资一个有一定规模的机电一体化的企业，还有一定的难度。1983年开始与上海汽车电机厂洽谈时，民主村领导利用民主村村办企业的社会影响力，到县政府的部委办等部门筹借资金。经过不懈的努力，得到县里各个部门的大力支持。1984年筹建厂房，占地10余亩，建造6幢连跨10间的标准厂房，连附房在内建筑面积共有3000余平方米，这是当时民主村最大的企业了。基建于1985年底基本完成。

基建紧锣密鼓进行的同时，谈判也在迂回曲折地顽强进行。经过与上海汽车电机厂一年多的合作谈判，1986年与上海汽车电机厂正式签约联营协议，“玉祁民主汽车配件厂”更名为“上海汽车电机厂二分厂”，合作形式为技术联营。上海方派出技术人员和驻厂代表3名，负责上海汽车电机厂二分厂的技术和质量监管，驻厂代表和技术人员的工资由上海方承担。二分厂每年上交上海汽车电机厂30万元技术联营费。

早在谈判取得上海方肯定意向的时候，民主村就相继派出了十余名人员去上海汽车电机厂接受定点定向技术培训，学习电机（马达）的零部件和整机的生产、工艺、总装。联营厂正式运营后，上海方就把专用设备的零部件和专用整机以及检验测试设备的零部件等用10余辆大卡车运送至无锡联营厂，同时派出10余人的技术人员到无锡联营厂。经过一个多月的安装、调试，上海汽车电机厂二分厂于1986年10月第一批次的马达完成总装，产品发往上海方，质量完全符合要求，很快投放市场。第一批生产的是“解放牌”和南京“跃进牌”汽车的配套用马达。第二批次生产的是“东风牌”汽车的配套用马达，第三批次是“北京吉普”小汽车和“上海牌”小轿车配套用马达。“二分厂”生产的产品统一使用上海汽车电机厂的“华运”商标，全部由上海汽车电机厂统购统销，主要供应上海三大公司：上海华东农机公司、上海市农机公司和上海市汽车配件公司。1989年，该产品还被有关方面作为战备物资采购储备。

1990年开始，国家由计划经济模式逐步过渡至市场经济模式，国营企业的体制改革也在不断深入，汽车配件由国营企业垄断的局面逐步被自由竞争替代，上海汽车电机厂二分厂的产品也开始自产自销，但产品的开发仍受上海方的控制，以免上海方与联营厂产品冲突。为了适应市场竞争，“二分厂”给自己的产品注册了“碧祥”商标。

上海汽车电机厂二分厂经过几年的不断扩大和自身的努力发展，由起初仅十几人的工厂发展到有员工300余人、年销售额5000万元的规模企业。1990年上海汽车电机厂更名为上海汽车电器总厂，无锡联营厂随之更名为上海汽车电器总厂二分厂。后来随着上海汽车电器总厂与法国人合资，遂于1996年与无锡方解除联营合约，上海方撤回驻厂代表和技术人员，无锡方改名为无锡新云汽车电器有限公司。

（吴兴发）

无锡县玻璃助剂厂

无锡县玻璃助剂厂是一家具有自主知识产权的村办企业，创建于1983年。该厂虽然是一家生产玻璃助剂的村办企业，但在国内玻璃领域中享有很高声誉，所研发产品的机理和用途，曾由副厂长施凤来写成学术论文在轻工部《玻璃与搪瓷》杂志发表，又被教育部高等学校教材编辑部选用，登载在高等学校教科书《玻璃器皿生产技术》一书中。在该书第三章《玻璃器皿辅助原料》中，具体介绍了无锡县玻璃助剂厂所生产的产品，如S型玻璃复合澄清剂、C型和G型复合玻璃澄清脱色剂的澄清脱色机理及功效等内容。

无锡县玻璃助剂厂生产的S型玻璃复合澄清剂、C型和G型复合玻璃澄清脱色剂三种产品均经过市级鉴定，并先后获得无锡市科学进步二等奖、无锡县科学技

獲獎證書

姓名或单位：施凤来

技术或产品：一种玻璃澄清、脱色剂混合锑酸盐和砷酸盐的生产方法

荣获首届中国金榜技术与产品博览会

金奖

首届中国金榜技术与产品博览会

一九九四年六月

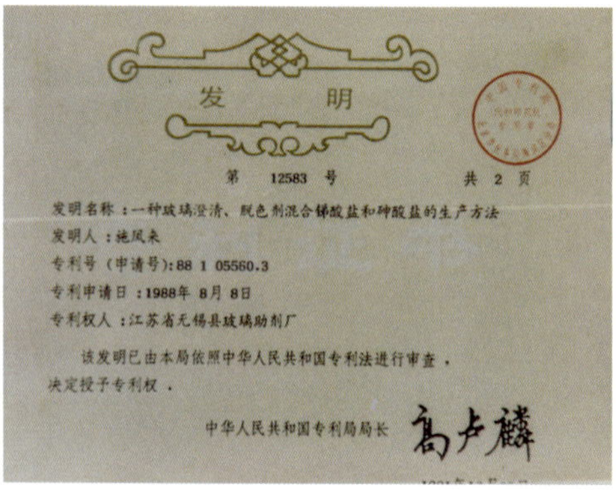

发明

第 12583 号　　共 2 页

发明名称：一种玻璃澄清、脱色剂混合锑酸盐和砷酸盐的生产方法

发明人：施凤来

专利号（申请号）：88 1 05560.3

专利申请日：1988年 8月 8日

专利权人：江苏省无锡县玻璃助剂厂

该发明已由本局依照中华人民共和国专利法进行审查，决定授予专利权。

中华人民共和国专利局局长　高卢麟

无锡县玻璃助剂厂施凤来获得证书

术进步三等奖、中国首届产品博览会金奖，多次得到税务局免税奖励。产品共同特点是：可降低玻璃生产成本、可减少玻璃熔制中的大气污染、可提高玻璃的透明度和白度。

1980年国家改革开放初期，国家百业待兴，那时成都引进了显像管玻璃生产线，技术设备都引进了，关键原料锑酸钠国内无生产技术，仍需要日本进口。

锑酸钠是以氧化锑、氢氧化钠为主要原料经化学合成。日本生产锑酸钠的氧化锑原料是由中国湖南锡矿山提供的，当初价格为2700元1吨，1吨氧化锑经合成可生产1.7吨锑酸钠，按当时市价32000元1吨，专卖给中国显像管玻璃生产厂，利润高达10倍。在玉祁中学当教师的施凤来充满好奇心，利用业余时间做了一些锑酸钠的试验，约经半年的努力，初步掌握了合成工艺及配方。

1980年6月中旬，民主大队工业负责人到学校动员施凤来回村协助办工业。

1983年初，村委委托施凤来外出对玻璃助剂项目开展调研。施凤来去了国内主要氧化锑原料产地湖南，先后到了益阳、锡矿山两地调查氧化锑原料，结果是他们的产品没有内销，全部出口。后来又到了株州冶炼厂（央企），当时株州冶炼厂刚发生砷锑废气中毒命案，厂方委派株州冶炼厂研究所所长龙秀泉接待。双方对冶炼厂熔炼废渣砷锑烟灰减低毒性、综合利用达成共识。冶炼厂提议：如能为冶炼厂解决熔炼废渣砷锑烟灰的技术难题，他们愿意提供120吨熔炼废渣作试验原料。就此事双方达成框架协议，株州冶炼厂的熔炼渣——砷烟灰，正是民主村发展玻璃助剂所需要的原料，这样就从根本上解决了新项目的原料难题。

落实办厂方案后，村领导与施凤来一同去县化学工业局、县环保局，向局领导汇报了项目试制和调研经过，申请建办无锡县玻璃助剂厂。此事不但得到县局的同意，且获得县环保局的额外支持——县环保局支持15万元资金，用于启动项目。

为减少环境污染，选定厂址在民主村边缘的蔡家岸桥旁，第一次征用土地10亩，先建了生产车间、仓库、办公楼。办公楼内设产成品和原料化验测试室、财务、产供销、厂办等办公室。村委决定由余焕均全面负责新厂，施凤来分管技术。

厂建成后就从株州冶炼厂运回120吨熔炼废渣，开始了玻璃澄清剂的生产。项目投产后，株州冶炼厂就成为无锡县玻璃助剂厂的原料供应基地。

玻璃助剂厂不断研发新产品，先后研制成了玻璃复合澄清剂、C型和G型复合玻璃澄清脱色剂。这些不同型号的复合玻璃澄清脱色剂，都按企业标准生产管理，均通过有关部门的质量鉴定。建厂后的第一年产值就达到了45万元左右，获利10万元左右，实现了当年投入当年产出。随着市场需求的扩大，先后扩建了两次厂房，全厂用地扩展到25亩左右。

1985年产值约85万元，获利润22万元左右；1986年产值约115万元，获利润30万元左右；1990年产值343万元，获利润98.9万元，利润率29%。

在1983年到1993年的十年中，无锡县玻璃助剂厂从无到有、从小到大，迅速发展，不断推出新型产品，产值利润逐年增长。十年内年产值约翻了十倍，利润高达28%—30%。

（施凤来）

塑料厂

1963年，东刘庄的下放工人刘耀兴，经大队同意在自己家里开了一个小作坊，为苏州有关单位加工七星皮肤针、人造象牙蘸水笔和仿象牙烟嘴。1965年春，大队副书记刘忠德说服刘耀兴把作坊转给大队，搬迁到新桥洋房中，与当时的五金厂合并为五金塑料厂。之后设立一个塑料车间，陆续招了几个工人。几个月后产品销售量猛增，车间扩大了，人员也增加了。产品由原来的简单装配发展到有机玻璃加工、胶木热固性加工，并开发了注塑加工。添置了1台热压机，生产胶木产品；1台手扳压机，生产烟嘴。

由于胶木压机和注塑机用电量大，变压器不堪重负，经常出故障，1969年夏，大队决定把塑料车间搬迁到杨花浜，那里有一台100kVA的变压器。车间安排在新村的民主磷肥厂旁边一间八架屋的石砌房子里，由刘荣伦负责生产。

第二年，正式成立“玉祁塑料厂”。新东刘祥伦任厂长，刘耀兴任技术副厂长，东刘庄刘焕祥任会计，正式与五金厂分开经营。两年后，刘祥伦调到玉祁布厂工作，魏耀清担任厂长，生产烟嘴、纽扣、钳柄套、包钉。

1972年，工厂又搬迁到后面饲料加工厂东侧一个5开间的房屋里。该处有一个大院子，进院门处为门房和办公室。厂房的东面两车间分开使用：南面一半作为工具、仓库和整理间。北面一半为金工车间，内有1部刨床、1张钳工台、1台钻床和1部“6136”车床。厂房的另外三间是生产车间，安装有5台手扳压机、2 台25克电动压机、2 台45克电动压机、1台25克液压机。

1984年，塑料厂生产车间

大队任命刘仁林为厂长，刘仁林任职三年左右。约在1978年，由王寿焕接替刘仁林任厂长。王寿焕对管理人员进行组织分工：刘耀兴任技术副厂长，邓裕灿任会计，吕亚珍任财务出纳，余伯仁任仓库保管员。厂里明确提出了“塑料产品的生命在模具”的理念，为了提高模具的制作能力，厂里派青年工人刘裕伦、施风波、刘俊海、施俊其分别去大专院校、机床厂和模具厂进行技术培训。

厂里开发了新产品保险电线插头，同时积极寻找市场信息，开发拳头产品。这时，在上海市第三纺织机械厂当车间主任的施洪泉向厂里提供了一条信息：国营南通纺织机械厂急需皮辊保持架。于是厂里着手研制保持架。副厂长刘耀兴经过8天8夜的技术攻关，突破了当时纺织行业的一个技术难关，用90度旋转脱模方式，成功生产出SL-1111皮辊轴承5孔、6孔保持架产品，质量达到全国纺织系统领先水平。供销员把样品拿到南通纺织机厂试用，该厂工程师看了样品很满意，随即进行试装，效果很好。南通纺机厂有10万只皮辊没有合格保持架，供需双方合作一拍即合，两天后就派员来民主塑料厂签订供货合同，并要求加紧生产，产品有多少就给他们发多少。保持架的投产，受到纺织行业的欢迎，市场打开后，白班夜班两班都来不及做。

1980年6月，由纺织工业部牵头，召集全国生产皮辊的主要厂家，到民主塑料厂召开保持架全国统一产品质量标准的研讨会议。参加会议的有衡阳纺机、南通纺机、上海三纺机、上海纺织轴承厂等全国著名纺机厂家的12名专家代表。领导和专家们经过4天研讨，订立了皮辊保持架全国统一标准。在一个大队办厂召开部级的全国性研讨会，这也是史无前例的。

塑料厂积累了资金，就在原厂址上建造了3幢3层楼，2幢大车间，2间生活间。新添了大平磨、内圆磨、外圆磨、2台万能铣床、2台线切割机等先进设备。厂名改为“锡珠塑料厂”。从那时开始，金工与生产部分开，生产部由刘振华负责，金工由刘荣伦负责。

锡珠轴承厂（原民主塑料厂）

塑料厂在当家产品“保持架”占据全国市场的同时，还开发了手电筒、定经片、日光灯外梭晶罩并生产日光灯。投入大量资金造厂房添设备，筹建了轴承厂，由刘晓辉负责。还购置上海轴承一厂1条纺绽轴承的流水线，由王寿生负责。

自改革开放之后，国外的先进技术进入中国市场，塑料代替金属的应用领域越来越广阔，特种轴承、塑料保持架有了巨大的市场。皮辊轴承保持架90%的市场占有率和良好的声誉，塑料厂的效益如同插上翅膀迅速腾飞。

（刘荣伦、刘耀兴）

无锡信腾纺织印染有限公司

无锡信腾纺织印染有限公司创建于1993年，系原无锡市东方印染厂（原系民主村办企业）和香港龙腾实业有限公司共同投资的企业，公司注册资金1500万美元，拥有固定资产2500万元，员工300余人，其中技术人员20余人，总经理为张国兴。公司主要经营纺织品的印染及整理，具有国内先进的前处理染色设备和后整理设备，并有烧毛、炼漂、染色、定型、油光磨毛、超级预缩、柔软、防水、抗皱、树脂整理、防蛀、阻燃、砂洗和生物酶处理等设备以及工艺处理能力，年生产能力2000万米染色布。

信腾公司占地约2.7万平方米，厂房建筑约20000平方米。公司员工一般情况下在180人左右。2004年、2005年人数最多，达322人。公司拥有前处理生产线一

信腾印染厂厂貌

条，包括所需的动力设备及配套设施；有染色车间两个：常温染色和高温染色。配套50余台常温染色机（俗称平缸）、12台高温染色机。两个车间均配备供电、供热设施。这些机械设施可以确保在业务量饱和的状况下24小时连续生产。后整理设备有热定型机2条线，轧光机1台，磨毛机1台，码布机2台，静电植绒机1条线。供热、供电设备有4吨锅炉1台，10吨锅炉1台。为了达到环保标准，公司拥有废水处理设备、设施两套，一套500吨/天，另一套1000吨/天。

无锡县东方印染厂注重培训骨干，1993年办厂之初就派出28人到无锡印染厂学习培训，时间为一个月。技术人员、废水处理人员也到外厂或到指定机构培训。信腾公司的主要产品是印染布，年产量200万—400万米。产品质量都通过了IS09001认证，受到国内外服装厂用户的信任。荣获江苏省“自行出口先进企业”称号。产品销往中国香港以及日本、新加坡、欧洲、美国、中东、南美洲等国家和地区。2005年销售额达5391万元，位列全镇第28名。

在环境保护方面，信腾公司做了很大的努力。公司在开办前设计建厂的同时就设计“三废”处理系统，设计范围包括：可能造成的水污染、废气污染、污泥二次污染，机器的噪声污染。为做到达标排放，建造了一套500吨级的籽氧日处理设施和水化验室，并培训了专职化验员。工厂投产后，做到了染色工作启动，污水处理系统同时运作。由于公司的废水处理工作做得较好，2002年度荣获江苏省环保厅颁发的“环保先进”奖牌。2003年，公司又增加了一套日处理1000吨/天的废水处理系统。这套系统比原有的一套更先进，使COD的排放标准从180毫克/升提高到100毫克/升，后又提高到60毫克/升，达到了国际排放标准。

（刘协祖）

附一：

民主村办企业的六个特点

1978年到1994年，是民主村办企业的快速发展阶段。在这个阶段，村和企业领导抓住国家改革开放的大好时机，大力开发新产品，大胆开办新企业，利用一切有利条件把产品做大，把企业做强，实现了村级经济的腾飞。这一时期，民主的企业在无锡县乡镇企业中呈现出六个特点：

一是：企业发展起点高。

新办企业上规模，除了原来的五金厂以外，后来开办的汽配厂、纺配厂、塑料厂年产值都在千万元以上，光这三个厂在80年代就转移农村劳动力1000人左右。

二是：产品市场占有率高。

五金厂的背包钩一度年产超1000万只，垄断了全国市场。塑料厂的轴承保持架始终稳居全国市场90%的份额。纺配厂1992年在全国各地的用户达到400多家，皮辊年产量达300万套，占全国同行的四分之一。销售范围覆盖除台湾、西藏之外的31个省、自治区。“汽车电机二分厂”的汽车起动电机也畅销全国。

三是：产品技术含量高。

皮辊保持架国家质量标准是轻工部于1980年6月会同全国纺机龙头企业在民主塑料厂制定的，轻工部以塑料厂的标准为国家行业标准。1990年，纺织工业部制定皮辊轴承新标准，会议地点在无锡县纺织配件厂。与会单位有纺织部装备司及上海第三纺织机械厂、北京第三纺织机械厂等大型国企。

1978年，大队领导与大队办厂先进代表合影

1985年，无锡县纺织配件厂皮辊轴承被评为市优产品；1989年被评为省优产品；1992年被评为部优产品，同年被评为江苏省明星企业。玻璃助剂厂的产品具有自主知识产权，产品先后获得无锡市科学

1978年，五金厂装配车间被评为大队标兵车间

1978年，大队办厂先进班组合影

进步二等奖、中国首届产品博览会金奖。1987年玻璃助剂厂的S型玻璃添加剂和无锡县纺织橡胶配件厂的AL系列铝衬套胶管，双双荣获江苏省人民政府优秀新产品“金牛奖”。

四是：考核严、内部管理水平高。

村里对企业考核严格，书记施永清提出了“货款回笼作销售，实现销售作产值”的考核标准，同时对每个企业都作固定资产产出率、人均劳动生产率的考核，确保每个企业都有效益，杜绝弄虚作假。各厂注重对员工的培训，尤其是纺配厂成立机械知识、操作工艺、企业管理、经济管理等多个培训班，全厂职工、科室人员都要参加学习。同时强化奖惩制度，实行实奖实赔。产品质量合格率达到99.4%。

五是：企业装备标准高。

纺配厂在80年代就拥有各类大型设备60多台，且都是国内新型的设备，如无锡机床厂的内圆磨；上海第三机床厂的外圆磨，无心磨；南通机床厂的铣床。纺配厂装备水平属于行业领先。

六是：工厂集约化程度高。

从80年代起，大队（村）办新厂就有意识地集中在一起，形成早期的工业园区模式，这样既节约了土地，又便于基础设施、电力和环保设施的综合利用，在保护环境的同时又降低了企业成本。

民主工业的高质量、高速度发展，有一个重要原因是得到了民主籍在外工作的施宏泉、吴春生、陈兆济等同志的鼎力支持，他们为家乡提供产品信息、技术帮助和产品销路，他们是民主工业发展的引路人。除了他们，还有一批五六十年代响应国家号召下放回民主村的老技术人员，代表人物有刘钱和、刘耀兴、张宝泉等，他们利用自己过硬的技术和聪明才智解决了民主村办企业的技术难题，打开了广阔的产品销路。他们都是民主工业发展的有功之臣。

（根据民主村档案整理）

附二：

玉祁公社民主大队关于队办工业的管理意见（试行草案）

根据我们大队的实际情况，经大队支委研究，制订关于队办工业的管理意见（试行草案三十条），希各队办企业认真贯彻，切实执行。

（一）关于加强领导问题

1.要健全和加强厂委一级领导班子。根据厂的规模，厂委由5—9人组成，要实行厂长负责制，配齐车间主任和班组长二级干部，遵照毛主席“三要二不要”的原则，经常开展积极的思想斗争，不断解决领导班子中软、散、懒的问题，要把积极苦干、又红又专的同志提到各级干部领导岗位上来。要敢于领导、敢于革命、敢于创新，使领导作风、领导思想、领导方法、领导措施适应高速度发展的需要。

2.要发挥共产党员、共青团员的先锋模范作用，有条件的要成立党小组和团小组，经常开展组织活动。党员、团员应当而且必须是学习、生产、团结和执行纪律的模范，带头完成大队和厂委下达的各项任务。

3.要实行集体领导，分工负责的领导方法。厂委都要明确分工。分线抓好学习、生产、管理、计划、质量和双革四新等项工作。加强对供销员的领导，要落实任务，包打硬仗。厂委要求切实转变领导作风，深入车间，跟班劳动，了解生产的全过程。要纠正过去“狗头上搔搔，羊头上摸摸”的领导方法。要抓关键措施，抓薄弱环节，抓协调生产，要抓纲治厂，采取有力措施，坚决刹住歪风邪气。

4.新时期总任务的核心就是高速度。一个厂的好坏，主要是看在无产阶级政治统帅下，是否生产大上，产值大增。

要集中全力抓好生产，力争完成和超额完成产值指标。

各厂要按照大队下达的产值指标、按季、按月、按旬制订生产计划，做到紧在前头，松在后头，争取主动，实现四超：即超任务、超同期、超历史、超同型厂。

5.狠抓企业整顿。切实解决纪律松懈和生产混乱等现象，提高管理水平，逐步做到文明生产。落实八大经济指标，进一步制订和健全适合本厂的岗位责任制度，质量检验制度、出勤考核制度、安全生产制度、物资工具保管制度、财务管理制度等一整套规章制度，厂委要经常检查制度的落实情况，把问题解决在萌芽状态。

要深入“农业学大寨”、工业学大庆的运动。组织车间、班组、工人之间的社会主义劳动竞赛。五金厂、塑料厂还要开展红旗车（机）的竞赛活动，要学大庆、立大志、争大上。

6.产品的转产工作是发展社队工业的一项战略任务。要加强对技术情报的研究，不断分析产品的前途，市场的需要，充分预计到产品热门变冷门，短线变长线的可能性，各厂要根据形势的发展，巩固老产品成本，发展新产品，每年开发1—2个新产品。即使暂时有业务，有原材料的厂也一定要发展新产品，要建立专门小组负责新产品的情报，分析和试制。吃准产品以后，要厂长挂帅，专人负责，尽快投产，要有强烈的迫切感和责任心。发展新产品要充分利用现有设备，投资少、周转快、前途大、利润高等几个原则。

（二）关于出勤考核制度

7.工人要做到勤满劲足，提前15分钟上班，领好工具和劳防用品，做好工前各种准备工作，当班特别是夜班的职工要做足做好8小时。要服从领导，听从安排，自觉遵守各种规章制度。

8.上班不迟到，下班不早退。迟到3次扣一天工分，工作时间要集中思想，集中精力，不准随便走动（流动性工种除外），不准谈三海经，不准消极怠工，不准做私活，不准提前洗手吃饭，来客确有要事，应到传达室会客。

9.要苦干、巧干、实干。在确保质量的前提下，保证完成劳动定额和生产任务（磨具料筒损坏，不能扣除）。要积极鼓励超定额生产。对于工作积极、完成任务好的工人要实行精神鼓励和物质奖励相结合，而以精神鼓励为主的方针，大力表彰先进。工人的日产值（或日产量）要上墙公布，但不能弄虚作假。完不成任务的要加班补上（加班时间不作出勤），经常完不成任务的要取消奖金，还要降低全年工分标准。

10.不得无故旷工，有事有病严格执行请假制度。无故旷工一天应倒扣工分，连续旷工3天以上作自动离厂处理；不准先斩后奏（特殊情况例外）；不准假少缺多；不准私自调班。

11.工业生产的特点是整体性、连续性强。各厂要稳定全员劳动力，做到有计划生产。对每月病假超过5天或事假超过3天（建造房屋作事假处理）或旷工1天以上的取消季度奖金（工伤、产假、婚假、丧假或其他特殊情况除外），对于因公负伤的工人，应有卫生室或指定医院的证明，方能准假记工。

农忙回队劳动，要出勤足、干劲足。农忙表现确实不好的，要取消奖金。

（三）关于物资保管和工具领取制度

12.物资出入库都要由物资保管员检查验收，核对无误后才能在发票上签字盖章，交付会计记账。生产用料应验单发货。外单位协作材料由厂长审批；大队需要材料，应有大队主管人员签字，根据厂内可能尽量给予解决。

13.物资工具应当按不同性质、用途、品种、腐蚀及毒性等归类整理，分别堆放，明码标号，妥善保管。严禁混杂、挤压、失效、腐蚀、损坏。保管员要健全收、付、余三类物资、工具分类账。

工具、物资的不合理短少应由保管员赔偿。

领用工具应验工具卡，长期使用的必须专用专管，但要防止滥用造成损坏、失真。对精密量具和特种刃具，人为原因造成遗失、损坏的，要赔偿经济损失。

14.物资（工具）保管员要钻研业务，熟悉生产工艺的过程，掌握全年生产所用的原材料，辅助材料，低值易耗材料及各种量具、刃具、工具。根据库存必消耗情况，提前向厂委和供销员填报物资采购单，既要做到合理库存，不断线，又要防止盲目进货积压钱。

15.对于有腐蚀、剧毒的物品，要有严格的保管使用措施，剧毒品要3人领用，监督使用，严密消毒，要值班不断人，保证不出事故。

（四）质量检验制度

16.各厂要把产品质量作为大事来抓。努力做到高产优质低消耗。使产品质量稳定在一个水平面上，要强化质量检验一条线的领导，建立厂、车间、班组三级专职或兼职质量检验员。对工人的重大质量事故，除在全厂大会上作检查外，还要赔款处理。

17.生产叫要人人把关，保证各道初级产品的高质量。产品出厂都要过“三关”：即工人自查关、班组检查关、出厂总检关。要提高正品率，力争减少次品，消灭次品，不符合质量的不准出厂。

18.各厂要根据产品情况，有关工种要保证解决影响产品质量的各种问题，定出积极的产品质量指标（如五金厂达98%，电镀厂回镀率5%），达不到质量标准的，不计产量，不算任务，不计工分。

（五）关于安全生产和福利劳保的规定

19.要认真向工人进行安全生产的教育，做好安全设施。操作前先检查设备是否完好，特别要检查砂轮、电线、有毒、易燃物品。操作时，要严格遵守操作规程，对由于不遵守操作规程而造成的工伤事故，原则上由本人负责。由此而造成的产品报废、机械损坏，轻者批评检查，重者要赔偿必要的经济损失。

运输船只要严格遵守交通规则，挂机维修费用要限额控制。

20.要加强对机械、电器、动力等设备的维修保养，经常擦洗，定期整修，做到养用结合。努力提高机械设备的完好率，各厂要大力培养机修员和建立机修小组。

21.根据社队企业的有关规定，经大队支委研究决定，各厂职工的劳防福利如下：

甲：五金厂、塑料厂、电镀厂、磷肥厂、砖瓦厂每人每年发毛巾2块（其中制砖机每人1块），饭单、袖套1副（磷肥厂只发袖套），茶杯第3年发1只，工作到深度12时后每人发夜餐费0.15元。挂机船出差运输，至上海每人每天补贴0.20元。

乙：工作服：磷肥厂、烧窑职工每人每年发1套，其余各厂每2年发1套，每套价格不超过15元。

丙：磷肥厂、电镀厂每人每年发防酸用套鞋1双，以旧换新。

丁：每只挂机运输船发防寒棉大衣2件，三年后以旧换新。

戊：其他生产上必需的劳防用品。

22.厂内不能购买规定以外的劳防用品，不得擅自提高福利标准，特殊需要的须经大队批准，未经批准购买的，谁买谁负担。

要大力搞好车间卫生和环境卫生，经常做好清洁工作。大厂要划分卫生区，以班组为单位，分工包干，专人负责。

23.科学技术就是生产力。在正常情况下，要增加产值，提高生产率，不是靠蛮干，而是必须靠科学技术，大搞双革四新。要建立双革四新小组，由一名厂委具体负责。围绕解决本单位的实际问题，大搞挖潜、改造、革新，尽快拿出成果；要改造设备，改革工具、建立科学的工艺流程，向双革四新要材料、要设备、要动力、要产值。有的要突击会战，限期完成。

要开展技术交流讲座，现场操作表演，组织参观学习以及学、帮、带等活动，建立技术图书室和技术档案，不断提高技术水平。

24.要经常进行增产节约的传统教育，发动群众找差距，排漏洞，开展增产节约，制订节约规划，落实节约措施，努力降低成本，提高利润率。特别是要抓好节电、节油、节煤、节约原材料，节约生产成本，节约非生产开支，节约劳动力等七方面的工作。车油等紧张物资要实行定量使用，严禁浪费。

对于在增产节约和双革四新中作出显著成绩的，要给予必要的奖励。

（六）关于供销员的任务和补助方法

25.供销员的任务：

甲：每个供销员必须完成全年分工落实的供销任务，包括原料、材料、辅助材料、设备、业务、销售、工具、刃具、燃烧料等等。（详细任务附后）

乙：产品转产工作。

丙：大队交办任务和其他任务。

在完成以上任务后，每个供销员还要尽可能完成3吨钢材或相当于3吨钢材的有色金属轻油、煤或其他大队需要物资。对厂内生产用原料、材料，包括易耗物品等要抢时间、争速度、争取提前完成，对于试制新产品和双革四新用物资以及其他急需物资，要保证突击完成。供销员要做到一箭双雕供得上，销得出。原材料不能以次充好，议价进货。

要积极做好资金回笼，结清往来款项，加快周转。

26.供销员要加强政治学习，不断提高思想水平，工作上要做到“三要”“四不”“五有数”，工作要经得起运动的考验，经得起时间的考验。

“三要”：即购物资，订合同要有时间性，防止打断线，影响生产；要千方百计攻克难关，解决问题，提高工作效率；在家要和工人一样，按时上班，深入车间，了解情况。

“四不”：即不搞假公济私；不说空话；不准投机倒把；不铺张浪费，生活要节俭。

“五有数”即：任务有数；生产能力有数；库存物资有数；产品质量有数；资金情况有数。

27.供销员的补助，采取“分季预拨，活评活付，年底总评，多贡献适当奖励”的方法。

分季预拨：每个季度预拨补助费50—80元（短差每季预拨50元）。

活评活付：根据供销员完成任务的情况，集体评定补助金额，完成任务好的，每季补助80元，完成不好的，则要适当减少补助，基本补助为每季50元。

在每季结束后，供销员要总结工作。供销情况要列表公布，必要时，要发给生产队队长评论。

年底总评：全年结束后，要进行总评比。根据每个供销员完成任务（包括原材料、业务和销售），工作态度以及资金回笼等情况，评定全年补助标准。其中主要是完成任务1条。符合上述条件的，按全年400元标准补助；反之，要按照比例降低补助。有的虽然完成任务，但错过时间，严重影响生产的，也要适当减少补助（还有些单位虽然完成全年产值，但供销员没有完成任务的，同样要减少补助金）。

多贡献适当奖励：就是在完成任务之外，多作贡献的，再给予适当奖励。银货两讫，按季兑现。

供销员要努力做好本职工作，保证完成分工任务，力争为大队多作贡献。

按季预拨补助金后，供销员要及时结清往来，尽量减少超支宕欠，反对用差旅费购买私货和作为家庭开支，决不能把补助金作为生活费。年终结算，每个供销员的超支最多不能超过100元。

28.原材料一般不准调出，在不影响本厂生产工艺的前提下，数量少的经厂长同意方可协作，但要款到后发货。钢材、轻油、煤、有色金属等非经大队同意，一律不准调出。

（七）关于“四定一奖”的问题

29.“四定一奖”就是定产值、定利润、定劳动定额、定工分报酬，超产奖励。

定产值：全年产值为222万元，其中五金厂为142万元，塑料厂为22万元，电镀厂为22万元，磷肥厂为36万元。年终结算时，以当年账面实际销售数为准（上年库存数，不计在内）。

定利润：全年利润为88.76万元，其中五金厂56.8万元（40%），塑料厂8.8万元（40%），电镀厂10.56万元（48%），磷肥厂12.6万元（35%）。

定劳动定额：各厂根据下达的产值指标，详细制订积极可靠的劳动定额（过去不适当的，要作适当调整），一经定额一年不变。

定工分报酬：就是按照分配政策，以农业平均整劳力工分为基础，工业全年整劳力平均工分比农业高5%—15%，根据决定，具体计算标准是（以全年销售数为准）：

在原材料供应正常情况下：

（1）全年产值完成85%以下的，全年工分不增，和农业平均整劳力一样。

（2）全年产值完成85%—95%的，全年工分增加5%。

（3）全年产值完成96%—100%的，全年工分增加8%。

（4）全年产值超额完成1%—10%的，工分增加10%。产值超过10%以上的，全年工分增加12%。

如果原材料供应不正常，完成产值情况不好的，厂长要组织供销员、工人一道举办学习班，进行思想评论，采取有力措施，创造条件。

超产奖励：超额完成大队下达的产值和利润指标，要给予现金奖励。奖励标准按产值超产部分的1%计算，奖励方法由各厂自己掌握。

30.采取日上墙，月评比，季度奖的方法。

日上墙：就是工人每天劳动，完成定额的情况下上墙公布。

月评比：就是每月开展红旗竞赛，评比先进，插上红旗。

评比条件是：政治思想，完成任务，劳动态度，产品质量，遵守纪律等五个方面。主要是看在保证质量的前提下，完成任务，生产上去一大步。

季度奖：在季度红旗竞赛中，评上红旗的要奖励。奖励分别为3.5元、3.00元、2.50元三等。凡是3个月评上红旗的为一等奖，二次评上红旗二等奖，一次评上红旗的为三等奖。在有劳动定额的单位（厂或班组）名额不限。

对于不能实行定额管理的工种，根据五项评比条件，发动工人评比，厂委审定，一等奖比例为15%、二等奖为20%、三等奖为35%。

一个班组，本季度内如果发生人为的重大质量事故的安全事故，或在本季度内只完成厂委下达产值的95%以下（原材料正常情况下），都要取消全班组的季度奖金， 同时班组长要进行思想检查。

一个厂，在季度内，如果只完成大队下达指标的90%以下（按季度平均累计数计算），要取消全厂季度奖金，什么时候完成什么时候补发。

厂长和供销员不参加工人评奖。

（1978年民主村档案文件）

附三:

民主大队各队办厂1980年三定管理方案（内容摘要）

一、定利润（均以毛利润计算）。利润数一律以年终实际上交大队为准（计算时以净利润加百分之二十所得税）。

按照今年各厂产、供、销情况和设备、人员，即生产能力，参照一九七九年实际完成产值，既积极可靠，又留有余地，下达1980年各厂产值利润指标，具体是：

表34

厂别	产值（万元）	利润（万元）	利润率（%）	产值80年比79年（%）
五金厂	65	32.5	50	45%
汽配厂	42	10.5	25	20%
纺配厂	25	7.5	30	
塑料厂	35	14.7	42	40%
磷肥厂	50	14	28	35%
电镀厂	13.5	4.7	35	50%
合计	230.5	83.9	36.3	53.5%

（利润率以七九年度为参考）砖瓦厂全年上交大队砖头60万块，上交利润1000元。

1.七九年度应上交利润未交足的，要全部补足大队。

2.七九年度的积压物资（特别是汽配厂的钢板），要迅速处理。出售或厂内使用的，货款要上交大队，不能纳入八〇年度的利润或减少生产费用以增加利润。

3.凡因生产需要或发展再生产，需要添置设备的（指大型固定资产），应报大队审批，同意后设备款计算在利润数中（凭报告批准书结算）。否则不予减少利润，要做到当年投资，当年投产，当年回笼资金。

4.各厂的往来欠款，应及时催讨归还。

二、定工分。各厂正常出勤的平均整劳力工分，按农业生产队平均整劳力工分增加百分之五至十五。完成任务好，贡献大的单位增长比例要高一些；反之，工分增长比例要低。

凡是业务足、必须要加班生产的，加班的工时全部发给现金，但不论是计时还是计件计算，都一定要按质完成任务。男的每小时发0.20元，女的发0.15元，行政人员、供销人员除外。加班必须增加年度利润。年终结算时，加班后利润增长幅度达不到大队下达利润指标百分之五以上的，已发放的加班费应全部扣回。

农忙原则上要回队劳动，必要留厂人员的加班工时，只记工分，不发现金。

三、定奖励。工人的奖金数额，以全年实现的利润数按比例提取。奖金由大队核定到厂，奖励办法由各厂制定，一般实行单项超产奖。不论实行何种奖励方法，全年奖金总数不得超过大队核定数。每月缺勤2天的要取消奖励，迟到早退3次以缺勤1天计算。旷工5天自动离厂。超额完成大队利润指标的，超过部分应发给超产奖。在完成和超额全年指标后，可按人数发给年度奖金。未完成的单位，原则上不予奖励。

四、关于供销员的补助。采取基本补助加奖励的方法，具体方法是：厂里完成大队下达利润指标的百分之九十，每人基本补助费二百元。在此基础上，每增加一万产值，奖励该厂（不是每人）一百六十元。补助金额（包括奖金）由大队年终核算到厂，方法由厂内决定后报大队审查。

五、厂长的职权。厂内实行厂长负责制。厂长的职责是：负责全厂生产，制订生产计划，搞好生产和人员调度，整顿企业管理；制订适合本厂情况的各项规章制度；制订大队规定范围内的奖励和补助方法；要抓紧供销工作，做到内外协调，供销平衡；对于不遵章守纪而屡教不改的工人，厂长有权开除其出厂回队劳动。

（1980年民主村档案文件）

附四：

民主大队关于1983年工业经济承包方案（内容摘要）

一、实行“五定”（即定产值、定利润、定利润率、定上交资金、定基础工资水平）。

二、关于工人的工资结算。各厂所定的一九八三年工资水平，以一九八二年分配的实际水平为基础，由大队按一九八二年分配总金额核定到厂。工人实行“基本工资加浮动”的方法。

工人的基本工资可按一九八三年实际表现，参照一九八二年工分折头讨论评定。原则上在年终一次兑现。

浮动工资一般占所定基础工资的20%左右。浮动工资的高低，要根据工人的劳动纪律、劳动态度、完成任务、产品质量、技术高低和男女等方面，以车间或班组为单位，按月评定，并由厂部审查决定，按月发放。

工人加班费要和增加的产值和利润成正比。加班费（包括超工时奖）的总额应控制在超产之值的3%—5%。加了班而未增加产值的，要取消加班费。每月的加班费要报大队审批后才能支付。标准仍为：男的每小时0.20元，女的0.15元。

一九八三年年终大队结算社员平均生活水平时，由于农业劳动力的转移而引起的农业平均整劳力收入水平的增加，则工业的基本工资也要相应增加。

三、超产利润的分成奖励。分成奖励要根据各厂的利润率来考虑，利润率高的，分成比例低些；利润率低的，分成比例高些。

利润（毛）超产分成奖励的比例是：利润率在30%以下的，奖励超产部分30%；利润率在30%以上的，奖励超产部分15%。另外，对超产40%以上的，实行加成奖励，即按净利润（缴纳所得税后）计算，对半开分成。减产赔偿的比例是：产值减少10%的，工资扣5%；产值减少20%的，工资扣10%；产值减少30%的，工资扣15%。

凡完成大队下达指标的，可按工人表现评定一等奖、二等奖、三等奖三种，年度奖兑现金额由大队核定到厂。没有完成大队任务指标的，要取消（部分或全部）年度奖金，或给予安慰奖。

四、厂长和供销员的分配。对厂长和供销员实行“重奖轻罚”的原则。

坚持实行厂长负责制。厂长要围绕一个中心：即围绕提高经济效益的中心，抓好两个方面的发展：即内涵型和外延型二个方面；做到三个第一，即质量第一、用户第一、信誉第一；搞好四项工作，即智力投资，加强供销力量，改善经营作风，搞好企业管理。

厂长的工资收入，完成“四定”指标的，工资比最高工人工资的平均数（5—7人）增加20%，没有完成任务的，工资扣10%，连续三年上不去的，要自动离职。

对供销员实行以产值定奖励的方法，即在计划任务以内，每一万元产值补助五十元，超过计划指标的，每一万元产值奖励120元，奖金总额年终由大队核定到厂。由厂部研究后，报大队审查。

供销员的劳动报酬（包括浮动工资），按全大队工业平均水平970元计，加上年终超产值奖励，就是供销员的全年总收入。

供销员的工资和奖金发放办法，可按三种形式计算：一是按出差天数，国家规定补助；二是根据工作表现，发放季度奖金；三同年终补足工资报酬。平时预付入账，年终一次结算。

几点说明：一是大队和各厂实行承包责任制后，只解决了吃大锅饭的问题，还要解决吃中锅饭的问题，各厂要把承包责任制落实到车间、班组或个人，千斤担子众人挑。二是在实行了承包责任制后，扩大了厂内的自主权，使各厂拥有更强的手段，更大的余地，以利搞好工作。但重大的问题如人事安排、经济分配、奖赔方案、基建设备等决策措施还必须经过大队审批。

（1983年民主村档案文件）

附五：

表35　　1970—1990年民主村工业情况表

单位：元、%

年份	工人数	产值		利润		工资		固定资产	
		总产值	人均产值	利润	利润率	总工资	人均工资	原值	100元产值
1970	75	211355	2818	56600	26.78	45000	600		
1971	90	310114	3446	106800	34.43	59400	660		
1972	108	432998	4009	121500	28.06	734400	680		
1973	150	468600	3124	151000	32.22	90000	600		
1974	180	744924	4138	279900	37.57	120000	667		
1975	205	973032	4746	410200	42.15	140000	683		
1976	212	1113569	5253	421300	37.83	146280	690		
1977	215	1428126	6642	580000	40.61	154800	720		
1978	238	1831009	7693	677400	37.00	177300	745		
1979	251	1491878	5943	493700	33.09	188250	750		
1980	289	2849221	9859	1209700	42.45	222500	770		
1981	474	3870000	8165	1589700	41.07	369720	780		
1982	550	487000	8855	1336100	27.44	475070	863	1084800	449
1983	780	6431900	8245	1878700	29.21	686400	880	1290300	498
1984	848	7031200	9470	1578700	19.66	890950	1050	1800900	446
1985	1161	12265700	10565	2793100	22.77	1362713	1173	4983400	246
1986	1336	14650100	10898	2592100	17.80	2391200	1325	6056600	240
1987	1365	19674700	14413	3746900	19.04	2503100	1833	7747700	254
1988	1511	33934600	22458	6526800	19.23	303350	2007	11176700	303
1989	1802	54305400	30136	1074170	19.78	4339031	2407	16570400	327
1990	1947	57054600	29304	9760900	17.11	4510975	2359	19010200	300

表36　　1986—2005年民主村部分工业主要经济实绩情况表

单位：元

年份	总产值（万元）	销售收入（万元）	利税总额（万元）	固定资产原值（万元）
1986	1518	1415	162	618
1987	2108	1968	202	775
1994	18108	11977	257	4471
1995		9252	298	4484
1996		10941	402	4416
1997	18364	13011	516	5613
1998	17533	12211	264	3051
1999	18130	13871	273	7391
2000	20606	19889	931	7341
2001	24567	20918	1410	8303
2002	27808	26521	2940	10092
2003	34280	33954	3858	11228
2004	12096	11948	1769	3849
2005	43414	43358	1852	15069

表37　　2007—2019年民主村主要经济指标情况表

年份	工业产值（万元）	销售收入（万元）	工业投入（万元）	利润总额（万元）	税金（万元）	人均水平（元）
2007	48078	44492	3000	2011	2066	11800
2008	38803	35170	3000	1308	1519	13111
2009	28056	25999	2500	1417	1321	14412
2010	35946	33236	3000	3791	1637	15858
2011	40726	37595	2800	3004	1784	17750
2012	33862	31297	3000	1120	1380	20347
2013	33511	31212	3000	930	1420	23000
2014	39647	36310	3000	1052	900	25300
2015	31944	30544	3000	928	602	29095
2016	43510	39600	利税总额	4498		
2017	40960	36966	利税总额	4263		
2018	43155	39850	利税总额	4428		
2019	44820	40930	利税总额	4471		

（根据村档案整理）

第十一章　私营业　工匠

据家谱记载，在清朝中期，本地居民就多有从事班船运输业和粮食贩卖生意的，班船和稻船往返于上海、苏州、宜兴、溧阳之间。运输的便利和粮食贩运带动本地酿酒业的繁荣。在清朝中后期，几乎每个自然村都有酿酒作坊，一直维持到抗战前。酿酒作坊之间的竞争与合作产生了著名黄酒品牌“双套酒”。蚕丝业也是本地的一大特色产业，兴盛于同治年间，小型丝厂遍布各村。民国时，新桥还开有蚕种场和茧行。“五匠”以泥水匠和木匠为主，泥水匠还曾参加过南京长江大桥的建设。

第一节 作坊

酒坊

刘洽丰酒坊　刘洽丰，字在阳，1800年出生。他生性潇洒，喜欢饮酒。中年以后，他嘱咐儿子们多种糯米，以造佳酿，并在星桥之西悬一酒帘。

源丰酒庄　刘厚基，字坤源，同治庚午（1870）二月十九日生于新桥桥西。新桥小镇河水萦带，清且涟漪。刘坤源在进士厅西开设源丰酒庄。后来，投资两千两白银，在玉祁东街开设槽坊。他在每年菊花开放的时节开始酿酒，由于他酿酒技术好、名气很大，士大夫一时都把新桥视为“酒泉之郡”。

源丰酒庄原有三部木质榨床，其中一部床柱上镌有“水到渠成杜康妙品，源远流长李白留名”对联。

刘敬承酒肆　刘敬承，又名庆麟，字训彝，生于道光己酉年（1849），“太平军”占领新桥以后，他家更为贫困，于是弃儒从商。开始时做一些小生意，积累一点资金以后，就在家里开设酒肆。但凡酿酒、销售各个环节都由自己亲力亲为。由于酒味佳美，刘敬承又善于计算谋划，做生意恒信于人，所以商务发达，家业逐渐兴隆起来。

刘瑞昌酒坊　刘瑞昌（西庄刘氏28世）的父亲和叔叔开设酒坊，他帮助研究酿酒之术。光绪年间，他在街上开设酒肆，获利颇丰。

新村酒坊　新村在40年代前有三家酒坊：东水门的方蓉秀，中巷的刘瑞根，朝西巷的余三岸。三家酒坊规模不一，小的有酒坛二三百只，规模大的有五六百只。酿制的酒都是黄酒，各家都有自己的销售渠道，有的和无锡、苏州的酒店挂钩，也有自己到市场上销售的，在本地的销量不大。余三岸的酒坊规模最大，并雇用长工。酿酒都是季节性的，销售则视规模而定，也有常年经营的。

施氏酒坊　约在光绪初年，施家宕施雅堂开设酒坊，每个酿酒季节都要酿酒千瓮。儿子继承父亲的酿酒业，继续经营。据其后人回忆，酿酒用的灶具直到60年代才拆除。

油坊

太平天国运动后，陈釙洲在新桥开设油坊。由于开油坊要用牛，他召集几个朋友到浙江孝丰（今安吉）山里去买牛回来贩卖。一路跋涉千百里，经历几个月。山里盗匪出没，备受惊恐。牛买回来后，卖掉大部分，留下几头精壮的用于拉磨。一开始磨的是棉籽油，每天挑着担子到周边乡镇叫卖。待积累一定资金以后，就改榨豆油。陈釙洲吃苦耐劳，交易公平，他的油坊获得远近用户信任。

家庭纺织

纺纱、织布历来是江南居民的传统家庭手工业。纺纱，俗称“摇棉花”，家庭所织布匹相对粗糙、门幅狭，在清朝末年机器织布兴起后被称为“土布”。抗战之前，境内基本上每家都有纺纱车，每个村里都有几台织布机，居民日常衣着基本自给。家庭纺纱直到70年代还较普遍，纱有人收购。新桥和东西刘庄有多家家庭纺纱，所织布匹都是床单布、包箱布等，品种相对单一。

第二节　茧行　蚕种场

茧行　蚕种场

清朝同治初年，经历“太平天国”运动的战乱后，蚕桑业重新在江南兴起。1917年2月，由英、美、法、意联合成立蚕桑改良会，会址在武进横林镇，与玉祁接壤。外商对无锡蚕丝很感兴趣，成立初期，也派人来锡搞蚕种制造和良种的推广。1919年，薛明剑和夫人李钟瑞在锡山脚下开设无锡第一家蚕种场，并在玉祁方巷和当街自己家里出售优良蚕种。

蚕桑业的复兴和国内外技术人员对蚕种的改良，促进了境内蚕桑业的兴盛，茧行和小丝厂陆续产生。

新桥恒泰昌茧行　有烘茧灶24具，兴盛于20—30年代。

刘庄张氏茧行　1937年10月23日，玉祁沦陷。1938年3月，日军火烧玉祁街、新桥街，多处茧行停运，“蚕茧无人赐顾，农民仰屋兴嗟”。东刘庄村民张灿甫命其子张炳泰、张锦泰集股创建茧行一所，收买鲜茧，代烘干茧，以救蚕户目前之急。在住房后边建起两间门面房，以收鲜茧之用；在门面房西侧建起四间，砌烘茧灶。门面房坐南朝北，进深约10米，与住房之间有一大院，与西侧烘茧灶弄相通。茧行占地300多平方米，北临通往礼社的下大路，交通较为便利。

茧行部分干茧供于葑庄丝厂，张灿甫之孙张致祥常来往于茧行与丝厂之间。1970年前后茧行被拆除。

新桥源和茧行　源和茧行在新桥东堍北侧沿河，开办时间在1893—1930年。

大新蚕种场　开设于民国18年（1929），场主为新桥人刘元钊、刘春锜，聘请许克义为技术顾问，场名“大新”。每年育种春蚕5400张，秋蚕12600张，品牌为“天女牌”。建有蚕室11间，桑园25亩。

新桥街西往南百余米有新桥小学，其校址为大新蚕籽制种场旧址。据老人回忆，整个制种场占地面积可达十余亩，室内设有下水道、冰库，供贮存蚕籽用。1938年3月27日，日本人扫荡，在新桥放火，烧掉半条新桥街，制种场也被焚毁。

第三节　小丝厂

中华人民共和国成立前境内有四家小丝厂，兴起于抗战中期，结束于解放初期。由于日本侵略者摧毁无锡地区大部分丝厂，所以土丝价格飞涨，刺激小丝厂纷纷开办。境内这几家小丝厂在经营上各有各的进货渠道，各有各的销路。

庆丰丝厂　新桥刘世锡丝所建。厂址在桥西沿河，刘世锡和其女婿兄弟合股。刘世锡提供厂房，沿河三间门面，二层楼房；其女婿兄弟出资金，出设备。厂规模为老虎灶一座，缫丝车12部，打盆6—8个，有工人20余人。

魏永泉丝厂　徐巷魏永泉开的丝厂，厂址在徐巷老宅，计有四进深，第三、第四进二间门面为厂房。其设施有老虎灶一座，缫丝车12部，打盆6—8个，有工人20余人。

晋丰丝厂　新村中巷刘瑞根开的晋丰丝厂，厂址在新村刘氏分祠，设施有老虎灶一座，缫丝车6部，打盆4—5个，工人有10余人。1938年改名“晋丰制丝所”，实行股份制经营，由刘瑞根次子刘双泉负责管理，至1950年歇业。

施春泉丝厂　开设于施家宕，主人为施春泉，有6部丝车，十几个工人。在前洲北七房开设小茧行，自己收茧，供自己丝厂缫丝。

施阿光丝厂　开设于施家宕，有丝车10部，工人近20人。

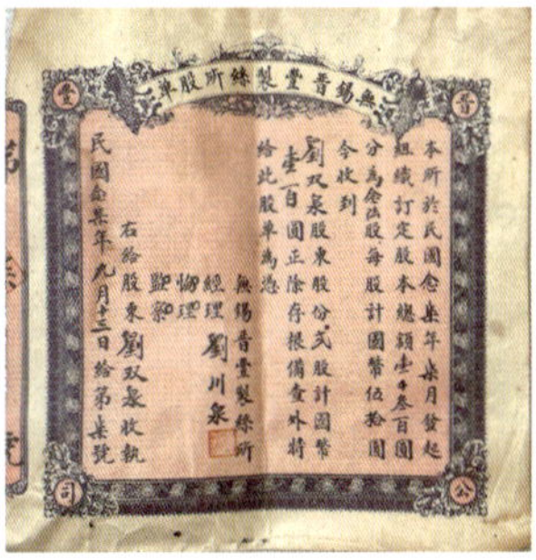

1938年，无锡晋丰制丝所股单

第四节　稻船　班船

稻船

境内做贩运粮食生意有较长的历史。根据《刘氏家谱》记载，西刘庄刘氏25世刘洽丰在道光十年（1830）就撑稻船贩运粮食，往返于金坛、宜兴一带。《施氏家谱》记载，施之勉的爷爷施雅堂与大儿子施炳泰在1853年以后开始贩运粮食，他们主要在冬闲时节往返于家乡与金坛、溧阳之间，贩卖稻谷。曾遭遇太平军封船，施雅堂持礼见首领，侃侃陈情，终得幸免。咸丰末年，太平天国运动席卷江南，对当地社会、经济打击很大，生意停顿。

稻船生意的再度兴起是在同治、光绪年代，衰落于抗日战争时期。《刘氏家谱》记载，新村人刘氏26世孙刘桂宜在太平天国运动平息后买船从事贩运粮食生意，往来于金坛、丹阳、常熟、苏州之间，一年四季都不停歇，历时十余年。

在清代，各个自然村几乎都有人经营运稻贩粮生意，光是东刘庄和西刘庄有稻船十余条，最小的可装稻谷100石，大的可装120—150石。30年代，张锦泰等人还经营稻船生意。这些船有的是自己购置，常年经营；有的是向船行租借，做季节性经营。大多数人每当秋种农事完毕，便开始做稻船生意。稻船出港前，船头要摆上猪头三牲，点香揖拜，谓之“祭顺风”，希望出门顺利、生意兴隆。一般都是到金坛、溧阳等地装货，再运回苏锡等地出售，赚取差价。无锡当时是国内四大米市之首，溧阳、金坛等地米质好，尤其以糯稻出名，且价格便宜。

光绪三十四年（1908），沪宁铁路开通，交通状况大为改观，稻船生意受到较大影响。到抗战时期，日本侵略军实行经济封锁，粮食在禁运之列，稻船生意完全停歇。

班船、轮船

班船，在古代一直是江南地区重要的交通和运输工具。班船分客运和货运两种，也有客货兼运的。境内居民最早从事班船生意的年代已不可考。据《刘氏家谱》记载，东刘庄人刘惠南有感于当地交通不便，在同治初年（1863年左右）租一条船，自己驾船，并雇两人从事班船生意。往来于无锡、苏州之间。

民国时期，小轮船已往来于城乡之间，班船业逐渐转向货运。1935年，新村王爱林有5吨木船一艘，从事新村到上海的客货运输，每月往返2—3次。上海停靠码头为苏州河畔的上海锡金公司，到1948年停运。30年代末，新桥司培千、刘云金摇班船作客运，往返新桥与石塘湾之间，每趟可乘客人20人左右。抗战胜利后，新桥有了小火轮，班船停运。

抗战时期，玉祁班轮船停运。新桥到无锡有轮船通航，每天一班往返，途经唐平湖、印桥港、白汤圩、皋桥至通惠桥。晚上停泊在新桥南塊，轮船名“荣海号”，为尖头铁皮船。抗战胜利后停业。

第五节　茶馆　商店

茶馆

境内关于茶馆的记载，最早见于《施氏家谱》。咸丰年间施家宕就有茶馆。在抗日战争前，新桥有3家茶馆，新村有刘根玉、刘春根2家，刘庄有刘金山1家。这些茶馆规模都不大，一般只有两三张茶台，茶资一律每壶50文。同时还卖炒瓜子、炒花生，花一个铜板可买一碗花生，一个冬天下来，可以卖出几麻袋花生。冬春农闲季节，茶馆生意最为繁忙，茶客往往上午喝茶聊天，下午打麻将、摊牌九。中华人民共和国成立，茶馆逐渐取消。

小店

30—70年代，新村有秦细苟、刘锡宝、施建国的皮匠铺，主要从事绱鞋、揎鞋和鞋底打掌子业务。刘兴根、刘梓芳、刘金在村里分别开摇面店，东刘庄有刘仁千的摇面店。施家宕有施阿祥的熟食店，卖牛肉、猪头肉。新桥桥东有两家南北杂货店，同时有酒铺、银匠店、小馄饨店、烟纸店、圆作店。桥西殷同生家里开过烟酒小店。

60年代新村和东刘庄有两个理发店，男子理发每次5分钱。葑庄人刘培泉在新村开理发店，到70年代中期转为民主大队新村理发店。作为社员福利，理发也不要钱。大队给社员发理发票，社员凭票免费理发，费用由大队跟理发员结算。男社员每年12张票，女社员每年8张。刘培泉负责新村、施家宕社员的理发；同时大队在刘庄也开设理发店，服务东刘庄、西刘庄、南村头、新桥、魏徐巷等社员。

供销社下伸店

60年代初，玉祁供销社在各大队分设下伸店，供应日用品、小百货、糖烟酒和猪肉等。

80年代中期，凭票供应被取消。民主桥西殷同声、魏巷李森泰、西刘庄王光辉、东刘庄刘如炳私人开小卖部。西刘庄有刘国富在徐巷开小卖部。西刘庄的张焕良，在徐巷桥南开点心店，供应面条馄饨。桥西刘慧君在新桥路口开小饭店，丁亚萍、张桂珍合伙在徐巷开馄饨及熟菜店。

第六节　工匠

1949年前，民主村的“五匠”有名的有：泥水匠、木匠、箍桶匠、皮匠、裁缝、理发、漆匠、白铁匠、厨师等。他们中涌现出江南名厨吴涌根、享誉京城的红帮裁缝刘涌清、参与中山陵建设的石匠刘嘉修。

由于境内“五匠”名气大，1958年曾将境内全体匠人集中到新桥，进行统一管理、统一干活，相互交流技艺。

1975年，大队组织“五匠”根据工种不同成立相应的工种小组。当时泥水匠50余人，分6组，由6个“作头”负责各组，木匠16人为1组、裁缝6人1组、鞋匠2人为1组、箍桶匠2人为1组、理发3人为1组。匠人营业所得要交给大队记工。

当时匠人的工钱为每人每天1.60元，要全额上交大队五匠组。农忙期间“五匠”参加生产队劳动。年终分配前，五匠组把每人的收入上交大队，大队再转到匠人所在的生产队“靠工”。由生产队提取一部分积累计入当年分配总额，由生产队计入总收入分配给社员。

尽管“五匠”工钱所得都需交大队靠工，但“五匠”人员却有增无减。据当时负责“五匠”管理的刘焕祥老人介绍，一是“五匠”每天外出做工的收入交大队后记1工，年终分配时按工分值算钱。二是一天二餐由主家提供，有的还发包香烟。三是农闲时，普通社员无活可做，而“五匠”却可以外出赚钱，全年总收入相对高。为此，师傅带徒弟，徒弟再带徒孙，“五匠”人数越来越多。

70年代后期，村办企业蓬勃发展，剩余劳力进厂务工，以后几乎每家都有人员进厂当工人，工人收入与“五匠”的差距也逐步缩小，“五匠”的收入“靠工”制度逐步取消，收入全部归个人。

泥水匠、木匠

建房造屋，需要木匠、泥水匠合作完成。旧时建房，先请木匠搭好梁柱屋架，然后请泥水匠砌墙。遇到讲究的，要在照壁的青砖上刻线雕花，那还是要请木匠。所以，木匠和泥水匠是一对搭档。

民主大队木匠泥水匠众多，且作头师傅名气大，在中华人民共和国成立前已闻名十里八乡。旧时建房造屋，泥水匠不光是砌墙瓦屋，还要立墙门、砌灶头、盘龙腰（屋脊），要造型塑花。墙门塑花、青砖雕花、龙腰堆花、灶头画花等工艺，题材广泛，需人物、花鸟相和谐，匠人若无相当的手艺和审美水平不可胜任。境内的前辈作头师傅手艺精湛，作品栩栩如生，令人赏心悦目。

在民主近现代的泥水匠中，魏巷的师傅可算前辈。同治初年，人们亟须修房造屋。魏巷村师傅带徒弟，一半以上的人家都有人学泥水匠，作头师傅声名远播。民国时期，最有名的作头师傅是魏桂泉，他建墙门和一手方砖雕花刻字手艺无人能比。魏巷还有魏凤池、魏凤泉、魏凤宾、魏凤鸣四兄弟，以及魏宝林、魏焕章等有名匠人，其中魏焕章还是建屋师傅。刘庄大师傅刘锡宝的祖父刘焕泉、刘伦祥的曾祖父刘菊泉都是魏巷泥水匠的传人；新村大师傅虞伯清、刘庄刘宝泉都是魏桂泉的徒弟。在近半个世纪中，除魏巷的泥水匠群体，刘庄有刘锡宝、刘焕泉、刘伯生等作头师傅，新村有虞伯清作头。木匠以新村的余全培作头比较出名。泥水匠每个作头少则5人，多则10余人，从中华人民共和国成立之初至改革开放，所建之房屋，数以千计。近则民主境内，远达无锡市区、武进市、江阴市。

1968年春天，无锡交通局到玉祁建筑站招收建筑工人参加南京长江大桥的建设，民主大队刘涵林，刘克勤，刘伦祥3人参加。经过半年多的时间，圆满完成任务。望亭电厂建设期间，工程指挥部到本地招收建筑工人，民主大队有数名瓦工报名参加。其中刘焕朝、刘云龙还被华东电力局录取成为正式员工。电厂建成后刘焕朝派往越南参加援越建设，刘云龙被派往上海新电厂。

民主的泥水匠人才辈出，小到普通民居，大到企业工程，从设计测量到预算施工都可以凭自己的技术能力完成。到21世纪初，商品房、安居房由大型建筑公司承建，农村泥水匠纷纷改行，一小部分专搞装修。民主的泥水匠的辉煌时期成为历史。

石匠

境内石匠不多，刘庄的刘嘉秀是石匠的代表人物。他建桥造闸、凿碑刻字的手艺高人一筹，1925年参与南京中山陵的修建工程。在刘庄培养了刘三男、刘正伦两个徒弟。他的另一个徒弟、也是他的内弟魏福成1954年参与建造縻文灏烈士陵园，縻文灏烈士纪念碑就出自魏福成之手。

箍桶匠

刘庄的刘培芳、刘天宝师徒，新村的刘岳林，是21世纪前活跃在境内的箍桶匠，其中以刘培芳最出名。大到䐣桶、浴盆、水桶、锅盖，小到脚盆、提桶、小圆盘，出他之手无不精致美观。1949年前，礼社有钱人家嫁女，置备嫁妆中全套的圆作木器都要请刘培芳帮助。

裁缝

旧时的裁缝做衣服都是手工缝制，连纽扣、褡襻也是用布料编结、缝制而成。裁缝都是被请到家里来做衣，主家要像待客一样买鱼肉招待。裁缝吃饭也有规矩，荤菜只吃一样，且每顿饭只吃少量，一条鱼要吃几天。

境内裁缝中，新桥的縻其范（亦称“阿二裁缝”）名气较大。刘庄的刘海荣以丁活利索受大家欢迎，他一天能做 件长衫。中华人民共和国成立后，人口增加，学裁缝的人也多了，刘凤珍、刘玉敏、刘玉秀、孙阿兴、沈秀英、刘兴玉、沈荷媛、刘阿珍等都是60—80年代活跃在境内的裁缝。

裁缝中当以刘庄红帮裁缝刘涌清最为著名。他凭着高超的技艺享誉京城，为国家领导人量体裁衣。

弹棉匠

新村刘锡金，1949年前就从事弹棉花。刘庄的邓兴根，从60年代起也弹了二三十年的棉花。一到冬天，弹棉匠就开始忙碌，娶媳妇、嫁女儿，都要准备几条棉被。很多人家过冬御寒用旧被絮翻新。棉胎要靠弹棉匠的一把榔头一张弓弹出来。80年代末，浙江人带轧花机、棉胎加工机到民主村，使弹棉花效率大大提高。弹棉匠逐渐失业。

磨剪刀佬

新村的刘源泉是境内的磨剪刀佬，掮一张长凳，走村串巷磨剪刀、削薄刀，长凳一头架着磨刀石、挂着工具袋，一头挂个水桶。

换糖佬

新村的刘和喜是境内的换糖佬。把麦芽糖加热后揉拉、挤压成糖饼，挑一副竹箩筐就出门换糖。一头箩筐上架块木板，木板上放上几块糖饼，一头的箩筐装换来的杂物。进了村，一面小铜锣敲起，边敲边喊："破布头、老棉絮、鸡黄皮、肉骨头……换糖"。

铜匠担

新村的刘根福、西刘庄的张兆祥是铜匠，也叫白铁匠。修锁配钥匙，焊锡补脸盆、补汤婆子等，还会做白铁皮的喷桶、漏斗等器具。

第十二章　教育

据家谱记载，在清代境内各个民族都非常重视子弟的文化教育，几乎每个自然村都办有私塾。清光绪三十三年（1907），新桥糜氏祠堂开办育才初级小学堂。民国初年（1912），施家宕创建万安市第十小学。这两所小学还是中国共产党开展革命活动的秘密场所。中华人民共和国成立以后，各届领导都非常重视教育。1968年9月，大队办了民主初级中学，80年代重建施家宕小学和刘庄小学。1984年，支持玉祁乡政府与上海交通大学联合开办大专班。教育的兴盛为国家输送了大量人才，也为村办企业培养了技术骨干。

第一节 私塾教育

明朝万历年间，新村就有私塾授徒，塾师刘端。

光绪初年（1875年左右），新桥东糜氏私塾先在糜浚宣家，塾师戴宗德。后因地方太小，搬到糜氏祠堂里，学生有糜廷耀、糜浚宣兄弟、许北荫、刘葆卿、尤聿波、萧载璋等十几人。糜浚宣在光绪二十五年（1899）中秀才，院试第一名，可惜后来未中举人。

光绪二十四年（1898），施协品家办私塾，施之勉8岁时进入私塾，后在其表兄的举荐下考入常州府中学堂。

光绪二十九年（1903），烈士施丽清（又名施二宝）9岁时就读私塾，二年后因生活所迫，中途辍学。

晚清秀才刘宝庆，院试夺魁。中了秀才后，因家境贫寒，无力考举，就以办私塾为业。学童来自东西刘庄、南村头及周边村庄。

30年代中期，新村水龙宫办私塾，塾师有余麟夫（人称王先生）、刘一汉等。学生有井宕头的刘仁兴、野场上的刘忠德、上巷刘杏根、刘协林等15人左右。几年后，余麟夫在家里办私塾，塾师还有他的儿子余万程。后来，余麟夫还到浮舟办私塾，余万程到印桥办私塾。

民国时期，西刘庄刘俊观在本家“藜照堂”里办私塾，教国文和算术等科目，学生有刘祥海、刘多堂等10多人。东刘庄有私塾学堂，塾师刘浩根、刘汝培、刘仁铨等。

抗战时期，新村刘金良在家办私塾，塾师为刘金良。施家宕施同和在家办私塾，施同和为塾师，施凤来等10余人为学生。开设珠算、算术、国文等科目。刘庄曾在刘仁铨家办过私塾。1943年，新桥刘伦瑞在刘家祠堂办私塾，塾师龚德照、唐炳兴、唐炳宏，还有前洲的两位老师。该私塾两年后停办。

第二节　小学教育

新桥小学

清光绪三十三年（1907）新桥糜氏祠堂开办育才初级小学堂，糜文灏、糜辉幼年就读于此。民国初年（1912），新桥地方人士发起筹资创办新式小学，刘训彝等乡绅积极响应，新桥育才小学堂扩展为青城市立第七小学。五四运动后，糜文灏曾在青城市立第七小学任教后被聘为该校校长。

境内第一所小学——新桥小学位于糜家祠堂　　（糜氏宗谱）

民国12年（1923）2月24日，“青城导社”在玉祁大墩成立，这是无锡地区第一个由中国共产党领导的进步团体，社址就设立在新桥青城市立第七小学。同年，《无锡杂志》刊载青城市小学一览表，其中青城市立第七小学有老师2名，学生81名，教室1间，年度教学经费518元。糜若虚幼年就读于该校。其间殷达安担任过校长。

民国34年（1945），在新桥当地乡绅刘源钊（尊称先生）等的筹划下，在刘家祠堂私塾教育的基础上重新办起了新桥小学，邀请戴昌祚当校长。新桥小学是一所公立小学，有3个班，共90多名学生。

1950年底，学校搬至新桥蚕种场，老师有刘子政、余惠中、张春霞等，6个年级分3个复式班，一、二年级为低年级班，班主任是张春霞老师，三、四年级为中年级班，班主任是余惠中老师。五、六年级为高年级班，班主任是刘子政老师，每个年级学生20多名。由于教学质量好，礼社乡后曹的一些学生就读于新桥小学，当时学生达200多名。二楼为老师的办公室，学校有简易操场和跳高、跳远使用的沙坑，体育课由戴昌祚校长兼任。

1959年7月，刘如榜接任新桥小学校长，戴昌祚老师调到施家宕小学任教导。老师有陆品瑞、杨保华、张春霞、薛萍等。

1965年7月，刘如榜调到蓉南小学任校长。新桥小学四年级并入刘庄小学，一至三年级仍在原地，但由刘庄小学统一管理。

1970年，新桥小学校舍拆除。

新桥小学教师：戴昌祚、刘如榜、刘如范、张春霞、杨仲明、刘祖赢、薛萍、杨保华等。

施家宕小学

民国元年（1912），政府兴办新学，规定各乡要有一所小学。但社会更替之际，政府经费奇缺，只能由各乡自行筹款试办。按当时的行政区划，新村、施家宕和徐巷属于万安市。市公所公布：万安市公立小学分配额已满，施家宕不在其中。施襄政拿出自己的积蓄，又向有识之士募捐，民国二年（1913），施家宕成功开办小学，校名为万安市第十小学（后易名施家宕小学），校址设在施氏宗祠内。万安市第十小学属于市立性质，校长是范晋保，有一间教室，31名学生，两位老师。

民国26年（1937）9月，施家宕小学有四间教室、六个年级，进行复式教学。至民国37年（1948）水龙宫也办起了小学，属施家宕小学分校。分校有两间教室，一间办公室和男、女厕所。老师有李青林、范雪妹、薛方伯、施祥林等。施氏宗祠于1982年拆除，水龙宫于1980年拆除。

民国34年（1945）9月，肖舜农长期担任校长兼任音乐老师，村里人对他十分尊敬。朱克璋老师任教导主任（解放后肖舜农离开后接任校长）、朱安若任语文老师（后兼任教导主任），有张帆善、余惠中等七八个老师。科目有国文、算术、珠算、写字、音乐等。

解放战争期间，施家宕小学还是地下党的一个联络点。领导人是肖舜农，解放后公开身份的还有张洛范和谢锦帆两兄弟。民国38年（1949）4月，施家宕小学有4个班，约160名学生。解放后第一个到校的女老师叫孙大霞，义村人，陆续有张爱玲、陈美娟、毛静芝等老师。

1951年，毛静芝老师会同近20名热血青年排演话剧《怒吼的青川江》，宣传抗美援朝运动。

1981年，施家宕小学重建，校址在新村。新学校占地面积约2000平方米，一幢二层楼的教学大楼，共有6间教室，1间办公室，教学大楼的南侧是3间的大礼堂和杂物间，最南侧有100米的运动场和男、女厕所。后来增加了食堂2间、门卫室1间、花坛等。

1982年8月，新校舍落成，落成后的施家宕小学改名民主小学。9月，刘庄小学有四、五两个年级的两个班借施家宕小学校舍上课，学生教学由刘庄小学老师负责。

1984年，民主小学重新改名为施家宕小学。

1996年9月，六年级并入刘庄小学。

1997年9月，施家宕小学与刘庄小学合并，校址是原刘庄小学，合并后的学校命名为民主小学。原施家宕小学校舍改成为民主幼儿园。

中华人民共和国成立以后施家宕小学历任校长（负责人）为：朱克章、朱惠英、陈金良、余惠中、施金伦、张剑英。施家宕小学教师：朱克章、朱源、孙大霞、陈娟芬、张秀玲、魏明珍、吴亚君、冯听娣、陈云秀、施小英、高新善、毛静珠、李瑞英、朱惠英、陈金良、冯佩英、陶国华、刘水英、陆彩娣、丁兴度、石建华、万成基、强银秀、施景伦、余惠中、魏仲海、施燕萍、刘淑君、陈梅莹、陈玉珠、许维、张亚芬、张剑英、周燕芬、魏素芬、施丰波等。

刘庄小学

抗战胜利后，王祁改为自治实验乡，兴学风气浓郁。以前刘庄的学童都到礼社镇的小学读书，路途比较远，遇到阴雨天气则泥泞路滑更不方便，刘庄人有建造一所自己的小学的愿望。

民国36年（1947），在东刘庄刘荣照、刘湧顺、刘六宝等人的发动下，村民纷纷捐资、捐物、捐地筹建小学。刘炳泉（上海一家饭店老板）主动捐赠钱物；刘坤林、刘浩根等共捐地约0.46亩；刘菊泰捐赠办公桌椅；刘文焕、刘辅臣、刘玉祺、刘济川、刘伯荣、刘锡富等捐米；刘天一则捐资建成一条由西刘庄通往小学的青石板路，方便学生出行。

学校选址在东刘庄，校舍主要建筑有南北2幢房子，北面1幢有4间，东起第一、二间为一个大教室，第三间前半廗为办公室，后半廗为书本杂物间，第四间为教师宿舍；南面一幢4间为两个大教室。两幢建筑中间为操场，靠西围墙有1间厨房、1口井和司令台；东围墙中间是校门，进校门有走廊连南北二幢校舍。厕所在围墙外的北面。

民国37年（1948）春，刘庄初级小学落成，学校纳入无锡县教育局管理。9月1日开学，一年级学生有刘庄、魏巷的刘焕章、刘福南、张俊方、刘大成、魏福均、邓福根、刘荷珍、刘正宇、魏英、刘玉英等20多人，另外还有三至五年级的学生报名上学。刘庄小学属于公立性质，2个班，约60名学生。

学校课程设国文、算术、音乐、珠算、体育等。开办前几年有五个年级的学生，随着学龄人数的增多，学校受校舍的限制，五年级学生则到礼社小学学习。学校开办之初，学生上学不收学费，只收书本费。老师有刘建平、高岳斌、唐锡荣、唐治平、李佳怡等。

1950年9月，学校采用了苏南行政公署选编的统一教材，国文课本改为语文课本。

1951年9月，吴振初、唐锡荣、刘仁龙3位老师来校任教，班级开设两个复式班，一、三年级学生为一个班；二、四年级学生为一个班，学生约有90名。1955年，学校试行教育部颁发的《小学生守则》。1956年，学习苏联教育理论和经验，仿行苏联的课堂教学制度和五级计分法。1958年，学校以德、智、体（三好）作为学生的评定要求。60年代初，考试将五分制恢复为百分制。1963年，学生每学期进行期中和期终两次考试，考试满60分为及格，不及格为留级。

1965年8月，新桥小学四年级并入刘庄小学，一至三年级学生仍在原新桥小学校舍学习，由刘庄小学统一管理。

1967年3月，学校使用县编教材，并取消考试和升留级制度。1968年，小学辅导区成立教育革命领导小组，实行贫下中农管理学校。1970年初，本着“教育要革命，学制要缩短”的理念，开始将小学六年制改为五年制。同年批准刘庄小学为完全小学。

1982年前的几年，由于学生增多，刘庄小学校舍紧张，四、五年级借新桥糜文灏家办班，三年级借用徐巷上民主初中的两间教室，直至五年制学生毕业。1982年下半年，刘庄小学的四、五年级并入新村的民主小学，直至五年制学生毕业。

1983年9月，小学由五年制过渡到六年制，统一使用省编教材，一、二年级开设思想品德、语文、数学、体育、音乐、美术等课程，每周24课时；三年级语文加作文，另增设劳动课，每周25课时；四年级增设自然；五年级增设地理，每周26课时；六年级减地理增历史，每周26课时。

1984年下半年，刘庄小学在原校址北易地重建，建造了一幢坐北朝南的教学大楼。一楼有一、二、三年级三间教室和两间幼儿园教室，二楼有四、五、六年级的三间教室、一间教师办公室、一间教学器材室，有带篮球场的运动场，围墙外的西侧为厕所。

1985年，因学制调整无毕业生。同年秋季新校舍落成并启用，学校采用单轨制，学生有180名左右，老师8名，校工1名。校长陆品瑞。新校舍启用后，原校舍拆除。

1989年，玉祁镇村级小学统计表中，刘庄小学班级有6个，学生198名，教职工9名。

1996年5月，刘伟同学考入天一中学少年班。同年9月，施家宕小学六年级并入刘庄小学。

1997年9月，施家宕小学撤并到刘庄小学，刘庄小学校名更改为民主小学。刘庄幼儿园搬到施家宕小学，施家宕小学更名为民主幼儿园。

刘庄小学历任校长（负责人）：董永坚、潘文基、高岳兵、唐治平、吴振初、祝静碧、王云岳、余培生、杨维臻、陆品瑞。

刘庄小学教师：董永坚、潘文基、高岳兵、唐治平、唐锡荣、吴振初、刘仁龙、王云岳、陈福荣、高金法、顾喜昌、余培生、赵素英、徐玉芬、宋月娥、薛云、刘瑞燕、刘淑贞、刘瑞云、陈桂珠、祝静碧、陶益伦、王玉芬、邓裕产 、杨维臻、倪耀君、蒋敏祺、杨剑萍、刘娟姝、周燕芬、刘其兴、唐锦秀、王文兰、徐荷芬、糜敏康等。

1997年，刘庄小学“1997年香港回归六一文艺会演”获辅导区一等奖

1997年，刘庄小学获玉祁中心辅导区首届鼓号队比赛一等奖

民主小学

1982年，位于新村的民主小学

“民主小学”的名称最早出现在1982年8月，施家宕小学重建落成后，校门挂着“无锡县玉祁民主小学”的牌子，1983届毕业生合影照上印有“无锡县玉祁民主小学”校名，1984年又改成施家宕小学。

1996年7月，民主村投资100多万元，扩建刘庄小学。扩建后学校占地5720平方米，两层楼，10间教室，还设有大礼堂、会议室、音乐教室、微机房、实验室等。操场有50米的跑道和多用球场，操场两旁为绿色草坪。

1997年8月，施家宕小学与刘庄小学合并成民主小学，校址在原刘庄小学，校长吕龙龙。学校六个年级双轨制，学生有420名左右。

学校提出：教风为严谨朴实，学风为勤学慎思。

新组建的民主小学教学管理规范，教学质量高，每学期语、数、英期终考试成绩优秀率达85%—92%，每年升学率达100%，居辅导区之首。

同年6月，玉祁辅导区三到六年级数学竞赛获奖名单有：四（2）班刘玲获一等奖，三（1）班刘钰获二等奖，三等奖获得者6人，辅导老师分别为刘申娟、陈康和刘惠琴等。

1998年开始，学校把乒乓球运动作为学校体育特色项目来抓，成立了民主小学乒乓球队，聘请本村青藏铁路格尔木段退休工人刘建忠为义务教练，张其立、陈康两位中青年老师为助手。第一批队员由二年级的刘晓斌、刘嘉斌、吴琪、盛晓雯、刘辰5名学生组成。1999年6月，在“玉祁辅导区乒乓、象棋、羽毛球比赛”中，刘嘉斌、吴琪、刘晓斌囊括了乒乓类项目男子前三名的好成绩；女子盛晓雯，刘辰分别获得第一、三名。从此在家长的热情支持下，参加训练的小学生逐年增多，最多时达50多人，成为民主小学的特色项目。2000年暑假，陈康老师还带领刘晓斌、刘嘉斌、吴琪三名学生到锡山市体育运动学校进行为期三星期的集训。2000年10月，在锡山市第四届运动会乡镇小学组男子乒乓球团体比赛中荣获第四名；2001年，惠山区第一届中小学生五项球类运动会上获小学组男子乒乓球赛团体第一名，刘晓斌、余凌波、刘嘉斌、吴琪分别获得个人第一、二、三、五名，盛晓雯获个人第二名。2002年5月12日，代表惠山区组队参加无锡市乒乓球比赛，获团体总分第三名，张晓科获男子乙组第四名，邓立波获男子丙组第二名，余初蓝获女子丙组第一名。

2001年，学校又拓展了第二个特色项目美术班，暑假里学校组建了一个美术兴趣小组，学生有15人左右，辅导老师是庄丽艳。1998—1999年，民主小学被锡山市教育委员会评为常规管理先进村小。

2000年，民主小学被评为玉祁小学辅导区教学设备管理使用先进学校。

2001年9月，民主小学有班级11个，学生344名，教职员工19名。

2003年8月，民主小学撤并到玉祁中心小学。校舍专供外地民工子女入学，校名改为无锡市玉祁中心小学民主分校办学点，吕龙龙任玉祁中心小学民主分校校长。

1997年8月—2003年7月，民主小学校长为吕龙龙。

民主小学教师：陆品瑞、刘申娟、刘惠琴、王月萍、丁文梅、李则文、薛传梅、张其力、陈康、魏珍、刘佳玉、薛美珠、施亚珠、庄丽艳、陈雪晴、刘云丽、沈耀英、魏亚燕、奚娟琴、李永芬、刘丽芳、张静成、刘敏、强文丽、佐迅、丁小林、吴小珍等。

第三节　初中教育

民主初中

1968年9月，根据苏州地区有关“教育革命”的会议精神和“读初中不出大队，读高中不出公社”的要求，民主大队在原农业中学的基础上办起民主初中（属于点上初中）。1970年，民主大队又在原校舍以南扩建房屋11间，其中有8间教室和3间礼堂。两排房子之间是运动场地。

学校初办有余耀妹和余林生两位教师，1972年有教师6名，1980年原东风初中的三名老师调入，1988年教师有11名，历任教师共41名。1974年以前，学校的人事、教师经费由玉祁中心小学统一管理，教师业务培训由玉祁中学组织进行。1974年以后，学校的人事、教师经费、教师培训等都由玉祁中学承担。

第一批入学的学生是由1966、1967、1968年三年的小学毕业生组成，共107名学生，分两个班，一班班主任为余耀妹，二班班主任为余林生。以后班级发展为4—5个班，学生达150名左右。1970年7月，第一届学生毕业。1973年因教育秩序调整、1980年因学制调整，这两年无毕业生。至1988年撤点时，学校共毕业学生1135名。

学校开办时正逢国家“学制改革”，初中三年制改为两年制。精简课程设置，由14门改为8门（政治、语文、数学、外语、工业基础知识、农业基础知识、体育、革命文艺）。1971年，招生时间改为春季。1981年9月，初中学制恢复三年制。

教师工资由文教局拨款，学校同民主村签订了提高教育质量的教师奖金制，年终奖金等费用由民主村负担。学校从开办到并校，学生都是免学费的。1984年，民主村在玉祁乡首次设立中考奖学金，奖学金由民主村支付。

1978届张国兴、余正明、冯民、李菊萍等4位学生中考数学成绩满分。1984届学生刘静中考语文成绩获无锡县第一名。1986年6月，有44名学生参加无锡县玉祁乡初中毕业会考，达到毕业标准人数为41名，会考成绩优秀。在初中毕业和升学招生考试中，平均成绩和合格率均位于玉祁乡中学系统前列。

1985年暑假前，余林生老师组建了一支民主初中男子篮球队，队员共20人左右，教练由余林生老师担任，队长是余庆。1986年11月，无锡县体委和教育局联合举办了第一届无锡县中学生“芙蓉杯”篮球比赛，其间还决定：哪支球队能连续三届比赛获得冠军，“芙蓉杯”的奖杯就永久留在哪支球队。比赛地点是东湖塘蓉阳初中。民主初中男子篮球队领队是戴筱法校长，教练是余林生老师，队长是余庆，有队员10人，最终民主初中男子篮球队获得“芙蓉杯”篮球赛冠军。1987年11月第二届“芙蓉杯”篮球比赛在民主村新村球场举行，民主初中男子篮球队队长是刘建忠。民主初中男子篮球队再次获得冠军。1988年11月第三届“芙蓉杯”篮球比赛在安镇中学举行，民主初中男子篮球队队长是余建军，民主初中男子篮球队第三次获得冠军，“芙蓉杯”的奖杯因此永久留在玉祁民主初中。

70年代，民主初中办起灵芝糖浆加工厂，由刘焕均老师负责。学校辟出一部分教师办公室作为加工场地和制作栽培棚，栽培棚隔成一层一层，为放置培养基和灵芝菌种用。采集灵芝孢子粉时栽培棚需要密闭，同时地上铺满报纸，适时把孢子粉从报纸上收集起来，然后将孢子粉和糖一起加热搅拌成液态，装瓶即成。1980—1982年期间，刘云生老师利用学校一间教室开办民主初中塑料厂，聘请一名技术工人，购买一台压机，生产拉杆天线底座的帽子。1983年后厂长由村里选派刘祖良担任，工人有三位。后来厂长由刘如中担任直到90年代后期企业转制。厂里收入的一部分作为学校办公费用及教师奖金。

根据玉祁镇政府关于“南普北职”的教育总体方案和玉祁镇中学教育系统

“七五”事业规划意见，对“点上初中”作调整，民主初中撤点，从1988年7月15日起并入玉祁中学，原民主初中施教区范围划归玉祁中学。校舍16间归民主村所有。玉祁中学调取学生课桌椅30套，教师办公用桌8张和中学教学用具、仪器实验设备，其余教学设备和课桌椅等归大队小学使用。原民主初中的公民办教师，根据全镇教育事业的需要，在全镇范围内统一安排，安排去玉祁中学的有戴筱法、施俊泉、余林生、魏重申、陈维甘、余耀妹、刘瑞云7名老师；安排去万里初中的有薛德洪、吕国兴、沈子卿3名老师；原村用本村的临时代课教师由民主村委作妥善安置。

民主初中1968年8月至1969年7月负责人为刘清法，1969年8月至1981年7月负责人为刘云生，1981年8月至1985年7月负责人为戴筱法，1985年8月至1988年8月校长为戴筱法。

1984年，无锡县玉祁乡民主初级中学84届毕业班师生合影留念

1987年，民主初中篮球赛合影

民主农业中学

60年代初，农村小学毕业生日益增多，要求升入高一级学校继续学习的愿望强烈，而农村全日制中学不能满足学生上学需求，于是又办农业中学。

1965年，民主大队办起农业中学，4月开始筹备，7月1日开学。有余林生、余耀妹二位老师。一个班，共34名学生，余耀妹为班主任，班长为刘明玉。农业中学办学地点第一年是在施家宕施耀林家，第二年搬至徐巷刘家祠堂，此前祠堂已成为集体养猪场。农业中学开设语文、数学、农业知识、体育、音乐等科目。学校负责人由民主大队大队长刘清法兼任，办学经费由大队负担。农业中学是一种半耕半读性质的职业中学，学生上午上课，下午回自己生产队劳动，农忙时全天劳动，冬季全天上课。本班学生学习认真，遇到本地三月三、四月十四、四月二十等庙会从不缺课。老师都是既教书又种田，坚持半耕半教。年终由民主大队补贴一定工分作为报酬，无锡县教育局补贴每个教师每月4元津贴。

1966年，民主大队为了改善农业中学办学条件，在徐巷出资建造5间新校舍，其中有2间教室和1间办公室。建造校舍期间的衬工和夜间值班都由农业中学师生承担，男女同学人人主动参与，热情高涨。

1966年后，民主农业中学没有再复课。

第四节　职工教育

机械专业大专班

1983年，玉祁乡农副工三业总产值达到10038.25万元，其中工业产值8321.94万元，成为无锡县两个亿元乡之一、全国九个亿元乡镇之一。乡镇企业的迅猛发展，对年轻技术人才提出了更大的需求，为了满足企业发展的需要，玉祁乡党委、政府决定与高校联合开办大专班，招收应届高中毕业生和企业技术骨干。1984年11月25日，玉祁乡在与上海交通大学合办的机械专业大专班开班典礼在民主村纺配厂隆重举行。校长由分管的副乡长沈树正担任，副校长分别由乡工业公司刘晋玉和民主村经理王寿焕担任（王寿焕是举办大专班的发起人），上海交通大学辛一行教授担任名誉校长，上海交通大学张培金老师常驻玉祁任教务主任。师资聘请上海交通大学机械系教授、讲师，由新村的余万程、新桥的刘春和两名退休老师为班主任，具体负责班级日常管理工作。班主任工作认真、细致，得到校长、老师和学员的赞赏。

学员由全乡各单位推荐，50余名应届高中毕业生和乡村两级企业推荐的技术骨干参加了上海交通大学组织的考试，择优录取了41名学员。其中民主村录取的学生有刘德仁、徐林兴、刘丽娟、刘政、刘建华、张国兴、施敏宏、刘坚敏、刘晓辉、孙国荣、孟雅燕、刘晴萍、刘亚琴等，班长张国兴。

大专班学制两年，开设“高等数学”“英语”“画法几何及机械制图”“物理”“理论力学”“公差与技术测量”“材料力学”“金属工艺学”“电工学及电子技术”“机械原理”“机械零件”“机械零件课程设计”“金属切削原理及刀具”“金属切削机床”“机床液压传动”“算法语言”“机械制造工艺及夹具”“毕业设计”和“计算机语言”共19门课程，其中“计算机语言”这一科目是校长为适应社会需要而重点提出、经上海交通大学同意开设的。

1984年，无锡县玉祁乡职工大学开学典礼在民主村纺配厂举行

开学初采取半脱产授课形式，白天上班，晚上上课。两个多月后采取全日制加晚上的授课形式。毕业实习、设计课程、计算机课程等内容，全体学员在上海交通大学完成。其间上海交通大学还特别安排学员到宝钢等大型国企参观学习，学员承担和完成的16项毕业设计中，有7项分别是上海市和上海交通大学的技术革新和重点科研课题的辅助项目，9项是本乡企业急需的课题。

举办机械专业大专班的经费由相关企业提供，民主村提供教室和课桌椅，还提供了一定量的资金支持办学。机械专业大专班后期一两个月学习地点在无锡县铝合金厂。

1986年12月1日，在上海交通大学举行结业仪式，学员39人获得上海交通大学结业证书。此班被无锡县成教办评为优秀班级，上海交通大学老师赞誉这批学生可与同类正规学校学生媲美。《无锡日报》1986年12月2日第一版、《中国青年报》1986年12月11日都刊登了《玉祁乡与上海交大联合办学结硕果》的专讯。民主村被无锡县教委评为教育先进单位。这批学员毕业后大多在企业担任技术员、科长、厂长、书记和民营企业经理，成为玉祁乡工业发展的骨干力量。

技工班

随着村办企业的发展，急需培养一批企业一线技术工人和技能人才，于是民主村工业公司和玉西村工业公司决定联合开办一个技工班，聘请无锡县职教办主任周福生、无锡县劳动局周志廉、职教代表无锡新苑公司周宗濂3名作为监考人员，对村里没有进入高中学习的初中毕业生进行选拔。民主村有刘小花、施燕芬、吴琦星、刘娟芬、刘向红、余海宏、刘洪、刘小忠、余协洪、魏东、刘志良、魏建良、吴常清、刘宜民、刘仲伟、刘晓东等30多名学员进入技工班学习，班长刘小忠。

1986年秋，技工班在民主刘庄小学老校舍开办，学制一年，学习科目有数学、化学、机械制图、电工等，学制为半日制。为提高学员学习积极性，村委提供一定资金奖励学员，分一等奖12元、二等奖10元、三等奖8元三个等级，按学习成绩高低每月发放一次。一年后学员结业，村工业公司安排工作。

1992年，民主村职前培训班结业典礼

第五节　扫盲教育

民国17年（1928）3月，教育家俞庆棠在无锡倡导民众教育，提出落实好民众教育的形式，其中有民众学校等。民众学校性质为国民识字学校，设立的目的是让文盲和半文盲的成年人补习文化知识。民国22年（1933）秋，施家宕创办民众学校，以农民识字教育为主。据史料统计，至民国25年（1936），全国有民众学校67803所。民国时期，曾进行过数次扫盲运动，但是收效甚微。1949年初，全国总人口的八成以上是文盲，农村地区的文盲率更是高达95%以上。

1949年10月后，全国掀起了一场大规模的群众性扫除文盲运动。据《无锡县大事记》中记载：1949年11月25日，县教育局召开社教工作会议，布置社会教育工作，要求学校结合秋征试办识字班和黑板报。同年12月29日，无锡县举办冬学师资短训班，历时八天，培训师资261人。

1950年1月中旬，民主区域内冬学运动就此展开，组织农民在民校参加基础文化学习，宣传党和政府的土改政策、婚姻法、抗美援朝等。要求扫盲对象通过识字，能阅读通俗的书报，会记简单的账，会简单的珠算，能写常用的便条、写信、写发票收据等。新村开办民校地点在水龙宫里，扫盲老师有新村的朱士东、施金林、刘煜和等，由朱士东老师负责。

1951年12月6日至16日，东刘庄张子祥、西刘庄张锡芳、新村刘云亚一起参加无锡县在张泾举办的冬学教师培训班。12月底，在刘庄小学开办民校，按照

"农闲多学，农忙少学，大忙放假"的原则，力求做到农业生产、学习文化两不误，利用晚上时间进行识字教学。扫盲教员有张子祥、张锡芳，还有刘庄小学的吴振初、唐锡红、刘仁龙老师等。民校由张子祥负责，还组织二三十名由学生组成"加工班"，帮人家做种麦子等农活，收取一点工钱，用于买晚上点灯的灯油，这个组织存在了两年左右。同月，在施家宕小学高级班教室里开办民校，历时两年多。刘云亚是负责人，扫盲教员有小学的张秀玲、毛静珠、李瑞英老师，还有新村刘兴根、刘校章等。学员大多是妇女，男性比较少，其中有邵根娣、余淑秀、刘祥秀、余桂秀、刘宝秀、刘彩娥、王美珠、施阿菊、吴桂秀、余洪男、杨金根等40余人。扫盲班利用晚上时间进行识字教学，根据识字程度分初级、中级、高级三个班。

1952年秋，玉祁区在新桥的洋房内举办扫盲辅导员学习班，由区文教助理刘春和负责这项工作。参加培训的有蒋炳如、陈殿仁、王政富、冯国宝、孙胜泉、顾月醉、韦令泉等。培训结束，辅导员分赴各村指导协助冬学民校的扫盲工作。

1956年，新村开展了扫盲。同年冬，在施家宕施家祠堂办扫盲班，扫盲教员有施凤来等，学员都是不识字的中青年，共10多人，学习内容是乡里统一下发的资料。利用晚上2个小时左右进行学习，用美孚灯照明，上级每月发2斤火油。同一个时期，在新桥队长糜其焕家里，刘仲瑜、陈裕康、卞建立等几个初中生，欣然接受了老师布置的任务，开起了扫盲班，学员有3—5人。

1957年，无锡县30多万名青壮年（14岁至50岁）中有文盲半文盲21万多人。7月后，通过采取加强领导、宣传动员、培训师资等强有力的措施，青壮年中的文盲能识字1500个到2000个，实现"一年扫盲，半年扫尾"的规划。为配合这次运动，上级要刘如榜老师专门负责"五一社"和"新谊社"两个高级社的扫盲工作。主要任务是掌握上课的教材内容、上课人数、教室秩序、学习情绪等情况，还要了解学员是否有收获和进步，学习知识是否对当前工作起推动作用，采集多方信息，以便进行研究和改进，推进扫盲工作。学员有刘杏秀、王珍娣、邬秀凤等10多人。教学中不仅要提高学员的政治文化水平，又要提高学员的农业技术水平。

1958年，在魏巷生产队的食堂里办起扫盲班，负责人是新村姓刘的教员和礼社后曹一个教员，学员有冯桂娥、曹美凤等，多的时候有10多人，少的时候2—3人，教员时常到家里进行辅导。

1964年11月30日，无锡县人委发出"关于开展今冬明春农村业余教育工作的通知”，要求各公社紧密结合农村社教运动和冬春生产，积极开展农村业余教育工作，并对教育内容、入学对象、组织形式及师资等问题提出了意见。同年12月初，在玉祁公社农民业余教育负责人曹耀伦的组织下，民主大队在新村的水龙宫和新桥小学里分别办起民校，水龙宫民校的老师是刚从玉祁高中毕业的新村人刘海清，新桥小学的民校老师是曙光大队的高新然老师。教学时间是晚上，学员由小学刚毕业而没上初中的、小学没有毕业的和小学毕业已几年的孩子组成，两所民校学员共有近50人。学习科目是语文和数学，教材由上级统一发放。

1964年，在新桥小学开办农民业余学校扫盲班，学员有冯桂娥等10多人，扫盲班的教学内容是紧密结合农村社教运动和冬春生产进行教学，同时学习姓名、地名、农活、农具、牲畜等相关的字。教员由二年级以上的小学生及毕业生等组成，二年级学生魏重申就是小先生中的一员。

1970年，在大队办公室里开办扫盲班，扫盲教员有刚毕业的刘仲玉及魏珍、刘建玉、刘云兴等，刘云兴是负责人，晚上上课。学员有杨小妹、杨建妹等10多人。教材是一年级学生使用的书，还教学员写自己的名字、共产党万岁、毛主席万岁等内容。扫盲教员还时常去礼社听课学习。

1972年7月，在新村水龙宫开办农民业余学校扫盲班，戴筱法老师是辅导员，扫盲教员有施墨君、王焕生、丁文梅、刘云兴等，学员有吴月珍、陈维英等10余人，有统一的扫盲教科书，他们不计报酬，认为能为大家做事是无上荣光的事。他们还定时到玉东参加培训，交流经验、明确教学任务。还学习祁建华研究出的一套“速成识字法”。为保证学习效果，采取“包教保学”的教学形式。有的一人包教2—3人，扫盲教师利用晚上等空闲时间送教上门。

第六节　学前教育

托儿所

1951年5月下旬开始，境内组织夏忙托儿所。

1958年6月，在大忙时施家宕施小娟家里办托儿所，施小娟为保育员，入托儿童7—8人；新桥托儿所办在刘荣华家里，由薛亚琴负责。东刘庄托儿所办在刘兴帮家里，入托人数约20人，由李金妹、魏阿秀负责。除了带好孩子，还教学孩子简单的个人生活知识。

幼儿园

1956年，刘庄隶属“五一社”辖区，开办幼儿园，幼儿是学龄前的孩子，地点在西刘庄刘金良家里。老师有东刘庄的刘玉英、刘玉珠，西前一队的刘宝莹。老师一般教唱歌、游戏、讲故事等，幼儿有20多人。费用由“五一社”集体支付。

1972年，民主村妇女主任丁月华参加了无锡县第二届妇女代表大会，会议期间参观了鸿声公社的“红儿班”。会后，丁月华向大队提出“为了进一步解放妇女劳动力，民主大队也要开办红儿班”的建议，得到了大队书记刘忠德的支持。大队承担部分费用，由丁月华具体负责办班事宜，生产队队长落实组建幼儿班，确定办班地点。一般利用生产队仓库，仓库紧缺就借村里房子大一些的人家，因地制宜。幼儿自带板凳、被褥等物品。短时间内开办了13个红儿班。其中桥西1个班，老师韦婉珍；新东1个班，老师周秋凤；魏巷1个班，老师谢希娣；徐巷1个班，老师余梅英；上巷1个班，老师赵彩娣；下巷1个班，老师强琴娣、周瑞玉；后一1个班，老师刘云亚；后二1个班，老师刘彩英；后三1个班，老师孙阿和；新东1个班，老师杨焕珍；新西1个班，老师刘丽娟；南村头1个班，老师吴琦芬；刘庄1个班，老师吕杏凤、钦林芳。

1973年，民主大队13个幼儿班撤并成3所幼儿园，新村、刘庄、新桥各一所。民主大队开办幼儿园的做法得到了社会的赞誉和上级的肯定，成为无锡县幼教工作的典型。同年12月，丁月华被评为江苏省“三八红旗手”，无锡县政府奖给民主大队幼儿园3立方米的木材，用于校舍修建，以资鼓励。

当初大队经济并不富裕，上幼儿园的孩子要自带课桌、椅子、被子等，老师提供幼儿午睡用的床板、马桶等。

幼儿园第一批学龄前儿童各有30名左右，年龄从5岁至7岁，后来幼儿人数逐年增多，最多时约45人。教学科目有：语言、常识、计算、音乐、体育、绘画等。老师使用统一教材，上课按课表执行，每节课教学任务明确。幼儿从早上7点至8点到班，上午有3节课，下午1点午睡，3点起床后再上一节课，4点半准时放学。

民主村的幼儿园教育属公社中心幼儿园管辖，教师不定期参加教研活动，通过开会、学习、听课等来提高教育教学水平。教师除要备好每节课外，同时要参加园内的听课、检查、评比等活动，还要训练小朋友参加公社“六一”文艺会演活动。

每学期每个名幼儿收费0.5元，用于买文具。幼儿利用田字格写阿拉伯数字1—10，图画本写拼音字母，还要学会写28个字的基本笔画。

新桥幼儿园儿童来源于桥东、桥西、徐巷、魏巷4个村。新桥幼儿园的园址是不固定的，开办时在小队仓库里，农忙或养蚕时搬到老师家里，后搬到糜文灏故居。每年清明时节，来祭扫糜文灏烈士墓的青年学生和各界人士络绎不绝，幼儿园又要搬家，直到1989年8月并入刘庄幼儿园。老师是韦婉珍、刘夏妹。

新村幼儿园生源来自新村11个生产队，大班的园址在新村水龙宫里，老师刘丽娟，幼儿40名左右。小班的园址，先在刘兴祥家老房子，后搬到刘兴祥的新房子，有段时间在刘玉喜家里。任教老师有王惠芬、魏素芬、王爱珠和秦悦等。

刘庄幼儿园生源来自刘庄自然村和南村头自然村，园址在西后二队仓库，1985年9月刘庄幼儿园、新桥幼儿园搬到刘庄小学。为了避免上下课铃声与小学相互干扰，每节课上课信号是统一的，幼儿园则提前几分钟下课。教师先后有宋月娥、施雪琴、朱雪燕、冯文君、魏红、刘丽萍、韦婉珍。

1997年，民主幼儿园创办。校舍由施家宕小学改建而成，投资50多万元。村里把施家宕幼儿园和刘庄幼儿园合并成一个完整的全日制幼儿园。全园占地面积3192平方米，建筑面积1215平方米，绿化面积1689平方米。2001年暑假，村委又投资10多万元，整改了幼儿园的操场，浇筑了190平方米的水泥地，周围种上草坪，建造了饲养小动物的小屋，堆起了土坡，建了玩水池、玩沙池、小博士乐园、海洋球池等。每个班有活动室、午睡室、风琴、录音机等。幼儿园设有音乐室、电教室、科技发现室、图书室、保健室等，添置了钢琴、电脑打印设备、电视音响设备等一系列现代化教育工具。大礼堂内还有乒乓台。

幼儿园分小、中、大班，第一年就有100多位幼儿，6名教师，3名食堂人员，1名门卫。2005年9月，民主幼儿园班级数有4个，幼儿数130个，教师有7名。

民主幼儿园为幼儿提供午餐。幼儿园建有专用的厨房、卫生设施。每名幼儿两巾一杯，每天进行晨间个人卫生检查，午后一律在园午睡、活动，培养幼儿的良好生活习惯。

根据教育部颁布的《幼儿教育纲要（试行草案）》《幼儿园工作规程》，逐步使幼儿教育走向正轨。幼儿园针对幼儿的年龄特点，从生活卫生习惯、体育活动、思想品德、语言、常识、计算、音乐、美术等八个方面组织教育。设置体育、语言、计算、音乐、美术等课程，并开设智力游戏、音乐游戏、体育游戏、角色游戏、结构游戏、表演性游戏。班级有日课表，每天有2个教育活动、2个游戏活动（其中1个为创造性游戏）。

1997年秋，民主幼儿园组建乒乓球队，聘请本村籍退休工人刘建忠为教练，为民主小学乒乓球队输送人才。

1998年，民主村幼儿园通过了锡山市村级二类园的评估验收，1999年，被评为锡山市优秀家长学校。1997年至2002年，每年辅导区幼儿庆“六一”文艺演出连续6年荣获一等奖，每学期园容园貌评比总分获辅导区第一名。2001年，被评为玉祁镇第一所惠山区村级一类园。

2006年，因玉祁街道开发唐平湖需要，民主幼儿园搬迁至锡山市纺织轴承厂，原幼儿园拆除。

2009年，民主幼儿园并入玉祁中心幼儿园。

民主幼儿园历任园长为：冯文君、刘晓红、陈雪晴、陆黎。

村幼儿园教师名单：冯文君、魏红、刘丽萍、韦婉珍、宋月娥、王惠芬、王爱珠、刘丽娟、陈雪晴、魏素芬、秦悦、刘夏妹、刘晓红、刘丽芳、刘锡莉、薛慧华、丁晓燕、虞立蓉、陆黎、陆美红。

附：民主村大学生名录

表38　**博士生一览表**

序号	姓名	出生年月	性别	大学名称	备注
1	施建中	1940.01	男	北京师范大学	
2	施正豪	1964.01	男	哈尔滨工业大学，加拿大皇后大学	博士后
3	刘柯杰	1974.12	男	复旦大学	
4	刘冠峰	1975.07	男	浙江大学	博士后
5	杨　继	1975	女	北京大学	博士后
6	刘晓平	1981.03	男	南京大学，哥伦比亚大学	
7	任　洁	1982.08	女	南京大学，美国纽约州立大学石溪分校	
8	糜远源	1984.02	男	复旦大学	
9	许国超	1986.10	男	华东理工大学	
10	刘　琳	1989.08	女	南京大学	
11	刘雪虹	1990.01	女	美国明尼苏达州立大学	双博士
12	张　岚	1990.08	女	中国科技大学	
13	周新月	1994.12	女	复旦大学	

民主村硕士研究生名单

周雯君　施光亨　王绍新　隋淑芬　韩　慧　施正宇　施　政　孙　静
施启迪　施文宇　施蔚冬　施晓阳　李小蕾　王　甦　王雅琴　王晓烨
刘丽锋　刘一娇　韩梦蓓　秦智凤　刘　铭　刘晓静　龚　甜　刘立峰
余　燊　余柯均　刘亮晨　余之杰　余垚博　韩水莲　余海敏　冯　雪
刘荔斌　刘钦雨　吴晓丹　徐佳明　魏　磊　葛海燕　李　杰　沈紫烟
沈彬彦　蒋晓慧　禹傅倩　王汝杰　戴风雷　刘　淼　冯佳轶　罗　敏
刘亦凡　王璐盈　刘娴洁　刘　艺　刘贵庆　张永迅　张　磊　刘朝红
刘雨洁　倪　晓　潘　珺　吴萍华　周文明　周智元　吴圣峰　吴锡光
吴　婕　王嘉栋　施煜桦　沈靓君

民主村本科、大专学生名单

施家宕自然村

蔡鸿男　吴施骁　施俊泉　张亚芬　李介如　王玉生　李介伦　李杏芬
施永红　吴燕凤　施伟荣　王　皓　施　萍　王　英　施新亚　施继红
施程峰　李蕾娜　施妙君　王宇红　施志杰　施晓丹　施丽佳　李　丁
施元良　施晓军　王宇芳　施　瑶　施晓芳　顾竹君　施骏涵　吴晶霞
施珂淼　吴灵娜　施云洁　施其勋　施　展　王　栋　蔚贝贝　丁　赟
刘曼翎　施芸烨　刘寇臣　施　宁　施佳鋆　施幼宪　施小宪　施凤文
施维娟　施之敬　施建一　施圣华　尤素娟　奚国荣　施建叔　施墨南
施伯胜　施建民　施淑范　施华珍　施亦行　施　永　施骁勇　周惠文
施　军　闵冬梅　施启广　施正晨　施　袒　施信行　孙　克　施威巍
施　韵　施丽洁　施　涛　施　健　施佳丽　施　梁　施　倩　施晓澜
施丽娜　施立飒　王　耕　施　烨　施晨逸　施柯烽　施启志　陈宇浩
施信钦　施振飞　施嘉敏　施晶暄　施玉林　施明融　施　婧　施　阳
施元中　施重欢　杨波波　施三行　施维玉　施贞德　施旖旎　施盈莹
施正非

新村自然村

余祥化　刘志铭　邓映映　刘晴萍　刘晓辉　余谷锋　刘晓铭　朱亚新
刘　丽　王琏京　刘利清　王海斌　刘利斌　吴鸣红　刘文斌　薛丽霞

阴建华	薛燕华	刘维娜	刘　伟	周雯婷	余　炜	张芳芳	刘钰梨
刘　威	刘　强	刘星辰	刘迪怡	刘闻婕	孙晓萍	杨　名	刘　森
刘维君	刘朦鸽	刘柯其	刘凌峰	刘曼翎	丁倩莲	余雪铭	刘　钰
王楚天	王　悦	刘皓明	刘雨婷	余钰灵	刘芸梦	刘玉烨	王梓安
刘臻杰	刘宇柯	刘雪斌	秦丽芳	秦丽芳	秦栋柱	刘光华	刘永华
秦嘉润	刘景清	刘　靖	陆　莉	刘文虎	沈耀英	高燕倩	刘晓波
刘　菊	刘　晓	刘鸣航	刘江峰	徐宇洋	濮叶雯	刘佳雯	林　蕾
刘诚铿	刘瑜婷	吴梦娅	秦乙菡	刘可成	刘紫蕴	刘　懿	刘　叶
刘敏悦	余耀良	刘国康	张敏玉	吴群华	余　江	余小春	王晓红
刘群锋	刘　鸿	刘华益	刘　丽	余晓兰	余华杰	刘　燕	杨晓莉
刘　佳	刘　江	刘英菲	袁梦婷	刘燕杰	余晓君	杨军益	唐　洁
余　洁	杨艳婷	余炜阳	刘荟祎	余丽晴	余初蓝	余鑫波	余　钦
余依婷	刘涵雨	刘王伟	余琰琳	余豪盛	余东杰	余梦钰	吴晓华
余建军	余志文	余文娟	华淑亚	余晓丽	余　琳	余向明	虞新伟
习　丹	余丽静	刘　莉	余文澍	刘　蓉	杨赵花	余仁键	杨赵龙
刘丽芸	余莉君	杨丽婷	陆丽萍	余昊謇	杨　炀	余婷婷	余颖鸽
刘碧琰	余凌波	余俊达	陆　顺	余佳东	刘　琳	刘丹雨	盛　荣
刘　巍	邓乐梅	刘晨烨	余旭光	徐建美	杨宇杰	余林可	余　爽
余晓晨	余奕琪	余姿娴	余希月	陆兰萍	余国红	任　菊	刘晓鋆
孟根达	刘云丽	孟佳凤	康　征	陈晓燕	孟晓惠	刘凤燕	孙晓红
刘　云	余　尧	孟　薇	周　莎	盛晓航	刘晓力	盛晓雯	余　菲
刘荔亚	谷荔霏	虞玮晨	钱　闽	盛炜竹	薛悦敏	刘烨成	刘沁语
刘梦庆	刘嘉程	余柯澄	刘嘉晨	刘国均	刘国锋	余　辉	刘向英
刘建东	殷建强	刘毅亲	刘浩钧	余　萍	刘建峰	余　洋	余　丹
白　晶	冯　丹	唐喜晔	余　鹰	余　兴	王海燕	刘晓清	刘　烨
刘　薇	刘　卿	余　隽	陶洁丽	刘　峰	孙　运	刘自强	余飞洋
刘　江	刘斌杰	钟思远	刘　晨	刘志凌	刘锦标	余澄洋	余银洁
余晓佳	刘诰术	刘佳敏	刘沁雯	刘昱昊	王海涛	刘　淼	刘蒙芬
刘　军	刘林涛	张　妍	刘晓燕	刘　琪	刘晓瑛	虞立萍	刘林康
刘　巍	王燕萍	虞建鑫	刘晟媛	刘晓杰	刘小娜	刘　磊	刘晓青
刘莉莉	刘　苗	王　琪	刘　迪	刘纯烨	刘　颖	刘伯胜	虞华新

朱冬云 刘晓博 刘晓金 刘　萍 刘　超 刘士逸 刘炜晔 刘　荣
刘佳峰 刘若愚 刘凯恩 刘浩钦 刘若木 余郅玮 虞雪筠 刘孝勋
刘纯晴 刘伊静 刘雨苗 刘如榜 刘如本 刘水英 刘坚敏 梁佳君
刘文洪 刘　哲 张静珠 刘文江 刘志伟 刘苗洁 杨　雪 刘佳雯
刘盈吉 刘皓奇 刘梦洁 华玲玉 刘大威 刘凯玥 刘力韬 刘皓杰
张　颖 刘梦婷 刘子成 刘梓斌 刘大林 刘佳慧 刘晨曦 刘沁雪
刘　君 吴向荣 殷利丰 吴燕英 刘鹏程 刘志成 刘　佳 刘丽娜
刘丹丹 刘丽君 刘　俊 杨　婷 刘润月 唐小静 秦丹凤 刘洪晨
杨　洁 刘晓梁 刘秋月 刘叶涛 刘颖洁 刘润浩 刘凯峰 刘皓晖
刘福兴 刘瑜德 刘丽君 刘国胜 沈雪琴 刘静红 刘裕康 刘沁峰
刘立萍 刘　洪 刘　斌 刘裕民 任　钰 刘立英 刘燕芬 刘建清
刘燕兰 秦丽洁 朱　欣 刘　杰 魏秋烨 陈昱昱 杨露怡 刘杭杰
秦枭莎 刘滢滢 刘星怡 刘梦倩 秦志炜 刘文韬 刘瑞华 刘好双
刘雨佳 刘亦岚 刘燕雯 杨沁怡 刘佳雨 刘子杨 刘尘渺 秦雨萍
刘丽芳 秦壬晓 刘欣然

徐巷自然村

魏汉庆 徐兴度 徐雪峰 刘鸣晓 孙维艳 张小萍 徐永刚 刘琼琰
邓志琴 魏　巍 徐升燕 施晓兰 徐东明 张梦婷 刘静洁 黄　莺
徐　意 施春喜 徐梦秋 魏翊庭 刘佳炜 沈晓梅 刘雨晨 沈钰晔
徐梦亚 黄　燕 刘宇钦 刘涵洋 魏子颜 徐烨雯 魏云帆 刘希晨
徐弄涵 徐子云 宋施威

魏巷自然村

魏福清 胡志华 魏东刚 谢　敏 魏红毅 薛志萍 魏文君 刘厚俊
魏梦谲 魏立锋 魏文晓 魏舒雨 魏文焕 李文婷 魏丽君 陆晓静
魏立钟 魏广城 魏静君 魏立军 钱筱竹 魏裕呈 魏敏桦 魏诗晔
魏　安 魏一虹 魏萌诗 魏赘皓 魏赟尧 刘笙皓 魏钰湞 魏钰婷
魏沁怡 魏瑜婕 魏奕颖 李永伟 魏菁纯 魏婧颖

新桥自然村

糜文开	糜毓熙	糜若虚	孙公望	糜宏桢	裴溥言	糜宏杰	唐冠敏
糜宏椿	糜家彬	糜若如	糜惠珍	王　明	糜寿宇	冯福兴	糜　瑾
糜宏植	糜宏权	赵嘉美	冯　敏	冯　毅	冯　玲	糜思涛	张　恒
糜天钦	袁婷婷	李　艳	糜新艳	糜苏英	王晓东	糜映映	冯　柯
沈彬玉	周颖飞	糜枭宇	糜旭棋	糜　丹	冯　磊	冯佳裕	刘　立
杨莉婷	糜佳成	糜子钦	袁　彬	糜倩钰	刘依冰	糜沁雪	糜紫莹
糜　晶	杨雪凝	李瑜洁	糜欣玥	糜沁钰	陈天祥	陈　刚	糜卓恒
卞伟忠	王惠芝	刘海敏	刘一新	刘英华	陈　烨	刘晓清	唐　颖
陈　晓	刘一飞	陈　佳	刘娴杰	刘忠炜	卞伟亮	魏烨娟	刘　雅
殷梦笔	陈　亮	刘晓玲	陈　琦	刘菲菲	姜　静	焦广萍	刘　鸣
殷雅婧	陈煊熠	殷卿哲	陈严妍	程琳艳	刘中麟	刘烨铭	刘丹红
陈元博	糜承洋	刘亨达	卞莹莹	卞刘荣	陈蒙玲	焦新异	殷若兰
刘沁渊	焦欣炜	陈明峰	刘　畅	刘一帆	刘一诺	陈志昊	陈柯元
卞唯娴							

刘庄自然村

刘禹轩	刘绫韵	刘　怡	俞俊霞	刘　君	刘　峰	张志兴	刘志春
刘建明	刘裕廣	刘志星	沈慕洁	杨雄英	刘敏霞	刘　青	王一波
刘玲霞	刘　超	张明芬	周晓芳	张炜烽	刘　蕾	王　晶	刘文荣
刘　伟	卫珍珍	刘浩明	刘　妮	刘钰鑫	顾鸣洁	张　静	易荣玉
孙稼琪	刘浩萍	宋玉洁	张淋琪	张琳莹	刘　晟	曹丹丹	张　漪
刘晓澄	顾梦岚	张辰渊	刘　栋	刘晨熙	韦佳琪	张烨晖	刘润玉
张　悦	刘银洁	沈星妤	陆晓萱	刘凯悦	张　轩	刘家威	张佳颖
刘　一	刘祎斐	刘戴洋	刘奕雯	刘丽韵	吕林凤	刘怿祖	刘其英
张国兴	吉静娟	刘霄雯	张　斌	吉振华	刘　丹	刘丽颖	张　燕
丁　丽	张征毅	张　蓉	邹　敏	冯彦烨	刘晓岚	刘晓虹	刘曦虹
张　丹	张　欣	陆静芬	张　洁	张　敏	张毓涵	张明扬	张晓杰
刘梓君	张　辰	刘　蕊	刘春蕾	刘梦琪	刘　凯	钱文意	张晓柯
张　乐	徐丹依	刘新蕾	刘莺莺	刘依琳	刘苏涵	吉昊杨	刘兴发
刘二华	刘　兰	刘思妍	张　兰	刘　浩	刘宏奇	刘　桓	刘佳佳

张　芸　刘　丹　陈　婷　刘志峰　张雪雁　刘燕婷　刘国华　唐晓琪
刘　伟　王晓兰　刘晓斌　钱蕴茹　张丹红　刘嘉斌　王玉漪　张　艺
刘梦淼　陈梦沁　刘云峰　张　科　徐云丽　刘　凯　刘　萍　刘承斌
刘沁蕾　费沁雯　刘梦金　刘宇铖　刘本一　刘春亚　刘志杰　刘　群
刘历群　刘丽娜　刘晓晔　刘　坚　唐　远　刘春娟　倪　玉　刘萍红
刘长青　朱晓琍　刘玲丽　邓润洁　刘令娴　刘玲君　邓力波　邓　莹
孙雁凌　邓旖旎　刘瑜颖　刘李君　刘令润　刘可瑶　刘炜程　刘宇星
刘雯洋　刘宇源　刘榆萌　刘婧珂　刘科尧　刘耀忠　刘凤英　刘多兴
尹珍秀　刘珍秀　刘伯芳　刘杏秀　刘荣根　刘荣辉　刘荣兴　刘炳夫
刘建华　刘丽君　刘　峰　刘剑君　刘　巍　刘乾宁　刘笔峰　刘　骅
刘晓燕　刘晓斌　刘欣琰　刘晓君　刘伟兴　刘晓兰　周　颖　刘人杰
刘晓庆　刘敏超　刘士华　刘　瑚　孙春霞　刘怡婷　刘　钰　刘　圆
刘　希　刘晓煜　魏涓洁　刘　琦　刘晓琳　杨晓锦　吴翌瑜　刘灵悦
陆雨菲　刘誉华　刘晓洋　徐怿涵　刘　轲　刘　昱　刘　佳

南村头自然村

吴汝金　丁美兰　吴向阳　吴浩忠　吴向东　吴长兴　钱晓英　吴锡林
刘丽萍　吴凌云　沈维洪　吴梦祁　周丽燕　吴镇国　唐婉蓉　吴　诚
吴晓琪　吴梦刚　钱晶晶　王彩君　吴　杰　吴黎燕　洪丽丹　姬文华
吴柱群　吴圣君　吴元洁　唐胤嘉　赵　旖　吴彬彬　吴　丹　杜华玲
吴洁红　吴　键　吴鑫森　吴　薇　吴晓霖　吴　琼　吴晓婷　李　慧
吴　琪　姚　圆　吴晗浩　吴雪飞　吴胤泽　吴雪梅　吴奇远　吴琳怡
何惠灵　吴晓婉　吴　仁　吴雪英　薛煜华　姚呈旭　吴雨玲　吴红霞
吴伟伟　吴柯成　吴晓宸　吴嘉亮　吴筱叶　吴　亿　吴晟凯　吴秋雅
吴婉婧　吴宇桐　吴正阳

第十三章　医疗卫生

清代至民国，境内多名中医，善治疑难杂症，尤其在治疗黄疸病、骨伤等领域有突出贡献。民国后期，西医也有出类拔萃者。60年代，民主大队建立起了合作医疗体系，病人享受费用低廉的医疗待遇。大队卫生室在玉祁医院的指导下，医生努力钻研医术，热情为社员服务。无论酷暑严寒，不分白天黑夜，做到随叫随到，受到全大队干部群众的一致好评，为保障居民身体健康、促进生产作出了较大的贡献。

第一节 诊所 卫生室

晚清到民国，境内多名中医，大都在家开设医馆、诊所，造福一方。

咸丰至光绪中期，新桥有糜涵初（1834—1899）、糜涌初（1852—1898）以医术远近闻名。对于家境贫困的病人，不但不收诊金，还免费给药。

民国初年（1912），新桥人陈子山向后曹名医陈行周学习，学成数年后在家开设诊所善治疑难杂症。陈子山32岁去世，其侄子并嗣子陈鹤全继承其医术，发明治疗黄疸病的特效药，远近闻名。

民国9年（1920），新桥糜士楠从江西医专毕业后，在桥东开设的诊所，没多久就停业。后其妹糜小妹在大墩开办暑期诊疗所。

开诊疗所的还有民国初期新桥桥东糜树勋在青阳镇挂牌“无锡世医糜树勋寓”诊所；东刘庄刘济川（1883—1947）在无锡城西挂牌“高济春药号”，为无锡近代著名伤科。

民国时期新桥中医糜树勋寓医馆招牌

1950年8月，无锡县玉祁区医务工作者协会成立。乡组织医协小组，选出小组长，出席区协会小组长会议，回乡后传达区医协精神。

1951年8月28日，经县卫生科批准，区正式成立无锡县第二十四人民诊疗所，年底聘郑州铁道医学院院长糜士楠为诊所顾问。

1952年，凤平乡在新桥桥西刘荣华家成立诊所，医生有陈伯芳、陈范锋、陈志谟、刘伯陞、糜士楠5人。

1954年，无锡县第二十四人民诊疗所更名为玉祁联合诊所，共有医务人员27人，其中包括新桥诊所5人。

1960年，全县范围内普遍推广“半劳保”医疗办法。

1966年春，在施家宕施耀林家开诊所，医生由贾仁伦担任，他是由玉祁公社卫生院安排至民主大队诊所的，两年后停诊。

1969年10月，“半劳保”“统筹医疗”改为“合作医疗”，民主大队建立合作医疗管理小组和民主大队卫生室。卫生室设在民主徐巷徐锡荣家2间房屋内，医务人员有刘定汉医生和贾银娣护士共2人，其中贾银娣护士是由玉祁医院派来的。后卫生室由徐锡荣家迁至民主初中北排教室西侧新造的两间平屋内，保健医生有刘定汉、余耀良、刘正宇3位。当时他们堪称“全科医生”，设内科、外科、小儿科、针灸科还有妇产科，杨焕珍兼接产员。是时，余耀良、刘正宇为“赤脚医生”（刘正宇是村里懂针灸的业余爱好者，被大队推荐去玉祁医院实习，十多天后进大队卫生室）。

70年代赤脚医生培训教材

1971年春，余耀良“落实政策”调至玉祁卫生院工作。大队卫生室先后又增加唐蓉仙、魏志明2位“赤脚医生”。

那时卫生室设备简陋，仅有听诊器、体温表、压舌板、血压计及简单的一些小外科手术器械。仅有两张病床（其中一张还兼医生值夜班用）、药柜3顶、工作台4张、方凳6只、长凳2只，可是医生的工作量很大，除门诊外还要出诊就医，另外还要承担预防疫苗的接种和预防药片药丸的发放等工作。

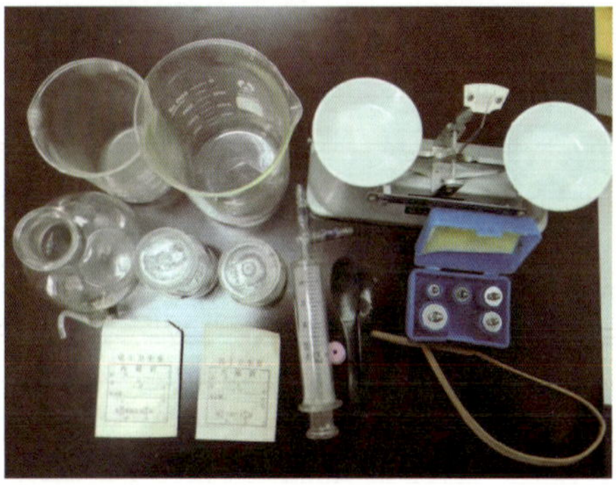

70年代民主卫生室医疗用品

卫生室昼夜开诊，医生常年不休假，百姓有病，随叫随到。新村、施家宕的社员往往直接到刘定汉、余耀良两位医生家看病，一个医生平均一天的就诊病人数达30多人。

大队卫生室的药品主要从公社卫生院进货，但还不能满足患者治疗要求，特别是一

1982年，民主社区卫生服务站（民主路）

些紧俏的消炎药品，还得想办法到玉祁国药店增补。

卫生室主要治疗一些农村常见病、多发病，如感冒发热、腹泻、头痛、牙痛、胃痛、外伤、热疖等。有时也有危重病人，如产妇产前大出血、中毒严重患者、病情反复较重者等经急救后均须立即送到玉祁医院抢救治疗。

60年代中期到80年代初，每逢夏忙季节，卫生室就要召开妇女队长和生产队卫生员会议，宣传有关预防中暑和预防皮炎病等日常医学知识，发放防暑用品如人丹、清凉油、十滴水、红药水、紫药水、万金油、橡皮膏、纱布和药水棉花等。生产队卫生员把保健箱带到田间，队里有专人烧大麦茶或生姜黄糖汤或薄荷茶供社员饮用。一旦发现村里有小规模肠炎流行，卫生员负责采集辣蓼草（花棒柱草）、酱板头草等草药，让大家煎汤饮用，起到了很好的预防作用。农忙时医生上午门诊看病，下午除一名值班医生外，其余人员还要蹲点小队参加农忙劳动。

1983年，民主大队卫生室改名为民主村卫生室。

1984年，民主村推行岗位责任制，制定《民主村卫生室医疗责任制》，对保健医生的定号诊金指标、完成分工任务和卫生防疫工作等方面进行考核。

1987年，村卫生室迁入原村委办公楼。同年，民主村卫生室通过了镇政府按照《村卫生室管理办法实施细则》的要求进行的考核验收。

1988年10月25日，制定的《民主村卫生室八九年承包责任制》中规定：村卫生室为享受工厂企业待遇的单位。

1990年，民主村卫生室被评为示范村卫生室。

2005年，建立民主社区卫生服务站。

2007年始，逐步建立和完善居民健康档案，加强对高血压、高血糖、高血脂（三高）人员的管理。

2019年，成立民主家庭医生工作室，名称为余蔡琴家庭医生签约服务团队，团队长由执业助理医师余蔡琴担任，队员由村保健医师钱维亚、主治医师刘晓斌、主管护师吴银燕和执业医师刘志杰组成。主要负责：1.基础医疗服务包：

测血压每年8次；测血糖、肝功能、肾功能、血脂等做到每年检测1次。2.基本公共卫生服务包：建立居民健康档案、定期居民健康教育、健康咨询、预防接种、免费提供避孕套等。3.对特殊人群免费家庭签约：主要是五保户、残疾人、孕产妇等。

表39　　1966—2016年民主大队（村）卫生室搬迁情况表

时间	变更地址
1966.3—1967.12	施家宕施耀林家
1968.1—1969.6	徐巷生产队徐锡荣家
1969.6—1987.6	民主初中北排教室西侧2间平屋
1987.6—1992.12	原大队办公楼
1992.12—2003.2	民主自来水厂旁3间平屋
2003.2—2009.6	民主祁胜纺织轴承厂办公楼二楼
2002.6—2008.7	地址详见上（刘小峰承包）
2008.7—	民主村俱乐部二楼
2016	民主村社区服务中心西侧楼下

说明：2008年7月为医院一体化管理。卫生室地址在民主村社区服务中心北底楼。

表40　　1966—2008年民主大队（村）卫生室医务人员变动情况表

姓名	姓别	起讫年月	备注
贾仁伦	男	1966—1967.12	后调到玉祁医院
刘定汉	男	1968.5—2000	曾在玉祁医院工作。2000年在民主卫生院退休
刘正宇	男	1969.5—2002	2002年在民主卫生院退休
贾淑丽	女	1968—1969.7	1969年初夏返还玉祁医院
贾银娣	女	1969.5—1970.2	1970年2月后返还玉祁医院
余耀良	男	1969.4—1971.2	1971年2月调至玉祁医院
唐蓉仙	女	1971.2—1985.1	1985年1月调至玉祁医院
魏志明	男	1971.8—2011.1	曾到玉祁镇礼社卫生室工作。2015年2月退休
余蔡琴	女	1983.1—2008.7	曾调至洛社新苑公司医务室工作
张丽珍	女	1990.5—2008.7	2014年退休
刘　青	男	1998.7—2008.7	曾到玉祁镇蓉南卫生室工作
糜　芳	女	1998.7—2008.7	
刘志杰	男	2001.7—2008.7	
余　劼	女	2019.2—2008.7	
刘小峰	男	2002.2—2008.7	
刘黎贤	女	2002.2—2008.7	

说明：2008年7月民主村卫生室属玉祁人民医院管辖，为医院一体化管理。

第二节　医药费结算和医生的待遇

村民就诊医药费结算

1968年10月到1978年就诊挂号费收5分，西药费全免，中药一贴报销3角，后升至5角，由卫生室向大队统一结算。

80年代末到2001年，挂号费收1角，后有所增加，医药费个人自理30%，大队报销70%。

2002年6月到2008年7月，卫生室由刘小峰承包期间免挂号费，医药费一般报销70%，个人自费一般30%，少数药自理。

2006年末，民主村总人口3752人，除学生500余人和国家职工20人外，余下3232人，其中参加农村医疗保险共有2622人，职工医疗保险共有610人，农民大病医疗保险覆盖率达100%。

2011年1月1日，民主村非社保百姓均使用无锡市社会保障市民卡，参加“农业保险”（简称“农保”）的百姓可刷卡就医。村有1285人参加居民医疗保险，全村村民100%参加了各种医疗保险，村级补助每人20元医疗保险费。

2018年7月1日，村成立了玉祁街道首个医疗互助项目——“福村宝”，以家庭为单位，全体家庭参保的形式进行。其中报销费用村委承担70%，家庭承担30%。钱全部放在村里专用账户上，全部用于对本村住院村民按病种进行补助。补助办法由“福村宝”专业服务平台按病种公平补助，采用国家卫计委CN—DRGs应用版，覆盖了所有住院治疗的病种，对每个病种都按对应的补助标准发放，补助标准最低200元，最高4万元。自成立该项目以来，累计惠及70户家庭，累计发放医疗补助金7万余元。

卫生室医生待遇

“赤脚医生”的工资发放：由大队召开生产队队长和有关厂长联合会议评议，按大队年终平均工资和医生全年的病号数，结合平时工作表现进行综合考核的基础上提高20%—30%，由大队统一核算后分别转到所在小队参与年终分配。

承包责任制时医生的工资发放：1989年，卫生室工作达到承包责任制规定的任务和要求，则医生工资报酬水平为工业平均水平的1.3倍；如达不到，则作相应下降。1990年，卫生室工作达到承包责任制规定的任务和要求，则医生工资报酬是基础工资加诊金，基础工资为1340元。

退休后医生待遇：1991年起，自筹资金成立退管会，刘正宇等5位担任理事，年初收取资金统一储存，以逐年的利率支付退休的卫生室医生。

第三节　卫生防疫

爱国卫生

1952年春，在国家号召下掀起了保家卫国的热潮，推动了群众性卫生防疫运动的深入发展，国家把这项运动称为“爱国卫生运动”。在玉祁区爱国卫生运动委员会的领导下，民主乡响应中央防疫委员会提出的各地应做好灭蝇、灭蚊、灭蚤、灭鼠以及杀灭其他病媒昆虫的号召，发动和组织群众进行大扫除，开展以除害灭病为中心的清洁卫生运动，村民大搞室内外卫生，乡组织督促检查。

1958年，全民投入声势浩大的以除苍蝇、蚊虫、老鼠、麻雀“四害”为中心的爱国卫生运动，并根据“四害”繁殖的特点，进行灭蛆、灭孑孓、灭蛹、灭越冬蚊蝇、捕鼠等经常性除害活动。不久以后，“四害”中的麻雀被平反，由“臭虫”代替。之后，由于社会生活的变化，“臭虫”又被“蟑螂”取代。因此后来的“四害”固定为：苍蝇、蚊子、老鼠、蟑螂。

1962年起，开展以粪坑集中加盖为主的爱国卫生运动。在大队统一部署下，干部利用晚上分批到各自然村开社员大会，号召露天粪缸搭棚加盖。社员就地取材，采用小竹子、桑梗为材料，按粪缸口径大小，编织成拱形的网架罩在缸面，网架上覆草涂稀泥，形成拱顶。同时留一加盖活口，便于倒取粪尿。密封良好的拱顶隔绝空气，促使缸内粪尿发酵产生氮气，杀灭虫卵病菌，同时阻断苍蝇的繁殖，效果较好。

60年代末、70年代初，大队在各生产队建造三格式厕所，各生产队设专人倒马桶，粪尿入厕。厕所周边定期撒“六六粉”消毒，猪、人粪及时清坑清圈，做到粪便不外溢。2011年起，村积极配合爱卫办和防疫站，取缔千余只露天粪坑。

70年代至80年代初，大队推行家庭用水消毒，开挖公用井，并提倡私人开井，尽量喝井水。1989年，村里打了深井，村民全部吃上民主自来水厂的深井水。2003年7月13日，太湖水管道接通村供水总站，村民开始饮用市供自来水，2008年又改用长江源自来水。饮水质量的不断改善，对预防疾病、保障健康、改善农民生活质量都发挥了积极作用。

1987年，民主村成立基层爱国卫生领导小组。1989年，国务院发布了《关于加强爱国卫生工作的决定》，确定每年4月为爱国卫生月。村根据爱国卫生月的具体要求进行整顿环境，消灭卫生死角，发动群众对食品卫生和公共场所的卫生进行监督检查；扎扎实实地开展以灭鼠为中心的除“四害”活动；宣传卫生科学知识，引导群众改变不卫生的行为，养成良好的卫生习惯。

2009年1月18日，民主村成立由13人组成的环卫服务队，村委制订了《民主村环卫服务队管理章程》，环卫服务队人员做到垃圾日产日清，垃圾箱定期消毒，彻底清除“四害”的滋生地。

2017年，民主村消除“四害”工作分为两个阶段：春冬季节主要灭鼠害，夏秋季节重点消除蟑螂、苍蝇和蚊子。全村内设置了毒饵点40个，专人管理，及时换药。派遣志愿者定期抽查毒饵点状况，以防幼儿误食。对绿化区定期消除杂草，疏通下水道排污管，认真消除垃圾、淤泥渣土，垃圾收集清运及时，定期喷洒“敌敌畏”稀释液。

传染病防治

1949前，当地流行的传染病有伤寒、霍乱、天花、麻疹（俗称痧子）、痢疾、白喉、脑膜炎（流行性脑脊髓膜炎）、乙型脑炎（大脑炎）、血吸虫病等。霍乱和脑膜炎如果暴发，迅速蔓延，流行面广，特别是霍乱流行时，病情急、来势凶，死亡率极高，人们谈病色变，称为瘟疫。1949年前，新村曾发生霍乱病瘟疫。

血吸虫病　境内为非流行区，群众对此感受不深。1951年12月，无锡县成立血吸虫病防治站，开始在各乡展开血吸虫病防治工作。乡政府对血防工作进行大规模的宣传教育，向民众讲清血吸虫病的病源、发展及危害，血吸虫的生活史等，开展两管（管粪、管水）、两查（查钉螺、查大便）、一灭（灭钉螺）工作。

1958年，毛泽东发表了《送瘟神》诗篇，《人民日报》报道了江西余江县消灭血吸虫病消息后，境内再一次掀起了血防工作的高潮，特选拔两名卫生员参加县组织的培训活动，后参与玉祁卫生院组织的查灭螺队伍，对全公社河道、沟渠、池塘、田滩等进行逐块检查，建好图账，汇集资料，装订成册，专案归档。

1970年春季，再次掀起以查病治病为重点的血防群众运动，查灭螺工作任务到队，责任到人，划段包干，深挖细找。对可疑地段和复杂环境，进行反复巡查。大队卫生室医生和小队卫生员参加全公社查灭钉螺工作，查出朱赵巷一块芦荡滩有钉螺滋生，立即动员当地干群一起铲除钉螺，采用铲土压埋，开新沟，填旧沟，然后再用五氯酚酸钠药粉喷洒浸杀。

粪便管理方面，开展迁移河边粪缸，以小队为单位小型集中，搭棚加盖，陈粪施肥，杀灭虫卵，切断传染源，取得较好的效果。当年夏季，在公社医院的帮助下，村开展群众性大便化验工作，各队卫生员负责收集大便样本，及时送达玉祁卫生院化验。其中查出血吸虫病患者3人，新村中巷段、施家宕、新桥各一人，均为女性，三人都是血吸虫病流行地区昆山、太仓等地嫁到本地的，她们由国家免费治疗。同时通过普查大便化验，还查出众多蛔虫病，钩虫病。大队免费将驱虫药发给个人，及时驱虫避免了肠道、胆道蛔虫病、钩虫性贫血等严重并发症的发生，消灭了寄生虫病的传染源。

到1982年为止，无锡县里五次派查螺组进驻玉祁，进行验收，共查出有螺面积20700平方米（此数是黄泥坝、万里在1971年累计查出数）。四次进驻查病级，通过大便孵化、血吸虫抗原皮试，结合体检等综合线索查病，玉祁查出累计病人数41人。血防工作经过30多年的努力，现已几十年查不到钉螺，找不到病人。

1952年，全国范围开展了反细菌战运动。乡政府广泛宣传卫生防疫知识，发动群众大搞卫生，清除垃圾，进行灭鼠、灭蝇、灭蚊等爱国卫生运动，组织群众注射预防鼠疫、霍乱、伤寒等疫苗。1963—1964年，连续两年计4次进行霍乱菌苗全民预防注射。1969年初夏，大队领导专门召开小队长、妇女队长、卫生员联席会议，会上由余耀良医生讲解预防接种霍乱（Ⅱ号病）疫苗的重要性。接着各生产队开社员会，动员群众密切配合医生，做好疫苗的接种工作。随后卫生室医生分片到各队挨家挨户接种预防疫苗，接种率达96%。1980年，再次对群众普遍注射霍乱菌苗。其间，境内没有发生一例Ⅱ号病。

甲型黄疸肝炎　1979年，民主大队发生急性甲型黄疸肝炎流行，大队领导十分重视。为迅速阻止传染病的蔓延，采取有力措施，做好家属说服动员工作，患病者一个不留全部安排在民主大队东大桑园楼上，集中住宿隔离治疗。在住宿隔离区，重病号每间2—3人，较轻病人每间6—8人，第一批隔离30余人。

大队选派责任心强的妇女同志为护理员，有于桂珍（负责人）、刘婉娥、刘彩英、刘慧娟等人。护理员既要负责患者的日常生活，又要一丝不苟地做好消毒工作，如墙角周边撒生石灰、六六粉，用米沙尔药水稀液喷洒、醋熏、漂白粉消毒饮用水等工作，还对病人大小便、呕吐物等进行集中消毒处理。

患者集中住宿隔离期间，伙食由大队免费提供。大队专门请社员刘锡根负责做菜烧饭，并做好餐具消毒工作。为增加病人的营养，渔业队提供鱼，南村头百头猪场提供肉、豆腐、百叶和蔬菜等。

大队安排刘定汉医生上午在卫生室看门诊，其余时间坐镇大桑园住宿隔离处，一方面检查病房卫生消毒和病人吃药情况，另一方面针对每位病人情况进行配药、打针。玉祁卫生院余耀良医师定期巡查，用中草药茵陈草、垂盆草、黄金狗丝草等煮汤让患者内服，上午9点左右和下午3点左右各一碗。

患病者大多为中小学生，其中新村学生最多。病情较轻的患者15天左右痊愈回家，同时又有新的病人接收进来，一批接着一批，进进出出。经过医生、护理员的辛勤工作和患者的积极配合，近半年时间治愈病人近百人。1980年上半年，民主初中学校还自煎中草药，预防肝炎。

其他传染病　1951—1952年，向群众普发治疟疾药丸。1953年春，全民大动员男女老少普遍接种牛痘，自此天花绝迹。1954年，疟疾得到根治，并对钩虫、血丝虫病进行普查普治。1958年春季，对麻疹进行预防治疗。1965年，流行性脑膜炎大发生，发动群众开展以开窗通风、勤晒衣服、勤洒扫、隔离病人等为主要内容的卫生防疫工作，有效控制了疫情。1971年，对血丝虫病、钩虫病进行查治。1995年，加强对传染病防治宣传和治疗工作，做好废弃物处理、消毒、农村改厕。定期对食品从业人员、水厂管理人员体检，做到持证上岗。对水厂自来水浑浊度、细菌总数、大肠菌种进行经常性监测，有效控制肠道传染病发生。对易感人群进行预防接种等。2003年，全民开展宣传预防非典型肺炎工作，民主卫生

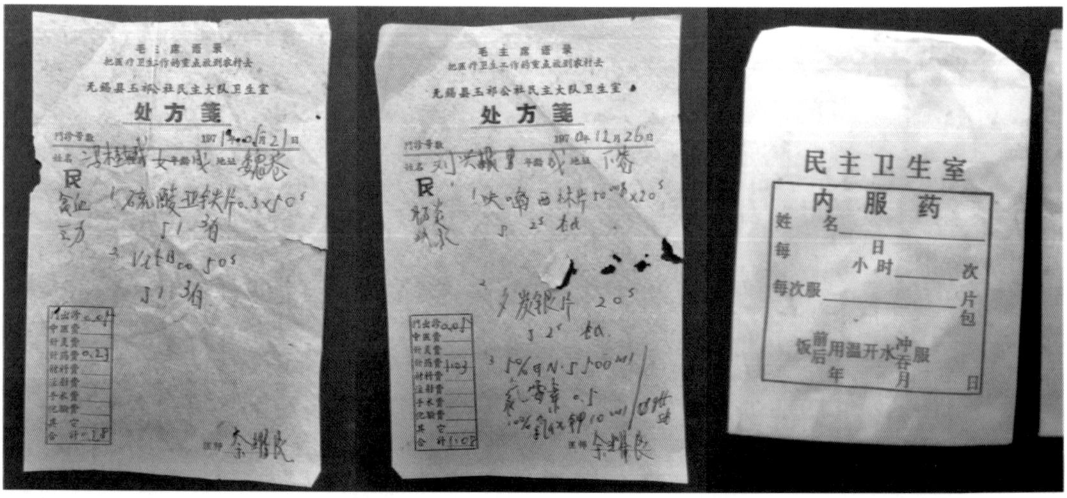

70年代初，民主卫生室处方、配药袋

室医生一方面轮流在沪宁高速公路玉祁道口设立的检测站协助参与检测工作，另一方面在民主村主要公共场所做消毒工作。2004年，全民开展宣传预防禽流感工作。2006年，开展宣传预防艾滋病工作。2009年，开展预防甲型H1N1流行性感冒工作。

新冠疫情防控

2020年1月17日，为贯彻落实市、区、街道对新冠疫情的指挥精神，村“两委”制定了《玉祁街道民主村疫情防控应急预案及工作措施》《新冠肺炎疫情防控管理制度》。成立了村新型冠状病毒肺炎疫情防控领导小组，组长由村党总支书记刘洪担任，副组长由刘晓博、刘金宇担任，组员由姚新华、孟薇、刘佳、袁彬、沈丹雯、余钰灵等组成。办公室设在村党群服务大厅，办公室另成立领导小组、疫情报告组、物资后勤处置组、宣传组等多个工作组。

2020年1月31日，玉祁街道新冠肺炎防控应急指挥部发出一份《来锡朋友们的告知书》。村委及时把告知书发放到村民手中，做好宣传工作。

2020年2月1日，村委决定组织一支村民志愿者队伍，当天就有30余位村民主动报名参与志愿活动。村民志愿者队伍共由60多位村民组成，队伍中余向科、朱燕萍和刘晓敏、陈静为两对夫妻，虞永新、虞介新为兄弟俩。不计报酬，具体工作是24小时三班倒轮流值勤和巡查。

2020年2月3日下午，民主村七旬老党员刘伯男捐助善款1000元，用于村委疫情防控物资的购买。接着余三南和企业家刘进海、施俊其等都自发捐款；19岁的余恒昊把打工的工资捐赠给村委；秦华中、刘海峰、秦芬等捐赠560只口罩；村委通过多方筹集获口罩6000余只，免费发放给1220名60岁以上的老人使用；刘佳栋、施浩喜、余俊峰等捐赠疫情防控物资。

2020年2月28日，在疫情防控期间民主村党总支组织全村党员进行捐款活动，有143位党员加入了捐款活动。活动期间，党员、企业老板和部分村民捐资共计216500元。

2020年春节，村委工作人员24小时值守在疫情防控岗位上。村成立“护村哨”，村民志愿者进行24小时值守；严格执行上级通告精神，暂停辖区内活禽交易，每日对公共场所进行严格消杀；通过微信公众平台、LED电子屏、宣传车每天到村巷播放、发放和张贴《致居民信》《做好居家消毒、预防新冠病毒》宣传资料10000份等多种形式，引导群众正确理解、科学参与疫情防控。

2020年3月11日，村党总支书记刘洪带领村委工作人员先后到无锡市玉祁纺织橡胶配件厂、无锡市锡珠钢球厂、无锡市金属制品有限公司等多家企业实地走访巡查复工复产情况。重点询问检查防护物资发放储备、员工健康监测、车间环境等方面情况。

第四节　公共环境卫生

70年代末、80年代初，生态环境受到一定程度破坏，空气、河水污染日益严重。2006年起，民主村委就把环境生态建设，创建省生态村作为村务工作的重要任务来抓。2013年，上级政府部门颁布的《村庄环境整治规划》实施以来，民主村健全了环境整治组织制度，不断完善公共环境卫生设施，在对污水、垃圾、人畜粪便、河道综合整治、绿化种植面积等方面均取得显著成效，逐步形成了生态发展、生活富裕、乡风文明、村容整洁的良好风貌。全村总面积3.9平方公里，成为水清、气洁、路畅、河湖美的唐平湖畔新农村。

基础设施建设

从2001年到2005年，全村浇筑水泥路面28087平方米，全长10公里，后又新浇筑水泥路7000平方米，新修道路6条。水泥路通向各村巷，并装上路灯。清淤河道6条，共清淤60000立方米，改造暗渠（包括下水道）3000米、驳岸1500米，填埋废水塘4口，用土方30000多立方米。在整治河道垃圾基础上，道路两旁、屋前屋后砌花坛400余座，新种花木10万余枝，村庄绿化率达36%，沟渠道路绿化率达86.4%，农田林网绿化率达90%。

2004年，村投资200万元，对全村自来水管道全部更换，并禁止开采地下水。

2006年，村新增绿化面积达6000平方米。

2008年，村投入资金70万元，用于环境整治。其中东刘庄河浜整治工程投入资金为45万元，完成了新村水泥路修复工程和南村头下水道雨污分离工程。

2010年，全村共有绿化植树绿化面积达2500平方米。

2010—2013年间，村先后投入资金800余万元，进行新一轮的环境卫生整治工作，对陈年的垃圾、露天粪坑、乱搭建旧房、简易房及淤塞的河道进行全面清理并加以整治，铺设新路。改建垃圾收集房75个，新建公厕2个。对村内乱堆放、乱搭建进行了突击整治，共出动人力9500人次，清理垃圾7000余吨，拆除乱搭建简易房2500平方米。

2015年，村投入资金220万元，建造了全区首个村级社区服务中心，绿化面积达400余平方米，服务中心为村民提供了一流的多功能活动场所，服务中心还设立了民主社区卫生服务站。同年，投资35万元翻修1条自然村的村道和1条企业、村民雨水排放管道。

2016年，村又投资50万元翻修1条自然村的村道和1条雨水排放管道，解决了百姓出行和民居、企业雨水排放的问题。

2018年，村投资7.6万元建新村公厕；投资3.9万元添移动厕所。

2019年，村投资47.3万元进行自来水管网改造和路面修复。

2020年，村投资8.61万元进行徐巷洋房区天然气改造路面修复；投资45.03万元进行新村自来水管网改造路面修复；投资6万元建新桥厕所。

污水处理

工业污水　2005年，镇政府牵头，村主要工业企业污水经过厂内污水处理达到国家标准后排放。其中华盛有限公司等企业自建污水处理系统，污水经处理达标后排入生活污水网，全部通过下水管通道向镇污水处理厂统一处理。村里拆除两家不合格企业，新建工业用房向工业园区集中。工业污染物排放达标率100%。

生活污水处理　2005年，生活污水由村集中统一处理，建造生活污水处理池和地下污水收集管道，统一收集处理。其中部分生活污水流入三格式化粪池处理，用于农田施肥，生活污水处理率达87.5%。2014年，民主村居民户数1015户，生活污水接管处理户数为1015户，生活污水处理率为100%。2015年，经玉祁街道城市管理（村镇建设）办公室验收证明，民主村村民生活污水通过地下接管统一收集处理，生活污水处理率达100%。

清理垃圾　2007年，村率先实施了农村保洁市场化运作。制订了环卫人员岗位责任制，村委与清运垃圾承包人签订了责任状，建立了一支由23人组成的垃圾清运保洁员队伍。配备了2辆垃圾清运车及23辆保洁员使用的小拖车。各村巷路旁设垃圾箱144个，固定垃圾房75间。2008年建立垃圾中转站后，垃圾房全部拆除，村巷带盖垃圾箱减至100余个，并配备2台消毒工具。保洁员负责垃圾收集与清运、道路清扫、垃圾箱定期消毒及河道清理等日常保洁工作。全村做到垃圾收集与清运日产日清，日清生活垃圾约6吨，生活垃圾定点存放清运率达100%，生活垃圾无害化处理率达100%。

清理粪便

为改善村生态环境，提高村民健康水平，制定了村人、畜粪便管理制度。2001—2005年，建造了30个加盖三格式化粪池。2006年全面改厕，之后设立水冲式公厕4座，并落实保洁管理措施。2011年后，取缔近千只露天粪坑。2014年民主村共有1015户，1002户使用了三格式卫生户厕，13户马桶倒入公厕，生态型无害化卫生户厕普及率达100%。私人养畜禽大量减少，村内只有少量农户圈养。人、畜粪便全部无害化处理，粪便作为有机肥料还田。

清理河道

根据《惠山区农村河道长效管理实施办法》和《玉祁镇河道长效管理暂行规定》，民主村于2017年7月建立河长制，制定了民主村河道长效管理制度，确保河道“水清，岸美，畅通”，充分发挥河道的综合利用效益。实行河长制管理的河道为：刘庄老河、西坝头浜、东水门浜、南村头河。由1名村委干部任河长、1名联络员和1名保洁员协助。河长每季度进行一次巡河，联络员协助河长履责做好台账，保洁员每周巡查打捞河面白色污染物等。

唐平湖开发后，水域北起玉洁路，往南经小唐平湖、唐平湖，出新东套闸，进印桥港，整个水域全长1947米，为玉祁街道管辖工程，2008年和2019年对该水域清除淤泥两次，通过河湖整治建设，于2020年被评为无锡市最美十条河道之一。这条河被玉祁街道命名为民主新开河。

清理秸秆

2006年以来，村认真贯彻环境保护法律法规，为进一步改善生态环境，制定了严禁露天焚烧秸秆制度。制度实施以来，秸秆得到综合利用，全部还田，以改良土质。秸秆综合利用率达96%。

清理乱搭乱建

民主村全面实施清洁村庄工程，彻底清除村庄中乱搭乱建、乱堆乱放和乱贴乱画，村庄保持道路通畅，房前屋后整洁，同时建立和健全长效管理机制。

全面实施绿色家园、绿色村庄工程，加强农村住宅旁、路边的植树绿化，利用村镇的各个角落种植经济林，利用村边、镇边荒地或者废弃地建造环村林带。按照“农田向种粮大户集中，工业向园区集中，农民向社区集中”的要求，科学规划，实施村庄归并建设和老村改造工程。

第五节 妇幼老年保健

妇女保健

中华人民共和国成立前后，农妇分娩采用坐式分娩，自产自接或由接生婆（俗称“老娘”）接生，新村的宝娣麻子和东刘庄李金妹就是老娘。那个年代，由于接生方法不科学，产前消毒不严，孕产妇、儿童死亡率较高。

1954年左右，刘定汉在礼社联合诊所工作时，带妻子杨焕珍跟随朱秀华一起学习新法接产。之后，杨焕珍在接产方面较有声望，除在境内接产外，还到礼社、曙光、万里等地接产，接生成活率达100%。在接产中如遇高危产妇，便跟随家属护送产妇去医院。1981年，玉祁医院开始建立孕妇保健卡，定期产前检查和产后上门服务。1983年左右，推行住院分娩。20世纪初指导妇女各期保健，2005年实行孕产妇系统管理，妇女产前检查率达100%，提高产期保健质量。怀孕3个月做早孕登记，怀孕5个月每月检查一次，怀孕8个月每半个月检查一次，怀孕9—10个月每周检查一次。产后医生进行上门访查。

1960年，为贯彻卫生部《关于农村妇女劳动保护的意见》精神，全公社建立了“三期”（经期、孕期、哺乳期）挂牌制，在安排农活时，坚持“三调三不调”原则（女社员在经期调干不调湿、孕期调轻不调重、哺乳期调近不调远）。1960年后，“三期”挂牌制未能坚持。1960年至1961年，开展了妇女病普查和普治工作。1969年后，大队实行合作医疗，妇女病的普查普治工作由卫生室女医生承担。1972年后，对妇女病每3年普查一次，并对患病者复查复治一次。1973年起，开展了以防癌为中心的妇女病普查普治工作。1977年，大队开展“四期”（经期、孕期、产期、哺乳期）保护工作。1983年，开展妇女“五期”卫生教育，即青春期、新婚期、孕产期、育儿期和中老年期教育，积极做好“五期”卫生保健。1990年始，玉祁卫生院每年对全村妇女普查一次，“两癌”筛查2年一次。2012年，贯彻落实《女职工劳动保护特别规定》，维护女职工的合法权益，促使企业改善女职工劳动安全卫生条件。

幼儿保健

中华人民共和国成立前，儿童除接种牛痘外，无其他保健措施。中华人民共和国成立后，政府重视儿童保健，经常组织医务人员按年龄组对儿童进行预防接种。在“六一”儿童节前后，组织幼儿园儿童全面健康检查，发现病儿及时治疗。

1951年5月下旬至6月，对儿童进行健康检查。

1961年，开展普治小儿营养不良疾病，对Ⅲ度患儿集中治疗，Ⅰ、Ⅱ度患儿分散治疗，采用驱蛔、捏脊等疗法，并给予营养照顾。入托入园儿童由幼托机构调护组治疗，散居儿童由医生送药上门，定期作家庭访视，观察疗效，并对家庭进行新法育儿宣传教育，以配合治疗。

1979年，为国际儿童年，进行儿童健康检查。同年，对1岁至12岁儿童（独生子女到14岁）进行免费驱蛔治疗。

1984年起，婴儿纳入计划免疫范围。对新生儿及时接种卡介苗、乙肝疫苗；发放预防小儿麻痹症、脊椎灰质炎糖丸和抗疟疾药片。“百白破”、麻疹、乙脑、流脑、乙肝的接种率均达到100%。新生儿出生42天即列入儿童保健范围，建立跟踪服务卡片，实施系统管理。实行婴儿出生后42天、2个月、4个月、6个月、9个月、12个月、18个月及2岁和3岁的体检，定期检查健康和发育的生长情况，及时发现和矫治婴儿生长中的不良习惯以及缺陷与疾病。

老年保健

90年代，随着人们生活质量的提高、人均寿命的增长，多种慢性非传染病的发病率呈不断上升趋势。21世纪初民主村针对慢性病（高血压、高血糖、高血脂）的预防，加大了宣传力度，设橱窗、健康教育宣传专栏。

2007年，开展对慢性病普查、普治。同年，全村建立健康档案近4000份。

2015年，全村对高血糖、高血脂包括肿瘤病人建立慢性病防治管理手册，病人共计803人。

2015年始，全村每年组织65岁以上老年人健康体检一次，每年举办老年人卫生知识和预防疾病等内容的健康讲座六次左右，具体内容有：心脑血管病防治、糖尿病的防治、冠心病的家庭急救、夏季养生三部曲、冬病夏治、家庭意外自救、老年慢性病、肺炎治疗及其护理等，每次参加人数50人左右。

2015年，健康讲座

第六节 计划生育

人口控制

1963年10月，中共中央、国务院发出“提倡计划生育”的指示，公社成立计划生育领导小组。大队由妇女主任负责计划生育工作并号召党员干部带头执行。

1979年，公社成立计划生育办公室。

1980年，中央发出《关于控制人口增长问题致全体共产党员、共青团员的公开信》，大队党支部要求所有共产党员、共青团员用实际行动带头响应国务院的号召，提倡一对夫妇只生育一个孩子，并且积极负责地、耐心细致地向广大群众进行宣传教育。

1982年，公社计划生育办公室与大队签订计划生育目标管理责任状。全村晚婚率由70年代初的25%升到80年代初的80%，计划生育率由70年代初的60%升到80年代末的98%。

90年代，计划生育贯彻以宣传教育为主。开展政策法规、生殖健康等宣传和现场咨询活动，使村计划生育率稳定在98%以上。

2004年，村年终发放独生子女费4.5万元，对生活困难的独生子女家庭给予经济补助。产妇享受生产医药费每人300—500元和享受产假。

2006年7月4日，惠山区玉祁镇计划生育办公室上半年统计人口与计划生育情况：民主村期初人口数为3811人，期末人口数为3804人，出生总数为8人，死亡人数为15人，已婚育龄妇女人数为731人，现家庭有一个孩子的妇女人数为575人，有效领证人数为262人，年内待生一孩计划内共7人，年内待生二孩1人。

2007年，抓好农村部分独生子女家庭奖励金扶助对象的调查以及无锡市独生子女贫困家庭公益金申请等，当年村应享受奖励金扶助对象为3人。

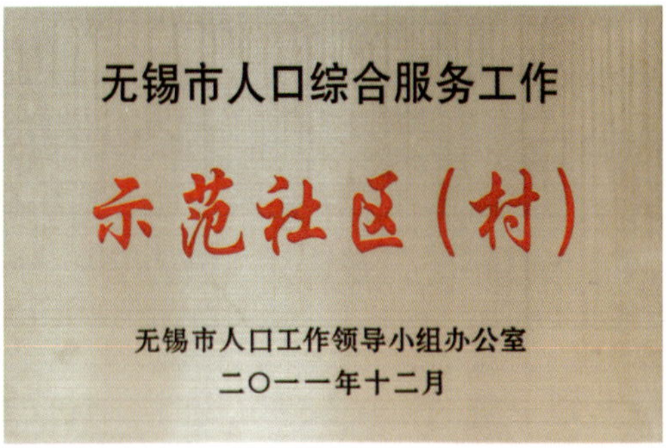

2011年，无锡市人口综合服务工作示范社区（村）

2008年7月，民主村村民大会通过了民主村民委员会制订的《计划生育自治章程》。章程分总则、队伍建设、职责与义务、管理与服务、奖励与制约、附则6章共23条。民主村民委员会与村民签订了遵守《计划生育自治章程》合同书。

表41　2013年民主村法律法规、避孕节育、生殖保健等知识普及情况表

月份	接受培训教育（次）	随访服务（含咨询指导）（次）	发放宣传材料（份、册）	发放药具（含咨询指导）（次）	备注
1月	3	5	10	5	知情选择
2月	1	1	2	2	婚育新风进万家
3月	4	6	9	8	好宝宝计划
4月	2	3	200	100	流动人口条例
5月	3	4	2	16	知情选择婚育新风进万家
6月	4	4	4	5	知情选择幸福的港湾
7月	3	5	10	5	知情选择
8月	1	1	2	2	婚育新风进万家
9月	4	6	9	8	好宝宝计划
10月	2	3	200	100	流动人口条例
11月	3	4	2	16	知情选择婚育新风进万家
12月	4	4	4	6	知情选择幸福的港湾

同年，民主村人口与计生委员会组成人员：组长由村书记刘洪担任，组员有刘佳、刘贤、刘金宇、魏芳芳、孟薇、刘晓博等六人，计生信息员有糜佳媛、过沪、陈金娣、余月华、周金珠、殷亚芸、冯亚娟、刘丽峰、张梅珠、刘红娟、刘华萍、张丽珍、刘静娟、薛传梅、沈亚芬、冯菊英、曹敏娣、陈月萍、刘申娟、王锡娟、周华萍、刘爱珍、吴小菊、唐玉芬、陈锡静等。

2016年，民主村发放“独生子女父母光荣证”8张，村委发放独生子女费总金额为21680元。

优生优育

1979年，公社计划生育办公室在玉祁卫生院妇产科、民政部门等配合下逐步推行优生优育。大队积极开展形式多样的关于优生优育内容的宣传活动。

1981年起，乡计划生育办公室与乡卫生院协同开展婚前咨询服务和婚前检查工作，凡申请结婚的青年男女，必须到医院进行保健服务，每个孕妇从怀孕3个月起到卫生院妇产科登记建卡，接受孕期卫生和优生指导。育龄妇女生殖道感染普查普治率达85%。

附一：

中草药运动

60年代中后期，相对于城市的医疗条件，当时广大农村面临缺医少药的困难。究其原因，西医不但医生缺乏而且医药费用高，农民很难负担得起，因此西医在农村很难普及。而中医药治疗的特点是便宜、简单、方便、有效。因此，毛泽东主席号召“把医疗卫生工作的重点放到农村去”，依靠一根针、一把草的传统医学来帮助，提倡“三土”（土方、土医、土药）、“四自”（自种、自采、自制、自用），学习推广新针疗法，在全国范围内从上到下掀起了一场中草药治疗疾病的运动。

中草药运动也在民主大队蓬勃展开。首先大队革委员对这项运动非常重视，为了提高医生的业务水平，积极派员到各级培训部门参加培训。

1969—1970年，民主大队推荐了懂针灸的业余爱好者刘正宇参加了玉祁公社卫生院举办的新针和中草药学习班。参加这次培训班授课和编写教材的有蒋双林、周昭庆、吴邦昌、郑国丁、徐耀松等医师。

1976年9月—1977年月2月，民主大队派魏志铭参加了由无锡县卫生局举办的“赤训班”培训活动，培训地点在洛社师范，培训科目齐全。后来，魏志明又在玉祁公社卫生院临床实习一年。回大队卫生室后，就是“全科医生”了。

1977年9—12月，无锡县卫生系统在糜文灏故居举办无锡县“赤脚医生”“复训班”，这批学员70余人。其中玉祁有顾兴生、刘文海、周国良、王进元和民主大队的唐蓉仙等，班主任是蒋双林。无锡县医院、洛社人民医院的知名医生主讲医学理论研究，玉祁卫生院的余耀良、冯增鉴、徐耀松、周昭庆等指导内科、外科、伤科、妇科、针灸等临床基础知识。

1983年8月，余察琴去玉祁乡卫生院培训中心学习内、外、妇、护理等医学知识，为期17个月。1986年，她又去无锡卫院“赤训班”函授内、外、妇、护理等基础科病理、生理等十多门医学知识。1991年，在洛社人民医院进修妇科知识、计划生育技术。

1983年3月—1990年2月，张丽珍在玉祁乡卫生院培训，培训内容有内、外、妇、护理、防保等。1991年9月—1992年12月，又到无锡卫院学习医学基础，有妇、内、外、病理、药理、生理、护理等科目。

1969年始，“赤脚医生”余耀良、刘正宇常用针灸治疗疾病。主要治疗头痛、牙痛、胃痛、腰痛、膝关节、肩周炎、落枕、坐骨神经痛、小儿惊厥、癔症、中风、偏瘫等疾病，屡见奇效。如新村有个社员患慢性肠炎半年，面色萎黄、身形瘦削、神疲乏力，不能劳动。余耀良医生用热针针刺，用艾绒隔盐灸、隔姜灸治疗十余次后痊愈，恢复劳动力，患者笑逐颜开。70年代前后东刘庄刘光庭针灸受群众好评。1970年秋，余耀良代表民主大队卫生室参加无锡县卫生工作会议，进行大会交流。1970年，余耀良同志被无锡县卫生局评为“应用中草药先进个人”。1971年1月，代表玉祁公社出席江苏省中草药展览会学习交流。

卫生室医生平时走访民间，虚心学习中草药、单方和验方防病、治病经验，逐步推广应用，不断总结经验。并对群众现场培训如何识别草药，还组织部分小队卫生员摇农船，带着行灶和米、菜、油盐等到横山、军嶂山等山上采集中草药。采到的草药有凤尾草、六月雪、海金沙、金钱草、络石藤、野冬青、女贞子等，这些中草药在防病治病中起到了很好的作用。如用辣蓼草（花棒柱草）、马齿苋（酱板豆草）治疗肠炎、痢疾；车前草（打官司草）、枇杷叶治咳嗽；丝瓜藤液治疗老年慢性气管炎；点地海、野荞麦根治疗扁桃体炎、咽喉炎；板蓝根、蒲公英用于感冒发热抗病毒；苎麻草安胎；玉簪花（白鹤花）捣烂外敷治土婆风胀；虎耳草外敷治“割耳朵”病；地肤子（灰料头草）、角树叶、割人藤煎水坐浴治皮肤湿疹瘙痒；天明精（癞团草）浸酒外涂皮肤治神经性皮炎；茜草浸酒治疗膝关节炎；凤尾草除白带；车前草（打官司草）除尿道炎、膀胱炎；萹蓄草（蚂蚁草）治疗尿道感染等农村常见病症，都取得很好的疗效。

中草药运动在高潮的1970—1971年，民主大队卫生室种植了3分田左右的中草药，品种达20多种，有些社员也在场前屋后种一些常见的中草药。中草药的普遍种植得到了上级卫生部门充分肯定。

为了进一步推广应用中草药，卫生室利用民主初中两间教室将采集到的草药布置成一个展览馆。100余种草药都有实物样品，并用文字说明疗效及使用方法。大队组织社员及中小学生参观，卫生员李杏芬现场讲解，使社员对中草药治病防病有了进一步认识。

县卫生局组织全县各公社卫生条线领导和医生代表到民主大队中草药展览馆现场参观，送经交流，对提高大队医疗卫生水平起到了积极作用。

民主大队由于在中草药运动中成绩突出，1975年出席了苏州地区的表彰会议并获得奖状。

中草药运动经历了十多年，有效地解决了当时农村的基础医疗问题。由于当年中草药治病深入人心，民主村一些村民至今还种着部分中草药，如黄金狗丝草、蒲公英草、马齿苋草、花棒柱草、仙人掌、鱼腥草、艾叶、薄荷、野菊花、野荞麦、车前草、灯笼草等。

（根据《玉祁卫生志》整理）

附二：

“刘氏骨伤疗法”：江苏省非物质文化遗产

2016年，江苏省人民政府公布了第四批省级非物质文化遗产代表性项目名录，无锡市中医医院的“刘氏骨伤疗法”赫然在列。

“刘氏骨伤疗法”，由无锡玉祁刘庄人刘济川先生创立，与第一批国家级非物质文化遗产拓展项目——“石氏骨伤疗法”、上海市黄浦区第一批非物质文化遗产项目——“楚氏骨伤疗法”均肇源于苏州“张祥丰号”蜜饯行。

1897年，“刘氏骨伤”疗法创始人刘济川到苏州“张祥丰”蜜饯行当学徒。其间，他拜从“楚氏骨伤”领袖楚秀峰为师习武行医，逐步形成了自身特色的骨伤诊疗技术。1915年前后，刘济川在苏州独立行医。1922年，在无锡“高济春”药号内挂牌悬壶。当时，时任无锡县长的孙祖基坠马伤腰，卧床不起。刘济川以“三指按摩法”为其按摩，不到十天就治好其伤。自此刘济川声名大振，奠定了在无锡医界的地位。1943年，时年60岁的刘济川将“高济春”药号内的诊所传于其次子刘秉夫（“刘氏骨伤疗法”第二代传人）。1954年，刘秉夫率学生加盟无锡市中医医院前身——“无锡市第一联合中医医院”，并任伤科主任。从此，从苏州蜜饯行走出来的“刘氏骨伤”，在多年的曲折发展中，逐步走向成熟和壮大。“刘氏骨伤”历经百余年岁月磨砺和数代人薪火相承，以其深粹功力和神奇疗效，享誉无锡及周边地区，历久弥新而声誉益隆。至今，“刘氏骨伤”已福泽锡城近百年。

“刘氏骨伤疗法”，以深粹功力为根本，以熟练手法为主要，以内服外敷为助治。其疗法特色主要有四个方面：一是特色内服系列药物。如“活血消肿方”“理伤片（丸、汤）”“复元散”“舒筋片（丸）”“正骨汤（丹、片）”等。二是特色外治药物。如敷药“消肿膏”，熏洗药“和伤散”。三是整复手法。如手法外治筋骨之伤、三指按摩法。四是特色固定器材。如“纸质支架夹板”外固定。这四大特色为“刘氏骨伤疗法”之精髓，在不同症型的骨伤疾病诊疗中发挥着无可取代的作用。如治疗软组织伤痛，以按摩手法为主，起到舒筋活络之作用；治疗关节脱位，以分清脱位方向为前提，用手法按摩使周围组织松弛，再对正复位；治疗骨折，以手法整复及用纸质夹板固定为主，兼以内服中药，以达到去瘀生新、壮筋续骨的目的。

自刘济川先生创立“刘氏骨伤疗法”至今，历经四代传承，名医辈出，绵延相继。第三代传人邹文浩为无锡市名中医；第四代传人蔡建平为无锡市名医，无锡市医院管理中心中医骨伤专业首席医师；第四代传人王建伟为无锡市名医，江苏省领军人才培养对象。多年来，一代又一代传承者砥砺奋进，精研不辍，不断丰富和完善“刘氏骨伤疗法”体系，使其冲破了岁月的阻隔，焕发出新的生机。刘秉夫及其子刘光人（第三代传人）、学生周时良、邹文浩等人不断创新，形成了“外展位推顶整复”“一指禅推滚法”等新手法；改良了“消肿膏”“和伤散”等外敷、内服制剂；创造了“新型刘氏小夹板”——“纸质铅丝小夹板”，其硬度、塑性、透气性较前均实现了大幅度改善。近年来，“跟骨骨折调解式整复固定支架”“治疗脊髓损伤的中药复方制剂及制备方法”“医用可调节式整复固定支架”等5种器具和1项制剂技术获得国家实用新型及发明专利。总结出版《伤科指要》《贴敷疗法》《腰腿痛防治和食疗100法》《临床中医骨科学》等多部专著。其中，《伤科指要》是刘秉夫先生系统总结“刘氏骨伤”临床实践经验的著作。

以继承弘扬“刘氏骨伤疗法”为依托，无锡市中医医院骨伤科正在向建设现代化专（学）科的道路上不断迈进。目前，该科已成为江苏省内规模最大、收治病人最多的骨伤专科。设有病床226张，年门诊量12万余人次，年住院病人5000余人次。科室设有正骨科、创伤骨科、脊柱脊髓科、关节骨科、小儿骨科、推拿科6个二级专科，是国家中医药管理局“十一五”重点专科、江苏省中医示范专科、江苏省中医临床重点专科、无锡市医管中心重点发展专（学）科、无锡市中医骨伤诊疗中心，并设有南京中医药大学骨伤研究所。科室注重传统特色与现代科技的融合，积极导入现代骨科技术，拓展专科治疗领域，近年来先后开展了“中药外敷配合臭氧治疗膝关节骨性关节炎”“微骨折关节软骨缺损修复技术”“关节软骨移植”“人工椎间盘置换”等重点技术项目。为早日实现“从技术优势向学术优势、从专科优势向学科优势转变”这一目标，“刘氏骨伤”的传承者们正在不懈地努力！

（无锡市中医医院）

第十四章　文体娱乐

民间音乐和体育爱好者人才辈出，是民主村的一大特色。1949年以前，新村就有民间乐队，民乐爱好者的笛子、二胡演奏技艺享誉周边乡镇。50年代，乐队规模更为壮大。这支乐队和一批爱好文艺的青年在后来的“扫盲”和推动各个时期大队的中心工作中起到了很好的宣传鼓动作用。

民国时期，西刘庄就建有足球场，1949年初，新桥有篮球场。在后来的半个世纪里，篮球一直是村里的特色体育项目，吸引国家队著名球员和省内外专业球队前来比赛。

第一节　民主村村史展览室

2019年，村委会设立民主村村史展览室。展览室的主标题是“砺志奋进，大美民主”。采用大事记、数据图表、地图、照片、实物等形式，记录展示民主村的历史。

2019年，民主村村史展览室

村史展览室在村委大楼4层，面积200平方米左右，分6个部分。第一部分是“大事记”，简要记录自宋代至2019年民主村的大事。第二部分是“红色记忆”，重点突出民主新桥是中共无锡党组织的发祥地，有糜文溶、糜文灏等共产党员的事例。第三部分是“名人风采”，展示近代民主村名人的风采。第四部分是“三业兴旺”，介绍民主村三业兴旺的事例。第五部分是“和谐民主”，介绍村里的各项活动。第六部分是“今日民主”，用彩色大照片展示新面貌、新气象。

村史展览室是民主村光辉历程的缩影，展示村容村貌、人文特色、历史沿革、社会变迁，记载历史事件、先辈荣光、乡土风情、民俗文化，记录历史，传承文化，留住乡愁，凝聚人心，为发展注入新的内涵与动力。

第二节 音乐 戏剧 舞蹈

新村民间乐队

民国时期，新村就有自发的民间乐队，名称为“新村老八队”。孟纪泉擅长拉二胡，二南道士刘煜和擅长吹笛子和拉二胡，荀南道士刘钺和擅长吹笛子和唢呐，刘源泉弹琵琶，刘麒仁拉二胡，刘锡宝弹三弦。农闲时节，吹拉弹唱、自娱自乐，村子里时常回荡着悠扬的丝竹之声。

刘煜和、刘钺和为兄弟，都是道士，平时经常会出去作法会。刘煜和还练成了左右手吹笛子和用鼻子吹笛的绝技。

刘煜和12岁就跟随其父学习道教教义和道家音乐，他天赋高，领悟快，还曾在苏州玄妙观整理道家书籍。刘煜和毕生读经、抄经不辍，其子刘荣耀至今还保存着他抄录的《玉皇本行集经》《养性真经》等道教经典，上面都有刘煜和印章。70年代末，江苏省宗教局还邀请他到苏州玄妙观参加宗教活动，给予奖励。

中华人民共和国成立后，新村涌现出一批文艺新人：孟荣祥、虞伯清、刘耀章、刘玉清、刘仁寿、余林生、刘德兴、刘培玉、盛伦祥。同时，村里还有一批京剧爱好者，刘协林、刘焕荣、余焕祥、刘焕金等经常在一起表演京剧曲目，年轻的音乐爱好者组成的乐队经常为他们的演唱伴奏，给京剧表演增色不少。

新村的民间乐队和刘庄的民间乐队经常切磋交流，相互取长补短。刘庄的刘富泉特别擅长江南的流行小调，两个村的乐队一起为他伴奏，是村民争相观赏的音乐节目。

刘庄民间乐队

50年代，村里的刘富泉从上海沪剧团退休回老家，在刘庄成立了一个乐队，队员有刘耀宝、刘汉彩、刘福清、刘俊生、刘多堂、张锡方等人。刘富泉各种乐器都擅长，三弦、笛子、琵琶、二胡、月琴、扬琴等乐器，都毫无保留地传授给队员。空余时间大家在一起吹拉弹唱，丝竹悦耳，自得其乐。他们的演奏对村里的年轻人有很大的吸引力，刘伯芳等人主动向刘富泉请教二胡、琵琶。刘庄的“丝竹之乐”虽然出自乡村，但老师却是来自上海的沪剧团乐器名家，起点高，路子正。在以后的几十年里，村里涌现了一批后起之秀，如刘伯芳的二胡、三弦，刘国清的二胡、笛子，刘进生的琵琶，刘焕泉的京胡等，个个青出于蓝。

平时，只要一有空闲，刘富泉家中都座客满满，下午老人居多，晚上年轻人居多。刘富泉吹拉弹唱样样精通，或胡琴或笛子或三弦，听众颇多。尤其是夏天晚上，琴声悠扬，笛声婉转清亮。时常有人唱上一曲，热闹非凡，好不自在。60年代后期，刘庄自发成立了民主大队独有的“毛泽东思想宣传队”，在宣传队的演出人员、乐队人员中，西后二队占去大半。演出水平在玉祁公社首屈一指，经常有外大队、外公社派人来邀请演出。

80年代初，刘国清为团长，成立了玉祁群英乐团，玉祁地区的各路精英会聚在一起，实力雄厚。群英乐团是玉祁开放以来的第一支民间乐团组织，享有盛名。

施家宕排演独幕话剧

1951年3月8日，为了配合抗美援朝运动，民主施家宕小学师生和新村的文艺爱好者，根据无锡县文化部门下发的宣传资料和活报剧，改编排演了独幕话剧《怒吼的青川江》，由共产党员、校长朱克璋担任导演，教师毛静芝、朱安若等师生和近20名新村人参加了演出，并在玉祁镇和无锡一些地区表演，得到了上级领导和群众的一致好评；剧员们身穿剧装参加了当年的“五一”大游行。

1951年3月8日，庆祝三八节话剧《怒吼的青川江》全体剧员合影

新村现代剧《走上新路》和古装戏《十五贯》

1956年秋，政府号召扫除文盲，新谊高级社的扫盲班设在新村刘家祠堂，白天劳动晚上上课，用桅灯照明。为了让更多人参加学习，几个爱好文艺的青年排练了一个小戏，题目叫《三本识字课本》。这个节目参加了苏州专区在石塘湾举办的扫盲文艺汇报演出，获得一等奖，为新谊社争光。演员有刘全风，刘凤珍，刘瑞洪。排戏和演出没有任何报酬，一切都是自费。得了奖，增强了信心，也扩大了影响，村里许多爱好文艺的青年纷纷加入进来，又排练了一些小节目，如《十八相送》《摘石榴》《养媳妇》《一路同行》等。缺少演出服装就到沈任

家借，每次演出都受到广大群众的欢迎。只要听说演出，群众不请自来，帮忙搭台。演出结束，还帮忙拆台。

文艺组在刘协林、刘兴根的鼓励下，大胆尝试排练了大型现代戏《走上新路》。县锡剧团在新桥小学操场上演出过，内容是宣传农民从互助组走向合作社的道路。由刘炳根、余焕祥主演。李瑞云上半场演出，刘凤珍下半场演出。刘瑞云扮演中农，刘玉根扮演富农。这次演出成功后，社里就成立了文艺组。

除了在村演出，还到过葑庄、朱陈巷演出，受到了一致好评。文艺组有自己的乐队，人员有刘君泉、刘阿本、刘焕清等。刘煜和既拉二胡又吹笛子，还要负责锣和鼓。《十五贯》中，一声“马来”，刘煜和用笛子吹得像马叫一样。还有刘洪坤的板鼓，敲得也是有板有眼，人人称赞。

《走上新路》扮演者刘炳根、余焕祥、李瑞珍、刘凤珍、刘瑞芝、张伯文、刘玉根，刘全凤演小菊，余允中演洪发。乐队人员刘君泉、刘焕清、刘阿本、刘煜和、刘洪坤、刘度苟等。

在刘焕生、刘兴根、余焕祥、刘协林的建议下，文艺组又排演了锡剧《十五贯》。

《十五贯》排练成功，为解决经费问题，在刘协林、刘兴根的倡议下，成立了龙灯队。队员们晚上在月亮底下排练，到了春节，就出去表演筹集经费。年初一早早出门，要抢在人家前面，因为主家对第一个到的龙灯赏钱会多一点。龙灯队挨家挨户舞龙贺喜，由刘协林、刘仁兴负责收钱。

就这样，凑足了《十五贯》的经费。演出受到了广大群众的好评，后有人邀请文艺组去玉祁戏馆演出。玉祁乾森丝厂搞庆祝活动，也邀请他们去演出。

因文艺组是自发组织的，每次排练肚子饿了就烧些夜饭吃，都由余允中家供应。《十五贯》的演出，在群众中影响很大，文艺组开始卖票，票价是1角，在玉祁戏馆演出好几场，场场爆满。

在《十五贯》中，刘玉根饰尤葫芦，余焕祥饰过于执，刘焕生饰况钟，刘玉清饰中军，刘玉根饰熊友兰，刘玉良饰地方，刘凤珍饰苏戌娟，刘瑞方饰门子，施建华饰秦巷伯，朱士栋饰周忱。

新村现代戏《红色的种子》

1963年和1964年，继《十五贯》以后，新村又排练了锡剧《红色的种子》，演出人员有20多人，一场演出时间要2个小时。民主魏巷魏小妹、魏秋琴、魏焕妹加盟，演《十五贯》的老演员说，添了几个“毛丫头”。演员的角色确定以后，大家都利用晚上时间收听半导体里播放的《红色的种子》唱曲，天天跟着半导体里的演员一起唱，越唱越熟练。剧团的负责人刘焕生、余焕祥喜上眉梢，对演出成功充满信心。

《红色的种子》在村里演出十分成功，还应邀到万里大队、蓉湖大队和玉祁市镇，甚至到武进县横山桥等地演出。

在排练《红色的种子》的同时，还排练了《三月三》《我们一家人》等短剧。

民主大队文艺组

1964年，大队成立了由共青团员和进步青年组成的文艺组，在整个夏收夏种期间文艺组活跃在田头，大力开展“送好唱好”活动。创作了《养蚕标兵东刘庄》《上头巷养猪真正好》《后进变先进》《西前二队秧田做得好》等说唱节目，促进了生产队的农副业生产，鼓舞和调动了社员的劳动积极性。

夏收夏种期间，后三队与施一队展开了劳动竞赛，文艺组就到施一队去“送好”，鼓舞了大家的斗志。

在1965年夏季征兵时，利用文艺说唱，在征兵动员会上宣传征兵的重大意义，宣传征兵是每个公民的应尽义务，说唱了《踊跃去报名》等节目，促进征兵工作更加顺利地开展。

在贯彻团中央和上级党组织提出的“大学王杰精神”时，为了全面地掀起学习高潮，大队文艺组成立了“王杰事迹说唱组”，在会前会后说唱，大家都说：“这样做，教育意义很大。”

1965年，文艺组在全大队进行了3次大型演出，观看人数达到3000多人。他们还到过去从未有文艺队伍演出的南村头生产队——小村宕里去演出，深受社员欢迎。1966年夏天，在生产队举行了五次文艺乘凉晚会，每次节目有10多个，内容短小，丰富多彩。演出节目有：《养猪好处说不完》、《十唱大寨》、《以粮为纲，发展多种经营》、《红丫头》、《夸媳妇》、舞蹈《红梅赞》《共产党来了苦变甜》、表演唱《不忘阶级苦》《总路线放光芒》《双季稻十大好》《贫下中农最坚强》、相声《繁忙的爸爸》等，广大社员既受到政治教育，又丰富了业余文化生活。

民主腰鼓队与中老年舞蹈队

1990年，民主村率先成立中老年妇女舞蹈队，领头人是吕亚珍，得到了村妇女主任刘爱珍的大力支持，刘爱珍也是其中的积极分子。

在中老年舞蹈队兴旺发达的基础上，2008年又成立了民主腰鼓队。每年三月三，玉祁街道举办文艺团队的巡游活动，民主腰鼓队连续8年出场表演。

2019年，妇女舞蹈队

吕亚珍由于年龄的原因，把接力棒交给了施文君和唐玉芬。在民主村老龄委、老年人体协的关心和支持下，老年文体活动开展得更加红红火火。每星期一、三、五晚上，从6点到8点钟，在村委广场上排练节目，有扇子舞《祝福祖国》《太湖美》《红梅赞》和少数民族舞《吉祥》《水兵舞》《三步踩》等。《三步踩》在惠山区是独一无二的，每次演出都获得评委和观众的好评。每年的重阳节，民主村、礼社村、玉祁街道的舞蹈队都代表玉祁参加惠山区的汇报演出。

民主村的中老年妇女舞蹈队在玉祁街道是成立较早的，影响也较大。吕亚珍的姐姐吕亚英爱好文娱活动，她的丈夫濮镇山原来在济南音乐团工作，1990年退休后到民主村来当教练，同时还被玉祁街道聘请为中老年舞蹈队的教练。许多舞蹈的乐曲也是吕亚英提供的，所以起点高、艺术性强，受到群众的普遍欢迎。

文艺宣传队

60年代末和70年代中期，民主大队前后共有3支宣传队颇有名气：新桥文艺宣传队、五金厂文艺宣传队、民主大队毛泽东思想宣传队刘庄小分队。

刘庄文艺宣传队主要由来自北京、上海、苏州、无锡、玉祁镇的插队知青和东西刘庄村20来岁左右爱好文艺的青年组成，共有30多人，由西刘庄的刘伯芳与原在国防科技单位工作的刘兴法发起和组织，编导为知青刘仲仪。

70年代中期，在原有宣传队的基础上成立了民主大队文艺宣传队，演出人员

60年代末，民主大队知青宣传队

由全大队喜爱文艺和音乐的20来岁的年轻人组成，由新村刘泉玉负责。

宣传队成立伊始，在无专业人员辅导、无资金报酬的情况下，凭着对文艺、音乐的爱好，利用农闲时间，采用请进来、走出去、集思广益的办法，自编、自导、自演，排出了一台“移风易俗树新风，颂党爱国爱队”的歌舞类文艺节目，宣传民主大队在农、副、工、牧、渔全面发展新气象。同时排练了根据红歌改编的《北京的金山上》《没有共产党就没有新中国》器乐合奏、合唱等，并在新春佳节和农闲时对外演出，颇受广大干部社员的赞誉。演出邀请不断，足迹遍布玉祁镇区、礼社、黄泥坝、洛社镇和武进县孟家村等周边地区，活跃了农村的文化生活，起到了树立新风尚的积极作用。

“小红花”锡剧团里的民主人

70—80年代，玉祁“小红花”锡剧团声名鹊起，享誉锡城，足迹遍及大江南北。创作演出的《孙悟空三打白骨精》《青蛇传》等剧目，深受广大观众欢迎。这个剧团里有好几个民主大队人：刘英梅（乐队）、刘小玉（乐队）、施荣华（演员，担任孙悟空一角）、施国平（演员）等，都是剧团的骨干人员。80年代末，小红花锡剧团升级为无锡县青年锡剧团。其中，刘英梅的丈夫钱伟，是知名锡剧小生，国家一级演员。

“群音乐团”的民主人

玉祁的群音乐团名噪一时，3名正副团长都是民主人，刘伯芳团长，刘国清、刘培玉副团长。刘培玉发挥自己作曲作谱的特长，创作出《二泉映月》合奏曲和锡剧《双推磨》变奏曲。在群音乐团之后，又成立了戏曲协会，民主人刘国兴任协会会长。协会的总部就设在刘国兴的厂里。

民主村老年文体活动

1985年民主村就有老年活动室，活动室在下巷生产队的仓库里，有5间门面。由刘余生、刘永钊负责，每年春秋两季安排2场评弹说书，每场书半个月左右，老年听众多达百余人，礼社、葑庄也有人赶来听书。每场每位听众交0.5元钱，其余部分由大队资助。

2008年，李介南任村老年人体育协会的常务副会长，大队建造了老年活动室和卫生室。从2010年开始，有了老年腰鼓队和老年舞蹈队，每队20余人。老年腰鼓队在玉祁周边很出名，企业举办庆祝活动、商店开业等，都邀请腰鼓队参加，还每年参加玉祁“三月三文化节”活动。

在2017年创建惠山区老年体育特色团体的汇报表演中，民主村有128人参加广场舞，还有舞蹈队、太极拳队、歌咏队等表演，受到领导和观众的一致好评。

2020年，民主村舞蹈队代表玉祁街道参加无锡市“文化活动进农村”文娱比赛，第一个出场表演《我们的大中华》，受到全场观众的热烈鼓掌，并荣获第一名。

村里老年人体协还有乒乓球队、象棋队，多次参加区、镇比赛，并多次获奖。

民主村文艺广场

1997年春建立，位于新村下巷与上巷之间，处于唐平路起点和常玉路向西转弯的三角地带。占地面积1460平方米，其中彩砖地540平方米，绿化面积600平方米，池塘面积200平方米，舞池面积120平方米。分设有葡萄架走廊、鹅卵石小径、花坛草坪，是村民休闲的好去处。

第三节　体育

足球

抗日战争时期，西刘庄有足球场。这片场地原本是礼社薛姓人家的老祖坟，当时，礼社的商团武装组织负责人是薛姓，把该地整理成大操场，用来训练武装人员。学校童子军也在此训练。时间长了，逐渐成了足球场。

礼社、新村等地的足球爱好者也喜欢到这个足球场踢球，由于足球场比较大，青城市还在球场举行全市的运动会，也举办过童子军的运动会。

1953年，新村晓锋篮球队

1987年，民主村篮球赛汽配厂队获第一名

2019年，“工会杯”篮球比赛

2020年10月1日，第十三届“民主杯”篮球赛

篮球

1953年民主境内有晓锋学生篮球队，曾获得玉祁中学村际篮球赛第二名。球员有刘云龙、刘国清、刘云葆、刘林森，刘仁寿、刘如生（队长）、刘锡泉、刘兴祥等。

50—60年代民主各自然村都有自己的篮球队，球场有10多个，新村有3个球场。有一年，有100多个球队报名参加“民主杯”篮球赛，村里同时在6个球场进行比赛。

从1964年开始，西刘庄成立了刘庄篮球队，球场在西后二队。刘庄篮球队的主力基本都是西后二队人，球队经常出去比赛，并取得不错的成绩。西刘庄的篮球队实力比较强，参加邀请赛也经常得奖，被称为“小民主队”，以区别新村的民主队。

刘庄西后一、二队在1965年前后开展业余篮球活动，在中巷刘伯华家门前柚树上安装一只篮球筐，供球员练习，并于1967年成立刘庄篮球队。

大队里最好的球场是新村、施家宕、上巷。用运回来的白沙土铺成场地，新村球场还用报废的电工用白瓷保险盒（俗称插扉）镶嵌成球场线，既美观又牢固。

每年10月1日举办篮球邀请赛。先发邀请函，再召开领队教练会议，议定种子队，再抽签，确定比赛程序。一般采用淘汰赛，上午赛2场，下午赛3场。最多时有108个球队参加，盛极一时。吸引方圆几十里有声望的球队队员前来参赛。每位队员自带半斤米，同时还要交一顿饭菜钱。由3

个生产队指定农户提供煮饭烧菜的场所，生产队队长当义务指挥员，确保比赛顺利进行。每次比赛结束，生产队场上的稻柴垛要烧掉好几个，用来免费提供球赛时烧菜煮饭烧茶水的柴火。

篮球队球衣

60—70年代，篮球运动是农村自发的群众性体育活动，农民的积极性空前高涨，当时的生产队社员都以穿球衫背心为荣，球衫印有球队队名，还印有号码。条件好的生产队球员，更以拥有一双回力球鞋为荣光，平时很爱惜，很少穿，到比赛时，穿回力球鞋上场，精神抖擞，神气的很。

1990年，中国女篮签名篮球

60年代中期，民主村的篮球队到江阴、武进等地比赛，经常获得冠军。当时的女青年都争先恐后当“啦啦队”队员，在比赛时高呼：“三战三胜，再得冠军。”得胜归来，一路上也在高呼，到了村里，“三战三胜，再得冠军”的口号起到了鼓舞士气的作用。余耀忠是最早的队长。1964年，境内共举办过10次篮球友谊赛和邀请赛。参赛队少则8个，最多一次竟有86个队报名。

据不完全统计，民主村篮球队自1960年至2005年，在省农民篮球赛中获得1次第3名，1次第9名；在三县一市比赛中获得1次冠军；在县农民篮球赛中，获得3次亚军；在惠山区农民篮球赛中，获得2次冠军，2次亚军。奖状和奖杯摆了整整一屋子。

最令民主村人感到骄傲的，是在1988年到1990年，北京男篮和江苏男篮，广东、江苏、上海、安徽青年男篮，先后在民主村进行表演赛和友谊赛。1990年6月，上海、浙江、安徽、江苏四省女篮邀请赛，在民主村连打三天。民主村负责全程的后勤保障。在三天的比赛结束时，民主村球队还和江苏女篮举行了一场对抗赛。特别是国家女篮主力后卫丛学娣加盟江苏女篮出场比赛，她大显身手，6次远投，全部命中。

当时的农村篮球运动完全是群众性的自发活动，民主村的篮球队员参加比赛没有补贴，外出参加比赛都是步行，还要带米和蔬菜，有时到大队副业队的冬瓜田里采摘一个大冬瓜带上，步行十多里到比赛的地方。民主篮球队，南征北战，捷报频传，一批批拔尖人才脱颖而出，余晓昌进了钢铁厂，成为无锡县男子篮球队队员，刘校金进了县化肥厂，后来也被县队选中当队员。当时，9号余焕均是篮球队队长，余林生是教练。

90年代，民主村的村办企业都成立了篮球队，彩印厂、汽配厂、轻工机械厂、纺织轴承厂、纺配厂、橡胶厂、印染厂、玻璃助剂厂和民主初中篮球队每年10月1日都举行篮球比赛。

由于民主篮球队在当时名气很大，经常应邀参加省市县组织的多场篮球比赛。1993年，中国女篮在参加东亚运动会之前到无锡集训，地点在无锡县体育馆。

乒乓球

刘庄的刘建忠原来在青藏铁路部门工作，1960年在宁夏时曾获得分局的乒乓球比赛冠军。退休回到民主村后，他带领的乒乓球队，曾代表惠山区参加无锡市的乒乓球比赛，获得多次团体冠军。

从1998年开始，民主村刘庄小学把乒乓球运动作为学校体育特色项目来抓，聘请刘建忠辅导学生打乒乓球，并担任教练。利用课余、节假日训练，得到家长的热情支持，参加训练的小朋友达50多人。2000年，在锡山市第四届运动会上取得较好成绩，2001 年至2003年，在惠山区小学生运动会上男子团体取得“三连冠”，并囊括男女单打冠军。2002年，民主小学三年级学生余楚兰参加无锡市小学生乒乓球比赛，荣获丙组女子单打冠军。

2004年5月1日，举行“长虹杯”乒乓球比赛，民主队获男子团体“三连冠”。

2019年，“工会杯”乒乓球比赛

蔡振华、刘国梁签名的球拍

第四节　收藏　文玩

刘仁寿的邮票收藏

新村刘仁寿，1949年就开始集邮，把信封上的一张张邮票剪下来夹在书里。1951年初中毕业后到上海，亲戚间的信件比较多，收藏的邮票也越来越多，并获得许多奖项。

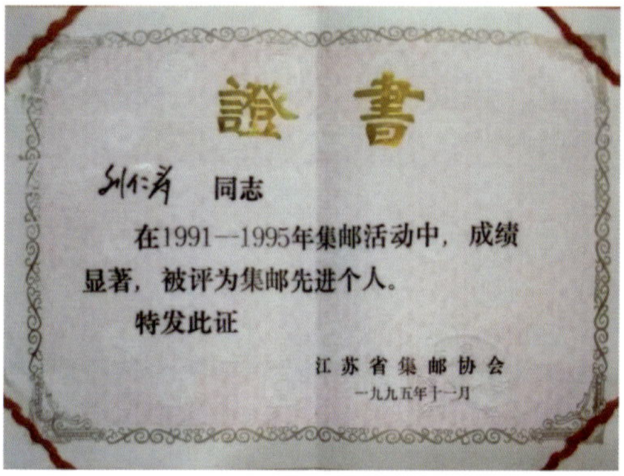

刘仁寿获奖证书

参加工作以后，在收集信封上邮票的同时，开始购买邮局的新邮票，用来补全一套套完整的邮票，同学和朋友知道刘仁寿喜欢集邮，也主动赠送各种邮票。除无齿邮票没有收集齐全外，从1949年开始新中国的纪念邮票及特种邮票（包括小型张）全部集全。1966年“文化大革命”时期的邮票及编号邮票全部集全，“文化大革命”后志号改为J（纪念）、T（特种），直到1992年全部（包括小型张）集全，还收集了首日封邮票及实寄封邮票。编年邮票从1992年开始，每年一册按年份编号至今。普通邮票有普1—普35，另有大清蟠龙邮票及解放区邮票。刘仁寿还通过亲戚朋友，收藏到有红学专家冯其庸亲笔题签的实寄封及其他珍贵的实寄封邮票。

刘仁寿曾任江苏新苑集团公司邮协秘书长，被聘为玉祁镇集邮协会顾问。多次参加无锡县、无锡市的邮展并获得奖项，被江苏省集邮协会评为1991—1995年集邮先进个人。

刘进海的蟋蟀盆收藏

新村的刘进海是无锡地区有名的蟋蟀玩家，而他的蟋蟀盆收藏则更为人称道。他是中国民间文艺家协会会员。

每年八月，他都要到山东宁津、宁阳一带去寻访好蟋蟀。玉祁地区玩蟋蟀的同行有300多人，刘进海不仅参加玉祁每年的蟋蟀赛，还经常参加省、市的比赛。他最多一个季节豢养过200多只蟋蟀。

刘进海从20岁就开始收藏蟋蟀盆具，从一开始的蟋蟀盆、水盅，到后来的过

刘进海收藏的蟋蟀盆等用具

笼、牵草、象牙戥子等蟋蟀文玩，形成了一个系列。藏品从明代到民国，各个历史时期的名作精品都有收藏。家中珍藏的蟋蟀盆有1400多个，其中明代的蟋蟀盆有4个，以明嘉靖三十三年（1554）制盆名家于瑞章作品为最佳。清代的有300多个，都是产自苏州陆墓的精品，另有清初恭信主人盆为赵子玉作品、清早期高浮雕龙纹象牙盆；有赵子玉制的过笼；有清代的水盅200多个，分青花、粉彩几个系列。他还跑到景德镇，请制瓷名家专门制作了以“水浒108将”为题材的粉彩水盅。虽是当代作品，但由于名家特制，数量稀少，同样具有很高的收藏价值。此外，刘进海还从拍卖会上收得民国制草名家王锡成的象牙管牵草，还拍得民国苏州书画家徐敬瑜蝇头小楷5000字书法作品一幅和蔡铣斗蟋蟀图成扇一把。

几十年来，刘进海边玩蟋蟀边收藏，识虫和鉴物的眼力都达到了相当的高度。

刘晋源的书画收藏

刘晋源，新村人。少时便喜欢涂涂写写。稍长，在务农务工之余，开始自学字画。80年代创办玻璃装饰门窗厂，充分发挥自己的一技之长，所作的产品和字画深受用户欢迎。后来刘晋源碰到一个朋友，经常介绍他与书画圈内人士交流切磋，得益良多。

近三十年来，刘晋源利用业余时间，购买专业书籍研读，辗转无锡、南京、上海等地，广交朋友，求教名师、拜访专家，专业知识不断提高，掌握了一定的字画收藏能力。通过不断地钻研，根据自己的爱好和擅长，慢慢确定了自己的收藏范围。他对明清名人字画情有独钟，还特别关注民国女画家作品。

收藏的作品有刘春霖、林则徐、溥儒、陈寅恪等名人对联；有林徽因、陆小曼、孟小冬、张允和等才女的书画，还有沈从文、启功、赵朴初等名家字画。

第五节　电影

60年代开始，县里有电影放映队轮流到各公社、大队放映。无锡县电影放映队下面有6个小队，每个小队有一条机动船和3个工作人员，有放映机一台，影片

2—3部，另外有一台小型发电机，因为那时乡村大部分还未通电。刚开始放电影时还要买票，所以一般在学校的操场上放电影。一来占地大，看的人多；二来便于收票，每张票5分钱，在学校里放映，进出一个门，不能逃票，除非有几个胆子大的翻墙进来。

民主村人到礼社看电影的很多。那时，礼社放映一般都是在礼社小学（义庄）的大操场上，如逢下雨天，在大会堂放，后改为礼社木业社。民主村一般在施家宕小学放映，放映队预先贴出海报，上面写明放映的地点、片名和票价。到放电影那天，下午就有不少人拿长凳在操场上占好位子。

“文化大革命”前的影片较多，有《战上海》《海鹰》《无名岛》《英雄虎胆》《林海雪原》《三打白骨精》等，都以黑白片为主。

到70年代初，大队开始电影包场，由大队出钱，每场一二百元钱，观众无须买票。放映地点一般都是在篮球场或村里空旷之地，看电影的人近则本村远则三五里路之外。崔桥、余巷里放电影，民主村的人也会赶去。“文化大革命”期间到70年代中后期，基本上只放8部“样板戏”和《地道战》《地雷战》《英雄儿女》等十余部电影。

80年代初，村子里新造的楼房多了，山墙都用石灰粉白，放映队来放映，连幕布也不用，放映机直接对着粉刷的山墙上放。那时已经有电视机，观众也不如以前多，但放的片子比以前丰富多了，有国产的和国外的古装片、神话片，彩色片也逐步代替了黑白片。80年代后期，电视机普及，看露天电影的人越来越少。

后来放映队也转行了。

第六节　文体能人

张永锋的书法

张永锋是民主村刘庄人，曾在堰桥电信支局任支局长15年。他8岁时就开始临摹柳公权、颜真卿的字帖，专攻小楷。后加入了无锡县青年书画研究协会。在校读书期间，他的书法作品也屡屡获奖。加入了中国书法家协会，并担任江苏省电信书法家协会副会长、无锡市书法家协会副秘书长、惠山区书法家协会主席。

张永锋的书法作品在全国书法作品比赛中多次获奖，他还应邀参加人民日报社举办的文艺界名人座谈会。

每年春节前，张永锋都要回到民主村为村民写春联、送福字，报答父老乡亲。2014年10月，民主村党群服务中心新大楼落成，张永锋为大楼前的巨石屏风书写了碑铭。

2020年1月18日迎新春送春联

施正威的摄影

施正威，祖籍施家宕，1952年生。现居黑龙江省哈尔滨市。中国摄影函授学院第一期学员，中国摄影家协会会员。黑龙江省摄影家协会会员。曾获得第三届“北极之恋国际摄影大展”银奖和优秀奖，《国家地理》和各类摄影杂志报纸有多幅作品刊登。网名“踏遍青山”。

刘培玉的音乐

刘培玉，新村人，1992年担任玉祁影剧院经理。

刘培玉和他的乐器

70—80年代，玉祁“小红花”锡剧团排演的《青蛇传》在全国各地演出1000多场，在上海演出时，《新民晚报》等都作了报道。刘培玉任“小红花”音乐指导。

1996年，刘培玉作曲的《双推磨变奏曲》荣获第三届全国民族乐器节演出特等奖和无锡地区民族乐器演出一等奖。

刘培玉为锡剧《命运》作曲配曲，演出400多场。全国“关心下一代”工作会议在张家港召开，锡剧《命运》在会议期间作专场演出，受到一致好评。

刘培玉每次为一部大戏的配曲，都要闭门谢客，潜心创作一个月。小戏要一个星期。作为民间艺术家，没有这种奉献精神，耐不住寂寞，就永远出不了精品。

刘培玉担任剧团舞美，要制作舞台演出用的各种各样背景，从此喜爱画油画，他的作品受到许多人的追捧。

刘培玉集琴棋书画于一身，他喜欢下象棋，说下棋有棋趣，能提高自己的思辨能力，能在作曲、绘画时获得创作的灵感，琴棋书画能陶冶情操，丰富人生，自己也乐在其中。

刘炳夫

曾用名刘炳甫，刘庄人，玉祁中心小学体育教师。1983—1998年任小学女排教练，其间曾多次率队获江苏省小学生女子排球比赛冠亚军。

1986年，被评为江苏省第十一届运动会群众体育工作先进工作者，同年获无锡县人民政府升级奖励。

1989年，被评为无锡市优秀教育工作者。

1990年，荣获“江苏省农村优秀体育教师”称号。被中央电视台体育部和《学校体育》杂志社联合评选为1990年全国农村优秀体育教师。1999年8月3—10日，为期一星期的江苏省小学生排球赛在玉祁中心体育馆进行，参赛球队23支，刘炳夫带领的玉祁中心小学获男排冠军。

虞伟、余尧

玉祁中学学生虞伟、余尧，新村人。2000年参加江苏省体工队集训，后正式成为江苏省棒球队队员，曾随队参加江苏省和全国棒球比赛，分别获团体冠军和第三名；2001年获全国棒球比赛优胜奖；2002年在省第十五届运动会上荣获棒球冠军。其中余尧2013年获辽宁全运会第三名；2014年、2015年、2016年获全国锦标赛第三名；2015年获全国联赛冠军；2017年获天津全运会第三名；2019年获全国联赛冠军；2021年获西安全运会男子棒球冠军（以上都是团体奖项）。

刘晓庆

刘庄人。1994年10月参加无锡县中小学生田径运动会，获小学组女子铅球（3公斤）第一名并破纪录，获女子组垒球第一名；1995年10月获锡山市中小学生田径运动会陆区赛区初中组女子铅球第一名、标枪第一名；1996年9月获锡山市第三届运动会乡镇部中小学生田径比赛初中女子铅球第二名，同年10月参加无锡市第四届运动会获女子铁饼第一名；1997年10月获锡山市中小学生田径运动会初中组女子标枪第一名、铁饼第一名；1998年10月获无锡市中小学生田径运动会初中组女子铅球第二名；2000年9月获无锡市第八届运动会女子铅球第一名；2009年获无锡市第十届运动会女子铅球第[illegible]名。

刘群

新村人。2002年参加江苏省第十五届运动会散手比赛，成绩显著，记三等功；2003年，获全国青少年亚青选拔赛武术散打第三名、2003年上海体育学院第十六届武术散打通级赛甲组60公斤第三名、江苏省武术散打比赛甲组60公斤冠军。

第十五章　村巷印记

“一方水土养一方人”，这个“水土”不仅是物质条件，更是文化涵养，是文化赋予人的地方特质。民主村历代人才辈出，得益于这个地方积极向上的社会风尚。“村巷印记”通过对故居、旧迹、档案和记述的整理，全方位记录了近现代民主人的牺牲精神、人生际遇、奇闻雅事、家国情怀和奋斗事迹，综合反映了各个历史时期的民主人怀报国之志，投身社会变革，创造人生价值的精神风貌。

第一节　名人影痕

徐行之题匾“仲苏轩”　1954年，无锡县人民政府在糜文灏烈士故居设“文灏纪念堂”，堂上悬挂“仲苏轩”匾额一块，由糜文溶、糜文灏兄弟早期革命战友徐行之书写。

徐行之，又名徐梅坤，1893年生于浙江萧山县。印刷工人出身。1921年冬在上海经陈独秀介绍加入中国共产党。1923年出席党的“三大”，当选为第三届中央委员会候补委员。自1922年起，先后担任中共上海地方委员会书记兼中共江浙区委员会书记、全国印刷总工会委员长等职，并负责党中央机关刊物《向导》周刊的印刷发行工作。1927年被捕，与党失去联系，1935年出狱。抗日战争和解放战争时期，积极参加党领导的工人运动与和平解放运动。中华人民共和国成立后，历任中央人民政府政务院监察委员会参事、监察部参事，1956年2月任国务院参事。1954年重新加入中国共产党。1997年1月17日在北京逝世，享年104岁。

薛暮桥视察题诗　据刘健华回忆，1977年曾陪同薛暮桥参观考察民主等地，并向他汇报了大队企业的情况。

1985年4月，薛暮桥回故里，探亲访旧，考察参观了民主等乡村企业，并在纺配厂与父老乡亲座谈交流，欣然题词：“昔日家家佃，今朝村村厂，沧海变桑田，企首迎朝阳。”

1990年12月3日，薛暮桥偕夫人罗琼回乡参观考察了无锡县纺配厂、礼舍村、无锡县铝合金厂、梁溪冷轧薄板厂。

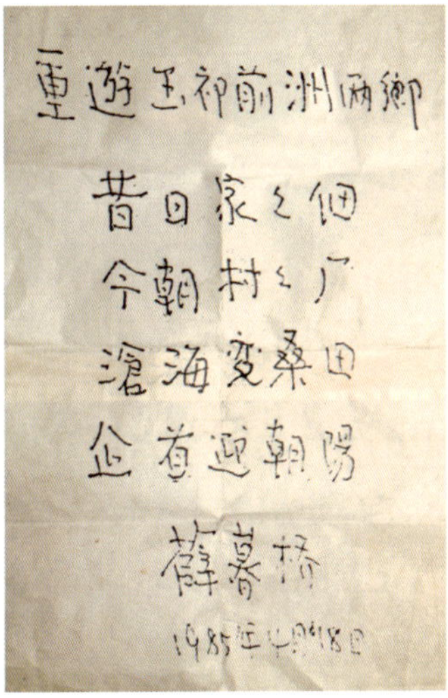

何康考察参观　1979年5月25日，农业部副部长何康一行三四十人到民主大队参观。参观路线为：大队五金厂、猪场、鹅场、渔业队、大桑园。当时民主大队可耕田2232亩，其中水旱田1924亩。队办厂6个，饲料加工厂5个，集体仓房127间，集体猪舍238间。在民主大队桑园的首长休息处，墙上有2张表，何康拍了照。

张謇提携刘也麟　刘也麟（1890—1946），西刘庄人。曾任职奉天镇安上将军署的军事稽查员，又随上将军段祺瑞入京，担任京畿警备总司令部书记。后访友至南通，张謇“见而奇之，录为弟子列”，被委任为残废院劝捐员兼庶务，不久又被任命为阜宁新南垦植公司中一区区长。

张謇推荐糜文溶　1898年8月24日，糜文溶出生在新桥。1913年他16岁时到上海学做生意，先后在五金店、米店当学徒，后又到上海一品香西餐馆当服务员。1915年春天，因为他写得一手好字，被前来就餐的张謇和王一亭看中，两位爱才的文化名人就把他介绍进上海商务印书馆印刷所照相制版部，学习铜、锌版制版技术。张謇是中国现代工业的先行者、清末状元，王一亭是上海著名画家。

张謇（1853—1926），字季直，号啬庵。祖籍江苏常熟，生于南通。光绪二十年（1894）状元，中国近代实业家、政治家、教育家、书法家。张謇主张“实业救国”，是中国棉纺织领域早期的开拓者，一生创办了20多家企业，370多所学校，为中国近代民族工业的兴起、教育事业的发展作出了宝贵贡献。

施之勉与钱穆同游唐平湖　施之勉和钱穆是常州府中学堂的同学。1922年秋，在南洋华侨领袖陈嘉庚创办的厦门集美学校师范部任国文教员并兼任教务主任的施之勉，推荐钱穆先生任集美学校国文教师，两人情谊相笃，至老不衰。

1926年，施之勉因患脚气，辞去工作了五年的集美学校教职，回老家施家宕休养。这年春天，已在无锡省立第三师范任教的钱穆来到施之勉家里拜访老同学，两人还泛舟同游唐平湖，畅论刚出版的顾颉刚主编的《古史辨》一书。

钱穆（1895—1990），字宾四，七房桥人，斋号素书堂、素书楼。江苏无锡人。中国近现代历史学家、思想家、教育家，国学大师。“中央研究院”院士。

董桥笔下的施之勉 “五十多年前，我在成大读书，施之勉教授是中文系主任，高高的，平头银发，容貌清癯，长年一袭灰布长衫。静静地来，静静地去，偶尔穿过修竹小径，仿佛穿过五四运动的激情，然后钻进几叠线装书里，残卷飘香，云高风清，他笑都不笑一下。这样的人物这样的气派如今见不着了，像老民国那样隐入历史的荒冢。那时候中文系外文系都在文理学院红砖院落里，夏季老树丛中蝉声聒噪，冬季天黑得早，教室里走廊上昏灯下，听得到风中隔墙的蛙鸣，惹人牵挂童年光景。我庆幸我走过那样古旧的读书岁月。”

董桥，福建晋江人，1942年生，台湾成功大学外文系毕业，曾在英国伦敦大学亚非学院研究多年。

梁实秋为糜文开译著作序 糜文开，新桥人，印度文学研究家、翻译家。他以一己之力，主译了泰戈尔的《漂鸟集》《新月集》《采果集》《颂歌集》《园丁集》《爱贻集》和《横渡集》（其中一部与夫人裴普贤合译，两部与女儿糜榴丽合译）。1963年4月，台北三民书局以《泰戈尔诗集》为总书名，出版了这七部诗集修订合订本。梁实秋为《采果集》作的序，写于1957年3月12日。

梁实秋（1903年1月6日—1987年11月3日），原名梁治华，字实秋，笔名子佳、秋郎、程淑等，浙江省杭县（今杭州）人，出生于北京，中国现当代散文家、学者、文学批评家、翻译家。

冯其庸回忆小学校长刘诗堂 刘诗堂（1894—1969），新桥人。《刘氏宗谱》载：刘寿钧，一名泳召，字诗堂，号芷塘。

冯其庸在《读书要早，著书要晚》一文中说：“我出生在江苏无锡北乡前洲镇后面的一个农民家庭里，家境贫寒，我虚龄九岁上小学。记得第一天上小学是我的堂姐带我去的，堂姐叫冯韵华，在小学里当老师。校长是刘诗堂，大家习惯叫他诗堂先生。诗堂先生办事认真而又和蔼可亲，大家都很尊敬他，我至今还能清楚地记得他的面容。后来，诗堂先生不知为什么走了，也许同年龄太大了吧？

可学生还一直想念着他。”

冯其庸（1924—2017），名迟，字其庸，号宽堂，江苏无锡市前洲镇人。著名红学家、史学家、书法家、画家。历任中国人民大学教授、中国艺术研究院副院长、中国红学会会长、中国戏曲学会副会长、中国作家协会会员、北京市文联理事、《红楼梦学刊》主编等职。以研究《红楼梦》著名于世。2015年2月被聘任为中央文史研究馆馆员。

第二节　名人伉俪

糜文灏与夫人王采贞　王采贞，女，1907年生于上海。1925年由杨之华（瞿秋白妻子）、何洗清介绍，加入中国共产党。同年，与由莫斯科东方大学回国到中央江浙区委、沪西部委任组织委员的糜文灏一起投入工人运动。1926年二人结为夫妇，一起从事党的秘密工作。

1927年“四·一二”前夕，上海环境恶劣，糜文灏将怀有身孕的王采贞送到新桥老家。三天后，王采贞放心不下，返回上海与丈夫一起坚持斗争。5月8日，糜文灏被英国巡捕逮捕，5月11日，被国民党反动政府杀害于上海斜土路枫林桥畔。6月18日王采贞在上海生下儿子，取名枫林。枫林从小抚养在乡下新桥老家，7岁去上海读书，18岁中学毕业，1944年底，枫林在去内地重庆寻找党组织的途中，因患霍乱去世。

糜文开与夫人裴溥言　裴溥言（1921—2017），女，别号普贤。山东诸城市人。中国古典文学专家、翻译家。1957年与糜文开结婚。女子师范学院毕业。历任台湾大学助教、讲师、副教授、教授，菲律宾中正学院教授，台湾东吴大学及中山大学兼任教授。台湾大学中文系及中文研究所教授。对经学及古典文学颇有研究。业余时间研习国画，1989—1990年曾在台北、桃园及台中等地举办画展。著有《经学概述》《中印文学研究》《中国文学欣赏》《欧阳修诗本义研究》等，另有译作泰戈尔诗《横渡集》《泰戈尔小说戏剧集》等。台湾大学中文系成立“糜文开、裴溥言教授奖学金”。

施之勉与大人沈韵秋　沈韵秋（1899—1976），女，无锡人。毕业于浒墅关蚕桑学校，爱好诗词，对中国文学颇有造诣，曾在无锡、南京从事蚕桑事业。

1922年与施之勉经自由恋爱而结合，时上海《民国日报》副刊发表专文评论。抗战时期，迁居重庆北碚，在中央蚕桑研究所及蚕业制种场服务，以照顾子病而休职。1948年随夫携子去台湾。1976年因积劳成疾，不愈逝世。钱穆先生题其墓碑曰："艰难缔姻，刻苦持家；贞德弥励，幽光永嘉。"

施聿秀与丈夫沈仲俊 沈仲俊（1886—1972），中央大学商学院教授，上海华法教会总干事。无锡县堰桥镇西街人。又名沈梁，有时署名沈良。历任上海法租界华人教育处主任和中央大学商学院、上海音乐学院、上海美术专科学院、国立东南联大等院校的法文、意大利文及拉丁文教授。在此时期，与孙中山、蔡锷、陈其美等结识，积极参加辛亥革命运动。1918年上海成立华法教育会，任秘书。次年出任上海华法教育会、环球学生联合会和留法勤工俭学的总干事。在此时期出国留学的留学生中有蔡和森、向警予、赵世炎、陈乔年、陈延年、王若飞、刘伯坚、郭隆真和后来成为党和国家领导人的周恩来、陈毅、李富春、邓小平、蔡畅、聂荣臻、李维汉等，沈仲俊曾在他们赴法预备班上教过法文，并为他们解决护照、船票等具体问题。曾获得法国政府颁发的"法兰西翰林院院士"勋章。当时吴稚晖对陈延年颇为器重，曾写信给沈仲俊说："陈先生昆仲为陈独秀先生之令嗣，志行为弟所钦佩。"吴稚晖还希望华法教育会对延年兄弟俩给予帮助。［堰桥镇志资料，《无锡名人辞典（二编）》第83—84页］

施聿秀，女，施家宕人。1918年嫁沈仲俊。

刘鸿兴与夫人曹素珍 刘鸿兴（1916—1991），刘庄人。1940年加入中国共产党，曾参加上海工人运动，因身份暴露，在组织安排下与妻曹素珍一起去苏北根据地。1944年参加新四军，并担任印刷厂领导。在解放战争中参加孟良崮战役，并担任收容团团长。1949年随军南下接收上海造币厂，任厂长，后转业于上海工作，历任大隆机器厂厂长，614厂厂长（干部级别13级，工资报酬12级）并数次随同陈毅出访苏联。1980年退休，享受师级待遇。

曹素珍（1918—2008），女，中共党员。刘鸿兴妻。1944年参加新四军，在后勤收容医疗队工作，1949年随军南下，任上海造币厂人事科长，后转业上海614厂工作，享受县团级待遇。

施光亨与王绍新 施光亨（1938—2020），施家宕人，中共党员。1961年7

月于北京大学中文系毕业，即作为第一批国家出国汉语储备师资至北京大学东语系进修阿拉伯语，1964年9月起至北京语言学院（今北京语言大学）任教。享受国务院政府特殊津贴。

王绍新（1938—），女，施光享妻。毕业于北京大学中文系语言专业，北京语言大学教授。著作《隋唐五代量词研究》商务印书馆2018年出版，获“2021年北京大学王力语言学奖二等奖”（一等奖空缺）。

刘建平与施小琳　刘建平，新村人，1962年10月生，中共党员。大学本科。中国太平洋保险股份有限公司资深经理，高级经济师。

1985年毕业于上海应用技术学院，1980年开始参加工作，先后任职于扬子木材厂工程师、厂长助理，上海联合木材工业有限公司董事、副总经理，上海晟地集团副总裁，上海新沪商集团行政总裁，中国太保后援中心主任等。

施小琳，女，汉族，1969年5月生，浙江余姚人。1990年7月参加工作，1993年6月加入中国共产党。同济大学经济与管理学院工商管理专业毕业，在职研究生学历，工商管理学硕士学位。

2020年，任第十九届中央候补委员，四川省委常委、成都市委书记、兼任成都警备区党委第一书记。

刘文玫与杨洪基　杨洪基，1941年出生于辽宁省大连市，祖籍山东省威海市荣成市俚岛镇，原总政治部歌剧团演员队一级演员。 中国人民解放军总政歌剧团男中音歌唱演员 ，享受国务院政府特殊津贴。国家一级演员、解放军艺术学院声乐系教授。少将军衔。

刘文玫，女，刘庄人。北京通县第一通用机械制造厂钳工，历任北京变压器厂档案信息处处长兼技术党支部书记，国家二级企业的中层领导。1972年，26岁的刘文玫与31岁的杨洪基结为夫妻。

1994年，杨洪基演唱《三国演义》片头曲《滚滚长江东逝水》享誉海内外。

第三节　百岁老人

表42　　百岁寿星榜情况表

姓名	性别	生卒年	自然村	年龄
刘庭华	男	1888—1987	新东三	100岁
施之勉	男	1891—1990	施家宕	100岁
朱玉珍	女	1895—2000	西刘庄	106岁
郭氏人	女	1900—2000	西刘庄	101岁
刘培芳	男	1904—2007	西后二	104岁
余阿彩	女	1910—2009	魏巷	100岁
赵焕娣	女	1912—2013	下巷	102岁
余宝珠	女	1916—2015	后二	100岁
王培昌	男	1916—2015	上巷	100岁
糜宏桢	男	1920—	桥东	
李金妹	女	1911—2011	东刘庄	101岁
胡亚仙	女	1922—	施家宕	

注：按照本地习俗，寿星年龄统计的标准是虚岁，截至2020年。

第四节　往事辑要

民主援外工程

民主大队在搞好自身农副工三业的同时，几乎每年都会有上级指派下来的支援外地工程建设的任务。这些工程主要有水利工程，国防工程以及各种基本建设工程。

水利工程

直湖港拓宽工程　直湖港北接大运河，南至太湖，是锡西地区防洪排涝，调接太湖水位的主要通道。1957年11月，无锡市组织各地人员拓宽直湖港。“新谊”“五一”高级社由施祥生带领60余名民工，在胡埭附近挑土方，拓宽河道。奋战半月有余，顺利完成任务。

五牧运河疏浚拓宽工程　五牧运河南至大运河，北接锡澄运河，是玉祁地区防洪排涝引水航行的主要通道，它将直接影响本地区的防洪排涝和水上航行。1958年11月，由无锡市组织，玉祁公社具体落实本地劳动力。当时东西刘庄的任务安排在东风工段，新村施家宕安排在幸福工段。境内出动100多名劳动力，由刘永钊、刘凤焕带队。经过20余天的奋战，胜利而归。

大运河拓宽工程　大运河是中国华东地区的水利枢纽，从北京经过华东地区直达杭州，也称京杭运河。60年代上级政府要求对大运河部分河道疏浚拓宽。民主大队有数十名青壮劳力参加，公社统一组织，由蒋炳如具体负责。玉祁分配到的工地在夏甸桥附近，民主工程队由刘玉芳任班长，除了带队劳动，还要负责全部80余人的伙食。

浏河拓宽工程　浏河拓宽工程，位于太仓县浏河的入江口，是太湖向长江泄洪和引水的主要通道，具有抗洪排涝，引水航行的综合功能。1975年11月在玉祁公社组织下，民主大队民兵营长余焕君带领60余名骨干民兵参与浏河拓宽工程。

太浦河疏浚工程　太浦河是连接江苏太湖和上海黄浦江的主要河道，是调节上海地区用水和太湖水位的水利枢纽之一。1978年12月下旬，太浦河清淤水利工程开工。民主大队组织民工50余人，由施永清带队，刘祖良负责后勤工作。施工段在吴江震泽镇附近，工地条件艰苦，吃住都在工地简易棚内。

锡澄运河疏浚和拓宽工程　锡澄运河，南从太湖的梅梁湖北至长江全长40公里。1981年11月26日拓宽工程开工，民主大队出动55名民工，工地在锡澄运河青阳段四河口附近。由施永清带队，刘祖良负责后勤，刘如炳任工程员。

望虞河水利工程　望虞河工程从无锡望亭到苏州常熟，也是连接太湖与长江的主要通道，全长62公里，1991年望虞河工程开工。那时机械化程度较高，可以依钱换工，且下达任务的工程量不大，民主村的经济实力较强，于是这次援外任务民主村没有派员参加，只是在经济上支援工程建设。

玉祁新开河工程　1974年冬，公社组织各大队在玉祁街南面开挖新河道，西起手工业联社门口的玉西车家宕，东至锡玉公路旁。民主大队的工段安排在车家宕附近。大队从各生产队抽调100余名青壮劳力开赴工地，刘如炳任工程员，这项工程进行了20天左右。

万里新开河工程　1975年冬，玉祁公社决定在万里大队开挖新河道，主要解决该大队的农田灌溉引水问题。民主大队抽调200余名青壮劳力，刘如炳任工程员。

国防建设工程

1971年，苏州广福“四号工地”开工。8月30日，根据上级指示，民主大队选送刘荣法、余海云、刘玉中、余云德、刘泉玉、刘伯华、张炳衡、刘仁根、施仲元、吴荣祥、徐林华、秦德芳、余国兴13人参与工程建设，由刘荣法带队。这项工程历时2年有余。

其他援外工程

小麦种植辅导 1975年，应广东省汕头市的邀请，由无锡县组织抽调各公社经验丰富的农技人员20余名，在10月赴广东汕头辅导当地种植小麦。民主大队派出糜平刚、刘凤林、刘兴泉、施全生等人参加。他们在汕头工作了7个多月，于1976年5月完成任务。广东地处中国南部，历史上不种小麦，他们的经验传授给当地农作物种植提供了一种新的尝试。

南京长江大桥建设 1968年春天，无锡交通局到玉祁建筑站招收建筑工人参加南京长江大桥的建设，玉祁公社有10人报名，其中民主大队刘汗林、刘克勤、刘伦祥3人参加。施工单位给他们定的报酬是：刘克勤、刘涵林是5级工，每天2.26元，刘伦祥因为年纪轻，为3级工，每天1.7元。

望亭发电厂建设 望亭电厂是苏南地区电力供应的重要基地，该厂由华东电力局建造。建设期间，工程指挥部到无锡县招收建筑工人支援工地建设，民主大队有数名瓦工报名参加。其中刘焕朝、刘云龙还被华东电力局录为正式员工。电厂建成后，刘焕朝被派往越南参加援越建设，直到1979年中国开展“对越自卫反击战”前撤回。刘云龙被派往上海建设新电厂。刘伯生在望亭发电厂建设时，因工作出色得到工程师赏识。后来，刘伯仁为民主大队基建负责人，为民主基建作出贡献。

1976年公社民主大队二级核算试点工作队

人民公社的核算制度是“三级所有，队为基础”，1976年，无锡县尝试在经济比较发达的大队搞“二级核算”的尝试。1976年8月至1977年8月，民主大队被选为当时无锡县二级核算试点单位，玉祁公社组建工作队进驻民主大队，指导工作开展。

工作队由公社书记包桂荣任队长，蒋忠礼任副队长，财政所杨基雄任组长。队员有红星大队周锡祺、公社农技站支本度、信用社张伯祥等。还有民主大队施玉敏、玉祁大队李益生、玉西大队朱永强、玉东大队陈凤珠、蓉东大队张仪兴、蓉湖大队吴亚娟6名青年队员。工作队主要任务是开展学习讨论，深入调查研究，指导和协助大队开展各项工作。队员集体住宿在民主中学。

第五节　村风掠影

爱在民主，情系彝区——记一次公益活动

2016年7月26日—8月3日，民主村党总支、村民委员会和共青团携手，共邀四川凉山彝族自治州德昌县热河乡8位品学兼优的小朋友参加暑期“夏令营”活动。

活动归纳为“十个一”：一次愉快的旅途、一次温馨的培训、一次文化体验、一次孩子间互动交流、一次志愿服务参与、一次红歌大家唱、一次江南年味体验、一次3D电影体验、一次景点游览、一次爱心捐助等活动。孩子们第一次走出大山坐上了火车、飞机，来到美丽的无锡。村里安排他们参观了无锡博物院、江南大学、南禅寺、惠山古镇，还夜游了古运河，欣赏无锡美丽景色的同时了解无锡人文风情。

村里还安排他们与民主村的小朋友一起交流学习，如两地方言的交流、两个民族间不同服饰的展示、不同的民歌演唱等等，获得了观摩人的阵阵掌声。两地小朋友深深体会到民族之间的差异和共性，彝族小朋友深深体会到民主人的热情，也让民主村的小朋友感受到他们的真诚。

民主村的党员志愿者还和彝族小朋友一起制作年味菜肴，体验无锡的特色小吃，感受江南的饮食文化。有第一次吃肯德基、第一次看3D电影、第一次包馄饨、第一次做志愿者服务、第一次去敬老院帮爷爷奶奶打理房间……更多的第一次使他们的无锡之旅难以忘怀。

刘庄的冬至团聚会

改革开放以来，乡风日趋文明，居民生活宽裕。安居乐业之余，各氏族开始了寻根问祖之举，建宗祠、修家谱，以维系家族血脉，传承优良文化。每到冬至前十天，一些氏族便开始在祠堂祭祖，隆重又热闹，男女老少祭祖完毕，一起吃冬至夜饭，体现氏族的团结与兴旺。

由于2008年开始的大拆迁，氏族祠堂基本被拆除，且恢复无望。为不使家族情谊涣散，让大家有一个叙族风祖德、话桑麻年景的联谊机会，刘庄部分村民倡议每年举办冬至夜团聚会。

2018年，村民刘华君、刘晓君、刘荣辉、刘炳兴、刘文虎等成立了冬至团聚会筹备组。

第一届团聚会的成功举办，受到大家一致肯定，于是，每年如期举办，一次比一次完善。

2020年冬至前，东刘庄村民刘其兴、刘文广、刘裕广、刘诚、张涌兴、刘申德、刘贤德共七人，成立了冬至夜聚会筹备组。

在新惠山大酒店门口和“锡山厅”挂起了大红横幅，筹备组还邀请了主持人和摄影师。24张圆桌坐满了父老乡亲。村民组长致辞，小辈们先后向长辈敬酒祝福，现场在特邀主持人的带动下，气氛热烈。舞台大屏幕上播放着东刘庄新旧面貌对比的照片、视频，台下村民们互相拍照留念。

这次团聚会上大家还约定：以后的活动以村民小组为单位，不分姓氏，都欢迎参加。

第六节　邻里写真

刘忠德——战天斗地带头人

50年代，民主境内大部分地方还保留着历史旧貌，土地落差大、高坟荒丘与沟潭河浜纵横交错，非常不利于农业生产的发展，大部分居民的生活都比较贫困。1955年和1958年，农业合作社进行了小规模的平坟填沟，但大的格局没有改变。

1965年，刘忠德带领支委一班人和民主群众向高低崎岖的土地开战，开创民主新面貌。当时集体经济非常薄弱，没有钱，要办事只有靠两只肩膀一双手。大队干部带头干，刘忠德每天出门上班，常常带着一副土筐扁担，公务之余就到工地挑土。整田平地的工程都安排在寒冬和早春季节，一担土上百斤，要跑几十米、上百米，还要顶着凛冽的寒风，劳动强度可想而知。刘忠德患有肝病，但他还是坚持和社员挑一样重的担。

干部的带头作用产生了强烈的号召力，二十三个生产队的强劳力组成了一支无坚不摧的铁军，在外工作的民主人回乡探亲，也会主动加入挑担挖土的行列里。从1965年到1973年，民主大队开展了“会战南大荒”“大战马伦堆”等八九项大工程。仅1970年到1973年的4个冬春，就挑走了大小坟墩、荒冈400多个，填平池塘、河浜10余条，平整土地900多亩地，扩大粮田300多亩。1968年，民主大队成为苏州地区“农业学大寨”的先进典型，11月，书记刘忠德出席在山西省昔阳县召开的全国“农业学大寨”会议，更坚定了与民主大队干群一道改天换地的决心。

整田平地，兴修水利，把粮田建设成为高产稳产农田，并为农业机械化提供了条件。1970年三麦亩产288斤，1976年达到了805.2斤。水稻从亩产1007斤增加到1485.6斤。为国家提供的商品粮，从1970年的20多万斤增加到1976年的80多万斤。昔日的野芦荡等荒滩乱冈上办起了稻麦种子场、百头养猪场，开挖鱼苗培育池30多亩，成为大队的农副业基地。

刘忠德的理想是要实现“农、副、工三业全面发展”，让民主大队有实力办大事，让民主百姓有钞票过好日子。种大白菜是一项家家户户都可以推广的副业，刘忠德凭熟人交情亲自到山东去买回“城阳青”种子。有一年寒冬腊月去山东，住在漏风的屋子里，睡到半夜火炕熄了，差点被冻僵。

“城阳青”白菜成为民主的一块招牌，不光大队、生产队集体种，社员也几乎家家种植，最大的可长到30斤。周边城市闻讯前来收购，靠种大白菜，民主的社员每户可收入一笔现金，解决过年的开销。

民主大队有集体养猪场26个，包括社员家庭养猪，常年圈存3000头肥猪。唐平湖和内河里养鱼养珍珠、副业基地上养蚕、养蜂、养家禽、养姣凤、种蘑菇、种西香瓜。种蘑菇几乎普及家家户户，种瓜种出了品牌“新村瓜”，年产珍珠近百斤。从1970年到1976年，大队共向国家交售肥猪15834头、蜂蜜73000斤、蘑菇19500多斤。全大队副业的纯收入达20万元左右，接近了当时的工业利润，成为民主大队第二大经济支柱。社员平均生活水平从1970年的96.4元增加到1976年的155元。

这些数字的背后隐含着书记刘忠德与支委一班人的决策智慧和责任担当。民主大队的副业生产成为无锡县的典型。

民主大队1964年秋天就试办了五金厂。1965年，刘忠德主持大队工作，他说服刘庄的刘耀兴把自己的塑料小作坊并到大队，又从公社搞来三台皮带车床，招来几位有技术的下放工人，像模像样地办起了民主五金厂，成为无锡县社队办工业的先导。

1968年，刘忠德又发动自己一帮穷朋友出谋划策办了磷肥厂。1969年，把塑料加工车间从五金厂分离出去，单独建民主塑料厂。后来又陆续办了电镀厂、砖瓦厂、三菌厂等企业。为了提高产品质量，他暗暗聘请国营企业的技术员星期天到大队指导，开了80年代“星期日工程师”的先河。到1976年，大队工业总产值达到111万元，利润42万元。工人人均年收入690元，超过了国营企业一般工人的收入。从1966年到1976年，队办企业共上交大队利润145万元，有力地支持了大队农业机械化的实现。

民主大队“农、副、工”三业齐头并进的经验吸引了江阴华西大队的书记吴仁宝，他带领大队干部，多次到民主大队拜访刘忠德。民主大队对华西给予了无私的支持，两人的友情也维系了一辈子。

1976年6月，刘忠德被提拔担任石塘湾公社党委书记，离开了他战天斗地、旧貌换新颜的民主大队。

刘钺和与民主五金厂

新村人刘钺和（1917—1976），1957年从上海被下放回老家务农。1963年，他利用自己跟上海五金公司熟悉的便利条件，在生产队劳动之余在家里加工一些简单的小五金产品，以补贴家用。他看到上海五金公司业务范围那么广，想到让大队来办个厂。他把自己的想法向大队领导作了汇报，大队领导也在考虑如何增加集体收入，以更好地开展整田平地，发展农业生产。1964年，大队书记孟荣祥、副书记刘忠德动员刘钺和关掉自己的作坊，帮大队来办厂，刘钺和欣然答应。大队把准备用于发展集体养猪的500元钱拿出来做启动资金，把新桥原农机具修造工场作为临时生产车间，开办大队五金厂。

刘钺和把为大队办厂看作是领导对自己极大的信任，所以，全身心地投入工作上来。他根据大队有现成红炉间的条件，跟上海五金公司领导商量把利润高的消防钩拿到大队生产。后来他又引进了电工保险钩、背包钩等本轻、利重、需求量大的小产品，使五金厂业绩蒸蒸日上，消防钩成为民主大队五金厂的主打产品，一直生产到90年代初。1971年，五金厂产值达到31万元，利润超过10万元，这在当时是一笔了不起的收入。

刘钺和负责产品的销售和部分原材料的供应，当时主要的销售对象是上海五金公司，刘钺和在上海的家离公司不远，他把自己的家当作五金厂的产品中转站。由于交通和通信条件的限制，厂里的生产和公司的需求不一定完全衔接，厂里的产品运到上海，就存放在自己家里，当五金公司缺货时，刘钺和就带着家人用板车拖过去，不误交货。产品需要分装，也是安排家里人干。跑业务需要长住上海，他一直是住在自己家里，节省厂里的出差开支。每次出差上海，厂里没有补贴，他都是带点自己家里的咸菜、黄豆、山芋等，生活非常清苦。大队干部都知道刘钺和请客的习惯，每次招待客人，他只陪着喝点酒，不吃菜。等客人吃好了，他把残羹拌着饭一扫而光。口袋里常放两种香烟，招待客人用好烟，自己则抽八九分、一毛多钱的。为了避免一些场合的尴尬，后来干脆特制了一只烟盒，一格装好烟，一格装自己抽的烟。

刘钺和患有心脏病，劳累后往往要发病，所以平时口袋里常带“麝香苏合香丸”。1976年10月30日上午9点，他到大队去向领导汇报工作，坐在办公室里突发心肌梗死晕倒，由于大家不知道他的用药情况，大队卫生室又缺乏抢救条件，以致抢救无效去世。

刘钺和的突然离世，民主大队干部群众都感到非常痛惜，大队召开了隆重的追悼会，大队支委会送的挽联是：爱家乡任劳任怨，为集体鞠躬尽瘁。对他的一生作了高度评价。这一年，五金厂完成了73万元的产值，实现利润32万元。

乡村医生刘定汉

刘定汉，1931年生，现年91岁。15岁拜无锡八士人杨仁祁为师，当时杨仁祁在石塘湾挂牌开私人诊所，专治内科、小儿科。拜师3年，于1949年无锡解放即回家自己开诊所。1951年至礼社开私人诊所，1954年在礼社联合诊所工作，1958年在曙光保健站工作，1968年春回民主大队卫生室工作，一直工作到2000年，70岁才离开岗位，被村里留用了十年。

在民主卫生室从医30余年的工作中，刘定汉一直勤勤业业，任劳任怨，做到随叫随到，不负百姓重托。他的口头语是“为人民服务”。

刘定汉行医一生，至今有好多故事被民主村民传扬。

1969年，施二小队有人吃“乐果”农药自尽，当时喝下20cc“乐果”，被家属送到卫生室时，已接近死亡，嘴唇紧闭，不能开口了。刘医生当机立断，用阿托品5cc剂量加葡萄糖直接静脉注射。随后叮嘱家人急送洛社医院，并把用药处方带去给医师看。经抢救，人救过来了。洛社医院的医师说，如果当时卫生室不用重药，即使你们送来，病人也要死在路上的。

1976年2月，新村后二生产队有个女社员生产，当时是请一位女医生去接产的。不多时女社员的丈夫急急赶到刘定汉家，请刘医生快去看看。刘定汉赶到一检查，诊断为产前大出血，情况十分危急。“如果不及时送到医院去抢救，就有生命危险”，刘医生马上嘱咐产妇丈夫要以最快速度送到洛社医院。当时没有汽车，摇船去肯定来不及，刘医生叮嘱一定要设法开挂机船送去，速度要快。生产队社员孟仁福是大队挂机船的驾驶员，他当即开来了船，刘医生与女医生一起护送产妇到洛社医院。在医院，产妇因失血过多急需输血。当时医院血浆又少，需要别人献血。同去的人员都愿意献血，经过检验血型，唯有孟仁福的血型匹配，就用了他的血。产妇抢救过来了，生了个男孩，医院对家属说，如果晚来半个小时，产妇就有生命危险了。

刘定汉60岁退休时，村委代表民主村干部群众赠给他一块匾额，上面写着“医德高尚”四个大字。

无锡县第一位女拖拉机手吕林凤

1964 年，旅日华侨蔡世金向家乡无锡玉祁公社赠送了两台日本产的手扶拖拉机，一台在蓉丰村，一台给了礼社村。礼社指定时年20岁的吕林凤当拖拉机手，她就此成为无锡县第一位女拖拉机手。

当时农民对于机械化的需求强烈，觉得开拖拉机是非常光荣的事情。高中毕业后的吕林凤在公社支持下去常州柴油机厂学习开拖拉机，当时厂里总共只有4名女学员，来自无锡的就她一个。通过20多天的学习，她摸清了门路，学成归来后开上了日本产的拖拉机。

那台来自日本的手扶拖拉机有8匹马力，人需要在后面抓着拖拉机跟着走，配上不同的农机具，可进行翻土、犁耕、平整等多种田间作业。吕林凤的高中同学知道她成为无锡第一位女拖拉机手后，都感到很骄傲，专门跑到田里看吕林凤操作。后来公社在老戏馆里开“三干大会”，邀请吕林凤开着拖拉机到戏馆场上表演驾驶技术，玉祁的三级干部们大开眼界，认为农业机械化在玉祁出现了曙光。表演时的精彩画面被玉祁照相馆拍了照，并放大挂在了照相馆门口，一时间吕林凤成为当时年轻人崇拜的对象。

1967年，吕林凤嫁到玉祁民主村。当时正好国产品牌“东风牌”拖拉机开始普及，于是民主村购入了一台12匹马力的东风拖拉机。每到农忙季节，她总是一大早就出门，每天睡不了几个小时，很辛苦。吕林凤则表示：“拖拉机在田里转一圈的活儿，换成两个农民干一天都完不成，我的辛苦和农民比真的不算什么。”

1975 年，民主村又购入两台35匹马力的“中拖 35”拖拉机，吕林凤到上海拖拉机厂学习“中拖 35”的修理技术。她能将一辆中型拖拉机的零件全部拆下来，再熟练地装上去。那时候民主村有3000多亩地，种的是双季稻，20多台拖拉机的修理工作全是她做的。

吕林凤的修理技术远近闻名，连洛社等地也有人专门请她维修。她除了会修理各种拖拉机，还会修理其他类型的柴油机和汽油机，如除虫机、远程喷雾机、洒水机等，这些机器的修理技术都是靠看书自学掌握的。退休后，农机站继续聘用她当修理人员，她多次被评为先进工作者，直到70岁她才正式退下一线。

老农技员张兴玉

西刘庄村民张兴玉从70年代初就开始当生产队的农技员，后来当大队农技员，一当就是近50年。

70年代初，大搞“双三制”，张兴玉通过培训和自己的刻苦钻研，熟练掌握了三麦、水稻栽培与防病治虫知识，并应用于生产实践，1978年小队的200多亩后季稻亩产超800斤，实现了全年亩产超吨粮的目标。这一年张兴玉被评为“无锡县先进农技员”，到县大会堂接受奖状奖品。

公社农技员支本度看到他热爱农业工作，就发展他搞病虫测报工作。老支送了他很多植保书籍，还耐心指导他。张兴玉醉心自己的工作，直到现在还搞测报灯和纵卷叶虫赶蛾记载。

80年代中期，为加快良种繁育的速度，大队派他到县里参加水稻剥蘖技术培训班，培训班结束带回来两株品种代号为“3078”的稻穗种子。

回到农科队，张兴玉参照培训时学到的知识，把两穗稻种搞剥蘖繁育，在4月用秧盘育秧。约半个月后，用单株移栽秧苗，配合重肥猛攻，并多次耘稻以促进秧苗生长。水稻分蘖很快，约20天就能剥一次蘖。经过5次剥蘖，到7月中旬就定植了将近一亩的水稻。

以往常规种植一亩单季水稻，一般密度为1.5万—2万穴，基本苗要5万—6万株。两个穗头的总粒数也就300粒左右，要想靠它插满一亩田，在参加培训前是想都不敢想的。通过他的努力和全体农科队员的协作，第一次试验就获得成功。秋收时收到“3078”水稻良种900余斤，为下一年的良种推广创造了条件。

1987年初，村领导要求他到村里搞植保工作，1988年他负责的植保工作取得了成功，获得了县政府颁发的1988—1989年度先进生产者称号。

1992年张兴玉担任民主村农技组长，1994年，接管了村灌区工作，2004年退休，但搞病虫测报的工作没有停止，一直坚持到现在。

刘培玉的音乐才能

刘培玉，新村人，高中毕业后，进入苏州地区政治部文工团，担任乐队队长。1968年，进入无锡县锡剧团。1976年6月，玉祁成立“小红花”锡剧团，刘培玉担任剧团的音乐指导老师。1992年，担任玉祁影剧院经理。

70—80年代，玉祁“小红花”锡剧团排演的《青蛇传》在全国各地演出1000多场，在上海演出时，《新民晚报》等都作了报道。1996年，刘培玉作曲的《双推磨变奏曲》荣获第三届全国民族乐器节演出特等奖和无锡地区民族乐器演出一等奖。他随礼社龙灯队应邀赴加拿大参加舞龙表演，龙灯表演中铿锵的锣鼓配乐就是刘培玉作的。他的音乐作品，先后获得国家级和省市级几十个一等奖。

刘培玉为锡剧《命运》作曲配曲，演出400多场。全国“关心下一代”工作会议在张家港召开，锡剧《命运》在会议期间作专场演出，受到一致好评。

刘培玉担任剧团舞美，绘制舞台背景，绘画技艺也有较深的造诣，他的绘画作品受到许多人的追捧。

参加南京中山陵建设的石匠刘介秀

西后一队的刘介秀在民国时期就是方圆几十里出名的石匠，曾在上海一家石铺店当学徒，1926年到1929年，他参与了南京中山陵的建设，为中山陵凿碑刻花。

蚕桑能手刘寿林

1950年，玉祁区凤平乡民主村的栽桑老农刘寿林，钻研栽桑技术，积累了不少栽桑经验，春期亩产芽叶达一千五百斤，1951年被评为无锡县栽桑劳动模范，继而又评为省栽桑劳模。其高产的主要经验是：选用高产桑品种湖桑三十五号，巧施肥料（冬施河泥、猪灰，夏施人粪，全年都施有机肥，不用化学肥），留拳增条，压条补缺，勤除杂草，及时除虫等。劳模的经验在我省推广应用，对我县大面积桑田增产，起到积极作用。

[摘自《无锡县文史资料·第七辑》无锡蚕桑发展简史（二）作者黄慧芳]

泥水匠师傅刘焕泉

刘庄的泥水匠，在解放前已名声在外，附近居民要请他们来起房造屋、垒灶砌锅都得预先排队等候。刘焕泉、刘锡宝两位作头师傅，带两支队伍，服务于玉祁地区及周边市县，武进、江阴、苏州都有他们的作场，建造的房屋数以百计。

两位作头师傅手艺精湛，工艺精致，灶头上画花栩栩如生，砖雕、堆塑活灵活现。他俩带出的徒弟几十个，个个都是好手艺，深受群众的好评。

刘焕泉家世代是水泥匠，他爷爷刘建宝、父亲刘桂林是建造大墩庙宇龙腰斗节的师傅。青出于蓝而胜于蓝，仅他使用的各种工具就有一麻袋。他为一家人砌墙壁，砖缝是一条香灰缝，屋主看了十分喜欢，青砖白缝，整齐美观，就不再粉饰了。刘焕泉心灵手巧，且无师自通。除了起房造屋，还会修钟表做豆腐，自己还开了一家豆腐店，还是有名的箍桶匠。

80年代，农村出现“建房热”，大家争聘刘焕泉这个作头师傅，他忙碌得差不多每星期要上一次梁。

参加南京长江大桥建设的刘汗林

刘汗林生于1931年，18岁那年，跟大师傅刘焕泉学泥水匠，由于肯干、肯钻研，加上悟性高，虽然没什么文化，但几年下来，已把建房造屋的各种工序全部掌握。同时把刘焕泉的绝技砌灶头，青砖墙、山脊上堆花，灶头上画花，都学得得心应手，在本地建筑行业里小有名气。

1961年，建设望亭发电厂，刘汗林被招工到电厂搞基建。在建设这种大型工程时，他又掌握了许多新的东西。由于技术好，又积极肯干，他的名字经常上工地的黑板报，深得领导的信任。1964年安徽池州建电厂，来望亭调人，刘汗林作为技术骨干，带去一帮人，在池州干了一年。

1968年，国家建设南京长江大桥，刘汗林受地方建筑部门委派，带领十几个人到南京参与长江大桥的建设工程，他们的工作分工是混凝土浇灌和桥面上栏杆粉刷。他们班组在质量、工艺上远胜其他班组，受到指挥部的好评，因此，工程结束后工程指挥部要把刘汗林留在南京。

南京长江大桥通车那天，桥面上人山人海。庆典结束后，时任南京军区司令员许世友来大桥工地视察，慰问造桥工人。刘汗林当时站在高处的石头上，手里拿了两个馒头正在吃。许世友看到了，穿过人群，来到刘汗林面前，笑眯眯地拉住他的手问：“你能吃几个馒头？”还连连说：“多吃点，多吃点，吃饱了有劲儿干活。”刘汗林那时太激动了，嘴里咬着馒头，话都说不出来，只能把头点点，把手扬扬。

工程完工后，刘汗林谢绝了工程指挥部的好意，回到家乡，继续做他的种田社员和泥水匠。由于名声在外，苏州、常州、上海等地都有人请他和他的一班人建房。

刘国良建造玉祁第一只最高的烟囱

70年代末玉祁砖瓦厂建成，该厂的烟囱是玉祁解放以来第一只最高的烟囱，这只烟囱是刘庄西后二队刘国良设计和建造的，他的高超技术令同行折服。80年代初，民主自来水厂的水塔，也是出自刘国良之手。

刘国良在建造砖瓦厂大烟囱和水塔的过程中，得到了姐夫刘兴法的鼎力支持。刘兴法是上海同济大学的毕业生，毕业后从事工程建筑。刘兴法在图纸设计和建造的过程中，都要向刘国良请教，或共同商讨。有了这样一个老师，刘兴法的建筑知识和技能有了很大进步，使他敢于啃硬骨头。

育蚌珠能手杨银娣

1968年8月，杨银娣（男）、刘仁兴到江西鄱阳湖购买三角帆蚌，在省太湖水产研究所指导下，在唐平湖养蚌育珠获得成功，成为民主大队骨干副业项目，并在全社推广。1983年，全大队270亩水面产三角帆蚌珠180公斤，其中1—3级珠57.6公斤，产值36万元。

刘玉祺与“八六海战”

刘玉祺（1916—2000年），刘庄人。解放初经人介绍，考取无锡机器厂（现中国一汽无锡柴油机厂）做钳工，后来从事柴油机装配调试，数年后调厂部技术检查科工作。60年代初，又调至厂部大马力车间，生产600马力船用高速柴油机。

1965年8月6日的东海海战中，蒋军“漳江号”“剑门号”两艘军舰被解放军海军鱼雷快艇一举击沉，这鱼雷快艇的动力就是由刘玉祺亲手参与调试的8180型船用高速柴油机。该快艇动力强，冲得快，打得准。

当年“八六海战”事迹在报纸上报道，立功的小艇被海军博物馆珍藏。

刘玉祺曾多次获厂部表彰，1976年退休后又被厂留用两年。

第七节　岁月留痕

我在家乡的成长

我父亲是玉祁民主村人，因生活贫困，13岁就去上海当学徒。我从小在上海长大，是六七届初中毕业生。当时知识青年全部要上山下乡。

我是1969年3月回来的。当时年轻，又在上海这个大城市见过世面，在生产队就敢于发表见解，显得比较活络。1971年，我被选到公社里去，由公社里的干部带队搞“一打三反”运动。一年半后，我就回到村里，先后做生产队副队长、农技员、大队治保主任、副书记，到1975年底，做大队书记兼革委会主任。

那个时候，农民生活非常苦，但相对其他大队，民主人的生活还算好的。1969年刚回来时，队里的分红每1工是1.26元。当时，我们生产队种西瓜、番茄、香瓜等，种得比较多，搞副业可以有钱花。同时种桑养蚕。强调了“以粮为纲”，就把所有的副业全部砍光，西瓜、番茄、蔬菜等全部不允许种了。

为了增加种粮产量，首先是大搞整田平地，挑平高冈、填平河潭，增加的面积全部种粮食。第二是百分之百种植“三熟制”。种两熟稻一熟麦，麦子只允许种元麦和大麦，不允许种小麦，因为小麦的生长时间长。

我们无锡地区一年的无霜期大概220天，为了抢季节，就实行“两段育秧”，就是这个秧苗提前下下去，稍微长大一点，就移到大田里去，等长得很高了，再拔出来，移栽下去。“两段育秧”吓死人，社员的手一直浸在水里，浸得发白，用力拔秧，手上的肉都跟着扯下来。

大热大插秧，稻田里的水烫到泥鳅翻出来死掉，但照样要干活，没有办法。晚上要做到天黑看不见，上头有“飞飞”——一种比蚊子还要凶的虫子，叮牢你；下头有蚂蟥，叮你的脚，吸你的血。这样的情况下还要干活。后来，弄到“挑灯夜战”，用灯照着插秧。

“双三制”粮食产量是上去了，效益却下降了。产量越高，成本也就越高，农药啊，化肥啊，人工啊，产量越是高，收入越是低。

而且，原来单季稻的米质量好，一斤稻谷轧成米可以7.3折；双季稻生长时间短，稻谷质量差，轧成米只能6.5折。同样100斤稻谷最起码就要相差8斤米。大量的劳动付出，需要大量的能量来支撑，干活的人吃饭就吃得多，又没有肉吃。我记得一顿要吃两青边碗饭（一碗可装一斤半），一汤篓头山芋。没有菜，肚子里没油水，劳动消耗量大，是超体力劳动，超出了人的承受能力。

当时的农民真的非常苦，怎么办？要找出路。冒着风险去办乡镇企业。1964年，民主大队办了五金厂，五金厂是大队所有队办厂的母体。到1978年时，已经有6家厂了，最起码每年有七八十万利润了。我记得年终分配时，现钞堆满了一大张桌子。厂办好了，不但集体经济壮大了，社员收入增加了，五保户福利、水利建设、各种农机具的添置等问题，都得到了解决。

工业发展了，农副业上去了，农副工全盘皆活。我把农副工的关系概括成一个公式，叫作“工业的积累+副业的肥料=农业高速度”。当时，记者来采访，我就详细阐述了这个公式，发在了1978年7月9日的《新华日报》上，称之为“小刘的公式”。1975年5月25日，农业部副部长何康一行34人到民主大队参观。何部长在大桑园休息时，看到墙壁上的2张表格，他很感兴趣，就用照相机拍了照片。

民主大队党支部是坚强的堡垒，掌握经济权、行政权，党、政、经一把抓，重大的事情开支委会讨论决定，决定后什么事情都容易做起来，所有的矛盾都容易解决。群众跟党走，全靠基层干部带领。干部有担当，往前冲，这样才会有人跟。所有的事，大队书记都要带头。当时，发展养猪，猪没有东西吃，我们就到太湖里去捞水草，把水草晒干，轧成粉，当猪饲料。我们在锡西片，从来不去太湖，5吨的水泥船，摇到太湖里去捞水草。捞到一半起风了，那个浪真是吓人，那个船就像簸箕，翘得老高，一不留神，船一翻，我们都会没命……

回顾我在民主工作生活的经历，我最深刻的体会是：人民对提高生活水平想过好日子的愿望，就是历史发展的直接动力。

（刘健华）

六七十年代的故乡民主

六七十年代，民主大队是东西大塘岸围绕的平地加村落。“一条大渠道，两棵银杏树”，是民主大队显著的标志物。大渠道的东边有新桥、新村、魏徐巷、施家宕，西边有东西刘庄、南村头。东南塘岸外有两块荒地——大桑园和野芦荡。

当时民主大队书记是刘忠德，大队干部有刘清法、孟荣祥、刘晋玉、刘永钊等。在老一辈干部的带领下，民主大队的集体经济得到较快发展，在“以粮为纲”“农业学大寨”过程中，取得优秀业绩，发展成为苏州地区农村集体经济的典型，也是江苏省“农业学大寨”的一个基层样板。

当时在徐巷民主初中旁边的大队部西侧，有一幅宣传壁画——《民主大队远景规划》，就是围绕大渠道规划的农田、水利、村庄的远景图，这是当时民主大队干部群众远大理想的起点！

在大渠道两侧方格成块的地里，常年矗立着整齐的大幅标语牌，写着“农业学大寨”“抓革命、促生产”“农业是基础”“以粮为纲”等毛主席语录。主干道上的标语牌，出自余万程老师的手笔，美观规范，有深厚的功底。

每年农忙季节开始，会在新村西坝头召开一个早会，凌晨三点半广播响起，社员集中到西坝头开会。书记做动员，几位生产队队长轮番表态，就像古代征战出征前的誓师大会。有时还会声讨一下几个“四类分子”。会后各个生产队回去，开镰！

在一个经历了“困难时期”和特殊政治运动的年代，民主大队的各个自然村都是白墙灰瓦、许多年很少变化的村落，自然环境，自然经济，传统耕作，靠天吃饭，基本没有见过谁家翻造房子。周围邻居家串门，大同小异。进门一堆农具，家具等用品十分简陋，殷实人家有一张长台和八仙桌，锅灶都是同样的柴火灶，两个大锅中间有一个“颈罐”，利用做饭余热烧热水。一般人家很少添置新衣服，穿补丁衣服是家常便饭，逢年过节才能穿新衣服。农家子弟读书一般到小学，中学生都很少。刘庄浜清澈见底，水捧起来就可以喝，阳光下大鳑鲏鱼在游荡。

60年代初，由于人均耕地少，集体经济家底薄，资产积累少。集体生产资料除了土地外，每个生产队只有一两条农用船、稻床、养蚕用的蚕台、蚕匾等，电动轧稻机、扬风机等也是后来才有的。村民用的劳动工具就是锄头、铁耙、镰刀、扁担等。集体经济再生产，正常年景可以“一碗倒一碗”，若是遇到灾年荒年，购买再生产的物资如化肥农药也会拮据。肥料一般以农家肥、河泥红花草等积肥为主。除虫除用农药外，也配合手工劳动，如麦子生长期安排小学生点诱蛾灯。

粮食以种植水稻小麦为主，社员自留地自主种植，蔬菜以油菜及南瓜山芋等为主。在“以粮为纲”的政策号召下，天天强调“割资本主义尾巴”，集体土地无论如何是不能种植经济作物的。起先是一季稻一季麦，后来是“三熟制”，两季稻一季麦。那时的口号是“以粮为纲”，千方百计扩大粮食种植，但即便如此，还是基本口粮不足，就想能够吃个饱饭，来个“一大碗白米饭”是很多人的奢望。

种植双季稻对季节有特别的要求，立秋以后种植的基本都是“翘穗头”，颗粒无收。要抢时间抢季节，既要抢收也要抢种，因此种植双季稻的季节叫“双抢”。种植头季稻时，育秧时天气还很冷，有时要踩着冰碴儿赤脚做秧田。收割头季种植二季时，正值盛夏，酷暑当头，还要加班加点，开早工开夜工。早有蠓虫儿晚有蚊虫，水中有蚂蟥。社员有腰疼病的，不能弯腰，拔秧时只能跪在水田里，一个拔秧季节膝盖都泡在水里，起肿发炎。

种植双季稻是一件“真家伙”的农活，扛过这农活的，更加知道其中的辛苦，“粒粒皆辛苦！”可以说，在苏南这块土地上，只有种过双季稻的人，才可以真正说自己曾经当过农民！

70年代末期对苏南地区种植双季稻“三熟制”，有过 “三三见九”不如“二五一十”的说法，在提倡因地制宜、实事求是作风的大背景下，逐步退出了一刀切双季稻的种植。

“赤脚医生”兴起于60—70年代，这一新生事物与广大“贫下中农”的切身利益相关，至于达到在全国家喻户晓与当时的一部电影《春苗》有关。农村缺医少药，看病难，看病贵，是长期存在的问题。赤脚医生则为解决普通百姓看病问题提供了一个较好的途径，解决或缓解了我国广大农村地区缺医少药的问题。记得当时民主大队的医生是刘定汉，后来有余耀良，村里的赤脚医生是刘正宇。一个药箱一副听诊器是标配。尽管简陋，但用现在的话说，很接地气。他们尽职尽责，不论白天深夜，病人随叫随到，认真地为病人治病。那个年代，村里赤脚医生是真正为贫下中农服务的天使。

五金厂是民主最早的集体大队办厂，厂址在新桥的洋房，开始做的产品主要是冲件和热塑产品，有钳柄套、书包钩等。民主大队搞起来的五金厂是很早的，既增加了集体经济收入，也吸引了一部分人的就业。

苏南地区发展社队办工业，有现实需求也具备有利条件。一是耕地少、人口密度大，有进入新行业、产业的需求。当时的无锡县大概是100万人，90万亩土地，人均不到一亩耕地。二是有相当好的小手工业基础。历史上玉祁地区的小手工业就比较发达，农村都搞养蚕、纺织、酿酒、粮饲加工等工、副业，民主更是如此。三是有产业工人的基础。不少家庭有个把人在大城市工作，有不少是技术工人，与城市有千丝万缕的联系。

民主大队的队办企业，起步早，发展快，效益高，对民主的集体经济积累和进一步发展起到了很大的作用。

（张永迅）

故乡琐忆

我家所在的三家村，是村中小村。家有三间平房，房前有两棵大树，一棵大叶杨树、一棵柚树。房后有棵大柳树，很有年头了，树中间都朽空了。房前场地外有个鱼塘约三分地大，房后有条小河通到西坝头，河对面是前野场。房屋左侧也有条河，较宽，连着唐平湖直到尖尖港。隔河相望是施家宕村。

每到春天，草木发芽大地回春时，绿荫盖地，处处生机盎然。树上有几窝喜鹊，一群喜鹊在那窝里繁衍生息，增添几分农家祥和愉悦的生活气息。

50年代农村山清水秀，河水清亮，可见2尺深以下的水草和小鱼游动。我们田间劳作口渴时喝的是河水。60多年了，忘不掉家乡大片桑树和水网稻田的美景，留恋家乡的一草一木。

新村田少人多，土改时统计人均仅8分田，水田可以稻麦轮作，旱田则小麦、豆类轮种。旱地还种桑树，供养春秋蚕。如果家有一亩多桑田，养春秋蚕，所采蚕茧经济收入可观。50年代稻麦品种不好，抗倒伏能力差，产量不高，和现在无法比较。

我家有粮田10余亩，属于自耕农，粮食自给略有余，还可交掉一些公粮；食用油是用黄豆压榨的豆油，也能自给。但我家家境困窘，父母相继患病，母亲患鼓胀病，十多年后病故；父亲患伤寒，无钱医治而病故。从此，我家因病致贫，苦不堪言。我上初中是靠减免学费完成的学业。

50年代家乡交通不便，唐平湖西岸靠人工摇船摆渡过河，去黄泥河种田、到洛社乘火车也是靠摆渡船过河，收割的农作物也靠船运回。

到礼社、玉祁的路是乡间小道，去无锡城里就要走到礼社或玉祁乘轮船，出五牧进运河到无锡吴桥上岸。也可步行到前洲乘轮船，1955年前我没看见过自行车。去南京、上海可乘火车，洛社、石塘湾有车站，早、中、晚三班慢车停靠。

青少年时家乡的文体活动还比较活跃，锡剧的吸引力最大，西坝头搭台唱戏的时间不少。新村的锡剧爱好者自主组队演出“双推磨”“珍珠塔”等，深受村民的欢迎。记得影响大的演员有：刘焕生、刘凤珍（阿凤）、刘玉根等，他们唱腔好，有一定的水平。玉祁有剧院，还派人到村里来辅导。

新村篮球队在玉祁镇范围内有名气，还请了无锡市里的教练来村指导，打得有板有眼，配合好，投球准。刘锡泉，刘如生，刘云龙（后二队）给人印象很深。

忘不了青少年时代家乡的一些生活趣事，记忆最深的是玩蟋蟀。蟋蟀生长在土石缝里，雄性蟋蟀好斗，张开两个锐利的钳牙，互相撕咬。蟋蟀以头大身厚、牙老齿粗、叫声洪亮者为上品。它们往往等天黑后在洞穴口鸣叫，为了吸引雌性。蟋蟀喜灯光，须用手电筒或防风灯照着捕捉。捉到家后将它们逐只试斗，选择善斗者用蟋蟀盆养起来。一天一次定量给它们喂饭粒，考究的也用虾肉喂养。给蟋蟀喂水要用别致的小水盅，水和水盅不能沾油。为使发情的雄性安定生长，还要在盆里放雌性作伴交尾。

到白露节气，本地开始有斗蟋蟀比赛，这种比赛往往带有赌博性质。礼社、玉祁、新村都有人专门组织比赛，新村的懂行者有刘子泉、刘子宽、刘威男、刘锡焕等。比赛前先给蟋蟀称体重，体重相近者才可配对比赛，比赛对象由主人抽签决定。把蟋蟀分三个等级，初级叫白厚、中级为黄厚、高级为红厚。比赛从白、黄、红逐步晋级。斗到红厚级别的蟋蟀，是精品中的精品了，这种比赛的赌资起点高。我曾捉到一只叫“红头”的蟋蟀，斗赢了七次，在红厚级的比赛中赢了三次，为此我共得到大小赛次的“奖金”五元。

（刘桂法）

难忘的知青岁月

那是1973年12月的初冬，18虚岁的我阔别了生我养我的大上海，满怀着热情、希望及迷茫，踏上了我的故乡——无锡玉祁民主村南村头的田野。“到农村去接受贫下中农再教育，滚一身泥巴，炼一颗红心。”

刚到南村头，一切都是生疏的：没有直系亲属的照顾，左邻右舍也不认识，只有一间漏风的旧平房供我居住。一到夜晚还经常停电，只能靠煤油灯微弱的灯光照明。

好在生产队队长吴子南很照顾我，总是派一些轻的农活让我做，让我逐渐适应农村的艰苦环境。然而对我这个刚出校门的上海姑娘，五谷不分，肩不能挑担，手不能提篮，还要光着双脚走上乡间的田埂小道，适应农村艰苦的生活，确实困难重重，举步维艰。

但轻活总是有限的，大多数时候，队长哨子一吹，我就得和村民们一起下大地干农活。那时的我确实苦不堪言，收工回家还得自己煮饭吃，特别是农忙期间，午饭只有半小时，往往是饭刚烧滚，就急着吃饭，这时浮面的米饭还没熟透，就吃当中一层，全然不顾是生还是熟，只要填饱肚子即可。那时吃夹生饭、饿肚子对我来说是常态，别无选择。

第一次下地插秧真是难为我了，深一脚浅一脚地在秧地里蹒跚学步，走都走不稳，哪能插得好秧，不是东倒西歪，就是浮出水面。好在队长和村民都包容我，鼓励我，手把手地教我，让我掌握插秧要领。心急的我在这种情况下也只能慢慢学，虚心请教，最终学会了插秧。

在困境中求生存，在逆境中求励志。我坚信：人家能做好的，我也一定也能做好。凭着这股韧劲，我硬是咬着牙，克服了种种困难，学会了很多农活，并能和村民们并肩劳动了。

记得是第一年双抢插秧收工的那天，我突感不适，急需去大队卫生院看病配药。当时天已经黑蒙蒙了，我一路疾步走到村卫生院求诊，等取完药时天已完全黑了，伸手不见五指。我当时怕呀，怎样在黑暗中走回家？路途约3里，且坟冈众多，阴森森的，还怕半路遇见不可知的状况，我心中默默祈祷，祈求上天保佑，让我平安到家。硬是咬着牙第一次单独走了夜路，真的是毛骨悚然。我一路小跑，不敢回头，任凭风吹树叶沙沙响，伴随着脚步声，朝着家的方向，勇往直前，终于大汗淋漓安全到家。由于惊吓，到家也顾不上吃饭，倒头就睡。做梦还在那条路上，吓得半夜惊叫，不得安宁。

为了给孤独寂寞的农村生活增添情趣，那年我养了几只小鸡。望着它们争先恐后前来抢食、嬉闹，有一种快乐的感觉。当它们慢慢长大，生出第一只鸡蛋时，我喜出望外啊！我也能改善伙食，有鸡蛋吃了。然而好景不长，一天收工回家，我那前洲的表婶来看望我，只见她手里拿着两只被褪净鸡毛的光鸡对我说，这是你的鸡，因跳出鸡笼误食了旁边的毒药死了。我一下子惊呆了，中午还活蹦乱跳的怎么一下子就没了，顿时没忍住，一下子泪奔了，号啕大哭。这是我从小养大的鸡，能给我带来快乐和安慰的伴儿。我的哭声惊动了村上表姐刘银娣，看我哭得那么伤心，就从家里拿来一只能下蛋的鸡给我，让我伤感的心得以慰藉，她的无私和善良感动了我，至今难忘，在此谢谢她了！

一人下乡，举家难安。为了我能在农村更好地劳动，接受贫下中农再教育，农忙季节，我妹妹、我妈都来乡下，照顾我的生活起居。为我烧饭，还到田头送点心。我母亲更是顶着烈日，在门前场上翻晒稻柴。我的父亲也忙里偷闲，利用节假日回乡看望我。一次午饭时，当他看着我端起满满的一碗饭时，一脸惊诧地问："这一大碗饭你能吃下去？"，我不屑一顾地回说："没有这大碗饭，我怎能干这体力活？"，当他目睹我狼吞虎咽地吃下这满满一碗饭时，满脸堆笑，双眼流露出满满的父爱。家人的无私关爱、父母的恩情，此情此景深深地烙在我心里，终生难忘啊!

队里分我的自留田，我无暇耕种，是队里最荒凉的一块地。平日饭桌上的菜，不是酱瓜，就是萝卜头，或是咸鱼。有时乡邻们会给我一把青菜、茄子等蔬菜，聊以度日。到了秋收秋种时，是我最孤独无助时，那季节家里没有人来帮助我，只能孤军奋战，从早到晚在田头劳动，繁重的体力活和饥饿常常让人难以忍受。当看见他人田头送点心时，我会羡慕不已，甚至渴望有人也会给我送上一碗。当有人叫我名字，为我送上一碗汤山芋或粥时，会欣喜若狂，倍加感恩。在此我要谢谢兴法妈妈、三男妈妈，她们会时常给我捎上一碗热气腾腾的点心，吃在嘴里，暖在心里。

艰难困苦的日子，随着时间的推移，也慢慢地适应，熬过来了，终于盼来了一年的好光景，年终分红。起早摸黑和村民一起干了整整一年，而分到手的年终分红还不满18元，当我手捧着那份饱含着我一年辛勤劳动果实的酬金时，百感交集，五味杂陈，悲喜交加，喜的是自己能自食其力，赚足了一年的口粮。悲的是自己一年的分红也没有上海学徒2个月的工资高，足见城乡真是天壤之别呀!

一年后我入选了大队的团支部委员，1975年底加入了中国共产党。

1979年5月，随着知青政策的落实，我告别了洒有我的汗水、留有我的足迹、沾满了泥土芬芳青春年华的故乡——民主村南村头，回到了上海。

（吴绮芬）

附：

清末民国时期商务印书馆的新桥人

商务印书馆，1897年由夏瑞芳、鲍咸恩、鲍咸昌、高凤池等创设于上海，它的创立标志着中国现代出版业的开始。"在近百年思想文化和学术史上，北京大学和商务印书馆是两大重镇，是中西思想文化的两大汇聚点，它们一南一北，齐寿并峙，相互呼应，成为中国20世纪学术文化的双子星座。"这个清末崛起的颇具影响力的现代出版机构，不仅拥有全国一流的编译阵容、一流的印刷设备与技术，而且拥有庞大健全的发行网络，是中国近现代最大的文化出版企业。

从清末开始，无锡至上海创业从业的人络绎不绝。其中从事文化事业的人不在少数。如文明书局、中华书局、北新书局、泰东书局、商务印书馆等，都有一批无锡人。在商务印书馆早期的历史上，无锡人发挥的作用和影响令人瞩目。而在无锡人中，糜氏家族占有重要地位。

商务印书馆无论是中共早期建党还是在印刷事业上，都与无锡糜氏家族成员有关。

糜文溶（1898—1968），无锡玉祁新桥人，早年在上海五金店、米店当店员。后在一品香餐馆做服务员，因为练得一手好字，被清末状元张謇和上海画家王一亭看重，于1915年介绍进商务印书馆，跟浙江鄞县人郁厚培（商务印书馆发起人之一郁厚坤之幼弟，郁厚坤的姐夫是商务馆创办人之一鲍咸昌，郁厚培曾赴欧洲考察，任商务印刷所副所长、厂长）学印刷技术。商务印书馆是马克思主义在中国传播初期的重镇，所出版的期刊刊载过恽代英、向警予等撰写的传播马克思主义的文章。中国共产党一成立就把商务印书馆列为优先发动、组织和领导城市工人运动的“重要据点”和可以依傍的力量。1923年7月8日，召开上海中共党员全体大会，将上海地方执行委员会改组为上海地方兼区执行委员会，选举产生5位执行委员，商务印书馆就占了两席，糜文溶的入党介绍人徐梅坤和茅盾入选。从五卅运动到上海工人三次武装起义，商务印书馆职工不但是参与者，而且是中坚力量。因此，商务印书馆被视为“革命大本营”。1921年到1927年，商务印书馆内有共产党员、共青团员近200名。陈云后来在谈起自己在商务印书馆的工作时，曾颇感自豪地说：“商务党、团、工会组织阵容之强，党、团员人数之多，在上海各产业中居于首位”。董亦湘、杨贤江、恽雨棠、陈云等都出于此馆。茅盾曾有回忆：“1921年冬，有人拿着党中央的介绍信到商务印书馆编译所来找我。这人便是徐梅坤。他从前在杭州做排字工人，现在到上海，使命是组织上海印刷工人的工会。商务印书馆印刷所，是一个重点，徐梅坤要在这里开展工作，找我商量。当时我主编《小说月报》，常常因为临时改换版面式样，自己到印刷所去（就在编译所的旁边），因此和排字及拼版工人熟悉了，也认识了技术工人糜文溶和柳溥庆。这两位文化程度相当高，我把他们介绍给徐梅坤，并商定先在工人中发展党、团员。柳溥庆后与糜长期是同事。”1921年冬，茅盾和徐梅坤首先介绍印刷所影印部技工糜文溶入党，成为无锡籍第一个党员。

糜文溶长期从事印刷事业。1932年淞沪战役时，商务印书馆编译所、印刷所及东方图书馆全部焚毁。他参加筹建新厂，被任命为平版厂厂长助理兼彩印股股长，主管全厂技术工作。1933年5月，曾任中国第一个印刷学术团体“中国印刷学会”的理事兼书记。1937年被任命为香港分厂副厂长兼特种印件股股长。1941年12月，到重庆中央信托局印制处任襄理，创办重庆印刷厂并任厂长，成为中国钞券印刷的先驱，有多名商务印书馆的无锡同乡随他到重庆从事印钞工作。1945年抗战胜利后，先后任中央印刷厂北平厂厂长、上海厂总管理处协理。1949年冬，调任北京，先后在全国出版总署出版处、新华印刷厂总管理处、北京印刷技术研究所工作。曾与柳溥庆、何步云合编《印刷词典》。

糜文灏（1901—1927），糜文溶之弟。1923年2月，参与发起组织青城导社。不久，由郑振铎介绍进上海商务印书馆编译所工作。同年上半年，进上海大学社会学系学习，参加中国孤星社。1924年，经杨贤江介绍加入中国共产党。同年冬，赴苏联莫斯科东方大学学习。1925年秋提前回国到上海，任中共上海区委沪西支部组织委员，负责工会工作。1926年为中共中央秘书处工作人员，妻子王采贞担任中共中央的秘密交通员。1927年在上海工人第三次武装起义前夕，糜文灏具体负责枪支弹药和其他军需物品的筹集与供应工作。武装起义时，直接投入南市区的战斗。起义胜利后，调任上海总工会机关报《平民日报》编辑部主任。“四一二”反革命政变后，《平民日报》被查封。按中共地下组织指令，《平民日报》改名为《青天白日报》，秘密出版。同年5月8日被捕，5月11日，就义于上海枫林桥刑场。

糜文焕（1908—1986），糜文溶之弟。1920年，就读于省立第三师范学校附属小学。1924年至上海商务印书馆图书部学习、工作，并入天光艺术会和晨光美术会学画。受其兄中共党员糜文溶、糜文灏影响，1926年春加入共产主义青年团。后在上海艺术大学听课，并在新华艺术大学图画音乐系学习，从事工艺美术和绘画等活动。1930年3月，参加上海左翼作家联盟成立大会。1932年离开商务印书馆，后长期从事绘画、印刷事业。糜文焕是民国“书装家”，在书籍装帧领域占有一席之地。1951年，任上海儿童读物联营书店经理。又因上海市副市长金仲华邀请，到上海《中国建设》杂志社任美术设计和出版工作。1953年，随杂志社迁往北京。他长期任设计出版组组长、彩色委员会委员和美术编辑，为中国美术家协会会员，著有《今日之儿童美术》等。

糜文定（1910—1988），无锡玉祁新桥人。1927年考入商务印书馆学习印刷技术。1932年后，历任商务馆平版厂影写版车间主任，香港分厂影写版车间主任、工务课主任，江西赣县分厂工务课主任，1944年商务馆迁福建连城后任分厂副厂长。1950—1974年，在北京任青年印刷厂厂长。退休后合作著有《照相凹版印刷工艺》，是中国印刷业颇有成就的技师。

糜望斗（1917— ？）无锡玉祁新桥人，1917年生，1931年到上海凹版公司当艺徒，后进商务印书馆平版厂任临时制版工，1940年任香港分厂技工。1941年随糜文溶到重庆，从事印钞工作。1944年赴美国学习钢凹版制版技术。1946年底回国。1949年后在五四二厂任职。1964年获国家技术发明奖。

（根据郁有满《清末民国时期商务印书馆的无锡人》摘编）

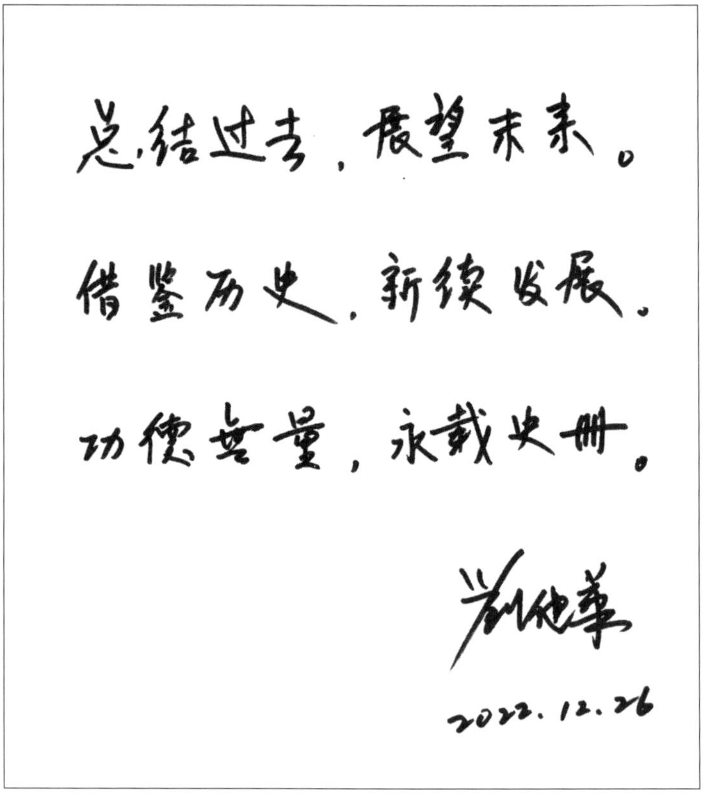
总结过去，展望未来。
借鉴历史，新续发展。
功德无量，永载史册。
刘健华
2022.12.26

刘健华题词

第十六章　民风民俗

古有“十里不同风，百里不同俗”之说。历史上，由于农耕社会自给自足的特性，加上本地水网密布、交通不便的地理环境，居民以自然村为生活单元，与外界的交往相对较少，所以，风俗的差异化和多样性就更为显著，这也造就了丰富多彩的乡土文化。半个多世纪以来，随着社会的演进，交通条件大为改善，信息交流也日趋发达，风俗的差异化逐渐消弭，许多富有自然村特色的风俗文化已经不复存在，只留存在人们的记忆里。“民风民俗”这一章对此做了力所能及的记录。

嬥（调）龙灯

1949年前后，刘庄村有条老龙，称为“太平老龙”，在玉祁周边比较出名。村民刘荣光是扎龙和嬥龙灯的祖师爷，不光自己动手，还辅导别人、指导表演、带徒弟。

刘庄的龙灯和别处基本一样，龙头和骨架用毛竹条扎成，蒙上布。画好龙眼，挂上龙须，栩栩如生。“太平老龙”不算长，舞龙一般只需6人左右。舞龙头的人要身强体壮，技术熟练。嬥龙尾的要机动灵活，叫作甩龙梢，因为龙梢摆动幅度大，跳跃性强，需要灵活的身手。除了舞龙的队伍，还有一班敲锣打鼓的人，为舞龙打节奏、助声威。另外两个提灯笼的，灯笼上写有“刘府大学士”，还有一个背褡裢的人，专司收红包之责。

正月十二是本地嬥龙灯的节日，叫灯节。这一天，刘庄“太平老龙”先到刘家祠堂门前嬥一圈，然后出行，到大墩南天门朝拜玉皇大帝，在南天门嬥一圈。朝拜完毕，就可以往东、南、西、北各村去了。

嬥龙灯总是拣经济条件好的村子先去。进村之前，先派人到村头去贴票头，一张本子大的红纸，上书“太平老龙即日到府”字样。队伍随后一路敲锣打鼓而至。村里人听到锣鼓声进来，会派一个领灯人在村口等候，接到龙灯就高喊“龙灯来了！”然后提着灯笼在前边带路。嬥龙灯从哪里开始，到哪里结束，都要按照他的线路走，舞龙人不能自作主张。

龙灯到了村上，村里人要放炮仗迎接，村里领灯人笑脸相迎，手提灯笼，在前面带路。于是敲锣打鼓，开始舞龙。跟着领灯人，一户一户嬺过去，围观的村民也跟着一路看热闹。

刘荣光扎的龙头很有讲究，里面可以点燃蜡烛而不会在舞动时打翻，龙头左右摇晃、上下点头，再怎么动，都能保证蜡烛朝上，且一直是亮的。有的人家为了讨喜，愿意拿自己的新蜡烛换龙头里点燃的蜡烛，新蜡烛不断换进去，龙头一直亮着。

龙灯上门也是一件大事，有发财见喜的寓意，所以大多数人家都会在堂上、八仙桌上点上香烛，到门口放炮仗迎接。龙灯进门后先把龙头在八仙桌上搁一下，然后在堂上转一圈就出门。家里地方小，只能在场上舞，老龙在热闹的锣鼓声里闪挪腾跃，几圈下来，主人就会送上红包。旧时候是几个铜钱，后来是一角两角，最多的也就五角钱。家境一般的，给五分也是有的。舞龙头的见到孩子，往往会拔一根龙须系在小孩身上，有护身辟邪的意思。有的家长也会主动讨要。

刘庄的龙灯在方圆几里都有影响，在同行中属于头龙。每当嬺龙灯的节日，如果同时有两条或三条龙要进村，刘庄的老龙要走在最前面。除了在本地表演，刘庄龙灯还到玉祁市镇、葑庄甚至芙蓉圩里去表演。嬺龙灯活动集中在农闲和春节的正月、二月两个月中。过了二月，要备春耕了，龙灯队暂时解散，大家都各忙各的农事去了。

龙灯队有个好传统，即舞龙的收入不是归个人，而是用于村里的公益事业，如修桥铺路驳河滩等。

新村龙灯　行会

40年代，新村有一条青龙，后又有一条老龙，每逢正月十四、十五，就参加礼社、玉西、玉东和镇上的舞龙灯会。新村正月十五有传统行会（也称庙会）。

大墩庙会在民国时是正月初九，后来改到农历三月初三。庙会那天，各地庙宇里供的神仙都要去玉皇大帝前朝王，新村佘堂庙里的老爷也要去朝王。朝王的队伍称为“行会”，前面大镗锣开道（镗锣直径有80—90厘米），敲锣人腰背上结根竹竿弯到前面去，其端头系绳套在左手腕上，靠竹竿借力。一面大镗锣用钩子吊在左手臂内侧的皮肉上，嘴里衔着檀香镇痛，右手敲镗锣。紧跟着是调小鬼，后面是抬着的大老爷。大老爷后面跟着的是走高蹻（脚）、扶马叉（抛钢叉）、拍莲相、荡湖船、蚌壳精、洋八队等表演。

1956年，新村成立了文艺组，排练和演出《十五贯》，因为缺少经费，就成立了龙灯队，龙灯队队员白天参加劳动，晚上在月光下学习舞龙的技巧。舞的是一条老龙，村上的杨炳公舞龙头，后面有8名小青年舞龙身。到了大年初一，就到各村各户调龙灯。一般每家出1角、2角钱，也有出5角钱的。这样，就为《十五贯》的演出凑足了经费。

上梁

50—60年代，新村建房造屋的很少，村民都居住着以前的老房子。50年代仅有两家造房子的，阵仗较大，男女老少蜂拥着去抢抛梁。70年代末80年代初，社员生活条件大大改善了，纷纷在大队规划点上建造新房，至80年代末建造新房者达280余户。

70—80年代造房子，从破土动工开挖墙脚、摇砖头石灰石子，到浇制水泥楼板和三层阁，都是本小队男劳力互相协作帮忙，主家不需要支付工资，只要提供香烟、老酒和早、中、晚三餐就可以了。

建房造屋最隆重繁忙的一天就是上梁。

上梁前一天，要淘米轧粉，晚上搓糖圆，要为明天的酒席隔夜落桌。前来帮忙的人要安排台、凳，洗碗筷、盆子等。不光自家忙，还要忙煞主妇娘家人，娘家要准备好抛梁的点心。要提前裹粽子、蒸方糕、搓糖圆，要买鞭炮、面、喜糖等。还要做发禄袋，发禄袋用大红布缝制，袋内装陈米、陈麦、铜钱、两个红包，家境好的，还要放进金戒指、银圆。最后还要装进两棵万年青、千年运绿植。到女儿家上梁的正日，用托盘装上这些礼物，一担担挑过去。少则四五担，多则十几担，二十多担的也有。每担都插上天竹子或松果枝，讨个吉利。

泥水匠在前一天就把每根梁搁在山头，摆正了位置，唯正梁不搁正，偏在一边，正梁要在上梁的仪式开始后才搁正。每根梁的中间朝南都贴上红纸横批，正梁上是“太阳高照”“紫气东来”“大启尔宇”等，其他梁上的文字要随意些：“万象更新”“春色满园”“五谷丰登”“前程似锦”“勤劳致富”“福星高照”“繁荣昌盛”“兴旺发达”等都是常用语。

上梁当日一早，主家会请帮忙人向本族甚至全村每家端托送去两碗糖圆。

吉时一到，上梁仪式就开始了，泥水木匠两位作头师傅首先托着装有发禄袋和高升（炮仗）的盘子，边说好话边上楼，其他抛梁点心由帮忙人接二连三递上。作头师傅在正梁前站定，取出盘里的红包（一般每包8元），开始说好话“子孙满堂”“代代兴旺”“吉祥如意”“好运连年”等，边说边将发禄袋系结在正梁中央，然后给正梁披上“龙袍”（以蓑衣代替）。这个时候，由算命先生择定的良辰吉时已经到了，于是鞭炮齐鸣。作头师傅把正梁拨端正，然后端起果盘向楼下抛撒糖果点心，谓之“抛梁”。一边抛一边口中好话连连：“抛梁先抛东，主家洪福乐无穷”“抛梁抛到南，养的儿子中状元”“抛梁抛到西，金银财宝铺满地”“抛梁抛到北，子孙满堂全家福”。师傅向着东、南、西、北、东南、西南、西北、东北八个方向抛梁，寓意八方来财。新屋四周聚满了抢抛梁的人，眼望天空，看到师傅往哪方抛，就往哪方奔，争先恐后，有时还要你抢我夺，热闹非凡。抛梁的习俗源于人们趋利辟邪的意愿，参与者越众，十二生肖就越齐全。而民间认为生肖齐全了，干事就百无禁忌。

抛梁结束，上梁的仪式就完成了，木匠、泥水匠开始往梁上钉椽子、铺网砖。下午瓦屋，就是给屋面苫瓦，苫瓦结束时，又有一个仪式叫“满仓”，匠人说好话，抛一点馒头糕糖，图个吉利。

上梁酒也叫“待匠酒”，名曰“待匠”，也要郑重其事地招待亲朋好友，要摆上好多桌酒。由于生活水平不同，上梁酒在各个年代有不同的标准。

房主准备住进新屋前，还得砌灶头。砌灶头要请技术高超的泥水匠，灶头砌好的当日主妇娘家要来暖灶。暖灶要送好多东西，讲究的人家，要备红鲤鱼两条、猪肋条肉两条，要送一桶水、一桶油，还要送铜勺、菜刀、碗筷等餐具，以及馒头、面条作为点心。此外还要置一只淘箩，淘箩内装着一大碗米饭。取一把筷子，上缠一截猪肠，插在米饭中。还要备一杆秤和天竺子（或带果松枝），也插在其中。

新灶砌好，趁粉刷的纸筋未干时，匠人用墨汁在灶上画各种吉祥图案，重点画灶君殿、烟囱、灶壁及灶肚。灶君殿图案以万年青、凤穿牡丹、莲花鱼藻为常见。此时的泥水匠俨然一个画家，看着有点滑稽。

新灶完工后，虽然还是湿的，但马上要爆孛娄。灶膛生火，把糯稻谷放在锅里炒。炒到稻谷爆开，发出噼里啪啦的声响，稻谷爆出一锅白花花的爆米花，孛娄爆得越大越好。爆好的孛娄要分发给乡邻，让大家吃，也是讨吉利。

办丧事

村上哪家老人去世了，办丧事是族里的大事，全族乃至全村乡邻都要去帮忙，俗话说“死人忙”。

老人咽气后，子女立即号啕大哭，称为送终。用事先准备好的菊花水为其洗身，并灌些甘露汤，然后往亡者手里塞一个银锭，帮其握好。穿上内衣内裤，脚后放一条长裤。族里的帮忙人就忙着腾地方，在客堂内用长凳搁上一块门板，门板上铺上柴草和被单，将死者从床上移出，脚靠墙卧放在门板上，身上覆盖着白布，等待“热沐”，即大殓。将亡者床上的帐子卷起，放在门口屋檐上。这一番忙完，家属就在帮忙人的带领下，带着锡箔香烛去佘堂庙烧回头香。

亲朋好友、族里亲人前来吊唁，家属委任的账房在门口代主人收赙金，本地人称“白份”，家属女眷在遗体旁以哭相迎。家族发给每个帮忙人“利市钱”，安排帮忙人到亡者亲戚家去报丧发耗。所谓“利市钱”无非是图个吉利，金额是象征性的，以前是两分、五分，现在是一元钱，都发硬币。到各家去借东西也要先发“利市钱”，借的东西以台凳、碗筷为多。女性的帮忙人在主人家里撕白束腰、做黑纱。有经验的帮忙人会不断提醒主人办丧事的各个细节，需要大家动手的，都会自觉参与，不需要主人指派。

“热沐”在当天或第二天傍晚进行，这个时候，得到噩耗的亲戚都会赶来了。孝子要舀一碗河水、一碗井水，兑成阴阳水，由女儿给死者洗脸、梳头。帮忙人为死者更衣、戴帽、穿鞋袜，衣裤都是成单数件的，或5件或7件。穿戴停当后就将尸体放置棺中，棺不封盖。接着帮忙人将死者床上的席子被褥卷起，送到在三岔路边焚烧。

“热沐”结束就在棺材四周布置灵堂，挂挽联、挽幛，摆放花圈。灵座台设于帏帐前，桌上摆放死者遗像和供品，点上香烛。棺下放一副石磨，点一盏长明灯（又叫“引路灯”）。棺材周围地上铺稻草，孝子贤孙必须坐着陪夜守灵。

棺材在家里停放数天，供亲朋好友前来吊唁、纪念。数天后举行出殡仪式，俗称“搁三朝”，也有“搁五朝”的。出殡当天棺盖合上，钉上丧门钉，这表示死者与亲人永别，屋里哭声震天动地。接着死者家属在灵座台前叩头，叩完退到门外场上跪候，孝子贤孙排成一列，男的在前，女的在后，跪拜在地迎灵柩出宅。亲戚好友族里乡邻也一一向遗像叩头，然后退出准备送殡。屋里主事人以瓦片猛拍棺盖，高声喊道“动身”，“抬重”的八位青壮年合力抬起灵柩，停到大门外的长凳上。

出殡行列的顺序是：撒买路钱人、道士、花圈、送殡的男性，中间是抬灵柩的，后面紧跟女性。放过鞭炮就起灵，向着墓地行进。出殡要走白虎头，即村子西方的路。道士边敲钹边念经开路，途中要停柩路祭两次。灵柩抬到墓地停好，墓穴（也称“金井”）内要烧黄豆萁、芝麻萁、麦柴暖坑，棺木入穴时风水先生对好中轴线入土，送葬者依次绕穴三圈。回去一路要跨过三岔路口和门口的三处“种火堆”。送殡人回去走青龙头，即村子东方的路。进屋吃糕茶，帮忙人已将灵坐台移至屋角，死者儿子媳妇女儿女婿脱去孝服连同白束腰，挂在梯级上。中午置备“利市饭”，招待亲朋好友及乡邻帮忙人，本地叫“吃老百叶”。亲朋好友吃罢“利市饭”回家时，丧家要哭送。

在出殡前一天的晚上，主事的人就要将抬重、搀孝子、扫孝堂，一路放炮仗，撒买路钱等环节与相关人员商量周全，安排妥当。在社会化服务没有形成的90年代之前，一切均是生产队里人帮忙。

出殡当天，送殡的人一早就要来吃“上山饭”。这一顿饭和中午的“利市饭”都要烧得健，所以，本地把“吃老百叶”又叫“吃硬饭”，50—60年代还称呼过“吃猪头肉”。

50年代“吃老百叶”，由于经济条件所限，荤菜以猪头肉为主，猪耳朵、猪舌头、猪鼻头、猪肝，一碗红烧猪头肉、一碗红烧鱼、炒粉皮、炒肉丝、炒素豆腐百叶，加几个蔬菜，一桌约8—10元。

90年代中期，农村办丧事开始接受社会化专业服务了，俗称“一条龙服务”，从物品筹备、仪式、酒宴都有专门的服务，省却了主家很多麻烦。

出殡以后的几天，要做“回丧”，日子由道士推算排定。预先要将屋内所有钉钩粘上红纸，以免灵魂挂在上面。“回丧”之日，一早孝女要爬上放置在屋檐下的木梯，朝着屋面上喊去世的父亲或母亲“回来吃糕茶”。“回丧”仪式开始，将死者衣帽摊平放置在生前睡过的床上，白衣白帽挂在床旁的石臼柱上。和尚或道士吹法螺，敲铙钹招魂，超度死者，摸清松柱头。女儿焚化冥器、撤灵座台。

50—70年代，一般请一个道士或一个和尚，后来慢慢讲究，要请三个了。

做完“回丧”之后，还要做“五七”斋事，日子是死者去世第二十九天。这个斋事比较隆重，女儿要置办一间纸扎的房子和全套生活用具。80年代以后生活条件改善了，还要全套高档家用电器甚至汽车。这些纸扎用品有个专门的名词叫

“扎库”，这些纸扎用品都要烧化给亡者。仪式由道士或和尚主持，要请5个或7个和尚或道士，更讲究的要请9个。做斋事全过程差不多要花一天时间，念经、穿方、破地狱、走奈何桥、唱阴戏等。仪式结束前撤灵坐台。

在殡葬方式上，60年代前均为土葬，60年代末出现火葬，骨灰盒土葬。建造了安息堂，骨灰盒放入安息堂。

卖猪

60年代化肥很少，只能靠农家肥料，毛主席说过“一头猪就是一个小型有机化肥工厂”，当时提出的口号是“猪多肥多，肥多粮多”。从60年代中期到70年代末，是一个养猪高峰期。当时无锡县有规定，每亩田必须有一头猪，每两人要养一头猪，这是硬任务，完成有奖，完不成要罚。所以家家户户砌猪圈，有些家庭地方小，住人都有困难，但猪还得养。于是厨房连猪圈，猪圈挨厨房，旁边还搭一个鸡棚。一到夏天，又闷又湿，晚上蚊群飞舞，小孩子的头上、身上，都生疮拉疽。

一般人家春天二三月份捉小猪。养四五个月，达到任务标准就卖掉，再养一圈，到年底卖。一年要养两圈，不让猪圈落空。春天青饲料少，以柴糠混合元麦粉，有时搭吃菜边皮、洗锅水。猪饲料不足，猪就长得慢。七八月份有大麦、元麦，加上南瓜藤、山芋藤等青饲料，这个时期猪最会长，食量也一天比一天大。一头猪养到一百斤出头就要出售，因为最低指标是107斤。养太大也不合算，饲料粮奖励是按头数算的，宁可早点卖掉再养一圈。公社食品站每月逢十在礼社收猪，民主、礼社、万里、五牧这几个大队，都到礼社去卖猪。

在卖猪的当天，早早就喂猪，用最好的饲料，尽量让猪多吃一些，吃饱了肚皮，好增加体重。到7点以后，叫上两个人把猪捆住，抬到草包上。或者将两只土笪口对口绑牢，做成一个筐，正好可以放下一头猪。扛猪要两个人，有的是兄弟，有的是夫妻。也有人手不足的，队长会叫上一人来帮忙。两个人把猪扛到礼社去卖，一路上猪叫人欢。当年生猪收购价格为每百斤40—45元。

杀猪

春节前夕，腊月廿四以后，家家户户要筹划着过年了，便开始淘磨蒸糕，

1972年，玉祁供销社生猪收购点

买肉做团子。条件好的多做一些，条件差的少做一些。农民一年忙到头，吃的都是粗茶淡饭，过年了，总要吃点好的，要杀年猪。

60年代中期到70年代末，那时养猪是有任务的，两个人养一头猪，上半年养一头，七八月里出售顶任务。下半年再养一头猪，是准备过年时候杀的。下半年的猪吃得比上半年好，因为同年猪，尽量喂肥一点，大一点。但养得再大，一头猪也不过70多斤肉，小一点的只有50多斤。杀一头猪，可以满足四五户人家的过年需要，除了过年吃鲜肉，还要腌一点留待明春吃。一个生产队，一般过新年要杀十余头猪。

到农历十二月廿五、廿六里，在大队安排下分几个点开始杀猪。新村、施家宕设一个点；东西刘庄、南村头、新桥、魏徐巷一个点，这个点设在东刘庄刘全度家里。全度家的房子比较大，后屋杀猪，前屋斩肉。每个杀猪点有三个杀猪匠，刘多堂、刘如忠、刘全度，他们都是行家。那几天一早，要杀猪的人家把猪扛到东刘庄全度屋后排队，并带好苗篮、缸盆、面盆准备装肉盛下脚、猪血。

那时无论哪家杀猪，必须要斩一只猪腿按市价卖给大队，剩余的肉，卖一部分，亲友分一部分，自己留一部分。除了过年吃鲜肉，再腌一部分咸肉，来年春夏时节，可以不买肉了。猪头、猪肚、猪下脚留给自己家人。

还有一种养不大的猪，养了大半年还是七八十斤，再养下去也长不大，白白浪费饲料。要杀这种猪必须向大队领导汇报，得到同意后主管领导会批一张条子，就可以杀猪了。有了批准手续，这猪也能顶任务。这样的猪，每个生产队都有几头。

杀完猪，分好肉，过年的计划就落实了一大半，每个户主的心里就踏实了。

过年

进入农历十二月，即是腊月了，风干物燥，容易发生火灾。各村有更夫开始“喊火烛”，提醒大家防火防盗。更夫喊火烛时左手提桅灯，右手握木棒，腰系竹筒。木棒敲着竹筒，“咯、咯、咯”的声音在寒夜里传得很远。一边走一边喊：“寒冬腊月，小心火烛”“柴仓扫扫，水缸满满”“前门撑撑，后门闩闩”。

腊月初八，家家户户烧“腊八粥”。腊八粥中有枣、栗、芋艿、荸荠、蚕豆等果实，还有蔬菜和百叶、油豆腐、豆斋等副食品，煮成杂烩粥，香糯可口。不光农家吃腊八粥，寺院、庙宇里也大锅煮粥，供香客、百姓食用。

腊月十八，家家户户“掸檐尘”。掸檐尘就是搞卫生，清除屋内垃圾烟尘，同时清洗衣衫、被褥，干干净净迎新年。

腊月廿三、廿四送灶，北方是廿三、南方是廿四，送灶是大事，要拜托灶王爷上天说好话。

腊月廿四晚上，每家都做送灶团子，半个红半个白，称为玛瑙团子，用来祭灶，并有素菜三样。祭毕烧化元宝、放炮仗送灶王上天汇报人间喜忧。

廿四夜，丢田财。一到天黑，青年、小孩成群结队，拿着草把跑到田里，点着了朝空中抛去。边抛边喊：“我俚田里旺稻，你俚田里稗草”“我里收收三担半，你里收收三木碗”……都盼望着自家田里来年好收成。

过廿四夜，家家忙着牵磨轧粉、蒸糕做团子。邻里相互帮衬，割小麦打青水，做青团子。青团子是豆沙、芝麻馅，甜的。还要做萝卜丝肉馅和白菜肉馅的团子。一般是廿八做团子较多，廿七不做团子。

60年代前，磨粉都是用石磨，牵磨需要乡邻互相帮忙。到70年代，有轧粉机，磨粉方便了，劳动强度减轻了。

腊月廿四后，各家开始过年，杀猪、宰鸡。过年要镇宅、祭祖。镇宅必须在立春前，要选日子。祭祖就是请老祖宗吃年夜饭，桌上三荤三素，并有年糕、团子、糖果。整鸡、整蹄髈、各种各样的菜摆满一桌。改革开放后，老传统又恢复，加上生活条件的大改善，过年比以前更隆重。

住春夜。70年代前，住春夜的习俗还很流行，即在农历逢春的前一天晚上，领外甥、干儿子或干女儿等小孩到家里来住一夜，为小辈讨个吉利。

大年三十，天黑前大门上要贴春联，好多人家还在自家门前场上用石灰水画弓箭，写“人口太平、五谷丰登、招财进宝”等大字。

吃年夜饭是一件大事，族内近房的小辈要请长辈吃年夜饭，也有长辈请晚辈的。80—90年代，自己在家里烧年夜饭的家庭还很普遍，随着拆迁住进安居房家庭的增多，家里办酒宴变得不太方便，于是，慢慢地转向到饭店团聚。吃好年夜饭，长辈要给小辈压岁钱。

烧年夜饭也有讲究，挽米时嘴里要说着“天一升、地一升、猫一升、狗一升、你一升、我一升”，烧一大锅，上面还蒸着芋头、荸荠，讨口彩年年有余，来年挖个大荸荠。

年夜饭要比平时多烧好多，剩下的饭盛在淘箩里，春节要吃几天剩饭，也是富足有余的意思。

吃完年夜饭，主妇忙着炒长庚菜、炒瓜子、炒长生果。主妇还得准备年初一全家齐整、崭新的穿戴。忙完后，全家老小必须守岁至深夜。

年初一，一早放开门炮仗。90年代末以后，一过深夜十二点，就开始放炮仗了。早上吃年糕、甜团子，中午吃面，晚餐吃过年剩下的夜饭，以素菜为主，年初一一天要吃素。吃完早饭，晚辈到长辈家里拜年、吃枣子。有六十、七十、八十岁老人做寿的人家，都会烧一锅枣子，让每一位前来祝寿的客人吃上一小碗，以示甜蜜。长辈也会发“压岁钱”给年幼的小辈。

邻里见面互道“新年好”，家中备瓜子、花生、糖果之类招待来客。这日禁扫地、忌动刀剪。旧习一般不访亲友。

年初一有人会上门来贴财神，嘴里喊着“财神贴得高，发财发得早”，把一张印有财神的红纸贴到屋里墙上，主家要给赏钱。

正月初二为土地生日，传统习惯家家吃煎糕，称撑腰糕。

正月初五接财神，每户人家都希望接到财神、财运兴旺。凌晨两三点就有人放炮仗、放鞭炮迎财神。

正月半是接灶，家家户户到晚上荠菜煎糕，灶头上点上香烛，摆好三样素菜和煎糕，再到场上放三个炮仗，接灶王爷回家，感谢灶王爷，在玉皇大帝前帮人间讲好话，同时能求得一年里平平安安，万事顺利。

正月半一过，年就过完了。

上梁说好话

斋梁敬酒

一敬天，二敬地，三敬寿星王母，再敬双星师父老先生；

手托圆盘往上长，四面八方敬财神。

抛梁

脚踏楼梯步步高，手扳桃枝采仙桃；
仙桃采在仙盘里，王母娘娘献蟠桃。
金鸡站在花梁上，凤凰蹲在八宝坛；
刘海仙撒金钱，金钱落地铺天盖地。

垒灶台

新垒灶头新连新，灶君皇帝坐龙庭；
外锅炒菜扑扑响，里锅烧饭万年兴。

按龙腰

新做屋脊一条龙，龙腰按在正当中；
先种葱，后塑龙，寿比南山不老松。

满仓

三间门面摆果说好话。
有中向中，没中向东。

（刘汗林口述）

民主老话拾遗

龙生龙，凤生凤，贼骨头儿子掘壁洞，有种像种。
东横头一根柴，西横头一条蛇。
猪头肉，三不精，杂七八五（似懂非懂）。
横势横，拆牛棚（拼着干，横字当头）。
淖泥老卜，揩一段，吃一段（得过且过）。
混泥浆水，汰白老卜，越汰越白。
天下无难事，只怕有心人，铁棒磨成针。
淘浑则水，有鱼吃（浑水摸鱼）。
村上有个好嫂嫂，满村媳妇都学好。
痴外婆养外孙，不及养个隔壁的小后生。金乡邻，银亲眷。

若要享福，鼻头朝北。

上了白米船，忘了吃糠饼（忘本）。

一块热豆腐，烫死养媳妇。

养媳妇吃饭，锅里盛饭，碗里揿，养媳妇日子不好过。

顶着石臼做戏（吃力不讨好）。

软木扁担年年在，硬木扁担呱啦风脆（意在身体好的时候也要注重身体保养，防范风险）。

换糖佬佬三绕头（讨价还价）。

龙门要跳，狗洞要钻。

浪头上氽来也要起个早。

半夜里偷瓜拣软的捏。

上梁不正下梁歪（要以身作则）。

三百六十行，行行出状元。

船到桥，直瞄瞄。

人老话多，树老根多。

（刘云生收集整理）

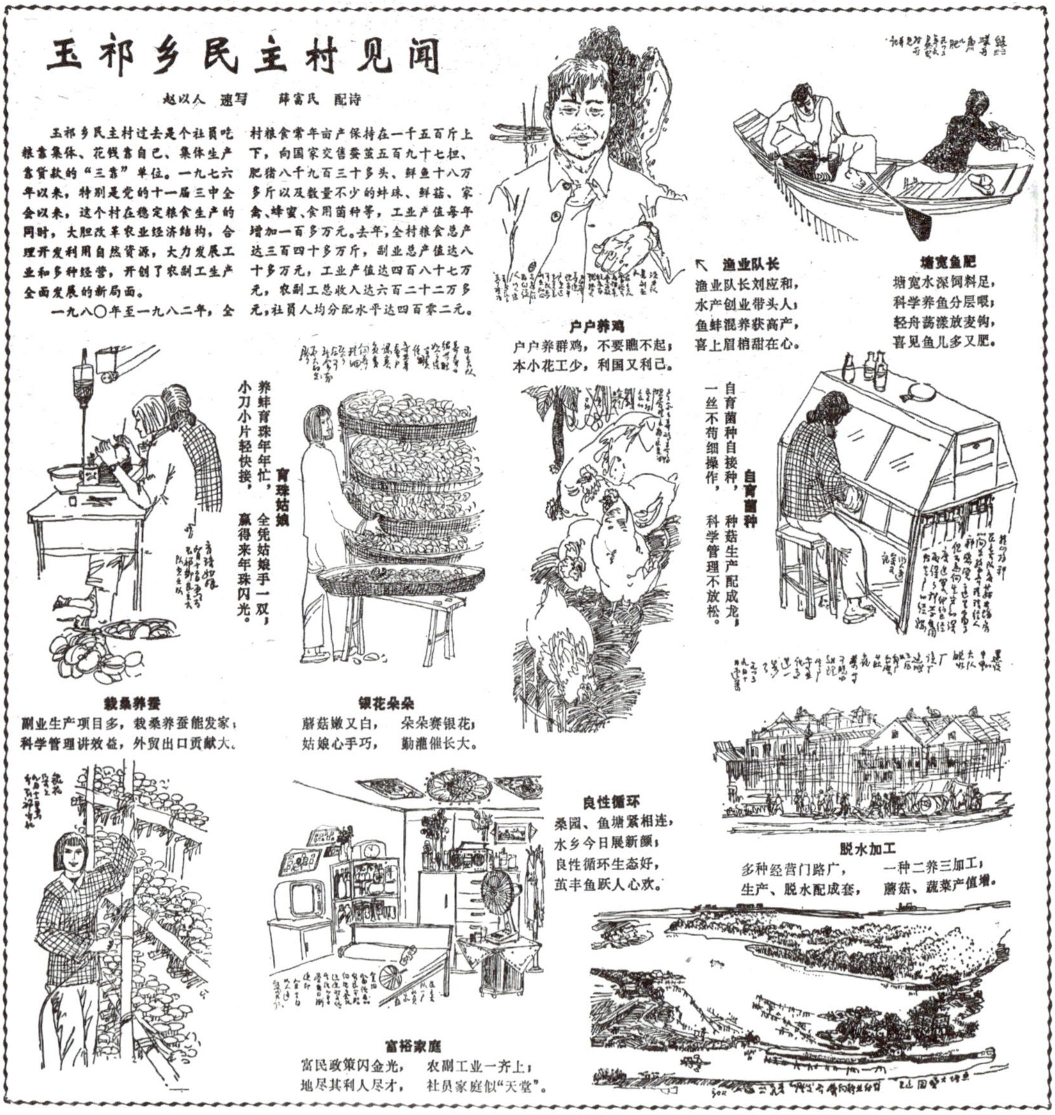

玉祁乡民主村见闻

赵以人 速写　　薛富民 配诗

玉祁乡民主村过去是个社员吃粮靠集体、花钱靠自己、集体生产靠贷款的“三靠”单位。一九七六年以来，特别是党的十一届三中全会以来，这个村在稳定粮食生产的同时，大胆改革农业经济结构，合理开发利用自然资源，大力发展工业和多种经营，开创了农副工生产全面发展的新局面。

一九八〇年至一九八二年，全村粮食常年亩产保持在一千五百斤上下，向国家交售蚕茧五百九十七担、肥猪八千九百三十多头、鲜鱼十八万多斤以及数量不少的蚌珠、鲜菇、家禽、蜂蜜、食用菌种等，工业产值每年增加一百多万元。去年，全村粮食总产达三百四十多万斤，副业总产值达八十多万元，工业产值达四百八十七万元，农副工总收入达六百二十二万多元，社员人均分配水平达四百零二元。

户户养鸡

户户养群鸡，不要瞧不起；本小花工少，利国又利己。

渔业队长

渔业队长刘应和，水产创业带头人，鱼蚌混养获高产，喜上眉梢甜在心。

塘宽鱼肥

塘宽水深饲料足，科学养鱼分层喂；轻舟荡漾放麦钩，喜见鱼儿多又肥。

育珠姑娘

养蚌育珠年年忙，小刀小片轻快接，全凭姑娘手一双，赢得来年珠闪光。

自育菌种

自育菌种自接种，一丝不苟细操作，种菇生产配成龙，科学管理不放松。

栽桑养蚕

副业生产项目多，栽桑养蚕能发家；科学管理讲效益，外贸出口贡献大。

银花朵朵

蘑菇嫩又白，朵朵赛银花；姑娘心手巧，勤灌催长大。

良性循环

桑园、鱼塘紧相连，水乡今日展新颜；良性循环生态好，茧丰鱼跃人心欢。

脱水加工

多种经营门路广，一种二养三加工；生产、脱水配成套，蘑菇、蔬菜产值增。

富裕家庭

富民政策闪金光，农副工业一齐上；地尽其利人尽才，社员家庭似“天堂”。

1983年9月29日，《无锡县报》第二版报道

第十七章　旧貌古迹

从现有资料来看，民主村是被地方志记载的玉祁地区最早的人类聚居地，最早的大型建筑是唐平寺，建于北宋初年，是朝廷批准的合法寺庙。到元代，又出现了烟水苍茫的唐平湖，成为境内一大胜迹。明清两代，新村、施家宕、刘庄、新桥大型村落形成，新桥街市逐渐繁荣，佘唐庙、进士第等远近瞩目。民国时期，具有海派风格的新桥“小洋房”成为玉祁地区的地标建筑。民主村至今保留的丰富多样的古迹，每一处都是历史文化的见证。

第一节　糜文灏烈士陵园

1952年，糜文灏烈士家属收到毛泽东主席于12月14日签发的《革命牺牲工作人员家属光荣证》。

光荣证全文：

革命牺牲工作人员家属光荣纪念证　苏南字第二六号　查糜文灏同志在革命斗争中光荣牺牲，丰功伟迹永垂不朽，其家属当受社会上之尊崇。除依中央人民政府《革命工作人员伤亡褒恤暂行条例》发给其家属恤金外，并发给此证以资纪念。

主席毛泽东（签名）

中华人民共和国中央人民政府之印（印鉴）

一九五二年十二月十四日

1954年，政务院为糜文灏烈士家属颁发糜文灏生平铜牌。

铜牌铭文内容如下：

糜文灏，中国共产党党员，1901年9月24日生于无锡北门外新桥。曾参加劳工运动。1924年赴莫斯科求学，归国后在中国共产党上海市委员会工作。上海工人三次起义时，在工人纠察队工作，后任上海总工会机关报《平民报》编辑主任。1927年5月8日被英帝国主义巡捕逮捕，引渡给中国反动官厅，同月11日，被杀于上海斜土路。

糜文灏烈士陵园　1954年无锡县人民政府在烈士家乡新桥建立糜文灏烈士陵园。陵园坐落在糜氏宗祠对面十多米，占地面积约120平方米（12×10米）。四周植法桐、木槿作绿篱，内植松柏、蔷薇等，庄严肃穆，东南角有一个荷塘。

糜文灏烈士纪念碑　纪念碑由无锡县政府委托玉祁区公所建造，由玉祁区治安股具体负责该项工程。碑高约2米、宽约0.75米、厚约0.12米，金山石质。纪念碑位于陵园居中偏西，碑正面朝北，镌刻隶书“糜文灏烈士纪念碑”八个大字，四周刻回形纹。凿碑工匠魏福成。碑背面镶嵌政务院颁发的铜铸铭牌（约0.6×0.4米）。基座为砖砌混凝土饰面，高约1米，前有三级台阶。

碑前有水泥路直通祠堂场，路宽约1米，为陵园入口处。

糜文灏故居　糜文灏祖居位于新桥桥堍东面十多米处。中华人民共和国成立初期，糜文灏父亲糜赓良和叔叔糜赓康兄弟俩在糜氏宗祠西侧新建一幢住宅，朝南七间，二层结构，俗称“七间头”。房屋前有通廊天井、高围墙。

东面四间为糜文溶兄弟所有，糜文灏烈士陵园建立后，作为烈士故居，用以纪念。

文灏纪念堂　在烈士故居一层中间两间，设“文灏纪念堂”，有门匾。堂上悬挂“仲苏轩”匾额一块，徐行之书额。

纪念堂内陈设：除了一部分家具，墙上有毛泽东主席签发的“革命牺牲工作人员家属光荣证”、烈士遗照、烈士生平介绍等，还有国务院总理周恩来等老一辈革命家会见烈士家属的照片。

文灏图书馆　烈士故居东房内设“文灏图书馆”，有书柜数架，藏书数百册。室内为地板房，宽约3.4米，进深约9米。

烈士陵园建成后，每年清明节，都有上万人来祭扫糜文灏烈士，主要有学校师生、机关工作人员和单位干部群众。祭扫队伍从四面八方赶来，络绎不绝，除了玉祁本地及附近乡镇的，还有来自江阴、武进等县的。民主大队安排工作人员接待讲解，讲解员先后由糜福兴、糜平刚、糜汉生、沈国良等担任。

烈士父亲糜赓良曾住在西房，负责管理，也担任讲解。“文化大革命”期间，烈士兄长糜文溶夫妇也曾在故居住过。

1974年，公社出面收购了该处房产，开办玉祁乡政治学校，后又改称乡党校。80年代民主大队在此开办彩印厂，后全部拆除重建新厂房。

1992年11月，纪念碑迁入玉祁大墩文昌公园，糜文灏烈士陵园于同期拆除。纪念碑碑文铜牌在迁新址后不久遗失。

第二节　新桥老街

新桥街市形成于清嘉庆年间，兴盛于民国时期。是玉祁地区三大街镇之一，居玉祁街、礼社街之间。

地理位置：往南二里为唐平湖，西邻礼社之后曹村，距礼社街三里 。往北经过冯巷、大墩，到玉祁街，约三里。30—40年代，青武公路（自青阳至横林）横穿新桥街北。

老街以新桥桥梁为中心向东西延伸。桥西从新桥西堍起约有50米长、4—5米宽的石板路，接着是30多米长的青砖路，宽约3米，路尽头是场地。新桥东堍下有1米多宽的侧驳砖路，穿过糜家巷，一直延伸到糜家祠堂广场前。东西街道总长120多米。整个街道房屋排列呈弧形，俗称元宝街。站在街当中可看到两头，从两头只能看到中间。

新桥街道地势西高东低，有良好的排水系统。石板路南靠墙脚有排水大阴沟，直通河里，每家每户有小阴沟通大阴沟。

桥北河东沿河岸为石驳岸，沿河原为通往青武公路、玉祁街的主路。桥西街道北侧称上岸，南侧称下岸。

新桥河穿桥而过。桥南两岸筑石驳岸数十米，靠桥都建有金山石砌驳的河滩，轮船码头就利用了河东的河滩。新桥的船只向南进唐平湖，过印桥港，可通京杭大运河和白汤圩。向北经过后曹河进北大河，北大河俗称五牧运河，向北通长江。

2020年还保留的新桥街石板路

民国年间，新桥街有5爿豆腐店，这些豆腐店有几家是每天出担到玉祁、礼社、前洲等周边乡镇去销售的，有3爿茶馆店、2爿南货店；有小馄饨店、酒铺、银匠店。还有文具烟纸店、圆作店、杂货店、中药铺。桥东有源和茧行，街南有蚕种场；桥西有糟坊、茧行、庆丰丝厂等。还有西医诊所、邮政代办所等。店铺以桥西为多。

民间流传有“新桥街，两头低，早吃豆腐夜尝鲜”的说法，新桥街以桥为中心，街路向东西两边渐渐倾斜。豆腐必须出钱买，所以吃豆腐也算是改善伙食。新桥又是水运发达和经济兴旺的集镇，外埠货物来路较多，所以有“早吃豆腐夜尝鲜”的说法。

新桥街酿酒业最为著名。在清道光十一年（1831），刘庄人刘洽丰就在家里酿酒，而在新桥西街开酒坊，挂着酒帘子，很是醒目。约在同治元年（1862），桥西刘敬承弃儒从商，在家里开设酒肆，他家酿的酒味道佳美。光绪年间，桥西人刘厚基（字坤源）在家里开设酒坊，规模较大。常有附近乡绅在他家酒坊聚集饮酒，名声很响。

相传新桥刘氏酿造出的“双套酒”，遐迩闻名，成为玉祁特产，江南名酒。

清咸丰同治之间的太平天国运动，给新桥造成极大的破坏，街道村落被烧，几乎成为废墟。《糜氏宗谱》记载：田园荒芜，鸡犬绝迹，谷物无所觅，所充饥者野草而已。

1938年农历三月二十七日上午，日本侵略军火烧新桥，新桥被烧27户，计87间，大新制种场的茧子蚕种全部烧光。新桥街也毁在这场大火之中，后虽屡经村民重建修缮，但已难觅昔日繁华踪影。

如今，新桥只有石桥依然存在，河道也填塞了，房屋大部分已拆迁。

第二节　寺庙

唐平寺、唐平湖

唐平寺建于北宋初年，因当年北宋灭了南唐，南唐皇帝李煜归附大宋政权，所以皇帝赐予匾额“唐平寺”。到元朝末年，唐平寺已经坍塌，只剩下寺基。在一场急风暴雨中，寺基以及周边三十多亩地被淹没，成为唐平湖最早的形态。

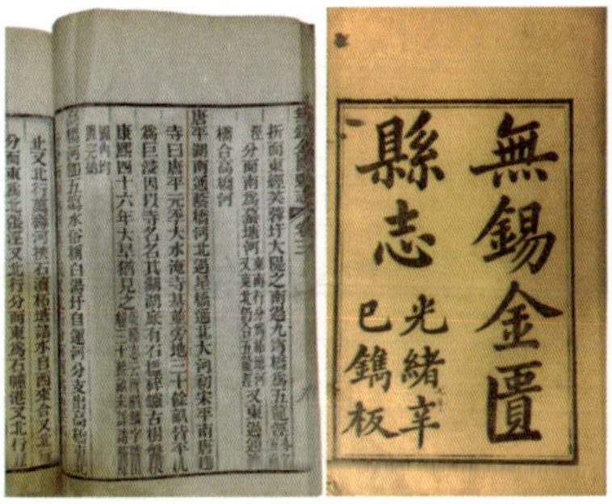

光绪《无锡金匮县志》

唐平湖每遇大旱水涸见底，都能看到淹没在

湖底的石质门槛、破碎的香炉、古树根盘等。古寺被淹没三百多年后，至清康熙四十六年（1707）大旱，湖水干涸，还能见到这些遗迹。

唐平湖原没有名字，境内居民一直叫这个湖为“唐平寺”，直到今天，上点年纪的人依然习惯这么称呼。清乾隆年间无锡人黄印编写的《锡金识小录》也有记载。

佘宕庙

佘宕庙在新村西南约750米处，建筑年代不详。历史沧桑变迁，几经废毁重建。

村里老人回忆说：新村佘宕庙，祭祀出湖老爷和周陈司大王。

民国时期至60年代的佘宕庙为两间三进规模，并有附房。庙正门有砖雕匾额，三个圆圈内嵌有“佘宕庙”三字。正面墙面为黄色，墙裙为黑色，其余为灰色。

两扇庙门为栅门，合上时，中间一个直径1米多的圆圈，镶一个大大的“佛”字。木门槛高约40厘米，可活动，称提槛，遇重大活动时要提出、移开。庙门前两侧设两尊莲花座青磐石，一尊雕狮子，一尊雕凤凰，高约1.2米。

一进为山门大厅，塑有关公像，关帝老爷高坐在正中的佛台上，左有关平手托金印，右为周仓手执大刀，一文一武。四大金刚分列通道两旁，两厢周边靠墙佛台上排列十八罗汉。在西厢东南角有一木栅栏，塑有一匹赤兔胭脂马，由一马夫牵着。大厅东墙靠北处，有一高约2.2米的四脚木架，架一只大堂鼓。

大厅后面是一个院子，院中置生铁大天炉一只，高3米有余，两旁分设蜡台，供香客烧香。

二进为大王殿。大王殿进深7间，殿高4米有余。大殿中央后方有一照壁，上画一黄色大龙。照壁前设神坛一座，状如八卦，上面供奉木雕金身大王老爷。神坛前有判官、皂隶、衙役等彩塑木雕，还有一对半人多高的大蜡扦，中间有一大香炉。

大厅东墙靠北处，也有一只大堂鼓。

三进为矮房，作堆放杂物之用。

庙西侧向北缩进，为一间二造的平屋，供僧人居住、生活。

庙门前场地开阔，地面为青砖侧驳砖地。场地南有一东西狭长的土墩，长有一雌一雄两棵高大的银杏树，为几百年古树。

2020年的佘宕庙

旧时佘宕庙每逢二月初五，要举行佛事。逢闰年有庙会，要举行老爷行会。

1966年佘宕庙被拆除。80年代中期，遗址上建中兴化工厂，善男信女念佛就在中兴化工厂旁边。

1998年后由吕春凤负责，带领殷华英、俞根娣、施阿娥、吴玉珍、邓金娣等人管理宗教活动。2004年新建佘宕庙，在开地基那天她们每人捐资2000元，以后民间捐若干资金，约5万元。地点在原佘宕庙基础上改建，面积约280平方米，共7间。

佘宕庙建筑完工后，负责人便去苏州请了大王老爷和成道二尊大佛，请资用去1万元，后又请观音菩萨12尊，请资1万元。每年农历二月初五和八月初五远近吃斋饭的老人都要前往念太平佛，拜神百余人，每人收吃斋饭钱3元（5菜1汤）。

2011年7月唐平湖开发动迁，搬迁到平湖排涝站东，堰玉西路。建筑面积350平方米，由镇拆迁办出一部分资金（以房换地），民间捐资（8万多元）而落成。

2018年佘宕庙由赵惠芬负责。从此，除每年农历二月初五和八月初五念太平佛外还增加了观音菩萨生日念佛的活动，每逢二月十九、六月十九、九月十九均有佛事。

云深庵

云深庵位于佘宕庙东隔壁，一共有两间三进的房子，南北朝向。

一进庵门，殿正中佛坛上有一尊弥勒佛像，身披袈裟，南面而坐，手捻胸前佛珠，满面笑容。弥勒佛背后有一尊韦驮菩萨立像，手执金刚杵，黑面张牙，神态威严，脸朝北面。二进为“心修堂”，堂中供奉观音菩萨（俗称观音娘娘）。三进为生活用房和堆放杂物之用。

据村里老人回忆：云深庵里的弥勒佛像，身上的袈裟是裹好的，不能袒胸露脐。

云深庵在1966年被拆除。

第四节　河浜　河滩

河浜

印桥港　西接五牧运河，东连万寿河，直通白荡圩锡澄运河。境内长2公里，河面宽20—50米，水域面积约180亩，境内沿河有观前浜、刘沉浜、庙浜、朱端浜、大坝、蛇田岸渡口、里稍浜、黄泥河新谊闸、昂公浜等河浜。

2020年，新村河滩

唐平湖　南接印桥港经新村、施家宕、徐巷、魏巷、新桥向北流入北大河（俗称五牧运河），境内长约2.5公里，河面宽窄悬殊，整个水面约480亩，可通20吨级船舶。沿途有松毛河浜、樱花浜、杨花浜、孟家浜、西坝头浜、东水门浜、刘河潭浜、浏区浜、井潭浜、徐巷浜、魏巷浜、火烧浜，新桥河经张曹桥流入五牧运河北段，往东是小留浜、高巷浜、义村浜、曹艺浜、芹菜浜、茨菇浜、摸石头浜、柳巷浜、坟浜，过黄泥河经渔业基地到马轮墩浜直通大坝，1977年挖新开河，徐巷浜被填。

刘庄老河　东西走向，西接五牧运河对湖渡，全长约1.5公里，宽20—30米，水域面积160余亩，沿途有南村头浜、曹木港浜、九亩浜、荷花浜、灰渡浜、计家浜、新坟浜、上墩浜、天成浜、圣堂浜、西庄浜、周山浜、一横浜、昌旺浜。昌旺浜与礼社接壤。1977年开挖新开河，天成浜、圣堂浜、上墩浜被填。2010年安居房润秀苑开发，刘庄桥以东荷花浜、灰潭浜、计家浜、新坟浜、西庄浜、周山浜、一横浜河面全部被填，700米新开河作为小区景观河。

新开河　70年代初，为结合整田平地和灌溉引水，大队投资在下洋岸北侧开挖新开河，全长300余米，宽10—15米，东接唐平湖樱花浜，西至常玉路。2008年后唐平湖开发，该河被填平。

1977年，乡政府组织人员在民主村开挖一横二竖新开河，耗资70余万元，其中民主村出资36万元。横河东接小唐平湖至西庄浜，全长1070余米，宽约15米，填平了原来的徐巷浜、天成浜、圣堂浜、上墩浜等河道。1985年横河东段河道被填平。东竖河北从东刘庄三脚桥起，南到下洋岸新开河，全长1100米左右，宽10米左右，后陆续被填平。西竖河北从刘庄老河荷花浜起南到门堤岸，全长950余米，宽约10米，1979年，西竖河南段被填平。

2012年，文湖苑建排涝站，为解决排涝引水，镇水利站在刘庄桥西侧开挖新开河，北从刘庄老河，南到长工岸观前浜，全长约500米，宽约20米。

表43　　1980年水域面积情况表

外河（亩）	内河（亩）	鱼池（亩）	小计（亩）
403.68	661.97	62.70	1128.35

河滩

70年代以前，村民生活用水全部是河水，清晨起来第一件事是挑起水桶到河滩上去挑水，储在家中的水缸里，作为一天的生活用水。

早晨是河滩上最忙的时候，一个村的人，淘汏、洗涮都要在河滩上完成。河滩的好坏最能体现村民的公益心，修河滩时村民自己动手，齐心协力，有钱出钱，有力出力。平时村民自觉打捞河中漂浮物，保持河滩水源清洁，罱河泥时首先到河滩周围清理污泥。冬天下雪，清晨起来就扫雪，勤劳的村民从自己家门口一直扫到河滩上，还把河滩石扫得干干净净，保障上河滩村民的安全。

河滩一般用石条铺设，长约3米，宽0.4—0.5米，厚约0.2米。底部用木桩夯实。河滩两边称膈鳃，膈鳃两边用石驳护岸。杨花浜有4个河滩，西坝头浜3个，东水门浜4个，大唐平湖4个，魏巷浜2个，新桥浜4个，天成浜2个，圣堂浜2个，西庄浜4个，南村头浜2个。

80年代，随着工业的发展和大量使用化肥、农药等，河水有所污染，已不能饮用，但村民还是习惯到河滩上去洗涮，尤其是洗衣服。

第五节　桥　渡口

桥

新桥　清嘉庆元年（1796），新桥落成。新桥为石桥，石梁上镌刻有“重建新桥”4个大字。

1948年的新桥

桥为东西走向，桥面3块通长条石，宽1.8米，长5米，两边引坡为石阶踏步，桥总长为15.6米。桥东堍北侧竖有一块功德石碑，镌刻重建新桥事由及捐款人名录，后嵌入民居墙内。

1992年，无锡市文物管理委员会在新桥桥东立有两块石碑。一块刻“玉祁新桥为无锡市文物保护单位”。

另一块碑文如下：

玉祁新桥在无锡市惠山区玉祁镇新桥村，该桥系用花岗石砌成的平板桥，桥面三块通长条石东西跨向架在桥梁石上。桥梁上刻“重修新桥”四字，并有“嘉庆元年二月造”题刻，系1796年建。引坡为石阶踏步，全长15.6米，宽1.8米，高2.6米。桥旁的石码头也属同时所砌，保存较好。是无锡乡镇遗存的简朴型清代古桥之一。

蔡公岸桥　又名蔡家岸桥，位于新村与葑庄交界处，跨印桥港。

明末，南岸蔡姓居民建成木桥。清乾隆年间，蔡姓倡导重建，兴道、招义两乡里人集资建成方孔石桥，为颂扬蔡姓义举，乡民称之为蔡公岸桥。清同治己巳年（1869），施家宕施务先（名敦富，号厚堂）重建蔡家岸桥。

民国初年，桥面改建，用圆木相排钉成桥面基础，上用青砖侧驳铺就桥面。

1982年改建成常玉公路桥。1997年扩建成公路T形桥，长42米，宽9米。

刘庄桥　位于刘庄西南方向施家圩口，横跨于刘庄河上。

40年代末，村民苦于往来耕作不便，商议建桥，但政府不批准。村民就以造闸的名义建桥，两岸用石条筑成闸桥两用的基础，顶部凿出槽口，铺上木板就成了桥。桥旁立功德碑一座，记录捐资建桥人的功德。此桥由西刘庄的刘锡富、东刘庄的张炳泰等人发起捐资，由在上海、无锡经商或开厂的乡亲担负大部分资金，其余由村民自愿捐助。刘庄桥建成后，刘庄人到对岸种地，不需到东刘庄绕行。南村头人、葑庄人到礼社、玉祁上街上学亦不必兜圈子。

70年代，刘庄桥改建成水泥梁拱桥。

唐德桥　唐德港上有一座老木桥，建于清道光年间。桥面的木板宽约1米，长约5米，是新桥到礼社的必经之路。机船打水进出唐得港，要把桥面木板掀起来。60年代整田平地，唐德港填塞，木桥随之消失。

施家宕桥　在施家宕东北方向大、小唐平湖交汇处。湖的西面是施家宕富岸里、刘河潭，东面为上下三岸、孙圩故澜。建桥前两岸靠缆渡船摆渡往来。桥建于60年代初，桥面为3米多长的石板，宽约1.5米。80年代初改建为双曲拱水泥桥。2006年唐平湖开发后，老桥拆除，新建三曲拱景观石桥，更名为平湖桥。桥长约30米，宽12米，桥上可通汽车。

新村桥　位于新村东南方向的唐平湖与黄泥河交汇处，建于70年代初，双曲拱水泥桥。东连张基滩、芦蒲岸，西通王家滩、马伦墩。2006年唐平湖开发后，老桥拆除，新建混凝土结构平桥，木板铺设桥面，桥全长约40米、宽5米，为唐平湖景观桥之一。

民主桥　位于新村北，张公岸和南大滩、马伦墩之间。河面宽50余米，原为渡口，1957年建成木桥，缆渡船废弃。木桥宽约1.5米，长约4米。60年代中期改建成石板桥，桥面两侧有铁栏杆。70年代初改建成双曲拱水泥桥。2006年唐平湖开发后，老桥拆除，新建三环洞拱形景观石桥，桥全长约15米，仍命名为民主桥。

劳动桥　位于横岸圩东侧，1958年建造，为砖石拱桥。该桥的建成结束了刘庄村民到横岸圩耕作必须绕道南村头的历史，大大方便了村民，故称劳动桥。70年代改建成双曲拱桥，2010年修筑唐平大道时拆除。

庄中桥　建于70年代后期，当时西刘庄村民在西浜大规模建造新住宅，为方便物资运输，村投资在西庄浜中段建水泥双曲拱桥。90年代后期拆除。

黄泥河桥　1968年修建，砖石平板桥，此桥为村民到洛社的通行和到黄泥河田耕作提供方便。2008年堰玉西路延伸段开通，改建成重型公路桥。

新开河上的桥　1977年，玉祁公社在民主大队开挖一横二竖新开河，同年在徐巷南侧、东刘庄东侧、东刘庄西侧、南村头北面、上巷西北面、大队粮饲加工厂西侧和杨花浜附近，共建造7座混凝土双曲拱桥。后随着村镇建设的发展陆续拆除。

徐巷桥　位于老常玉路徐巷村南，1977年建成水泥拱桥，1990年6月公路拓宽，改建为双曲水泥拱桥，长16米，宽9米。

三脚桥　建于1977年，位于东刘庄东部与新开河交汇处，北为村道，西南为东刘庄农田，东南为徐巷。此桥东接徐巷，南接新村，西接东刘庄，从而形成了民主村的一处交通要道。民主村人在当时缺工缺料的情况下，发明了“三脚桥”。

1977年，新开河上的三脚桥

该桥跨度15米，三面各长10米，宽2米。三脚桥一桥通三岸，桥上可行拖拉机，桥下河里则通行船只，既有利于排涝、灌溉，又有利于舟车运输。在当时的生产条件下，三脚桥给百姓的生产生活带来了极大的便利。

在2009年，随着润秀苑的规划建设，三脚桥也被完全拆除了。三脚桥是一个时代的标志，见证了民主村百姓的智慧与勤劳。

下洋岸桥　70年代初，整田平地，大队在下洋岸北侧开挖新开河，同年在河上修建双曲拱桥，称下洋桥。

渡口

旧时唐平湖曾有三处渡口。

摆渡位于施家宕唐平寺滩，对岸为境内农田及前洲的柳巷、龚家旦，两岸距离达200余米。此渡口为人工摇船摆渡，渡船为方头木船，长度4米多。最后一个摆渡船工，人称“摆渡阿宝”，住唐平湖边的施家宕。渡船来回一趟需半小时左右，对摆渡客人略收渡费，供渡工生计。

湖对岸曾建有一座石亭，后改建成房屋，阔狭约3米见方，三面为墙，墙留窗洞，朝西一面开门，供来人遮风挡雨。

掭渡口备渡船一只，两岸架一条缆绳，供人拉绳引船自由往来，名为“掭渡船”。船两头呈方形，长约3米。船头船尾装有铁环，缆绳穿过铁环，连接两岸，有木桩固定。唐平湖有两处掭渡。

施家宕掭渡船渡口到对岸斜宽近50米，对岸有孙家圩栏、义村背后、上管九亩里等田块，有水旱地近百亩，村民到义村，高巷做客也是乘球渡船过河。

新村球渡船渡口到对岸斜宽约80米，对岸是马伦墩、黄泥河、佘田岸等田块，近300亩土地。村民要到梅巷、洛社等地做客，乘火车也是乘球渡船过河。

另外还有一处临时摆渡的地方：杜正岸摆渡，设在印桥港内，时有渡船，北始佘田岸磷肥厂，南到杜正岸，横穿印桥港，村民到杜正岸耕作大多乘渡船过河。

以上渡口到50年代末停渡，杜正岸临时渡口到90年代初停渡。

第六节　宅第　旧屋

新桥进士第

进士第主人为新桥桥西进士刘秉铉，进士厅位于新桥西约30米处，坐北朝南，为三间三廨两进的建筑。

刘秉铉（1680—1715），字让毓，号蓉川。清康熙四十四年（1705）举人，康熙四十八年（1709）己丑科进士。授内阁中书舍人，1713年任安徽池州府教授。

进士第第一廨为3间砖木结构平房（称墙门间），门前两侧有旗杆石。进深4米，有一块长2米、宽0.6米的金山石，两端各踞一青石鼓，石鼓厚0.25米，高约1.5米，两面雕花。此物在1958年被毁。墙门门楣上方有匾额一方，上书“进士”二字，为黑底金字。跨过门槛，进去为天井，大小约4米见方，进深约4米，地面为青砖侧驳。

第二廨厅屋“厚德堂”，3间平房，进深有8米，地面铺小方砖。

过“厚德堂”厅屋是一个后天井，七八米进深，宽不到4米，青砖铺地。天井北端中央有阶梯3级，踏上阶梯就进入第二廨。

第三廨为大厅，3间高厅大屋，进深超过10米。大厅地面铺1尺见方的大方砖，平整光洁；四周裙墙也饰以2尺高的方砖，线条挺括、端庄。大厅中间4根粗硕的庭柱，立于雕花石柱础上，衬托得室内高大轩敞。厅壁中间高挂一匾，上书“自得堂”。正厅前后均有檐廊，檐廊装2米高长格，既可为大厅挡雨，又保证室内采光。

施之勉故居

故居坐落在施家宕东南，开门即见百米之外的唐平湖。房屋建造于1900年前后，为施之勉父辈所建，迄今120多年，现保存基本完好。

施之勉故居（2020年）

故居三开间两进一披，大门墙门上刻有“克明峻德”砖雕横匾。大门进去是天井，东西两侧厢，东侧厢用于住宿，西侧厢为备弄。正屋三间，方砖铺地，长栅木门。正屋后有一天井，墙门上有“业广唯勤”横匾，东西两侧厢，东侧厢是施家酿酒槽坊，据家谱记载，施家每年“稼穑农事毕，则酿酒千瓮”，槽坊规模不小。西侧厢为厨房间。再进去就是三间二层楼房，楼梯在中间。楼上东西两间卧房。楼房后面是三间披屋，有浴锅间、杂物间和还有养猪养羊间。

1926年春，国学大师钱穆专程到施家宕施之勉家来看望老同学，并同游唐平湖，畅谈《古史辨》。

1946—1948年，太湖游击队、新四军战士在此住宿过，1949年4月，解放军渡江后在进军途中曾在此小憩。1950年曾作为土改工作队唐姓队长的办公住宿之处。

刘庄刘也麟旧居

刘也麟，民国3年（1914）随段祺瑞入京，被委任京畿警备总司令部书记。4年后随南通张謇，不久被委任为阜宁新南垦植公司中一区区长。旧居名“藜照堂”，民国10年（1921）刘也麟利用放春假的机会，在刘庄河北面的三家村建造了这幢建筑，沿用刘姓传统堂名“藜照堂”，悬匾于室，弘扬祖先刘向燃藜读经之意。

“藜照堂”民国时曾办私塾，族人刘子俊（人称俊官）任过教职，有学生祥海、多堂等。

新桥陈家洋房

由新桥陈栋全、陈贵全兄弟于1947年建造。五间两进，采用当时新式洋房结构，栋宇新颖，坚固宽敞。陈栋全、陈贵全兄弟为民国时期沪商界杰出人才。幼时家境清贫，入乡校读书，后进入上海福和花号学习棉花种植和商业经营。后往河南、陕西、湖北、青岛、香港等地为棉纺厂采办原料，收益颇丰。抗战胜利后在上海广东路设信大花号，从事棉花交易。又在镇江办笔铅矿物公司。两人在上海建国西路懿园30号均建有洋房，但父亲生前一直想在家乡新桥造新房而未能如愿，为了实现父亲的遗愿，同时也为了让母亲高太夫人在上海和乡下都有一个好的生活环境，所以，兄弟俩出资建造了该建筑，本地人称其为“新桥洋房”。

1949年，该房屋曾作为区政府办事处。1958年，集体出资买下该建筑。60年代初，村里曾设缝纫组等。1964年民主大队创办五金厂，成为民主村办企业发祥地。

2006年平湖新城开发，新桥洋房拆除。

新桥沿河刘宅

位于新桥西堍，东山墙外就是新桥河。东山墙石驳岸墙脚不是笔直的，而是略朝河倾斜。观者往往感到不可思议，这里流传着仙人指点造房的故事。其实是工匠根据临河的土质酥软和山墙重心力下沉的关系，采取“砌一块，出一分”的方法，使墙身重心力向里。由于内里土是坚实的，因此砌成后的高墙就不会倒塌。

这幢建筑靠东山墙是一条长长的备弄，有东侧门可进出。前后共有五进，第一进为阁楼、第三、第四进均为楼房，第三进北门是一个砖雕墙门，门楣上镶有砖刻“垂裕后昆”四字。第二进民国后期毁于火灾，第五进为披屋，70年代拆除。

施家宕施耀林旧宅

施二队施耀林，民国年间体校毕业后当体育老师。旧宅在施家宕自然村的最西面，朝西偏南，七泰人称为新屋，是三间三进砖木结构房屋，由施耀林、施祥林、施云林三兄弟共有。

第一进的三间靠东两间是通间，西面一间是地板房。大门为六扇的木排门。一、二两进之间是天井，有东西两侧厢。

二进是三间通间，中间放长台及八仙台，平时作客堂，接待客人。长台后面有屏门，屏门后也是通间，靠东面是厨房灶间，西面堆杂物。门在中间一间。出门又是天井，天井东西为两侧厢，通前后房，下雨天不用走水路。

三进后面是个偌大的院子，院子西面贴墙是一排披屋，依次是浴室、猪圈、柴草屋等。院子中间有后门通外面。

施家旧宅面积大，且子女都在外地工作，家里居住人口少，60年代村里在此设医疗点，医务室就设在第一进施祥林的地板房里。医生叫贾仁伦。60年代中期办过第一届民主农业中学，后来又用作生产队集体蚕室、蘑菇培植室。

70年代初施家把该房屋卖给了大队，大队把它拆了，安排施二队社员在此地基上建造了一条巷十三间房屋，住了八户人家。

桥西刘源钊旧宅

旧宅位于新桥街西，1933年建造。三间两进，建筑坚固结实，工艺考究。后厢楼房木质双层地板，天井内有口老井。最为突出的是门楣上的堆花，由当地能匠魏师傅堆雕而成，有彩凤、牡丹等图饰，立体感极强，栩栩如生，观者无不赞叹。

第七节　院弄

刘嘉会大院

刘嘉会故居位于西刘庄中巷，当时有五开间门面，四厢深、大墙门、高门槛、门口有两只石狮子，墙门后有两尊石鼓门墩；第一厢与第二厢有两条青石长台阶，每条石阶有3.8米长，0.5米宽。每间大厅都是方砖铺地，大厅里有匾额，后来不见了。

大厅里有状元写的一副抱柱联，刻庭柱上。抱柱联随着庭柱髹漆的剥落已漫漶不见，只留下第一个“春”字，在阴雨天气里能看得清楚。

第三厢有个花园，第四厢是住宅。该建筑从一厢前门到最后一厢的后门长约百来米。经过百年沧桑，时事变迁，刘家的大院到1949年前，东边两间，从前到后都卖出去了，还剩下三间一备弄。到中华人民共和国成立初期，第一厢房子倒塌，第二厢西边的一间在抗战时期被日本人用大火烧毁，第四厢房子也倒塌一半，只剩第二、第三厢的还完好。50年代初“五一”合作社时期，东西刘庄的幼儿园就办在刘嘉会大院里。1958年成立人民公社后，生产队养蚕也是在那里。到2008年村里搞新农村改造时，还有两间一备弄。

墙门弄里

新村墙门弄里，墙门向南，面朝唐平湖，大门两旁各一青石墩，坐青石狮一对。

两扇大门，每扇高2米，宽近1米，墙门东西两侧与墙面之间均为木板所隔。从墙门口往里，在二道门上方有一间宽不到4米、进深有8米的阁楼，这个阁叫“家堂”，为墙门弄里家属去世后放置牌位处。

“家堂”下面为通道，经过长长的通道，出门向右约20步有一暗弄。暗弄两旁均为朝西的住户，左面3家，右面3家，北面3家，南面3家，每家房屋之间均为板壁所隔开。

在1949年前，墙门弄里的两扇墙门不准随意打开，必须在墙门弄里的家属婚丧喜事方可开门，住户洗涤去西面的前巷路上西坝头的大河滩，而倒马桶则走暗弄。

墙门弄里有两间厅屋，一间在暗弄左面的第二家，另一间在暗弄右面第二家，厅内有块匾额，长约2米，宽约0.9米，其黑漆光滑底板上有“清仁堂”三个黄色大字，于1989年左右，将三个大字铲掉作床板。

平湖公社社址（水龙宫）

民国18年（1929），平湖公社成立。平湖公社为家族议事场所，社址在新村后三队与上巷之间，为一院4间结构，全长12米，坐西朝东。围墙内是一个大天井，天井后就是三间宽敞明亮的议事大厅，大厅大门两边分别书有“光明”和“进取”大字，后门上方“平湖公社”为施之勉题。

平湖公社社址还用作救火会，俗称“水龙宫”。60年代还曾用作施家宕小学分校的教室，70年代后期拆除。

第八节　古树

古银杏

新村原佘宕庙前有两棵古银杏树，2001年12月无锡市园林管理局公告，编号分别为218、219号，树龄230年，一雌一雄，雌枝周长4.2米，高26米；雄枝周长4.6米，高26.8米。2020年被无锡市人民政府列入古树名木二级保护名录，保护级别为2级，编号495、496号。

这里是境内小孩的游玩之地，每到果实成熟的季节，“采白果”是不可缺少的娱乐项目，来自各个自然村的孩童不约而至白果树下。为了采白果往往还会起争执，赢的一方自然独享成果。输的一方则也不忍就此罢休，待赢家满载离去，再爬上高树采摘。结果往往是回家太晚遭家长呵斥，甚至“吃生活”。骂归骂，打归打，孩童却依然乐此不疲，憧憬着自己快快长大，来年可以先上树采果。

古槐蜜树

施家宕有一棵古树，俗称槐蜜树，树龄600多年，相传为明代朱元璋时期所植。

第九节　场屋　碑石

火烧场

1938年农历三月二十七日，日军烧了新桥。一股日军窜到了东刘庄，此时庄内基本无人，大部分村民都外出避难，或躲在附近芦苇丛中，只有少数老年人冒着生命危险留在家中。日军在庄里多处放火，共烧毁房屋24间，其中在天成浜附近一处被烧房屋有14间之多。另一处在升堂浜北端，烧毁平房3间。东刘庄西端有两处房屋被烧：一处烧毁平房5间，一处烧毁平房2间。

日军侵略中国，一个小小的东刘庄，50余户人家就有17户24间房屋被毁、一个无辜的村民被打死、一个受伤，财产损失无法统计。

天成浜附近被烧的14间房屋，因房主大部分在外地谋生，被烧房屋一直没有修复，逐渐沦为瓦砾场，村民称为火烧场。人民公社后，生产队将其整平，作为收获农作物的堆场。

新桥跑马场

1949年4月23日，解放军渡江。部队进军途中经过新桥，有小部分部队驻扎下来休整，同时协助本地新政府开展工作。新桥桥西街南，有一片日军火烧新桥后留下的空场地，解放军在这里操练和遛马。村民称这里为“跑马场”。土改时在这里召开过区政府庆祝大会。70年代新建了篮球场。

圣堂屋

圣堂屋位于施家宕村中间，靠近尖尖港和西坝头浜交叉处，沿河有圣堂屋河滩。

关于圣堂屋，村里有个传说，说是朱元璋打天下时途经此地，沿途百姓没打扰他的部队。他到镇江打了个胜仗。朱元璋登基后，下诏从无锡到镇江每隔十里建一圣堂屋（有说五里一屋的），以作为当年阵亡将士亡灵安息之所，并保佑当地百姓平安。这个圣堂屋东西朝向，面对河浜。高约1米，宽约1米多，状如土屋。屋内有三层木架，上置铁钉，用于插蜡烛。当地村民每逢初一、月半，都去供祭品、焚香、烧纸，祭祀亡灵，保佑一方平安。圣堂屋后有槐蜜树一棵，据说是当年所植，树龄不详，至今尚在。屋前有石碑一块，刻“后土之神”四字，屋右侧有石羊一尊。

根据“圣堂屋”形制和“后土之神”碑推测，“圣堂屋”可能是个土地庙。

“后土之神”碑

“后土之神”碑

施家宕圣堂屋前的“后土之神”石碑，由于年代久远，出处不详。碑为金山石质，长110厘米、宽30厘米、厚10厘米。2020年，该石碑被移至民主村史展览室。

石羊石雕

石羊石雕

施家宕圣堂屋旁的一尊石羊，青石石材。造型古朴淳厚，疑为明代器物。该石雕是局部残损件，不知去向。后在民主村志编纂人员在走访村民老宅时重现。

施家宕旧称石洋，不知此石羊与“石洋”有无关联。

奚氏墓碑

望娘坟与奚氏墓碑

望娘坟位于新村唐平湖东南樱桃园上村，摸石头浜西十余米，距柳巷西二百余米。原先是一个高土丘，占地约一亩半。据村上老辈人说：新村有一位刘姓男孩，为常州焦溪奚氏领养，改姓奚，族谱称其为焦溪始迁祖，奚氏繁衍成为大族。他去世后，葬焦溪陆家村。其儿辈百年后归葬故里新村，以了其望娘之遗愿。该坟俗称望娘坟。坟旁还有墓屋一间，井一口。60年代整田平地，墓地变良田。

碑文上书“皇清例赠文林郎湖南衡山县知县讳之垣荫

亭奚公暨配徐太孺人之墓”，立碑年份为“咸丰九年三月谷旦”。墓碑为金山石，长约1.9米、宽约0.4米、厚约0.15米。

第十节　宗祠宗谱

刘氏宗祠宗谱

宗祠　刘氏宗祠“思成堂”位于民主徐巷西，清乾隆二十八年（1763）建造。

新桥刘氏有分祠，位于新桥西，建于康熙二十五年（1686）。

新村刘氏有分祠，建于清光绪十五年（1889）。祠计一厅两厢，位于下场上和井堂头之间。三间三进。

宗谱　刘氏先祖系汉代楚元王交公，汉高祖刘邦同父异母之四弟。楚元王交公四十三世孙椝（九一公），由晋陵（今常州）迁徙至梁溪万安乡唐平湖畔。其父祧公号新村，遂将父号名其地曰新村，始创族谱。奉椝公为一世祖。（见《刘氏宗谱·思成堂》续修宗谱序）

刘氏宗谱创修于北宋末，明万历十九年（1591）初修，至明天启元年（1621），凡5修，后又续修于清康熙、乾隆、嘉庆、同治和民国9年（1920）、民国37年（1948）。

2008年，刘氏族彦涌伦、泉南等倡议集资第12次续修，孙孚凌撰序。是谱1部3函，22册。

施氏宗祠宗谱

宗祠　石洋支（施家宕）宗祠“敬德堂”，于清乾隆五十九年（1794）始建次进3间，嘉庆十一年（1806）又建首进3间，嘉庆十九年（1814）又建3进6间。族谱称宗祠“左南旷地筑墙为园，置侧门一座，近临唐平湖，远向惠麓峰，盖有山水之奇观也”。祠内有匾额两块：“奉先思孝”“洙泗贤名”，对联一副：“诗书孝友传家法，钟鼎文章炳国华”。

宗祠内旧时设有族氏童学堂，民国年间至1982年作为施家宕小学，1949年4月前是共产党地下党组织的活动场所。

1983年拆除。

宗谱　施氏宗谱肇修于宋绍兴二十年（1150），历经元、明、清、民国，再修、续修凡11次。

2009年（己丑）冬，施氏族彦祥生等为敬宗怀德，睦族敦亲，倡议斥资第12次续修宗谱，历时年余告成。是谱10卷10册。

无锡图书馆存有《锡山施氏宗谱》旧谱残本一卷。

余氏宗祠宗谱

宗祠　新村余氏宗祠“尚义堂”始建于清嘉庆二十二年（1817），位于唐平湖之北，一造三间三厮两侧厢一墙门。咸丰十年（1860），太平天国军队进入村内，宗室门户丹墀尽行倾颓。同治十一年（1872）、光绪三十三年（1907）相继重修。现宗祠尚存原址，部分倒塌。

宗谱　自明初余氏求仁公避淮南抱谱归锡邑，代有族彦倡议续修宗谱。《余氏宗谱·尚义堂》，清乾隆三十五年（1770）初修，嘉庆、同治、光绪、民国36年（1947）续修。

2008年戊子仲秋，新村余氏裔孙仲兴倡议重修宗谱，赖周庄杨家庄、七房巷、薛家埧、倪家巷、申港四巷里、余家巷、阳岐、雪浪向阳、东西旺庄、下塘西圩、锡城内族人通力，集资编纂，历时年余，圆满告竣。

是谱十二卷十四册。

糜氏宗祠宗谱

宗祠　新桥糜氏宗祠“宜振堂”坐落于新桥桥东糜巷东首，创建于清嘉庆二十一年（1816），续建于道光二十三年（1843）。祠宇三楹两进，墙门一座，占地共6分8厘。天井种金桂两棵。1930年左右，后厮因小孩玩火焚毁又重建。

宗谱　《糜氏宗谱·宜振堂》前修于清乾隆、嘉庆、道光丙午、光绪丙子，民国丁巳重修。宜振堂谱系包括玉祁新桥糜氏、武进塘桥糜氏以及柏木桥、金樞湾、石家宕、印桥、黄泥坝、缪家湾、韩庄里、糜家桥糜氏族群。

陈氏宗祠宗谱

宗祠　新桥陈氏支出本邑南门板村，启新公讳鸾（十二世）为新桥支始迁祖，迁居时间无考。陈氏宗祠又称“陈文毅公祠”，在椒村（张皋庄附近）。

宗谱　陈氏宗谱由椒村、新桥等支会合纂修。2017年第八次修缮。

张氏宗祠宗谱

宗祠　玉祁张氏宗祠坐落在玉西张巷，1992年沪宁高速公路用地拆除。

宗谱　张氏宗谱《序源堂》，自明、清、民国，凡十修。

2008年春，经玉祁、余巷、刘庄、葑庄等支合议，另立玉祁支谱，改称《流璜张氏宗谱玉祁支谱·思序堂》。

魏氏宗祠宗谱

宗祠　魏氏宗祠“亲睦堂”位于玉西魏家宕，民主魏巷为魏氏分支。

宗谱　黄巷魏氏始迁祖魏思达之孙魏庭艺由黄巷迁居境内魏巷，魏庭艺为魏巷魏氏始祖。《魏氏宗谱·亲睦堂》重修于民国36年（1947），亲睦堂珍藏。黄巷即今天的玉祁魏家宕，始迁时约为1275年，为元朝初年。

徐氏宗祠宗谱

宗祠　位于玉祁镇西徐家舍。

宗谱　据《徐氏宗谱·十笏堂》记载：“北宋翰林学士敕封开国侯鼎臣公十五世孙华四公起，由无锡北门外石桥头分迁玉祁镇西徐家舍。”

华四公：“宽一公孙，濂公长子。于元末避乱，同弟华五、华六，由松江府华亭县迁于锡邑。待至大明洪武定鼎，卜居锡邑北门外新桥南里石桥头而世居焉。”华四公遂奉为玉祁徐氏始迁祖。

明初徐巷称陈巷，又称石桥头，1950年合作化时期改为徐巷。

宗谱称：“第五世善彰，字元德，号瞻柏，为承事郎。弘治年间岁歉民饥，输粟千石，全活无数生灵。诏旌门闾。乡里俱称“善人长者”，寿七十三岁，葬新阡主穴。配玉祁张氏，子二。”

吴氏宗祠宗谱

宗祠　民主南村头吴氏宗祠位于南村头，为吴氏“至德堂”分祠，建造时间失考。原为三开间，1964年左右，原地翻造八间，曾作为生产队蚕室、仓库和文体活动场所。约在明末，吴氏93世由蓉湖迁移至南村头。

宗谱　《吴氏宗谱·至德堂》有民主南村头吴氏支残卷。南村头吴氏为蓉湖吴氏分支，有族人曾独立修谱。

第十八章　民间故事

民间故事的丰富多彩，是一个地方民众精神生活富裕和文化发达的标志。民主村境内由于历史悠久和村落规模大等原因，民众的文化生活多姿多彩。至今流传着许多神话传说和历史故事，这些传说、故事都与历史事件和居民生活有一定的联系，表达了民众对美好生活的向往和对杰出人物的尊崇，从一个侧面反映了这块土地上的历史演变和居民的精神风貌。

仙人造房

唐平寺北端的新桥，乾隆以前叫“星桥”，新村刘氏星桥分支在这里聚居，原先的木桥改建成石桥后叫“新桥”。在这石桥西堍沿河有幢房屋，东山墙石驳岸墙脚不是笔直的，而是朝河里倾斜着。几百年来，凡目睹者无不惊叹建造时的奇技巧工，并流传着经过仙人指点造成房子的一段故事。

新桥西堍沿河刘家，有位祖先在乾隆十七年（1752）时中过举人。旧社会“秀才”称“先生”，“举人”称“老爷”。刘家中举后就大兴土木，拟建四进厅屋：头进门面，二进墙门，三进三间正厅，后进厨房、堆房。沿河建造厅屋的要求比较高，临河近五十米长的一侧就得先筑石驳岸，并以此为沿河的墙脚。这年春天，刘家请方圆有名望的泥水匠来破土动工建筑，石驳墙脚的用料一律是三尺长、一尺宽的金山石。匠人先用纸筋嵌缝砌石驳墙脚，砌高就倒塌，后改用糯米生矾捣烂嵌缝，砌高后半日到一日，石驳岸也是整个向外倾塌。弄得吃辛吃苦的匠人横竖不是，主家举人老爷疑虑重重。一日，匠人砌好三丈长石驳岸。吃了晚饭，深夜离开刘家时仍是好好的，满以为皇天不负苦心人，总可以功成圆满了。谁知到下半夜又倒塌了。第二天匠人到主家后，早饭都不好意思吃，就呆呆地坐在倒塌的石条上直发愣。

那时正值春暖花开季节，早晨的河面上弥漫着淡淡的水汽，横跨在小河上的石桥桥洞及桥堍两旁的地上亦飘浮着团团晨雾。说来也怪，这时有位穿着破蛀簏簌、披头散发、胡子老长的叫花子正坐在桥上，他面朝东方初升的太阳，背朝着坐在石条上的匠人，口中念念有词：“出一分，不会塌，出一分，不会塌……”像念佛似的数落着。坐在石条上的工头师傅起初只是在苦思冥想，甚至连头都没有回一下。其他匠人也只是看看桥上这位叫花子在自说自话，谁也没有理会，谁也没有声张什么。过了一会，工头师傅似乎想到了什么，突然站起来拍腿大喊：“对啊！出一分，不会塌，出一分，不会塌。”听着工头师傅的喊声，匠人们好像从梦中惊醒似的悟到了“出一分”的道理，都高兴异常，有的附和，有的称赞。“啥人出的点子？”工头师傅开始问在场的匠人。匠人们都讲是坐在桥上的一位叫花子。大家都朝桥上望去，桥上却是空荡荡的，叫花子已经影迹全无，只有淡淡的水汽在桥下渐渐地消散开去。工头师傅心里觉得衣衫褴褛、貌不惊人的叫花子是位高人，马上吩咐众匠人分东西两路追上去，把他请来当面请教指点。结果寻出去二三里路，人影都没看见。匠人们聚在一起，算算叫花子在桥上与离开桥上的时间及他们追上去之间的时间，顶多跑百来步路，因此弄不明白为啥寻不着。“是仙人指点！是仙人指点！”工头师傅高兴地这样喊着。而后众匠人、主家及围观的村民都忘情地这样喊着：“是仙人指点！是仙人指点！”主家举人也感动得连呼：“谢谢仙人指点，谢谢列祖列宗！”

究竟是仙人还是能人，当然无法考证。现在我们只能信其为能人。如果按现在科学道理讲，直砌其墙，由于临河的土质关系，墙重心力下沉后，内里是坚的，外面是虚的，重心就向外倾斜，以致引起倒塌。相反，采取“砌一块，出一分”的工艺，墙的重心力就向里，由于内里土是坚实的，因此，砌高的墙就不会倒塌。事实上200多年来，这里的墙确实没有塌过，站在桥上，可以看到几十米长、七八米高的山墙越到上面越倾向河面，却纹丝不动，临河屹立，故目睹者无不称奇。

（殷国瑞）

消失的八角井

西后一队刘泉法家里的房子，在村里可算得上历史最久，是三间门面，三进深，最后一幢建于清咸丰十一年（1861）。房子有墙门，门前有石鼓门墩，第一进有天井，据说天井里有一口八角井，井里藏宝物，如果谁去打开井盖，里边会有飞刀飞镖出来，传得神乎其神。

据老一辈的人讲，刘泉法祖上也是习武的，家里常常聚集不少年轻人，每天练功练武。三间门面的厅，下面的方砖，都踏碎不少。家大业大必招来是非，有一个姓吴的人，到官府去告密，说西刘庄某某家，在招兵买马日夜操练，图谋不轨，官府得知后派兵下来查抄。这个消息有人提前告知刘家，刘家便匆忙应对，把金银财宝装在书箱里，共有18书箱，藏到刘家湾亲戚家里。对亲戚说有18箱书，暂存这里，以后来拿。县里官派兵来搜查一无所获，看到的都是安劳本分的景象，即回县复命。等官兵走后，刘家到刘家湾亲戚家里去取箱子，拿到箱子打开一看都是书，顿时傻眼了：箱子里的银子去哪儿了？对方理由十足，你们送来时就说18箱书，现在还你的不是18箱书吗？这边吃了哑巴亏，那边发了大财。

大概是这个故事口口相传，传成了刘家八角井里藏宝物。

刘家的祖宅除1949年前靠东一间卖出外，其余到“文化大革命”时还基本完好，墙门、门墩石、大厅里的碎方砖地俱在，只是八角井早已不见痕迹，只留下一个传说。

（刘荣辉）

六品武官“山东大伯公”

清道光、咸丰年间，西后二队刘炳洪的高祖父（忘其姓名，后代称他“山东大伯公”）在山东一个姓王的手下做武官，曾负责军需粮草的押运。山东地方多有尚武风气，加之一些时候社会不靖，盗匪山贼出没频繁，且功夫高强。一个官府武弁，没有相当的技艺压身，要尽到安全押运之责，保一路平安，几乎寸步难行。然而这位刘姓武官在山东供职多年却没有失过手，足见他的功夫高强。

据说有一次押运一批皇粮进京，走的是水路。夏天烈日难挡，船只停靠在树荫下休息，押运人都在打盹。突然之间来了几十个强盗欲劫皇粮，那帮人身手之快，没等这边反应过来，已跳到船上大动干戈。“山东大伯公”发觉时，已来不及操兵器了，顺手把腰里的汗巾抽下，一捋一抖，恍若白蜡杆，执此与敌交手，竟以一敌十，打退了强盗。

他有次回家探亲，刘家祠堂专门设宴接待他，饭后众人想见识一下他的功夫，请他露一手。他叫人拿来十块青砖，叠放在院子里。然后只见他一路短拳，如疾风般掠过，身体欲歇未停之际向那青砖一掌砍去，十砖俱碎，碎块迸出丈外。接着又表演飞镖穿树叶，镖无虚发。最后，他纵身一跃，两根手指钩住一丈多高的金方，稳稳挂在那里。

刘家后代还传说他年轻时在苏州木渎摆场子的事，一些习武的少年去掂他斤两。他扎个马步蹲好，使个“千斤坠”的招式，对方十几个人对他又推又掀，就是没有搬动半步。然而，遗憾的是这位刘姓祖先没有叶落归根，还是殒命在山东。

（刘荣辉）

墙门弄里的传说

清代中后期，新村有个被招进宫里做奶娘的妇人，攒了很多银子，回家就盖了十二间房，南面为墙门，煞是气派。墙门面朝唐平湖，门两旁各蹲一对青石小狮子，更显雍容华贵，并为镇宅院保风水。

墙门阔达，高度超过两米，进入墙门，正厅两侧为板壁隔墙。二重门里是阁楼，进深有八米。地下为过道，阁楼上是摆放祖先牌位之地，称为“阁堂”。

出阁楼过道是一个天井，天井往里为暗弄，这家的成员分别住在暗弄的两侧和前后，每处各建三间房屋，共十二间。

墙门弄里的两扇墙门是不随意打开的，除非有贵客来访或办红白喜事。平时，家庭成员都从东西两侧进出。洗涤、挑水走西面的前巷路，淘米、汏菜、洗衣服则到西坝头的大河滩等，操马桶则走暗弄长廊，到东面的河浜里去洗刷。

墙门弄里有两间厅屋，一间在暗弄左面的第二家，另一间在暗弄右面第二家。右面这家厅内悬有一块匾，名曰“清仁堂”，黑底黄字，长约2米，宽不到1米，为这家堂号。

一个妇人，以一己之力造起这么大一座宅第，颇得乡邻尊敬，大家尊称她叫“京里老太”，把这座院子称为“墙门弄里”。

约在30年代末，新村东有个泥水匠，一次在给“墙门弄里”后人刘宝生家的后厮砌做酒的作灶时掘得一瓮头藏银，也有说是在宝生家后厮砌猪圈时掘得的。这个泥水匠得到这瓮藏银后，没有让主人知道，这个泥水匠悄悄拿回家，但又怕放在家里不安全，就把它转移到离家比较远的猪婆圩河里。过段时间后又不放心，半夜里便把藏银从河里起出来，搬到西坝头的大河滩上，把瓮头拴在河滩木桩上，沉在水下。来年夏天，前巷路和墙门弄里的4位青少年在游泳时摸到这只瓮头，抬上岸，打开一看，见是一瓮银圆，欣喜之余准备分了它。泥水匠闻讯赶来，引起一番争执……

还有传说是“京里老太”留下藏宝单的，一张写着“猪槽对猪槽”，这就是被泥水匠掘得的那处；另一张是“浴锅对浴锅，连乱一藏”。老太后代刘宝生，对此时时琢磨，却终不得要领，在家里反复探掘，也不见藏宝踪影。抗战时期，刘宝生去外地谋生，未曾回家。

“清仁堂”的斋匾，也在1995年左右被刘家后人铲去堂名和髹饰，取其木料用作了床板。

（刘如正　刘三男　刘祥金）

徐善彰的故事

徐善彰是徐巷徐氏的先祖，传说中的大富豪，说他的田“南到阳山，北到横山”。说他房子、仓库多到数不清，所以“驴驮钥匙马驮锁”，厨房附近的八角井大如蚕匾，井底藏金坐车，金砖作为藏银砌在灶头里……说他是大善人，与明代大儒薛方山交情不薄；也有说他为富不仁、惹出官司……由于这些传说都缺乏史料依据，且相关人物生活的时代差距太大，所以都只能“姑妄听之”。

查阅《锡山徐氏宗谱·徐家舍支》，在世表里有徐善彰的记载：“徐善彰，字元德 ，号瞻柏，为承事郎。明弘治年间岁歉民饥，输粟千石，全活无数生灵。诏旌门闾”。乡里俱称“善人长者”，寿七十三岁。妻张氏，子二。

锡山徐氏在元朝末年为躲避战乱由徐彦京（华四）带着弟弟华五、华六由松江府华亭县迁居而来，到明洪武年间又迁徙到锡邑北门外新桥南里石桥头定居，石桥头就是徐巷，徐家舍徐氏是徐巷的分支。家谱载明徐善彰为石桥头徐氏第五世孙。家谱未有其生卒年代，综合世表信息推测，其出生年代大约在宣德年间。

徐善彰官至承事郎，这在明代是一个七品散官，可见他在地方上应该有一定的知名度和影响力。他乐善好施，在弘治的灾荒之年曾“输粟千石，救活无数生灵”，这与传说中的“在大墩摆摊施粥，赈灾济贫”是可以相互印证的，因此他也获得朝廷的嘉奖：诏旌门闾。传说他是玉祁张巷巨富张九老的女婿，似乎也有依据，因为家谱里说他妻子姓张。至于与张家的恩怨情仇、两家的发迹与衰败，由于情节过于离奇，甚至互相冲突，这里不再叙述了。

1968年秋，民主大队整田平地时，曾挖到一座大墓，疑为徐善彰墓，外椁为六块巨石，楠木棺材，但棺内值钱之物不多。徐氏后人拾骨将其葬于今徐巷老宅附近。

“望娘坟”的传说与考证

唐平湖东南角的新村摸石头浜旁边，原有一个大土丘，占地超过一亩。生产队耕作，逐渐剥蚀。到“农业学大寨”高潮整田平地时，被完全夷平。这个土丘实际是个大坟，不过墓主人身份比较特殊，不是本地人，说是姓奚。据新村居民刘兆祥回忆，他小时候爷爷和父亲在每年清明节都会带着他去那里祭坟，爷爷告诉他墓主人的名字叫“侠中”，至于这“侠中”两字怎么写，他也不知道。爷爷还叮嘱他说：“以后我不在了你可以不来祭坟了，但还是要来‘飘白纸’的”。“飘白纸”是农村一种扫墓形式。那个时候，武进县焦溪镇也有姓奚的人来扫墓，他父亲总要去村外迎接他们。刘兆祥是新村刘氏30世孙，他也不清楚这个坟与刘家有什么关系，只知道它叫“望娘坟”。

长辈留下的传说是刘家当年有一个男孩过继给焦溪的奚家，这个男孩后来很有出息，当了大官，但在一次战争中被敌人砍掉了脑袋。皇帝为褒扬他的功绩，赐给他一个金头颅。因为这个人在世时对自己的故乡新村感情深厚，所以他的后代就把他葬回了新村，新村人都把他的坟墓叫作“望娘坟”。

因为这层关系，新村刘家人还受过焦溪奚氏的恩惠。民国后期的一年夏天，刘姓有人摇着船到焦溪的河里去扒猪草积肥，不料误入人家私人的水域，被那家人扣留了船只和船上生活用品。情急之下刘家人忽然想起祖上说起的有个男孩过继在这里的故事，抱着试试看的心理，上岸求见了焦溪的奚姓大先生。这位大先生见是刘家远亲来了，热情招待，马上关照事主归还所扣船只和物品。刘家人回到船上一清点：篷、桅、索、缆、碗、壶、锡（器）、钵一件不少，自是感激不尽，这个故事也就一直流传了下来，在新村几乎妇孺皆知。

2020年发现“望娘坟”墓碑

就在村志编写小组采访整理这个传说时，刘云生老师在自己村边的河滩上发现了一块墓碑，这块墓碑是从“望娘坟”那里搬运过来的。洗掉碑身的泥垢，碑文清晰可辨，墓主人的名字叫“奚之亘”，身份为“例赠文林郎湖南衡山县知县”，夫人徐氏。碑文还显示与他一起葬在这里的还有他的三个儿子奚琛、奚璜、奚环夫妇。“望娘坟”传说中的奚氏官员，确有其人。至此，似乎揭开了“望娘坟”的传说之谜。

为了弄清“奚之垣”与刘家的渊源，村志编写小组设法与武进焦溪联系，查阅《奚氏家谱》。非常巧合的是焦溪奚氏后人也在苦苦寻访祖先之垣公与民主刘氏的关系。武进文史专家陈东夫、奚世明、奚仲欣和范老师热心提供了《奚氏家谱》线索。结合对《刘氏家谱》的解读，查清了刘姓男孩过继给奚氏的家族脉络。原来这个男孩叫刘光晋，字旋吉，为新村刘氏20世孙。他的父亲叫刘钦恒，生有五子，光晋是第四子，过继给焦溪奚慎余，改名奚元祯，字旋吉，时间在明代末年。旋吉生儿子之垣，之垣生琛、玠、璜、环四个儿子。旋吉的二儿子奚玠生宾、寅、寀三子，而奚寅的字叫曰宗。这个“曰宗”对应上了望娘坟传说中的墓主人“侠中”。

奚寅天性颖异，文武双全，家谱上说他“能徒手搏数十辈”。清乾隆三十一年（1766）中进士，先为湖南衡山知县，颇有官声。后为湖北利川知县，因中暑在任上去世。

奚寅的祖父奚之垣，也就是“望娘坟”的主人，毕生以经商为业，乐于助人，在地方上很有声望。《焦溪奚氏宗谱》记载：奚之垣去世后，安葬在“锡邑唐平湖之上村”，这与墓的位置和墓碑上主人的名字吻合。然而，奚之垣一生并未参加科举考试，所以没有功名，也就没有官职，而“文林郎湖南衡山县知县”奚寅本人，则安葬在焦溪。或许是为了表彰奚寅的勋绩，按照清代惯例，朝廷把奚寅的官职赠给了祖父，于是有了“皇清例赠文林郎湖南衡山县知县讳之垣荫亭奚公暨配徐太孺人之墓”的碑文，身份之谜已经解开，而两三百年间的传说则难免离奇，今人已无必要对此考究。真实无疑的是刘氏血脉不但椒衍瓜绵、巍科入仕，而且心系桑梓、魂归故土。

《焦溪奚氏宗谱》记载，唐平湖畔的奚氏墓地，为焦溪奚氏购置，漕粮一直由长子琛的后人完纳。奚氏为焦溪望族，代有闻人，至今不衰。当年奚家为何到远在三四十里之外的唐平湖畔来择地选穴？《焦溪奚氏宗谱》的说法是“因祖茔无余穴”，而刘家后人的理解是叶落归根，孝思不匮。

第十九章　乡贤诗文

《尚书·圣典》云“诗以言志”，北宋理学家周敦颐提出“文以载道”，“言志”和“载道”是旧时文人表达自己家国情怀的重要方式。民主村的先民历来重视教育普及和文化昌明，而且有着务实的读书观。除少数头角峥嵘者追求科举之外，大多数的家庭都以识字明理和耕读传家为目的。教育的普及使得民众胸襟开阔、志趣脱凡，别有一番追求。本章收录的诗文，都是民主村先贤们隽永的歌咏抒怀之作，代表了江南农村文化发展的高度。

第一节　诗存

刘泳（伊在）诗稿

赠隐者

桑麻泄泄蝶蘧蘧，检点身心乐有余。
十亩晚禾乘月获，一庭名药带云锄。
天晴著屐看山瀑，夜静焚香读道书。
尘世是非慵不管，浊醪方熟菊方舒。

哭画麟大姪

几度音书款竹篱，伤心竟赋玉楼词。
文章有鬼鹃声急，时命无天雁影迟。
暖阁春深怜去马，夕阳秋老泣归輀。
铮铮行辈还能几，风雨何堪葬一枝。

道南心许仲容贤，兰树森森总枉然。
铁笛数声双鹤迴，玉虬七尺一棺便。

梦中草色江南路，水底功名岱北天。
从此青箱成废坠，黄花满地锁寒烟。

隐吟

我是江湖老散人，赀无十日亦精神。
笔床茶灶生涯足，更有梅花不厌贫。

晚吟

青蝇依日借微温，寂寂松阴锁筚门。
泣露蹏蛄空吊月，西风吹雨又黄昏。

刘泳（1702—1778），字伊在，号钝庵，郡庠生，新桥二十三世，进士刘秉铉长子。著有《钝庵诗文稿》并杂著若干卷。

刘鸿谟（濛说）诗稿

冬日感怀

投笔斑生曾出关，霜侵两鬓渐成斑。
江心浪拍云端月，驴背人行雪里山。
燕市三年空仆仆，魏风十亩且闲闲。
半生壮志消磨尽，拟订樵渔共往还。

梅花

装点寒林别样新，卧残纸帐共谁论。
颇宜魏晋谈禅处，似薄羲皇后代人。
淡月影分孤岭瘦，微风香透一帘春。
清狂诗兴凭长助，欲种年年未了因。

挽姪画麟

阿咸十七擅文章，客邸魏徂秋夜霜。
雄子乌夭长吉死，俊才端的忌苍苍。

空负才情第一流，功名误尔葬荒丘。
从今收拾残书籍，焰不秦王死不休。

黄金台畔雨苍凉，游子何心恋帝乡。
死却儿驹骨未买，燕人犹自诧昭王。

北望长安泪满眶，南来飞雁已无双。
天涯地角伤心句，千古流传十二郎。

刘鸿谟（1707—1763），字濛说，号学圃，授文林郎。新桥二十三世，乾隆壬申年（1752）恩科顺天乡试中式第十七名，中举人，有《恰受航诗稿》等杂著数种。

刘泰（书度）诗稿

辛卯北上舟阻高邮与昆山邱鹿城联句

高挂轻帆向北游，可人千里幸同舟。
谭经时挟青云志，学古欣逢丹桂秋。
汗血马应邀一顾，骊珠龙自惠千州。
勋名端在题名始，伫看银河涌月流。

戊子榜前一日留别广宁汪皃汀昆季

禅榻青灯夜不眠，文坛砥镞欲忘年。
可怜节届题糕后，风雨分飞各一天。

晚泊郑家口

风帆系缆暮何之，放脚行行有所思。
且向旗亭闲贯酒，双鬟听唱白云词。

追感诗

省试旋家剧病侵，向儿频问夜沈沈。

青灯故我依然在，空负重泉一片心。

丹铅脱手尚分明，遗泽依依莫漫轻。
谁道父书不忍读，读时还得听无声。

节近重阳采菊天，落英萧瑟委寒烟。
父兮殁后兄还病，风雨匡床忍独眠。

闭户潜修太上民，恂恂厚德饮如醇。
路旁妇女知垂泪，道是青城第一人。

刘泰，清雍正乙巳至乾隆庚戌（1725—1790），监名敬躬，字书度，号半钱，国学生，例赠登仕郎，新桥二十三世。

刘霖（具旃）诗稿

渡芙蓉湖

携杖闲寻处士庐，稻田漠漠水通渠。
绿蓑青笠谁家子，落叶湾头坐钓鱼。

秋夜吟

秋风瑟瑟秋林陌，秋水盈盈沈皓魄。
一片清光万古明，夜深独照霜天碧。

太湖晚渡

扁舟轧轧傍湖行，欸乃渔歌耐客听。
一带轻烟笼古树，鸟啼花落半山青。

同友登山绝顶

欲纵登高志，同攀领上溪。
振衣怜日近，平觉步山低。

含笑花偏馥，无名鸟自啼。
苍茫烟水阔，孤棹夕阳西。

渔歌

和风暖日树含烟，晒网斜临古岸边。
倒尽瓦瓶沈醉后，一声飞渡蔚蓝天。

登锡山望远亭

摄衣上层麓，俯瞰临绝谷。
鸟语入晴岚，钟声起朝旭。
孤松特插天，古寺闭幽独。
累累如螺峰，参差就湖浴。
但见白云飞，英英蓊山曲。
凉风岩际来，超然绝尘俗。
坐久却忘归，夷犹豁心目。

梁溪舟中

扁舟轧轧梁溪道，梁溪山水相迴抱。
停桡日落碧云西，水色山光镜中老。

秋郊晚步

落日淡孤村，野水平堤绿。
鸟语夕阳低，蝉声媚空谷。
迢迢岩际云，簌簌风中竹。
携杖踏烟莎，惊起双鸳宿。

书窗偶题

地僻心偏远，居闲有草亭。
结交聊避午，处世不为萍。
听雨凉生室，题梅香满庭。
不知人尽醉，但识我常醒。

和友题湖上小隐原韵

曲涧迴汀路不穷，参差云树小桥东。
一堤烟锁华山月，十里帆开吴苑风。
石径苔轻芝尽紫，桂花香暖酒初红。
幽居自得清闲乐，胜地相将我亦同。

书斋秋夜

院静重门掩，风轻小阁凉。
窗含一树月，菊傲五更霜。
塞雁惊寒过，邨龙吠漏长。
凭阑无限意，灯火伴昏黄。

闲居

居贫何所事，始觉清闲妙。
掩卷无与言，逢人但微笑。

湖上归舟即景

野树悬青嶂，惊鸿入紫冥。
溪光收落日，村火起寒星。
匹马三叉路，孤帆十里亭。
行从归客晚，蒲柳望中零。

野步

偶从林下步斜晖，麦秀渐渐绿未稀。
稚子不知春已暮，牵牛笑说豆花肥。

野望

平楚苍茫黛色横，暮烟深锁夕阳轻。
帆开吴苑千峰秀，水入梁溪一带清。
断续渔歌归别浦，抑扬雁唳破愁城。
青霜几夜丹枫冷，闲倚长松看月明。

渡口

景色遥看雨后鲜，淡烟疏柳暮江天。
一堤灯火秋风里，知有渔舟宿苇边。

即景

容膝自安山水客，白云数点供朝夕。
有人问我近如何，赤足科头扫苔石。

寒窗漫兴

无端终日坐南窗，宿雪初消气渐凉。
参破禅心唯有静，过来世界若为忙。
已灰枯木还余火，半死寒梅更冒霜。
株守年年成底事，懒斟浊酒对斜阳。

寒食作

桃花缭乱柳含烟，冷雨疏风寒食天。
灯火夜深人倦后，隔帘犹自话秋千。

效古促促曲

促促何促促，白云蓊山曲。
夜半露华浓，蛩声相断续。
金钉落尽琵琶寒，录曲匡床和影宿。

九日同友自彩云院访菊至凤阜登文昌阁即景

乍晴天气晚凉吹，胜友闲行过水湄。
尽兴待看元亮菊，悲秋却忆少陵诗。
帘垂细草轻烟里，树带明湖返照时。
今日登高谐旧约，数声啼鸟送归迟。

刘霖（1723—1778），一名正模，字具旃，新桥人，泳长子，二十四世。有诗传世。

刘炳奎（南一）诗稿

题高秀峰武陵纪游诗后

不羡君游浙，独羡君才绝。
自来诗画擅无双，还借湖山吐奇谲。
湖山秀出谁与京，诗画因之精益精。
天然丘壑胸中生，烟云笔底交纵横。
前白傅，后髯苏。
残碑苔蚀空模糊，披寻所到求异书。
鲸吞鳌掷惊迂儒，我还愿君涉汉广。
到蜀黔，奇峰怪石开森森，回把浙游笔纪。
此来往，因淋漓，泼墨更通神。

踏雪

梅花一样不飞香，结伴寻来路渺茫。
诗思正添驴背上，高风好并孟襄阳。

九月望日

先慈忌辰，每岁邀群弟解馆祀之。今偏阴雨有阻，两弟赴皖未归，感而赋此。

岁岁重阳后六天，每思慈母泪潸然。
今偏阻断风和雨，梦里空教设几筵。

再四丁宁付阿连，归帆底事隔秋前。
云山怅望千余里，此日应哦陟屺篇。

刘炳奎（1782—1844），一名鼎寅，字聶堂，号南一，新桥二十五世。

刘荣奎（蘅矼）诗稿

寄怀集唐八首

故乡山水露依稀，一夜风帆去似飞。

晚浦更无船并宿，寒塘好与月相依。
不知谢客离肠断，争得东阳病骨肥。
唯有别时时不忘，河梁落日上征衣。

何处春阳不断肠，露如轻雨月如霜。
十年失路谁知己，一夜征人尽望乡。
苦恨亲交多契阔，可怜天气好年光。
辞劳暗逐花枝尽，怪得东风迸异香。

东风沈醉百花前，不羡乘槎到汉边。
吴国地遥江接海，洞庭春尽水如天。
相思相见知何日，多病多愁损少年。
若有片帆归去好，晴窗检点白云篇。

一片花飞减却春，柴门空复锁松筠。
不知贫病关何事，几许悲欢并在身。
卜肆至今多寂寞，桃源一向少风尘。
何时相见长相对，一盏寒灯共故人。

只合尊前咏旧诗，我诗多是别君辞。
贫交此去无他赠，故国平居有所思。
莫恃善题鹦鹉赋，相期更在凤凰池。
江城春日追随处，唯有垂杨管别离。

客中相见客中怜，忽漫相逢是别筵。
魂梦俱随花坞下，闲吟多在酒旗前。
高人屡解陈蕃榻，壮志仍输祖逖鞭。
徒有寸心思会面，不知何地又何年。

东郊风物正薰馨，愁见河梁酒幔青。
此别应须各努力，昔年相见已忘形。

因思往事成惆怅，直欲题诗问杳冥。
莫道骚人在三楚，醉中高咏有谁听。

天涯风俗自相亲，况复荆州赏更新。
纵酒欲谋良夜醉，踏花同惜少年春。
非穷非达非高尚，多贱多贫多苦辛。
倘遇吾乡旧知己，还应说着远行人。

刘荣奎（1789—1841），一名鼎椽，字翼唐，号蘅矼俏生，新桥人，二十五世。有诗集一卷。

糜浚宣（琢斋）诗稿

琢斋五十有感 并序

韶华逝水，一转瞬间，头童齿豁矣。盖已庄子知非之日，尼父知命之年，而追怀先哲，愿学未能，良用歉然。忆自幼年诵读，壮岁游庠，几战棘闱，空负文章。庚辛之后，世变沧桑，乃捐进取，山水徜徉，龙蛇起陆，不问玄黄。茅店樽酒，鼓吹诗肠。兹值掌修家乘，公余之暇，为赋四章，以抒所怀。回首畴昔，壮志何如，至此已消沉乌有。所幸者长子士桢，已由震旦大学毕业，供职陇海铁路差次。次子士楠，亦由江苏省立第五中学毕业，转入医学专门学校。二儿性尚朴诚。孙毓熙，虽在襁褓，亦颇伶俐，抱膝弄孙，大足消娱。晚景著书闭户，自多岁月余闲，倘有引而教之，以匡不逮，则幸甚焉。是为序。

民国六年重九节　琢斋氏浚宣自述

频年锐气已全磨，五十韶华一瞬过。
白发生新添鬓际，青矜依旧被肩窠。
立名远媿买臣少，寡过徒怀伯玉多。
回首前修知抱歉，空吟宁戚饭牛歌。

搔首空惊岁月流，知非学问让庄周。
壮怀千里春初梦，心绪万端忙里愁。

闭户校书消俗韵，编篱种菊补清幽。
烟霞笑傲存吾素，闲步桥边任钓游。

倏忽已交服政年，低徊往事益怅然。
泽承先世书空读，衣付孙枝钵欲传。
太息沧桑逢厄运，伊谁勋业著凌烟。
家居幸得无羁束，剩我鬓霜伴柳眠。

衰朽凭将世虑抛，撚须还欲学抽毫。
香添红袖诗偏捷，酒酌青螺饮更豪。
七步徐闲娱晚景，一般伟业望英髦。
荣枯原识先天定，参透玄机品亦高。

糜浚宣（1868—？），原名世璋，字琢斋，新桥桥东人。光绪二十五年（1899）己亥瞿宗师拔取入泮第六名。

秦琦诗选*

圩田早租

一

芙蓉圩是旧时湖，水绕洼田十万区。
齐祝年年涨痕浅，红莲香稻早输租。

二

不须扑满贮金钱，多卖杨蒲圩上田。
水稻登场霜未降，城中早有送租船。

蓉湖卖客

湖干多是贾人家，北棹南帆道路赊。
昨夜恰才归路口，明朝又复上长沙。

五牧

五牧桥边古战场，坏城遗垒总荒凉。
欲寻麻尹将军庙，老树寒鸦噪夕阳。

唐平寺

唐平寺宇浸成湖，陵谷桑沧岁月徂。
欲认前朝清净地，水心尚有旧时墟。

九月玉爪蟹

秋深时候蟹偏佳，玉爪霜螯净似揩。
一束寒蒲何得处，朝来先上玉祁街。

食肥珍品

灿稻登时黄雀飞，香粳熟后鹌鹑肥。
张罗夜入芦花里，风露满天寒湿衣。

*秦琦（1766—1821），无锡人，清代嘉庆年间诗人。明代兵部尚书秦金九世孙，中共早期领导人秦邦宪的五世祖。

联语

施氏宗祠联

诗书孝友传家法
钟鼎文章炳国华

施之勉挽鲁迅先生联*

田不见龙沪江月冷
市无屠狗易水风寒

*此联摘自上海鲁迅纪念馆编的《馆藏鲁迅哀仪有关文献》一书。

第二节　文摘

石洋施烈女传

薛葆煌

发匪之乱，闺阁中以烈行贞操著者，岂独通都大邑、诗礼之家为然哉？下至穷乡僻壤，雾鬓风鬟，亦未尝无人也。特揄扬者少，故湮没而不彰耳。如新村之施烈女，可以传焉。

烈女姓施，名多妹。其父秀甫，以乐善好施闻于乡，烈女其四女也。年十六许字于礼社后巷吕姓，时咸丰十年，发逆下窜，苏常沦陷。七月初六日，贼又下乡，到处搜掠，草木皆兵。

烈女扶母而逃，中途遇贼迫胁，将行无礼。烈女不从，贼怒将刀戳其面，眼珠出焉。又持矛刺其胸，洞穿于背而死。呜呼惨哉。夫烈女以乡曲一弱龄女子，既未深受诗书之训，而能从容于危难之间，矢地不屈，白刃可蹈，白璧之躬不可玷也。其冰心劲节，以方诸断臂毁耳之名媛，何多让焉。谁谓乡曲间无奇女子乎。

吾因之有感矣：以烈女之奇节，固宜上达天听，邀异数之褒嘉，乃不惟阐扬之不逮。而乡里间且相率忘之，何不幸之甚也。然则凡如烈女，而幽光之历久不发者，何可胜数哉。古人云：十步之内，必有芳草。今观于施烈女而益信。

光绪三十二年丙午孟秋

拣选知县薛葆煌撰

（摘自《施氏宗谱》）

坤源先生序

殷曰同

刘君坤源，为余同庚友，老成练达，少习圭然术。世居青城之新桥镇，河水萦带清且涟，宜于酿秫。黄花开放时，坤源辄湑酒其间，一时士大夫莫不视为酒泉之郡。间尝与质卿叔作竹林之游。每遇春秋佳节，邀锡和刘君为一小时之饮。刘君即坤源之从昆弟、质卿之女亲家、而余之同学兄也，饮量亦素豪。坤源虽不善饮，雅能周旋其间，非有要事不遽分袂也。

清季时豪杰多乘时奋发，锡和、质卿先后幕游金陵，为救国之计。余以知音久别，郁郁卧床几乎病不能起。坤源则经纪多方，奔走于苏、松、常、镇间，每岁获赢余无算。营槽坊于玉祁东市，计建筑费二千余金；营茧行于新桥东堍，计建筑费二千余金。复置常稔之田若干亩。家中陈设应有尽有，创业成家为余等冠。信乎！勤俭可以致富也。顾世有善于理财而不善于散财者，往往贻人以悭吝之讥。坤源既能理财，又能散财。试观其修桥补路，慷慨解囊；救急济贫，殷勤发粟，类多仁人君子之风。他如烧券已债，孟尝君无以过此；排难解纷，鲁仲连何多让焉？则又吾侪所尽知尽见者也。

民国光复，诸君得意归来，余亦顽健如常，相与酬酢者又六七年矣。昨承坤源招饮，询知刘氏今年续修宗谱，锡和综其事，坤源分其劳，以族大且蕃之重任，得二君为之调燮，当必能措置裕如者。敬宗尊祖，睦敦伦之雅意，于二君有厚望焉。

中华民国九年仲春之吉

弟殷曰同撰赠

（摘自《刘氏宗谱》）

新桥糜巷记

糜赞治

距锡山之北三十余里有一镇焉，名曰新桥。新桥河纵贯南北，桥架其上，康熙朝里人因其圮而重建之，故名，遂以桥名名镇。镇居青城市之中部，吾糜氏栖其东，名曰糜巷。东倚凤阜，南挹平湖，西望礼社，北瞻玉祁。山明水秀，水陆交通。溯自明远公卜居于此，历数世而蔚成大族。咸同之际遭太平军乱，村落几墟，自是以来又垂六十年，生聚教训，顿还旧状，今且以僻壤而名闻于世矣。兹值续修家乘，绘为一图，以觇来兹之昌大焉。

（《糜氏宗谱·新桥糜巷记》）

先母冯孺人事略

糜文溶　文谟　文灏　文焕

呜呼！抱终天之恨，生罔极之悲，而抢地呼天，百身莫赎者，孰有如不孝等哉！念先母质朴俭勤，自织纴以至升斗，皆躬亲操作，十余年无或懈。接人以礼，和光蔼然，戚鄙未尝有间言。而治家严毅，见者皆肃然，无敢戏豫。言动有章，克尽妇职，故祖父母绝钟爱之，谓糜氏得此可无内顾之忧。戊戌岁生不孝文溶，甫离襁抱，而辛丑岁又生不孝文灏。乙巳、戊申岁又生不孝文谟、文焕，皆自哺乳，益任操劳而躯体素弱，步履多艰，加以外而蚕桑，内而井臼，动作勤苦为强者所不如。居恒又时召不孝等侍立讲解，间或教以为人处世之道，广譬曲喻，必使明白晓畅而后已。呜呼！心力至此已隐耗矣。癸丑岁遽因痼疾不起，竟弃不孝等而长逝。呜呼痛哉！呜呼痛哉！时年三十有七。倘天假之年，俾不孝等渐次长大，或可稍体心力，自不至过事刻苦以至如此。即或病绵岁月，使得延医问卜，聊尽人事，纵仍不起，子心亦可稍安。而今已矣，无复言矣。平时生子累累，人皆谓吾母多福，孰知日日受儿等之苛求，事事受儿等之累迫，左支右绌，缝纴补缀，至死未曾得片刻之安闲，兴言及此，不孝等将何以对吾母哉。况更质陋业荒，未能致力经史、竞誉学界以酬万一。又复侍奉无状，罹此鞠凶，终身待罪，知亦无补，痛哉。

今当续修家乘，计惟将先母始末陈其崖略，以待当世名公采择，为之立传，以垂久远，是则不孝等所泥首而深望者耳。

时民国六年丁巳菊月之吉

不孝文溶 文灏 文谟 文焕稽首谨述

附：

民主籍知名人物著述书目一览

刘鸿谟：《恰受航诗稿》

施之勉：《古史摭实》《汉史考》《史汉疑辨》《史记会注考证补》《后汉书集解补》《汉书补注辨证》《史记冢墓记》《秦会要》等

糜若然：《妇科典型病例精析》《现代妇科肿瘤诊疗手册》，《妇科肿瘤基因诊断与治疗》（合著），《新编实用妇产科手术技巧》（主编）

糜若如：《中国少数民族声乐教材》（合编），《如歌岁月·糜若如声乐教学与实践》

糜文焕：《今日之儿童美术》，《幼儿园四季读本》（林荫著、糜文焕

绘），《自然图画故事》（糜文焕绘）

糜文开：《漂鸟集》《奈都夫人诗全集》《泰戈尔诗集》《印度文学欣赏》《爱贻集 》《印度三大圣典》《莎昆妲萝》《印度文化十八篇》《文开随笔》《文开随笔续编》《印度两大史诗》《印度文学历代名著选》《印度历史故事》《黛玛莺蒂》《颂歌集》《诗文举隅》，《中国文学欣赏》（合著），《采果集》（合著），《泰戈尔小说戏剧集》（合著），《生如夏花》（合著），《圣雄甘地传》（合著），《诗经欣赏与研究》（合著），《新月集》（合著），《普雷姜德小说集》（合著）

裴溥言：《经学概述》《中印文学研究》《诗经研读指导》《诗经相同句及其影响》《诗词曲叠句欣赏研究》《诗经评注读本》《欧阳修诗本义研究》《诗经比较研究与欣赏》

刘宝善：《药用生物学》《医药植物学》《药用植物的栽培和应用》《祖国医药和西药汇合刍议》《经济植物辞典》（翻译）

糜赞治：《人工呼吸法》《新中华生理卫生》《新中华自然课本》（合著），《新中华教科书》（编著）

糜文溶：《印刷字典》

糜文定：《照相凹版制版工艺》《照相凹版印刷工艺》（合著）

刘秉夫：《伤科指要》《贴敷疗法》《腰腿痛防治和食疗100法》《临床中医骨科学》

糜若虚：《材料与设计》《大型电动高速给水泵》（编译）

吴涌根：《新潮苏式菜点三百例》

刘文龙：《简明生物物理学》《膜生物物理学》《生物膜与脂质体技术》《生物物理学实验》《生物物理条目400》《生物物理学概论》（译著）

施光亨：《两岸现代汉语常用词典》（合编），《汉语教与学词典》（合著）

王绍新：《隋唐五代量词研究》《课余丛稿》《老街轶事》（译著）

余小兴：《风洞天平测量技术》《飞机空气动力学》

余大南：《防锈油脂与乳化切削油》

刘伯胜：《水声学原理》（教材、主编）

魏汉卿：《现代管理基础》《港口装卸工作组织》

糜若兮：《小侦探：金色童年书库》《玩中学课文》《十大故事》（合著）

刘志铭：《核电专业英语》（教材）

刘冠峰：《机器人科学系统·施普林格高级机器人报告》（学术专著）

施正宇：《中国古代歌谣精品赏析》（合编），《中国语文大词典》（合编），《原原本本说汉字》，《汉字的故事》（获第八届全国图书“金钥匙”二等奖），《新编汉字津梁》

第二十章 人物

第一节　人物传略

施之勉

施之勉，字敦临，光绪十七年（1891）农历二月初一，诞生于施家宕，1990年1月18日在台北市荣民总医院逝世，依据中国旧历算法，享年一百岁。

施之勉幼年在乡村私塾读书，每作一文，辄获塾师及叔伯辈之赏识。后与胞弟奎临同染江南流行病桑叶黄，奎临夭折，施之勉病弱近四年。

清末宣统年间，施之勉考入四年制常州中学堂（后改名江苏省立常州中学），先后与同邑国学大师钱穆、音韵家兼诗人刘半农、国乐作曲家刘天华、共产党早期领导人瞿秋白做同学。施之勉初次接受新式学校教育，对数、理、化大感兴趣，惜家贫，无力购买西文参考书，遂转而攻读文史。中学毕业后，任乡村小学教师，开始其长达60余年之大、中、小学教书生涯。

民国4年（1915），南京高等师范学校初创成立，施之勉投考文史地部，名列总榜第一。在校期间受江易园、柳翼谋、王伯沆、刘伯明等大师之教诲，学问大进，尤醉心新思想，虽未直接参加“五四运动”及“少年中国学会”等团体，却与南京少年中国学会会员过从甚密，抵掌论天下事。因患神经衰弱，休学一年，而于民国9年（1920）毕业。

施之勉

在南高暑期学校，初识沈韵秋女士。沈韵秋毕业于江苏省浒墅关省立蚕桑专科学校，系时代之新女性，两人共同向往自由恋爱，却遭到无锡保守派报纸之批评。因施之勉年幼时，即由父母作主，与乡间一少女订有婚约，且已以童养媳身份住进婆家。施之勉坚拒旧式婚姻，遂于民国11年（1922）在上海一品香饭店，与沈韵秋举行婚礼，贺客仅少数同情自由恋爱之亲友。

南高毕业后，赴河南开封省立第一中学任教一年，授西洋史等课程，对于破除内地封建思想及闭塞风气，颇有贡献。民国10年（1921）至14年（1925），在南洋华侨领袖陈嘉庚创办之福建厦门集美师范学校任历史教席，兼教务主任，延聘钱穆先生等人到校任教，师资阵容为一时之选，影响海外各地华侨青年至为深远。

后因罹患脚气病，辞职回无锡乡下老家休养。因家贫，每日三餐食粥及腌菜，幸赖二姐夫唐麟祥医师之治疗，及先母之悉心照料得以痊愈。次子适于此时诞生，乃取名去病，盖庆祝霍然而愈，且含有期盼儿子成为今之霍去病之意也。病愈，到江苏省立扬州中学任教一年。

民国17年（1928）至26年（1937）夏，在家乡省立无锡师范任历史教员，以学问渊博、见解超卓、思想开明、爱护青年著称，为抗战前江苏省最著名教师之一，选任江苏省中学会考命题及阅卷委员。在家乡无锡教书近十年期间，因待遇较高，每年有储蓄，赎回父亲施耀泰昔年变卖之几十亩良田，继母郑氏及幼弟欢临十口之家，在抗战期间赖此生活。

民国26年（1937）七·七事变发生，同年十二月，施之勉携全家入四川避难。先在合川国立二中任教，民国29年（1940）到巴县界石场蒙藏学校，任专修部历史教员，启导蒙、藏、回、苗等族青年认识祖国之文化历史，旋入中央政治学校研究部历史组任研究员。时已年逾五十，始有志于著述，撰写《中华国名解》《殷亳考》《秦官多同六国考》《太史公行年考》等论文20余篇，发表于重庆时代之《东方杂志》，引起海内外学人之重视。成书《古史摭实》一册，获教育部学术奖。钱穆先生为《古史摭实》撰序，除推崇其学术价值外，并述及著作时之艰困生活背景，誉其为今之醇儒。

抗战后期，任国立边疆学校副教授、教授，兼研究部主任，著《汉史考》一书，又获教育部学术奖。抗战胜利后复员，应桑梓父老之坚邀，出任无锡县立中学校长，虽谦称非行政长才，却在两年半任期内建树良多，重视艺术教育，建造音乐教室，添购钢琴及其他乐器，奖励体育人才，无锡县中篮球队一时成为江苏省之劲旅。购买大量图书及仪器，充实教育设备，延聘毕业于西南联大、中央大学等著名学府之青年教师，开创战后之新风气，现县中已改为无锡市第一中学，施之勉先生列名创办人之一，受到家乡后代之永远怀念。

民国37年（1948）十二月，施之勉与先夫人沈韵秋偕同三子亦龙、幼子肇锡到台湾，与时在台南棉麻试验所工作之长子名南团聚。先在嘉义女中、台南二中任教，后应台南工学院之聘，任国文教授。成功大学成立，任中文系主任，年逾80始退休。在台40余年，因生活安定，著作益勤，大多发表于《大陆杂志》，系该刊之最老投稿人。留有多种著述传世，重要著作有：《史汉疑辨》《史记会注考证补》《后汉书集解补》《汉书补注辨证》《史记冢墓记》等，屡获台湾省教育厅、中正、中山学术奖，并膺任台湾研究讲座教授，此系学术界之一项殊荣。

施之勉先生一生淡泊名利，性格狷介，虽关心国事，从未参加任何党派；虽注意家庭之基本物质生活，从未妄取非分之财；虽常处贫困之中，仍好学不倦，不改其读书著述之乐，诚今之醇儒也。

（根据无锡文史资料第23辑《海鸿乡音》施肇锡文改编）

刘宝善

刘宝善，清光绪二十二年（1896）年生，玉祁民主村新村人。1920年，考入南京国立高等师范（后改名东南大学）生物系。毕业之后曾在江苏省立第三师范学校任教。从1924年起先后在北京清华学校、清华大学任教。在校任教时曾得到当时也在清华任教的美国摩纳尔大学生物系教授克腊生氏的指导，使他在生物实验技术和标本的采集方法上获得了较高的造诣。刘宝善非常重视我们国家的医药遗产。他认为有许多药用植物没有被大家所认识和利用，而我国药用植物的资源是十分丰富的。如果善加利用，可以说是取之不尽、用之不竭的。他很早就立下了志愿，要以自己拥有的生物科学方面的知识和技术，用来开拓药用植物学和生药学这个学术园地，为保障民族健康，提高民族体质作出自己的贡献。

1938年，抗日战争爆发后的第二年，他来到战时首都重庆。为了培养药学人才，以应战时的紧急需要，他积极参与了筹建歌乐山国立药专的工作。与同事一起克服办学条件差、政府拨款极其有限的困难，夜以继日地工作，把学校办起来了。他一面担负筹建学校的行政方面的工作，一面广泛涉猎和研究了中医药的经典著作，探讨先辈们在这门科学中的成就和不足，还为学生讲授药用植物学。这时他还兼任了国立中央大学分校的主任。其时学校刚从南京迁来重庆，各方面的工作都还没有走上轨道，这些对于保证教学质量是极为不利的。为了使学校很快能由搬迁后的混乱局面走上正规化，刘宝善为此付出了大量辛勤的劳动，取得了显著的成就。

1945年8月，在抗战胜利前夕，刘宝善以访问教授的身份由教育部派往英国诺丁汉大学，与该校药学系主任国际著名生药学家屈礼士氏共同研究气孔指数、脉间区等，为植物分类学和生药鉴定创立了新的方法，发表了多篇有价值的生药学论文，得到国际的好评。

1947年，刘宝善归国应浙江大学校长竺可桢的邀请，任该校理学院药学系生药学教授，为药学系募集生药标本和精密仪器做了不少工作。他在教学之余，还对杭州一带栽种的18种中药的生药鉴定进行了大量的研究工作。在他的精心指导下，制作了一千多种药物标本，精心加以分类。在两年间，先后编著了《药用生物学》《医药植物学》《药用植物的栽培和应用》等几种著作，同时还发表了多篇学术论文，在科学水平上较前又有所提高。

1949年，杭州解放，他把全部精力贡献于药学系， 一心想要把该系办成有自己特色的一个科系。从 1951年起，他被聘为药学系的主任。这时他虽已年过半百，但精力充沛，他还为开展药学会杭州分会的工作，花了不少时间。他的这种工作态度，当时和他共过事的人，没有一个不佩服的。他像所有的进步知识分子一样，将自己的知识和技术无私地奉献给人民。

1952年，中央人民政府高教部对全国高等院校实行调整。刘宝善奉调到解放军军事医学科学院药物学系，任生药室主任。在他的全面规划下，全室同志一起运用生药学的系统知识，对中药作了整理，特别在科学化和规范化方面进行了大量工作，研究出一种名叫七宝饮治疗疟疾的药物。他们热情地面向部队，积极地为基层服务，部队战士们都把他们看作是自己队伍中的一员。

1955年，中共华东局血防局倡导用中药治疗瘟神血吸虫，刘宝善参与了这项工作。他遵照预防为主的方针，选择了多种菊科植物，与同他一起工作的同志，从生药的鉴定和栽培到提取有效成分，再到药理临床试验，一步一步切切实实地做起，取得了很好的效果。

在此同时，他对中药驱避剂，某些中药的化学成分，及数十种生药抗癌作用的定量研究，也获得了很好的成绩。后来，在他的领导下，常用军用毒剂中毒的中药过筛和中药实验治疗，以及对某些中药的药理作用的研究也都有显著的成绩。他为这一科学事业奉献的心血和汗水，是无可计量的。

1960年，刘宝善到放射医学研究所担负起攻克放射病的难关，对多种中药反复筛选、鉴定，提出了有效的防治病方案。他研究的止血、抗癌、麻醉药物，都得到了临床验证。他的棉油节育理论引发了世界各国棉酚避孕的广泛研究，取得实际应用效果。

在“文化大革命”中，刘宝善也像所有正直的知识分子一样，遭到了种种迫害，受过不少折磨。被下放回无锡。这时他已年逾古稀，在极端困难的条件下，继续钻研中医药理论。

1983中，他虽年高离休，但他仍然关心国家医药科学事业的发展，热情地接受来自各方的咨询，还主动地向有关方面提出建议。每天坚持书写达6小时以上，完成了40万字的《祖国医药和西药汇合刍议》，翻译了200多万字的《经济植物辞典》，还写了几十万字的随想和回忆。在耄耋之年，完成如此巨大的写作任务，如果没有对国家和民族的高度责任感，没有对科学的高度热情，是不能想象的。

刘宝善在他的一生中，很注重对青中科技人员的培养。他对年轻一代工作上关怀备至，技术上循循善诱，为我国培养了一大批德才兼备的药学工作者。其中不少已成为著名的专家、学者。1988年5月，刘宝善因病医治无效，病逝于北京，终年93岁。

施丽清

施丽清，又名施二宝，施家宕人，生于清光绪二十二年（1896）10月10日。祖父及父亲均是贫苦农民，家中的唯一产业是半亩薄田，生活十分艰辛。1903年起，施丽清到隔壁堂叔父施协品家上了两年私塾。1905年，因生活所迫，中途辍学给地主家放牛。

民国5年（1916），施丽清随同母亲和新婚的妻子一起，来到了苏州舅舅家，母亲在舅舅的豆腐作坊内做些零活，妻子则给建筑商敲石子以换取微薄的收入。民国7年（1918），施丽清的父亲逝世了，家里的生活更困难。40多岁的母亲就偕同施丽清一家数口离开苏州，来到了上海。经亲戚介绍，施丽清进了地处沪西周家桥地区的上海申新第一棉纺织厂（今上海第二十一棉纺织厂）当一名加油工。

施丽清

施丽清肯吃苦、爱帮忙、为人诚恳，很快便赢得了大家的尊敬，再加上他识得几个字，因此，在他周围经常聚集着一批年龄相仿的工友。

民国10年（1921），中国共产党在上海诞生，党成立后，就把领导工人运动作为党的中心工作。在1921年到1924年，党的许多早期领导人，纷纷深入工人中去，创办职工夜校，用各种形式开展工人的启蒙教育，灌输革命思想。沪西周家桥地区也办起了“工人讨论会”等形式的学习场所，施丽清等都参加了“工人讨论会”的学习和活动。

党的启蒙教育，点燃了工人心头的火焰，施丽清和吴福星、姜祥浩等一起积极地投入为争取自身解放的工人运动中去。当他得悉当时的革命中心在广州，便十分向往，想到“离革命近一点”的地方去工作。

民国14年（1925）初，施丽清等工友被招工到了广州，但令他没想到的是，一踏上广东的土地，就被投入了兵营，强令接受军事训练。受了骗的工人们愤怒了，他们坚持不换军装，不接受军事训练。结果，全被集中关了起来，丧失了行动自由。施丽清审时度势，一面安慰大家，一面决定暂且做些让步，再慢慢寻找机会脱身。于是，他们开始接受军事训练，施丽清还当了连长。

民国14年（1925）5月，第二次全国劳动大会决定正式成立中华全国总工会。6月爆发了省港大罢工，震撼着广东省内外，罢工指挥部——省港罢工委员会也威名远扬。施丽清和工友们多次商量，决定联名给中华全国总工会和省港罢工委员会写信，揭露受骗真相，呼吁营救。

中华全国总工会和省港罢工委员会接到施丽清托炊事兵寄出的信后，十分重视，立即派人营救，经与军队再三交涉，1926年初，他们才被放出，重新得到了自由。施丽清和同去的上海工友进了省港罢工委员会办的工人学校学习，大家普遍提高了阶级觉悟。施丽清认识到工人不革命就是没有出路，只有打倒军阀，打倒帝国主义和官僚买办资本家，中国才有希望。

民国15年（1926），时值广东革命形势剧变之时，革命的力量与反革命的力量正在作生死搏斗。省港罢工委员会根据党的决定，在工人中大力发展党员，壮大革命力量。就在这期间，施丽清加入了中国共产党。

民国14年（1925）6月，申新一厂成立了工人自己的组织——工会。7月，又成立了申新一厂第一个党支部。民国15年（1926）年八九月间，施丽清回到了上海。与党组织接上关系后，即被委以厂党支部书记的职务，挑起了以申新一厂为中心的整个周家桥地区革命活动的重担。

身为申新一厂党支部书记的施丽清，公开身份是申新一厂工会总务主任。这时的施丽清不仅政治上变得更老练，工作上也更注意方式方法了。在公开场合，他用结拜兄弟的方式来联络工友，通过感情来团结工友，启发大家的阶级觉悟，他常对工人们说："我们集合起来，就不怕人家欺侮，有事可以商量。"与此同时他组织党员和进步工人发动群众，经常秘密约工人到厂附近的寺庙、草棚和申新小学等不被人注意的地方谈话、开会，传播革命真理，组织阶级力量。有一次，在曹家渡猪毛厂附近荒场上，有几个共产党人被军阀的大刀队杀害了，工人们见了惨状很害怕，施丽清对他们说："不要怕，我们应该想想我们的生活为什么这样苦，必须起来斗争……"

施丽清夜以继日地带领大家印发传单，张贴标语，向工人讲述北伐军的消息，把申新一厂周围工人聚居的工运气氛搞得火辣辣、热腾腾的。当时他们开会经常在申新子弟小学，重要的会议就加派门岗，出席会议的人要凭施丽清的亲笔通知才能进场。

在党的领导下，施丽清和大家一道，不仅很快恢复了申新一厂党组织和工会的活动，而且影响到附近兄弟厂，逐步发展了丰田纱厂、民生纱厂、义品窑厂及二家锯板厂的革命力量，形成了以申新一厂为中心的周家桥地区的革命"小气候"。

为了配合北伐军的进军，继第一次工人武装起义失败后，1927年2月22日，党决定继续将上海的全市罢工转入武装起义。申新一厂党支部和工会也率领工人投入了起义斗争。起义前，施丽清对大家作了动员，并和吴福星、袁俊备等参加了在南市老西门附近的"中国少年协会"召开的汇报会，听取了罗亦农的讲话。但是，由于罢工的时间拖得太长，敌人有了准备，起义队伍又比较分散，加上军阀孙传芳的残酷镇压，第二次工人武装起义也没有成功。

党接受了前两次失败的教训，又积极准备第三次工人武装起义。在工人、城市贫民以及社会各阶层群众中做了大量准备工作，整顿和扩大了工人武装纠察队，组织一些曾在军队中当过兵的工人对大家进行军事训练，教授射击、投弹等技术。申新一厂也组织了纠察队，施丽清担任了纠察队长。

3月，北伐军抵达上海近郊，起义条件成熟。中旬的一天，总工会第五办事处通知施丽清到曹家渡领枪支。下午，施丽清作了一番化装后，分三次把枪支领了回来，放在一个马口铁箱里，再搬到灶间隐藏起来。此后每天晚上，工人纠察队的骨干三三两两地来到施丽清家中，他们在客堂间放一张八仙桌，围上4个人以打麻将为掩护，其他人则进行瞄准和使用枪支的训练。

3月，北伐军到达龙华，党决定举行第三次工人武装起义。21日早晨，中共江浙区委发布起义命令。

施丽清接到紧急通知后，立即赶到闸北太阳庙，参加罢工起义总指挥部召开的会议。会上，规定了起义的统一时间，要求每个共产党员、工会干部、工人武装纠察队员都要冲锋在前。并告诉大家，这次武装起义是党中央派来的周恩来、赵世炎、罗亦农等同志亲自指挥的。这时，各路工人领袖的革命激情已到沸点。施丽清在领取了袖章和符号后，中饭也顾不上吃，立即赶回厂。

厂内党员和工会干部已作好了一切准备，就等支部书记回来布置统一行动了。施丽清一回到厂，马上通知各车间、各联络点的领头人准备罢工。

一会儿，第五办事处下达了“12点半一律关车”的命令。工人们关下车后迅速集中到申新一厂子弟小学广场上，听取施丽清的起义动员。申新一厂的起义队伍在施丽清的带领下，手执三角红旗，高呼：“打倒军阀！”“打倒帝国主义！”等口号冲出厂门。起义队伍先到了周家桥警察所，但警察已逃光。随即到日商丰田纱厂，见该厂大门紧闭，工人们便上前去敲开门，把起义的消息告诉工人。丰田纱厂工人立即关了车，与起义队伍会合，一起攻下了曹家渡警察局，缴到了 批长枪。随后，队伍摆渡过了苏州河，朝北火车站进发，工人起义队伍虽然枪支不足，但面对真枪实弹的敌人毫不畏惧，他们手拿铁棍、斧头勇往直前。队伍到达潭子湾警察所时，警察在工人强大的威力下已逃避一空。

过了潭子湾，枪声越来越紧了，不时有枪弹在头顶上飞来飞去。这时施丽清接到上级命令配合攻打北火车站，并随命令又下发了一些枪，施丽清当即带领一部分纠察队员向北火车站方向冲去，他沿途不时告诫队员散开，不要集中在一起，以免被枪弹击伤。

申新一厂攻打北火车站的纠察队员一直打到满天星斗才回厂。

第二天，又听说北新泾那里有从前线退下来的军阀残部，施丽清又率领纠察队员俞开泉、张耀达等五人带了长、短枪前去侦察。到了北新泾，施丽清让大家隐藏在一个坟堆后面，自己先爬上去察看动静。只见七八十个军阀士兵正在休息，枪支也都架在地上；施丽清便开了一枪，然后带领大家一拥而上。尽管对方人多势众，但已是惊弓之鸟，个个俯首就擒。施丽清把俘虏带回厂工会，进行教育后每人发给3元钱，遣散回家，这次共缴得长、短枪80支。

起义胜利了，工人们抬起了头。二次武装起义后被厂方开除的施丽清和其他工人一起复了工。复工那天，几千工人敲锣打鼓，大放鞭炮，欢迎这些胜利归来的工人英雄。这时工会威名大振。工会根据广大工人的要求，首先将平时凶残压榨工人的领班驱逐出厂，厂方只得顺从。同时，工人的生活待遇也得到了改善，如童工的工资从原来的每天0.32元增加到每天0.35元。另外厂方还被迫将过去10个夜工9个日工才休息1天的大礼拜，改为7个夜工、6个日工后休息1天的小礼拜。

民国16年（1927）3月，蒋介石到达上海后，一方面继续以“革命”的面目出现，向总工会赠送金匾；另一方面却在暗地里磨刀霍霍，密谋政变。4月12日，蒋介石认为时机已到，指使武装起来的青红帮流氓向工人开刀。这些戴着“中华共进会”标有“工”字袖章的刽子手，到处追捕和杀害工人领袖和共产党人。在沪西，施丽清便是他们要暗害的主要目标之一。

4月12日凌晨5点钟左右，施丽清被4名匪徒枪杀在家中。工人阶级的优秀儿子，申新一厂党支部书记、工会总务主任、工人纠察队队长壮烈牺牲，时年31岁。

（根据孔庆祥、谭抗美文整理）

糜文溶

糜文溶（1898—1968），字伯安，又名糜允，玉祁新桥人。他肄业于常州府中学堂。因母亲早逝、家境衰落，民国2年（1913）去上海五金店、米店当学徒，后又至上海一品香餐馆当服务员。著名画家、慈善家王一亭见他写得一手好字，就介绍进入商务印书馆工作。民国4年春，糜文溶进上海商务印书馆印刷所照相制版部，拜师印刷所长郁厚培学铜、锌版制版，后又从师美国技师海林格学彩色照相制版，很快掌握了这方面的技术。民国10年（1921年），他被提升为商务印书馆印刷所影印部部长，兼特种印件股股长，承印电影广告。此后，糜文溶为中国的印刷事业贡献了毕生的精力。

在商务印书馆，糜文溶陆续结识了共产党员、《小说月报》主编茅盾和共产党员张国焘、董亦湘、徐梅坤等人。1921年冬，经茅盾介绍，糜文溶加入中国共产党，成为无锡籍的第一位共产党员。

糜文溶

当时上海的共产党员除离沪和入狱者外，共有42人，分为四个小组，糜文溶分在第二小组，即商务印书馆组。组员有：董亦湘、徐梅坤、沈泽民、杨贤江、沈雁冰、张国焘、糜文溶、黄玉衡、郭景仁、傅立权、张秋人、张人亚。

1922年冬，中共江浙区委决定到无锡开辟党的工作，受党小组组长董亦湘的委派，糜文溶和二弟糜文灏利用回家乡玉祁过春节的机会，会同当小学教员的堂弟糜文中（糜辉）一起，联系了在玉祁通源典当行工作的唐光明和在乡村小学当教员的顾泳高等人，发起成立一个进步青年团体“青城导社”。青城导社的成立，为无锡党组织的建立提供了人才准备。

1923年9月，根据中共上海地方兼执行委员会十七次会议决定，派出中共候补党员张效良（由糜文溶介绍入党）到无锡筹建团组织。在此之前，糜文溶与朱鹤琴已经到无锡开展工作，糜文溶率先介绍唐光明加入了中国社会主义青年团。张效良到无锡后积极开展工作，发展了孙冶方、顾仁保、徐萼芳等进步青年为社会主义青年团团员。秋天，由张效良主持，当时在锡的七名青年团员成立了社会主义青年团无锡支部。当时，张效良在糜文溶和董亦湘的领导下负责建立无锡党支部，糜文溶经常利用星期日来到无锡，住在旅馆里。把孙冶方等青年团员找去谈话、指导工作，糜文溶还多次到读书会对工人进行演讲。同一时期来无锡指导工作的还有张秋人、肖楚女、董星伍等共产党员。1924年底，七名社会主义青年团团员转为中国共产党党员。

1925年1月，在董亦湘的主持下，无锡第一个党支部在公花园多寿楼前宣告成立，选举孙冶方为支部书记。糜文溶为无锡党支部的建立起了主导作用。

上海商务印书馆是中国共产党早期在上海的重要活动基地。在中共上海地委兼区执委、中共上海地委的重视和领导下，糜文溶和董亦湘在上海和无锡积极发展进步青年入党，这一年，无锡先后有糜文灏、严朴、顾谷宜、上海大学社会学系学生秦邦宪、安剑平、杭果人、陆定一、倪宝树、冯金妹、高文华等人先后加

青城导社旧址

入了中国共产党，至1925年底，无锡籍中国共产党党员已有22人，其中在上海加入的有12人，这在当时县级城市中是罕见的。

1926年10月24日、1927年2月22日，在周恩来、赵世炎、罗亦农领导下，糜文溶和商务印书馆的工人一起参加了武装起义，由于准备不周和国民党别动队的动摇而失败了。周恩来、赵世炎、汪寿华等领导一起开会，及时总结了教训，于1927年3月21日发动了上海工人第三次武装起义，糜文溶带领商务印书馆的工人冒着枪林弹雨攻打被反动派占领的东方图书馆，大家在场内集中，一共30多人，配备了7支步枪、5支手枪和一些手榴弹，把东方图书馆内负隅顽抗的敌人包围起来，周恩来亲临前线指挥。利用火力封锁加喊话劝降的方式，瓦解了敌军，迫使他们扯白旗投降，取得了胜利。

糜文溶是中国照相纸板技术的开拓者，是我国印刷界的技术权威。1931年，他经过多年刻苦钻研，发明了传真版的晒版工艺，大大降低了制版成本，而且制版速度快、原版存储轻便，这在当时的印刷业是一项卓越的发明。特别是印制电影海报，接到来稿后一至两个小时后即可上机付印，速度惊人。

40年代，商务印书馆撤到重庆后，糜文溶被国民政府聘任为中央信托局印制处襄理。在此期间，他负责筹办了重庆印刷厂，即中央印制厂，并担任厂长，负责货币的印制。他与商务印书馆重庆分厂厂长涂传杰创办了中国印刷学会，自己担任常务理事。并筹备创办一所印刷学校，培养印刷技术人才。1941年，日本侵略者进攻贵阳，重庆濒危。糜文溶暗暗对他的学生高杰说："一旦日本人占领重庆，我们就炸掉工厂，投奔到延安去。"1946年，糜文溶赴北平接收敌伪时期的印刷厂，被任命为中央印制厂北平厂厂长，1947年调回上海任中央印制厂总管理处协理。

1949年初的一天，党组织委派中共华东财办秘书长孙冶方通过地下党找到糜文溶，传达了组织的指示，希望他设法保护工厂，为新中国的建设服务。而国民党则计划在台湾开设中央印制厂台湾分厂，为溃退台湾做准备。糜文溶通过孙冶方介绍，与接管中央银行的人民银行上海分行行长姚桐同志联系，组织护厂工作，想方设法阻止国民党把设备运去台湾。他与高杰阻运了许多器材，使三分之二的精密器材保留下来。同时冒着极大的风险又保护了50多位地下党员。在大家的共同努力下，国民党中央印制厂上海厂整体搬迁计划化为了泡影。

中央印制厂上海厂是当时中国规模最大、人数最多、生产量最高的国家印钞厂。抗日战争胜利后，中央印制厂上海厂占据国民政府钞券印制的半壁江山，让解放军完整地接管这家印钞厂，对稳定上海的金融具有重要意义。

5月27日上海解放，杨秉超、张瀛以军代表的身份会见原中央印制厂总管理处及上海厂的负责人糜文溶、高杰，向他们阐明中国人民解放军的政策和接管方法。5月29日，原中央印制厂上海厂的印钞机开始转动，5月30日，第一套人民币一元券出现在上海的街市，人民币开始在这座亚洲最大的金融中心流通。

上海解放后，糜文溶被调往北京出版总署印制管理局，后又调到北京新华印刷厂总管理处及北京中国印刷科学技术研究所等单位工作。1951年4月17日出版总署发出“为认真做好《毛泽东选集》的出版印刷发行工作的指示”，糜文溶成为“毛泽东选集出版印刷发行工作委员会”13位成员之一。

1953年，他亲自参加中国青年出版社印刷厂进行的“平行交叉上版法”和1957年该厂进行的“五合一色本法”的技术革新。还曾与柳溥庆、何步云等合作，编写《印刷词典》。

1968年10月25日被迫害致死，终年71岁。1978年11月，中共542厂委员会给予平反昭雪。

糜文灏

糜文灏，又名李仲苏，1901年9月24日出生于玉祁新桥，祖辈世代以耕种为生，到父亲糜赓亮时，仅有薄田5亩。糜文灏早年丧母，家中有兄弟4人，长兄文溶、三弟文模、四弟文焕，一家生活全由父亲操劳维持。

1908年，糜文灏8岁，父亲把他送到青城市立第七初级小学读书，取名炯。1912年，糜文灏初小毕业，就在这一年，母亲病逝，家境更加困难。父亲四处借贷，筹措了一笔学费，才使糜文灏进入石塘湾的群智高等小学校（即无锡县立第六高等小学）。

1915年，糜文灏高小毕业。他怀着强烈的求学愿望，到苏州考进了江苏省立第二甲种工业学校（后改为苏州公立工业专门学校，简称苏州工专）应用化学科。这是一所适应江苏地区资本主义工业发展要求而建立起来的新式职业学校。学制5年。糜文灏入学后，努力学习，成绩优良，但终因经济来源枯竭，在读到四年级时被迫停学。

1919年5月4日，由北京学生率先发起的“五四”爱国革命浪潮波及苏州、无锡。苏州工专的学生在运动中十分活跃。他们走出校门，到街头和附近集镇、农村，宣传反对帝国主义和封建军阀的道理，动员群众参加革命运动。糜文灏和同学们一起开会，还到日租界示威游行，向群众宣讲当时的形势和列强的侵略本性。散发宣传品，张贴标语，动员商店罢市等。暑假后，糜文灏从苏州工专回到无锡，又参加了无锡旅外学生联合会开展的宣传活动。回到家乡时，他又向邻近的青年伙伴和群众介绍苏州、无锡和全国革命运动的发展情况，宣传反对帝国主义和封建军阀的意义。青年伙伴从他的介绍中开阔了视野，受到了鼓舞和教育。

“五四”运动以后，糜文灏辍学回到家乡。起初，他在无锡堰桥村前的胡氏小学当教员，不久，又到自己曾经受到启蒙教育的家乡青城市立第七小学任教，并被确定为校长。糜文灏在小学的岗位上工作了将近两年。他不仅帮助一批青少年学习了文化科学知识，而且使他们得到爱国和进步思想的启蒙教育。

1922年，糜文灏来到上海。先考进了交易所，过了几个月，他又考进了上海邮政总局。虽然两个行业工资都不低，但他一直在思考和寻求中国社会的出路。1923年，经郑振铎介绍，进入商务印书馆编译所工作。商务印书馆是国内最早建立中国共产党组织的地方之一，共产党员董亦湘、徐梅坤、杨贤江、沈雁冰，还有他的哥哥糜文溶等十多人都集中在这里开展革命活动，这对糜文灏的思想有着强烈的影响。

糜文灏住在闸北西宝兴路严家阁路海源坊42号长兄文溶家里。家里订有《向导》周报、《新青年》、《中国青年》等党的刊物和其他进步书刊，这些书刊成为糜文灏最好的精神食粮。工作之余，他如饥似渴地阅读这些杂志上的文章，以求得对社会的正确认识，寻找改变社会现状的正确答案。来往的同事和朋友，经常热烈议论的，也都是“改革社会”这个话题。糜文灏进入商务印书馆以后，开始直接接受马克思主义教育。他对中国社会和中国革命的认识，前进了一大步，并且开始从事革命工作。这是他生活的一个重大转折。

1922年，上海区委（即江浙区委）决定到无锡开辟党的工作。1923年2月，糜文灏跟大哥糜文溶回家乡玉祁欢度春节，他们利用这个机会与进步青年唐光明，糜辉等人发起组织了“青城导社”。这是无锡最早由共产党员发起与组织的一个社团。

1923年秋，糜文灏根据党的安排转入上海大学社会学系学习。主持这个系的瞿秋白亲自讲授“现代社会学”和“社会哲学”两门课。社会学系的学生非常活跃，自己组织了“社会科学研究会”“社会问题研究会”等学术团体，广泛研究马克思主义。该系无锡籍学生安剑平等一部分进步学生则组织了“中国孤星社”。创办《孤星》杂志，作为讨论社会问题，研究改造社会办法的园地。糜文灏是“孤星社”最活跃的社员之一，并担任了《孤星》旬刊的理事编辑。他在1924年2月25日和4月5日出版的《孤星》旬刊上，发表了题为《挽救中国的第一步》的长篇论文，分析中国的社会问题，他提出“挽救中国的第一步是打倒帝国主义。外国帝国主义一天不绝灭，则中国的军阀，一天不能打倒，我们的挽救计划一天不能实行”。

糜文灏

经过了“五四”运动的锻炼，又在商务印书馆直接接触马克思主义并进上海大学学习，糜文灏思想上、政治上逐渐成熟。1924年，杨贤江和徐梅坤正式介绍他入党。这是糜文灏生活历程上最重要的一个里程碑。入党以后，他更加奋勇地宣传马克思主义真理，为中国人民的解放事业忘我地工作，把自己的一切和党的事业和共产主义紧紧地联系在一起。

为了培养和造就党的骨干队伍，党先后选派了一批又一批同志去苏联学习。这年冬天，当糜文灏入党后不久，组织上便通知他去苏联学习。糜文灏到达莫斯科后进入东方大学学习，课程有“唯物史观”“经济学”“世界革命史”“俄国共产党史”等。通过比较系统地学习，糜文灏大开了眼界，他亲眼看到了十月革命的故乡前进的脚步，从而也更认清了中国人民的光明前景。

1925年，上海爆发了著名的“五卅”运动，党亟须干部领导工人的斗争。根据国内革命形势发展的需要，党组织决定让糜文灏回国。

1925年深秋，糜文灏回沪后，被组织上派到中共浙江区委、沪西部委担任组织委员，负责开展工会工作。沪西是工人比较集中的地区之一，尤以纺织工业比较发达，棉纺厂、毛纺厂、织布厂遍布全区。糜文灏以自己全部的青春活力，投

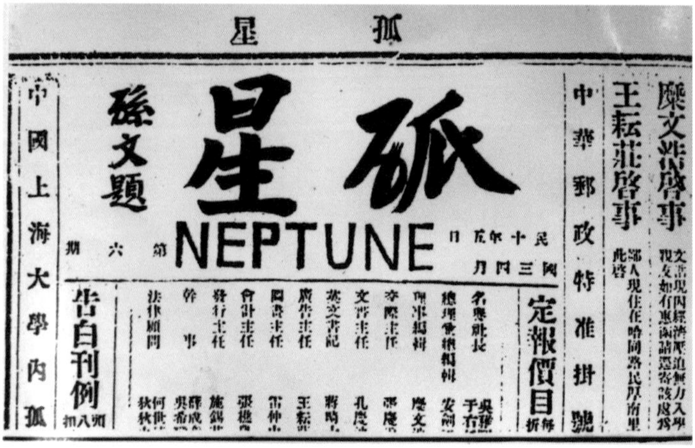

1924年，上海大学无锡籍学生安剑平、糜文灏发起组织中国孤星社。秦邦宪、严朴等参加该社。这是孤星社编印的《孤星》周报。

身到工人运动中去。他夜以继日地在工人中进行宣传，分析革命形势，动员工人组织起来，同反动军阀进行斗争。这时，他结识了工人运动积极分子王采贞。糜文灏和王采贞同在一个支部工作，一个任组织委员，一个任妇女委员，肩并肩投入了工人运动。1925年12月党发动工人为启封总工会而斗争。12月6日，在闸北区青云路广场举行市民大会，当天下午，参加会议的队伍从四面八方涌向会场，到会的群众达五六万人，工人们举着标语和旗帜，聚集在广场上。糜文灏和王采贞两人各执一根竹竿扯起一条布横幅走在前头，带领工人参加集会。军阀孙传芳闻讯十分惊恐，急命李宝章调兵遣将，进行鸣枪镇压，会场大乱。王采贞挤倒在人流中被踩伤，爬不起来，糜文灏奋不顾身，将她扶起，护送到宝兴路海源坊四十二号大哥糜文溶家中治疗。2人在革命斗争中相识，又在革命斗争中结下深厚情谊。经组织批准，他们便在1926年4月26日（农历三月十五）结婚。

由于党中央工作的需要，组织上决定调他们驻中央机关，以他们的小家庭生活掩护党的秘密工作。他们便迁到中央秘书处所在地四川北路川公路正德里4号，和王若飞住在一栋楼。王若飞住楼上，他俩住楼下。王采贞便以小家庭的形式掩护党的秘密工作，表面上王采贞与王若飞同志以兄妹相称。糜文灏任中共中央秘书处的秘书工作，他不分白天黑夜，忙着处理材料，北伐战争胜利的消息传来，他迅速刻成传单散发出去。王采贞在中央秘书处担任特别交通员，专门给党的领导人瞿秋白、周恩来、李立三、王若飞、陈独秀等同志传递文件和消息。毛泽民编的《向导》报每次出刊都是她去拿的。有一次，王采贞还把一支手枪送给住在甄德里第二条弄堂某号住宅的周恩来同志。中央有文件要寄到省里，也是王采贞去投寄。为了不被敌人检查发现，他们想出了巧妙的方法，通常由糜文灏到市场上买来普善山庄出版的一些宣传宗教的线装书籍，将它拆散。把中药“木鳖籽”熬水，用这个水在书页空白的反面书写文件内容，写好后仍折好重新装订，再由王采贞寄出去。

在上海工人第三次武装起义前夕，糜文灏被调去参加武装起义的准备工作，参加组织上海总工会和工人纠察队。在起义的各项准备工作中，最紧张艰巨的是训练队伍和筹集武器。这些工作是在周恩来、罗亦农、赵世炎等的直接领导下进行的。糜文灏具体负责枪械弹药和其他各种军需物品的筹集和供应。王采贞协助他一起工作，两人还直接参加了在南市区的战斗。起义胜利后，王采贞负责保管获得的战利品。

武装起义胜利后，党决定由糜文灏参加《平民日报》的工作。《平民日报》是上海总工会的机关报，创刊于1927年2月17日，出版的目的是："为我平民争人权，为我平民发出痛苦的呼声并集中革命的意志，誓与一切压迫的势力奋斗到底。"这份报纸及时地宣传党的主张，报道工人运动和革命活动的各项消息，揭露帝国主义、反动军阀的统治和迫害人民群众的暴行，团结了群众，教育了群众。糜文灏怀着胜利的喜悦，满腔激情地投入新的革命斗争中去。

1927年3月，蒋介石纠合了大流氓黄金荣、杜月笙、张啸林等上海青红帮头子，组织"中华共进会"，发给大量武器，又搜罗一批工贼，组织"上海工界联合总会"，同上海总工会相对抗。

1927年4月12日，蒋介石下令枪杀工人和革命群众，收缴工人纠察队武装。查封工会，搜捕共产党人和革命者。

"四一二"反革命政变，大批共产党员和革命群众被杀害，工会组织被捣毁。一切进步的报纸杂志和书籍都被禁止出版或销毁，《平民日报》也不得幸免，于4月13日被查封。党随即将《平民日报》改名《青天白日报》，秘密出版发行，继续揭露帝国主义阴谋，无情抨击国民党右派的反革命勾当，动员革命群众坚持斗争。在那些白色恐怖笼罩的日子里，糜文灏以共产党人的大无畏精神，挑起了秘密出版《青天白日报》的重担。他任编辑部主任，负责撰稿、校阅、编审、送印等一应工作，怀孕的王采贞协助资料保管。在这腥风血雨的年代，他俩为了党的崇高事业，为了宣传革命真理而奔忙不息。

帝国主义的巡捕和蒋介石匪特，到处嗅寻革命者的脚印。威海卫路崇德里343号一家承印《青天白日报》的王家印刷所被英国巡捕房查获。5月8日（星期日），糜文灏和往常一样，到新闸路培德里印刷所校阅稿件。当他进厂刚准备工作时，便被早已预伏在屋内的英帝国主义巡捕所逮捕，关押到静安寺巡捕房。

1937年糜氏家族合影（前排左三：糜文灏之子糜枫林）

组织上正在采取营救措施。却不料，第二天，糜文灏被英帝国主义巡捕房引渡给蒋介石的军法处。

敌人对糜文灏进行残酷的拷打逼供。糜文灏坚贞不屈，义正词严地斥责国民党反动派叛变革命，屠杀人民的罪行。敌人把糜文灏打得遍体鳞伤，然而从糜文灏口中，却没有得到所需要的东西。糜文灏已做好了牺牲的准备，在狱中，他遇到了非政治因素被捕可能获释的无锡石塘湾的老乡冯梦阳，托付他说："看来，我很难生还，你如有机会出去，请转告我的家人：我妻若生男，可取名'枫林'；若生女，就取名'飘云'"，糜文灏给儿子取名"枫林"，是预计到自己将要在枫林桥就义，希望儿子记住这血海深仇，矢志革命。

敌人使尽各种毒辣的计谋和手段，依然一无所得，便急急忙忙地对他下毒手。营救已来不及。5月11日下午5时左右，糜文灏被绑赴枫林桥刑场。临刑时，他面对刽子手的大刀，面不改色，昂首挺胸，高唱《国际歌》，高呼："打倒蒋介石！""中国共产党万岁！"目击的群众，无不动容。

糜文灏牺牲时年仅26岁。

（根据庄永淑、沈晓《英烈糜文灏》及吴光华、谢乃琪《访糜文灏烈士夫人王采贞》等资料修订整理）

施之铨

施之铨（1905—2003.2.3），民主施家宕人。民国10年（1921）小学毕业，家境十分困难，将三亩多田变卖后，只身去上海，入中华职业学校。民国16年（1927）毕业后，到吴淞中国铁工厂设计室实习。民国16年（1927）任无锡申新三厂机修车间主任，并受荣氏委托为职员讲授机械设计和金工实习课程。民国22年（1933），荣氏任命他为公益铁工厂厂长。

抗日战争爆发后，厂迁武汉，又迁重庆。荣德生、荣一心父子任命薛明剑为迁川之公协、复兴两家铁工厂的经理，由施之铨任公协厂厂长、郑翔德任复兴厂厂长，代理兵工厂制造地雷及炮弹引信，服务抗战。他先后创办了建国工业社（兼办碾米厂和小型面粉厂）、广西面粉厂、广东曲江纺织厂、漂染厂、面粉厂、湖南祁阳建湘面粉厂、建昌煤矿公司远东实业公司等企业。民国二十七年至三十二年（1938—1943年），除在川、湘、两广从事企业经营外，还积极参加抗日救国的各项社会事业和活动。在重庆，追随邹韬奋发起召集的“八一三”聚餐会，被推为召集人之一。曾参加新华日报社抗日救国签名运动，并担任黄任之创办的《国讯》进步刊物的发行人。在广西，和胡厥文、朱秉渊发起创立湘、粤、桂工业协会并任常务理事及广西省政府参议等职。创办《中国工业》月刊，任发行人。民国34年（1945）8月，与黄任之、杨卫玉和胡厥文、孙起孟等发起组织中国民主建国会。

施之铨

1949年9月，赴西北调查工业。在兰州，彭德怀听取了他的汇报，赠送给他一匣玉门油田生产的矿烛，示意到西北发光发热。西北局书记习仲勋邀请他留在西北工作。从此，他投身于西北的建设事业，先后任西北建筑工程公司经理，西北财经委员会专门委员，甘肃康县土改组组长，西北行政委员会参事，西北纺织工业局供销分局副局长。

1980年5月，陕西省民建第一届代表大会，被选为副主任委员兼秘书长。1983年当选陕西省政协常务委员，中国民主建国会中央委员会委员。

（志辑）

糜文开

糜文开先生，光绪三十四年（1908）七月二十五日生，民主新桥人。幼失怙恃，家贫力学，考入公费之省立第三师范肄业，得国学大师钱穆为其级任导师，深植国学基础。积极从事小说新诗之写作。毕业后曾任教小学四年，嗣入上海电报局供职。后调福州，与郁达夫游少，拟赴日留学，适抗战军兴，遂留苏北军中，并任教中学。民国29年（1940）赴缅甸，任驻仰光总领事馆甲种学习员，民国31年（1942）春撤返重庆外交部。翌年外放为驻印度专员公署随员。民国36年（1947）公署升格为大使馆，升任三等秘书。在印潜研印度国情，撰印度历史故事书，大使罗家伦曾为之序。介绍上海商务书馆出版处，该馆又约撰《圣雄甘地传》印行，遂组印度研究社，促进中印文化交流。其所译印度两大史诗等四书亦在香港出版。1950年1月，糜文开移家喜马拉雅山隐居，旋入国际大学哲学研究院研究，完成印度三大圣典之编译。后赴香港，应新亚书院聘任教授，主讲印度文化。1953年7月返台，回“外交部”任专员，公余负责中国文艺协会海外组之工作，并继续其印度文化之译介，与其继室裴普贤、长女糜榴丽合作，主译泰戈尔诗七册，印度小说等三册。又在台大、师大兼课，教授印度文学，著有《印度文学欣赏》《印度文化十八篇》《文开随笔等书》，后又外放驻菲律宾、泰国任职，均从事文化交流工作。1974年8月退休。经中华学术院聘为印度研究所理事兼研究委员。

糜文开

（志辑）

糜文焕

糜文焕（1908.12.16—1986.12.20），是我国早期的革命者、著名的装帧美术家、漫画家、出版印刷家，早期中国美术家协会会员。曾被称为民国“以设计封面称誉士林”。

1908年 12月16日，生于无锡北乡新桥村。文焕早年丧母，家有兄弟4人，排行第四。

1922年，考入无锡第三师范附属学校学习。次年，小学生糜文焕跟随大哥文溶、二哥文灏参加由上海共产党在玉祁成立的进步组织“青城导社”活动，常在该社演讲团演讲前向乡亲们吹口琴助兴、吸引大量听者。

1924年追随三位在上海商务印书馆供职的哥哥，进入商务印书馆图画部工作，与大哥住在宝兴路海源坊。二哥三哥（文模）与共产党员、商务同事董亦湘同住在一栋房里。董亦湘住的楼上厢房，与大哥家一样有几个书橱放满各种书籍。于是常去董亦湘家玩，借阅进步书刊。

1925年 “五卅”惨案发生后，大哥二哥协助中共上海党组织领导人董亦湘等领导上海民众抗议示威运动的开展。受大哥的指派，文焕日夜赶制抗议英国巡捕血腥枪杀手无寸铁的民众的宣传画，张贴在街头，以唤起市民对帝国主义残杀我国人民的愤怒。经过火与血的锤炼，于1926年春参加中国社会主义青年团。

糜文焕

1927年3月，三位兄长积极投入上海工人第三次武装起义。经中共中央军委书记兼起义总指挥周恩来的同意，糜文焕与二哥文灏一起参加起义准备。

1929年 4月，曾以西画《甜味》《孤芳》《思何如》等作品参加上海“全国第一次美术展览会”。在此期间，在上海艺术大学听课和新华艺术大学图音系学习。

1930年3月2日 参加中国左翼作家联盟成立大会，并投身于左翼文艺运动。同年，为上海戏剧协社绘制《威尼斯商人》全套布景及设计服装。1932年“一・二八”事变后，离开商务印书馆先后到新中国书局、儿童书局编辑部、世界书局、新宇宙书局、光华书局、北新书局、现代书局、东华书局、中华书局等单位，绘制书籍封面、教科书用图、儿童读物插图及商业美术品。

在左联期间，糜文焕美术创作激情勃发，为蒋光慈《俄国文学概论》、茅盾小说《路》、匡亚明小说《血祭》、废名散文《桥》、藻雪诗集《动荡》、李白英编《江南民间情歌集》和顾凤城编《读书月刊》等书刊设计封面。并与李白英合编《新儿童报》周刊。

1932 与刘清一喜结良缘。

1935年，中华儿童文化协会成立，当选为该会委员。1937年，任康元制罐厂广告部主任。1938年，离沪去香港，在金仲华领导下参与编辑香港《星岛日报》工作。主编“星岛儿童”副刊，发表长篇连环画《小朋友故事》《小侦探》及漫画。并与鲁少飞合作为顾凤城编著的《中国抗战形势图解》配画插图，宣传全民抗敌，社会影响很大。1939年，参加中华全国漫画作家抗敌协会香港分会，绘制连环画故事和抗战漫画等作品。1940年，为香港文艺界纪念鲁迅先生六十周年诞辰大会，糜文焕与郁风、张光宇、丁聪、叶浅予、徐迟等联手绘制鲁迅头像的巨幅画挂在会场主席台。1941年11月16日，重庆文艺界庆贺郭沫若50寿辰和创作生活25周年，糜文焕为出版郭沫若图书而刻制郭沫若木刻肖像画。

1942年初任重庆大东书局出版科长，后任业务科长兼印刷厂厂长。抗战胜利后回上海，任大东书局管理处业务科长、第一印刷厂厂长。

1949年 5月，为上海市民庆祝上海解放游行绘制毛主席和朱德总司令大型画像。1950年9月，出席北京全国出版会议。

1951年1月，出任上海儿童读物联营书店（简称童联书店）经理。同年10月，应宋庆龄和金仲华邀请，到北京参加由宋庆龄创办的《中国建设》杂志社创刊工作，任出版组长兼美术编辑。与宋庆龄和爱泼斯坦等交往密切。

1962年1月，周恩来、宋庆龄、陈毅、邓颖超在社长金仲华陪同下参观《中国建设》创刊10周年图片展，并接见糜文焕与《中国建设》编辑部同人。

1986年12月20日病逝于北京，骨灰存放八宝山革命公墓。

（志辑）

糜宏桢

糜宏桢，新桥人，1920年生。读中学时正值抗战爆发，他逃离家乡，成为全中国数十万流亡学生中的一员，千里辗转，历经无数艰辛之后，最终到达重庆。这时，国民政府教育部在大后方筹建了一批接收战区流亡学生的国立中学。糜宏桢就读于永川北山的国立十六中，1942年考取国立重庆商船专科学校轮机系。这所学校的前身是吴淞商船专科学校，是中国早期航海高等学府之一，上海沦陷后，学校搬迁至重庆，改名为国立重庆商船专科学校。

1944年，国立商船专科学校并入内迁重庆九龙坡的国立交通大学，糜宏桢成为了交大学生。那一年，抗战进入最艰苦、最凶险的时期。日军一度占领贵州独山，重庆岌岌可危。

国民政府军事委员会喊出了“一寸山河一寸血，十万青年十万军”的口号，广泛发动知识青年从军。重庆的高校和中学掀起了投笔从戎的高潮。糜宏桢已读大三，原本准备和同学报名参加中国远征军。结果，一位曾在海军服役的交大老师告诉他们，海军正在招收青年学生，交大学生专业正好对口。

1944年，第二次世界大战白热化，盟军在欧洲战场、太平洋战场进入战略反攻阶段。中美两国达成协议，由美国向中国提供8艘军舰，并代为培训接舰官兵，组建一支海军轻型实战力量，在太平洋担任护航任务，配合盟军对日作战。与此同时，中英两国也达成协议，由英国向中国提供军舰。

为募集合格的接舰受训人员，国民政府除了从原海军、海校系统招考之外，还从重庆招募文化程度较高的高中生、大学生。糜宏桢被录取。1944年12月，学兵们报到后前往唐家沱的江顺、江新客轮上进行整编，组成“赴美接舰参战学兵总队”，总领队是陆军中将潘佑强，副领队是两名海军中校。

糜宏桢

1945年1月24日，学兵总队乘轮船从唐家沱出发，到朝天门乘坐军用卡车前往成都新津机场，在那里再转乘美国军用运输机去印度。

2月初，中国学兵分批飞越驼峰航线，经缅甸密支那，陆续到达印度加尔各答，经过集结后，转乘火车前往孟买港。到达孟买后，中国学兵在美军军营休整等船近一个月，于3月中旬搭乘美军3万吨级大型运输舰“曼恩将军”号离开孟买，开始漫长的海上航行。

为避开日本、德国潜艇活动区，“曼恩将军”号需从印度洋绕道澳大利亚南部，到新西兰之后折向东北过太平洋直达美国，比正常航程要多一倍时间。

4月中旬，中国学兵抵达美国圣地亚哥军港，然后乘专列火车横穿美国大陆，于4月21日来到迈阿密海军训练中心。

迈阿密海军训练中心是“二战”后设立的，根据战争发展需要，速成培训海军官兵。除了培训美国士兵，还代为培训其他盟国的士兵。中国学兵培训期间，还有一支苏联海军在此受训。

5月，中国学兵正式投入培训学习中，由美国海军专业军官和军士担任教官，培训内容主要分为基础训练、专业训练和实舰操练。专业分类包括航海、帆缆、枪炮、通信、轮机、船体修配、电气、无线电、雷达、补给、医药、伤病护理、文书等。

到了8月，中国学兵全部完成了基础训练，开始进入专业技术训练。正当他们每天刻苦学习各项技能之时，令人振奋的消息传到迈阿密：日本宣布无条件投降，同盟国胜利了！

迈阿密全城沸腾，所有建筑物灯火通明，礼炮轰鸣，人们涌向大街。

抗战虽然胜利了，但培训学习和接收军舰仍然按计划进行。

1945年10月，美国海军将8艘军舰正式移交给中国，包括2艘护航驱逐舰、4艘扫雷舰、2艘海岸巡防舰。这些军舰在美军中属于轻型军舰，但对于当时的中国海军来说，已经是最先进，最现代化的军舰了。中国将护航驱逐舰命名为“太康”“太平”；扫雷舰为“永胜”“永顺”“永宁”“永定”；海岸巡防舰为“永泰”“永兴”，统称为“八舰”。中国学兵被分配到各舰进行实操训练，糜宏桢被分配到“永泰”舰，担任轮机军士长。

1946年1月，中国驻美大使馆海军副武官林遵中校到任“八舰”指挥官，立即率队开往古巴关塔那摩海军基地进行作战训练。

在关塔那摩期间，中国学兵参观了“密苏里”号战列舰。日本无条件投降签字仪式就是在这艘军舰上举行的，具有重要意义。

1946年4月，“八舰”在关塔那摩检修完毕，中国学兵顺利完成了全部受训任务，准备启程回国。此时美国政府决定再赠一艘1.5万吨级补给舰护航，该舰移交后更名为“峨眉”。鉴于抗战已经胜利，国民政府命令“八舰”在归国途中，访问古巴、巴拿马、墨西哥等国以及美国西海岸、夏威夷地区进行访问，并慰问当地侨胞。

这支由“八舰”和万吨级“峨眉”舰组成的中国舰队非常神气，以“二战”胜利国姿态给海外华侨带来了极大的振奋。这也是历史上中国舰队首次到访加勒比海和太平洋西岸，具有重大意义。

中国舰队从关塔那摩驶出后，访问的首站是古巴首都哈瓦那。古巴总统亲自登舰参观，当地报纸刊登访问消息，当地华侨更是倾城出动，欢迎祖国海军。

离开哈瓦那之后，中国舰队进入巴拿马运河，访问巴拿马共和国。之后又访问了墨西哥、美国洛杉矶和夏威夷。在夏威夷，华侨扶老携幼到码头迎接，开着自己的小汽车带领学兵游览，甚至邀请到家中做客。

舰队离开夏威夷，在太平洋曾遭遇一次惊险的暴风雨，持续10个小时，海上风力最高达到10级。军舰犹如一叶扁舟，在狂风巨浪中起伏10多米，左右摇摆近40度。糜宏桢当时在机舱，根本站不稳，跌落了半截门牙。经过两天两夜苦战，克服了心理恐惧和生理疲劳之后，舰队终于冲出险境。据他事后回忆：当时任何一个岗位的操作失误和机器故障，都有可能导致灾难，好在最后都化险为夷。

1946年7月，舰队离开日本后，直航上海，于7月下旬到达南京下关。至此，历时两年多的“赴美接舰参战学兵总队”完成了历史使命。虽然没有能直接参加对日作战，但却为中国海军现代化建设做出了贡献。（根据糜丰文章整理）

施金林

施金林1922年出生于施家宕。他自幼上过学堂，能识字。1937年日军占领无锡，施金林才15岁，父母考虑到时局动荡，决定把他送去上海，投靠姑父沈仲俊。沈仲俊在当时的法租界也算是小有名气，先后担任过上海华法教育会干事、上海留法勤工俭学执事等职务。当时，姑父把他安排进了中华职校就读，于是，施金林开始在上海继续自己的学业。在动荡中，蒙昧少年有了短暂的安稳生活，这样的生活一直持续到1941年。

1941年12月，太平洋战争爆发，日本正式向美、英宣战，日军开进了上海租界，一些英美侨民被投入集中营，上海市民失去了最后的避难所。施金林在姑父一家的帮助下，拿到出关的通行证，准备随着逃难大军一起逃往大后方。

在颠沛流离的逃难生活中，施金林逐渐养成了顽强的性格与吃苦耐劳的精神。经过一个多月的辗转，到了安徽界首市，适逢黄埔军校第七分校驻扎于此，第七分校校长为胡宗南。军校对逃难人员予以收容，并从中择优招录。黄埔军校的招生要求是很高的，身高要求达到175厘米，并且具备相当于现代高中以上的学历。符合条件人员要考试、体检，两者都合格后，方能进入黄埔军校成为入伍生。在通过层层筛选后，施金林被编入18期入伍生三团，该团共有一千多人。

录取招收工作结束后，新生便跟随大部队朝西安方向进发，一路上全是步行，到达临潼，最后驻扎于宝鸡凤翔县。战争年代的军旅生活异常艰苦，在一座废弃的孔庙内，新生们自己动手修造土炕。简陋的环境，进一步磨炼了施金林的心性。半年后，施金林通过了18期甄别考试，成为黄埔军校的正式学员，被编入18期22总队。这些正式学员随队来到第七分校位于西安王曲的校本部。此后的一年半，施金林跟随所属的四中队在位于曲江池的宋家花园进行常规训练，直至黄埔毕业，时年22岁。毕业之后，施金林被编入国民党中央十二军工兵营，承担爆破、架桥等任务。

豫中会战时期，日本华北方面军司令官冈村宁次指挥14.8万名日军、坦克225辆、装甲车466辆，大举进攻中原地区，意在打通大陆交通线。国民党军队对日军装甲部队的进攻束手无策。当时汤恩伯部队一周连丢3个县，西安告急，胡宗南不得不紧急向中央请求增援。国民党当局从仰光空运8支战车防御枪，拨给了施金林所在部队。这种枪械的先进性在于每次射击可打出“三

施金林

连发”，且每发子弹的作用都是极有针对性的：第一发击穿1厘米厚钢板，第二发使射击目标产生爆炸，第三发开始燃烧。在获取到日军的行进路线等重要情报后，施金林同他的战友们利用地势地貌作掩护，每隔100米，两人一挺枪埋伏下来，等待日军的到来。后来，日军果然按原有的线路进入了埋伏圈，遭到了施金林所在部队的突袭。在战斗中，国民党军队一举歼灭了日军三十多辆坦克。

虽然豫中会战最后以国民党军队的惨败告终，但是在抵抗日寇的过程中，像施金林这样的普通士兵们，浴血奋战、英勇杀敌，表现了中华民族不畏强暴、誓死捍卫家园的豪气。

抗战胜利后，施金林不愿继续留在国民党部队，他趁假期回到上海探亲，一度想投靠亲戚，留在上海做工人，但部队并未同意他的要求。

1949年，施金林担任国民党第十军1811师一个连队的连长，后又到师部做参谋。师部在四川成都训练整编时，派他率一个连驻守南充。重庆解放时，施金林率全连40多人投诚。当时，施金林27岁。

在参加完共产党组织的集中教育后，施金林回到祖籍地——无锡玉祁镇民主村。由于具备一定学历，能够看书阅读，施金林被任命为农村教师，他多在夜间教学，帮助村民扫盲，宣传党和政府的政策，包括土改政策、婚姻法等，过起了边种田边教书的生活。

（刘心如）

吴涌根

吴涌根（1925.5—2006.9），民主南村头人， 中共党员，特一级厨师，苏州南林饭店副总经理，江苏省烹饪协会常务理事，苏州市烹调协会副会长，全国旅游业劳动模范。他的烹调技艺，不少中外领导人都品尝过，国内有朱德、刘少奇、陈云等。70年代初，曾任林彪的专职厨师，1983年春，邓小平还接见了他。品尝过他烹调技艺的外国贵宾有越南主席胡志明、缅甸国家元首吴奈温、英国首相撒切尔夫人、美国卡特和基辛格、埃塞俄比亚海尔塞拉西皇帝、尼泊尔比兰德拉国王、墨西哥总统卡洛斯等，芬兰还授予他最高厨师的勋章。著名书法家费新我题词：时代名厨。中国佛教协会会长赵朴初题词：调和五味，悦可众心。著名大画家亚明题

吴涌根

词：江南无双。1984年5月，根据他的事迹，《新华日报》刊登了题为《厨王》的长篇报告文学。

（志辑）

施重欢

1926年5月20日，施重欢出生在施家宕。6岁在本村读小学，10岁初小毕业，到附近玉祁镇上读高小。1937年10月，日寇进犯，家乡沦陷，失学回家。直至1940年8月，他才在战乱中读完高小考入本县洛社中学。1943年8月以优异成绩考入无锡高级职业中学。

1944年2月，他到附近齐家社小学教书半年，以养家和筹集学费。半年后，他考入无锡县青城中学高中二年级插班学习。一学期后，再次辍学到玉祁小学教书。一年后，他考入镇江中学高中三年级插班学习。半年后，以优异成绩高中毕业。就这样，他以惊人的毅力，半工半读学完了高中课程。

1947年2月，他考上了浙江省金华英士大学机械系。在大学里，他学习成绩优秀，爱好体育，是学校篮球队、自行车队的成员，英语也说得漂亮。晚上经常为学校刻钢板，出去教夜校，靠半工半读读完了大学。

1951年7月，施重欢在浙江大学机械系（金华英士大学解放后并入浙江大学）毕业，他不顾家人的反对，立志改变祖国电力建设落后、技术人才匮乏的面貌，毅然报名到东北去，改行参加祖国的电力建设。9月，施重欢来到阜新发电厂工程工地，开始了他的电力基本建设工作。一年后，他的妻子许月华，也从无锡市建华航运公司财务科调到东北。

在东北，面对战争创伤和帝国主义宣称“共产党不会管理企业，鞍钢5年后可以种高粱”的狂妄预言，施重欢下定决心为祖国争口气，用知识和汗水把新的发电厂建起来。他克服生活不习惯和北方严寒等困难，4年多时间先后参加了辽宁（阜新）、陕西（坝桥）、黑龙江（富拉尔基）和吉林（吉林）4省的4座大型火力发电厂的工程建设。

他虚心学习苏联先进经验和科学技术。在阜新、坝桥和富拉尔基等3个工程中，先后与3名苏联专家签订了“教学合同”，学到了丰富的施工技术与经验。他掌握了中温中压管道的全部安装经验，出色地完成了坝桥发电厂工程的管道安装任务。他的实践，帮助燃料工业部基本建设总局明确并坚定了组建管道安装专业队伍的意义与决心。为国家在富拉尔基热电厂工地成立全国第一个高温高压管路工地做出了贡献，他自己也光荣地成为管路工地的专责技术员。

1953年，他到富拉尔基工地后，更加刻苦学习技术，多次圆满地解决了技术难关，得到专家与群众的好评。1954年，他把学习到的施工技术与经验总结整理，由专家工作科印发给公司技术人员，推动了“向专家学习，掌握国外经验为我所用活动”的深入发展。1955年、1956年，他两次出席电力部电力建设总局召开的技术工作会议，分别做了题为《高温高压电站管道安装经验介绍》和《高温高压管道施工技术与调试问题的总结》的大会发言。他在高压管道焊接、安装等施工技术和施工中建立的一整套管理经验，为当时大规模高温高压热电厂建设提供了宝贵经验。在此期间，他还多次与工人一起进行技术革新，先后改进了弯管设备与工艺；革新解决了Φ426X8大口径无缝钢管弯管难题；改进汽水门研磨工具，实现汽水门研磨一条龙等技术改革。

1956年3月，他被评为“吉林省先进生产者”。4月，又荣获“全国电力工业先进生产者”称号，出席了全国电力工业先进集体与先进生产者代表会议。4月25日，他和与会代表一起在北京怀仁堂受到毛主席和中央政治局全体成员的接见并合影留念。5月1日，参加了观礼活动，光荣地登上了北京天安门观礼台。

1956年9月，施重欢担任第十二处副总工程师职务。此后，他相继担任公司副总工程师、总工程师、副经理兼总工程师等领导职务。1961年，公司在肇东发电厂安装了1台1500千瓦的汽轮发电机组。试运中发现设备缺陷，调速部分不能正常投入运行。施重欢经过认真调查后，认为该机组不具备投入条件。他冒着被批“保守主义”的政治风险，反复研究，不断修改，最终拟定了在主汽门附近加装打闸装置的同时，加装负荷指示表和自动报警器的改进方案。该机组投产后，运行正常。

在“文化大革命”的逆境中，他被下放到农场劳动，早晨2点起来帮食堂做豆腐、做早饭，白天照样去淘粪或下地劳动。

1970年，公司承担清河发电厂建设工程。施重欢与当时生产组负责人钱国膣，排除“左”的干扰，对于主变压器的安装进行认真细致的可行性研究。用2天时间步行近百里，对清河发电厂铁路专用线实地勘察，决定在厂家装车时即对主变压器定向定位。减少了现场的大量辅助准备工作，使主变压器运达现场后即可直接定向吊装，一次定位。此举缩短工期3倍。

1976年10月，施重欢重新走上公司总工程师的领导岗位，他的工作热情愈加不可遏制。他抵御着越来越频繁、越来越剧烈的胃痛，在佳木斯发电厂四期扩建工程现场蹲点4年。

施重欢

工程现场上上下下都是冰溜子，一不小心很容易滑倒，工作环境相当艰苦，他总是出现在工程的第一线。四年中儿子和女儿结婚他都因离不开工作没有回哈尔滨的家。

1978年干部体检时，医院发现他胃部球部溃疡严重，要他住院治疗，他不顾日趋恶化的病情，坚持施工指挥。

1979 年2月，他实现了自己夙愿——光荣地加入了中国共产党。

1981年4月，完成了《电力工业调整改革中的意见》一文，并计划继续编写关于电力建设如何适应新时期改革的论文。然而，1981年4月，他被查出患了胃癌，不得不离开他视为生命的工作岗位去治疗。1983年4月病情复发，不幸于5月4日去世。

（摘自《黑龙江电力技术1981年02期》）

刘济川、刘秉夫

刘济川

刘济川是刘庄人，光绪九年（1883）三月初三出生在锡山脚下的高巷上。他只读过3个月的私塾，14岁就到苏州张祥丰蜜饯行当学徒。

苏州“张祥丰”是一家有名的百年老店，老板姓张，也是无锡人，喜爱武术，极好结交江湖朋友。在他的作坊内，聚集了一批武林中比较有名的如强心得、楚廷玉、石兰亭等人。他们各个武艺高强，且都懂医道、都会治伤。

刘济川到“张祥丰”的时候，石兰亭和楚廷玉都已经不在了，但他们的后人、徒众还在。“张祥丰”蜜饯行有几百个职工，常有一批人利用闲暇时间，在夜间跟楚筠山、石兰亭、强心得等人练习武艺，其中就包括指功。刘济川受其感染，很快就参与了其间，十八年如一日，勤学苦练。

在“张祥丰”蜜饯行，常年有两位医生租房在那里应诊，一个内科，一个伤科，与刘济川的公房只隔一道板壁。平日无事，刘济川常去这两位名家那里，套近乎、当助手，时间一长，居然给他摸着了门道，学会了伤科。

刘济川收藏有《缄灸大成》10卷，是清顺治丁酉年（1657）李月桂修补重印的版本，刘济川对照着书本刻苦自学，终有所成。故而，刘济川不但能以手法治疗跌打损伤，还善于用针灸给人祛痛除病。那时的刘济川不但买书，还抄书、抄药方，除了伤针二科，还涉猎了其他一些科目的医典。

刘济川

刘济川在“张祥丰”的这一段学业经历，《吴中名医录》是这样记载的：“济川心喜爱之，故旦夕依样练习，并请教诸师……专心一志，勤奋异常……不避寒暑，互相切磋，以明经络之走向，输穴之定位，骨骼之分布，续骨之要领等，无不精究。”此时的刘济川已经“功力深粹，手法熟练，并能以内服外敷药助治”。

刘济川30岁那年离开了“张祥丰”蜜饯行，回到刘庄。

民国11年（1922），刘济川到无锡市里悬壶应诊。民国十八年（1929），无锡县长孙祖基，在一次下乡巡视时从马背上坠落下来，摔伤了腰，躺在床上不能行动。刘济川被孙祖基请去，既不开方，也不服药，伸出右手，用手指在患处施以按摩，不到十天，就治好了孙祖基的腰伤。孙祖基康复后十分感激，特地制了一块宽两尺高八尺的黑漆金字匾牌，吹吹打打送到刘济川的诊所里。自此，刘济川声名大振，奠定了在无锡医界的地位。

刘济川做的是伤科，遇有同行必然请客求教。有一个同行，藏有一张药方，开始不肯示人。刘济川一次次去拜访，一次次请他吃大肉面，最后感动了那人，把方子给了刘济川。他抄的那册药方，有不少就是这样收集得来的。此外，刘济川还喜欢与非伤科的医界同人来往、交友。他说，与他们交往，可以学到许多意想不到的东西，医界的东西，有许多是相通的，是可以举一反三的。

刘济川不但有高超的医术，更有高尚的医德。有个乡下来的病人上门求医。人到城里，钱就不够了。刘济川给他看好了病，还留他吃饭，最后还送了盘缠，让他回去。病人千恩万谢。他给救火会因救火受伤的人治病给药，从不收钱。在他去世后，救火会的军乐队，从无锡坐火车到洛社下车，整整走了十里，一路吹打到刘庄，给他送葬。刘济川还领头集资办了刘庄小学，参与建造了张（张巷）曹（后曹）桥，还出资铺了从刘庄到礼社的石板路。他还出资参与建造了惠山石门下的龙海禅寺。

1947年底，刘济川患急性脑梗死，在刘庄老家离开了人世，享年仅65岁。

刘秉夫

刘秉夫

1916年1月5日出生在刘庄，从小跟父亲学医。1943年，刘秉夫从父亲手里接下了高济春药号内的诊所，在他的努力经营下，业绩不断提高。1946年，刘秉夫在高济春药号斜对面租了全昌酱造坊100平方米的一开间三层楼房。许多大厂如申新三厂、丽新纺织厂等都与他建立了特约门诊，刘氏伤骨科的业务蒸蒸日上，收入大增。

1949年中华人民共和国成立，刘秉夫购下了西里城脚一幢三开间二进深楼房，作为发展刘氏伤科的新址。刘秉夫很想建一家医院，这家医院有病房，有药房，有自己的药剂制作工厂，还有X光机……再招一些接受过专业医学教育的医生护士。政府向他提出了走互助合作化道路、创办联合医院的设想。刘秉夫响应政府号召，答应参加联合医院。1954年10月20日，江苏省无锡市第一联合中医医院正式成立了。据中医院院志记载，建院之初"开设六个专科：伤科、痔管科、内科、外科、喉科、针灸科"。刘秉夫被选为总务主任，主管财会，他出的经费最多。

联合医院开业第一天就接待了178位病人，其中有三分之一多是伤科病人。医院的65户特约单位，大多是刘家带进来的。刘秉夫的业务占全院业务量的三分之一。此后50多年，骨伤科的业务量及业务收入一直稳居中医院的前列。刘氏伤科为无锡市中医院的成长发展作出的成绩是功不可没的。1956年3月16日，无锡市第一联合中医医院转为市立公有制，改名为无锡市中医医院。4月，又改名为无锡市第四人民医院。

刘氏伤科秉持"传统的手法为主、药物为辅"的治疗方法。手法主要是：骨折的手法整复，关节脱位的手法整复，软组织损伤的按摩治疗，以及复位后的绷带铁丝纸夹板固定。药物为辅：外敷内服消肿膏、和伤散、正骨丹等。刘秉夫继承父业，他将古代传统正骨八法分为正骨复位手法和按摩理筋手法。对骨折患者行手法复位，做到着手轻、固定稳、牵引长、方向准。复位时运用拔伸、挤捺、旋屈等方法。外固定用铁丝纸夹板，制作简便、材质轻薄、费用低廉，且可根据病人肢体形状随时调整。以绷带铁丝纸夹板作为外固定，有足够的强度，能使病人骨折断端固定稳定而又服帖、舒适、轻便、美观。在固定中，刘氏伤科强调要随患肢肿胀程度的变化修改纸夹板，调整绷带的松紧，同时更换外敷药物，以尽可能地纠正畸形，改善血液运行，减少后遗症。然后以中药内服，达到祛瘀生新、壮筋续骨，加速骨折愈合的目的。刘秉夫还和学生周时良等一起发明了“骨与关节整复固定器”“脱臼与骨折两用简易整复床”“多用伤科病床”等专用器材。对于药物的使用，刘秉夫认为用药“应本着精而简的原则，根据药源和剂型等方面的要求加以改进”。刘秉夫将祖传的方药，如“消肿膏”等，以安全、方便、有效为准绳，以药源多、价格低、饮服易为主导，作了一些微小的改进。刘秉夫对待传统药物的态度是实事求是的，不迷信名贵药材。

1982年8月，一位叫平田百合子的日本妇女膝关节扭伤，疼痛难忍，在日本治疗8个月没有效果，特地慕名来到无锡市中医院求治。刘秉夫用家传三指按摩法治疗3周后，患者膝关节肿胀消失，活动自如。平田百合子在第二年4月和丈夫一起专程从日本赶来无锡，向刘秉夫致谢。1983年4月26日的《无锡日报》刊文作了报道。同年底，刘秉夫上北京参加了“全国中医骨伤科学术讨论会”，在会上发表了论文《略谈三指按摩》，介绍了用按摩治愈陈旧性膝关节扭伤的经验。

刘秉夫1956年被吸收为中华医学会会员、中华全国中医学会会员，曾任无锡中医师协会副主任。同年，还被发展为农工民主党员，随后又被选举为农工民主党无锡市委常委；还被选为无锡市第三届至第九届的人大代表。中华全国中医学会江苏省分会聘他为骨伤科学术专业委员会顾问，江苏省卫生厅聘请他为卫生技术高级职务评审委员会专业评议组成员。此外，还担任了《中医骨伤科学报》编委会委员。1984年，全国中医骨伤科理论研究会在无锡召开。1988年11月中华全国中医骨伤科学会第三次学术交流会在无锡举行。两次全国骨伤科会议在无锡举办，奠定了无锡市中医医院骨伤科的地位，使得无锡市中医医院骨伤科有了新的起点。

1987年，71岁的刘秉夫退休。2003年，刘秉夫因脑梗死中风，行动不便了，但他的脑子却一刻也没停止转动，他举着颤抖的手，一次一次地修改他的《实用伤科手册》。2007年6月底，上海中医药大学出版社将此书出版。2007年9月23日，刘秉夫永远离开了人间，享年92岁。

（根据刘雨人《悬壶传薪——记无锡刘氏伤科》一文整理）

第二节 人物简介

刘棨（生卒年不详），新村人，字九一。北宋绍圣元年至四年（1094—1097）孝廉，龙图阁待制，历仕至侍郎。随其父刘祧（宋解元公，字八九）由晋陵迁于梁溪招义乡。“绝迹城市，以泉石自娱，崇节俭，课农桑”。为新村刘氏始迁祖。

刘衎（？—1130），新村人，字克安，刘棨长子。仕宋为韩世忠裨将。南宋建炎三年（1129）冬，金兀术率军渡江南侵。次年，韩世忠“率八千人乘海船至镇江，扼长江绝其归路，转战至黄天荡，相持四十八日，兀术大窘”。刘衎“与兀术力战江中殉难，恤赠大将军”。蕲王韩世忠题其《刘氏宗谱》像赞曰：“一生雄略，独御金兵。扶危三次，力战九巡。长江殉节，恤赠将军。英名凛凛，金国亡魂。”

刘瑞五（？—1279），新村人，刘棨七世孙。在南宋抗元将领张世杰麾下，转战南北，屡建功勋。南宋祥兴二年、元至元十六年（1279）奉旨随张世杰镇守厓山（在今广东新会南），与元将张弘范在海上决战，兵败突围，遇台风，同张世杰一起殉难。

刘黄裳（生卒年不详），新村人，号梧邱。南宋绍熙四年（1193）宏词科进士，官任国子正。

刘钦恒（生卒年不详），新村人，字尔占。邑庠生。四子光晋，字旋吉，出继武进焦溪奚氏，名元桢，为奚氏始迁祖。

刘国锦（生卒年不详），新村人，字尔典。邑庠生。

刘应祥（1590—？），新桥人，字耀晋，号毅斋。敕封儒林郎，晋封奉直大夫，候选州同知。

刘钦慎（1609—？），新村人，字尔先，号全五。乡饮大宾。

刘士弘（1615—1699），字均达，号任庵。清顺治三年（1646）自刘庄迁居星桥为新桥刘氏始迁祖。敕封儒林郎，晋封奉直大夫，候选州同知。“以其所居隔于长渠，艰于来往，乃建桥定居于此，地曰星桥。”

刘光夏（1637—1698），新桥人，字合曜，号天槎，士弘长子。岁贡生，例授修职郎候选学博，诰封奉直大夫，直隶州同知加二级。

刘禹梅（1649—1680），新桥人，字台鼎，号意仙，士弘次子。吴县庠生。

刘光勋（1651—？），新村人，字君功。顺治辛卯生，恩给八品顶戴。

刘璇（1653—1716年），新桥人，字合衡，号恕斋，士弘三子。附监生，敕授儒林郎中书科中书，候选州同知，晋封奉直大夫。

刘龙骧（1661—1685），新桥人，字乘上，号麓庵，光夏长子。附监生，诰封奉直大夫，直隶州同知加二级。

刘凤翱（1665—1729），新桥人，字翼苍，光夏子，禹梅嗣子。附监生。

刘士琪（生卒年失考，二十世。），刘庄人，字心逸。礼部儒士。

刘秉铨（1674—1747），新桥人，字尹仁，号朴庵，璇长子。性豪爽，尚气节，太学生考授州佐，澹于仕进，不赴部选。

刘梦求（1675—1750），新桥人，字传良，号逸轩，璇子，禹梅嗣子。太学生，例赠登仕郎，候选县佐。

刘秉铉（1680—1715），新桥人，字让毓，号蓉川，璇三子。庠生、清康熙四十四年（1705）举人，康熙四十八年（1709）己丑科进士，授内阁中书舍人，康熙五十二年（1713）任安徽池州府教授加二级。他以兴办学校为己任，“厉名节，崇教化，举行月课，谈经讲艺，久而不倦。不二年，池之学风翕然丕振”。“乙未四月，以贤劳卒于官，年三十有六，康熙癸巳恩加一级，敕授儒林郎”，晋封奉直大夫。

刘汝校（1685—1766），新村人，字惟和。言规行矩，耆年硕德，寿八十一岁。恩给八品顶戴。

刘秉鉴（1686—1762），新桥人，一名坚，字曲疆，号青城，一号修洁，璇四子。敕封文林郎。

刘诔（1702—1765），新桥人，字伊在，号钝庵，秉铉长子（二十三世）。郡庠生，有《钝庵诗文稿》并杂著若干卷，俱未付梓。

刘鸿谟（1707—1763），新桥人，字蒙说，号学圃。附监生，敕授文林郎。“幼年勤学，早岁补博士弟子员。于书无所不窥，为文不起草，顷刻而成，老师宿儒莫能过。”清乾隆十七年（1752）恩科顺天乡试中第十七名，经魁三科，拣选知县，后家居育才。有《恰受航诗稿》及杂著数种。

刘丞（1709—1757），新桥人，监名永，字后于，号鲁齐，秉鉴次子。由国子生考授主簿职。

刘至（1714—？），新村人，字德新。清康熙五十三年（1714）生人，寿九十五岁，恩赐登仕郎。

刘廷栋（1719—1789），新桥人，字思贻，号静安。国子生到监，清乾隆六年（1741）顺天荐卷。

糜子高（1722—1807），新桥人，字雍传，享年八十有五。清乾隆六十年（1795）钦赐登仕郎衔，并受粟帛。

刘霖（1723—1765），新桥人，一名正模，字具旃，咏长子。有诗传世。

刘泰（1725—1790），新桥人，监名敬躬，字书度，号半钱，秉鉴四子。国学生，例赠登仕郎，乡荐。

糜子龙（1725—1751），新桥人，钦加五品顶戴，光禄寺署正衔，候选训导。

刘思孝（1727—1806），新村人，字立夫。往来京师凡四十年，清乾隆乙卯（1795）正月初四，恭逢万寿盛典与皇极殿千叟宴，恩给八品顶戴，钦赐御诗一律，龙杖一柄，银牌十两，春绸荷包。

刘舜仪（1727—1805），刘庄人，字永仪。恩授登仕郎。

刘亨（1734—1765），刘庄人，字嘉会，号礼斋，承祚长子。清国学生。清乾隆二十一年（1756）岁饥，在玉祁报慈寺董办煮赈，庚辰岁创建宗祠，捐地捐资，人一己百，既成立祭仪宗规，以示后昆，为人排解不吝囊橐，乡里德之。

刘文达（1735—1812），字贯三，新桥人，恩授耆职。清乾隆年间发起重修新桥义举，造福乡里。

刘云藻（1735—1792），新桥人，字绍会，号明远。邑庠生。

刘棻（1737—1753），新桥人，字画麟。早负文名，有制义行世。太学生。

糜国秀（1746—1823），新桥人，享年七十有八，清道光元年（1821）钦赐登仕郎职衔，姻姪余治称“予乡新桥里有道君子”。

糜文兴（1747—1824），新桥人，清道光元年（1821）恩赐九品职衔。

糜国仪（1749—1830），新桥人，字三茂，恩赐九品职衔，享年八十有二。尝言：半耕半读为居乡之本，入孝出悌为立身之本，安分俭用为治家之本，谦和忍辱为处世之本。

刘洵（1751—1778），新村人，字聘真。清乾隆三十八年（1773）补内阁贡士，调四库馆侍书候选，从九品。

刘寅（1753—1790），新桥人，字阳初。国子监考。

刘绍山（1763—1844），东刘庄人，字鼎元。乡饮宾，恩赉粟帛。

糜裔蕃（1776—1849），新桥人，字恒裕，恩赐九品职衔。

糜国衡（1776—1852），新桥人，字棠汇，号鹏飞。清道光二十六年

（1846）恩赐九品职衔。

刘安贞（1779—1819），新桥人，字坤发。例赠登仕郎。

刘炳奎（1782—1844），新桥人，一名鼎寅，字鼒堂，号南一。善诗。

刘荣奎（1789—1841），新桥人，一名鼎椽，字翼唐，号蘅矼俏生，终年五十三岁。有诗集一卷。现存《无题三十首》和《寄怀集唐八首》。

糜雍纲（1791—1863），新桥人，字春年，一字春岩。清同治十一年（1872）奉旨崇祠惠山忠义祠，有传。

刘洪祖（1798—1841），东刘庄人，字子华。例授修职郎候选县佐。

刘宗沂（1802—1878），新村人，字时茂。恩授耆职并给“耆年硕德”匾额。

刘文镇（1813—？），新桥人，字瑞福，号春亭。候选县佐。

施顺生（1816—1895），施家宕人，字绍文，号怡通。恩赏九品职衔，例授登仕郎。

刘应发（1817—1891），新村人，字得骏，恩授耆职。

刘钰（1824—1886），新桥人，字焕庭，号秋士。例授登仕郎从九品，议叙县佐。

刘敬承（1825—1915），新桥人，一名庆麟，字训彝。国学生。

施富庆（1825—1895），施家宕人，字正大，号务义。例赠登仕郎。

刘容余（1826—1860），新桥人，字季盈。例授登仕郎议叙从九品。

施务先（1830—1890），施家宕人，字绍圣，号厚堂，施起龙长子。国学生，钦加五品衔，赏戴蓝翎。候选府经历，敕授修职郎，晋封奉政大夫。

施务本（1834—1908），施家宕人，字绍贤，号雅堂，施起龙次子。议叙从九职衔。清光绪二十一年乙未（1895）恩奖乡饮介宾，宪给予乡间祭酒匾额，例授登仕佐郎。

施务仁（1837—1907），施家宕人，字绍达，号耀堂。国学生，恩奖乡饮介宾，例授登仕郎。

刘文兰（1837—1898），新村人，字川度。清授乡饮介宾，纂入国史荣奖。

余云高（1838—1924），新村人，字全泰。清授士郎。

刘夏庭（1839—1907），新桥人，字华亭，一字湘舟。国学生，乡饮介宾。

刘文焕（1840—1903），刘庄人，字福生。清从九品职衔。

陈德庆（1843—1921），新桥人，字釙洲。洪杨之乱家计荡然，事平，筹组油坊事业。于商业之暇，研究得黄病灵方，修制济世，颇著功效。

刘绍承（1844—1913），新桥人，一名锡爵，字念先。国学生。

刘圣钰（1845—1904），新村人，字金麟，号荣鏵。清授从九品职衔。

施杏大（1846—1900），施家宕人，字惠政，号叙朝。候选按察使经历，敕赠宣德郎。

刘翰文（1849—1907），新桥人，一名中林，字国昌。国学生。

糜金华（1850—1908），新桥人，字其章。清例封徵仕郎。

刘文耀（1851—1903），刘庄人，字坤生。清从九品职衔。

刘金林（1851—1913），刘庄人，字荫秋。由军功赏给五品蓝翎。

施廷恩（1854—1907），施家宕人，字廷荣，号锦祥。恩赏九品衔，候选县佐。

刘宏臣（1855—1880），新村人，字宽义。清授从九品职衔。

施布政（1857—1930），施家宕人，帖名简，字炳泰。国学生。

刘勗承（1857—1905），新桥人，一名景福，字师道。国学生，授登仕郎。

刘云庭（1859—1884），新村人，字金堂。清授从九品职衔。

施知政（1860—1919），施家宕人，帖名荣，字耀泰，施家宕人。国学生。

施翊政（1860—1912），施家宕人，帖名涛，字寿泰。国学生。

施襄政（1863—1914），施家宕人，务先长子，帖名惠，字乾泰。国学生。

施闻政（1867—1924），施家宕人，帖名渊，字泉泰。国学生。

刘承基（1867—？），新桥人，字永源。国学生。

施达政（1868—1931），施家宕人，务先次子，帖名钧，字坤泰。钦加五品衔，赏戴蓝翎候选布政使理问。

糜浚宣（1868—？），新桥人，原名世璋，字琢斋。清光绪二十五年（1899）瞿宗师拔取入泮第六名。民国18年（1929）为十五区新桥乡乡长。

刘渫（1868—1909），新桥人，字震生，号灿荣。国学生，授武德骑尉蓝翎五品衔，抚辕赍奏听。

刘宝庆（1868—1908），刘庄人，字裕龙，号荫南，试名国堂。金匮邑庠生。

刘瑞昶（1869—1910），刘庄人，字子顺。清授奉直大夫，国学生。

糜庭耀（1871—1898），新桥人，榜名兆科，字佛林。清光绪二十四年（1898）县府试均列第五名，院试提复以额满见遗。

施有政（1874—1913），施家宕人，帖名恩，字心泰。国学生，候选布政使经厅。

糜庭泮（1874—1911），新桥人，册名国光，字佛钿。太学生。

刘翼墀（1875—1951），刘庄人，字锡和，附贡生。

陈锡金（1877—1944），新桥人，字子坚。好音乐，各种乐器皆能操弄。中年至前洲卖酒营生，待人诚笃，信誉卓然。子栋全、贵全为上海花业钜商。

刘永济（1879—？），新桥人，字子念。国学生。

余麟夫（1884—1930），新村人，字祥林，号祖德，考名子栋。清贡生。

刘世德（1885—1942），新村人，字慕三，号焕章。任交通部稽核员、北洋政府北平市电报局局长。

刘培荣（1885—？），新桥人，字浩初，清给五品顶戴。

刘懋章（1886—？），东刘庄人，字醴泉。一字峻勋。国学生，五品顶戴。

刘士琪（生卒年失考），刘庄人，字心逸。二十世。礼部儒士。

糜浚宣（1868—？），新桥人，原名世璋，字琢斋。1899年瞿宗师拔取入泮第六名。民国18年（1929）任十五区新桥乡乡长。

糜松（1876—1965），新桥人，原名赓亮，字载飏。清光绪二年（1876）生，糜文溶父亲。

糜杓（1882—？），新桥人，原名赓勋，字载南，号曜三。清附贡生。曾任玉祁第一所新式学校——德馨学堂校长、无锡市教育会会长。

糜赞治（1882—？），新桥人。原名琴和，字子襄，一字鹤清，号鲁庄。锡金公立初级师范学校、两江优级师范学校农学博物科毕业。历任经正（校名、在寨门，系严氏私立）、县六（即无锡县立第六高等小学校，在石塘湾）校长，县一（即无锡县立第一高等小学校，旧竢实学堂）教务主任，无锡市教育会会长。

刘世德（1885—1942），新村人。字慕三，号焕章。曾任交通部稽核员、北平市电报局局长。

陈鹤全（1889—？），字松荫，新桥人。以医术名于时，将祖传黄病方改良，发明黄病丸行世，效力益宏，广销远近，愈人无数。

糜郁治（1890—？），新桥人。原名钰和，字季良，号侠公。上海商团体育会第一班第一名毕业，曾任沪军义勇队队长。于光复时由沪上曾随共和军仗义入川，事平后仍归沪上扫叶山房营书业。

刘也麟（1890—1946），西刘庄人。曾职奉天镇安上将军署军事稽查员，又随上将军段祺瑞入京委充京畿警备总司令部书记。后访友至南通，张謇“见而奇之，录为弟子列”，委充残废院劝捐员兼庶务职、阜宁新南垦植公司中一区区长。

糜士桢（1891—？），新桥人，原名衷和，字子珍，一字济青。震旦大学院毕业，任陇海铁路翻译员。

糜光治（1891—？），新桥人，原名尧和，字子辉。江苏省立第三师范学校第一届毕业，留任母校附属小学校教员。

糜树勋（1892—1974），新桥人，字伟臣，一字良甫。秉性颖悟，好读书，困于境遇，弃而就医。凡内外各科均有心得，以之问世无不着手成春，求治者戚戚戴焉。民国初期在青阳镇设诊所，有匾“无锡世医糜树勋寓”留存。

糜新治（1893—1951），新桥人。原名燮和，字醒时，一字鼎青。民国时期，上海南洋测绘学校毕业生，南京自来水工程处工作，河南洛潼公路工程处测绘工程师，江苏水利协会会员。

刘寿钧（1894—1969），新桥人。一名詠召，字诗堂，号芷塘。早年任邑内小学校长，学生有冯其庸等，所著《故里小志》入编《玉祁镇志》。

糜士枏（1899—？），新桥人，原名鸣和，字鹤荫。清光绪二十五年（1899）生。常府江苏第五中学毕业生，考入江苏高等医学专门学校。曾任郑州铁道医学院院长。

刘寿林（1899—1976），新村人。中共党员，江苏省农业劳模。1951年被评为无锡市培桑模范、县人民代表，1953年被评为江苏省蚕桑劳动模范，1954年被评为华东地区蚕桑劳动模范。

糜辉（1902—1972），新桥人。又名文中。1921年毕业于常州省立第五中学，后任前洲树德小学教员。1923年加入由堂兄糜文溶组织的“青城导社”。同年秋，他和唐光明、孙冶方等7人成为无锡第一批社会主义青年团员。1924年加入中国共产党。第一次国共合作时期，转入国民党，组织国民党区分部、县党部。1925年任国民党江苏省党部监察委员。1926年下半年起，他积极开展革命活动，组织农会，投入农民运动。1927年国民党右派发动“四·一二”反革命政变后，他作为国民党左派被清除出党。大革命处于低潮，他在上海教书，进电影公司当配角演员糊口。1929年去金陵大学农专系学习二年，后任武进县农业推广所技术员、福建建瓯师范学校教员。1930年他和无锡进步女青年袁月正结婚。抗战爆发后，1938年6月，两人同去延安，他进抗日军政大学学习，袁月正在陕北公学教书。1939年后任晋察冀专署实业科技术员、科长。1946年后，在东北财经委员会任秘书，沈阳第三机器厂副厂长。1953年在北京第一机械工业部机械工业出版社任副社长。1958年回无锡重工业局任副局长、机电研究所主任。

糜文元（1907—1979），新桥人。早期（1925年）中共党员，曾为上海劳工代表之一，出席苏共会议。

余涌泉（1907—1988），新村人，1953年被评为无锡县蚕桑劳动模范。

刘寿镕（1908—1961），新村人，字闫如，号陶如，曾任天津下花园火车站站长。

刘炳昌（1909—2005），刘庄人。中共党员，上海市人民饭店特级技师，上海市特一级厨师，全国劳动模范，上海市烹饪协会技术指导。1959年国庆十周年时调去北京任总厨师长，招待各国领导人。在上海招待过西哈努克亲王、海尔塞拉西国王等许多国家领导人。在北京招待过赫鲁晓夫，曾与周恩来总理、宋庆龄副主席、赫鲁晓夫、海尔塞拉西国王等合过影。

施云临（1910—1984），施家宕人，字之德，省立水产学校毕业，曾任武进县银行会计主任。

陈栋全（1910—1996），字煜道，新桥人。与胞弟陈贵全少时入乡校读书，后入上海求学求职。抗战胜利后在上海设信大花号，在镇江办笔铅矿物公司等。事业有成，回家乡济民助学，赈灾修谱，造福桑梓。又建大厦五间二进，俗称“陈家洋房”。

糜文定（1910—1988），新桥人。1927年考入上海商务印书馆学习印刷技术。后历任商务印书馆平版厂影写版车间主任、香港分厂影写版车间主任、工务课主任、江西赣县分厂工务课主任、福建连城分厂副厂长等职。抗战胜利后，在上海商务印书馆出版科工作，后任上海太平洋印刷厂厂长、大东书局印刷三厂厂长、三一印刷公司副厂长等职。中华人民共和国成立后，自1950年3月赴北京中国青年出版社筹建青年印刷厂，任副厂长，1974年6月退休。他是中国印刷业中颇有成就的技师，在生产管理、印刷工艺、技术管理等方面积累和整理了很多宝贵的经验。退休后，与王叔度、倪文波合作编写《照相凹版制版工艺》和《照相凹版印刷工艺》，由中国印刷工业出版发行。

施协临（1911—2000），施家宕人。上海中华职业学校毕业，曾任上海申新五厂工程师。

刘惟思（1911—1983），新桥人。字伯升，地方名医，擅长治疗伤寒、不孕不育等。

糜正治（1913—1969），新桥人。字怡和。民国时期创办重庆商业银行广州分行，后又到香港分行任职。

糜毓熙（1914—1975），新桥人。字萃秀，1928年入上海同济大学附中读书。1940年毕业于同济大学。曾任上海市卫生局性病防治所、上海市公用局公交公司医务室医师。1949年参与公交公司医务室扩建、创办职工医院，并任上海市公用事业局公共交通公司职工医院内科主任医师。1950—1965年多次荣获局、公司优秀工作者，上海市先进工作者及上海市五好职工等荣誉称号。

魏耀良（1915—1967），字福根。魏巷人。上海冶炼厂工程师，上海市劳动模范。

施锡荣

施锡荣（1916—？），民主施家宕人，中共党员，兵器工业部212研究所所长。民国19年（1930年）毕业于上海纱厂公学，民国24年（1935）回无锡公益铁工厂从事纺织机械制造，抗日战争时期先后在武汉、重庆的铁工厂工作。民国28年（1939）加入中国共产党。民国29年（1940）7月到延安，由中央组织部分配到陕北公学学习，年底又转入中央党校学习。民国31年（1942）8月起，历任中央党校校务部行政科指导员、副科长，陕甘宁边区兵工局所属工厂机工班长，晋察冀宣化龙烟机器厂工程科科长，工业局二处21厂、三处41厂厂长等职。1954年4月后，历任北京兵工总局办公室驻东北524厂军品定型工作组组长、总工程师、厂长，重庆152厂厂长，第五机械工业部第四研究所所长兼党委书记，第五机械工业部248厂党委书记，兵器工业部212研究所所长、党委书记等职。1983年7月离休。

刘鸿兴

刘鸿兴（1916—1991），刘庄人。1940年加入中国共产党，曾参加上海工人运动，因身份暴露，在组织安排下与妻曹素珍一起去苏北根据地。1944年参加新四军，并担任印刷厂领导。在解放战争中参加孟良崮战役，并担任收容团团长。1949年随军南下接收上海造币厂，任厂长，后转业于上海工作。历任大隆机器厂厂长，614厂厂长（干部级别13级，工资报酬12级），并数次随同陈毅出访苏联。1980年退休，享受师级待遇。

糜若虚（1917—2021），新桥人。又名振球，新桥人，中共党员，上海市电力工业局上海电力修造总厂高级工程师（教授级），上海市劳动模范。他幼年就读于新桥小学，后随父糜文溶到上海读中学，1939年毕业于上海交通大学，获工学学士学位。1939年至1945年在昆明中央机器厂任工程师，1945年至1948年到美国实习、进修，毕业于美国密歇根大学，获硕士学位。1949年至1955年任上海杨树浦电厂工程师，1956年至1979年任上海电力工业局上海电力修造总厂工程师。几十年来，从事机床、水泵、汽轮机等产品的制造，曾编译《材料与设计》《大型电动高速给水泵》等书。

糜望斗（1917—1999），新桥人。又名文光，早年就读于无锡玉祁小学。1931年进上海凹版公司当电镀制版艺徒，但因公司倒闭，即在一新照相制版公司、中华书局上海印刷所、商务印书馆平版厂任临时制版工。1940年任商务印书馆香港分厂技工。1941年去重庆任中央信托局印制处重庆印刷厂技佐。1944年12月被公派赴美国财政部雕刻印刷局学习钢凹版制版技术。1946年12月回国任中央印刷厂上海厂技工。1948年拒绝参与国民党政府拟将该厂全套进口印钞机器设备及人员迁往台湾的活动。中华人民共和国成立后，该厂由中国人民银行华东区行接管，改为五四二厂，任技师兼过版股股长。在厂里推广使用钢凹版制版技术，提高印品质量，缩减辅工时间。1952年任生产科、工艺科、技术科工艺技师，负责全厂工艺设计、新产品试制试印工作。经刻苦钻研，摸索出各国钞券的印制工艺，提出设计正背面八色接线干胶印印钞机的构想，最后试制成功，为新产品防伪印制创造优良条件。该机达到国际水平，荣获1964年国家技术发明奖。该印钞机图片被刊入《国际货币制造者》书中。

施雨泉（1918—？），施家宕人。中国国民党党员，1938年8月毕业于黄埔军校武汉分校14期，1945年获厦门大学商学学士位，1947年任南京国民党国防部新闻处少校干事，1948年任上海港口司令部少校军职，1950年任厦门市工商联秘书，退休后迁居香港。

糜宏启（1918—2005），新桥人。又名孙公望，南京师范大学化学系教授。

魏阿毛（1919—1992），魏巷人。1955年从上海随厂迁至天津信号厂工作，1962年天津市劳动模范。

糜若拙（1920—2002），又名振宇，新桥人。上海市劳动模范。

刘铁群（1920—1995），又名福元，刘庄人。北京大学毕业，兵器工业部、第五设计院总工程师、高级工程师，享受国务院政府特殊津贴。

刘如焕（1921—1998），新村人，曾任湖北省武汉市机械工业局局长、武汉市经济委员会副主任。

糜宏杰（1922—2021），新桥人。国立中央大学毕业，中国民主同盟会成员，南京第9中学高级教师。

刘如范（1924—1998），又名成模，新桥人。小学教员，离休干部。

刘春和（1924—2016），新桥人。玉祁中学教师，离休干部。1956年至1957年为玉祁乡人民政府文教委员。

吴焕良（1925—？），南村头人，中共党员。1941年3月参加革命，曾任131师391团7连连长，1951年1月获中国人民解放军第四野战军颁发的革命军人证明。

刘全平（1926—？），女，新桥人，中共党员。华东电力设计院党政办公室主任、党委委员，正处级离休干部。

刘维倩（1926—？），新桥人，中国人民解放军海军七〇八研究所副总工程师、教授、高级工程师，享受国务院政府特殊津贴。

刘涌清（1926—2020年），又名刘勇清，刘庄人，中共党员。北京红都服装公司特级工艺师。

糜宏椿（1926—1999），新桥人。1948年毕业于杭州之江大学土木系，后任浙江省建筑总公司高级工程师。1982年参加援建伊拉克瓦迪尼亚医院。

刘焕伦（1926—？），刘庄人，中共党员，上海国棉二十九厂总工程师，60年代初上海市纺工局援疆筹建棉纺厂任技术组组长，70年代初纺工部金山石化总厂筹建任设备安装验收专家组组长。

张伯祥（1927—1995），刘庄人，中共党员。曾任民主乡乡长，1954年农业合作社时期任五一社党支部书记，1959年任玉祁农业中学（大墩）校长，出席江苏省农业中学先进个人代表会议，获省劳动模范称号。1964年任玉祁公社农业技术推广站负责人，1965年任玉祁信用社主任，直至退休。

周时良（1928—2022年），南村头人。中共党员，1946年在无锡市刘氏伤科学习骨伤科专业，学成后在刘氏伤科工作，1954年任无锡市第一联合中医院骨伤科医师。1956年任无锡市中医院骨伤科主任，副主任医师。

刘文龙（1928—？），新村人，中国共产党党员。复旦大学生物系毕业，留校任教。先后任生物物理学助教、讲师、副教授、教授、系主任、党支部书记、复旦大学生命科学学院副院长，兼任中国生物物理学会副理事长、国家教委生物教学指导委员会委员、国家自然科学基金生物物理学与生物医学工程评审委员，上海科教电影顾问。出版的教材与专著有《简明生物物理学》《膜生物物理学》《生物膜与脂质体技术》《生物物理学实验》；译著有《生物物理学概论》《生物物理条目400》。还参加《普通生物物理学》《放射生物学》以及《中国大百科全书》等书中的有关章节和条目编写。研究论文40余篇，发表于有关学术刊物。曾携有关论文参加中日双边生物物理学术会议（日本京都）和世界生理学会成立100周年和第三十一次国际学术会议（芬兰赫尔辛基）并任高教部代表团团长。享受国务院政府特殊津贴。

冯根祥（1928—2017），新桥人。1947年3月参加中国人民解放军，1948年加入中国共产党。抗美援朝期间大脑受损。在部队历任副排长、连长、营长等职。1978年转业，任南京白下区中华路办事处副主任，1988年离休。

刘维允（1929—1988），又名刘威，新桥人。1948年曾在清华大学任教，后参加中国人民解放军，1948年受命接管开弈煤矿任军代表。后调核工业部副总工程师、高级工程师，正厅级离休干部。

刘本益（1929—1993），刘庄人。曾任浙江省丽水地区公安局局长。离休干部。

刘步云（1929—1988），新桥人。中共党员。上海宝钢股份有限公司高级工程师。无缝钢管专家，先后在鞍钢、宝钢从事无缝钢管的研发工作，参与组织研制反坦克火箭燃烧室合金新材料工作。辽宁省鞍山市科技先进工作者。

刘耀兴（1929—），刘庄人。中共党员，上海黄浦汽车配件厂厂长，上海市家具公司经理。

刘瑞汉（1929—），新桥人。中共党员，民盟盟员。四川省财经学院会计系毕业。江苏省税务学校经济管理教研室主任，高级讲师（副教授）。曾参加全国轻工中专统编教材《会计学原理》的编写和总纂，参加《工业会计》的总编工作。1989年被评为无锡市优秀教育工作者，江苏省税务系统劳动模范，全国优秀教师。

张宝泉（1929—），刘庄人。山西省劳动模范，轩岗矿务局工程师，1963年下放原籍，在家乡为五金厂、纺配厂的筹建、生产作出一定的贡献。

施仲廉（1930—2020），字耀泉，施家宕人。先后就读于玉祁自治中学、无锡匡村中学（后名无锡县中）、苏州高级工业职业学校土木科。解放前在苏州参加了反对内战、要和平、反饥寒的学生运动。1949年渡江战役胜利，任洛社区人民政府生建股员、玉祁区人民政府财政会计，后调江苏省水利厅苏州中心水文站工作。施仲廉爱好文学，曾主编过机关刊物，担任过苏州《新苏州》报记者，西班牙《中国报》特约记者。享受离休干部待遇。

刘肇汉（1930—），新桥人，中共党员。1949年赴北京参加中国人民解放军四野南下工作团，后分配至总参三部二局工作，先后任科长、副处长、处长等职。参加抗美援朝战争，荣获二等功一次。副师级离休。

施峻泉（1930—），施家宕人。中共党员，中学高级教师，曾任蓉南中心小学、礼社中心小学、北七房中心小学教员、校长。

施仲明（1930—？），施家宕人。苏州地区汽车总公司科研所副所长、高级工程师。

糜家彬（1931 — 2020），新桥人。安徽省六安市长宁机器制造厂高级工程师。

施肇锡（1931—？），施家宕人。台湾成功大学、政治中兴大学教授，美国洛杉矶华文报刊主笔，英文新闻编译。

刘俊兴（1932—？），刘庄人。抗美援朝老兵，转业到东北抚顺，任抚顺市轻纺局副局长。

刘宜南（1932—），新村人。东北四平市空军司令部办公室主任（正团级），1982年转业于无锡市无线电二厂，任党委书记。

刘连兴（1932—？），刘庄人。杭州大学毕业，新疆乌鲁木齐水文地质局高级工程师。

刘根玉（1933—），刘庄人。中共党员，上海市闸北区委副书记（厅级）。

刘尧东（1933—？），新桥人。无锡市水泥厂厂长，江苏省先进生产者。

施少铨（1934—？），施家宕人。毕业于北京石油学院，1965年任石油部北京地质科学研究院、地质研究所科技组组长。1970年参加辽河油田会战，任石油指挥部党委副书记、指挥。1979年任勘探局总工程师，1982年任党委组织部部长，纪委副书记，常务副局长，90年代初任长庆油田石油勘探局副局长。

刘砺锋

刘永平（1934—？），刘庄人。中共党员，北京政法学院毕业，天津市公安局处长。

刘新铭（1934—），新桥人，北京工业学院毕业。参加中国人民解放军并荣获三等功一次，后转业武汉市第二化工机械厂，高级工程师。

刘砺锋（1935— 2006），新桥人，中共党员。1951年初入伍参加抗美援朝。参军后历任战士、学员、技术员、参谋、坦克团副团长，旅大警备区司令部作训处副处长、处长（师职）、正师级顾问等职。曾荣立三等功三次。

糜若夫（1935—），女，新桥人。广东省气象局高级工程师。

施凤文（1935—），施家宕人。苏州医学院毕业，分配到北京中国医学科学院肿瘤医院工作，后调青海医学院附属医院工作，青海高原心脏病研究所工作，1985年调无锡第一人民医院外科，任外科副主任医师。

施凤文

刘如生（1935—2021），新村人。副主任医师。师从无锡著名伤骨科专家刘秉夫，就业于无锡市中医院。历任无锡市煤矿医院副院长、无锡市第五人民医院门诊部党支部书记，骨伤科主任。

刘锡泉（1935—），新村人。中共党员，1953年参军入伍，后进飞行学院学习，毕业后留校任飞行教员，曾荣立三等功三次。1981年转业至黑龙江省财政厅工作，任科长、处长等职。

冯仲兴（1935—1971），新桥人。安徽省合肥市劳动模范，共青团安徽省委常委。

刘多兴（1935—），刘庄人。中共党员，武汉华中工学院毕业，曾任华中工学院副院长，党委副书记，教授。湖北省五届人大代表，中国纺织大学教务处处长，全国纺织高校教育研究会常务副会长，上海市高校教学评估专家组成员。湖北省文教战线先进工作者，纺织部钱之光奖获得者，上海市优秀教育工作者（厅级）。

刘多兴

尹秀珍（1936—），女，刘庄人。中共党员，武昌华中工学院毕业，航天部上海广播器材厂高级工程师。

刘叔千（1936—），新桥人。上海核工程研究设计院高级工程师。1962年毕业于北京大学数学力学系（流体力学），分配至中国核武器研究院理论部，长期从事核武器的理论研究、理论设计及计算方法的研究。曾参与中国第一颗原子弹和氢弹的爆炸工作，以及多种型号核武器的理论设计和理论计算。1982年调入核工业部上海核工程研究设计院，从事有关核电站管道流体瞬态的研究和计算、管道应力分析计算以及研制、计算机程序开发等工作。科研成果曾获1978年全国科学大会奖3项（集体奖）；1980年获国防科工委重大科技成果一等奖1项（为主要完成者之一）、二等奖2项；1982年获全国自然科学一等奖1项（集体奖）；1985年获国家级科学技术进步三等奖1项（为主要完成者之一）。1984、1985年两次获得中华人民共和国核工业部颁发的荣誉证书及奖章。主要论文有：《美国核电站中的水锤及其评价》《管道流体瞬态——水汽锤计算原理》等。

魏福清（1936—），魏巷人，中共党员。北京航空航天大学402热能工程教研室实验室主任、副教授。1959年7月毕业于无锡市一中，1959年到北京航空学院发动机系读书，1964年毕业后留校从事学生政治思想及行政工作。1976年后在北航动力系热能工程教研室从事业务工作。发表论文10多篇，曾参加编写教材，为研究生开课，指导硕士研究生，并主持研制成几个型号的红外辐射测试仪。

刘如本（1936—），新村人。中共党员，石家庄师范学院数学系毕业，玉祁中学任教，中学高级教师。

刘桂法

刘桂法（1936—2023），新村人。中国共产党党员，陕西宝鸡军分区司令员。1955年应征入伍，在部队任文化教员。后考入防化学院预科、本科学习4年，毕业后先后任总参谋部防化部参谋、教员，公安总队副中队长、干事，人武部科长、副政委、副部长、部长，1983年任宝鸡军分区司令员。被选为陕西省第六、七届人民代表。师级大校军衔。

刘思豫（1936—），新桥人。清华大学毕业，高级工程师，河北张家口煤矿机械厂退休干部。

施仲明（1936—），施家宕人。毕业于西安动力学院机械系，长期从事机械改装和设备制造，致力于汽车配件生产、工艺设备设计、汽车改装设计、客车车身模具设计和制造。曾任苏州地区汽车总公司科学研究所副所长，企业管理处处长，计量能源办公室主任，中国交通企业高级管理咨询顾问。高级工程师。

刘兴发（1937—），刘庄人。国营第784厂高级工程师，1960年毕业于上海同济大学桥梁系，分配到建设部工业设计院工作。后支援三线，调到四川参加国防建设。在国营第784厂雷达研究所从事雷达结构设计。任雷达结构设计主任，参与多种军用警戒雷达、气象雷达地面卫星站等工程的结构设计工作，为祖国国防建设科学现代化作出了贡献。

刘遗涓（1937—），女，刘庄人。中共党员，复旦大学新闻系毕业，曾为广西省政协委员，浙江人民广播电台新闻部主任（正处级），高级编辑。

刘焕芳（1937—），刘庄人。中共党员，上海动力制造学校毕业，安徽省锅炉压力容器检验所所长，高级工程师、书记，合肥市劳动局局长。

魏伯荣（1937—），魏巷人。华东电业局高级工程师。

施光亨（1938.4—2020.6），施家宕人，中共党员。1961年7月北京大学中文系毕业后作为第一批国家出国汉语储备师资至北京大学东语系进修阿拉伯语，1964年9月起至北京语言学院（今北京语言大学）任教。其间曾任学报《语言教学与研究》创刊期间的主要负责人，校出版社总编辑，教务处处长。享受国务院政府特殊津贴。先后应聘赴也门、埃及、日本任教，1993年被评为教授。曾与台北中华语文研习所合作，主持编写《两岸现代汉语常用词典》，合作主编《汉语教与学词典》，个人编写《汉语口语词词典》。主编或合作编写《对外汉语教学是一门新型学科》《新中国对外汉语教学大事记》《日本近、现代汉语研究论文选》，发表论文，散文数十篇，合作翻译多种传记及中短篇小说。

施光亨

刘章福（1938—2004），刘庄人，中共党员。华东纺织工学院毕业，任武汉市第一针织厂总工程师，高级工程师。设计的“三六精梳清漂汗布类”产品获国家银质奖，所著《冷堆染色》一文获全国优秀学术论文奖。

施中柱（1938—2010），施家宕人。曾在蓉新初中任教数学，中学高级教师。

魏勇喜（1938—2006），魏巷人。重庆炮兵学院，副团级。

糜若然（1938—），新桥人。中共党员，天津医学院附属医院妇科副主任，副教授。1962年毕业于天津医学院医疗系，分配在天津医学院附属医院妇产科任医师，1974年任主治医师，1984年任妇产科副主任，1987年5月被评为副教授。在妇产科学术领域内，专长是妇科肿瘤治疗，曾在《中华妇产科》杂志发表多篇著作，并在研究高剂量率60钴治疗宫颈癌方面取得一定成果。1980年至1989年分别获天津市科技成果二等奖。兼任《国外医学妇产科分册》杂志编委及《实用妇科与产科》杂志特约编辑。1994年被天津市科委授予妇科学专家称号。

刘文虎（1938—），新村人，中共党员。北京大学化学系毕业，留校任教。后调至国防科委六院六所，任21研究室（处级）副主任，高级工程师，研究员。兼任中国金属学会理化检验学会理事、全国金属核心期刊《冶金分析》编委、期刊《化学计量》编委。负责航空工业部颁标准HB5220《高温合金化学分析方法》

的制订及修订；HB5421、HB/Z205-209的制订。参加有关“人造骨”的研制；参加有关MD-82、直九、苏-27CK、俄罗斯理化试验等型号大课题。获部标准化成果二等奖，中航总科技进步一、二、三等奖，总装备部军用标准科技进步二等奖，北京市科技进步二等奖。校对240份俄国家厂ГOCT（俄文）标准的译文（180万字），退休后任北京航协认证中心高级审校员。

王绍新（1938—），女，施家宕人。毕业于北京大学中文系语言专业，北京语言大学教授。

王绍新

施凤来（1938—），施家宕人。无锡县玻璃助剂厂副厂长，曾为无锡县政协委员。1993年11月，发明一种玻璃澄清、脱色剂混合锑和砷酸盐的生产方法，获国家专利局颁发的发明专利证书。中国发明家协会委员，高级工程师。

施凤来

刘鑫源（1938—），新村人。大专毕业，曾任南京微分电子厂总工程师。

冯涌根（1938—2006），新桥人。无锡6136研究所高级工程师。

糜寿楠（1938—），新桥人。中国电子科学研究院高级工程师，北京利德电子有限公司总工程师。

刘凤英（1939—），女，刘庄人。成都电动工程学院毕业，成都国营748厂高级工程师。

刘忠鎏（1939—），新桥人。中共党员，高级工程师。1960年毕业于西北工业大学，分配在哈尔滨伟建机械厂工作。1961年调四川成都峨眉机械厂，1969年调雅安川西机器厂，1983年调昆山纺织机械厂工作。一直从事于模具的设计、工艺制造，历任工长、工艺组长、车间主任、副厂长等职。

王海涛（1939—），新桥人。中共党员，吉林大学毕业。济南三友专用汽车有限公司总工程师、高级工程师。

刘重业（1939—），刘庄人。新疆维吾尔自治区环境监测中心（乌鲁木齐市）副研究员，曾就读于南京江苏教育学院，新疆职工业余大学。长期在新疆冶金研究所、新疆环境保护科研所、新疆分析测试中心从事分析化学工作。先后创办《新疆环境保护》《干旱环境监测》期刊，任《干旱环境监测》期刊主编兼编辑部主任。曾获市级成果一等奖一次。

刘云清（1939—2002），新村人。1959年参军，1962年支疆，曾任新疆库尔勒机械厂党支部书记。新疆库尔勒铁道建设兵团党委书记（正团级）。

苏望圆（1939—），女，刘庄人，刘章福之妻。江苏师范学院毕业，中学高级教师。

刘再明（1939—2003），新桥人。无锡柴油机厂技工学校教师，全国教育系统劳动模范人民教师奖章获得者。

刘新扬（1939—），新桥人。北京钢铁学院毕业，上海第五钢铁厂高级工程师。

刘菊娥（1939—），女，新村人。中共党员，无锡大众会计师事务所副所长，中国注册会计师，注册税务师，高级经济师。1994年被评为江苏省勤工俭学先进个人。曾发表多篇论文，其中《初试代理记账》一文被评为全国深化税务管理体制改革研讨会优秀论文。《浅谈防伪税控共享系统中应注意的问题》一文被评为税收科研作品二等奖。

刘琴珍（1939—），女，新村人。武汉军区总医院正团级，放射科文职五级、技术七级，荣获三等功一次。

殷秀媛（1939—），女，新村人。江苏师范学院物理系毕业，玉祁高中物理教师，中学高级教师。

刘光宇（1939—），新村人，清华大学毕业，高级工程师。公安部沈阳消防研究所高级工程师、三级警监。

施圣华（1939—），施家宕人。南京大学本科毕业，沈阳炮兵学院院长，大校军衔。

冯锡兴（1939—2018），新桥人。合肥市叉车总厂副总工程师，高级工程师。

余大南（1939—），新村人。上海浦江轴承总厂试验室主任、高级工程师。早年曾在上海当过童工学徒，1958年应征入伍，1962年复员回上海工作，在工厂从事金属防锈润滑开发研究，业余进修大专毕业。曾担任国家“六五”“七五”“八五”期间的国家重点科研攻关项目主要负责人，先后获国家级科技进步奖，部、市科技成果奖等。1989年晋升为高级工程师。1993年由机械部批准为轴承防锈润滑专家。1983年编写了《防锈油脂与乳化切削油》一书。事迹载入《中国轴承工业名人录》中。

施明和（1940—），施家宕人。曾任无锡纺织配件厂厂长，明珠牌S2皮辊轴承获部优产品，企业被评为江苏省明星企业，无锡市双文明企业，个人被评为无锡市优秀企业家。

余小兴

余小兴（1940—），新村人。1961年由南京市第九中学保送到中国人民解放军军事工程学院航空工程系学习。毕业之后，由中防科工委直接分配到海军航空兵部所属的海军航校当教员，先后在四川阆中海航四航校、太原海航机务专科学校、蚌埠二机校以及海军航空工程学院青岛分院等院校任教员，先后担任教研室副主任、主任、支部书记、系党委委员。由于在函授教育方面，贡献突出，被总参总政、总后三大部评为全军优秀函授教员，并通令全军表彰。1986年1月，被海军党委批准立三等功1次，个人编写完成的飞机空气学教材获学院优秀教材三等奖。所参加的科研工作，得到总参颁发的科技进步二等奖1次、海军颁发的科技进步三等奖1次。

1983年3月晋升为副教授，2000年2月退休，专业技术大校，正师职，专业技术5级，享受副军职待遇。

刘正祥（1940—），新村人。江苏教育学院物理系毕业，无锡市第二中学高级教师，曾获“首届全国中小学电脑制作与设计活动”教师组优秀奖。

刘玉龙（1941—2021），新村人。江苏教育学院数学系毕业，中学高级教师。

刘正秀（1941—），女，刘庄人。中共党员，南京铁道医学院毕业，戚墅堰机车厂医院副主任医师。

刘惠麟（1941—），新村人。湖北大沙湖二农场党委书记、高级农艺师。

施明融（1941—），施家宕人。中共党员，毕业于南京工学院（现东南大学）电机系。先后任职于吴泾热电厂、华东电管局、石洞口发电厂。1993年任上海市电力局副局长、总工程师、教授级高级工程师兼上海电力股份有限公司总经理、党委书记。曾获国家电力部科技进步奖，上海市技术改造奖多个项目。

陈伯洪（1941—），新桥人。中国共产党党员，中国建筑二局第三建筑工程公司副经理，高级工程师。1964年8月毕业于南京工学院土木系工民建专业。1964年9月到建工部专业设计室工作，1970年12月调中建二局三公司，先后任技术员、工程师、技术科长、总工程师、副经理、高级工程师。曾参加原七机部〇六一、〇六二工程部分工程的设计与施工。1976年唐山大地震后，赴唐山参加震后的恢复建设工作。

魏耀裕（1941—），字裕庆，魏巷人。大学文化，高级工程师。

刘瑞源（1941—），新桥人，中共党员，机械电子工业部中国电波传播研究所副所长、研究员、博士生导师，享受国务院政府特殊津贴。1963年毕业于中国科学技术大学无线电电子学系，并被录取为中国科学院电子学研究所研究生。1965年后一直在中国电波传播研究所工作，任该所副所长兼任中国空间科学学会理事，中国电子学会学术委员会委员，中国南极研究学术委员会委员。1980—1982年作为访问学者在英国卢瑟福阿普尔顿实验室工作。长期研究电离层无线电传播，提出了用于电离层长期预报的新的太阳活动性指数IG，从而改善了F层临频预报。所撰文稿被国际无线电咨询委员会采纳，并载入第371号建议书。曾参与《中国大百科全书》（电子学卷）的撰写。参与的重要研究成果《110、7010雷达析时误差修正》获1978年全国科学大会奖，《全球等效太阳黑子数IG及其在电离层长期预报中的应用》获1985年电子工业部科技进步二等奖。

刘瑞源

施维钧（1941—），女，施家宕人。上海市农业科学院副研究员、上海“三八”红旗手，享受国务院政府特殊津贴。1959年毕业于上海农业学校果蔬专业，同年分配在上海市农业科学院研究所（后改为上海市农业科学院）工作。1971年开始研究“甘蓝杂种优势利用”课题，研究出数个新品种，基本上满足市场常年供应。其中耐热甘蓝——夏光获上海市科技进步三等奖，耐寒甘蓝——寒光获上海市科技进步二等奖。早春甘蓝——争春获上海市科技进步三等奖，早春甘蓝——延春获上海市科技进步二等奖。以上新品种在全国广大地区大面积推广应用，创造了巨大的经济效益。1978年被评为上海市“三八”红旗手，1990年获上海市“菜篮子工程”科技奉献奖。主持的课题组1982—1994年5次被评为上海市“三八”红旗手集体（两年评一次），1995年被评为上海市模范集体。

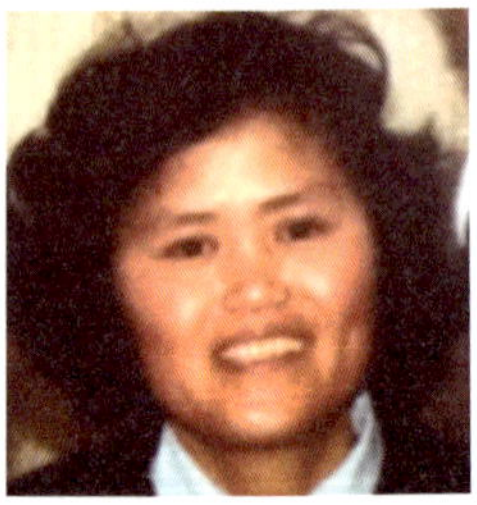
施维钧

施建一（1941—），施家宕人。北京师范大学历史系教授。

孟如焕（1941—），新村人。江苏省粮食科研设计院高级工程师。1967年毕业于无锡轻工业学院粮食工程系，分配到上海奉贤面粉厂工作，1975年调到南京华东地勘807队工作，1981年调江苏省粮食厅饲料处工作，1986年调省粮食科研设计院工作。先后从事上海奉贤面粉厂改建工艺主设计、奉贤县政府防空指挥和地下战备粮库建设设计。担任溧水等10家县级饲料厂的主设计任务，负责编写《饲料基本知识问答》一书。2000年退休。

余耀良（1941—），新村人。玉祁卫生院副院长、副主任医师。1963年毕业于无锡医专医疗系，1963年参加工作。历任无锡县杨市卫生院内科，修浦保健站站长，卫生院业务组长。1971年调玉祁卫生院工作，历任内科主任、业务组长、副院长、红十字会副会长，在省市级医学杂志发表论文16篇，先后被无锡县卫生局评为先进工作者，立三等功一次。

余耀良

糜曾（1942—），新桥人。上海戏剧学院表演系1964年本科毕业，入伍广州军区政治部战士话剧团演员，1976年转业上海戏剧学院表演系教师。上海戏剧学院表演系副教授，曾任上海戏剧学院表演系副主任、党总支副书记、表演教研室主任。上海师大学谢晋影视艺术学院外聘教授。曾荣获上海市优秀艺术教师称号。曾荣获上海市教卫系统优秀共产党员光荣称号。现任上海戏剧学院附属上海戏曲学院督导。

糜曾

王玉生（1942—），施家宕人。中共党员，东南大学副研究员、历史教研组副主任、研究室副主任。1989年9月至1991年9月被委派任昆山市科技副市长，1992年任东南大学振动工程研究中心副主任，1994年任火电机组振动国家研究中心副主任。

刘澄宇（1942—），新村人，中共党员。天津师范学院毕业。河北省阳原县政法委书记、一级警督。

施羽辉（1942—），施家宕人。新疆生产建设兵团石河子农八师团政委。

刘丽韵（1942—），刘庄人。江苏矿专毕业，曾任贵州省六盘水市矿务局财务处副处长，高级工程师。

冯锡根（1942—），刘庄人。西北工业大学毕业，高级工程师。

刘伯胜（1942—），新村人。中共党员，哈尔滨船舶工程学院水声工程系副主任、副研究员，博士生导师。享受国务院政府特殊津贴。1965年毕业于南京大学物理系。毕业后任哈尔滨军事工程学院海军工程系助教，1969年起在哈尔滨船舶工程学院水声工程系先后任助教、讲师、副教授、教授。1986年被聘为副研究员。先后获中国船舶总公司科技进步奖一等奖一项，二等奖三项，国家教委科技进步三等奖一项。在全国一、二级刊物上发表论文8篇，曾主编《水声学原理》教科书，曾指导硕士研究生两名（已获学位）。1980年曾赴南太平洋参加中国第一次运载火箭试验，受到参试部队嘉奖。现任黑龙江水声学会秘书长、黑龙江省物理学会理事。

刘伯胜

刘福兴（1943—），新村人。西安交通大学毕业，西安电力机械厂高级工程师。

张胜清（1943—），刘庄人。浙江泛华工程监理有限公司副总工程师，高级工程师。

刘鹏霄（1943—），新桥人，青岛海湾化工设计研究院总工程师、高级工程师。北京化工学院无机化工系毕业，从事化工项目设计。其中四万吨食品碱工程设计获1986年青岛科技进步二等奖、山东省石化厅经委优秀新产品二等奖，《重灰改造工程设计》获1998年山东石化厅优秀设计一等奖。

刘杏芬（1944—），女，刘庄人。中共党员，无锡轻工业学院毕业，溧阳市组织部部长。

刘杏芬

刘仲钧（1944—），刘庄人。西安交通大学毕业，高级工程师。曾参加国防科委七机部二炮的东风5号导弹地面发射系统的研制工作，曾荣获四川省科技成果三等奖。

刘明伯（1944—），新村人。上海阀门五厂厂长，党委书记。

刘根新（1944—），新村人。中国重汽集团公司工厂设计院工艺室主任，院副总工程师，高级工程师。

施墨南

施墨南（1944—），施家宕人。中共党员，毕业于无锡轻工业学院油化专业，曾任洛阳氮肥厂常务副厂长总工程师，高级工程师，1985年获河南省技术革新能手奖。

刘校忠（1945—），刘庄人。上海同济大学土木工程系毕业，上海华虹工程建设监理有限公司副总工程师，高级工程师。

刘光华（1945—），新村人，北京科技大学毕业，常州冶金技师学院高级讲师，副教授。

魏汉卿（1945—），徐巷人。1968年毕业于上海海事大学水运技术管理系，分配在湖北省工作。1980年调到南通航运职业技术学院任教，副教授。1988年被聘为《江苏港口》杂志编辑。2005年被聘为学院现代化物流管理专业建设指导委员会委员。著有《现代管理基础》《港口装卸工作组织》两本教科书，发表《浅谈我国港口企业如何向现代物理公司发展》等论文七篇。

刘全生（1946—），刘庄人。北京建筑工业学院硅酸盐工艺玻璃专业毕业，秦皇岛市玻璃厂玻璃工艺高级工程师。

刘全生

刘荣根（1946—），刘庄人。中共党员，陕西工业大学毕业。曾任陕西省铜川市委秘书长、人大常委会副主任。

刘霞贞（1946—），女，新村人，上海交通大学毕业，工程师。

刘桂珍（1946—），女，新村人。南京中医学院毕业，南京建邺中医院主任医师。

糜瑾（1946—），女，新桥人。1965年苏州高级中学毕业，后在民主新桥务农。1977年恢复高考，录取于江苏师范学院苏州地区师资专科班。1980年到玉祁中学任教，1997年评聘为中学物理高级教师，获无锡市城镇妇女“巾帼建功”功勋奖一等功。2002年退休。

糜寿裕（1946—），新桥人。中共党员。就读玉祁中学、梅村中学，1970年华东师范大学化学系毕业。历任贵州省安顺四中教师、支部书记，中共贵州省安顺地委统战部办公室主任、副县级纪检员。

糜寿楣（1946—），女，新桥人。高级工程师。

刘锡珠（1946—），女，新桥人，中共党员。杭州市审计局副厅级巡视员、高级会计师。1969年8月毕业于中央财政金融学院财政系，先至中国人民解放军6294部队锻炼，1971年12月分配在杭州市财政税务局企业财务科、预算科（处）工作，历任财税专管员、预算科副科长、处长。1991年7月调任杭州市审计局党组成员、副局长，2003年6月退居二线，任助理巡视员，2004年12月任副厅级巡视员。1993年至今为杭州市政协第六届委员、第七届委员、第八届特邀委员，曾任杭州市注册审计师协会会长、杭州市内部审计协会会长。1980年至2003年在分管主持的工作单位及个人多次被省、中央评为先进。曾发表论文6篇，其中《敢于审计善于服务——做好审计工作》一文获杭州市社会科学优秀成果三等奖。

縻若兮（1948—），新桥人。北京中国信息大学副校长，《中国少年》《学与玩》《小百花》杂志社主编、副编审，捷思国际有限公司（副局级）总经理、中国少年儿童报刊工作者协会副会长。

縻若梦（1948—），新桥人。美国缉毒局驻泰国办事处高级翻译。

刘瑛（1950—），女，新村人。上海铁道学院电讯系毕业，铁道部第四勘察设计院党委委员、副处长，高级工程师，院副总工程师。曾获铁道部火车头奖章，湖北省劳动模范、国家"五一劳动奖章"获得者，其多项设计被评为铁道部优秀设计，其中徐州枢纽工程设计获国家建设"鲁班奖"。

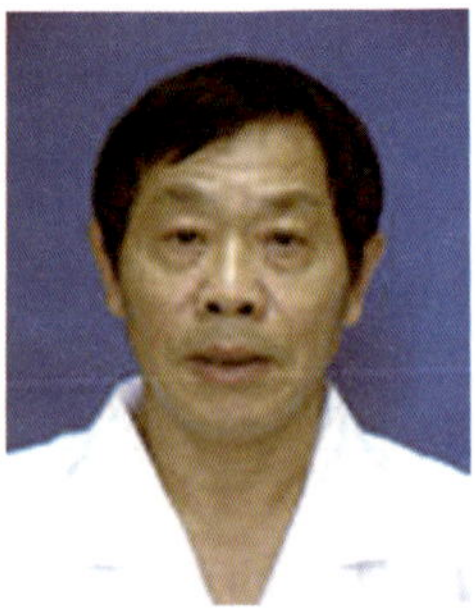

刘三源

縻恺（1950—），新桥人。上海电力修造总厂高级工程师。

刘国琦（1951—），新桥人。上海市公安局正处级干部。

縻若嫣（1951—），女，新桥人。上海外国语大学国际文化交流学院副教授。

魏建平（1952—），魏巷人。教授级高级工程师。

张永迅

刘健（1953—），新桥人。就读日本国立东京医科齿科大学，获内科医学博士。复旦大学附属上海华东医院内科主任医师。

刘霞萍（1953—），女，新村人。上海华东师范大学毕业，宝山区教师进修学院高级讲师，副教授。

刘三源（1953—），新村人，镇江医学院毕业，南京脑科医院主任医师。

张永迅（1954—），刘庄人。北京中城智业管理咨询公司董事长，高级工程师。

刘荣德

刘荣德（1955—），刘庄人。亚洲（澳门）国际公开大学毕业，历任北京亿客隆商城副总经理、党委书记，深圳铜锣集团副总经理、华北区拓展总监等职。获北京商业企业管理专业学位和亚洲（澳门）国际公开大学MBA工商管理硕士学位。

刘振华（1956—），新村人。西安交通大学毕业，动力二系。公派就读日本国立九州大学，获博士学位，后又获博士后学位。上海交通大学机械与动力工程学院教授、博士生导师。

刘红（1958—），女，新桥人。北京第二医学院毕业，北京市第二儿童医院主任医师。

刘靖平（1958—），女，新村人。毕业于上海大学机器制造工程专业，就职于上海气门厂。1998年至今就职于美国华尔街五百强企业在中国的合资企业上海伊顿发电机零部件有限公司，高级应用工程师。负责上海大众、一汽大众、北美通用、韩国双龙等十几家国内外知名企业的新型发动机配气门的开发工作，并负责《内燃机工程手册》中《气门组间隙液压调节器的应用及发展》的编写工作。

刘家雍（1958—），新桥人。台湾东吴大学毕业，赴美国留学。获密苏里州立大学企业管理系硕士学位，现任台北格宁企管顾问公司、上海分公司总经理。

施展（1958—），女，施家宕人。福建三明市驻沪办事处主任（正处级）。

刘明军（1959—），新桥人。北京工业学院毕业，科学院硕士。获得英国STRATH-CIYDE计算机博士学位。1992年至今在伦敦大学学院医院工作、临床科学家、专业计算机颅脑成像专家。曾发表过几十篇研究论文，入英国籍。

糜强（1960—），新桥人， 国际工商管理硕士，高级工程师。曾任上海城建物资有限公司党委书记、董事长。在国有企业改革转型的实践中，把握企业健康发展方向，使企业走出一条“致力于成为中国最卓越的新材料综合服务商”创新之路。获中国混凝土与水泥制品行业优秀企业家、上海市重点工作实事立功竞赛优秀组织者等称号。

刘铭跃

刘铭跃（1960—），刘庄人。中共党员。研究员级高级工程师。毕业于上海飞机制造厂（五七〇三厂）职工大学机械制造专业。在中国商飞上海飞机制造有限公司工作，曾任工装制造车间主任、党支部书记、工艺装备中心党总支部书记、副主任，上海飞机制造有限公司培训总监。曾荣获上海飞机制造厂1990年度科技成果三等奖，2007年荣立中国航空工业第一集团公司个人二等奖，荣获“上海市优秀党务工作者”“优秀党支部书记”称号，荣获中国商用飞机有限责任公司C919大型客机首飞贡献奖和“突出贡献个人”称号。

施正宇（1961—），女，施家宕人。北京大学教授。获北京师范大学中文系文学学士、硕士学位。历任国家语言文字委员会文字应用管理司副主任科员，北京大学对外汉语教学中心助教、讲师、副教授、教授，中国文字学会会员、中国对外汉语教学学会会员。获国家汉办颁发的对外汉语教师资格证书。

施正宇

刘丽君

刘丽君（1962—），女，新村人。中共党员，原江苏省水利厅二级巡视员，教授级高级工程师，河海大学硕士生导师。曾获国务院南水北调办公室、国家人事部表彰的“南水北调一期工程建设先进工作者”；省政府表彰的“有突出贡献的中青专家”“农业科技先进工作者”。省十三次党代会代表，省十三届人大代表。

刘晓（1963—），新桥人。上海同济大学毕业。美国华盛顿海军实验室研究员、物理学家、超低温研究专家。1995年公派去德国KARISRUHE大学攻读博士研究生，又受邀去美国康奈尔大学攻读物理学博士后研究生，毕业留在美国华盛顿海军实验室工作至今。主要从事超低温研究，多篇论文发表于世界有影响的物理学杂志，一篇作为1997年4个最优秀论著发表于《当代物理学杂志》，并列为1997年物理学会冷凝物理第一、二个重要进展之一。被纳入《美国2005年WHO第59版世界名人录》。

王晓蕾（1963—），女，新桥人。北京医科大学药学系毕业，留学英国。获得伦敦大学皇家学院（KING' SCOIIEGE）药学博士学位，后至葛兰素·史克药业公司工作至今，为研发部药学研究科学家，曾发表多篇研究论文。

刘志铭（1963—）新村人。中共党员，苏州热工研究院有限公司科技标准信息研究中心主任、教授级高级工程师，硕士研究生导师。电力安全高级专家，能源行业（核电）杂志常务副主编。主要从事中国电力工业、核电领域的相关科研和技术开发。获得的研究成果有：大亚湾核电站大气扩散物理模型试验，获电力工业部二等奖。曾4次被评为院年度先进工作者。2000年起，任苏州热工研究院科技信息研究中心主任兼部门总工程师，还担任《核电信息快报》《核电》两本杂志的主编和常务副主编。发表的主要论文有《面对世界核电形势变化、主要核电供应商纷纷兼并重组》《欧洲压水反应堆核电站EPR的技术特点》《氦气冷却模块反应堆技术进展》。独立编写了电力工业部核电培训教材《核电专业英语》。

糜福龙（1964—），新桥人。台湾海军军官学校上校教授、博士生导师、台湾大学客座教授。

施正宇（1964—），女，施家宕人。本科及研究生毕业于北京师范大学中文系，文学硕士。北京大学对外汉语教育学院教授，硕士生导师、博士生导师。世界汉语教育史学会理事。主持国家社会科学基金项目，参与国家公派汉语教师资格考试题库建设及命题，发表出版学术论文、专著、教材、工具书约50篇（部）。曾赴美国斯坦福大学、日本早稻田大学等高校任教。

陈红（1966—），女，新桥人。上海同济大学毕业，留校，任物理系实验室高级软件工程师。

刘国康（1966—），新村人。苏州大学英语系毕业，玉祁高中教导主任，中学高级教师。

刘新宇（1967—），女，新村人。上海师范大学地理系毕业，洛社高级中学任教，中学高级教师。

刘东华（1967—），新村人。广岛大学经济学部博士研究生，现为上海对外贸易学院副教授。

刘峰（1968—），刘庄人。中共党员，上海大学毕业，东方航空公司海关副处长。

刘方华（1968—），新村人。北京邮电大学毕业，硕士研究生，现在美国摩托罗拉公司任职高级工程师。

杨晓红（1968—），女，新村人。扬州师范大学体育系毕业，玉祁中学体育老师，中学高级教师。无锡县先进工作者。

刘文红（1969—），新村人。徐州师范大学函授本科毕业。玉祁中学任教，中学高级教师，无锡市教育新秀。现任玉祁高中校长。

刘军（1969—），新村人。大连海运学院毕业，曾任船长。任中海集团、国际船舶管理公司船管部总值班室主任。

朱亚新（1970—），女，新村人。刘晓铭之妻。上海化工学院本科毕业，滨湖区环保局副局长，环保高级工程师。就读同济大学（MPA）专业，获硕士学位。

糜广杰（1970—），新桥人，美国金门大学税务学硕士，美国加州州立大学工商管理和会计学学士，美国注册会计师，美国注册会计师协会成员。

糜广杰

安永亚太区人力资本跨境派遣咨询服务主管合伙人，领导亚太区业务发展，涵盖大中华区，大洋洲区，东南亚区，北亚区，共16个国家和地区。安永合伙人，常驻北京。

施军（1971—），施家宕人。郑州高射炮兵学院本科毕业。2002年国防科技大学在职研究生，硕士毕业，大校军衔。

刘巍（1972—），刘庄人。中共党员，上海海事大学毕业，硕士学位，上海招商局香港公司财务总监，纪委书记。

刘昭强（1972—），新村人，成都体院毕业，硕士学位。厦门集美大学副教授。

吉静娟（1972—），女，刘庄人。中共党员。2005年7月，南京师范大学汉语言文学专业函授本科毕业。无锡市玉祁中心小学德育处主任，高级教师。2005年6月评为“全国优秀少先队辅导员”。

吉静娟

余海敏（1973—），女，新村人，中共党员。1996年，同济大学机械学院热能工程系供热通风与空调工程专业毕业，2019年取得中南大学建筑与土木工程领域硕士专业学位。研究员级高级工程师。现任湖南省第六工程有限公司副总工程师、湖南六建机电安装有限责任公司总工程师兼副总经理。1976年7月至1999年2月在江苏锡山市建筑设计院从事暖通设计工作。1999年3月进入湖南省第六工程公司工作，先后担任过暖通施工员技术科科员、生产部主办科员、副部长、副总工程师等职。2013年5月至今担任湖南省第六工程有限公司副总工程师，主管公司安装板块技术工作。获得2013—2014年度中国土木工程学会“优秀总工程师”称号；2017年获全国“五一劳动奖章”“湖南省劳动模范”等称号。

刘志星（1974—），刘庄人，南京师范大学英语系毕业（函授本科）中学高级教室，现任玉祁高中学生工作处主任。

陆兰萍（1968—），女，新村人，徐州师范学院本科毕业，玉祁高中数学高级教师，曾任教研组长。

刘柯杰（1974—），新村人。1993年天津商学院企业管理系房地产经营管理专业本科毕业。1997年北京科技大学管理学院企业管理专业，硕士研究生。2000年复旦大学经济学院政治经济学专业，博士研究生。2000年任大鹏证券股份有限公司投资银行部项目经理。2002年任北京亿城房地产开发有限公司高级经理。

刘柯杰

2003年任上海道勤控股有限公司投资银行部总经理助理。2004年任中国移动通信集团上海有限公司财务部财务经理。2011年任贵阳市工业投资（集团）有限公司副总经理、总会计师。2016年任安金资产管理有限公司高级副总裁。2017年任深圳中金财富互联网金融服务有限公司副总经理。2019年任上海电子信息职业技术学院专任教师。2019年度被评为该院科研工作先进个人，2020年被评为该院优秀党务工作者、“2019—2020年度优秀共产党员”。

冯明（1974—），新桥人。高级工程师。

刘雳（1974—），刘庄人。曾就读浙江大学研究生院获博士学位，现在浙江大学任教。

刘冠峰（1975—），刘庄人。中共党员，浙江大学学士学位，获国家教委优秀毕业生证书、浙江省高校优秀毕业生证书。1998—2003年，国家教委公派至香港科技大学读研究生，获博士学位。其间赴韩国工业大学、德国欧洲宇航中心航天机器厂研究所实习，2003—2005年作为访问学者赴美国纽约州伦赛利尔理工学院计算机系任副研究员，曾在《国际机器人与自动化学报》等国际重要刊物发表学术论文多篇，著有《机器人科学系统》《施普林格高级机器人报告》等学术专著。现为国际电机与电子工程师协会会员。2010年任广东工业大学副教授，现在是总工程师。

杨继（1975—），女，新村人。郑州大学商学院货币银行学本科专业。北京科技大学管理学院企业管理专业，硕士研究生。北京大学经济学院政治经济学专业，博士研究生。北京中科金财科技股份有限公司首席经济学家，北京岐黄中医药文化发展基金会理事长，武汉大学董辅礽经济社会发展研究院副院长，副研究员、高级经济师。

冯毅（1976—），新桥人。高级工程师，技术经理。

刘晓斌（1979—），刘庄人。南京医科大学毕业，惠山区第三人民医院儿科主任医师。

刘晓平（1981—），新村人。南京大学毕业，曾在美国纽约哥伦比亚大学攻读博士学位。

刘晓晔（1981—），女，刘庄人。中共党员。苏州科技大学毕业，在职研究生，高级政工师、经济师、二级建造师，获上海市优秀团干部、上海市新长征突击手荣誉称号。

刘雪虹（1990—），女，新村人。美国AECOM公司，环境科学家，环境、健康、安全专家。2012年6月，毕业于美国明尼苏达州立大学德鲁斯校区，化学和生物双学士学位。2017年6月，毕业于美国杜克大学，获得博士学会博士学位。

第二十一章　媒体报道

自1949年中华人民共和国成立以来，民主村（大队）人民在社会主义建设事业中表现出了敢想敢干和不畏艰难的主人翁精神。从整田平地到粮食高产稳产；从河塘养鱼到副业全面发展；从尝试办工业到工业强村，民主村（大队）都走在了无锡县的前列。民主干部群众的奋斗精神和经验智慧被苏州地区和无锡县领导推广。民主人的成就和事迹受到国家、省、市、县各级和省外媒体的关注，被广泛报道。本章选取了部分报道内容，以见证那段历史。

农业高速度发展的途径

——江苏省无锡县社队企业调查（节选）

1978年4月4日《人民日报》

地处太湖之滨的无锡县，农业生产连续六年实现了高速度跃进，每年平均递增百分之六点三。这里地少人多，每人平均只有八分多地，不仅做到了粮食自给有余，而且对国家的贡献一年比一年多。1976年，全县粮食平均亩产一千六百七十三斤，是江苏全省第一个“跨双纲”的县。1977年，遇到了多年罕见的自然灾害，依然保持了亩产一千三百多斤的高纪录，向国家上交粮食一万多吨，肥猪四十多万头，平均每户交售二点二头，贡献肥猪数在全国的县中居第二位。

无锡县闯出了一条夺取农业高速度发展的道路。

要高速度就要注意积累

我们调查了玉祁公社民主大队，这是一个很有代表性的单位。这个大队平均每人只有五分六厘地，生产条件相当差，过去人们叫它“三靠队”：生产靠贷款，生活靠救济，吃粮靠供应，国家每年帮其统销粮食三十万斤。队干部是一些好同志，他们勤勤恳恳，艰苦奋斗，生产虽然逐年有所好转，但由于单打一地抓农业，粮食一直在一个低水平上徘徊，队里还是穷得很。几年前，在上

人民日報

RENMIN RIBAO　1978年4月4日　星期二　农历戊午年二月廿七　第10861号

多田一马力。……

以农业为中心协调发展

农业高速度发展的途径

——江苏省无锡县社队企业调查

要高速度就要注意积累

1978年4月4日《人民日报》

级党委的帮助下，他们觉悟过来了，开始办粮食加工厂，磷肥厂，大养猪场，大桑园……大队经济结构开始发生变化，原先只有单一的农业收入，现在工业收入已占总收入的百分之五十，副业收入占百分之二十，农业收入占百分之三十。工业利润的大部分又投入农业扩大再生产，各项过去想办而无力办的农业基本建设，都办起来了。当我们前来访问这个昔日的“三靠队”时，看到一片兴旺景象。“三靠队”已经变成了“三贡献”：向国家贡献粮食、副产品、工业品。去年遇到严重自然灾害，粮食亩产仍然达到一千八百多斤的高水平，全大队交售给国家粮食三十八万斤，每个社员平均卖给国家一头肥猪，社员收入也大幅度提高。

民主大队的变化，是整个无锡县的缩影。过去十年中，无锡县从社队企业的积累中向农业投资了九千六百多万元，大大加快了大规模地改造农业生产条件和农业机械化的步伐。下面几个数字是很有说服力的：

1971年到1977年，共完成农田基本建设土方一亿五千多万立方米，相当于过去二十二年总和的三倍半。

新建电力排灌站一千二百多座，比1970年前的总数增长三倍多。新建农用地下渠道二千一百九十公里。

大小拖拉机在1970年还只有一百三十多台，1977年已增加到四千三百多台，增长了三十多倍。

农用机械动力，1970年是十三亩多田一马力，1977年增加到三亩多田一马力……

公社富裕的标志

——无锡县农副工结合全面发展调查之五（节选）

《新华日报》1978年7月8日第二版

农副工结合，林、牧、副、渔全面发展，提高了副业产品的商品率。

无锡县各社、队充分运用工业提供的积累，大搞副业基本建设，为提高副业产品的商品率打好基础。从一九七四年以来，县里共拨出能造二万五千多间猪舍的材料，使全县每个生产队平均可以建造三间；靠大队自筹资金和材料建造的百头猪场，犹如雨后春笋般出现，至一九七七年底，全县已有这样的大猪场一百零三个。同时，全县已建设起五万四千多亩连片的大桑园。林、牧、副、渔的发展，全县副业产品的商品率不断提高。商品猪，一九七七年为三十七万一千头，比一九七〇年增加六万二千头；商品兔，一九七七年为四十四万四千只，比一九七〇年增加十八万三千只；商品禽，一九七七年比一九七〇年增加九万七千一百九十五只；蚕茧出售量，一九七七年达到七万二千八百八十五担。

在无锡县，玉祁公社民主大队是农副工结合、商品生产兴旺发达的典型。这个大队每年提供商品粮达七十多万斤，队办厂生产的商品价值一百五十多万元。二十五个集体猪场里，养着一千四百头膘肥体壮的生猪，社员猪圈里也养着一千多头肥猪。三百亩大桑园，枝密叶茂，三十九间崭新的蚕室矗立于万绿丛中。河塘内，水中有群鱼穿梭觅食，水上有鹅、鸭随波游荡。加上养蜂、河蚌育珠、鲜蘑菇培植和饲养出口的姣凤、芙蓉鸟、医用的小白鼠、荷兰兔等，全大队经营的副业有十八种之多，一九七七年副业生产的商品价值高达二十四万一千元。

扩大再生产的源泉

——无锡县农副工结合全面发展调查之六（节选）

《新华日报》1978年7月9日第二版

小刘的公式

要有高速度，就得把积累用于扩大再生产，首先是农业的扩大再生产。农业上去了，农副工全盘皆活。

玉祁公社民主大队党支部书记刘健华，因年轻，人们都叫他“小刘”。他把农副工的关系概括成一个公式，叫作：

工业的积累+副业的肥料=农业的高速度

这个公式虽然并不完整，但从大队的经济发展来说是有一定道理的。民主大队就是顺着这个路子发展起来的。

这个大队本来很穷，每人不到八分田，长期生产靠贷款，吃粮靠供应，生活靠救济，连简单再生产也难以维持。办了工厂，把积累用在扩大再生产，资金再积累，生产再扩大。几年时间，农副工三业俱兴，由穷变富。

他们开始办厂的五百元资金是向生产队筹借的。靠几个回乡工人当技术骨干，办红炉打铁。后来向公社借来了三台皮带车床。他们有了皮带车床，生产发展了，积累增加了，设备不断更新，形成了更大的生产能力，包括插齿机、滚齿机，各种类型机床近五十台，还有一台自备的五十千瓦发电机组。他们抓了两个主要产品，一是旅行背包钩。这种钩子，几分钱一只，但生产数量多，成百上千万只，收入一年几十万元。二是汽车驱动弹簧齿轮，靠工艺质量打出牌子，一年也有几十万元收入。

他们靠工业的积累，向农副业投资。一九七六年与一九七七年，两年在农副业上就花了七十六万元。农业机械化程度高了，从一千六百八十个农业劳力中，腾出五百六十三人，转到工副业，农副工协调发展。粮食亩产一九七三年超“双纲”，一九七五年过一吨，一九七六年达到二千二百九十斤。副业特别是养猪、蚕桑大发展。新建的集体猪舍有二百六十间，新办了三百亩大桑园。猪圈存量常年稳定在三千头，每亩达到一点五头，有机肥大大增加。工厂也由一个发展到六个。一九七七年农副工总产值超过二百万元，纯收入九十多万元。工业的积累加上副业的肥料，就使农业能够扩大再生产，就能获得更高的积累，更大规模的生产。这样始而往复，螺旋上

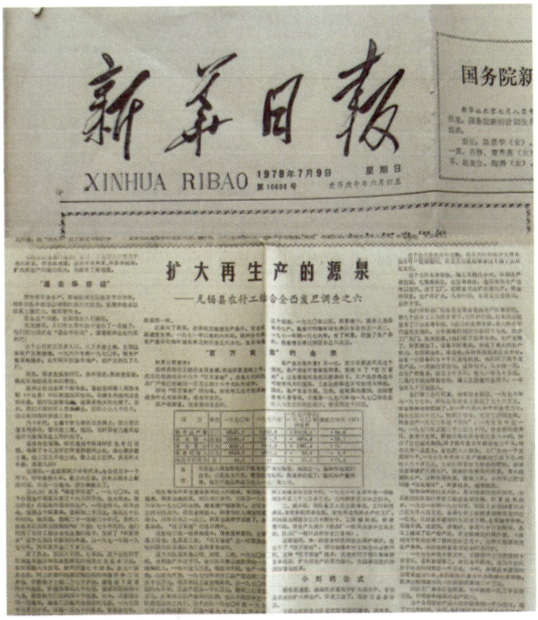
新华日报
XINHUA RIBAO 1978年7月9日 星期日
国务院新
扩大再生产的源泉

1978年7月9日《新华日报》

升，小刘书记把它叫作“良性循环”。积累越多，速度越高。

欣欣向荣的民主大队，是无锡县突出的典型。全县社队实行农副工结合全面发展，积累越来越多。一九七一年到一九七七年，社队工业利润累计达二亿九千八百万元。全县七年工业积累投资农业的近一亿元，农田基本建设的土石方工程，全部按劳付酬，不搞平调，进度快，质量好。全县八十万亩粮田，本上建成了高产稳产田。农业机械化的操作量，大体相当于农业总用工数的百分之五十。这样大规模改变生产条件，没有高积累是无论如何不行的。

亲历农村改革的几场风雨（节选）

人民日报社原农村部主任 季 音

《炎黄春秋》2008年第8期 冶方杯征文专栏

我国的改革开放，是以农村改革为序幕展开的。30年前，亿万名农民以非凡的勇气，奋起冲破“左”的重重壁垒，推行家庭联产承包责任制（即包产到户）。我在人民日报农村部工作，对此进行了多次采访与报道。我作为一个记者，见证了这场深刻变革的一些风风雨雨。

向计划经济射出的第一枪

乡镇企业的崛起，是农村改革的前哨战。乡镇企业过去叫社队企业，它是70年代中期开始在农村出现的一个新事物。这个新生儿一降世就遭到重重围攻。国家计划部门指责它“以小挤大”，大即国有工业企业。国有商业系统指责它“破坏社会主义流通渠道”。一些国营大厂由于人才流失到乡镇企业而指责它“挖社会主义墙脚”，还有人指责它搞不正之风，等等。在农业部门内部认识也不一致，有些抱着传统保守观念不放的人，认为搞农业就得“以粮为纲”，发展乡镇企业是“不务正业”，总之各种批评纷至沓来。可笑的是，这场争论也反映到了人民日报社编辑部内部，工商部有些编辑记者，受到经济管理部门一些干部反对乡镇企业论点的影响，也指责农村不该发展乡镇企业，有时双方争论得面红耳赤。

当时，江苏无锡是乡镇企业发展最快的一个县，各方面对它的压力也特别大。他们给报社来信，迫切希望得到舆论界的理解和支持。农村部的同志经研究认为，面对这场关系农村发展前途的大争论，我们必须旗帜鲜明地支持乡镇企业这个新生事物。我们的看法，得到了编辑部领导同志的认可。

1978年3月，我奉命来到无锡县，由县委的同志陪同，到全县一些公社和大队（当时还是人民公社体制）作了比较深入的调查，我看到乡镇企业确实为这个人多地少的江南农村，找到了一条全面发展经济的路子。我们去采访了安镇公社。这是全县闻名的困难社。粮食生产在全县倒数第二，社员生活困难。困难是因何造成的？一个重要原因，就是单一的“以粮为纲”，只抓粮食生产，不准搞工业，副业也很少。这个公社地面上耸立着一座胶山，有丰富的石灰石资源，却长年沉睡，无人敢动。贫穷压得他们走投无路。后来几个大胆的干部，带着社员向胶山发起进攻，开采石灰石，办水泥厂、水泥制品厂，生产石英砂……围绕着胶山大做文章，工业越办门路越多，公社办，大队也办，同时又大办副业。前后3年时间，这个出了名的穷社开始富裕起来了。当我们来到这里的时候，公社正修桥铺路，建造了8座新桥，还建起了农机站，一派生机。3年里农田基本建设的投资，超过了过去二十几年的总和。乡镇工业开始显示出它的威力。

我们还去调查了玉祁公社的民主大队。这个大队人均只有5分多耕地，过去叫它“三靠队”，即生产靠贷款，生活靠救济，吃粮靠供应，国家每年给这个大队统销粮食30万斤。这个大队的穷根也是人多地少，单一抓粮食。这两年，他们兴办起不少乡镇企业，开磷肥厂、粮食加工厂、大型养猪场……使生产大队经济结构发生了变化，工业收入跃升到总收入的50%，副业收入占20%，农业收入占30%。结果“三靠队”变成“三贡献”，向国家献工业品、农产品、副产品。

我来到无锡县的时候，正是江南春寒料峭的三月初，我冷得披着棉被在县委招待所写稿，写出了一篇调查报告和一篇社论的初稿。1978年4月5日，《人民日报》在一版显著位置发表了我执笔的题为《社队企业要有个大发展》的社论，和无锡县的调查报告《农业高速发展的途径》。这篇社论在送审时得到了党中央有关领导人的肯定。

社论和调查报告发表后，受到各地农村干部的普遍欢迎，他们纷纷给报社来信，表示支持。无锡县的干部和农民更是兴高采烈。当然，我们也听到了一些批评意见，认为报纸的报道背离了“以粮为纲”的大方向。

乡镇企业的崛起是我国农村走向市场经济的第一步，也是向计划经济体制发起的第一次冲击。在这次冲击中，射出第一枪的是无锡县农民。

经营搞得活　效益年年增

——无锡县玉祁公社民主大队乡镇企业纪实

吕　春

《上海企业》 1984年03期

十一届三中全会以来，江苏农村经济在实现从半自给半商品经济向更大规模商品生产转化的过程中，乡镇企业发挥了很大的作用，到1983年产值达到158亿多元，占全省工农业总产值的五分之一。为什么近年来江苏省乡镇企业能迅速崛起呢？无锡县玉祁公社民主大队兴办乡镇企业的成功实践作出了生动的回答。

目前民主大队已有五金、纺织配件、塑料汽车配件、磷肥、电镀、针织、彩印、脱水、化工、纺织辅机、纺织器材、科学实验仪器等13个小工厂。从三中全会至1983年，该大队的工业产值平均每年递增28%，利润平均每年递增26.6%，他们之所以取得这样的经济效益，是由于始终坚持“三为主”（以小为主，以补为主，以配为主）、“四服务”（为农业服务，为人民生活服务，为大工业配套服务，为外贸出口服务）的经营方向，在“小、多、专、新、优、好”六个字上花力气、做文章。

一、以“小”为主

几年来，民主大队积极发展市场适销的日用小商品、小零件和小配件。目前，全大队13个工厂的48个产品中，除磷肥和脱水蘑菇加工外，其余36个，都属于上述“三小”产品，产值占工业总产值的93%。

发展小产品符合拾遗补阙、搞活市场的要求，不与大企业争原料、燃料，适应乡镇企业的经济实力和技术管理水平。具体来说有以下几点好处：

一是投资收效快。搞小产品不要花大本钱，可以迅速形成生产能力，做到当年投资，当年投产，当年收益。该大队塑料厂在转产塑料小配件后，利用原来的14台小压机和手扳压机，当年产值就达125万元。

二是消耗低，运输便。小产品的生产设备小，耗电少，可以少用或不用能源。1982年全大队平均每10元产值仅耗一度电，大部分产品利用的是边角零料。同时，由于产品小，体积小，重量轻，减轻了运输压力。该大队塑料厂全年所需原材料仅20多吨，轴承皮辊保持架的发货，只要寄邮包就可以了。

三是周期短，翻新快。小产品由于工艺简单，制作方便，生产周期短，容易达到交货快的要求。他们发挥了“船小掉头快”的优势，迅速转产适销对路的产品。

四是占地小、污染少。搞小产品，不需要大厂房，他们充分利用原有仓库和厂房，即使扩建一些厂房，也是利用十边隙地和旱地。同时，小产品不会给环境带来污染。

五是容纳劳动力多，就业门路广。由于小产品机械化程度低，手工操作多，所以容纳劳动力多。目前，他们已安排了近千名劳动力进工厂，占全大队整、半劳力的45%。

二、以“多”获胜

民主大队的体会是，乡镇工业不能搞单一产品，必须小中求多，抓好多品种，才能立于不败之地。该大队不仅厂多，而且品种规格也多，生产各种配件小品种，多个型号。有为人民生活服务的各种背包钩、照相机芯子、塑料灯具、纽扣和针织内衣等品种；有为轻纺行业配套的棉毛纺轴承皮辊、细纱机锭钩、低压布机开关和罗拉轴承保持架等产品。塑料厂由原先单一品种已发展到十多个规格型号，增强了市场竞争能力。1982年全厂生产保持架1200万件，每件价格6分钱，总产值达72万元，真是积少成多，聚沙成塔。由于品种广，规格多，当一种产品滞销时，就以增产热销的产品来补充，避免了生产的大起大落。

三、以“专”求精

为了适应小产品、多品种的生产特点，他们根据自己的管理水平和务工社员的技术水平，认真搞好产品的专业分工。原则上一个厂搞一个主产品，厂厂都专搞一项。这样做，有利于每个厂集中精力钻研专项技术，提高操作水平。皮辊轴承冲洗机，原先是由纺织配件厂试制的，由于该厂生产任务饱满，没有过多精力来抓新产品的上马。他们就组织30多个人，专门建立一个纺织辅机厂，使皮辊轴承冲洗机很快投入批量生产，填补了省内空白，被省确认为新产品。

四、以“新”促上

民主大队经营中一条重要经验是：乡镇企业的小产品要想打开和占领市场，还必须紧紧抓住一个“新”字，不断引进新品种，开辟新门路，才能做到源头活水不断，生产持续上升。1983年，他们一方面搞好老产品的延伸，另一方面根据市场需要和自己的条件，办起了脱水、纺织辅机、纺织器材、化工和科学实验仪器等5家小工厂，并正式投产。既为社会提供新的产品，又可容纳100多个劳动力，促进了副业生产，一举数得。在发展新产品的同时，他们还加入与科研单位的协作，1983年下半年在中国计量科研所的指导下，办起了科学实验仪器厂，厂所协作试制了激光方面的仪器。近年来，他们还抓了智力开发工作，拨款6万元作智力投资，选拔20名青年到大专院校深造培养。

五、以“优”竞销

他们从一开始由于忽视产品质量而面临“断桥绝路”的曲折中体会到，产品质量上不去，企业生命就危险。为了保证产品质量，他们将自己的产品与同类厂、同类产品作比较，找差距，找问题，制定质量标准，并用经济责任制来加以落实。纺织配件厂有个车工报废了一批皮辊芯子，他们就按规定扣除了该车工的奖金，并罚款，全厂震动很大，从此产品质量有了明显提高。该厂的轴承皮辊，在1989年2月通过了产品鉴定。主要质量指标超过了中纺部的部颁标准，从而使产品畅销全国十多个省市。塑料厂生产的皮辊轴承和罗拉轴承保持架，1982年经中纺部考核，5项技术指标均达到部颁标准，并与中纺部部属厂的产品配套，向东南亚厂家出口。

六、以“好”服务

这几年，民主大队的同志十分注重抓好销售后服务，取得了用户信任。首先，进行经常性的用户访问，广泛征求意见。把用户对产品质量、品种等方面的意见，作为自己改进的方向，增强与用户之间的感情，使老关系越来越巩固，新关系不断有发展。其次，每年召开产品质量座谈会，虚心听取用户意见。这样做不但有利于提高产品质量，而且有利于扩大产品影响，进一步沟通产销渠道，加强信息反馈。最后，保证信誉，在交货时间上、产品质量上、规格品种上，尽可能满足用户要求。对于有些数量少、品种杂、要货急以及非标准规格的产品，不论生意大小，他们总是千方百计为用户解决困难，从而扩大了经营业务，生意越做越活，30多个产品基本上没有滞销现象。

加速建设社会主义大农业的途径
——无锡县民主大队农副工结合发展的调查

1978年《工农兵评论》第6期

位于无锡县西北部的玉祁公社民主大队过去是一个长期“吃粮靠供应，生产靠贷款，生活靠救济”的“三靠队”，如今这个大队已经变成了一个五业兴旺欣欣向荣的“三贡献”队。在大队办公室墙上的一幅幅图表里，我们看到了一连串令人兴奋的数字：粮食总产一九七六年三百八十三万斤，比一九七〇年增加一百五十三万斤，六年的平均递增率为百分之八点九。一九七七年虽然遇到严重的自然灾害，亩产仍然达到一千八百三十七斤的高水平。队办工业总产值一九七七年一百四十二万元，比一九七〇年增加五点七倍，副业总收入一九七七年达三十多万元，比一九七〇年增加三倍。一九七七年农副工总收入的比例是：工业占百分之六十八点二，副业（包括派往县社工业社员的劳务收入）占百分之十四点五，农业占百分之十七点三。一九七一年以来，全大队向国家上缴工业税金四十四万二千元，上交粮食三百五十二万斤，交售肉猪一万四千七百头，蚕茧十五万三千五百斤，成鱼四十一万七千斤等。

民主大队的面貌变化为什么这样大，这样快？一个重要的原因，就是他们在抓好学大寨这个根本的前提下，走上了一条农副工结合综合发展的道路。它也是无锡县许多社队走农副工结合道路的一个缩影。

必由之路

这个大队走上农副工全面发展的道路，是经历了一个曲折过程。

民主大队有三千五百二十人，集体耕田二千七百一十九亩，其中旱田三百四十五亩，桑田四百五十亩，平均每人七分多耕地。

解放后，经过互助合作，人民公社化运动，农业生产虽然逐年提高，但由于靠单一的农业经营，农业生产发展缓慢，长期摆脱不了“三靠”的局面。为了跳出这种困境，他们发展经济作物，种白菜、番茄，增加社员收入。但由于小生产自发资本主义倾向，有的生产队在“千斤粮田难种，五百块钱好搞”的思想指导下，盲目发展经济作物，与农业发生争土地、争劳力、争肥料的现象，尤其在一九六七、一九六八两年，由于林彪、“四人帮”一伙煽动无政府主义思潮，一度“自由种植”泛滥。全大队占用粮田、桑田种的番茄、白菜达四百多亩，结果这两年粮食减产一百四十多万斤，又伸手向国家要供应粮食六七万斤。在一九七〇年北方地区农业会议精神的鼓舞下，在农业学大寨运动的浪潮推动下，党支部发动群众大批资本主义，刹住了“自由种植”的歪风，端正了发展农业的方向道路，把人心聚到大办农业上来。这两年，粮食生产上去了，但由于在砍掉了不正当的副业后，一度连正当的副业也放松了，结果有的队员收入下降。这使他们认识到，盲目发展副业，挤掉农业，这条路是走不通的；单一抓农业生产的这条路也是走不通的，于是他们开始注意抓养殖蚕桑等副业。

一九七〇年全大队百分之百地种上了双季稻，随着耕作制度的改革，带来一系列的矛盾，原来的农田水利设施不能适应双三制的要求，需要大规模地进行高标准的农田基本建设；劳力跟不上季节，需要大搞机械化；肥料不足需要大力发展养猪。这些都需要大量的资金，他们看到光靠农副业的积累远远不能满足，只有靠发展队办工业，自力更生来解决。在这以前，大队已办了一个小工厂，但由于怕“家有两行，必有一荒”，怕被戴上“资本主义”的帽子，不敢放手发展队办工业，现在认识到势在必行。在上级党委的帮助下，在斗争的实践中，他们从不自觉到逐步自觉地走上了农副工全面发展的道路。经过这几年的努力，把单一的农业经济变为农副工协调发展的综合经济，把全大队初步建成了具有高产稳产的农业，兴旺发达的副业和一定水平的队办工业的社会主义大农业。这里的干部深有体会地说：农副工就好像一只三脚架，相互依赖，缺一不可。

深刻的变化

现在，让我们再来看看民主大队实行农副工结合、综合发展后，究竟带来了什么深刻的变化呢?

首先是大大加快了建设社会主义大农业的步伐，改变了农业生产的面貌。为什么民主大队的农业生产能够持续跃进？高速度从哪里来？高速度来自高积累。他们算过一笔账，过去每亩田农业的积累不到十元，靠这样低的积累要提高扩大再生产的能力是困难的，许多想办的事办不起来。队办工业发展后，为大规模进行农田基本建设和农业技术改造提供了资金。一九七一年到一九七七年，用于农田基本建设和添置农业机械的资金共一百多万元，这就大大加快了农田基本建设和农业机械化的进程。七年来，共平整土地一千九百二十亩，完成的土方相当于“文化大革命”前总和的三倍多，新建电力灌溉站四座，新建地下渠道六千三百二十三米，所有农田实现了排灌分开，有百分之四十建成了吨粮田，现在全大队有手扶拖拉机十六台，其他各种农业机械一百一十一台，平均每亩零点七三匹马力，基本实现了排灌、脱粒、耕翻、植保、粮饲加工的机械化和半机械化，以及水上运输部分的机械化。队办工业还为发展副业提供资金二十三万元，大队建成五百头苗猪繁殖场和三百头肉猪场各一个，集体猪场二十三个，新建一个三百亩的大桑园和三十九间蚕室。养猪和养蚕事业的发展，为农业提供大量的有机肥料，圈存生猪常年接近三千头，平均每亩水旱田一点四头，每亩田平均可投放猪灰八十担。大队磷肥厂还每年提供磷肥一百五十吨。由于生产条件的改变，机械化程度的提高，有机肥料和化学肥料的增加，为巩固和发展双三制的成果，为实现高产更高产提供了强大的物质基础。高积累促进了高水平，高水平赢得了高劳动效率，高劳动效率争得了高速度。

农副工全面发展后，集体经济迅速壮大，社员生活显著改善。种植双季稻后成本增高，靠单一的粮食生产，要保证社员增产增收是不大容易做到的。现在随着农副工生产的发展，特别是社队工业转队工资的逐年增加，使提高社员收入有了可靠的保证。一九七七年，这个大队在遭受自然灾害的情况下，社员分配仍达到一百三十五元（不包括社员家积肥投资），比一九七〇年增加五十八元五角。其中投入分配的转队工资和大队用队办工业的积累支付社员搞农田基本建设的工分折价共三十三万多元，平均每人九十八元六角。一个强劳力的收入相当于一个四级工的水平。一些体弱不能胜任农业劳动的人员现在都能安排在工副业上，可不减少收入。随着集体经济的壮大，逐步扩大了共产主义因素，目前社员就医、理发、火葬、幼托、中小学教育，均实行免费。大队每年用于集体福利事业的费用约一万四千多元。全大队还有电视机二十二台，丰富了社员的文化生活。广大社员面对集体经济一步一层楼，农村面貌一年一个样的现实，越来越感到集体经济成为战胜资本主义的巨大物质力量。

农副工全面发展后，大队经济在大队、生产队两级经济中的比重日益提高，为过渡到大队所有制创造了条件。由生产队所有制过渡到大队所有制，进而向公社所有制以至向全民所有制过渡，是建设社会主义大农业的必由之路，是否具备过渡的条件决定的是经济基础。由于队办工业的发展，一九七五年，民主大队的大队经济比重在两级比重中已上升到百分之五十六，同时队与队之间的差别也不大。当时二十一个生产队中，有二十个生产队的分配水平在一百四十元以上，只有一个队在一九七四年由外大（添加）队并进来时分配水平比较低，大队立即动用集体经济的力量，支援三千多元钱帮助它发展生产，使这个队的分配水平在一九七五年也达到了一百三十一元。社员见到大队有产可共，而且队与队之间的差别不大，积极要求过渡，同时在客观上也要求改变生产关系，适应生产力的进一步发展。一九七六年十月，经过上级党委的批准，这个大队顺利地过渡到大队所有制。生产关系的变革，进一步解放了生产力，过渡后的第一年农副工产值比上年增加百分之十八，集体积累增加百分之二十四，社员分配平均增加五元。

总之，从民主大队这些激动人心的变化中，使人们看到了通往农业现代化的道路，看到了缩小三大差别的具体途径，看到了新农村光明灿烂的未来。

以农业为基础协调发展

民主大队的农副工为什么发展得比较快？除了有一个团结坚强的领导班子外，一个重要原因在于能够正确处理不断协调好农业副工三者之间的关系，这实质上也是个正确贯彻执行“以农业为基础、工业为主导”和“以粮为纲，全面发展”的方针问题。

农副工三者既有互相促进的一面，又有相互制约的一面，协调发展就能相互促进，比例失调就都受影响。这三者之间的关系应当怎样摆？首先在指导思想上，必须牢固树立以农业为基础的思想，把屁股坐在农业上，坚持立足农业办工业，办好工业促农业，以副养农，以副促农。由于工农差别的存在，价值规律的作用，加上小农经济的习惯势力，在农副工结合发展的过程中，往往会出现重工轻农、重钱轻粮，或者以工代副的思想，这就必须不断和这种错误倾向斗，把工副业的发展更好地纳入为农业服务的轨道上来。民主大队就是这样做的。他们除了办起为大工业配套服务的工厂解决农业的资金积累外，还办起了直接为农业服务的磷肥厂、农机厂和淀粉、豆制品加工厂。他们对发展副业很重视，全大队因地制宜地发展了“猪羊兔、鸡鸭鹅、蜂蚕蚌珠小白兔”等十五个副业项目。这些项目中又重点抓好直接为农业服务的养猪和蚕桑，为建设吨粮田积聚大量的有机肥料。在劳力安排上，首先保证农业第一线的需要，民主大队从本大队的实际情况出发，把劳力的百分之六十用于农业，百分之二十用于副业，百分之二十用于队办工业，同时坚持农闲务工，农忙务农，亦工亦农的原则。大忙季节，除留一定数量的副业劳动力和少量农机维修人员外，其余都回队参加农业劳动。在队办工业的利润使用上，主要用于农业。据一九七〇年到一九七六年的统计，投入农田基本建设和农业机械化的资金占百分之四十九点三，发展副业的资金占百分之十，扩大队办工业再生产的资金占百分之三十八点一。其余用于集体福利。在分配政策上，规定务工社员根据干活数量、质量和技术高低的情况，工分报酬一般可高于同等农业劳力的百分之十到十五，从事副业的社员由于大部分同年老体弱和辅助劳力，工分报酬一般低于农业劳力的百分之五到十。对少数技术高、贡献大的社员可允许“冒尖”。这样既承认差别，又不扩大差别，目的是既有利于稳定农业第一线的劳力，又不影响务工、副业社员的积极性，把三方面的积极因素都充分调动起来。在领导力量安排上，九个大队干部中，六个分工抓农业，二个抓副，一个抓工业，保证首先把农业搞好。

这样，使全大队农副工相互促进，不断跃进，工副业的发展促进了农业生产的发展，农业生产的发展又为发展工、副业提供了劳力、饲料、原料，进一步促进工副业的发展，从而使全大队农副工业越来越繁荣兴旺。

中共无锡县委宣传部报道组

三业协调促翻番 实现产值超千万

——玉祁乡民主村党支部

《锐意改革 开拓前进——无锡县亿元乡千万元村资料汇编》

中共无锡县委办公室编印（1985年）

我们民主村是一个人多田少、工业起步较早、三业发展比较协调的单位。现有23个生产队，927户，3487人，2010个男女劳动力。全村水旱田2340亩，人均0.65亩；有旱地200亩、水面330亩（其中外塘250亩，内塘80亩）。现有10个村办厂，5个条线办厂，还有1个渔业队，1个菌种场和1个副业队（包括1个养猪场）。

党的十一届三中全会以来，我们认真贯彻了中央的一系列方针、政策，在“决不放松粮食生产，积极发展多种经营”方针的指导下，紧紧围绕经济工作这个中心，选择了一条农副工三业齐头并进的经济发展路子，使三业生产出现项项增产，年年增产，稳步发展的好局面。特别是84年，通过认真贯彻中央1号文件，我们进一步解放了思想，拓宽了思路，认识到要加快农村经济发展步伐，必须形成多形式、多层次、多渠道的经济结构和经济网络。基于这样的认识，我们认真贯彻村办、条线办、小队办、联户办、个体办、联合办六个轮子一起转的方针，充分利用自己的资源、技术和工业基础，大力发展村办工业，再以村办工业带动其他各业，做到了农副工商运服综合经营，促进了农村经济的全面发展。1984年，我村工农业总产值达到了1023万元，比1983年增长37.73%，比1978年增长3倍。其中：农业产值61万元，占总产值的6%，比1983年增长32%；多种经营收入160万元，占总产值的15.6%，比1983年增长83.9%；工业产值802万元，占总产值的78.4%，比1983年增长32%；社员人均集体分配达到665元，比1983年增加近200元，比1978年增长2倍多，包括社员自营部分在内，人均生活水平达到770元左右。

近几年来，我们村的经济之所以发展较快，1984年工农业总产值之所以超过1000万元，我们体会较深的是以下几个方面：

一是坚持集体和家庭一齐上，村办、条线办、小队办、联户办、个体办、联合办六个轮子一起转的方针。放开手脚办企业。我村的工业基础较好，并且具有自己的特色，叫做产品“小字辈”，品种“多枝花”，销售比较稳定，工业的产值、利润一直名列前茅。但在80年代乡镇企业大发展的年代里，我们的发展速度却不如有些兄弟单位那样迅速。我们通过学习中央有关文件，认识到主要是由于“左”的思想影响，满足于单一的大队集体经济，不敢大胆冲破大队核算的模式，致使经济发展活力不足。改革农村经济体制，落实承包责任制以后，农村形势发生了根本性的变化，农村经济开始从单层次向多层次方向发展。我们要加快经济发展的步伐，再也不能像过去那样，什么都由大队来办，大家在一起吃“大锅饭”，必须发挥各方面的积极和创造性，放开手脚来办企业。1984年，我们在这方面跨出了较大的步伐，为农服务的农机、植保、管水、工厂育秧4条专线及村办中学都办起了条线厂，原来的23个生产队已有8个办起了小队办厂，专业户、联合体也迅速发展。全村专业户已占总农户的20%多，联合体也已有7个，共44户参加。这样一来，劳动力基本上都得到了安排。全村2010个整半劳力，现在县乡村企业的有1250人，村干部及文教卫生等事业人员50人，集体副业人员200人，五匠110人，条线（包括条线工业）人员100人，实际在家务农兼自营的只有300多人。

二是冲破农副工三业各归各的观念，组织联合协作的一条龙生产。前几年，我们没有很好注意三业的协作配套，因而有些副业产品往往销不出去，而有些工厂由于原材料及销路等因素不能很快发展。这几年，我们采取了三业生产配套成龙的办法，组织了联合协作一条龙生产，既解决了工业原料（添加）稳定了工业基础；又为农副产品解决了部分销路，解决了副业生产材料的某些困难，促进农副工三业的进一步协调。养猪从苗猪到肉猪上市一条龙，蚌珠从育小蚌到采珠销售一条龙；食用菌从菌种到鲜菇脱水烘干一条龙，养鱼从发花到成鱼一条龙。在此基础上，进一步搞深度加工，以提高效益。

去年我们办了一个食品脱水厂，光蘑菇脱水一项产值就达60万元。净利润6万元。我们还试制了快餐食品，将各种蔬菜煮熟烘干，加进调料，到上海展销，很受用户欢迎。特别是三北地区（华北、东北、西北）需求量很大。这将为我村以至我乡的种植业布局调整创造了十分有利的条件。我们还把养鸡同养猪配套起来，育蚌珠和养鱼配套起来，养猪同种蘑菇配套起来，鱼塘泥、蘑菇料再作肥料垩田，实现农副业的良性循环。原来在农副业线上劳动的人员，通过专线办厂，解决了闲时的就业问题，增加了收入，稳定了队伍，稳定了农副业生产，减少了以工补农、补副的资金，实际上增强了工业实力。

三是打破平均主义“大锅饭”，拉开收入档次，落实按劳分配政策。过去实行大队核算，全村所有人员的收入基本上是平均分配，相互之间差距很小，能者得不到施展，增加不了收入。现在各条线和各个单位通过各自的努力，可以根据效益高低，进行单独分配，村里积极鼓励一部分人、一部分单位先富起来。我们规定：凡条线有门路需要办厂的，大队进行投资，并在资金、技术、设备上扶持。条线办厂独立核算，自负盈亏，与村脱钩。凡小队办厂，设备可由村办厂解决，村办厂的技术人员利用业余时间回队帮助工作的，可获取一定报酬。还规定：对两户一体按产值的5%—20%进行补贴，如育蘑菇的每平方尺补贴5角，养鸡的每只补贴5角，养兔满100只的每只补贴1.5元，养母猪每头补贴70元，3头以上的每头补贴100元，养肉猪每头补贴15元、达到30头以上每头补贴30元。这些经济措施，有力地促进各项副业的发展。1984年，全村办起了五个条线办厂，8个小队办厂，产值达到40万元，两户一体产值达到了26.5万元。育蘑菇11万平方尺，养母猪163头，肉猪也超额完成了任务。全村个人最高的年收入达到1万元以上，最低的只有几百元，拉大了收入档次。

四是正确看待村办工业“船小好掉头”的特点，坚持大小结合，多专结合，新优结合的办厂路子。乡村工业由于规模较小，在激烈的市场竞争中，有“船小好掉头”的特点。我们过去办工业，一直是以小取胜，以多取胜，十分强调“船小好掉头”。但事物总是一分为二的，船小虽然好掉头，但毕竟经不起大风浪。在村办工业具有一定的规模以后，在可能条件下，也应当上些大的项目。近年来，我们通过不断总结经验，在坚持以多取胜，以专求精，以新促上，以优竞销，以好取信的基础上，重点上一些大项目，使工业规模迅速扩大，工业产值迅速增长。1984年全村工业产值达到了802万元，比1978年增长了4倍。

总结过去，比比外地，我们感觉到，自己的工业起步早，基础好，但发展速度不如人家快。因此，我们决心在新的一年里，进一步解放思想，放开手脚，把经济搞上去。我们的奋斗目标是：1985年工农业总产值超过1500万元，其中农业稳定60万元，副业计划250万元，争取300万元，工业计划1300万元，争取1500万元，人均集体分配计划750元，争取800元。为了实现这一奋斗目标，我们的主要措施还是狠抓村办工业，做到一个中心，两个打破，三个上，四个抓。即：围绕增强企业活力这一中心；打破企业吃村的大锅饭，打破工人吃企业大锅饭的局面；企业要上规模，产品要上批量，质量要上水平；抓新产品开发，抓资金和人才引进，抓经济效益，抓班子建设。

民主村强化农业服务体系

农业劳力转向工业　工业积累流向农业

原载《无锡日报》1985年8月2日头版，作者：舟言

无锡县玉祁乡民主村在村办工业逐步发展的情况下，运用工业和集体的力量，建立了六条农业服务专线，强化了服务体系，完善和发展了联产承包责任制，促进了粮食生产向专业化转移，加快了经济发展的步伐。

民主人多地少，二千零一十名男女劳力，只有四百亩责任田，而且由于地势高低不一和土质好坏的差距，土地不易集中。根据本地的实际情况，他们把责任田分配给只占全村总劳力百分之二十的四百名务农劳力耕种。对于务工、务副社员，只种口粮田，不分配责任田。大多数农户出现了“家家农副工，户户种点田”的格局。在劳动报酬上也得到了基本平衡，在民主村形成了农业劳力不断转向工业，工业积累不断流向农业的工农业互相促进的循环过程。村里先后办起了纺织配件厂、塑料厂、五金厂等十家村办企业，全村百分之七十五的劳力进了村办厂。全村工业产值可达一千三百万元。有了这样的经济实力，村里有条件实行“以工补农”，把主要力量放到强化农业服务体系，稳定和发展农业生产上来。

目前，在民主村已经建立了六条农业服务专线。一是管水，小型水利的灌、

排渠，节制闸全部配套，全村统一给水排水，实现旱涝保收。二是建立了农机站，配备二十二名农机人员，以及六台中型拖拉机和十七台小型拖拉机。修建了全村机耕道路，做到耕翻作业全部机械化，块块责任田都能进中型拖拉机。三是成立了植保队，设常年专职植保员，忙时还有季节工，全村责任田、口粮田由专业人员统一负责植保工作。四是办了育秧厂，统一使用良种，统一供秧。五是村里设立农用物资供应站，做到购买农药、化肥不出村。六是组织了农技推广网络，农技员按照不同季节和农时，到田头具体指导。这六条农业服务专线，对全村责任田实行免费服务。

民主村在强化农业服务体系之后，大大减轻了务农社员的劳动强度和经济负担，提高了种田的积极性和经济收益，稳定和发展了粮食生产。全村没有一块“抛荒田”，也没有“种而不管、熟而不收”的现象。一九八四年粮食总产达三百七十万斤，比丰收的一九八三年增加二十万斤。一九八五年夏收夏种情况也很好。水稻插秧只花了三天时间，进度快，质量好，显示了强化农业服务体系的作用。

后　记

自古以来，国家和官府编史修志基本不涉及乡村事务，所以，尽管民主境内有文字记载的人类活动历史已达千年，但上千年来，本地的沧桑变化很少留下明确线索，使得乡村演变脉络漫漶难寻，社会形态和人民生活状况也所知寥寥，后人只能从各个氏族的家谱中搜寻一些零碎的历史陈迹。

有鉴于此，同时也为了总结中华人民共和国成立以来民主人筚路蓝缕改造社会、发展经济的成就，给后人留下一部可供借鉴的民主发展史，2020年，民主村党总支、村委决定编写《民主村志》。此举得到了民主村干部群众的大力支持，大家纷纷为编辑人员献计献策，更多的是提供信息，协助采访。很多人无私地献出自己珍藏的资料；很多人放下自己的工作到处奔波，寻找线索、核实信息。

村党总支书记刘洪一再要求编辑人员秉持实事求是的原则，客观记录历史事实。全体编辑人员在村委领导的关心支持下全心全意投入查资料、采访和组稿工作中。为了核实一个细节，往往要找不同年龄、不同经历的人，相互印证，以求达到一致。为了弄清五金厂的创办时间，前后采访了不下20人，查阅了10多万字的资料，从各个不同的角度来求证，终于得到了一个比较合理的结果。编辑人员白天走访调查对象，查资料大多利用晚上和节假日。有时为了一个数据，要翻阅几十种资料，耗时几个星期，真正做到了废寝忘食。大家虽然都是退休一族，年龄最大的已接近80岁，但工作干劲丝毫不亚于当年上班，甚至多有过之。

从2020年12月1日村委开村民小组长会议宣布村志编写工作启动至今，历时2年，终于完成了这部80万字的《民主村志》，向民主人民交上了一份饱含汗水和心力的答卷。由于编辑人员经验、学识和能力的不足，加上年代久远，当事人回忆的准确性差异和信息收集面的限制，本志一定有很多遗漏和差错，敬请读者见谅，并恳请批评指正。

在编写过程中，有些同志辛辛苦苦写来了文字材料，我们由衷感谢，但因村志篇幅关系，没有采用，在此深表歉意。

最后我们要感谢为村志编写工作撰写文章的刘耀兴、吴兴法、施凤来、魏仲声、刘兆祥、刘荣伦和提供资料的下列同志：

刘涌伦　施明华　王焕生　秦宜南　刘伯南　刘细南　刘银凤（女）　余蔡琴（女）　孙荷英（女）　刘祥金　虞耀明　刘仁寿　殷秀媛（女）　刘如政　刘建春　刘玉清　刘银松　刘德祥　秦锡伦　余菊生　于桂珍（女）　刘荣林　余兴良　王爱珠（女）　徐达明　施耀荣　魏福根　魏仲兴　糜文耀　冯培初　冯文君（女）　刘正中　刘瑞建　刘仲玉　刘月敏（女）　陈宝华　刘焕祥　刘如炳　张永德　刘伯华　吴彩玉　吴荣祥　吴涌良　陈仲洪

你们的热情关怀和无私奉献，促成了编写工作的顺利进行。

《民主村志》编委

2022年12月18日